步平　王建朗　主编

中国抗日战争史

A HISTORY OF
THE CHINESE WAR OF RESISTANCE AGAINST
JAPANESE AGGRESSION

第七卷
伪政权与沦陷区

臧运祜　王希亮　著

目　录

前　言 ··· 001

第一章　全国抗战爆发前后中国各伪政权的建立 ······················· 007
第一节　从伪满洲国到伪满洲帝国 ·· 008
第二节　七七事变以前日本在华北成立的伪政权 ······················ 032
第三节　全国抗战爆发后日本在华北、华中扶植的伪政权 ·········· 048
第四节　"汪精卫工作"与汪伪国民政府的建立 ······················· 062

第二章　各伪政权的政治形态与相互关系 ································ 083
第一节　伪满洲国的政治与"外交" ····································· 083
第二节　汪伪政权的政治与"外交" ····································· 123
第三节　汪伪政权与华北伪政权、伪蒙疆政权的关系 ················ 143

第三章　沦陷区的军事 ·· 151
第一节　伪满洲国 ·· 151
第二节　华北伪政权、伪蒙疆政权 ······································· 162
第三节　汪伪政权 ·· 170
第四节　日伪在沦陷区的军事镇压活动 ·································· 185

第四章　沦陷区的经济 ·· 204
第一节　日本对东北地区的经济统制及其资源掠夺 ··················· 204
第二节　华北沦陷区 ··· 230
第三节　华中沦陷区 ··· 248

第五章　沦陷区的社会组织与文化 …………………………… 267
　　第一节　"协和会""新民会""大民会" ……………………… 267
　　第二节　新闻、出版、广播、电影 ……………………………… 315
　　第三节　沦陷区文学 …………………………………………… 329

第六章　沦陷区的教育 ………………………………………… 341
　　第一节　东北沦陷区 …………………………………………… 341
　　第二节　华北沦陷区 …………………………………………… 358
　　第三节　华中沦陷区 …………………………………………… 367
　　第四节　沦陷区的留日教育 …………………………………… 381

第七章　沦陷区民众的抗争与伪政权的崩溃 ………………… 397
　　第一节　东北社会各界的反日斗争 …………………………… 397
　　第二节　关内沦陷区民众的抗争 ……………………………… 410
　　第三节　伪满洲国的崩溃 ……………………………………… 423
　　第四节　关内各伪政权的崩溃 ………………………………… 431
　　第五节　战后对于汉奸、伪军的处理 ………………………… 435

主要参考文献 ……………………………………………………… 449

人名索引 …………………………………………………………… 462

前 言

一

中国抗日战争时期的伪政权与沦陷区，是日本帝国主义发动侵华战争并实施殖民统治的必然产物。

1931年日本发动九一八事变，由此开始了从局部到全面、历时14年的侵华战争。日军侵占中国的领土之后，为达到亡华、灭华之目的，转而实行"以华治华、分而治之"的政策，在关内外广袤的占领地区，组建了一系列在日军刺刀之下的傀儡政权，以继续实行其对于中国占领区的殖民统治。这些在日伪统治之下的广大地区，从抗战时期以来就被称为中国的"沦陷区"。

九一八事变后，日本迅速侵占东北三省全境及内蒙古东部的部分地区，1932年3月扶植成立了以逊清皇帝溥仪为首的伪满洲国；1933年初侵占热河省与长城以北地区后，又将该地区划入了伪满的界内。东北沦陷区在日伪统治之下的时间长达14年之久。

1933年元旦始，日军开始了向中国华北地区的扩张。根据《塘沽协定》① 而形成的冀东"非武装区"，成为日本向关内扩张的基地。1935年，日军发动"华北事变"，策划华北和内蒙古西部地区的"自治运动"，企图将上述地区分离于中国本土之外。1935年底，成立以殷汝耕为首的冀东伪

---

① 按，由于伪政权为本书论述的主要对象，由其颁布的法令条规，以及在全国抗战爆发前日军迫签而在全国抗战爆发后国民政府予以废除的各类协议等，为便于行文，均以书名号标注。

政权，1936年5月，成立以德王（德穆楚克栋鲁普）为首的伪蒙古军政府。日本将中国传统上的"华北地区"，[1] 别有用心地一分为二，分别由中国驻屯军（简称"天津军"）和关东军主持，进行旨在分裂华北与内蒙古西部地区的"工作"。

七七事变后，日本从华北开始发动了全面的侵华战争。华北方面军侵占华北各地区之后，在北平、天津"治安维持会"的基础上，于1937年12月14日在北平（后被改称"北京"）扶植成立以王克敏为首的"中华民国临时政府"，[2] 1938年1月1日就职。该伪政权后来下辖的河北、山西、山东、河南四省以及北平、天津、青岛特别市，即形成本书所谓"华北沦陷区"之主体。

关东军侵占察哈尔、晋北、绥远等地的同时，于1937年9月4日在张家口成立"察南自治政府"，10月15日在大同成立"晋北自治政府"，10月28日在归绥（后被改称"厚和"）成立"蒙古联盟自治政府"。11月22日，上述三个"自治政府"在张家口组建"蒙疆联合委员会"。1939年9月1日改称"蒙古联合自治政府"。对于伪蒙疆政权下辖的内蒙古西部沦陷区，本书为了叙述方便并考虑到传统见解，有时单独列论，有时又与华北沦陷区、关内地区一并论述。

日本华中方面军侵占上海、南京等地区之后，1938年3月28日，在南京扶植成立以梁鸿志为首的"中华民国维新政府"，其辖区主要是今江苏、浙江与安徽等省以及上海市。后随日军对武汉、广州等城市的占领，又逐渐扩大到华中、华南的部分地区。1938年底，汪精卫集团叛国投敌，经过日本方面的统合与协调，伪华北、华中两政府均同意组建以汪精卫为首的"中华民国国民政府"。1940年3月30日，汪伪国民政府在南京成立，而"华北临时政府"改称"华北政务委员会"。汪伪政权继承了伪维新政府的基础，其辖区随着日军的侵华行动亦有所增加，但本书一般仍称其为"华中沦陷区"，有时也与关内地区一并列论。

---

[1] 据有关学者考证，"华北"一词，是19世纪末期在外国势力逐渐深入中国和国人注意维护主权的语境下形成的，1920年代以后其使用频率很高。张利民：《"华北"考》，《史学月刊》2006年第4期。关于1930年代的"华北"概念问题，参见臧运祜《七七事变前的日本对华政策》，社会科学文献出版社，2000，第3—5页。

[2] 为行文方便，本书提及的伪政权设立的相关机构在第一次出现时加标引号，下文再次出现时则不一一标注。

综上，本书所称之"伪政权"即为抗战时期的伪满洲国、华北伪政权、伪蒙疆政权与汪伪政府，"沦陷区"则为日本侵华战争期间涵盖东北、华北（含内蒙古西部地区）、华中（含上海、南京、华南）[①]地区或称关内外地区的、由日军占领而通过伪政权实施殖民统治的中国地区。

二

在整个抗日战争时期，在当时中国最为富庶而被日伪政权统治下的广大沦陷区的历史，自然应该成为中国抗日战争史乃至中国近现代史上不可或缺的重要内容。

早在全国抗战初期，以毛泽东为代表的中国共产党人，就关注到了沦陷区的重要性及其研究的意义。为了研究一切重要的时事问题，延安组织了一个"时事问题研究会"，研究讨论之外，着手编辑"时事问题丛书"，分为四个问题，"沦陷区问题"即为其中之一。1939年10月1日，毛泽东为解放社即将出版的《日本帝国主义在中国沦陷区》一书，专门撰写了"研究沦陷区"的序言，论述了沦陷区问题的意义及其研究的重要性与方法问题。[②]尽管如此，在戎马倥偬的战争环境之下，包括解放区在内的中国大后方，虽然出于抗战的需要收集、编印了大量的日伪情报与沦陷区的各种资料，[③]但是真正意义的学术研究，在抗战时期还难以开展。战后通过接收敌伪产业与审判汉奸，积累了一些日伪资料。

1949年新中国成立后的半个多世纪，中国大陆学界关于伪政权和沦陷区的研究历经曲折，但后来居上，终于走上了繁荣与发展之路。1980年代以来的20年间，则是大步迈进和走向繁荣阶段：在这些成果中，既论及日本殖民统治问题，又论述了各伪政权的成立与汉奸集团及其重要人物，还涉及沦陷区的政治、军事、经济、文化教育以及民众抗争的方方面面。并在伪满洲国与东北沦陷区、汪伪政权与华中沦陷区这两个主要方面，已经

[①] 关于"华东、华中"，是按现今中国方面的地理概念进行区分的，也就是说具体到长三角一带就叫"华东"，而具体到武汉一带，就叫"华中"。而在抗日战争时期，在不同语境下，华中、华东所指范围有所不同，为免行文混乱，本书除特别提及之外，"华中"即包括现今所指的华中、华东地区。

[②] 延安时事问题研究会编《日本帝国主义在中国沦陷区》，上海人民出版社，1958，第1—3页。

[③] 国民党中央调查统计局（"中统"）特种经济调查处及国民政府军事委员会政治部等部门，在抗战时期也编辑过一些有关沦陷区的资料。

取得了大量而重要的研究成果。① 21世纪以来，一方面继续提高沦陷区研究水平，特别是细化资料、深化内容、提高理论、推进整体；② 另一方面，针对一直处于薄弱甚至于空白状态的华北伪政权、伪蒙疆政权以及华北（含内蒙古）沦陷区，大力加强了研究。关于华北沦陷区及其伪政权，除了相关资料的大量刊布之外，近年问世的四部专著，③ 代表了一定的学术水平，填补了相关领域的空白。④ 关于伪蒙疆政权的研究，近年问世的四部专著⑤以及《内蒙古师范大学学报》（哲学社会科学版）2009年第5期发表的一组专题研究论文，表明抗战时期伪蒙疆政权史是一个方兴未艾，值得奋发有为的领域。⑥

　　1949年以后的中国台湾地区，对于汪伪政权史的研究始于1980年代。吴学诚的硕士学位论文《汪伪政权与日本关系之研究》（1980）之后，又有邵铭煌的博士学位论文《汪伪政权之建立与兴亡》（1990）。此外，还有陈鹏仁、陈木杉编辑的有关资料以及关于汪精卫"和平运动"与其他人物的一些研究成果。⑦ 近年较有代表性的著作有：王克文关于汪精卫及其政权的研究，⑧ 刘熙明关于伪军与强权政治之关系的研究，⑨ 罗久蓉关于"汉

---

① 参见金光耀、张济顺《抗日战争时期沦陷区研究介绍》，曾景忠编《中华民国史研究述评》，中国社会科学出版社，1992，第299—322页；余子道：《回眸与展望：建国以来的沦陷区和伪政权研究》，《抗日战争研究》1999年第3期。

② 2010年1月，中国社会科学院近代史研究所《抗日战争研究》编辑部与哈尔滨师范大学联合举办"抗日战争与沦陷区问题研究"的学术讨论会，相关中青年学者就深化沦陷区研究发表了意见。其笔谈文章，收入《抗日战争研究》2010年第1期。

③ 郭贵儒等：《华北伪政权史稿——从"临时政府"到"华北政务委员会"》（社会科学文献出版社，2007）；刘敬忠：《华北伪政权研究》（人民出版社，2007）；张同乐：《华北沦陷区日伪政权研究》（三联书店，2012）；郭贵儒：《河北沦陷区伪政权研究》（人民出版社，2013）。

④ 相关情况，还可参见张同乐《华北沦陷区日伪政权研究综述》，《抗日战争研究》2004年第1期。

⑤ 祁建民：《二十世纪三四十年代的晋察绥地区》（天津人民出版社，2002）；金海：《日本占领时期内蒙古历史研究》（内蒙古人民出版社，2005）、《日本在内蒙古殖民统治政策研究》（社会科学文献出版社，2009）；任其怿：《日本帝国主义对内蒙古的文化侵略活动》（内蒙古大学出版社，2006）。

⑥ 臧运祜：《关于抗战时期伪蒙疆政权史的研究（代序）》，《内蒙古师范大学学报》（哲学社会科学版）2009年第5期。

⑦ 邵铭煌：《台湾地区汪精卫政权史料与研究》，中华民国史专题论文集（第四届讨论会），台北，"国史馆"，1997，第1833—1853页。

⑧ 王克文：《汪精卫·国民党·南京政权》，台北，"国史馆"，2001。

⑨ 刘熙明：《伪军——强权竞逐下的卒子（1937—1949）》，台北，稻乡出版社，2002。

奸"审判问题的研究。① 巫仁恕关于抗战沦陷后的苏州城市生活的研究。②

二战后的日本学界,对于伪满洲国的研究,自1970年代以后开始活跃,成果可谓丰硕,但观点也有争论。③ 对于汪精卫及汪伪政权之研究,在沦陷区诸伪政权研究中较有代表性。其研究有如下特点:一是在研究范畴上,对于伪政权的研究多置于中国现代史的范畴,对占领区的研究则置于日本史或殖民统治的范畴,且后者的研究成果明显超过前者;二是在研究方向上,经济面胜于政治面,对于占领地经济支配有较为深入的研究成果;三是在研究态度上,对于日本军国主义,批判胜于辩护,对于汪伪政权则同情多于斥责。④

欧美学界早在1970年代就有学者探讨战时傀儡政权的问题,⑤ 1980年代,随着民国史研究的开展,对于抗战时期的沦陷区问题开始进行研究,1990年代以后对于沦陷区的傀儡政权之研究也开始兴盛。在普遍肯定"沦陷区研究"的潜力与价值的基础上,其成果分为两类:一是沦陷区的地方经验,偏重社会史和文化史;二是沦陷区的傀儡政权,倾向于政治史或外交史,后者又不可避免地涉及抗战时期的所谓"和平运动"。⑥ 加拿大学者卜正民(Timothy Brook)《秩序的沦陷——抗战初期的江南五城》研究了中国抗战初期江南五城在沦陷之后的社会秩序问题。⑦

三

本书在主编步平先生的指导之下,由臧运祜、王希亮共同撰稿。臧运祜负担了全书的设计、规划与后期统稿工作。具体写作分工如下:

王希亮撰写关于伪满洲国及东北沦陷区的所有部分。臧运祜负责关内

---

① 罗久蓉:《她的审判:近代中国国族与性别意义下的忠奸之辨》,台北,中研院近代史研究所,2013。
② 巫仁恕:《劫后"天堂"——抗战沦陷后的苏州城市生活》,台北,台湾大学出版中心,2017。
③ 山根幸夫ほか編『〈増補〉近代日中関係史研究入門』研文出版、1997、229—275、497—503頁。
④ 许育铭:《日本有关汪精卫及汪伪政权之研究状况》,《抗日战争研究》1999年第1期。
⑤ 〔美〕约翰·亨特·博伊尔:《中日战争初期的通敌内幕(1937—1945)》(上、下册),陈体芳、乐刻等译,商务印书馆,1978。
⑥ 王克文:《欧美学者对抗战时期中国沦陷区的研究》,《历史研究》2000年第5期。
⑦ 卜正民:《秩序的沦陷:抗战初期的江南五城》,潘敏译,商务印书馆,2015。

各伪政权及沦陷区的部分,并撰写第一章后三节、第二章后两节、第五章第二节第二目、第七章第二节及第四节。徐志民撰写第六章第四节。汪朝光为第七章第五节提供初稿,臧运祜进行修改。

赵秀宁、张展、刘洁、吴文浩,分别为第三章第二节与第四节第二目及第四章第二节、第三章第三节与第四节第三目及第四章第三节、第五章第一节第二目与第三目、第五章第三节第二目及第六章第二节与第三节,提供了初稿,最后由臧运祜进行了全面加工与统一改定。

由于作者的学识有限,本书的不足之处在所难免,期待各位方家与同仁的批评与指教!

第一章
全国抗战爆发前后中国各伪政权的建立

1931年日本发动九一八事变，由此开始了从局部到全面、历时14年的侵华战争。日军侵占中国的领土之后，为达到灭华、亡华之目的，转而实行了不同于台湾殖民统治的"以华治华、分而治之"的侵华政策：在中国关内外的广袤的占领地区，扶植中华民族的各色汉奸与败类，组建了一系列在日军刺刀之下的傀儡政权，以继续实行其对于中国占领区的殖民统治。

九一八事变后，日军迅速侵占东北三省全境及内蒙古东部的部分地区，1932年3月扶植成立了以逊清皇帝溥仪为首的伪满洲国；1933年初侵占热河省与长城以北地区后，日军又将该地区划入了伪满的界内。在日本操纵下，1934年3月1日，溥仪称帝，改年号为"康德"，从此变为伪满帝国。而根据1933年5月的《塘沽协定》而形成的中国冀东的"非武装区"，则成为日本向关内扩张的基地。

1935年初开始，日军发动"华北事变"，策划华北和内蒙古西部地区的"自治运动"，企图将上述地区分离于中国本土之外。在"冀察政务委员会"成立前后，1935年11—12月间，日军扶植成立以殷汝耕为首的冀东伪政权。1936年5月扶植成立以德王为首的伪蒙古军政府。日本由"天津军"和关东军分别主持进行的上述"工作"，旨在仿效伪满而分裂华北与内蒙古西部地区。

1937年七七事变后，日军随着侵华战争的全面扩大，在中国关内的广大占领区，继续扶植建立一系列伪政权。华北方面军在北平、天津"治安维持会"的基础上，于1937年12月14日在北平（后被改称"北京"）扶植成立王克敏为首的"中华民国临时政府"，1938年1月1日该伪政府就职。关东军进占察哈尔、晋北、绥远等地的同时，于1937年9月4日在张家口成立"察南自治政府"，10月15日在大同成立"晋北自治政府"，10

月28日在归绥（后被改称"厚和"）成立"蒙古联盟自治政府"。11月22日，上述三个"自治政府"在张家口组建"蒙疆联合委员会"。1939年9月1日改称"蒙古联合自治政府"。华中方面军侵占上海、南京及华东地区之后，1938年3月28日，在南京扶植成立以梁鸿志为首的"中华民国维新政府"，其辖区主要是今江苏、浙江与安徽等省以及上海市，后随日军对于武汉、广州等城市的占领，又逐渐扩大到华中、华南的部分地区。

1938年底，汪精卫集团叛国投敌。经过日本方面的统合与协调，上述伪华北、华中两政府均同意组建以汪精卫为首的"中华民国国民政府"。1940年3月30日，汪伪国民政府在南京成立，而"华北临时政府"改称"华北政务委员会"。伪蒙疆政权亦继续维持其特殊存在。日本政府直到11月30日才对汪伪政权予以承认。

本章以下将大致按照时间和地区，分别论述全国抗战爆发前后各伪政权的建立过程。

第一节　从伪满洲国到伪满洲帝国

一　从伪满洲国到伪满洲帝国

1. 伪满洲国实施帝制

1929年，张学良继承父业后励精图治，不仅拒绝了日本对满洲权益贪得无厌的索取，而且顶住了日本的压力并排除其阻拦，毅然宣布"东北易帜"，并且加紧"满铁平行线"的修筑，加快葫芦岛港湾建设，另在体制改革、政权建设，以及民生、教育等方面也有许多建树，这使得日本人分外恼火。1930年10月，驻奉天总领事林久治郎提交了《关于我国在满蒙权益的意义》，内称："我在满蒙的权益除物资、经济上的利益外，还包括日本同满蒙的唇齿相依关系，换言之，对我国生存具有重大关系，因此，必须对满蒙予以深刻关注。更重要的是政治利益，从某种意义说，也是我国对支那全土利益之所在。"[①] 几个月后的1931年1月24日，满铁总裁松冈洋右抛出"生命线论"，他在第59次帝国议会上宣称："满蒙问题关系

---

① 「満蒙に於ける我"權益"の意義に就て」アジア歴史資料センター：レファレンスコード、B02030036300。

到我国的存亡问题,是我国民的生命线,无论在国防上、经济上均是如此。"他主张外交方针应该致力于"如何使国家的经济获得发展,徒然发出高亢的声音,引起外国的注意,是不能实现有益的目的"。① 他明确表现出强硬的态度。此后不久,松冈又在一篇文章中着重强调这一观点,必须"立足于我国生命线这一点之上,确保和死守满蒙,不必害怕任何国家和个人"。② 这就是九一八事变前日本官方抛出的"满蒙生命线论",赤裸裸地暴露了日本军政当局急欲侵吞中国东北的罪恶心理。

1931年4月,日本陆军参谋本部在情报部长建川美次少将的主持下,召集欧美课长、中国课长以及中国班长、俄国班长等要员开始了侵吞中国东北的具体策划,制定了以解决满蒙问题为要点的《形势判断》。《判断》提出要分三个步骤解决满蒙问题。第一步是建立取代张学良的亲日政权;第二步是把亲日政权从中国的主权下分离出来,建立一个"独立"国家;第三步是实现满蒙的全面占有。该文件成文后经陆军三长官会议通过,并呈报天皇批准,然后向各部队做了传达。

1931年6月,经陆相南次郎大将批准,在陆军省和参谋本部成立了解决满蒙问题秘密委员会,委员长由建川美次担当,成员有陆军省军事课长永田铁山、补任课长冈村宁次、参谋本部编制课长山胁正隆、欧美课长渡久雄、中国课长重藤千秋,因此又称"五课长会议",后来又增添作战课长今村均、编制课长东条英机,以及矶谷廉介等三人参加,故称"八课长会议"。6月19日,经"八课长会议"拿出一个《解决满蒙问题方案大纲》,该大纲计有八条,其主要内容有:

(1)"如排日行动仍有发展之势,则应预作最后必须采取军事行动之准备";

(2)"解决满洲问题,极需取得国内外之理解。陆相应通过阁议努力使各大臣了解当地之现状";

(3)"对全国国民,尤其对新闻界应使之了解满洲实况";

(4)"军事行动所需兵力,由作战部与关东军协商制订计划";

(5)"为取得国内外谅解采取之措施,应以大约一年为期,即明春以

---

① 「第59回帝国議会衆議院議事速記録」アジア歴史資料センター:レファレンスコード、A07050025300。

② 步平等编《苦难与斗争十四年》(上),中国大百科全书出版社,1995,第88、89页。

前务期周密实施之"。①

可以说，该大纲是日本军事当局决定以军事手段侵吞中国东北的纲领性文件，只是在时间设计上考虑到需要取得各方面的"理解"或"谅解"，以一年为期，比关东军实际发动事变的时间推迟了半年多。

在东北，关东军也预先策划了一系列侵吞及统治东北的方案。事变前，作战主任参谋石原莞尔曾拟订《关东军领有满蒙的计划》，设想武力占领中国东北后实施与台湾、朝鲜等地相同的统治体系，即由日本的军、政机关实行直接统治。事变爆发后的9月20日，受命到东北"约束"关东军的参谋本部作战部长建川美次少将对未来的统治方式提出建议："应推翻东北现政权，建立受日本支持的以宣统帝为盟主的政权。"② 9月22日，在关东军高级军官会议上，与会者拟定了《解决满蒙问题策案》，主张"建立受日本支持、以东北四省及蒙古为领域、以宣统帝为首领的中国政权"；"新政权"的国防、外交、交通、通信等由日本掌管，经费由"新政权"负担；起用熙洽、张海鹏、汤玉麟、于芷山、张景惠为地方镇守使。③ 10月2日，关东军将《策案》改称《解决满蒙问题方案》，其基本方针是"把满蒙作为独立国置于日本的保护之下"，"国防委托给日本"，"铁路（通信）委托日本管理"。10月21日和10月24日，在《方案》的基础上，关东军相继出台《满蒙共和国统治大纲草案》及《解决满蒙问题的根本方策》，主张"建立一个独立的满蒙国家。这个国家与中国本土断绝一切关系；表面上由中国人统一，其实权掌握在我方手中；以东北四省和内蒙古为其领域"。④

以上关东军的主张基本得到日本军政各界的赞同和支持，经过上上下下的"磨合"及磋商，日本炮制伪满洲国的方案终于出台。1931年12月23日，陆军省和参谋本部制定了《处理时局要纲草案》。其方针是，"在帝国军队的威力下，引导满蒙在本质上达到帝国保护国的状态；同时，使其在政治、经济、国防、交通、运输等关系上，体现帝国永远存立的要素

---

① 〔日〕日本防卫厅战史室编纂《日本军国主义侵华资料长编（上）》（《大本营陆军部》摘译），天津市政协译委员会译校，四川人民出版社，1987，第185、186页。
② 小林龍夫等编『現代史資料』第7卷『満州事変』みすず書房、1964、187頁。
③ 小林龍夫等编『現代史資料』第7卷『満州事変』189頁。
④ 小林龍夫等编『現代史資料』第7卷『満州事変』232頁。

的作用"。① 1932年1月6日，日本陆、海、外三省出台《支那问题处理方针要纲》，其根本方针是，"对于满蒙，期望在帝国的威力下，使该地在政治、经济、国防、交通、通信等各种关系上，体现出帝国永远存立的要素的作用"，"让纯正的帝国臣民，以顾问或其他形式参加整个中央和地方机构，以强化我国在满蒙的政治支配力量"，"满蒙的对外防卫主要由帝国担任"等。② 同年3月12日，日本政府正式通过了该要纲。于是，清廷逊帝溥仪登上了历史舞台。

早从冯玉祥发动北京政变、驱逐溥仪及清廷遗老遗少出宫肇始，日本就通过各种方式把溥仪"保护"起来，以为"奇货可居"，几年后果然派上了用场。已经成年的溥仪终日被一批复辟派缠绕，脑子里也充满了复辟大清的幻想。所以当土肥原设计将其从天津秘密护送到东北时，溥仪以为机会到来，对臣下"发誓恢复祖业，百折不挠，不达目的誓不甘休"。③ 然而，日本人最终只是让他充任伪满洲国的执政。日本炮制伪满洲国不过是建立一个为宗主国服务的傀儡政权而已，绝非帮助溥仪复辟清室。1932年3月6日，在关东军高级参谋板垣征四郎大佐的威逼下，溥仪在日方起草的《溥仪致关东军司令官本庄繁密函》（日本称《溥仪·本庄书简》）上签了字。其主要内容有："敝国关于日后之国防及维持治安委诸贵国，而其所需经费均由敝国负担"；"敝国承认贵国军队凡为国防上所必要，将已修铁路、港湾、水路、航空等之管理并新路之布设，均委诸贵国或贵国所指定之机关"；"敝国参议府就贵国之人选有达识名望者任为参议，其他中央及地方各官署之官吏亦可任用贵国人，而其人物之选定委诸贵军司令官之保荐；其解职亦应商得贵司令官之同意"等。④ 这便是后来所谓《日满议定书》的雏形，确立了伪国受控于日本宗主国操纵和驾驭的地位。1932年3月9日，伪满洲国宣布成立，溥仪极不情愿地接受伪执政这一头衔，"还梦想着真正的'黄袍加身'"。⑤ 他身边的遗老遗少，如郑孝胥、熙洽、罗振玉等人也是竭力运动鼓噪，熙洽甚至组织一伙人在"新京"（长春）一

---

① 小林龍夫等編『現代史資料』第7巻『満州事変』320頁。
② 小林龍夫等編『現代史資料』第7巻『満州事変』589頁。
③ 溥仪：《我的前半生》，群众出版社，1985，第315页。
④ 小林龍夫等編『現代史資料』第7巻『満州事変』408、409頁。
⑤ 中央档案馆等编《日本帝国主义侵华档案资料选编·伪满傀儡政权》，中华书局，1994，第148页。

座小学礼堂举行实施帝制请愿大会。溥仪也派出亲信到日本活动，央求日方同意实施帝制。

到1933年，在关东军残酷的军事镇压和政治统治下，东北的殖民统治秩序逐渐稳定，为了更有效地驾驭以溥仪为首的伪满权贵，1933年8月8日，日本内阁出台《满洲国指导方针要纲》（又称"八八阁议"），内中除了规定全面操纵和控制伪满洲国的原则以及方针外，还明确规定："满洲国以立宪君主制为最终目标，但目前仍维持现行体制，经慎重讨论后再制定正式宪法。"①1933年12月19日，关东军司令官兼特命全权大使菱刈隆将日本政府同意"满洲国"实施帝制的决定通知溥仪。12月22日，日本内阁通过《关于满洲国准备实施君主制问题》，内中提出，"目前帝国就满洲国实施君主制问题将对满洲国进行指导，除由该国制定宪法及皇室令等之外，还应根据下列要点进行准备工作，一俟完成后，再实施君主制"，"（但）必须明确，实施君主制决非由君主亲信实行独裁的清朝的复辟，而是确立新兴满洲国之国体"，"帝国对满洲国之指导方针及要领仍一如既往，不能产生任何动摇"，"君主即位宣言应特别慎重，阐明满洲国君主制之意义以及日满两国不可分之关系"等。②1934年3月1日，溥仪终于"如愿以偿"，举行了登基大典，宣布登上伪满皇帝的"宝座"，年号"康德"。但在即位讲话中却按照关东军的旨意明确宣布："执政自建国以来，深体天意之所在，致力于顺天安民之仁政，以致内政外交政绩大举，与善邻日本之友好关系更加敦厚。在此时机，即皇帝位实现建国之理想……帝制为以皇帝为中心主义政治，与皇帝被亲信所包围的独裁政治清朝复辟，断然不同。"③ 这段讲话无异于宣告溥仪复辟清室的"梦想"彻底破灭。

然而，伪国实施帝制毕竟给溥仪带来了虚荣和满足，尤其是不久后昭和天皇御弟秩父宫殿下专程来贺，以及溥仪东渡致谢，将"日满一体"、"日满亲善"的闹剧推向高潮。

1934年6月，秩父宫殿下专程前来道贺，在伪京受到溥仪一行的热情接待。秩父宫殿下特意带来昭和天皇的亲笔信，并赠送溥仪日本最高勋位的大勋位菊花大绶章，赠给皇后婉容一等宝冠勋章，对伪国实行帝

---

① 《日本帝国主义侵华档案资料选编·伪满傀儡政权》，第26页。
② 《日本帝国主义侵华档案资料选编·伪满傀儡政权》，第152、153页。
③ 『满州国史』刊行会『满洲国史』总论、第一法规出版株式会社、1973、412页。

制表示祝贺。于是,伪皇帝溥仪就自以为"有身价了","自认有了最高的权威"。①

2. 溥仪东渡

为了感谢日本把自己扶上皇帝的宝座,在日本人的安排下,1935年4月2日,溥仪率领日伪一干官员登上日本海军"比睿号"军舰,开始了为期20多天的访日旅行。对于此行的目的,溥仪的书记官、日本人林出贤次郎在访日归来的报告中指出,"第一目的是向日本皇室及其国民,对我满洲帝国之皇室及国民热诚援助、好意同情表示敬意和谢意;第二目的是表达我皇帝陛下躬亲之理想,做躬亲日满亲善之典范"。②溥仪一行到达东京后,昭和天皇亲自到车站迎接,并设盛宴招待,皇后、皇太后以及日本政府、军界要员出席作陪。在后来的活动日程中,溥仪还参拜了明治神宫、靖国神社,到医院慰问负伤的日本官兵,搀扶日本皇太后散步,溥仪"像见亲生母亲,深受感动的模样,上皇太后也同得到新的儿子一样高兴"。③溥仪一行还到京都、大阪、奈良、神户等城市出访,沿途受到日本中小学生及各界民众的夹道欢迎,并会晤了日本地方军政界要员、社会团体头面人物等。在社会各界的"热烈"欢迎和"盛情"接待中,溥仪"头脑发热","受宠若惊"。④1935年4月23日,在神户官绅各界欢送溥仪一行返回东北的宴会上,伪宫内府大臣沈瑞麟代表溥仪致"感谢词",内称,"天皇、皇后、皇太后的盛情接待,竭尽殷切之情谊,对各宫殿下的屡次设宴欢聚恳谈、亲密无间,对贵国政府设盛大宴会款待,当代元老名流竭诚礼敬,对陆海军将士、各地方官公吏、社会团体及各学校师生在辇车经过之途迎送之热烈……此乃贵国大和魂真精神之体现,更明确证实两国至厚之友好"。沈瑞麟还称,"我陛下圣怀畅聪,深为满足,坚信两国密切之睦谊永久一致,与我国臣民一同深表感激,并永远不能忘却"。沈瑞麟还在致辞中盛赞日本的繁荣发达,诸如"东京文明发达,辉煌灿烂,日新月异,

---

① 溥仪:《我的前半生》,第341页。
② 国務院総務処「皇帝陛下御訪日に関する記録」(1935年5月)、日本アジア歴史資料センター:レファレンスコード、A06033528100。
③ 『満洲国史』総論、428頁。
④ 溥仪:《我的前半生》,第342、343页。

显示维新以来建设功绩之伟大,我陛下深为感念"云云。①

　　头脑发热的溥仪飘飘然返回东北,立即召见伪满政府的各级官员,连讲话稿也不准备,就口若悬河地畅谈访日的体会,"绘声绘色地描述了日本天皇对我的招待,讲了日本臣民对我的尊敬",并乘兴大发议论,"为了日满亲善,我确信:如果日本人有不利于满洲国者,就是不忠于日本天皇陛下,如果满洲人有不利于日本者,就是不忠于满洲国的皇帝"。②

　　随之,溥仪颁布了《回銮训民诏书》,内称:"朕自登极以来,丞恩躬访日本皇室,修睦联欢,以伸积慕。今兹东渡,宿愿克遂。日本皇室恳切相待,备极优隆,其臣民热诚迎送,亦无不殚竭礼敬,衷怀铭刻,殊不能忘。深惟我国建立以逮今兹,皆赖友邦之仗义尽力,以奠丕基……朕与日本天皇精神如一体,尔众庶等,更当仰体此意,与友邦一德一心,以奠定两国永久之基础,发扬东方道德之真意……凡我臣民,务遵朕旨,以垂万祀。"③

　　溥仪及伪满大小官员自以为通过此次访日,日伪之间结成了盟邦或友邦关系,可以与日本平起平坐了,殊不知傀儡政权的根本属性全然没有任何改变,不久以后,溥仪就真正尝到了"儿皇帝"的滋味。

3. 从"友邦"到"亲邦"

　　1935 年 5 月 4 日,在溥仪《回銮训民诏书》颁布的第二天,关东军司令官南次郎对日本人官吏发出训斥,内称:"此次满洲国皇帝陛下访日……深刻认识到我国国基国本赖以奠定之真谛,圣意既定,乃颁发诏书,阐明须依赖日本天皇,精神一体,一德一心,永久不渝,借以奠定两国悠久之基础",并指示日本人官吏"鉴于身负之重任,望能上下一体,侪辈同心,增进团结,形成以总务厅长为核心的浑然一体之人和,为成就大业,恢弘皇猷而迈进"。④

　　1940 年 7 月,溥仪二次东渡访问日本,在日本人的旨意下捧回了日本的"三种神器"(复制品),决定在伪皇宫内建立建国神庙,奉祀日本神话中的天照大神,并尊为伪国的"建国元神",同时设立祭祀府,任命日本

---

① 国務院総務処「皇帝陛下御訪日に関する記録」(1935 年 5 月)、日本アジア歴史資料センター:レファレンスコード、A06033528100。
② 溥仪:《我的前半生》,第 343—344 页。
③ 『満洲国史』総論、433 頁。
④ 《日本帝国主义侵华档案资料选编·伪满傀儡政权》,第 194 页。

军人桥本虎之助为祭祀府总裁,按照日本的祭祀方式举行祭神仪式。从此,伪皇帝溥仪"每月1日拂晓的礼拜必亲书祭文参拜,从未有缺。即使时值严寒,冷风刺骨,也不着大衣而行礼"。① 同时,颁发了由日本人佐藤知恭起草的《国本奠定诏书》,内称,"我国自建国以来,邦基益固,邦运益兴……莫不皆赖天照大神之神庥、天皇陛下之保佑……回銮之吉,敬立建国神庙,奉祀天照大神,尽厥崇敬,身祷国民之福祉,式为永典……庶几国本奠于惟神之道,国纲张于忠孝之教,仁爱所安,协和所化而四海清明,笃保神庥"。《国本奠定诏书》的颁布,表明日伪政府正式承认,伪国的建立源于日本的"惟神之道",有赖日本天皇的庇佑。祭祀府总裁桥本虎之助还特意著文解释称,《国本奠定诏书》"一是明确了建国精神是皇道的延长发展;二是阐明了政教之渊源为惟神之道;三是在民族协和基础上取得精神的统一;四是强化了日满一体关系"。②

1942年12月,溥仪又以伪皇帝的名义颁发了《满洲国基本国策大纲》和《国民训》,再次确定伪国的统治理念是"惟神之道",并把"尊节义重廉耻"以及"实现大东亚共荣"等内容掺杂其中。至此,日伪之间的"友邦关系"彻底沦为"亲邦关系",用关东军安插在溥仪身边的御用挂吉冈安直的话说:"日本犹如陛下的父亲,关东军是日本的代表,关东军司令官也等于是陛下的父亲","应该把日本看成是满洲国的父亲,所以,满洲国不能和别的国家一样,称日本国为盟邦友邦,应称作亲邦"。③ 至此,伪满洲国那片薄薄的"独立"面纱也被彻底地戳穿。

二 日本对伪满洲国的统治

1. 日本政府、关东军统治东北的决策

由日本关东军一手策划的伪满洲国成立后,日本政府并没有立即宣布承认这个由本国驻外军事集团明显违反国际法而炮制的"国家"。1931年12月13日,九一八事变时的若槻内阁(民政党内阁)被取代,政友会的犬养毅内阁登上日本的政治舞台。自1927年政友会内阁田中义一上台执政以来,政友会一直"站在传统的对外强硬论的立场上,无视国际联盟和列

---

① 『満洲国史』総論、716頁。
② 『満洲国史』総論、708頁。
③ 溥仪:《我的前半生》,第358、366页。

强的干涉，积极推进满洲事变的解决，即所谓的'自主外交'路线"。① 犬养毅内阁成立的当天，发表了关于满洲事变的声明，以"马贼活跃频繁"为由承认关东军进入辽河以西地域。犬养本人则在国会讲演中称，"我国寄希望的是对既存条约的尊重，对既得利益的拥护，此乃我国策之基础……今后仍有发生几多波澜的可能，眼下，我国军将士为实现安定此根基之大目的，正在严寒环境下饱尝艰辛，对此，我政府及全体国民向他们表示深厚的敬意"。不仅如此，在这次会议上，贵族院还通过一纸《感谢陆海军将士决议》，内称，"满洲事变以来，我帝国陆海军英勇奋战，膺惩暴虐的支那军，大奏扫荡之功，保护了我同胞的生命财产，维护了我国之权益，贵族院对忠勇陆海军将士之功勋表示诚挚的谢意"。②

所以，在犬养毅内阁时期，不仅爆发了日军进犯上海的"一·二八事变"，而且积极支持关东军分裂中国本土的《满洲新国家建设计划》，以及陆、海军省同外务省协议的《支那问题处理方针》。1932年3月12日，内阁通过了《满蒙问题处理方针要纲》，表明日本政府公开站在关东军和军部的立场上，通过武力分裂中国版图，将中国东北划为日本的殖民地范畴，实行由关东军主宰的殖民统治。令政友会大员始料不及的是，他们在组阁时把"皇道派"推崇的荒木贞夫拉进内阁充任陆军省大臣，又任命以"对华强硬派"著称、曾任田中义一内阁外务省政务次官的森恪为书记官长，等于自挖坟墓，从此葬送了日本内阁的政党政治。5月15日，日本少壮派军人发动政变，射杀了犬养毅，海军大将斋藤实上台组阁，意味着日本政党内阁的结束，军人政权开始登上历史舞台，逐渐垄断日本的政治、军事、经济、文化等大权，加快了日本天皇制法西斯主义的进程。

斋藤内阁成立后，碍于国际舆论的抨击和国联调查团的介入，虽然一时没有贸然宣布承认伪满洲国，却任命了积极支持关东军侵略行径的满铁会社总裁内田康哉为外务大臣。1932年8月25日，在国会临时会议上，内田康哉公然宣称："满蒙事件是我国发动自卫权，正大光明，毫不羞耻，正像森恪先生刚才讲的那样，'对于满洲（国）问题，不是单纯承认就万事大吉了'，我国民必须举国一致，即使国家变成焦土，也要坚持主张，

---

① 『満州事変と政策の形成過程』原書房、1966、232頁。
② 「陸海軍将士に対する感謝決議」アジア歴史資料センタ：レファレンスコド、A070 50025500。

一步也不能退让，我们必须树立这样的信心！没有什么可畏惧的！"① 这就是内田康哉的"焦土外交"讲话。

1933年8月8日，斋藤内阁通过了《满洲国指导方针要纲》，其宣称，"大日本帝国对满洲国的根本方针是，根据《日满议定书》精神，使满洲国作为同大日本帝国具有不可分关系的独立国家获得进步与发展"。

"方针"之下，列有14项"要纲"，分别是：

①帝国对满洲国的指导务须顺应满洲国之社会特性……实现民族和谐与安居乐业……但期间帝国必须不断地保持发挥幕后的指导威力。

②有关满洲国的国家根本组织、国防、治安和外交事项，日满经济活动中特殊重要的基础事项，以及国本奠定的有关重大问题，务须给予积极指导。

③对于满洲国的指导，根据现行体制，在关东军司令官兼驻满帝国大使的内部统辖下，主要是通过日本人官吏进行实质性的指导。（以下略）

④满洲国以实行君主立宪制为最终目标，但目前仍维持现行体制。（以下略）

⑤（略）

⑥满洲国陆海军备保持在维持国内治安所必要的限度内。（以下略）

⑦满洲国治安的维持，鉴于满洲国成立的特殊性以及国内外情况，应特别建立调查机关，在同关东军保持联系的基础上，对于国内外各种破坏国家的行动防患于未然。（以下略）

⑧满洲国的外交政策，以确保东方和平、伸张大义于宇内的帝国外交政策为依据，并与之采取同一步调。

⑨满洲国经济政策的制定，以确立帝国对世界经济实力发展为基础，同时，为加强满洲国的经济实力而合理地融合日满两国经济为基

---

① 「第63回帝国議会（臨時）衆議院議事録」アジア歴史資料センター：レファレンスコード、A07050027300。

础。（以下略）

⑩满洲国的经济开发，以日满共存共荣为指导思想。（以下略）

⑪满洲国的交通与通讯……应在帝国之实权下，尽可能迅速地统一健全和发展各项设施。

⑫满洲国的财政……并应负责分担帝国的驻满军费。

⑬满洲国民的教化，其着眼点应该是使该国国民充分认识满洲国同帝国之不可分的关系。（以下略）

⑭满洲国的司法。（略）①

这份《方针要纲》打着"指导"的旗号，实际上把伪满洲国全面置于日本的统制之下，从伪满洲国的"国家组织"、"国防与外交"，到经济、财政以及教化等方方面面，事无巨细，都必须接受日本人的"指导"，这便是日本政府正式承认伪满洲国之前，出台的统制中国东北的决策和方针。具体解析起来有以下几个显著的特点：

一是把伪满国家的一切大权垄断在手。为此，日本政府成立了"对满蒙实行方策委员会"、"对满金融审议委员会"以及"日满产业统制委员会"等机构，规定伪满的"重要事宜须经日本内阁阁议决定"。②

二是利用日本人进行"实质性的指导"。《方针要纲》第一项指出要对伪国"发挥幕后的指导威力"。但在第三项中又明确规定，"通过日本人官吏进行实质性的指导"，即由日本人入主伪满政权，操纵一切。伪满洲国的傀儡性由此可见一斑。

三是伪满的一切必须为宗主国服务。这在《方针要纲》中处处可见，诸如"日满共存共荣"、"确立帝国对世界经济实力发展为基础"、"分担帝国的驻满军费"、"满洲国同帝国不可分"等，即把伪国紧紧地绑在日本法西斯的战车上。

《方针要纲》通过的当天，日本政府任命关东军司令官武藤信义大将为驻满特命全权大使，同时，授予关东军司令官对关东州的行政指挥监督权，使历来日本在东北的"四头政治"，即关东军、关东州、领事馆及满

---

① 《日本帝国主义侵华档案资料选编·伪满傀儡政权》，第25—28页；小林龍夫等编『现代史资料』第7卷『满州事变』589、590页。文中着重线为引者所加。

② 片仓衷『片仓衷回想の满洲国』经济往来社、1978、192页。

铁各行其是，时有摩擦的状态一统在关东军的旗下。9月15日，武藤信义代表日本政府同伪满洲国总理郑孝胥签订了《日满议定书》，标志着日本从此成为伪满洲国的宗主国，展开了长达14年之久的对中国东北的殖民地统治。

1934年5月，参谋本部出台了《对满洲国根本观念的确立》这一具有纲领性意义的文件，再次重申并深化了伪国的理念，其中包括以下几个方面。

第一，关于根本观念。

（1）满洲国构成的观念——建国精神；

（2）日满不可分之关系不能拘泥于观念性和学究性的理论，要立足在地理、历史、民族、政治事实、建国过程以及日满之间的约定等根本意义方面。

第二，关于"建国精神"。

（1）由于日军的活动赋予了扫除弊政的天机；

（2）保障平等待遇和政党权利，不分种族共患难；

（3）以道德、仁爱为基础的王道主义。

第三，同日本的关系。

（1）尊重领土权；日满亲善关系紧密化；东洋和平的基础；尊重已签订的条约、契约；确认权利和利益；确立国家防卫、人事任用、军费负担等问题；确立外交及其他的内部统辖指导权。还有，保障日本人作为构成一分子在满洲的权利和义务，与满洲各民族同一。

（2）关于帮助。尊重名目上的独立，顺应社会的特性；为强化不可分之关系，军队驻扎的永久性；日系官吏存在的合理化；外交的统制；资本及技术投入、重要产业经营；增加日本人居住者等都要加以考虑。[①]

[①] 片倉衷『片倉衷回想の満洲国』193、194頁。

参谋本部出台的《对满洲国根本观念的确立》，是对日本政府"八八阁议"的重申和补充，尤其在伪满洲国的"构成观念"上策定了一个所谓的"建国精神"。它的内涵包括：一是强调"日满不可分"，并且要求追溯到历史、地理、民族结构、政治现实，以及日本强加给伪国的各种契约等方面，从而人为制造出一个脱离历史、脱离真实的"日满不可分"之关系；二是美化日本的侵略是"扫除弊政的天机"，打着平等、仁爱的幌子自诩推行"王道主义"。事实上，日本统治期间的"王道"不过是霸道的别称。这在该文件中也充分得以证实，诸如永久驻扎日本军队，日本官吏合法存在，控制重要产业的经营权，增加日本移民、外交统制等，这些条文哪里是什么王道？分明是日本人一手遮天、独霸东北的自供状。还有一个更有力的证据，就在关东军司令官武藤信义代表日本政府与伪国签订了《日满议定书》、正式宣布承认伪满洲国的第二天，即 1932 年 9 月 16 日，日本关东军竟在辽宁省平顶山制造了骇人听闻的大屠杀惨案，3000 余无辜民众惨死在日本军人的机枪和屠刀下，这一惨案无疑是对日本宣称的"王道"最辛辣的讽刺。

包括此前以溥仪和关东军司令官名义签订的《本庄·溥仪书简》证实，从伪满洲国炮制出笼之日起，日本政府、军部、关东军就为这一傀儡政权设计了一整套无所不包的统治方策，而且不断勒紧控制伪国的绞绳，把伪满洲国牢牢操纵在宗主国的手中。

1934 年 7 月，陆军大将冈田启介取代斋藤实登台组阁。陆军省为了进一步扩大关东军在中国东北的权力，消除在东北的日本军政机关不尽统一的"弊端"，提出设立对满事务局的议案。按照这一议案，关东军司令官除兼任驻伪满全权大使外，下辖关东军参谋长、外务参事官、关东局总长，废止关东厅长官，改设关东局，行政事务对全权大使负责。同时，在内阁，陆军大臣兼任总裁，协调内阁各省（部）对"满"事务。[①] 这样，日本在中国东北的关东军、关东州、领事馆、满铁等"四头政治"均统一在关东军的旗帜下。一方面说明日本军事独裁体制的逐步完善；另一方面也形成了日本军事集团自上而下操纵和控制伪满洲国的链条。1934 年 12

---

① 片倉衷『片倉衷回想の満洲国』197、198 頁。

月26日，对满事务局正式成立。

伪满洲国炮制出笼后，出台了一部《政府组织法》，宣称该法为"治理满洲国国政的根本法，但本法将吸取人民之智慧大意，在制定满洲国宪法之时予以废除"。① 然而，直到伪满洲国垮台，宪法也没有出台。实施帝制后，日伪当局对《组织法》进行了修改，补充了有关伪满皇帝"神圣不可侵犯"、"满洲帝国由皇帝统治之"、"国务总理大臣辅佐皇帝履行职责"等内容。按照这部《组织法》，伪满名义上实行立法院、国务院、监察院、法院四权分立的制度，另设有一个参议府。修改后的《组织法》第17条规定，参议府的职责是"承皇帝咨询"，就以下内容"上奏其意见"，分别有法律，帝室令，敕令，预算及预算外国库负担契约之件，与列国交涉的条约及合同并以皇帝名义所行之对外宣言，其他重要国务等。但实际上，参议府从成立之日起，就没有真正履行过上述"职责"，既没有接受过"咨询"的记载，也没有过"上奏"的记录，不过是一副空架子。曾任伪参议府议长的臧式毅供认，"参议有提出咨问或意见时，日本人不曰既定方针，即曰国策如斯，再曰军方之指定或授意等等之答复，不得已而原案通过者屡矣。我在参议府十年余，经过案件不下数千百件，就没有否决过一个案。所谓参议府会议不过徒具形式耳"。② 1937年，伪满政府又颁布了《关于组织法的修订问题》，废除了向皇帝上奏意见的制度，规定了参议府不得干预国务院的施政。③ 参议府也就名存实亡了。

按照《组织法》规定，立法院"辅佐皇帝行使立法权"。但同参议府一样，该院只有一个虚名，从来没有出台过一项法律条款。第一任立法院院长赵欣伯于1934年10月被免职，其后再没有人继任，立法院实际上寿终正寝。

至于监察院，名义上是从事监察和审计的机关，负责维持官吏纪律，惩戒官吏贪污腐败的机构。"监察院长直属于皇帝"，"院长关于荐任官以上的进退赏罚，要经国务总理大臣奏荐于皇帝"。④ 最初的监察院长为溥仪身边的罗振玉，但上任不久就拂袖而去。1937年以后，监察院改称审计

---

① 山室信一『キメラ——満洲国の肖像』中公新書、1993、156頁。
② 中央档案馆编《伪满洲国的统治与内幕·伪满官员供述》，中华书局，2000，第79页。
③ 《日本帝国主义侵华档案资料选编·伪满傀儡政权》，第228、277页。
④ 参见"满洲国通讯社"编辑《满洲国现势》，"满洲国弘报协会"，1937。

局，成为伪国务院辖下的一个局。

执掌行政权的机构是国务院，下设民政、外交、军政、财政、实业、交通、司法、文教等部（后有所变更），外加兴安总省（蒙政部），负责运营伪国各领域的行政事务。但在这些部门之上还有一个由日本人独揽大权的总务厅，事无巨细均由日本人当家，包括伪总理大臣也不过是一个牌位。可见，所谓的"四权分立"不过是彻头彻尾的招牌和幌子，执掌伪国大权的唯有日本关东军或关东军指使的日本人。正像西方学者评论的那样，伪满洲国"就像严格按照模仿艺术栽植的小型花园一样……每棵小树都是经过仔细挑选、修剪、压长和控制，以给人某种天然树林美的幻觉……它的领导者是影子般的日本人——但他却是现实世界的一头猛兽"。①

2. 日本官吏入主各级政权

日本政府的"八八阁议"明确规定："帝国必须不断地保持发挥幕后的指导威力"和"通过日本人官吏进行实质性的指导"。所以，日本人在策划炮制伪国的同时，早已酝酿成熟一套由日本人执掌一切的参政规划，从伪中央机构到各地方政权，乃至偏远地区和民族地区，概莫例外地规划了日本人主持大政的方针、策略以及日本官吏比例等。比如，伪财政部、实业部规定的日"满"系官员比例为5:5；司法部为4:6。不久，上述三部的日系官员比例又升至60%，"满"系官员降至40%。民政、外交、文教、军政部比例为3:7。1935年以后，日系官员的比例不断上升，1932年，伪中央政府中的日系官员占全员的20%左右。到1933年5月，日系官员的总数达1233人。1935年又增至2386人，占官吏总数的48.3%。② 详见表1-1和表1-2。

表1-1 截至1934年12月伪国中央机构日"满"系官员的比例

机构名称	日本人数量	非日本人数量（包括汉、满、蒙、朝鲜、俄罗斯等民族）	总计	日本人所占比例（%）
尚书府	1	6	7	14
宫内府	12	95	107	11

---

① 〔美〕戴维·贝尔加米尼（David Beminl）：《日本天皇的阴谋》（上），张震久、周郑等译，商务印书馆，1984，第685页。
② 山室信一『キメラ——満洲国の肖像』170、171页。

续表

机构名称	日本人数量	非日本人数量（包括汉、满、蒙、朝鲜、俄罗斯等民族）	总计	日本人所占比例（%）
参议府	9	9	18	50
立法院	4	18	22	18
总务厅	111	28	139	80
财政部	117	56	173	68
交通部	71	36	107	66
实业部	87	75	162	54
民政部	161	151	312	52
外交部	51	52	103	50
蒙政部	34	38	72	47
司法部	47	62	109	43
文教部	29	50	79	37
军政部	38	71	109	35
最高法院	32	3	35	91
最高检察厅	31	2	33	94
合计	835	752	1587	53

资料来源：塚瀬進『満洲国——「民族協和」の実像』吉川弘文館、1998、43頁。表中"日本人所占比例（%）"这一栏为笔者统计。

表1-2 截至1940年4月伪国中央机构日"满"系官员的比例

机构名称	日本人数量	非日本人数量（包括汉、满、蒙、朝鲜、俄罗斯*等民族）	总计	日本人所占比例（%）	与1934年12月日本人所占比例（%）对比（增加为+，减少为-）
尚书府	2	4	6	33	+19
宫内府	35	109	144	24	+13
参议府	10	9	19	53	+3
立法院	1	4	5	20	+2
总务厅	425	106	531	80	0
治安部	156	41	197	79	+44（对比军政部）
交通部	259	36	295	88	+22
民生部	144	111	255	56**	+4（对比民政部）
外交局	52	30	82	63	+13（对比外交部）

续表

机构名称	日本人数量	非日本人数量（包括汉、满、蒙、朝鲜、俄罗斯*等民族）	总计	日本人所占比例（%）	与1934年12月日本人所占比例（%）对比（增加为+，减少为-）
司法部	63	41	104	61	+18
产业部	249	82	331	75	+21（对比实业部）
经济部	208	63	271	77	+9（对比财政部）
最高法院	17	35	52	33	-58
最高检察厅	7	15	22	32	-62
合计	1628	686	2314	70	+17

* 1935年，伪民政部中有38名白俄官员。

** 文献中原表数字为57%，此处应为56%。

资料来源：塚瀬進『満洲国——「民族協和」の実像』43页。表中"与1934年12月日本人所占比例（%）对比"一栏为笔者统计。

分析表1-1可知，到1934年末，日系官员占全员的53%。① 这其中，伪尚书府和宫内府是专门为伪皇帝服务的机构，日本人比例分别为14%和11%。由于伪皇帝溥仪是一个货真价实的傀儡，尚书府和宫内府也就没有实质性权力可言，日本人参与进来只是负监督之责而已。另外，在已经名存实亡的立法院中，日本人比例也低至18%。如果抛开这些因素，日本人在伪中央机构中所占的比例将大大超过53%。值得注意的是，总务厅的日本人比例竟高达80%，这是因为总务厅是代表关东军执掌伪国一切大权的最高权力机构，自然必须由日本人占绝对优势。

由表1-2可知，到了1940年，日本人在中央机构所占比例增加了17%。尚书府和宫内府中日本人比例上升了10%—20%，说明日本当局对溥仪的监控力度加大。总务厅仍然是80%，但各实力部门，如治安、交通、经济、产业等部门，日本人所占比例上升到70%以上。这一时期最高法院和最高检察厅的日本人比例分别降到58%和62%。这一现象并不能说明中国人在最高法院和最高检察厅中占主导地位，只能说明随着时间的推移，中国从事司法工作的专门人才有所增加，但最终决定司法结论的仍然

---

① 该数字与上文提到的日系官员占48.3%略有出入，因为包括了伪监察院日"满"系人员在内。

是日本人。

伪国成立初期日本人高级官吏名单①

总务长官：驹井德三（日本外务省顾问、关东军特务部长）

总务厅秘书处长兼人事处长：皆川丰治（司法省）

资政局长：笠木良明（满铁）（该局于1932年7月撤销——引者注）

法制局长：松木侠（满铁）

民政部总务司长：中野琥逸（律师）

民政部警务司长：甘粕正彦（退役军人），继任者：长尾吉五郎

外交部次长：大桥忠一（外务省，原驻哈尔滨领事）

外交部总务司长：大桥忠一（兼），继任者：神吉正一（外务省）

财政部总务司长：阪谷希一（拓务省），继任者：星野直树（大藏省）

财政部税务司长：源田松三（大藏省、关东厅）

财政部理财司长：田中恭（大藏省）

实业部总务司长：藤山一雄（教员）

实业部农矿司长：牧野克己（教员），继任者：松岛鉴（满铁）

交通部总务司长：森田成之（满铁）

司法部总务司长：阿比留干二（满铁），继任者：古田正武（司法省）

司法部法务司长：粟山茂二（司法省）

文教部次长：上村哲弥（满铁）

上述日本人高级官吏大体由三部分组成，一是来自满铁的人员，这些人大多参与了关东军侵略中国东北、炮制傀儡政权的全过程，居"功"进入伪满中央政权，执掌权力。二是来自日本政府的各级机构，如大藏、司法等部门，这些人具有相应的专业知识，但必须以服从关东军的旨意和决策为前提。三是居住在东北的自由职业者，如教员、退役军人等，这些人并不具备相应的专门知识，但为关东军侵吞中国东北效尽了犬马之劳，所

---

① 冈部牧夫『满州国』三省堂、1978、36页。

以也堂而皇之地摇身一变,成为伪满政府的权贵。

日本人入主伪满各级政权,除了得以全面控制伪满政权的一切运转外,还派生出一个特别的意义,即为日本后来扩大侵略战争、炮制"大东亚共荣圈"培训了"人才"。据统计,在伪满各级政权充任高官的日本人官吏共有412人,其中的72人后来登上了日本中央机构的权势位置。如原关东军宪兵队司令、参谋长东条英机,原关东军参谋长小矶国昭后来都当上日本国总理大臣;还有伪满产业部次长岸信介回国后相继任日本内阁商工次长、商工大臣等要职,战后还一度爬上总理大臣的宝座;另有椎名悦三郎、美浓部洋次、星野直树等人在战后都跃居显赫位置。七七事变后,在伪满任高官的一批日本人跟随日本军部向华北等地渗透。如阪谷希一(原伪满总务厅长)到伪蒙自治政府充当总务厅长(代理),后进入联合准备银行执纲;曾当过伪满总务厅长的大达茂雄任华北伪政权的法制顾问;伪满外交部次长大桥忠一充当伪满政权的外交次长;伪奉天总务厅长金井章次任伪蒙疆自治政府的最高顾问。所以,有评论称"满洲国是日系官僚的研修所和试验场"。①

除伪中央机构外,各伪省、市等地方机构也由日本人主政,1935年前后,关于日本人官吏在地方机构的比例情况,详见表1-3。

表1-3 截至1935年前后日本人官吏在地方机构的比例

伪省别	总人数	国籍 中国	国籍 日本	国籍 俄罗斯	日本人所占比例(%)
奉天省公署	244	134	110		45.1
吉林省公署	211	124	87		41.2
龙江省公署	180	92	88		48.9
热河省公署	123	70	53		43.1
锦州省公署	130	77	53		40.8
滨江省公署	210	117	93		44.3
安东省公署	133	78	55		41.4
间岛省公署	75	51	24		32

① 塚瀬進『満洲国——「民族協和」の実像』37頁。

续表

伪省别	总人数	国籍 中国	国籍 日本	国籍 俄罗斯	日本人所占比例（%）
三江省公署	93	55	38		40.9
黑河省公署	61	29	32		52.5
北满市公署*	42	31	9	2	21.4
"新京市"公署	74	46	27	1	36.5
哈尔滨市公署	195	126	61	8	31.3
兴安东分省公署	103	汉族1 蒙古族67	35		34
兴安南分省公署	117	汉族0 蒙古族79	38		32.5
兴安西分省公署	75	汉族3 蒙古族39	33		44
兴安东分省公署	95	汉族9 蒙古族56	27	3	28.4
总计	2161	1284	863	14	39.9
中央、地方合计	7100	3799	3249	52	45.8

* 哈尔滨市被伪满一度改称为哈尔滨特别市，后改为北满特别市等。
资料来源：山室信一『キメラ——満洲国の肖像』170、171頁；《伪满洲国官吏国籍统计表》，1935，出版者不详，存于复旦大学。

到1940年，日本人官吏在地方机构中所占比例大幅度增加，从1935年前后的40%左右增加到65%，详见表1-4。

表1-4 截至1940年4月各伪省别日本人官吏的比例

伪省别	总人数	日本人	中国人（包括汉、满、蒙、朝鲜、俄罗斯等民族）	日本人比例（%）
奉天省	300	193	107	64
吉林省	261	158	103	61
龙江省	173	94	79	54
热河省	167	103	64	62
滨江省	252	165	87	65
锦州省	159	94	65	59
安东省	168	101	67	60

续表

伪省别	总人数	日本人	中国人（包括汉、满、蒙、朝鲜、俄罗斯等民族）	日本人比例（%）
间岛省	158	106	52	67
黑河省	88	63	25	72
三江省	195	134	61	69
通化省	125	75	50	60
东安河	129	101	28	78
北安省	131	95	36	73
兴安四省	313	225	88	72
"新京特别市"	105	67	38	64
合计	2724	1774	950	65

资料来源：塚瀬進『満洲国——「民族協和」の実像』45 頁。

由表 1-4 可看出，1940 年以后，各地方机构的日本人官吏比例约占 60%，其中伪三江省的日本人官吏占 69%，黑河、北安、东安和兴安四省均超过 70%，而这些地域均属中苏、中蒙边境地区，是日本统治当局重点防范的区域，因此日本人官吏的比例明显超过内地，甚至一些省、县级机构的主官（伪省、县长）也直接由日本人担当。

3. "内部指导"与"总务厅中心主义"

1932 年 3 月 10 日，溥仪同关东军司令官本庄繁签订的《本庄·溥仪书简》，其中的第四条规定，"满洲国的中央、地方官厅采用日本人官吏，但需要关东军司令官推荐"。同年 3 月 12 日，日本内阁出台的《处理满蒙方针纲要》中也强调，"为建设和刷新新国家治安维持机关，特别要以日本人为领导骨干"。同一天出台的《伴随满蒙新国家成立对外关系处理要纲》中也指出，"在外交和内政的实权掌握上，最初要尽可能采用少数日本人官吏或顾问，并逐渐充实之"，"立即向（在东北）帝国官员通报上述宗旨，通过这些官员毫无遗憾地指导新国家"。[①] 1933 年 8 月 8 日，日本内阁的"八八阁议"更是明确规定，"帝国必须不断地保持发挥幕后的指导威力"，"主要是通过日本人官吏进行实质性的指导"。这就是日本的所谓"内部指导权"问题。应该说，这一权力的获取绝非出自伪皇帝溥仪及其

---

① 小林龍夫等编『現代史資料』第 7 卷『満州事変』494、495 頁。

伪满高官的本意，迄今为止，还没有任何确切的史料证实这一"内部指导权"是来自各类汉奸的企求。除《本庄·溥仪书简》涉及"内部指导权"问题外，日本承认伪满政府签署的《日满议定书》以及后来日伪之间签署的各类条约、契约等，均没有赋予日本"内部指导权"的字样。可见，日本人对伪满的"内部指导权"并没有任何条约的依据，只不过是日本以军事力量为后盾，单方面强加给伪国的一道紧箍咒，通过这一"内部指导权"逼迫伪国拱手把所有权力——包括疆域、资源、民众、地域安全、经济命脉、政治抉择、外交往来等让给日本。

伪满建国初期，日本人的"内部指导权"是通过"总务厅中心主义"来进行和实施的。日本统治当局将其标榜为"满洲国独特的革新组织"，即在伪国务院内设置一个总务厅，名义上属于伪国务院辖下的一个厅，负责"机密、人事、主计及有关需要的事宜"。[①] 实际上，"国家的预算由总务厅主计处管辖，官吏的人事由人事处掌理，国家的营缮需用由需用处统一调办，集中管理作为国政轴心的人、财、物三权，强化总务长官的权限，以实现施政的通畅"。[②] 可见，总务厅的权限远远超越伪国务院。因此，不仅总务厅长官必须由日本人执掌，包括各处室的官员也几乎由清一色的日本人组成。伪中央机构成立之初，总务厅下设有秘书、人事、主计、需用等四个处。随着总务厅权限的无限扩大，除已经设立的四个处外，又先后增设了官房（秘书处改称）、恩赏、法制、统计、弘报、企划、地方、情报、警务总局等处（局）及大陆科学院。其中的恩赏处负责授勋、表彰等事宜；统计处负责各种数字统计、资料整理，发布统计年报、月报等；弘报处掌管所有媒体、舆论机构，统制对内、对外宣传，报纸、广播、电影等一切文化事业；企划处负责制订涉及国计民生及产业经济的规划。日伪进入战时体制后，为了统一策划国民总动员的所有政务，将企划、地方、统计三处合并为企划局；地方处负责伪民政部地方司应该管辖的事宜，对地方行政的"改革"进行指导和监督；警务总局原为伪国务院辖下机构，从1944年起归属伪总务厅直辖。综上不难看出，除明文规定伪满的军事（国防）、外交由关东军独揽外，伪总务厅不仅管辖着伪中央政

---

① 山室信一『キメラ——満州国の肖像』176 頁。
② 『満洲国史』編纂刊行会『満洲国史』各論、第一法規出版株式会社、1971、7 頁。

府的人、财、物三权，还掌管着警察，监控意识形态领域，监督地方等一切行政大权，成为一个超脱伪国务院的权力核心。

自然，伪总务厅的一切权力是伪国的太上皇关东军授予的，它的一切运转都必须围绕着关东军的方针和决策，直接对关东军负责。为此，关东军参谋部内成立了第三课（后改为第四课），它以日本人擅权的总务厅为窗口，对伪国进行具体的"内部指导"，并规定"以后满洲国的政治、行政上的重要事项及日系官吏的采用等，必须由总务厅与第三课联系，取得关东军的承认"。① 第三课由于握有日系官员的任免大权，决定着日本人官吏的升迁罢黜，凡不听从其指挥者后果可想而知。这样，在日本国内，有军人主政的对满事务局的遥控；在东北，又有关东军无孔不入地指挥和操纵一切，形成了一个日本陆军自上而下直接操纵和运转伪满洲国的体系。

曾任总务厅次长的古海忠之在战后供认："第四课长成为火曜会的正式成员，公开出席会议；关东军参谋长可以在省长会议上发表训示。在举行国家的重大活动或仪式时，关东军司令官紧挨着皇帝坐在略下的位置上。同时，在关东军第四课，带着陈情、策动、阴谋等各种目的的来访客人陆续不断，他们对于第四课所属的参谋和课员不仅以酒食，而且为之提供贿赂和女人，丑行种种，恣意妄为"，"关东军第三课的中佐参谋花谷正曾公开在县参事官会议上说，'日本人若是有人反对关东军，就让他卷铺盖，渡过玄海滩，给我立即回去。如果中国人有人反对关东军，就是钻到地缝里，也要找出来，予以讨伐'"。②

古海忠之还供认："伪满洲国的总务厅在伪满是最高的行政机关，所有的权力都集中在这里。这个情况具体地表现在管理财政的主计处，策划政策的企画处，掌管人事的人事处，掌管法制的法制处等各处的各种方面。同时伪满总务厅也和关东军有联系，日本帝国主义侵略东北的计划、政策，是通过总务厅提供给关东军，关东军也把日本帝国主义政府的意图及关东军本身的命令传达给总务厅……从它的本质意义上来看，简单地说就是日本

---

① 〔日〕浅田乔二、小林英夫：《日本帝国主义对中国东北的统治》，东北沦陷十四年史吉林编写组译，1993，第90页。

② 战犯古海忠之供认，参见《日本帝国主义侵华档案资料选编·伪满傀儡政权》，第65—66页。

帝国主义设在伪满从政治、经济、文化方面进行侵略的指挥总部。"①

按照"总务厅中心主义"的模式，伪国务院的各部（局）也设有总务司，概莫例外由日本人充任司长，掌管该部（局）的一切大权，各部（局）长同伪国务总理一样，处在被架空的地位。各部（局）的总务司长直接对伪国务院的总务厅长负责。总务厅长根据关东军的意旨定期或不定期地召开总务厅（司）长联络会议，执行关东军的意图，讨论贯彻、落实或实施具体的措施。1941年前，这种总务厅（局）长联络会议称"水曜会"，每周二进行。1941年后改为"火曜会"，每周一召开会议。经总务厅（局）长会议决定的大政方针，再分别提交到伪国务院或相应部（局）会议进行形式上的讨论，"通过"后，呈交伪皇帝签发实施。

伪皇帝溥仪供认，"伪满总务厅次长以及日人的各伪部次长所参加的公开秘密会议，经它的决定便成为铁案，不能更动。由火曜会制定和决定后，才交伪满形式的国务院会议。经它无条件的通过后，再经伪参议府的所谓伪皇帝的咨询机关的会议无条件的通过，再由伪总理和伪议长先后分别对我作形式上的报告……经我所谓裁可以后，签名盖章，然后交由伪总务厅发布施行"。② 详见图1-1。

表1-5 日伪时期历代日本人总务厅长（长官）名簿

姓名	就任日期
驹井德三	1932年3月10日（称总务厅长官）
阪谷希一	1932年10月5日（此任后称总务厅长）
远藤柳作	1933年7月22日
长冈隆一郎	1935年5月11日
大达茂雄	1936年4月3日
星野直树	1936年12月16日（1937年后又改称总务厅长官）
武部六藏	1940年8月9日

资料来源：『満洲国史』各論、9頁。

---

① 《日本帝国主义侵华档案资料选编·伪满傀儡政权》，第309页。
② 《日本帝国主义侵华档案资料选编·伪满傀儡政权》，第337、338页。

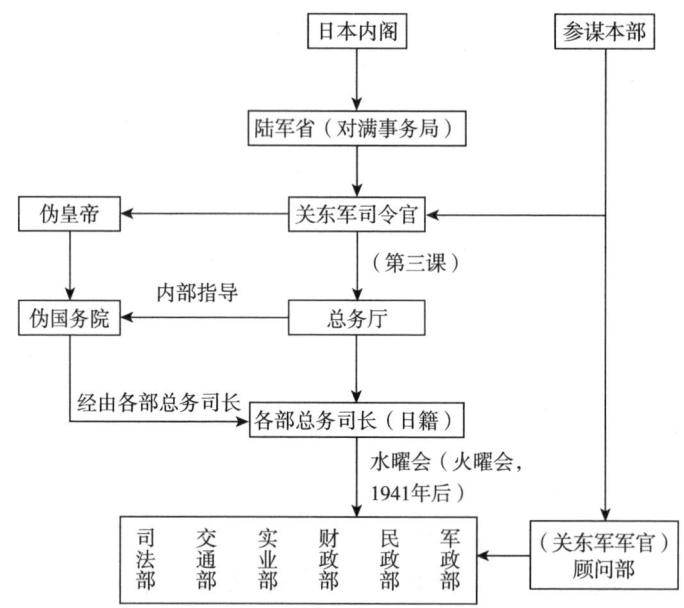

图1-1 "总务厅中心主义"模式

各地方伪政权也遵循"总务厅中心主义"的原则,各伪省、市公署均设有一个总务厅(处),由日本人出任总务厅长,控制各伪省、市的实际权力。省、市之下的县(旗)级政权实行参事官和警务指导官制度,由日本人充当参事官和警务指导官,名义上"辅佐"伪县(旗)长处理本县行政、警务等事宜,实则操纵一切,把关东军的意旨一直贯彻到基层。

第二节 七七事变以前日本在华北成立的伪政权

日本发动九一八事变以后,在1930年代中期,继续入侵中国的华北地区,制造了"华北事变",并在策划"自治运动"的同时,分别在华北和内蒙古地区成立了伪政权,企图在伪满洲国之后,建立其所谓的"华北国"与"蒙古国"。这为日本在全国抗战爆发后继续建立华北、蒙疆伪政权,奠定了基础。

一 "华北自治运动"与冀东伪政权

1. 日本入侵华北与冀东"非武装区"

1933年初,日本发动了新的入侵华北的行动,即日军所谓之"热河—

长城作战"。

　　1月1日，日本中国驻屯军的守备队在关东军的配合下，在山海关挑起了事端，3日占领了临榆城。随后不久，2月21日，关东军开始了进攻热河省的作战。23日，日本驻南京总领事上村伸一，代表日本政府向国民政府递交了一份不亚于"宣战书"的声明，内称：日军在热河之行动，"原则上仅限于满洲国领土以内，惟张学良军队等若采取积极行动，则难保战局不及于华北方面"。① 由于中国守军不战而溃，热河省主席汤玉麟弃城而逃，3月4日，日军占领承德。日本遂将热河省划为伪满洲国的一部分，终于实现了"满蒙政策"中的在九一八事变以后占领中国东北四省的目的。但日本并不满足于此，关东军迅速分兵，向长城各口推进，并沿长城一线向关内继续进攻，开始了所谓"长城作战"。

　　中国政府在热河沦陷之后，采取了"一面抵抗，一面交涉"的对日政策。北上的中央军和在当地的西北军、东北军一起，进行了艰苦的长城抗战，一度挫败了日军在滦东地区的攻势。日军在发动军事进攻的同时，派遣板垣征四郎在天津设立特务机关，开展"华北谋略"，企图以反蒋、亲日的旧北洋系人物为主，在华北五省成立所谓"新政权"。② 在上述谋略失败之后，日军加强了军事攻势，越过长城，占领了冀东地区的主要县城，以有利态势迫使北平当局与之进行谈判。在国民政府的同意之下，北平军分会派出代表熊斌等人，5月30日来到塘沽，与关东军代表冈村宁次等人进行了停战谈判。31日，中方代表在日方提前准备好的草案上签字，这就是《塘沽协定》。其内容如下：

　　（一）中国军即撤退至延庆、昌平、高丽营、顺义、通州、香河、宝坻、林亭口、宁河、芦台所连之线以西以南地区，不再前进。

　　又不行一切挑战扰乱之举动。

　　（二）日本军为确悉第一项实行之情形，可用飞机或其他方法，以行视察，中国方面应行保护，并与以便利。

　　（三）日本军确认中国军已撤至第一项协定之线时，不得越该线

---

① 秦孝仪主编《中华民国重要史料初编——对日抗战时期 绪编》（1），台北，中国国民党党史会，1981，第600页。
② 外务省编纂『日本外交文書・満州事変』第3卷、外務省、1981、857頁。

续行追击，且自动概归还至长城一线。

（四）长城线以南，第一项协定之线以北及以东地域内之治安维持，由中国警察机关任之。

（五）本协定签字后即发生效力。①

《塘沽协定》是日本从1933年初以来以军事与政治两种手段同时实施"华北政策"的结果。它本身所蕴含的日本侵华阴谋及其带来的严重后果如下。

第一，它间接地承认了日本对伪满洲国的侵占。九一八事变以来，日本迅速侵占了东北三省，并扶植和承认了伪满洲国。而作为伪满预定"版图"中的热河省，则是凭《塘沽协定》加以"合法化"的。从此，作为华北一部分的热河省，被并入了伪满洲国，而长城则成为伪满洲国南部的"边界线"。这是日本侵华的又一新步骤，并由此拉开了侵略华北的序幕。正如关东军在签约后不久分析道："该条约中特别值得注意的是第三项中使用了'续行追击'和'概归还至长城一线'。如此一来，就使前者毫无遗憾地体现出战胜者的地位，而后者则间接地提醒中国方面以长城一线作为满华国境。它与第四项中的'长城线以南'等等字句联系在一起，就剥夺了中国方面对长城线以北的发言权，从而间接地使它承认了满洲国。"②

第二，该协定规定：在长城线和中国撤军线之间的地区，中国军队"不再前进"，"又不行一切挑战扰乱之举动"，且在此维持治安的中国警察机关，"不可用刺激日军感情的武力团体"。③ 这就无异于确定该地区为中国的"非武装区"，从而使冀东地区的"非武装地带"成为日本侵略华北的基地。对此，日方亦不否认。如后来日方编辑出版的《冀东综览》一书

---

① 本协定的中文件，参见《中日外交史料丛编·日军侵犯上海与进攻华北》，台北，"中华民国外交问题研究会"，1965，第177—179页。日文文件，参见外务省编纂『日本外交年表並主要文書』下、原書房、1978、274頁；按，下文引注『日本外交年表並主要文書』时简称为『主要文書』。
② 関東軍司令部「北支に於ける停戦交渉経過概要」（1933年6月）、小林龍夫等編『現代史資料』第7卷『満州事変』512頁。
③ 《塘沽协定》第四项之后，在日文文件上有"上述警察机关，不可用刺激日军感情的武力团体"之语，但上述中文文件中无此语。

中称:"所谓停战地区,即根据《塘沽协定》而决定的中国军队非驻屯地区,是该地区的治安专门交由警察维持的特殊地带。"① 而《北支的现势》一书中也说:冀东地区"基本相当于1933年5月31日签订的日中塘沽停战协定中的所谓非武装地带"。② 七七事变之后,日本外务省在一份"绝密"的材料中亦认为:"谈到现在的华北政权成立之经过,至少要从塘沽协定的签订讲起才合适。……5月31日塘沽协定的签订,由此而奠定了今日冀东政府所占地区的基础;成立了所谓停战协定地区,亦即成立了北自延庆、昌平、通州、香河,再到塘沽以北的芦台之线与长城之间中国方面的所谓停战区。"③

因此,《塘沽协定》不应像至今某些日方史书所称的那样被看作是"满洲事变的终点",而应当是"日本继续及扩大侵略的'分离华北'的根本立足点"。④ 冈村宁次即认为该协定"是从满洲事变到大东亚战争之间我国长期对外政策中的境界点"。⑤ 堀场一雄在其战史名著《支那事变战争指导史》中反省后也认为:"国策越过了山海关,就演变为支那事变。"⑥

2. 日本策动"华北自治运动"

《塘沽协定》签订后,日本暂时停止了九一八事变以来的侵华行动。它一方面通过《塘沽协定》的诸多善后谈判,继续迫使中国华北当局做出了更多的妥协和让步,并以关内外通车、设关、通邮的实现,使中国政府事实上承认了伪满洲国的存在;⑦ 另一方面,则继续酝酿与确立新的对华政策,特别是对华北的政策。

1933年9月14日,广田弘毅出任外相。以此为契机,日本军部提出了制定新的对华政策的要求。9月22日,陆军省提出了《帝国国策》(该案修正后于10月2日再次提出),在"对外政策"部分,规定对华政策的

---

① 東洋事情研究会『冀東総覧』厳松堂、1936、1頁。
② 〔日〕北支那社编印《北支的现势》,1937,第321页。
③ 《日本外务省档案》(缩微胶卷)(Archives in the Japanese Ministry of Foreign Affairs, Tokyo, Japan, 1868-1945),美国国会图书馆复制,中国国家图书馆藏,R. WT59,IMT456,第55—56页。按,下文引注该缩微胶卷档案时,仅注其名称及所在缩微胶卷号、页码。
④ 〔日〕江口圭一:《通向卢沟桥事件之路》,中国人民抗日战争纪念馆编《中日学者对谈录》,北京出版社,1990,第91页。
⑤ 防衛庁防衛研修所戦史室『戦史叢書・大本営陸軍部1』朝雲新聞社、1967、196頁。
⑥ 堀場一雄『支那事変戦争指導史』原書房、1973、738頁。
⑦ 杨天石:《黄郛与塘沽协定的善后交涉》,《历史研究》1993年第3期。

基调是"促进并加强中国对日政策的实质性改变，以调整日中经济关系；在帝国对第三国开战时，至少要在开战之初，使中国保持一定时期的中立，万不得已之时，要在华北设立一个缓冲区（10月2日的修正案改为：在帝国遭遇危机之际，要设立广泛的亲日区域——引者注），为此要呼应中国的分立倾向，培养亲日分子，并促使其组织化"。① 9月25日，海军方面决定了《处理对华时局的方针》，提出了海军的对华政策基调是"使中国成为稳健、中立的国家，日满华三国提携，确立东洋和平的基础"，为此分别规定了"对华北方策"、"对华中方策"、"对华南方策"。② 在此基础上，斋藤实首相发明了"五相会议"的决策方式，即由内阁首相、外相、藏相、陆相、海相五大臣，自10月3日始，经过五次协商，就日本的外交方针大体达成了一致的意见。21日，五相会议正式决定的《外交方针》，首先规定了"对华方策"，即"在帝国的指导下，实现日满华三国的提携共助"，并针对华北局势的新变化，制定了一些新的对策。③ 但由于上述方针过于笼统，五相会议同时还秘密决定了"关于具体方策，应在有关各省之间随时协商的基础上加以确立"的原则。

1934年春，在因"天羽声明"事件引起的国际纠纷告一段落之后，外务省及陆、海军省的有关课长，围绕"中国问题"交换意见。6月1日外务省成立东亚局，其第一课主管中国事务。6月中旬开始，该课与陆军、海军省军务局军事课之间，经过半年多的协商，在12月7日由三省有关课长共同决定了《关于对华政策的文件》。该文件规定了日本对华政策的宗旨：（1）"使中国追随日本以帝国为中心的日满华三国的提携共助、确保东亚和平的方针"；（2）"扩张我国在中国的商权"。为了实现上述宗旨，还具体规定了各项方策的纲要。其中，既有一般性的方策，也有对于南京政权、对于华北政权、对于西南派及其他地方政权的方策，还有关于扩张商权的方策。④ 关于华北政策，该文件的目标是"要在华北地区实现南京政权的政令所不及的局面"，但由于日本方面一时难以拥有这样巨大的实

---

① 島田俊彦、稲葉正夫編『現代史資料』第8巻『日中戦争1』みすず書房、1964、11—13頁。
② 島田俊彦、稲葉正夫編『現代史資料』第8巻『日中戦争1』9—10頁。
③ 外務省記録「帝国ノ対外政策関係一件・五相会議関係」『主要文書』下、275—276頁。藏于日本外交史料馆，档案号：A.1.0.0.6-3，下略。
④ 「帝国ノ対支外交政策関係一件」第3巻、日本外交史料館藏、A.1.1.0.10。

力，因此关于当前对于华北地区的目标，规定："要使南京政权的政令在华北难以适应该地区的形势而失势。"

1935年1月12日，外务、陆军、海军三方，分别将该文件向其驻华机关进行了传达。据此，从1935年春天开始，日本关东军与驻天津的中国驻屯军互相配合，开始发动一场"华北事变"。中国驻屯军先借口"河北事件"的发生，迫使北平军分会负责人何应钦于7月6日复函中国驻屯军司令官梅津美治郎，达成了所谓《何梅协定》，中方承诺并实行6月9日酒井隆参谋长提出的各项条件。① 日本以此达到了于河北省驱逐中国国民党中央势力和中央军的目的。与此同时，关东军则借口察哈尔省发生的"张北事件"，由其奉天特务机关长土肥原贤二出马，经过与中方的谈判，于6月27日达成了察哈尔省代主席秦德纯与土肥原之间的《秦土协定》，又称《察哈尔协定》。② 据此，日本延长了《塘沽协定》的停战线至长城以北的察哈尔省境，宋哲元第二十九军等部则被迫调入长城以内的平津地区。

此外，在策动上述各事件之前的1935年4月，关东军和"天津军"就共同做出了"华北自治"的决定。据当时在关东军参谋部任职且负责华北自治电信工作的田中隆吉战后做证："自治运动的主张，是由关东军司令官南次郎和华北日本派遣军司令梅津这个时候决定的。这个运动的目的，是在内蒙和内蒙以外的华北地区制造自治政权。"③ 日本在以《何梅协定》与《秦土协定》达到了驱逐国民党中央势力于华北之外的第一个目的之后，"开始了华北五省自治运动，即使华北脱离中国中央政府的活动"。④ 当时日本所称的"华北五省"，即中国的河北、山西、山东、察哈尔、绥远省。此外，还有北平、天津二市。

7月22日，"天津军"司令官梅津美治郎被免职；8月19日，日本新

---

① 中央档案馆等编《日本帝国主义侵华档案资料选编·华北事变》，中华书局，2000，第392—394页。
② 《日本帝国主义侵华档案资料选编·华北事变》，第586—588页。
③ 鄂森：《远东国际军事法庭证据第3317A号》，中国人民政治协商会议上海市委员会文史资料工作委员会编《上海文史资料选辑》第17辑《土肥原与日本侵华》，中华书局，1964，第103页。
④ 〔日〕森岛守人：《阴谋·暗杀·军刀——一个外交官的回忆》，赵连泰译，黑龙江人民出版社，1980，第124页。

任驻屯军司令官多田骏到津上任。9月24日，多田骏在天津发表了一份声明，为"把国民党和蒋政权从华北排除出去"，对华北采取以下三点态度："（1）把反满抗日分子彻底驱逐出华北；（2）华北经济圈独立；（3）通过华北五省军事合作，防止赤化。"① 这就是《多田声明》。它并非孤立之物，其实反映了日本政府当时的对华政策。10月4日，冈田启介内阁的外务、陆军、海军三省大臣，决定了关于对华政策的谅解文书，不但追认1934年12月7日三省课长之间关于对华政策的决定继续有效，而且在新的对华政策三原则中，其第二项即规定当前"至少要在毗连满洲的华北地区，与满洲国之间进行经济与文化上的融通与提携"，第三项则规定"鉴于来自外蒙等赤化势力的威胁乃是日满华三国的共同威胁，为使中国排除上述威胁起见，在与外蒙古接壤地区，对我方所希望的各种措施进行合作"。② 此即后来日方所称的"广田三原则"，其主要是针对毗连满洲、接壤外蒙古的华北地区。10月上旬，关东军司令官南次郎在报请参谋本部同意后，正式决定"将土肥原借给天津驻屯军"；土肥原贤二以多田骏助手的名义来到了华北，"积极建立满洲所重视的亲日亲满的政权"。③ "天津军"亦由策动过"丰台兵变"且起草过上述《多田声明》的天津特务机关长大迫通贞进行策划，于22日发动了"香河暴动"。④ 到10月底，按照军部与政府制定的新的华北政策，日本一手策划的"华北自治工作"（即"华北自治运动"）已经活跃起来。

中国政府此时也迅速在华北采取了一系列军事与政治的对策。11月初，亲日派首领汪精卫在南京遇刺，此外，中国政府在英国帮助下断然进行币制改革，这就使逐渐"活跃起来"的"华北自治运动"进一步激化。因中国政府的币制改革而"受到巨大冲击的关东军及中国驻屯军，此时决心加速推进华北自治工作"。⑤

---

① 秦郁彦『日中戦争史』河出書房新社、1961、56—57 頁。
② 『主要文書』下、303—304 頁。
③ 〔日〕土肥原贤二刊行会编《土肥原秘录》，天津市政协编译组译，中华书局，1980，第39页。
④ 日本国際政治学会太平洋戦争原因研究部編『太平洋戦争への道』第3巻、朝日新聞社、1987、146 頁；《中日外交史料丛编》（4），第156—158页。
⑤ 日本国際政治学会太平洋戦争原因研究部編『太平洋戦争への道』第3巻、朝日新聞社、1987、146 頁；『戦史叢書・支那事変陸軍作戦1』朝雲新聞社、1975、52 頁。

11月11日，土肥原来到北平，向宋哲元提出了经关东军司令官批准的《华北高度自治方案》。该方案提出在华北五省建立"华北共同防赤委员会"，以宋哲元为委员长，土肥原为总顾问；截留五省之关税、盐税、统税；脱离国民政府的白银国有令，而与日币发生联系；"开发"华北矿物资源，"振兴"棉花栽培，"为确立日满华三国的经济提携而努力"，"扑灭三民主义与共产主义，代以东洋主义"。① 这是一个在政治、军事、经济、文化等方面都高度"日本化"的"华北自治"方案。土肥原还向宋哲元发出了最后通牒：限其于11月20日前宣布"自治"。此时，"天津军"司令官多田骏飞往济南，要求韩复榘响应"自治"。与此配合的是，关东军还采取了军事行动，"以一部兵力集中满、华境，用以支援华北实力人物，以便使上述政策得到彻底实现"。② 13日，兼任驻"满"大使的关东军司令官南次郎，向广田外相提出了《关于促进华北分离工作的建议》，指出，必须利用这个机会一举而坚决地进行"华北工作"，而且"现在已经出现了为坚决贯彻帝国长期坚持的华北工作的绝好无比的时机"。他还指出："华北工作的最后目的，在于使华北无论在政治上、经济上都完全脱离南京政府而自行独立。"③

但是，日本军部中央却未立即同意驻华军方的上述"华北高度自治"方案。这一方面是由于中国正在召开的国民党五全大会已形成团结抗日的形势，宋哲元虽迁就日方但仍听命于中央；另一方面也由于伦敦裁军会议即将召开，日本元老及内阁不愿因华北问题引起国际纠纷，使日本在会议上处于不利地位。因此，11月18日，外务、陆军、海军三省召开协商会议，做出了如下决定：（1）外务省速派有吉大使于19日赴南京，劝告及警告蒋介石，南京政府有必要迅速承认"华北政权的自治"；华北发生纠纷时，对于中央军的北上，日本政府断难默视；（2）"华北自治"将对国际国内带来重大影响，不能由陆军单独行事，需要实行集政府、舆论于一体的国策；关于11月20日的"自治"日期，待有吉大使劝告之后再慎重考虑，并要与军部提前联系（大致希望在11月底）；（3）关于"自治"程度，"要避免当初的过大希望，即铁路分离、关税全面独立等，要以渐

---

① 秦郁彦『日中戦争史』64—65頁。
② 《南次郎致参谋总长电》（11月12日），转引自《土肥原秘录》，第47页。
③ 『主要文書』下、309—310頁。

进完成自治，防止事态扩大"。三省决定之后，陆军次官分别训令关东军、"天津军"参谋长及北平、上海的武官，外务省也向有吉大使发出了训电。①

由于日本政府和军部中央否定了关东军的"高度自治"方案，改以渐进的"轻度自治"方针，同时又将原定的11月20日宣布自治的期限推迟到月底，这样，土肥原的原定计划就落空了。他暂时停止了对宋哲元的"工作"，转而"全力扶植殷汝耕，单独成立一个反南京政府的新中立政权"。②

3. 冀东伪政权的成立

经过土肥原等人的策划，以殷汝耕为首的汉奸，于1935年11月25日在通县成立"冀东防共自治委员会"，宣布："自本日起，脱离中央，宣布自治，树立联省之先声，谋东亚之和平。"③

"冀东防共自治委员会"以殷汝耕为委员长，另有委员8人。"根据塘沽协定特殊之区域为范围，脱离中央政府，完成人民自治"；下设秘书、保安、外务、民政、财政、建设、教育、税务管理、铁道管理各处，并在唐山市设立办事处。④ 该会成立1个月之后的12月25日，又宣布改称为"冀东防共自治政府"，仍以通县为所在地，并将冀东22县划入其管辖区域：通县、滦县、临榆、遵化、丰润、昌黎、抚宁、迁安、密云、蓟县、玉田、乐亭、卢龙、宝坻、宁河、昌平、香河、三河、顺义、怀柔、平谷、兴隆；"自治政府"设立政务长官1人、参政8人、秘书长1人，下设秘书、保安、外交3处，民政、财政、教育、建设4厅，并仍设唐山办事处。⑤

冀东伪政权的成立，使得8万平方公里、650万人口的冀东22县自此沦入日伪的统治之下。日本在此实施残酷的殖民统治，掠夺华北的重要经济资源，并进行疯狂的走私活动（所谓"冀东特殊贸易"），激起了冀东民众的不断反抗。11月26日，国民政府行政院饬河北省政府，严行缉拿殷汝耕，依法惩办，并撤销滦榆、蓟密两区行政督察专员，其一切职务由河北省政府直接处理；29日，中国外交部照会日本驻华大使，对于殷汝耕之

---

① 《日本外务省档案》，R. P63~64，PVM40，第1337—1340页；R. SP67, SP199，第639页。
② 《土肥原秘录》，第43页。
③ 南开大学历史系、唐山市档案馆合编《冀东日伪政权》，档案出版社，1992，第5页。
④ 《冀东日伪政权》，第7页。
⑤ 《冀东日伪政权》，第13—14页。

一切叛国行为，认为无效。①

七七事变后，冀东伪政权受到保安队兵变的打击，在通县宣布解体，8月迁往唐山。1937年底"华北临时政府"成立后，日军决定撤销"冀东防共自治政府"，1938年2月1日与"临时政府"实行"合流"，原冀东22县改为冀东道，并入河北省伪政权。但不久，日本又于4月后设立"冀东道公署"，延续了冀东防共自治政府所辖范围与实行政策，直到其战败投降才覆灭。②

二 "内蒙古自治运动"与察东伪政权

1. 日本的内蒙古政策与察东伪政权的建立

近代日本对于中国内蒙古地区的政策，是其大陆政策之"满蒙政策"的一个重要内容。③ 20世纪初，特别是1904—1905年日俄战争之后，日本在侵占"南满"之后，积极勾结俄国，继续瓜分在中国东北（南、北满洲）以及蒙古地区的势力范围。1907年7月30日的第一次日俄密约，双方划定了南、北满洲的分界线，日本承认俄国在中国外蒙古的特权，以换取俄国承认日本在朝鲜的特权。④ 1910年7月4日的第二次日俄密约，双方互相承认南、北满洲是各自的"特殊利益范围"。1912年7月8日，日俄达成了第三次密约，除了延长1907年密约的满洲分界线之外，又划定了双方在内蒙古的势力范围，规定："内蒙古分为两部：北京经度一百一十六分以东之部及以西之部。俄罗斯帝国政府担任承认及尊重日本在上述经度以东内蒙古之特殊利益；日本政府担任同样义务，尊重在上述经度以西之俄国利益。"⑤ 自此，日本即将其被俄国"承认"的内蒙古东部地区作为其势力范围和权力地区。

民国初年开始，日本积极策划"满蒙独立运动"，加速推进包括内蒙古东部地区在内的"满蒙政策"。九一八事变后，日本侵占东三省，在内

---

① 秦孝仪主编《中华民国重要史料初编——对日抗战时期 第六编 傀儡组织》（2），台北，中国国民党党史会，1981，第190、194页。
② 《冀东日伪政权》，第85页。
③ 关于近代日本"满蒙"政策的演变，参见薛子奇、刘淑梅、李延龄《近代日本"满蒙政策"演变史》，吉林人民出版社，2001。
④ 步平：《东北国际约章汇释》，黑龙江人民出版社，1987，第318页。
⑤ 步平：《东北国际约章汇释》，第509页。

蒙古东部地区设立属于伪满洲国的"兴安省";又在夺取了热河省之后,于1933年5月3日,增设伪满洲国的"兴安西省"和"热河省",从此,内蒙古东部地区彻底沦入日伪统治之下,实现了日本近代以来侵略东蒙的野心。此外,在《塘沽协定》签订后,日本借德王在内蒙古地区已经煽起的"内蒙古自治运动",开始了进窥内蒙古西部地区的所谓"内蒙工作",并成为其"华北政策"的重要内容之一。

1933年7月16日,关东军参谋部提出了《暂行蒙古人指导纲要案》,目的是使西部内蒙古及外蒙古"转向亲满亲日"。其指导方针是:"在西部内蒙古,排除苏中两国势力的影响,促进建立自治政权;在外蒙古,使其逐渐脱离苏联的羁绊,转向亲日满。"①7月26日,德王在百灵庙召开了第一次"自治会议",9月又召开第二次会议。10月,关东军派承德特务机关长松室孝良,在多伦召开所谓"蒙古王公大会",德王亦派代表参加。②此次会议之后,松室孝良认为"与其操纵此辈蒙旗,倒不如进而建设蒙古国",遂将其想法草成《关于蒙古国建设的意见》,同时还整理了一份《蒙古人实权者名单》,③从而将日本拟在西蒙地区建立"蒙古国"的构想正式表露出来。其所谓"蒙古国",包括察、绥两省的长城以北全部地区以及"察哈尔省口北道"与"山西省雁门道",以三年为"建国准备"期,并拟定了"国家组织大纲、国号、元首、首都"等。

德王在推动蒙古"自治运动"时,不断争取日本方面的支持。日本关东军特务亦将工作重点逐渐转向了拉拢德王。④为了进一步统一与指导"内蒙古工作",1934年1月24日,关东军参谋部决定了《对察施策》,⑤除提出"继续依据7月16日既定方针对察哈尔省进行工作"外,"要以察东及锡林郭勒盟为目标,使其自发地形成与满洲国以及在经济上密不可分的行政地域;在有利于满洲国统治及国防的同时,还要使其成为对华北及外蒙古各种施策的根据地",并且"以进行经济、文化方面的工作为主,将来随形势将向西方扩张"。这就把日本的内蒙古政策进一步

---

① 島田俊彦、稲葉正夫編『現代史資料』第8卷『日中戦争1』447—448頁。
② 卢明辉:《蒙古"自治运动"始末》,中华书局,1980,第39页。
③ 島田俊彦、稲葉正夫編『現代史資料』第8卷『日中戦争1』449—464、465—467頁。
④ 卢明辉:《蒙古"自治运动"始末》,第59—60页。
⑤ 島田俊彦、稲葉正夫編『現代史資料』第8卷『日中戦争1』468—471頁。

压缩为：先以察东和锡盟为目标进行经济文化"工作"，且使之成为实施对华北政策的根据地。2月，转任齐齐哈尔特务机关长的松室孝良，又起草了以察哈尔省北部和外蒙古地区作为占领地统治的《满洲国邻接地区占领地统治案》，① 扩大了他之前所提的"蒙古国"方案，并对"蒙古自治国"做了更具体的规定。

1934年，日本在察东地区扶植李守信，在锡盟拉拢利诱正致力于蒙古"自治运动"的德王。4月23日，根据国民政府公布的《蒙古地方自治方案》，蒙古地方自治政务委员会（简称"蒙政会"）在百灵庙正式成立，德王以蒙政会秘书长之名掌握实权。从此，德王"就成为日寇的主要拉拢对象了"。② 德王亦加紧寻求日本的支持。此前，他在长春的代表，曾向日本关东军提出了借款100万元的要求，并向日方解释说："将来蒙古依靠日本援助，将形成察哈尔、绥远、外蒙古一体化的独立国家，此款用于建国准备（用50万元从日本购入武器，50万元培训人员）。"关东军回复大体同意借款的要求："经调查明确上述意见代表全部锡盟"，并且"对于贷款者、时期、抵押物以及秘密处理（例如：规定所有的矿山、铁道、通信、航空、贸易等项，不经日满两国许可，不许让与第三国）等问题进行慎重研究"。③ 日本提出的借款条件，特别是"秘密处理"的规定，反映了其对德王有更大要求。11月，关东军派土肥原贤二到苏尼特右旗，以拉拢德王进一步投靠日本。土肥原还替德王查清了韩凤林系被蒋系特务暗害，以此进一步离间德王与蒋介石的关系。④

在察东，1934年8月13日再占多伦后，关东军继续扶植其长期豢养的李守信伪军，将几乎全部由汉人组成的该部伪军，逐步替换为蒙古族人，并于9月22日将多伦划为"察东特别自治区"，自行任命李守信为"行政长官"。察东伪政权的建立，成为日本"坚定的内蒙工作据点"。⑤

---

① 島田俊彦、稲葉正夫編『現代史資料』第8巻『日中戦争1』472—485頁。
② 德穆楚克栋鲁普（德王）：《抗战前我勾结日寇的罪恶活动》，中国人民政治协商会议全国委员会文史资料研究委员会编《文史资料选辑》第63辑，中国文史出版社，1979，第12页。
③ 《驻长春菱刈大使致广田外相电》（4月5日），《日本外务省档案》，S235，S5160—34，第19页。
④ 卢明辉：《蒙古"自治运动"始末》，第85—86页。
⑤ 《土肥原秘录》，第122页。

它是日本在华北最早的伪政权，并为随后在冀东扶植伪政权，提供了一个先例。

2．"内蒙工作"与"内蒙古自治运动"

在1935年的"华北自治运动"过程中，还有一个本属此次运动的重要内容而不应被忽略的"内蒙古自治运动"。日本方面一开始就将"内蒙工作"和"华北工作"分别加以推进。"华北自治运动"主要是由"天津军"主持进行（土肥原也是从关东军"借调"来的），而关东军则居于"所谓旁系地位"，出于"友军立场"而来支援的，① 但"内蒙工作"则基本上是由关东军一手操纵的。

日本的"内蒙工作"，"从1935年4月前后起，逐渐活跃起来"。② 此前，关东军先以"大滩口约"解决了"察东事件"，从而"援助德王内蒙自治工作"。③ 5月，关东军的副参谋长板垣征四郎携第一课长石本寅三、参谋田中隆吉等人，在乌珠穆沁会见了德王，向其转达了支持的意向。此后解决了"察哈尔事件"的《秦土协定》，同样也是"具有支持德王意义的工作"。④ 通过这一系列的"工作"，日本与德王建立了密切联系，企图以帮助其实现"蒙古自治"为借口，推进日本既定的"蒙古国"阴谋，并配合"华北工作"的进展。

7月25日，关东军参谋部制定了《对内蒙施策要领》，规定的"方针"是："首先要扩大并加强内蒙古的亲日满区域，随着华北工作的进展，使内蒙独立于中央；施策的重点是多伦及西苏尼特方面。"为此，关东军"应加强军事、政治工作及文化、经济措施"，并为这些"工作"具体而详细地规定了"进度表"。在"政治工作"中规定，在察哈尔省"要进行指导加强德王、卓世海、李守信的实力，且使他们密切联合起来，排除汉人势力"；在绥远省，"随着特务机关的开设，要使傅作义明确其态度、真意，如果他没有诚意，就打倒他"；还规定内蒙古"独立"的时期，"在情况有利时，可选定在河北省独立时；原则上应在河北、山东、山西独立时期的前后

---

① 『主要文書』下、320頁。
② 島田俊彦、稲葉正夫編『現代史資料』第8卷『日中戦争1』612頁。
③ 《土肥原秘录》，第123页。
④ 『戦史叢書・支那事変陸軍作戦1』61頁。

付诸实施"。① 这是在新的形势下，关东军实施内蒙古政策的具体指导方针。从其"施策"的察哈尔与绥远两省范围来看，本应成为"华北五省自治"的一部分，日本却有意将其作为"内蒙工作"，而与其"华北工作"相呼应。8 月 28 日，陆军省中央部就华北与内蒙问题向关东军发出了指示，对于其"对华北与内蒙的关心与热情表示极大谅解"，并请其在具体施策上对下列问题加以考虑：（1）对华北要充分尊重"天津军"的立场，并注意使外务省充分活动；（2）关于对内蒙古政策，"仍然坚持既定方针，不要急于树立独立政权，依目前形势，主要应将重点指向文化、经济工作，以达到目的"；（3）关于华北经济"开发"，关东军也要与"天津军"合作，并尽可能地予以支持。② 军部的指示，主要是为了让关东军支持"天津军"的"华北工作"，而不急于推进"内蒙工作"，也就是要首先保证完成"华北工作"。

根据上述政策，关东军加强了对德王的"工作"。9 月，板垣征四郎专程到锡盟会见德王，德王提出了希望日本帮助他早日实现蒙古"建国"的愿望，板垣答应派 3 个顾问来帮助他。③ 12 月，正当华北形势危急之时，德王应关东军之邀，去长春与关东军首脑（司令官南次郎、参谋长西尾寿造、副参谋长板垣征四郎等人）进行密谈，商定由日本帮助其先在内蒙古促成"独立"局面，然后再建立"蒙古国"，为此关东军支援德王 50 万元和 5000 支枪。④

在对德王进行"工作"的同时，关东军还"期望一举推进内蒙工作，使李守信占据口北六县，代替中国保安队，使此地区成为内蒙自治政府的基地"。⑤ 于是，日本支持李守信的伪蒙军，再次制造"察东事变"，占领察东八县。土肥原趁机再次胁迫秦德纯，达成了第二次协定，强行将原协定线延长到张家口以北的察哈尔、绥远两省境的长城线，同时使蒙古保安队进入口北六县，从而控制了察哈尔省长城以北全部地区，为建立伪蒙政权打下了基础。土肥原认为"这是关东军在内蒙工作上的一大转机"。⑥

---

① 島田俊彦、稲葉正夫編『現代史資料』第 8 巻『日中戦争 1』492—500 頁。
② 島田俊彦、稲葉正夫編『現代史資料』第 8 巻『日中戦争 1』501 頁。
③ 卢明辉：《蒙古"自治运动"始末》，第 92 页。
④ 卢明辉：《蒙古"自治运动"始末》，第 94—95 页。
⑤ 《土肥原秘录》，第 131 页。
⑥ 《土肥原秘录》，第 139 页。

关东军此时之所以不惜违背军部的上述指示，而积极支持李伪军发动"察东事变"，因为这是其"在一举推进蒙古工作的同时，呼应华北工作而促使宋哲元下定决心的工作"。① 1935年，日本的所谓"内蒙工作"是伴随着"华北工作"而进行的，同时，它又配合了"华北工作"。两者相互交融的关系说明，它们本是日本发动"华北事变"带来的同一个"华北问题"的两个方面，而并非日本所谓的对立有别的两项"工作"。

3. "绥远工作"的开展及其失败

1936年初以后，日本在策划"华北独立"的同时，仍以关东军为主，加紧策动内蒙古"独立"。关东军根据《第一次处理华北纲要》的限定，转换方向，积极推进以"内蒙工作"为中心的"西北工作"，企图建立从伪满洲国到土耳其斯坦，并与德国相接的亚欧"防共走廊"；并在《1936年关东军谋略计划》中划定了"西北工作"的内容主要有：青海工作；新疆工作；设立联系亚欧的航空基地；外蒙工作；西蒙工作；内蒙工作；对中国工作；对东北军及陕西省驻军的工作。② "内蒙工作"已成为关东军"西北工作"的核心，这是日军战略目标的重大转变。

4月，日本操纵德王，召开了所谓的"蒙古建国会议"。5月12日，又帮助德王在化德（嘉卜寺）成立了以其为总裁的"蒙古军政府"。至此，关东军认为，"如对其加以妥善诱导，必将使我西北施策出乎意料地获得迅速健康的发展"。③ 此后，中国的绥远省（内含西部内蒙古的乌兰察布盟、伊克昭盟）即成为日本继续完成"蒙古建国"，全面实现"内蒙工作"乃至进行"西北工作"的下一个战略目标。

1936年夏，日本军部确立"南北并进"的战略之后，绥远省又成为其"北进"的前沿阵地。8月11日，日本政府决定的《第二次处理华北纲要》中，已将原属于"华北政策"的"内蒙政策"正式分离出来，不再详述，而且要求"在工作时，尽量秘密地在内部进行，注意协调对苏政策与对华政策"。④ 这表明此后的"内蒙政策"，已作为与对苏、对华政策相

---

① 『戦史叢書・支那事変陸軍作戦1』、62頁。
② 島田俊彦、稲葉正夫編『現代史資料』第8巻『日中戦争1』540—546頁；秦郁彦『日中戦争史』110—112頁。
③ 島田俊彦、稲葉正夫編『現代史資料』第8巻『日中戦争1』554頁。
④ 島田俊彦、稲葉正夫編『現代史資料』第8巻『日中戦争1』367頁。

协调的日本对外政策。这是日本"内蒙政策"的一个重大变化。而这一变化，又与日本正在加紧与德国签订"防共协定"这一对外方针，有很大关系。①

"绥远工作"就是在这一大背景下产生的。据具体参与这一工作的日军特务机关供认："该工作一直是关东军参谋部第二课的谋略，而由当地特务机关长负责实施，而且其发动时机和实施纲领均由该机关长决定。经费问题，凡与军政府有关的部队，从关东军机密费中开支，谋略部队则由板垣参谋长和田中隆吉参谋亲手支配，10月，田中携带60万元，又从板垣手中转交来50万元。"②关东军参谋部后来也承认："从1936年4月起，本军就决定积极充实内蒙古军，在把军政府迁往德化的同时，又从本军及满洲国支付月额约30万元的补助经费，决定编成13000名内蒙古军。"③日本海军部门提供的情报也认为："陆军中央当局事先已得知本项计划的大概，不能不断定它采取了默认的态度。"④可见，所谓"绥远工作"，是在日军一手策划和支持下发动的。

9月底，在开始南京谈判且中国驻屯军已在华北采取行动时，关东军司令官正式批准了由内蒙特务机关长田中隆吉参谋此前酝酿起草的《绥远工作实施要领》，决定由日本特务组织所谓"谋略部队"，先行进犯绥远，伪蒙军随后发动进攻，一举占领绥远省。⑤ 10月，田中隆吉抵达化德，任特务机关长，同德王举行军事会议，确定此次侵绥行动的目的是"打倒傅作义"。⑥

中国军民同仇敌忾，奋起发动绥远抗战，于11—12月成功地进行了红格尔图、百灵庙、锡拉木伦庙等战役，打退了日伪军的进攻，收复了失

---

① 日、德签订"防共协定"的谈判始于1935年5—6月。1936年11月25日，两国在柏林正式签署《反共产国际协定》。关于该协定及其附属议定书、秘密附属协定，参见『主要文書』下，352—354頁。
② 島田俊彦、稲葉正夫編『現代史資料』第8巻『日中戦争1』563頁。
③ 島田俊彦、稲葉正夫編『現代史資料』第8巻『日中戦争1』612頁。"德化"系日伪后来改称，原为"化德"。
④ 島田俊彦、稲葉正夫編『現代史資料』第8巻『日中戦争1』628頁。
⑤ 『戦史叢書・支那事変陸軍作戦1』112頁；又参见卢明辉《蒙古"自治运动"始末》，第145—146页。
⑥ 《傅作义生平大事纪要》，全国政协文史资料研究委员会编《傅作义将军》，中国文史出版社，1993，第449页。

地。绥远抗战的彻底胜利，挫败了日伪迅速建立"蒙古国"的阴谋，日本被迫在"内蒙政策"上改用退却方针。同时，绥远抗战极大地鼓舞了中国军民，促进了全国团结御侮形势的迅速形成，从而有力地支持了国民政府对日谈判的坚定立场。因发生绥远事件，12月7日，南京政府主动中止了与日方的外交谈判，并间接地否定了日军在华北与宋哲元签订的所谓"协定"。

中国绥远抗战的胜利以及西安事变的迅速和平解决，使得战前日本对华政策的实施遭受了重大的挫败。

第三节　全国抗战爆发后日本在华北、华中扶植的伪政权

全国抗战爆发后，日本随着侵华战争的加剧，陆续在华北、内蒙古、华中地区，分别扶植、建立了多个伪政权。

一　"华北临时政府"

七七事变之后，日本不再打着"不扩大"和就地解决"华北事变"的幌子，走向了以"中国事变"为名的全面侵华战争。随着日军对于华北地区的占领，日本加紧在华北各地扶植傀儡政权。

1. 北平、天津"维持会"及其联合会

1937年7月29日，日军占领北平之后的当晚，北平特务机关长松井太久郎大佐与北平使馆陆军助理武官今井武夫少佐，即策划组织成立"北平地方维持会"，还为其拟订了"简章"，并选定了曾经代理过北洋政府国务总理的江朝宗。30日，"北平地方维持会"在中南海怀仁堂召开成立大会，推定江朝宗任"主席"。但江氏迟至9月9日才到会就职。

"北平地方维持会"成立后，在江朝宗以下，实行委员制。日军为此设立了北平陆军机关政治部（以笠井半藏少佐为主任），对其进行指导。同时，还配备了13人之多的日本顾问团。这些日本顾问，又分别在"维持会"各专门委员会的各组担任专门的顾问：第一组（社会，粟屋秀夫、守谷猛雄、今村均廉）、第二组（经济，余村实、林龙喜）、第三组（公安，笠井半藏、赤藤庄次、川上信）、第四组（交通，佐谷台二、松尾宋

太郎、村田直名）、第五组（文化，西田井一、武田熙）。①

7月30日，天津沦陷。8月1日，在天津成立了以高凌霨为"委员长"的天津"治安维持会"。它是由日本的中国驻屯军特务机关长茂川秀和少佐扶植起来的。该机构成立后，天津日军特务机关是它的总指挥，事无巨细都得经过特务机关的决定才能付诸实施。而对日常工作的监督，则由日本特务机关派出顾问及顾问辅佐官执行。此外，在各个行政部门还派有日籍工作人员若干。对于特殊或主要机构，则派有日本现役军人担任顾问。②

从北平、天津的"治安维持会"开始，"随着战事的发展，扶植汉奸不肖分子组织'治安维持会'，先行恢复占领区秩序，便利军事进行，以待正式政权之筹组，成为日军在抗战期间军政交替之行为模式"。③ 继平、津之后，日本在河北、山西、山东、河南等省的占领区，陆续组织了数十个"维持会"。

9月22日，在日军的策划下，"平津地方治安维持会联合会"在天津宣布成立。该联合会不但包括了北平、天津的两个"治安维持会"，而且还有此前早已成立的"冀东政府"，由三方各派代表组成。天津代表为高凌霨、钮传善，北平代表为冷家骥、周肇祥，冀东代表为任国梁，其中，以高凌霨为首席代表。该会下设秘书局作为办事机构，处理一切事务，局中配有日本顾问和"嘱托"。12月14日，"华北临时政府"成立之时，该联合会宣布结束，所管事务均移交"临时政府"办理。④

2. "中华民国临时政府"

日本在平、津与各占领区扶植汉奸政权的同时，就准备在华北地区扶植伪政权。这项工作主要由日军华北方面军的特务部负责具体进行。

日本定名为"华北事变"之后，1937年8月10日，参谋本部制订了

---

① 臼井勝美等編『現代史資料』第38卷『太平洋戦争4』みすず書房、1972、616—617頁。
② 王仕任：《汉奸组织——治安维持会》，文斐编《我所知道的伪华北政权》，中国文史出版社，2005，第151—157页。王仕任时任中国驻屯军司令部的"嘱托"，负责日军特务机关与天津"治安维持会"之间的联系与翻译工作。
③ 秦孝仪主编《中华民国重要史料初编——对日抗战时期 第六编 傀儡组织》（1），第5—6页。
④ 中国第二历史档案馆编《中华民国史档案资料汇编 第五辑第二编 附录》（上），江苏古籍出版社，1997，第18—20页。

《处理华北事变纲要》，指出：处理华北事变的方针是"尽可能首先迅速解决华北问题，以便于促进日中全面问题的解决。日中全面问题的解决，在于使中方放弃其抗日政策、实现日满华三国提携共荣；华北问题的解决，在于使其成为实现三国提携共荣的基础，在华北出现南京政府主权下的真正明朗的地区"；"大致以河北省北部及察哈尔省为范围，作为期望实现明朗化的地区"。① 对此，陆军省随后也提出了具体的政策。8月12日，陆军省制订了《指导华北政务纲要》，规定指导华北政务的要领是："综合指导作战后方地区（包含冀东）的各种政务事项，使该地区成为实现日满华提携共荣的基础。"还规定了在该后方地区设立政治机关、进行经济开发、清除"不良分子"、普及文化设施等工作的纲要。② 受到军部指示的影响，九一八事变以来一贯对于华北特别关心的关东军，则于8月14日决定了《对于时局的处理纲要》，提出："处理时局的根本政策在于，重点是首先根本解决华北问题，并借机与中央政权进行调整，彻底使用武力、惩罚南京政府，集中一切兵力消灭北上的中央军，摧毁其抵抗的意志，从而使时局迅速结束。"并特别规定了"对华北政权的措施"，提出其最终目标是实行五省"联省自治"，先在河北及山东二省实行"联省自治"，组成一个政权，其领导机关设于北平，将来把山西省并入，但冀东的现状不变。③

随着华北战事的不断扩大，8月24日，日本决定在中国驻屯军的基础上增派兵力，编组华北方面军。31日，军部下令正式组建华北方面军，下辖第一军、第二军，共8个师团。同时，陆相与参谋总长商定将前述《指导华北政务纲要》下达给方面军司令官执行。华北方面军司令部成立后，在"参谋部"之外，又专门设置了"特务部"。9月4日，华北方面军司令官寺内寿一大将到达天津，即训令特务部长喜多诚一少将：指挥所属部员，对军方作战的后方地区（包括冀东）执行有关政务事项，统辖中国方面的机关，为使该地区成为实现日、"满"、华合作共荣的基础而进行各项工作；前项工作暂依据8月12日陆军省起草的《指导华北政务纲要》。9

---

① 『戦史叢書・支那事変陸軍作戦1』251—254頁。
② 『戦史叢書・支那事変陸軍作戦1』254—255頁。
③ 臼井勝美編『現代史資料』第9巻『日中戦争2』みすず書房、1964、29—32頁。

月6日，方面军的参谋长又向喜多诚一下达了具体的指示。①

9月25日，华北方面军特务部制订了《关于建立华北政权的方案之一》，其要点为："随着时局的发展，要及时在华北建立以防共亲日满为其政纲的政权"；"当占领河北省大部之时，即建立察哈尔省政府、河北省政府、天津市政府及统一的华北政权（加强北平市政府）"；"各省、市政府的组织，大致援用原来的组织标准"；"使各政府聘请少数有力的日本人担任顾问"；"当能包括山西及山东时，即扩大为统一政权"。此外，还研究了在新政府中可以利用的人物。在10月22日的特务部首脑会议上，决定为了根本解决"中国事变"，以在华北建立的新政权作为"真正的中国政权"，而与南京政府断绝关系；新政权的政体为民主制，最初实行委员制，但尽快转为总统制；以王道和道教的新（亲）民精神为其指导思想。随后经过多次具体研究，特务部终于制订了《华北政务指导计划案》，并于11月28日向东京军部中央进行了汇报。② 12月28日，华北方面军特务部在其《华北政权建设研究》中指出：其所提倡的新政权不是华北地方政权，而应是取代南京政府的"中央政府"，其政令在日军势力范围内所属全部地区普遍施行。③ 至此，日军关于组建华北伪政权的目的，已昭然若揭。

与此同时，喜多诚一还亲自出马，企图在华北网罗一些所谓"一流人才"的汉奸，来组建伪政权。他先是选择了曾在北洋政府担任过重要职务的靳云鹏、吴佩孚、曹汝霖等人，进行劝诱，但是这些人均避而不出。最后他只好选择了逃居香港的王克敏。④ 王克敏在日军保护下，于12月7日来到北平之后，即在喜多等人的支持下，加紧进行组建华北伪政权的准备工作。

他们先是炮制出了一份《中华民国临时政府组织大纲》，规定该政府设立行政、议政、司法委员会，分别行使中华民国之行政、立法与司法权，而以行政委员长代表"中华民国临时政府"。⑤ 随后，他们开始物色政府各委员会及部门的人选，并拼凑了一个以北洋政府旧官僚为首的政府

---

① 日本防卫厅战史室编《华北治安战》（上），天津市政协编译组译，天津人民出版社，1982，第49—51页。
② 『戦史叢書・支那事変陸軍作戦1』447页。
③ 《华北治安战》（上），第53—54页。
④ 张炳如：《华北日伪政权的建立和解体》，文斐编《我所知道的伪华北政权》，第3—5页。
⑤ 《中华民国史档案资料汇编　第五辑第二编　附录》（上），第21—22页。

班子。

经过一番紧锣密鼓的筹备工作,"中华民国临时政府"原定于1938年1月1日宣布成立,但由于日军在1937年12月13日攻陷了中国政府的首都南京,于是乃命其于12月14日在中南海居仁堂匆匆举行成立典礼,宣布以北洋政府时期的"五色旗"为"国旗","卿云歌"为"国歌",改"北平"为北京并定为"首都"。在同日发表的《成立宣言》中称:"旨在恢复民主国家……同时绝对排除共产主义,发扬东亚道德,辑睦世界友邦,开发产业,使民生向上,厘定权责,使中外相安。"12月31日,又分别公布了"临时政府"的行政、议政、司法委员会的组织大纲。①

1938年1月1日,"中华民国临时政府"各委员会、各部的官员,在北平外交大楼举行了就职典礼,4日开始办公。

"华北临时政府"成立之后,其内部机构多有变迁。至1939年4月,其组织系统大致如下:议政委员会,下设秘书厅;行政委员会,下设内政部、财政部、治安部、教育部、实业部、法制部、外务局、建设总署;司法委员会,下设秘书厅、最高法院、公务员惩戒委员会、法制修改委员会。此时,其施政方针如下:"一、内治政策,二、经济政策,三、东亚政策,四、对外政策,五、防共政策。"② 据来自1939年1—4月《新民报》的摘辑,当时华北伪政权的主要官员如下:(1)议政委员会,委员长汤尔和,委员王克敏、朱深、董康、齐燮元、王揖唐(以上五人为常委)、江朝宗、高凌霨、马良;(2)行政委员会,委员长王克敏,秘书长祝书元,内政部部长王揖唐、财政部部长汪时璟、实业部部长王荫泰、法制部部长朱深、治安部部长齐燮元、教育部部长汤尔和;(3)司法委员会,委员长董康,委员吕世芳、张乘运、朱熙年,最高法院院长董康,公务员惩戒委员会委员长董康。③ 此外,华北伪政权还在其辖区内,相继建立多个地方伪政权,计有:河北、山东、山西、河南4个省公署,北平、天津、青岛3个特别市公署,24个道公署,8个普通市公署,329个县公署,以

---

① 《中华民国史档案资料汇编 第五辑第二编 附录》(上),第20—24页。
② 秦孝仪主编《中华民国重要史料初编——对日抗战时期 第六编 傀儡组织》(3),第127—128页。
③ 《日本帝国主义在中国沦陷区》,第184—186页。

及威海、龙口特别区公署，苏北行政公署。①

"临时政府"成立后，1938年1月20日，华北方面军司令部由天津迁往北平，以加强对于该政权的指导和支持。日本方面通过对华北伪政权派遣大量"顾问"的方式，加强对其的指导和控制。为此，4月17日，华北方面军司令官寺内寿一与王克敏签订了关于"临时政府"顾问的约定、附属约定及协议事项，规定在"临时政府"的行政、法制、军事、地方等部门，分别配置日本顾问及其辅佐官，计在议政及行政委员会置行政顾问1名、辅佐官约5名；在议政及行政委员会法制部置法制顾问1名、辅佐官约4名；在行政委员会治安部置军事顾问1名，辅佐官约4名；在省公署及特别市公署置地方顾问各1名，辅佐官约4名。这些顾问均系日本军人出身，归日本华北方面军特务部长指挥，但其活动经费则由"临时政府"来承担；中国官员如遇到日本顾问担任之重要事项，应对该顾问"率直相谈，再行办理"。除了以上政府行政部门的顾问之外，"临时政府"还要聘用大批来自日本的专员、技术官、教官、教授、教理等人员。②

"华北临时政府"成立后，虽然应日本的要求，于1938年9月22日与"华中维新政府"合组了松散的"中华民国政府联合委员会"，但仍然维持其独立存在。到1940年3月30日汪精卫在南京建立"国民政府"，同日，"中华民国临时政府"发表《解消宣言》，并宣布成立"华北政务委员会"，继续维持其特殊存在。

二 "蒙疆联合政府"

1. 察南、晋北、内蒙"自治政府"的成立

1937年8月开始，日军发动了"察哈尔作战"。9日，参谋本部命令中国驻屯军和关东军进行此次作战，以"扫荡"察哈尔省境内的中国军队，消除威胁中国驻屯军侧背和伪满洲国境的军事力量。③在中国驻屯军向长城以南地区开始进攻作战时，关东军组建了"察哈尔兵团"，在长城以北地区的察省境内作战。

---

① 郭贵儒等：《华北伪政权史稿——从"临时政府"到"华北政务委员会"》，第181页。
② 秦孝仪主编《中华民国重要史料初编——对日抗战时期 第六编 傀儡组织》（3），第129—131页。
③ 『戦史叢書・支那事変陸軍作戦1』241页。

在"察哈尔作战"期间，关东军制订了在该省进行"政治工作"的计划。8月13日，关东军司令部制订了《察哈尔方面政治工作的紧急处理纲要》，随后又在16日制订了关于该纲要的"具体措施方案"。关东军提出：要在察哈尔省的张家口市，建立一个统辖察北、察南的政权（暂称"察哈尔政权"）；在察北方面，组织内蒙"自治政府"，在察南方面（即察哈尔省的现地域内），组织察南"自治政府"；而在张家口，则要建立一个统一该两政府的中央机关"察哈尔政权统辖委员会"。设立"张家口特务机关"，隶属关东军司令官，对于"察哈尔政权"及察南"自治政府"的重要的军事、涉外及经济各项内政的根本方针，进行内部指导；在统辖委员会，设立"顾问部"，配备日本人作为最高顾问，"根据张家口特务机关长的内部指导，指挥顾问部，统制并指导中央统辖委员会长以下的业务"；"关于政治、行政、经济、交通、治安等需要委员长决定的事项，须全部征求最高顾问的同意"；在最高顾问的指挥监督之下，设置顾问6人、参议1人、若干秘书及顾问室的要员。① 与此同时，8月14日，关东军司令部又制订了《对于时局的处理纲要》，在"对于华北政权的施策"中，再次重申了察哈尔"政治工作"的上述计划，其中，关于在张家口设立的关东军"大特务机关"，规定其宗旨是"通过顾问，对于重要的军事、涉外、经济事项以及内政的根本方针，进行内部指导"。②

8月20日，陆军省次官致电关东军司令官，指出：对于时局的处理方针，中央已有既定成案，关东军的意见可以作为施策的参考；关于对"内蒙政策"，当前要强化以锡林郭勒、察哈尔盟为版图的内蒙，同意在张家口设立隶属关东军的"大特务机关"，以统辖、指导察北、察南地区。③ 这表明，日本军部认可并同意了关东军的上述察哈尔"政治工作"计划，并将其扩展为"内蒙政策"。这就为后来关东军在"华北"之外的内蒙古地区扶植伪政权，奠定了政策基础。

8月27日，关东军占领张家口，立即开始了组建伪政权的活动。关东军此前选择的最高顾问金井章二，率领由日、"满"系官员组成的"工作班"，于28日进驻张家口。他们首先物色汉奸，组织"维持会"。8月30

---

① 臼井勝美編『現代史資料』第9巻『日中戦争2』107—110頁。
② 臼井勝美編『現代史資料』第9巻『日中戦争2』30—31頁。
③ 臼井勝美編『現代史資料』第9巻『日中戦争2』112頁。

日，以于品卿为首的察哈尔治安"维持会"宣布成立。随后迫不及待地于9月4日在张家口宣布成立"察南自治政府"。于品卿为主席，日本方面最高顾问为金井章二，该政府悬挂红、白、蓝三色星条旗，其下属机构有：官房、民生厅、财政厅、建设厅、教育厅、警务厅、保安厅、总务厅、民政厅等，下辖察南地区的10个县，人口200万。①

9月13日，关东军占领大同。10月1日，关东军司令部制订了《蒙疆方面政治工作指导纲要》，提出："在山西大同地方，组织治安维持会，代行该地方内政。迅速建立统辖长城线以北地区的晋北自治政府，并使其强化，其指导方针则以察南自治政府为基准，并考虑到该地区的特殊性。"② 据此，在关东军大同特务机关长羽山喜郎的指挥下，10月15日，在大同成立了"晋北自治政府"。中方最高委员夏恭，日本方面最高顾问前岛升，并规定该政府要在最高委员与最高顾问进行合议之后，再执行政务。该政府的组织机构大致与察南自治政府类似，下辖晋北地区的13个县。

10月14日，关东军占领归绥（今呼和浩特），17日占领包头。按照前述的10月1日关东军司令部制订的计划，准备把原伪蒙古军政府改组为自治政府，并将乌盟、伊盟、宁夏统合于该自治政府，随后召开蒙古会议，组织"蒙古自治联盟"。10月25日，关东军参谋长东条英机向张家口特务机关长松井太久郎发出了《关于蒙古自治联盟施策的文件》，其中详细规划了加强蒙古军队的方案以及未来的"蒙古自治联盟政府"。③ 据此，关东军对德王进行了"工作"之后，10月27日，在归绥召开了第二次蒙古大会，内蒙古西部各盟旗及各地"维持会"的代表300余人与会，通过了《蒙古联盟自治政府组织大纲》、《蒙古联盟自治政府暂行组织法》等文件。据此，组成了以云王为主席的"蒙古联盟自治政府"，首府设于归绥（改名为"厚和"），以成吉思汗纪元为年号，下设政务院、总军司令部和参议府，分别由德王、李守信、吴鹤龄担任其长。下辖乌兰察布、锡林郭勒、察哈尔、巴彦塔拉、伊克昭5盟36个旗、20个县以及厚和、包头两市。1938年3月，云王病逝；7月，德王被推举为"自治政府"主席。

---

① 左宝：《伪察南——傀儡自治政府》，文斐编《我所知道的伪蒙疆政权》，第9—10页。
② 臼井勝美編『現代史資料』第9巻『日中戦争2』120頁。
③ 臼井勝美編『現代史資料』第9巻『日中戦争2』156—157頁。

2. 从"蒙疆联合委员会"到"蒙古联合自治政府"

日本关东军在平绥铁路沿线分别扶植了以上三个"自治政府"之后，又接受了金井章二的建议，开始将三个伪政权进行合流。

根据关东军的设定，"蒙古联盟自治政府"派出三名代表，察南及晋北"自治政府"各派出两名代表，在金井章二的主持下，于1937年11月22日，在张家口签订了关于设立蒙疆联合委员会的协定，决定在张家口设立"蒙疆联合委员会"，处理有关产业、金融、交通及其他重要事项，各政权将原有权力之一部分，移交该会行使；下设总务委员会及产业、金融、交通各专门委员会，以总务委员会作为该会之代表；设立日本方面最高顾问一名，顾问、参议若干名；该会的决议，须得有关委员、最高顾问及有关顾问之同意，始为有效。① 依据缔结协定时的谅解事项，由最高顾问金井章二，代行总务委员会委员长的职权。

"蒙疆联合委员会"成立的当日，即致函关东军司令官，请关东军给予"大力协助"，司令官"在幕后指导方面给予深切的关怀"；该会的最高顾问、参议、顾问及委员会职员中的主要成员，请关东军司令官推荐日、"满"两国人员充任；该会所管理及统辖的重要交通和重要产业，可委托关东军司令官指定日、"满"各机关分别经营或合并经营。对此，关东军司令官于11月25日复函，"拟在我方可能范围内，尽力给以协助"。这个秘密换文，其实就是10月1日关东军制定的指导大纲的附件中第二项所规定的内容。② 由此确立了日本关东军与"蒙疆联合委员会"的特殊关系。

"蒙疆联合委员会"成立后，日本军部为了加强对"蒙疆"地区的控制，在原第二十六师团的基础上，于1938年1月8日组建了直属天皇的驻蒙兵团，司令官为莲沼蕃中将，其主要任务是负责维持内蒙古及察南、晋北地区的治安。此前，即1937年12月30日，关东军司令官致函"蒙疆联合委员会"，通知11月25日秘密换文中的"关东军司令官"改为"驻蒙兵团司令官"。③

驻蒙兵团成立后，继续沿用关东军在"蒙疆"地区的政策。1938年7月4日，驻蒙兵团改称"驻蒙军"，隶属华北方面军，仍然担任"蒙疆"

---

① 卢明辉：《蒙古"自治运动"始末》，第199—200页。
② 《华北治安战》（上），第61—62页。
③ 『戦史叢書·支那事変陸軍作戦1』450—451頁。

地区的政务指导。在驻蒙军的要求下，8月1日，"蒙疆联合委员会"进行改组，取消此前的总务、产业、交通、金融四个委员会，新设立总务、产业、财政、交通、民生、保安六部。各部主要长官为：总务部部长卓特巴扎普，顾问野田清武；产业部部长金永昌，顾问高津彦次；财政部部长马永魁，顾问寿崎英雄（兼任）；交通部部长杜运宇，顾问满尾君佑、伊滕佑、寺坂亮一；民政部部长杜运宇（兼任），顾问野田清武（兼任）；保安部部长陶克陶（兼任），顾问伊滕佑（兼任）。①

"蒙疆联合委员会"只是一个松散的联合体，而原有的三个伪政权继续存在。在"蒙疆联合委员会"逐步健全、运作正常之后，日本驻蒙军决定以其为基础，加速促成察南、晋北、内蒙三个"自治政府"的统一，以建立蒙古联合自治政府。经过驻蒙军、兴亚院"蒙疆"联络部以及金井章二等人的一番策划，1939年9月1日，在张家口举行了蒙古联合自治政府的成立大会。大会由金井章二主持，选举德王为主席，于品卿、夏恭为副主席。随后由金井报告三个政权合并的意义和筹备经过。接着，由于品卿宣读了政府组织大纲和施政纲领，夏恭宣读政府成立宣言。德王宣誓就职后，宣布"自治政府"各院、部、厅、局等部门的官员任命状。②蒙古联合自治政府自此宣布成立。

"蒙古联合自治政府"的首都仍在张家口；其首长称为主席；政府旗帜为黄、蓝、白、赤四色七条旗，分别代表汉、蒙、回族及日本，而以代表日本的赤色居中，寓意其"协调"中国的回、蒙、汉各族。原察南、晋北"自治政府"分别改为察南、晋北政厅，直隶政务院；原"蒙古联盟自治政府"的巴彦塔拉、察哈尔、锡林郭勒、乌兰察布、伊克昭盟，分别改为公署，直隶政务院。卓特巴扎普任政务院长，李守信任蒙古军总司令兼参议府议长。政务院下设总务部、民政部、治安部、司法部、财政部、产业部、交通部及牧业总局、电报局、榷运清查署、税务监督署、兴蒙委员会、经济监察署以及"蒙疆"银行、"蒙疆"学院、蒙古文化馆、中央警察学校、"蒙疆"新闻社等。

日本对于该政府的控制手段与对于"满洲国"一样，即由日系官吏掌

---

① 卢明辉：《蒙古"自治运动"始末》，第201—202页。
② 卢明辉：《蒙古"自治运动"始末》，第222—223页。

管总务厅，以架空政务院长；各部次长也均由日本人担任，以掌握政府的实权。① 在苏德战争爆发后，日本驻蒙军为了满足德王等人的"建国"愿望，同意于1941年8月4日在内部改称"蒙古自治邦"，但对外仍然称为"蒙古联合自治政府"，直至其最后灭亡。

三 "华中维新政府"

1. 上海、南京等地伪组织的建立

在八一三事变后，日军向长江三角洲等华中地区发动侵略，并积极网罗当地的汉奸分子，扶植组建了许多以"自治"为名的地方伪政权。

日军侵占上海后，1937年12月5日，在上海浦东地区成立了"上海大道市政府"，苏锡文出任市长。该政府以太极图为旗帜，采用日历纪年，② 公文同时使用中、日两种文字。在同日公布的《成立宣言》里，阐明了其政治指导的根本思想，可从以下标语略窥一二："天下一家、四海兄弟，日月之道，万法归一，世界大同、以道立国"；"祛除国共两党，确立东亚和平；打倒虐民军阀，树立世界和平"。③ 该政府实际上设立的机构，仅有警察、财政、交通、社会四个局，秘书、肃检、五区联合办事处三个处以及教育科。原计划将旧上海特别市政府的辖区及毗邻的地区作为其辖区，但是其权限仅及上海浦东一隅，其他地区则由日军直接控制。

该政府成立后，日本华中方面军特务部组成了以西村展藏为班长的"西村班"，来扶植和指导"上海大道市政府"，由西村担任总顾问。截至1938年1月，该班的组成人员如下：班长，西村展藏；总务课，岛谷文雄，秘书，喜多庄次、齐藤千万人、西田胜则；市府课，甲斐弥次郎、小岛文生、药袋正次；计划课，吉崎晋、森冈清、奥村英雄；庶务课，岛谷常道、内海猛夫；宣传课，大谷保、藤山三代；调查联络课，宫岛保志、绪方不二房、菊池真隆；沪西区指导员，岸野诚次、米泽忠良、西冈政治；闸北区指导员，宫岛保志、知久知次；真如区指导员，武田知吉、野村启七郎；市中心区指导员，田村与太郎、高桥幸一郎；南市区指导员，宫崎贞之、齐藤诚夫；高桥区指导员，服部一义；东沟区指导员，草野秀

---

① 卢明辉：《蒙古"自治运动"始末》，第226—228页。
② 此处指的是日本纪年。
③ 上海市档案馆编《日伪上海市政府》，档案出版社，1986，第1—2、11—12页。

吉；庆宁寺指导员，水野哲藏；北桥地方指导员，海野兼次、森山又次。①共计有32人。

1937年12月13日，日军占领南京之后，在制造大屠杀的同时，网罗汉奸，组建"自治机关"。1938年1月1日，"南京市自治筹备委员会"在鼓楼成立，陶锡三任会长，孙叔荣、程朗波任副会长。该会在南京遍设警察，充当日军的帮凶。② 与此同时，"杭州市治安维持会"也宣布成立。

在侵华日军的扶植下，到1938年1月10日止，在长江三角洲一带成立的"自治机关"达到26个。③ 而到3月28日"维新政府"成立之前，大小不等的地方傀儡组织则达到了49个。④

2. "中华民国维新政府"

1937年12月14日，"华北临时政府"成立后，日本加紧在华中占领区扶植统一的伪政权。12月24日，在近卫内阁阁议决定的《处理中国事变纲要》中，专门制定了"上海方面的处理方针"，规定：在军事占领区内，考虑在时机成熟时，建立与华北新政权有联系的新政权，并对于上海租界以外的占领区的"政权建设"，做了较为详细的政策规定。⑤ 华中日军则在占领南京以后，即按照松井石根司令官的指示，由原田熊吉出马，拉拢、诱降唐绍仪出山。但由于唐的迟疑不决，日军原定在1938年1月中旬建立傀儡政权的计划没有实现。⑥

1938年1月16日，日本政府发表了"不以国民政府为对手"的近卫第一次声明，从此与中国政府断交，而对于扶植伪政权寄予了更大的期待。1月24日，陆军、海军、外务三省交换的备忘录中写道："在华中方面，对于中国方面的现地指导，须在当地陆海外三省机关联络协商的基础上进行。为此，在上海以陆海军特务部长与总领事组成现地联络委员会，由该委员会对于现地指导进行筹划，并决定指导的当事人与方法等。"随后，陆军省任命原田熊吉少将为特务部长，部员有楠木实隆大佐等人，并

---

① 《日伪上海市政府》，第14—15页。
② 《维新政府之现况》（日文版），1939，第557—558页。
③ 『戦史叢書·支那事变陸軍作戦1』496页。
④ 《维新政府之现况》（日文版），第10页。
⑤ 『主要文書』下、381—382页。
⑥ 蔡德金：《"中华民国维新政府"始末》，章伯锋、庄建平主编《中国近代史资料丛刊·抗日战争 第六卷 日伪政权与沦陷区》，四川大学出版社，1997，第733—734页。

于2月12日决定了《华中政务指导纲要》，规定了成立华中伪政权的方针及指导要领。①

华中方面军特务部组织了以臼田宽三为首的"臼田机关"，负责进行具体工作。他们最后选中了梁鸿志、温宗尧、陈群等人。2月14日，原田熊吉在上海召集以上三人，令他们组织政权；15日，又带领三人拜会了松井石根司令官，表示投降的决心，并请求日军援助。② 2月17日之后，梁鸿志、温宗尧、陈群等人多次举行秘密会议，到27日决定：（1）政府名称——"中华民国新政府"；（2）国旗——五色旗；（3）政体——民主立宪；（4）政府所在地——南京，暂定在上海处理政务。还制订了新政府的组织大纲，并决定在3月16日宣布成立。

报告日本方面后，经过中央、华北、华中有关人员的研究，首先推迟了原定的成立日期，然后决定将"政府"名称定为"中华民国维新政府"。3月24日，日本政府做出了《关于调整华北华中政权关系的要领》，规定：华中新政权是作为一个地方政权而存在的，应以"中华民国临时政府"为中央政权，要使其尽快合并统一。③ 与此同时，楠木实隆带领原定出任绥靖部长的任援道前往北平，与华北日军和王克敏等人会谈，就南北两伪政府的关系进行协商。25日，他们返回上海，向梁鸿志进行通报；26日，梁鸿志到南京转告温宗尧。④

经过上述一系列的准备工作，3月28日，"中华民国维新政府"在南京举行成立典礼。梁鸿志宣读了《成立宣言》，随后，各官员宣誓就职。《成立宣言》和当天发布的《施政纲领十条》恶毒攻击中国政府的抗日政策和国共合作，宣称要"实行三权鼎立的宪政制度，取消一党专政"，"切实排击共产主义"，"促进中日亲善，巩固东亚和平"。⑤

按照组织大纲的规定，"维新政府"设立行政、立法、司法三院，实

---

① 『戦史叢書・支那事変陸軍作戦1』496—497页。
② 章伯锋、庄建平主编《中国近代史资料丛刊・抗日战争 第六卷 日伪政权与沦陷区》，第734—735页。
③ 『戦史叢書・支那事変陸軍作戦1』497—498页。
④ 章伯峰、庄建平主编《中国近代史资料丛刊・抗日战争 第六卷 日伪政权与沦陷区》，第736—737页。
⑤ 《维新政府概史》编纂委员会编《中华民国维新政府概史》（日文版），行政院新闻局，1940，第12—15页。

行三权分立制度；在三院之外，设立最高权力机关议政委员会，各院院长及行政各部部长为当然委员，梁鸿志、温宗尧、陈群为常务委员。行政院为最高行政机关，梁鸿志担任院长兼交通部部长；温宗尧担任立法院院长，陈群任内政部部长；因原定的章士钊拒绝出任司法院院长，该院长空缺，其下属机构则归行政院管辖。行政院设立外交、内政、财政、绥靖、教育、实业、交通7个部，立法院则设立法制、外交、财政、经济、治安、审计6个委员会。

"维新政府"成立之初，在上海的新亚饭店办公。至6月22日，各院、部迁到南京办公，但仍然在上海设立办事处，其首脑往来于宁、沪。在地方，"维新政府"下辖江苏省（苏州）、浙江省（杭州）、安徽省（蚌埠）以及上海、南京特别市。

"维新政府"成立后，日本仿效对于华北伪政权的做法，仍然以大量的顾问控制之。由华中方面军改编的华中派遣军特务本部，乃"维新政府"的"太上皇"；其特务机关长原田熊吉，于1939年1月9日出任"维新政府"的最高顾问。除了来自军部的34名顾问之外，1939年8月19日，"维新政府"行政院院长梁鸿志与日本兴亚院华中联络部部长津田静枝，签订了一份《政府顾问约定》，在其"附属约定"中规定，"维新政府"各机关长官关于下列重要事项，必须与顾问开诚协商后处理：（1）关于中央及地方机关之重要会议之事项；（2）预算及重要人事；（3）与日本及日本人关系之事项；（4）与第三国及第三国人关系之事项。顾问应该长官之邀请，得出席中央及地方机关之各种会议，开陈意见。此外，还分别规定了中央及地方政府配置顾问的人数，中央政府：行政院，3；内政部，4；财政部，5；实业部，4；交通部，4；外交部，2；教育部，3；立法院，2；司法行政部，3；共计30人。地方政府：江苏省，4；浙江省，4；安徽省，4；上海市，4；南京市，4；共计20人。[①]

"维新政府"成立后，为了协调与"华北临时政府"的关系，日本方面曾经在北平组织过松散的"中华民国政府联合委员会"，但是该政府仍然维持其独立特性。直到1940年3月30日汪精卫"国民政府"在南京成

---

① 中央档案馆等编《日本帝国主义侵华档案资料选编·汪伪政权》，中华书局，2004，第502—506页。

立,"中华民国维新政府"即发表了《解消宣言》,[1] 从此该政府合并于汪伪政权,结束了其为时两年的历史。

第四节 "汪精卫工作"与汪伪国民政府的建立

一 日本的"汪精卫工作"

全国抗战初期,以汪精卫为首的集团打着"和平运动"的幌子叛国投敌,这是中国抗战史上的重大事件。汪伪集团为此留下了诸多"辩解"资料。中国学者迄今的相关研究也多是从汪派投敌的角度进行考察的,但是留下的一个重大历史疑惑就是日本方面是如何决策和工作的?

全国抗战初期,日本在开展各种"和平工作"的同时,其官方(政府、军部)与"民间"人士,都从事过诱降汪精卫集团叛国投敌的所谓"汪精卫工作",许多机关和当事人为此也都留下了各自的记述与说法。那么,日本政府当时有没有统一的说法?这是关乎日本侵华策略的重要问题。

战后的1947年9月,日本外务省文书课记录班整理了一套名为"支那事变"的外交资料原稿,共有8部,其中第六部为"南京国民政府成立经过",内中之"新南京国民政府成立经过",简要而系统地叙述了汪精卫自叛逃到成立伪国民政府的过程,并且附录了大量的外交史料。[2] 外务省整理的这份资料,后来引起了中国学界的注意:先是《文史资料选辑》(第39辑)收录了杨凡先生自日本外交档案(缩微胶卷)翻译的"日本外务省就汪伪政权成立经过向内阁的报告",即上述资料;[3] 随后,黄美真、张云编《汪伪政权资料选编·汪精卫国民政府成立》也收录了上述资料。[4] 但这份重要资料,仍然有其局限性:在形式上,它并非当时留下的第一手

---

[1] 《日本帝国主义侵华档案资料选编·汪伪政权》,第506页。
[2] 「支那事变関係一件」第27巻、外務省外交史料館蔵、A1.1.0.30。
[3] 《文史资料选辑》第39辑,中国文史出版社,1963,第174—181页。北京师范大学历史系中国现代史教研室编印《抗日战争时期汉奸汪精卫卖国投敌资料》,1964,第1—17页。按,此书收录得更加全面。
[4] 黄美真、张云编《汪伪政权资料选编·汪精卫国民政府成立》,上海人民出版社,1984,第10—16页。按,为行文方便,下文简称为《汪精卫国民政府成立》。

的"外务省记录";在内容上,它也不是后来中文翻译所误称的日本外务省"向内阁的报告",而只是战后外务省方面整理的资料而已。

那么,当时的日本政府有没有这样的文书?笔者曾在日本外务省外交史料馆中,发现过一份1939年(昭和14年)12月日本内阁情报部发表的"绝密"资料《支那新中央政府成立的经过概要》。① 与上述资料相比,这份绝密文书,具有以下特点。

(1)就发表的时间来看,1939年12月,日本方面由影佐祯昭为首的"梅机关",与汪精卫集团在上海进行秘密谈判,最终于30日签订了被称为"日汪密约"的《关于调整日中新关系的协议书》。这个《协议书》签订以后,伪国民政府的成立就是"指日可待"的事情了。日本政府选择这个时机发表该文书,无异于对此前的"汪精卫工作"做一个自我总结,即所谓的政府"自白"。

(2)就发表的机关来看,是"内阁情报部"。1937年9月25日,近卫内阁在之前广田内阁的"内阁情报委员会"基础上,扩充、设立了内阁情报部,将分别属于内阁各省的情报与宣传等业务,进行了一元化的统一。该部门发表的资料,应该是综合了外务省、陆军省、海军省等部门的相关资料,由内阁情报部进行表述,无疑可以统一日本各方的口径。因此,该文书具有权威性和全面性。

(3)从"内阁情报部"同期发表的其他资料状况来看,这些资料多数是以内阁各省整理的资料为基础,而最后以内阁情报部的名义发表的。笔者因此判定这份义书应该属于外务省方面制作,② 而且后来外务省文书课记录班整理上述资料时,也非常明显地又以这份文件为蓝本。

(4)就发表的形式来看,这份文书的原件,不同于内阁情报部同时发表的其他"时局宣传资料":不但标志有"绝密"的字样,而且没有统一的文书编号,并注明"不许复制";还特别要求:如果以后有其他可以替代的文书,该文书必须予以销毁。故拓务省在收到该文书后,1940年1月

---

① 「支那事変ニ際シ支那新政府樹立関係一件」第1卷、外務省外交史料館藏、A6.1.1.9。
② 1939年7月12日,有田八郎外相致日本驻英、美、德、法、意、苏各国大使的信函称:"汪精卫工作"有涉及军事机密之处,其内容望绝对予以保密,但是,今后将作为具体事实而公诸于世(「支那事変ニ際シ支那新政府樹立関係一件」第1卷、外務省外交史料館藏、A6.1.1.9)。可见,外务省当时已经准备在适当时机公布有关事实。

13日，大臣官房文书课长在致管理局长的信函中，特别强调指出：为了避免损害汪政权的自主独立性、招致所谓傀儡政府之称号，对于该文书要尽量予以"绝密"处理。① 可见，它并非一份一般性质的文书。

1939年12月内阁情报部发表的《支那新中央政府成立的经过概要》，将日本"汪精卫工作"的全部过程，分为六个部分（以下的仿宋体文字，均为该文书内容之翻译——笔者注）。笔者拟结合对于该文书的解读，深入论述日本"汪精卫工作"的详细过程及若干重要问题。②

一、汪精卫逃离重庆以前

1. 汪精卫运动的发端

汪精卫运动发端于1938年春中国事变进入正式阶段之际，当时南京政府外交部亚洲司司长高宗武、蒋介石副秘书长周佛海、江宁县长梅子（应为"思"——译者注）平等人，主要纠合文武官员的中坚力量，策划与日本之间进行和平提携活动。

2. 初期的进展情况

（1）本运动的目的是与日本提携、建设新东亚，因此，其纲领是排除共产主义、抗日主义，建立亲日的新生国民党政权，并且首先要实现与日本的"和平相处"。他们暗中策动蒋政权内部的要人，并与四川、云南等地军阀密切联系，以逐渐增加其同志。

（2）同时，我方自1938年夏以来，主要在香港及上海两地，与汪精卫方面的代表进行接触，探测其诚意与热情。11月中旬，我方在确认了汪精卫方面与日本提携、迈向重建新东亚的决心以后，表明了帝国对于汪精卫运动亦不惜予以支援的意向。随后，关于日中新关系的调整，提出了下述宗旨："日中两国在反对共产主义的同时，为了解放东亚于侵略势力、实现建设东亚新秩序的理想，在互相公正的关系基础上进行坚强的结合，发展军事、政治、经济、文化、教育等关

---

① 「支那事変ニ際シ支那新政府樹立関係一件」第1卷、外務省外交史料館蔵、A6.1.1.9。
② 参见臧运祜《日本诱降汪精卫的政府自白——关于一份日本绝密文书的解读》，中国社会科学院近代史研究所、四川师范大学历史文化学院编《一九三〇年代的中国》，社会科学文献出版社，2006，第425—443页；臧运祜：《日本秘档中的"汪精卫工作"考论》，《民国档案》2007年第2期。

系，实现善邻友好、共同防共、经济提携的目标。"

以上来自日本方面的关于"汪精卫运动发端于1938年春中国事变进入正式阶段之际"的认定，是一个重要的史实和判断依据。这是因为，汪精卫集团对于降日的所谓"和平运动"，自认为是七七事变以来中国方面对日"和平运动"的自然延续，而汪精卫则干脆把蒋介石也拉在了自己对日"求和"阵营这边。① 可见，这是其出于政治目的考虑的"贴金"和"陪绑"。

诚然，全国抗战爆发后，国民党最高集团在抗日的同时，也进行了对日本的和平谈判，主要是在南京陷落前后，由德国驻华大使陶德曼（Oskar P. Trautmann）居中斡旋，与日本进行和谈。但是，这种和谈与汪精卫集团后来的对日"求和"是根本不同的，何况日本在攻占南京之后，单方面终止了和谈。1937年12月21日，近卫文麿内阁在《关于日华和平谈判致德国驻日大使的复函》中，提出了苛刻的谈判原则和秘密的谈判细目，并迫使中方接受。② 1938年1月11日，昭和天皇主持召开了日中战争以来第一次御前会议，审议、决定了《处理中国事变的根本方针》，其中分别规定了中国中央政府求和、不求和的不同对策；而关于中国中央政府求和的对策，继续沿用了近卫内阁的上述决定。③ 1月15日，在日本规定的最后期限，中国政府未答复，日本乃认定这是中国政府毫无诚意的表现，进而采取了中国政府不求和的对策。16日，近卫首相发表声明："帝国政府今后不以国民政府为对手，期望真正能够与帝国合作的中国新政权的建立和发展"；18日，又发表了一项"补充声明"："所谓今后不以国民政府为对手，较之否定该政府，更加强硬。"④ 近卫第一次声明，实际上是日本的断交声明与宣战书，随后，两国分别召回了自己的大使。日本单方面关闭了与国民党政府和谈的大门。

近卫第一次声明之后，日本要寻求的"中国新政权"到底是谁？1938年1月18日下午，近卫在会见内阁记者时，发出了如下的信息："如果国

---

① 最明显的表现是，汪精卫于1939年3月27日在河内发表的《举一个例》，该文说明了他向日本"求和"可追溯至1937年12月6日在汉口召开的国防最高会议第54次常务会议的决定。参见黄美真、张云编《汪伪政权资料选编·汪精卫集团投敌》，上海人民出版社，1984，第151—156页。按，为行文方便，下文简称《汪精卫集团投敌》。
② 『主要文書』下、380—381頁。
③ 『主要文書』下、385—386頁。
④ 『主要文書』下、386—387頁。

民政府屈服、放弃过去的抗日政策,可以加入新政权。"① 这是日本第一次表露出对于国民政府的诱降政策。它在中国抗战阵营内部的一些不坚定分子中引发了对日"和平"的臆想。为了探询日本方面的真实意图,2月25日,外交部亚洲司司长高宗武派遣日本科科长董道宁,潜访日本,到东京与日本高官密谈。3月10日,董道宁回国,途中又去了大连,与满铁总裁松冈洋右晤谈。董道宁此次赴日,探得了某些日本高官的"和平"底牌:影佐祯昭表示期盼中国有一大政治家出马;松冈洋右干脆明指这位大政治家就是汪精卫。② 这极大地鼓舞了汪精卫集团。随后,就有了周佛海、高宗武、梅思平等人为首的对日"和平"运动。因此,日本方面认为1938年3月董道宁的访日是汪精卫和平运动的最初表现和开端。③ 与此同时,日本方面也开始了协助汪精卫集团的上述"和平"运动,并以之作为其建立中国"新中央政府"的方针。④

由上可见,汪精卫集团的对日"和平"运动,与国民党政府短暂的对日和谈,完全是两码事。汪集团对日"求和"的根源,在于日本第一次御前会议以后的对华政策,而非中国抗战阵营内部的和战之争。这是一个来自日本方面的重要的史实认定。

徐州会战结束之际,近卫内阁进行了改造:5月26日,宇垣一成就任外相;6月3日,板垣征四郎就任陆相。军方出身的宇垣一成,是以"视情况取消1月16日声明"作为条件而入内阁的。而近卫内阁的此次改造,实际上等于自我否定了第一次声明。以此为契机,从6月开始,日本掀起了处理"中国事变"的高潮,企图达成对华全面发动战争的目的。

在这样的背景下,高宗武于6月23日秘密东渡日本,在东京逗留了一个星期,与日本的首相、陆相及参谋本部高级官员进行了会谈,7月9日回国。高宗武此次私自赴日,得知日本方面亟须拉蒋介石"下马",另推汪精卫上台。⑤ 其实,这就是当时日本最高当局的旨意。7月8日,日本最

---

① 『戦史叢書・支那事変陸軍作戦1』479—480頁。
② 邵铭煌:《直蹈虎穴秘档——解读董道宁战时潜访日本刺探报告》,台北《近代中国》第137号,2000年。
③ 「支那事変関係一件」第27巻、外務省外交史料館蔵、A1.1.0.30。
④ 「支那事変関係一件」第27巻、外務省外交史料館蔵、A1.1.0.30。
⑤ 邵铭煌:《高宗武战时私访日本探和秘档——东渡日记、会议记录、个人观感》,台北《近代中国》第129号,1999年。

高决策机构五相会议决定了《中国现中央政府屈服时的对策》和《中国现中央政府不屈服时的对策》，虽然对中国政府的策略做了"两手准备"，但实际上规定的是中国中央政府不屈服时的对策，7月15日决定的《建立中国新中央政府的指导方针》，则是这个对策的表现。[①]

按照促成建立中国"新中央政府"的方针，日本方面进行了许多"工作"。其中之一就是"抓住"了高宗武此人，从1938年夏开始，主要由军方的影佐祯昭、今井武夫，在上海和香港两地，进行以最终诱降汪精卫为目的的"和平工作"，并将这一工作命名为"渡边工作"（"渡边"系高宗武的日本名字）。在陆军省起草、提交五相会议讨论通过的《渡边工作指导要领》中，日本方面明确提出了"支持汪精卫一派，以摧毁抗日政权"的目标。[②] 通过这一工作，日本方面的目的是继续探测汪精卫集团的"诚意"。因为与此同时，日本也突破了"不以国民政府为对手"的界限，继续与蒋介石集团进行"和谈"：外相宇垣一成主持了与孔祥熙的和谈；日本的"民间人士"也致力于与蒋介石集团的和谈。[③]

受到日本诱降政策的影响，继武汉、广州沦陷之后，汪精卫集团的"求和"气焰更加嚣张。[④] 到10月底，在重庆的汪精卫终于下定了决心，令高宗武、梅思平作为其代表，到上海与日本方面的代表接触。[⑤]

日本在"中国事变"未能如期解决的情况下，被迫继续调整对华政策，转入了"政略进攻"时期。11月3日，近卫首相发表了"虽国民政府，亦不拒绝"的第二次声明，声称："如国民政府抛弃以前的政策，更换人事组织……我方并不予以拒绝。"[⑥] 这个近卫自我否定的第二次声明，

---

① 《日本外务省档案》S487，S1110-27，第184—185页。7月8日的决定经部分修改之后，又于7月12日正式决定。

② 「支那事变関係一件」第27卷、外务省外交史料馆藏、A1.1.0.30。

③ 参见杨天石《抗战前期日本"民间人士"和蒋介石集团的秘密谈判》，《历史研究》1990年第1期；《孔祥熙和抗战期间的中日秘密谈判》，《近代史研究》1995年第5期。杨奎松：《蒋介石抗日态度研究——以抗战前期中日秘密交涉为例》，《抗日战争研究》2000年第4期。

④ 武汉沦陷前后，周佛海的思想变化最为显著，参见蔡德金编注《周佛海日记全编》上编，中国文联出版社，2003；周佛海：《简单的自白》（1946年9月于南京监狱），南京市档案馆编《审讯汪伪汉奸笔录》（上），凤凰出版社，2004，第92—94页。

⑤ 今井武夫：《渡边工作的现状（1）》（1938年11月15日），《今井武夫回忆录》，天津市政协编译委员会译，中国文史出版社，1987，第283页。

⑥ 『主要文书』下、401页。

就是日本加快诱降国民党政府内部"和平"分子的对华新政策的信号。

随后，对蒋介石集团失望的日本，在 11 月中旬，表明了对于"汪精卫运动"不惜予以支援的意向，并加快了"渡边工作"的步伐。11 月 12—14 日，高宗武、梅思平在上海，与今井武夫进行了秘密谈判。11 月 19 日，影佐祯昭、今井武夫与高宗武、梅思平在上海的"重光堂"继续进行密谈，于 20 日签署了《日华协议记录》，并分别向日本政府和汪精卫做了报告。如果说此前日本还在探测汪氏集团的"和平"诚意，那么，被称为"重光堂密约"的这个协议书的签订，就使得日本方面最终确认了汪精卫集团与日本合作的决心。①

日本方面在得到了影佐祯昭、今井武夫的工作报告后，11 月 30 日，召开了第二次御前会议，在上述协议书的基础上，决定了《关于调整日华新关系的方针》，提出了日中两国实现"善邻友好、共同防共、经济提携"的对华政策目标。② 日本对汪精卫的政策，已经从之前的"谋略"，正式上升为日本的国策。

与此同时，汪精卫在重庆得到了梅思平的报告后，12 月 1 日，通过在香港的高宗武答复日本：汪同意在上海的协议，拟于 12 月 5 日离开重庆，如果困难，可延期到 20 日。日本方面 4 日答复：相约在汪精卫离开重庆后，近卫首相发表第三次声明。③

汪精卫为什么逃离重庆、叛国投敌？这个问题是汪精卫研究中的重要环节，时人和后人多有论争，但这些论争几乎都是单从汪精卫一方来解读的。日本上述文书的记载及对于有关史实的解读，无疑为我们提供了来自日本的另外一个视角：日本的"汪精卫工作"，是在 1938 年 1 月、11 月的第一次、第二次御前会议分别决定对华政策，以及近卫第一次、第二次声明发表之间进行的；汪精卫集团的降日，就是日本实施对华政策的必然过程和最终结局。因此，日本的诱降政策，应该是全国抗战初期怀抱民族失败主义的汪精卫集团投降的主因和动因。只要日本存在这样的政策，即使没有汪精卫，中国就还会有李精卫、张精卫之流。

---

① 『主要文書』下、401—404 頁。
② 『主要文書』下、405—407 頁。
③ 今井武夫：《渡边工作的现状（3）》(1938 年 12 月 6 日)，《今井武夫回忆录》，第 297—298 页。

二、汪精卫逃离重庆及在河内的工作

1. 逃离重庆

（1）与此同时，在重庆，伴随着该运动的发展，来自蒋介石方面的压迫也逐步增强。汪精卫一派，由于逐渐感到身边的危险，从事工作的核心人员自12月上旬以来，就开始了将工作据点转移他处的实际准备；首领人物汪精卫于12月18日逃离重庆，经过昆明，到达了河内。至此，该运动进入公开化。

（2）恰在此时，近卫首相12月22日以谈话的形式，向国内外表明了关于调整日中关系的政府方针。

2. 在河内的工作

（1）汪精卫12月28日向重庆政府发出了对日和平的建言，接着，于12月30日发表了反共和平的声明，公开了他的上述建言，并向中外表明了他的主张。

（2）随后汪精卫继续在河内多次发表声明，阐述他的主张。同时，指挥香港、上海各地的同志，继续开展工作。

还在重光堂密谈之时，汪精卫方面就向日本提出：在宣布"起事"以后的最初阶段，希望日方不要过分宣传对于汪氏等的支援，以免使汪精卫陷于"汉奸"的不利境地。[①] 因此，在汪精卫逃离重庆到河内期间，近卫首相仅应约于12月22日发表了第三次声明，且这份文书只有汪精卫自己不断进行"工作"的记录，以证明这是他自己搞的运动。

实际上，在汪精卫于河内公开投敌期间，日本方面尽管国内政局变动（1939年1月5日，平沼骐一郎内阁上台），但仍然延续了近卫内阁的对华政策，继续加强第二期的"渡边工作"。除了军部和"民间"的力量之外，日本外务省、兴亚院等方面也开始与汪精卫的"运动"发生联系。日本方面之所以将这些"工作"暗中进行，除了汪本人的上述要求之外，主要的考虑是："如果过早地暴露日本方面和汪精卫的关系，反而会使功名心强的中国人走到相反的方面去，因此，应将汪精卫和我方的关系，秘藏于当事人的心

---

① 『主要文書』下、404頁。

中,不使中国民众得知。"① 所以,这期间,一方面是汪精卫的公开投敌;一方面是日本的若无其事。双方心照不宣,无须大书特书。

为了避免给国人以"汉奸"的印象,汪精卫在河内期间,主要策动西南的地方实力派,企图在重庆之外,建立自己的势力。但是,他错误估计了中国抗战的形势,"登高一呼"并没有产生轰动效应,反而受到了国内舆论的挞伐和中国政府的打压。另外,日本第二次御前会议的决定,虽然部分重复了"重光堂密约"的内容,但在日军两年撤军这个汪精卫方面最为关心的重要问题上,却没有采纳。姗姗来迟的近卫第三次声明,由于是根据该御前会议的决定,也根本没有提及汪精卫方面所期盼的日本撤军的问题。对此,"重光堂会谈"的主要当事人高宗武开始对日本产生了怀疑,他甚至建议日方最好以蒋介石收拾时局。日本由此对高宗武也产生了怀疑,他们避开了高,而直接到河内与汪精卫接触,并且策划汪精卫逃出河内,前往上海。②

不可能得知日本第二次御前会议情况的汪精卫,从近卫第三次声明中也感觉到了日本态度上的变化。但是,在河内"工作"无成的情况下,他也只好半推半就地继续听从日本的安排。

三、汪精卫逃离河内来朝

1. 逃离河内

然而,即使在河内,来自重庆方面的压迫日益激烈,以至于心腹曾仲鸣被暗杀。汪精卫等难以继续居住,乃于4月25日暗中逃离河内,5月8日到达上海,居住于租界外的我军警备区域内,其同志亦逐渐在上海集中。

2. 汪精卫来朝

汪精卫到达上海后,认识到今后的工作除非与日本紧密联系,并在其支持下公开施策,否则不可能实现他的理想。为此,他认为必须亲自来朝,与日本方面中央部门直接会面,坦诚其理想,5月31日,携带了高宗武、周佛海、梅子[思]平等幕僚,来到东京。

---

① 今井武夫:《渡边工作的现状(4)》(1939年1月15日),《今井武夫回忆录》,第304页。
② 「渡辺工作(第二期計画)」(1939年2月)、「渡辺工作現地報告」(1939年5月15日、矢野征記)、「支那事変関係一件」第27卷、外務省外交史料館藏、A1.1.0.30。

3. 来朝中的行动

汪精卫在日本约二十日，其间，与平沼首相、近卫前首相，陆军、海军、外务、大藏各相进行了会谈，结果对于我方关于东亚新秩序建设的意向，充分予以谅解，表达了诚意，并发誓将尽瘁于中央政府的建立工作。同时，他也感激于各大臣的鼓舞与激励，对于工作前途怀抱了更大的希望。6月18日，离开东京。

曾仲鸣被暗杀后，汪精卫在河内的处境十分危险。日本首先决定到河内营救汪精卫。据影佐祯昭的回忆，板垣陆相命令他到河内营救汪精卫，影佐建议发起有陆军、海军、外务省，以及兴亚院、"民间"等人士参加的集体行动；后来经过五相会议的决定，海军省派遣了须贺彦次郎，外务省与兴亚院派遣了矢野征记，"民间人士"则为犬养健。按照汪精卫的意见，他们把他营救到了上海。① 可见，让汪精卫自河内逃亡到上海，本是日本国策的行为。②

就汪精卫而言，他在河内时还可以与日本讨价还价的资本，但在亡命上海、蛰居日本的卵翼之下后，他从此就完全听命于日本了。而这正是日本所希望的局面。

到上海后，日本方面送给汪精卫一个"竹内先生"的化名。由于可以直接进行"竹内工作"，日本先前的"渡边工作"也到此结束。

在日本人的"工作"下，汪精卫在思想认识上发生了重大变化："认识到今后的工作除非与日本紧密联系，并在其支持下公开施策，否则不可能实现他的理想。"为此，他选择了直接到东京"上朝"，直入虎穴，与日本最高当局的人物会面。5月31日至6月18日，汪精卫在东京滞留近20日。为了有备而往，汪精卫在出发前的5月28日，就单方面向日本提出了他的《关于收拾时局的具体办法》。③

为了应对汪精卫的造访，日本陆军省、海军省、外务省、兴亚院分别

---

① 影佐祯昭：《我走过来的路（二）》，陈鹏仁译，台北《近代中国》第110号，1995年12月。
② 戸部良一「汪兆銘のハイノイ脱出をめぐって——関係者の回想と外務省記録」『外交史料館』第19號、2005年9月。
③ 黄美真、张云编《汪精卫国民政府成立》，第64—69页。

命令其驻华官员，迅速赶回东京与中央机构商讨对策。6月3日，汇总了各方意见后，5日，板垣陆相向政府提出了方案。内阁于6月6日召开了五相会议，决定了《树立中国新中央政府的方针》。该文件规定将来的"中国新中央政府"以汪精卫、吴佩孚、现有政权以及改变主意的重庆政府等构成，构成分子应该预先同意关于日中新关系的调整原则；同时，还决定了一份附件，即《"汪"工作指导腹案》，提出要使汪精卫服从日本处理"中国事变"的根本方针，同时也要让他畅所欲言，"给予其前途光明和绝对被信赖的印象"。[①] 日本政府匆忙之中做出的这个重大决定，并没有完全理会汪精卫的要求，只是要他服从日本的方针，即汪精卫所不知道的1938年11月日本御前会议的决定，而并非作为汪精卫逃离重庆之依据的"重光堂密约"，而且汪精卫也不是日本将来构筑中国"新中央政府"的唯一人选。

根据这样的方针，6月10日至15日，日本内阁的五相（平沼骐一郎首相、板垣征四郎陆相、米内光政海相、石渡庄太郎藏相、有田八郎外相），以及近卫前首相，分别与汪精卫进行了会谈（其中与板垣征四郎陆相会谈了两次）。为了让汪精卫有得而归，6月16日，五相会议就汪精卫事前提出的《关于收拾时局的具体办法》以及日本方面的意见，达成了"大致无异议"的谅解。[②]

汪精卫的第一次访日，把他与日本的关系公开化了。此前专注于从事"汪精卫工作"的日本参谋本部也认为：由于汪精卫此次访日，该"工作"进入了转折阶段，即由过去的"秘密策划"变为"公开策划"。[③]

四、从回国到前往广东

1. 与临时政府、维新政府首脑的会谈

汪精卫回国途中，在天津与王克敏等临时政府的要人、在上海与梁鸿志等维新政府的要人，围绕收拾时局、建立中央政府问题，进行了会谈，恳请其予以合作。两方都表示了体谅汪的真意、合作以应付时局的意向。

---

① 「支那事変関係一件」第27巻、外務省外交史料館蔵、A1. 1. 0. 30。
② 「支那事変関係一件」第27巻、外務省外交史料館蔵、A1. 1. 0. 30。
③ 《今井武夫回忆录》，第312页。

2. 在上海工作的进展

同时,汪派在上海,成功地将根据地设于公共租界内,为了公开推进其工作,将《中华日报》复刊,并通过广播发表他们的主张,首先开展了活跃的舆论战。

3. 访问广东

汪精卫继续前往广东,在华南派遣军的指导援助之下,从事华南方面的工作,特别是军事工作,8月14日,离开广东回上海。

汪精卫自日本回国后,踌躇满志。经过与华北、华中伪政权人物的面谈之后,7月9日,在上海的《中华日报》上公开发表了两份文件,即《我对于中日关系之根本观念及前进目标》、《敬告海外侨胞》。[①] 这是他与国民党当局断绝关系、走向卖国投敌的"声明书",也是向日本方面首次表明了他要"收拾中国时局"的态度。

7月14日,汪精卫授意褚民谊去拜访英国驻华大使克拉克·科尔,认为自访问东京之后,他尝试进行"和平运动"的时机已经到来,并对此寄予了很大的期望。但科尔则认为:汪精卫已经陷入了他所希望避免的"罗网",实质上已经成了一名日本的囚徒。[②] 这位第三国的旁观者,一语道破汪氏的处境。

汪精卫组建伪中央政府的工作是艰难的。因为日本方面的既定方针,并不是以他为唯一的人选,也不是以他为主,而只是要建立一个在华伪政权的联合体。因此,汪精卫也必须适应日本的需要,在努力做好自己"工作"的同时,一方面继续做华北、华中伪临时政府与维新政府的"工作";另一方面配合日本,拉拢吴佩孚,企图实现与吴的合作。[③]

与此同时,日本方面为了分裂、打击重庆政府,还要继续利用汪精卫

[①] 黄美真、张云编《汪精卫国民政府成立》,第177—185页。
[②] 《英国驻华大使克拉克·科尔的私人记录》(1939年7月14日)、《克拉克·科尔从上海发至英国外交部的电报》(1939年7月24日),《英国外交档案有关汪精卫"和平运动"及汪政权的部分历史档案文件》,〔加〕大卫·巴雷特、单富粮译《民国档案》2000年第2期。
[③] 重庆市档案馆:《日、汪、蒋拉拢争取吴佩孚情报一束》(1939年),《档案史料与研究》1995年第3期。

最后一点价值。那就是策动汪精卫南下广东进行"访问",在华南派遣军[①]的指导援助之下,从事"华南工作",特别是军事"工作"。8月,汪精卫在广东,与华南派遣军司令官达成了协议,企图建立华南政权,主要是促使张发奎等地方实力派,与日军合作,并将这一运动扩大到华南五省,从而迫使蒋介石下野,推翻重庆政府。[②] 这些"工作"曾经是汪精卫在河内未完成的任务。汪精卫与日方达成"工作协议"后,先回到上海,继续协助日方指导"华南工作"。缘于日本在1939年2月占领海南岛之后,继续伺机"南进",而"华南工作"却是日本的薄弱环节。在这方面,汪精卫自有其特殊价值。

五、国民党全国代表大会的召开(译略——笔者)

六、尔后工作的进展情况

1. 对于临时政府及维新政府,9月19日开始,历时三天,汪精卫在南京会见王克敏、梁鸿志,具体协商召开中央政治会议的问题,结果,三方决心更加紧密合作,致力于建立新中央政府。

2. 对于各党各派、无党无派的工作,大致看来进展顺利。

3. 军事工作指向有反蒋倾向的非中央军,眼下正在努力开展之中。

4. 此外,汪精卫在阿部内阁更迭之际,为了与我政府中枢进行联络协商,10月2日,派周佛海到东京。周佛海连日与政府要人进行会谈,再次确认了帝国政府坚定不移的决心之后回国。

帝国政府根据1938年11月30日御前会议决定的方针,应对处理上述汪精卫方面的运动,决定所需要的指导方策以及帝国对于新中央政府的政策,指导汪精卫及其既成政府等。与此同时,为了建立新政权,并保障其发达强化,帝国目前正在进行折冲之中。

1939年8月底至9月初,汪精卫集团在上海秘密召开了伪国民党"六大"及"六届一中全会"。在这期间,8月30日,日本的陆军大将阿部信行组阁。不久,第二次世界大战在欧洲爆发,日本当局决定了"不介入欧

---

① 当初日军并无"华南派遣军"之编制,此处系指日军派驻华南地区的第二十一军。

② 「支那中央政権樹立関係」第4巻、外務省外交史料館蔵、A6.1.1.8-3。

洲战争，致力于解决日华事变"的方针。为了加快解决"中国事变"，日本在吴佩孚出山渺茫（12月初，吴氏暴死于牙疾）、对"重庆工作"收效不大的情况下，被迫加快扶植以汪精卫为首的伪中央政权。这是日本政策的重大变化，其重要表现就是促使其卵翼下的伪临时、维新两政府的首脑，与汪精卫展开合作。

汪精卫趁机继续向日本提出希望和要求。继6月15日他在东京提出《对日本实行尊重中国主权原则之希望》后，9月，他又提出了《有关新中央政府财政问题对日本方面的希望》、《希望日本方面考虑之种种事项》，并准备派周佛海携带这些文件，以庆祝阿部内阁成立的名义，赴日进行协商。① 10月1日，周佛海与董道宁一起赴日，他还携带了汪精卫的大量亲笔信：致阿部总理及其他全体阁僚一封；致阿部总理，及陆军、海军、外务、大藏各大臣每人一封；致近卫、平沼、米内、有田、石渡等前任大臣每人一封；致柳川总务长官、铃木政务部长各一封。携带如此大量的汪精卫亲笔信，简直就是汪与日本高层的第二次"笔谈"。日本方面则在9月30日就拟订了《关于周佛海的接待要领》，决定了"各大臣对于汪精卫方面迄今为筹建新中央政府的努力及其成果，表示慰劳"的方针，以及"帝国建立以汪精卫为首的新中央政府的政策并无变化，汪精卫方面不必疑虑"的应对要领。② 周佛海在东京的十几日，与日本政府要人进行了会谈，再次确认了日本政府坚定不移支持的决心。

在周佛海回国之后，10月30日，日本兴亚院联络委员会决定了对于汪精卫的上述全部要求与希望的答复文件以及《关于新中国国旗的文件》。11月1日，兴亚院会议决定了《中央政治会议指导要领》。③ 这些文件表面上是在回应汪精卫的要求与希望，但实际上，是按照1938年11月30日御前会议的决定而确立的对于即将成立的以汪精卫为首的中国"新中央政府"的指导政策。

按照上述文件，日本在上海开始了与汪精卫集团的正式谈判。11月1—12日，以影佐祯昭为首的日本"梅机关"，与以周佛海为首的汪精卫集团进行了关于调整日中国交原则的七次会谈。12月18—24日，根据海军

---

① 黄美真、张云编《汪精卫国民政府成立》，第408—415页。
② 「支那新政府樹立関係一件（汪精衛関係）」第1卷、外務省外交史料館蔵、A6.1.1.8—5。
③ 「支那事変関係一件」第27卷、外務省外交史料館蔵、A1.1.0.30。

省的训令，须贺彦次郎少将与周佛海、陈公博又进行了关于海南岛问题的六次会谈。在上述会谈的基础上，12月30日，汪精卫集团与日本梅机关签订了《关于调整日中新关系的协议书》，即"日汪密约"。这个条约，是在汪精卫政权成立之前，日本强加给汪精卫集团的；汪精卫集团放弃了"重光堂密约"之后，又被迫签订了这个"卖身契"。

对于日本的"汪精卫工作"如何进行评价？迄今，绝大多数的日本学者均认为这属于日本的"谋略"；中国学者虽不赞成，但又缺乏足够的论据。此外，陈鹏仁先生认为"日本对汪精卫的工作，始于谋略也终于谋略，只是汪和影佐祯昭之间相互欣赏的产物"。① 通过对上述文书的考述，笔者最后想指出的是：如果就影佐祯昭、今井武夫、犬养健，以及高宗武、周佛海、汪精卫等人之间所进行的个人"工作"而言，可以说是日本的"谋略"，但是，如果就日本最高统治集团（政府与军部）与汪精卫叛国集团之间的关系而言，"汪精卫工作"是日本侵华国策的产物；前者是从属于后者的，或者说只是后者的形式与手段而已。对此，当时的日本官方就发表过见解。

1939年7月12日，有田八郎外相致日本驻欧美各国大使函："自去年春天以来，主要由参谋本部秘密进行的通过汪精卫一派脱离国民政府而摧毁蒋介石政权的工作，自12月18日以汪精卫成功逃离重庆而告一段落。……此后，该项工作终于发展为建立中国新中央政府工作的形式，因而作为我对华根本国策之一，在有关省、部的密切合作下，开展各项工作。"②

1940年1月13日，拓务省大臣官房文书课长致管理局局长函："对于汪精卫的工作，既具有作用于瓦解重庆政府的策略性质，也是自近卫内阁以来三届内阁所实施的最高国策的产物。为了理解这样的宗旨，故有本文书之制作。"③

二　汪伪国民政府的建立

1939年1月4日，近卫内阁宣布总辞职。5日，枢密院议长平沼骐一

---

① 陈鹏仁译著《汪精卫降日秘档》，台北，联经出版事业公司，1999，书后语。
② 「支那事变ニ際シ支那新政府樹立関係一件」第1卷、外務省外交史料館蔵、A6.1.1.9。
③ 「支那事变ニ際シ支那新政府樹立関係一件」第1卷、外務省外交史料館蔵、A6.1.1.9。此处所称的文书，即前述所论之文书。

郎组阁，前内阁的陆军、海军、外务等大臣仍然留任。6日，平沼首相在广播中表示："处理中国事变，仰遵圣上裁决。此为帝国坚定不移之方针。前内阁的各项施策如此，本内阁亦当根据帝国不变方针，努力彻底完成所期目的。"① 这表明，平沼内阁将延续近卫内阁的对华政策。而扶植成立以汪精卫为首的傀儡政权，就是这一政策的重点。

1938年12月20日，汪精卫逃往河内之后，近卫首相于22日发表了第三次声明，提出了"三项原则"。29日，汪精卫发表了被称为"艳电"的声明，全盘接受了"近卫三原则"。② 高宗武于1939年2月2日到河内后，汪精卫与之进行了讨论，并拟订了《收拾时局的有关方案》，特别是提出了由他本人"收拾时局"的条件。③ 4日，汪精卫致函近卫文麿（拟托高宗武赴日时转交之），函中他再次吹捧了近卫的第二、第三次声明，并称："敝国目前最感迫切需要者，为必须有统一而健全的政府，而此政府尤必将能与贵国立于平等之地位。"④ 可见，汪精卫之卖国投敌，是为了响应日本的近卫声明，并企图以汪为首建立新政权。

对于汪精卫的上述愿望，日本方面也是欢迎的。1939年2月21日，高宗武向日方提交了汪精卫的上述方案之后，3月18日，日本政府正式通知高宗武：支持成立以汪精卫为首的"新国民政府"。21日河内刺汪案发生后，22日，日本政府召开紧急会议，决定派陆军省军务局军务课长影佐祯昭，前往河内进行营救。⑤ 在日方的保护下，汪精卫于5月初到达上海，在与周佛海等人会合并进行密议之后，于28日通过今井武夫，再次向日方正式提出了《关于收拾时局的具体办法》，包括召开国民党代表大会、召开中央政治会议、国民政府还都南京等。⑥

日本政府同意了汪精卫提出的秘密访日的要求，并在汪精卫一行5月31日到达东京之后，于6月6日，近卫内阁召开五相会议决定了《树立中国新中央政府的方针》，规定：即将成立的"中国新中央政府"，由汪精

---

① 『戦史叢書・支那事変陸軍作戦2』262页。
② 黄美真、张云编《汪精卫集团投敌》，第373—375页。
③ 「渡辺工作（第二期計画）」（1939年2月）、「支那事変関係一件」第27卷、外務省外交史料館藏、A1.1.0.30。
④ 上海市档案馆：《汪精卫政府致近卫文麿函》，《档案与历史》1998年第2期。
⑤ 《日本外务省档案》，S493，S1110-27，第5044—5045页。
⑥ 《今井武夫回忆录》，附件，第305—310页。

卫、吴佩孚、"现有政权"、改变主意的重庆政府等构成;"新中央政府应根据有关调整日中新关系的原则,正式调整日中国交;前述构成分子应事先接受上述原则"。中国将来的政治形态采用"分治合作主义",其有关内容则要根据日中新关系的方针调整;"关于国民党及三民主义,在其抛弃容共抗日,改为以亲日'满'、防共为方针时,应与其他以亲日防共为主义者一样,允许其存在"。"重庆方面在放弃抗日容共政策、进行必要的人事更替,且接受上述第一、第二项之时,即认作其屈服,得成为新中央政府的构成分子之一。"① 可见,日本对于即将成立的"中国新中央政府"的方针,仍然依据的是1938年11月30日第二次御前会议的决定。它不但再次违背了此前(1938年11月20日)在上海与汪精卫一派达成的"重光堂密约",而且规定将来的这个"新中央政府",不仅有汪精卫一派,而且包括现有的华北与华中伪政权、原北洋政府以及重庆方面的新投降分子的"四方联合体",当然还是以汪派分子为主体。

在日本政府决定了上述方针之后,6月10—15日,汪精卫分别与平沼首相、板垣陆相、米内海相、石渡藏相、有田外相及前首相、枢密院议长近卫文麿进行了会谈,还与板垣陆相进行了第二次会谈。② 经过以上几次会谈,汪精卫于6月15日,正式向日方提出了"实行尊重中国主权原则"的希望。③ 对此,日本16日的五相会议决定了《中方提出的有关收拾时局的办法和日方的意见》,表示:"对于本办法大致无异议。"④ 而关于汪方提出的上述希望,据汪精卫后来自称:"贵方给予充分谅解以及定将努力促其实现之回示。"⑤

6月18日,汪精卫一行离日回国。在日本方面的主持下,他先与华北、华中伪政权的领导人进行了初步会谈,之后在7月9日,在上海公开发表了两份广播文稿——《我对于中日关系之根本观念及前进目标》、《敬告海外侨胞》,⑥ 再次论述了他在"艳电"中响应日本近卫声明的宗旨,这

---

① 『主要文書』下、412—413页。
② 详见《日本外务省档案》,R. WT80, IMT600;S487、S1110—27。
③ 『主要文書』下、413—415页。
④ 《日本外务省档案》,S493、S1110—27。笔者注,此办法与汪精卫5月28日所提,有较大修改,当为汪赴日会谈后修改。
⑤ 此为汪精卫(竹内)1939年9月提出希望时称,参见《今井武夫回忆录》,第321页。
⑥ 黄美真、张云编《汪精卫国民政府成立》,第177—185页。

实际上就是汪精卫与国民党当局断绝关系、走向卖国投敌的"声明书"。日本华中军报道部长7月10日发表谈话称:"我等为日本人,对于汪氏此种光明之态度,去就分明,表示其愿献身于中日提携以确立东亚和平之热忱,当然予以全面的支持,必排除一切障碍,协助其达到目的,可不待烦言。"①

此后,汪精卫便在日方的支持下,在上海开设汪公馆,开始秘密筹组伪国民政府的活动。日本方面则将这一谋划命名为"竹内工作",具体负责这一"工作"的则是以影佐祯昭为首的、1939年8月21日设于上海的"梅机关"。

日本在进行"竹内工作"的同时,按照五相会议此前决定的方针,继续由土肥原机关进行"吴佩孚工作",企图实现汪、吴合流。② 一时之间,蜗居华北的吴佩孚,成为日、汪、蒋三方共同拉拢、争取的对象。③ 但由于汪、吴之间的矛盾和吴佩孚个人的态度,随着吴佩孚1939年底暴死于牙疾,该工作很快就宣告结束了。此外,日本还通过包括"民间人士"在内的各种渠道,开展"重庆工作",以谋求实现与蒋介石集团的直接媾和,但是这一"工作"收效甚微。④ 因此,至1939年底,日本方面除了以汪精卫一派和既有的华北、华中伪政权来组建其所谓的"新中央政府"之外,亦别无选择。

1939年9月,第二次世界大战在欧洲爆发。刚刚上台的阿部信行内阁于9月4日发表声明:"不介入欧洲战争,致力于解决日华事变。"⑤ 日本企图在世界形势发生重大变化之前,迅速解决中国问题。

9月,汪精卫在上海召开伪国民党六大之后,派遣周佛海,以祝贺阿部内阁成立为名,再次赴日访问。他们向日方提出了《有关新中央政府财政问题对日本方面的希望》及《希望日本方面考虑之种种事项》。⑥ 兴亚院

---

① 黄美真、张云编《汪精卫国民政府成立》,第186页。
② 详见吴根樑《日本土肥原机关的吴佩孚工作及其破产》,《近代史研究》1982年第3期。
③ 重庆市档案馆编《日、汪、蒋拉拢争取吴佩孚情报一束》(1939年),《档案史料与研究》1995年第3期。
④ 详见杨天石《抗战前期日本"民间人士"和蒋介石集团的秘密谈判》,《历史研究》1990年第1期;《孔祥熙与抗战期间的中日秘密交涉》,《近代史研究》1995年第5期。
⑤ 『主要文書』下、274页。
⑥ 《今井武夫回忆录》,第321—323页。

也于9月中旬达成了《关于准备树立中国中央政府的对策纲要》。① 10月30日，兴亚院联络委员会决定了"对于汪精卫方面上述希望的答复意见"、"中央政治会议指导要领方案"、"新中国国旗"等文件。② 同日，陆军省、参谋本部有关部门也决定了"以树立新中央政府为中心的处理事变的最高指导方针"，企图在"新中央政府"成立前后，迅速解决"中国事变"。③

11月1日，日本兴亚院会议决定了《中央政治会议指导要领》，规定日本对于中央政治会议应以内政问题为重点进行指导，并就各方面的指导，规定了要领；还在四份附件中，对此做了详细的说明。④ 这份长文件其实就是日本对即将成立的伪中央政府的总要求。就连日方有关官员也认为其"过分苛刻"。⑤ 其中的"附件四"更规定在新中央政府成立之前，该政府的构成人员必须对日本做出下列保证：（1）"日中两国政府，根据调整日中新关系的原则，调整新国交"；（2）"承认事变期间在新国交修复前存在的既成事态，允许伴随事实，根据上述原则，逐步加以调整"；（3）"在事变继续期间，承认根据与此相随的必然要求，继续存在的特殊事态；上述特殊事态，根据情况的发展及事变的解决，应当调整日中新关系的原则，逐渐加以处理"。但因为这涉及了日中关系的重大问题，故兴亚院同时决定："该附件须经御前会议，至少也要经过首相上奏。"

"中央政治会议"是标榜将奉行"以党治国"的汪伪国民政府的决策机构，日本对此规定的上述指导要领，无异于充当了将来"新中央政府"的"太上皇"。

在兴亚院做出上述决定并继续上报审议的同时，日本也加快了与汪精卫方面组建政府的谈判。11月1—12日，在上海的"梅机关"与汪精卫方面（主要是周佛海）进行了关于调整日中国交原则的七次会谈。⑥ 12月18—24日，根据海军省的训令，须贺彦次郎少将与周佛海、陈公博之间又进行了关于海南岛问题的六次会谈。⑦ 在完成了上述会谈之后，12月30

---

① 《日本外务省档案》，S560、S1611—1617，第840—841页。
② 《日本外务省档案》，S493、S1110—1127，第5159—5259页。
③ 臼井勝美編『現代史資料』第9巻『日中戦争2』578—579頁。
④ 《日本外务省档案》，R. WT46、IMT350，第3—13页。
⑤ 『戦史叢書・支那事変陸軍作戦3』14頁。
⑥ 《日本外务省档案》，S493、S1110—27，第5260—5469页。
⑦ 臼井勝美編『現代史資料』第13巻『日中戦争5』みすず書房、1964、302—315頁。

日，汪精卫方面与日本"梅机关"之间，终于在上海签署了《关于调整日中新关系的协议书》。① 该协议的"正文"，规定了与11月1日兴亚院决定的前述"附件四"基本相同的"调整日中新关系纲要"；"附件一"规定了调整日中新关系的基本原则，"附件二"规定了调整日中关系的具体原则；还有八份"秘密谅解事项"；此外，还有"附册"，规定了"机密谅解事项"三件。

上述后来被称为"日汪密约"的一系列文件，实际上就是汪精卫集团卖国投敌的"卖身契"。日本方面也认为：通过签署上述协议书，取得了包括"确保政治、外交及文化上的权利"、"确保地区实权"、"掌握军事实权"、"获得经济权利"等方面的"重要成果"。② 这个密约在内容上，已经远远超出了日本的"二十一条"，③ 它是日本"东亚新秩序"下对华政策的真正反映，也是以后日本与汪伪政权关系的基础。

日汪之间的上述密约签订后，双方曾相约"永为密约，不予发表"。但是在1940年1月3日，高宗武、陶希圣两人毅然脱离了汪精卫集团，秘密逃离上海，5日抵达香港；22日，他们在香港的《大公报》上发表了"汪兆铭卖国条件全文"，使得汪氏集团的卖国行径，从此公之于世。④ 这就是抗战期间震惊一时的"高陶事件"。⑤

"日汪密约"签署后，影佐祯昭回东京汇报请示。1940年1月6日，兴亚院会议决定了《调整日中关系新关系的纲要》，肯定了"梅机关"与汪精卫方面于去年12月30日达成的上述各项事项，并决定对有关文件分别情况予以秘密处理，还要求"汪精卫方面须与日本方面合作，迅速促使重庆政权屈服"。⑥ 1月8日，阿部内阁阁议决定了《关于树立中国新中央政府的处理方针》，肯定了去年11月1日兴亚院的决定和12月30日在上海达成的上述协议，并在"附件"中重申了调整日中新关系的基本原则与

---

① 『太平洋戦争への道 資料編』286—294页。
② 《日本外务省档案》，S493，S1110—27。
③ 关于"日汪密约"与"二十一条"的比较研究，参见沙大仁编著《"二十一条"与"日汪密约"之比较研究》，香港，时先出版社，1940。
④ 香港《大公报》1940年1月22日第3版全文及第9、10版日文原件照片。
⑤ 有关资料及其研究，参见陶恒生《"高陶事件"始末——中国现代史上传奇的一章》，台北，成文出版社，2001；《"高陶事件"始末》，湖北人民出版社，2004。
⑥ 《海军省资料》（9），第1—3页。

具体原则，决定"迅速建立新中央政府"。① 1月10日下午，汪精卫、周佛海在南京干部会议之后会见影佐，听取其报告赴东京之经过。据周佛海在当日日记中称："在沪所谈条件，东京未易一字，全部通过。"② 1月12日，兴亚院在南京召开了首次联络部长官会议，讨论决定了"积极援助汪精卫氏设立中国新政权运动之具体方案"。③ 至此，汪伪政权的成立如箭在弦上。

日本的阿部内阁在做出上述决定之后，很快就辞职了，但是1940年1月16日成立的米内光政内阁，有田八郎继续担任外相，仍然执行前内阁的对华政策。

在日本新政府批准了建立"新中央政府"的有关方案之后，在"梅机关"的安排下，汪精卫等人来到山东青岛，与伪临时、维新两政府的首脑王克敏、梁鸿志等人，于1月24—25日举行了两次会谈，商定了在南京组织伪国民政府的有关事宜。④ 汪精卫在青岛，还与伪蒙疆政府的代表李守信等人进行了会面。

3月20日，汪精卫召集的各方"代表"，首先在南京召开了"中央政治会议"，讨论决定了组建伪中央政府的大政方针。随后，3月30日，在南京举行伪国民政府的"还都"典礼。至此，汪伪国民政府正式登场。

---

① 《日本外务省档案》，R. P65、PVM42，第314—323页。
② 蔡德金编注《周佛海日记全编》上编，第428页。
③ 黄美真、张云编《汪精卫国民政府成立》，第808—809页。
④ 《日本外务省档案》，S493、S1110—1127、5617—5645页。

第二章
各伪政权的政治形态与相互关系

作为日本侵华战争期间实施殖民统治的傀儡工具，中国各伪政权建立之后，在不同地区、不同时段，呈现了复杂的政治形态；其与日本的所谓"外交"关系以及相互之间的关系，亦展现出畸形的特征。本章主要论述与分析最为重要且具代表性的伪满洲国、汪伪国民政府的政治形态，包括日本的殖民统治理念、伪政权的政治体制与法律形态，以及该两伪政权的对日关系、相互关系之"外交"形态与汪伪政府成立后其与伪华北、伪蒙疆两政权之间的特殊关系。

第一节 伪满洲国的政治与"外交"

一 伪满洲国的统治理念及其实质

关于伪满洲国的性质，包括一部分日本学者在内，大多数中外学者认为"满洲国"是一个伪政权，不具备"独立国家"的属性：第一，它不被东北人民所承认（这在事变后不久的"国联调查书"中已有明确表述）；第二，当时的国民政府和中国民众均不承认"满洲国"是一个"独立国家"；第三，不被当时的国际社会所承认（直到伪满洲国垮台的前夕，与它"建交"的只有法西斯同盟国及其几个附属国）；第四，它随着日本的战败投降而垮台。

但是，如果单纯把伪满洲国定位为傀儡政权还有欠准确。所谓傀儡是从木偶戏演化而来，前台表演的是木偶，牵线人则在幕后。但是，日本对伪满洲国的统治并非站在幕后"牵线"，而是直接站在前台指挥和统制一切。日本政府、军部、关东军制定的伪国统治理念中明确规定，日本人是五族中的"中核民族"、"指导民族"，自诩为"满洲的主人"，日本人通过中央一级的总务厅长、各部局次长以及地方机构的副省、市、县长直接参政，甚至有些省、市、县直接由日本人充当主官，比如伪黑河、东安、牡丹江、间岛四省的省长直接由日本人担任。另外，伪东安、牡丹江、四平、抚顺、本溪湖、鞍山、阜新、海拉尔、满洲里等市的市长也由日本人担任。另有伪林西、松宁、绥阳、穆棱、虎林、鸡宁、密山、林口、饶河、瑷珲、孙吴等边境县的县长也是日本人。

所以，如果要对伪满洲国政权的性质下一定义，则伪满洲国是日本关东军在武装侵吞中国东北的背景下一手炮制，并亲自操纵，使其政治、军事、国防、经济、文化、教育等领域完全受日本主宰的殖民地政权。然而，为了掩饰伪国的殖民地政权性质，在日本统治的14年里，随着时局的变迁，殖民统治者炮制了一系列冠冕堂皇的"理论"，直到今天，它们仍然被日本右翼社会及一部分右翼学者津津乐道，作为"殖民统治有理"、"侵略有功"的"金字招牌"。因此，有必要予以揭示和批驳。

1. "民族协和"与"五族共和"的实质

伪满洲国成立之前，关东军就为这个畸形儿设计了"国号"、"国旗"和"元首制度"等。其中的"国旗"设计为红蓝白黑满地黄的"新五色旗"，五色分别代表日本、朝鲜、满洲、蒙古和汉民族。[①] 为此，伪国出笼之际发布的"建国宣言"中声称，"凡在我国家领土之内居住者，皆无种族之歧视，尊卑之分别，除原有之汉族、满族、蒙族及日本朝鲜各族外，即其它国人，愿长久居住者，亦得享平等之待遇，保障其应得之权利，不使其有丝毫之侵损"，"必使境内一切民族，熙熙皞皞，如登春台，保东亚永久之光荣，为世界政治之楷模"。[②] 这就是日伪当局从伪国出笼之初就一直标榜的"民族协和"和"五族共和"。

毋庸讳言，民族融合的确是维护国家安定乃至世界和平的基础。问题在于，日伪统治时期的"民族协和"和"五族共和"究竟是真是假，是虚是实，日本统治当局是否像自诩的那样，从伪国出笼之始就把"五族共和"和"民族协和"当作伪国的建国理念，以下予以剖析之。

1932年3月15日，关东军在《对时局建言》中指出，"以在住民族的

---

① 塚瀬進『満洲国——「民族協和」の実像』96、97頁。
② 『満洲国史』総論、219、220頁。

协和为理想，但需依存日本人，没有日本人之协力则不能实现共存共荣"。① 很显然，他们"民族协和"的"理想"是有大前提的，即必须依靠日本人，以日本人的"协力"为必要条件。

1934年12月，南次郎出任关东军司令官，在《关于贯彻对满政策的意见》中称，为了"在满洲国增长优良的政治因素，有必要大规模地移植日本人，同时采取措施暂时禁止汉人的移入"，"对满、蒙、汉人事中的重要事项，也应从指导重要内政事项的角度加以审核"。② 南次郎的《意见》更露骨，内称，唯有日本人才是"优良的政治因素"，因此要大规模地移入日本人，限制汉族人，其他民族则必须置于日本人的"审核"之下。

1936年9月18日，在九一八事变五周年之际，关东军司令部又抛出《满洲国的根本理念与协和会的本质》这一指导性文件，内称，"我大和民族应该继续内含优秀的资质和卓越的实力，对外以宽容来指导和诱导他民族，弥补其不足，鞭策其努力，使不服从者服从，完成上天赋予的实现道义世界之使命"。③ 这里，日本人毫不掩饰地把自己摆到"优秀民族"和"指导民族"的位置上，居高临下，担负"弥补"和"鞭策"其他民族的使命，而且这一使命来自"上天赋予"，无疑是"天孙人种"的代名词。

在实际操作上，"民族协和"之类更是一句空洞的口号。1940年，"协和会"成员森本橘夫对农民进行过一次调查，他在调查报告中写道："说农民具有反官思想是不够妥当的，但时至建国十周年的今天，（农民）惧怕官吏和不信任官吏的事实仍然存在"，当提及县公署官员到农村后是否有"杀鸡、吃喝，然后一走了之不给钱"的现象时，他写道："即使这样的事实很多"，但农民"绝不把真实的声音讲出来，担心传到权势人的耳中"。④ 这一小段文字披露了两个事实，一是包括日本人在内的官吏鱼肉百姓的事例很多；二是民众对官吏的畏惧和不信任。

"满洲映画协会"女演员李香兰在她的回忆录《我的半生》中有一段记载，"满洲的日本人，在日常生活等各个方面都与中国人有差别，在聚会或宴会上围在同样的桌子前，吃着同样的料理（菜肴），喝着同样的酒，

---

① 片倉衷『片倉衷回想の満洲国』184頁。
② 南次郎：《关于贯彻对满政策的意见》（内部印刷本），东北沦陷14年史总编室译。
③ 转引自山室信一『キメラ——満洲国の肖像』283頁。
④ 森本橘夫「農村工作雑感」『協和運動』第4巻第10号、1942年。

但吃饭时给日本人端出的是大米,中国人是高粱米"。① 日本学者安藤彦太郎在调查访问时记下了当地民众的陈述:"满洲国的一等人是日本人,二等人是朝鲜人,汉族和满族人是三等人,配给粮食时,日本人是大米,朝鲜人是一半大米、一半高粱米,中国人全是高粱米,工资也有差别。"② 工资差别详见表2–1。

表 2–1　日本人经营企业的工资差别（1939 年 8 月）

		工厂		矿山	
		实领工资（元）	同日本人的比率（%）	实领工资（元）	同日本人的比率（%）
男性	日本人	3.78	100	3.33	100
	朝鲜人	1.52	40.2	1.3	39.0
	中国人	1.09	28.8	0.98	29.4
女性	日本人	1.82	100		
	朝鲜人	0.76	41.8	1.02	
	中国人	0.53	29.1	0.30	

资料来源：劳工协会调查『满州劳働年鑑』1940 年、转引自山室信一『キメラ——满洲国の肖像』281 頁。

即使是在伪满陆军军官学校和建国大学,被日伪当局称作"一文一武"最高学府的教育场所,日本人高居其上,待遇优越于其他民族的现象也司空见惯。在伪陆军军官学校,日本人学生比例和中国人各占一半,教材相同,"但待遇却有天壤之别,日本学生穿着从上到下都是新的,中国学生除外出装外几乎都是旧的,寝具等生活用品与服装一样,日本学生使用新品,中国学生使用旧品。伙食也有差别,日本学生的主食是大米,仅有的营养品也供日本学生。中国学生的主食是高粱米,而且是作为牛、马等牲畜饲料的红高粱米"。③

以上仅仅是不同民族的生活、工资待遇之对比,更严酷的是政治地位和社会地位的差别,以及日本当局利用民族矛盾、制造民族隔阂的罪恶行

---

① 山口淑子、藤原作弥「李香蘭・私の半生」、转引自山室信一『キメラ——满洲国の肖像』279 頁。
② 安藤彦太郎「延辺紀行」『東洋文化』第 36 號、1964 年。
③ 山室信一『キメラ——满洲国の肖像』281 頁。

径。早在日本步入军事帝国主义行列之前,就抛出了"脱亚入欧论",日本人独揽伪满洲国政治、军事、经济、教育、文化等一切大权后,日本民族"高贵论"、"核心论"等思想越发膨胀,他们在中国东北拥有其他任何民族不能比拟的特权,并被伪国用法律形式固定下来。诸如土地占有权、经商权、开办企业矿山权、教育权等。就连关押犯人的场所,也有区别,日本人不能同中国人关在一起,其所涉案件也必须经由日本司法人员审理。总之,只有日本人才是东北的主人,其他民族都是奴仆。伪军政部高级顾问花谷正曾在一次军官会议上声色俱厉道:"满洲人把自己当成主人,把日本人当成客人,那就是大错特错了,在满洲的日本人绝不是客人,是地地道道的满洲的主人。谁不承认这一点可以请他自便,不能容许这种人存在满洲的土地上……郑孝胥说满洲国这个小孩逐渐长大了,就可以逐渐脱离怀抱了……这真是岂有此理,关东军司令部把他撤职了,这就是前车之鉴……任何一个满洲人要想把日本人当成客人,那是万万做不到的!"[①]花谷正的这番话不仅暴露出日本统治者的蛮横和粗暴,也是日本统治集团以"优等民族"自居,蔑视其他民族的心理写照。

在这种自我膨胀的"高贵民族"意识下,即使原来生活在日本社会的最底层,后来迁移到东北的日本农民也以"高等民族"自居,俨然成为地方霸主,随意欺压中国民众。骇人听闻的"巴木东大检举案"就有日本会阳"开拓"移民从中作祟,是他们向宪兵队提供了反伪满抗日民众的名单,致使无辜民众被捕,遭受迫害,甚至致死。吉林省九台县住有40户日本移民,其中30户以贩卖毒品为业,他们"缺乏良好的素质,甚至向当地居民提出种种无理的要求,并以极其恶劣的手段谋利,以至把人逼入绝境,甚至发生过杀害当地居民的事件",然而,对于日本人的胡作非为,"当局并没有采取公平明断的处理办法"。日本领事馆更是"过于庇护日本人",结果"当事人没有一点悔过之意,招致了当地居民对日本人的极大怨恨"。[②] 这段文字把统治当局宣扬的"五族共和"、"民族协和"的假面具撕下。

[①] 万嘉熙:《伪满军的内幕》,政协吉林省委员会文史资料研究委员会编《吉林文史资料》第20辑,编者自印,1987,第29页。

[②] 〔日〕大谷湖峰:《满洲宗教调查报告书》,长春市政协文史资料委员会编《长春文史资料》第4辑,编者自印,1988,第11页。

另据伪满高官王子衡的披露，他曾在伪总理大臣秘书松元益雄处发现一本题为《日本人服务须知》的小册子，内中列举了30多条"统治术"，专门提供给日本官员，作为驾驭东北其他民族的参考。《须知》开头称，"日本民族是满洲各民族的核心，天生的指导者"，日本人"在满洲不是侨民而是主人"，"日本人既系核心民族，须诱导他族向日本人学习，并养成忠直刚毅，富有牺牲性的武士道精神，以便驱使"。① 虽然王子衡的披露迄今尚没有更多其他史料佐证，但是日伪统治时期处民族关系的所作所为已经证实了这一点。另据日本关东军宪兵队制定的《对满战时特别对策》，其中把"相互利用多民族，（制造）多民族相互反目和离间政策"作为重要对策之一，② 也是对王子衡披露内容的最有力的佐证。

朝鲜近代以来遭受日本军国主义的欺凌，尤其是"日韩合并"后，大批朝鲜人为逃脱日本的迫害流入中国东北境内。到伪满政府成立，东北境内的朝鲜人达63万左右，到1940年，朝鲜人猛增到120万。③ 1938年7月，关东军出台《在满朝鲜人指导要纲》，赋予在东北的朝鲜人"满洲国国民"的待遇。1939年5月，朝鲜总督府又把在东北的朝鲜人升级到"大日本帝国臣民"的地位。表面上看，朝鲜人在东北的地位仅次于日本人，因此有"二等国民"或"准高等民族"之说。但事实上，流亡到中国东北境内的朝鲜人，除少数人依附日本统治集团、充当日本人的鹰犬外，绝大多数的朝鲜人对日本帝国主义怀有刻骨的仇恨，民族复兴意识浓厚，因此也成为日本统治集团极不放心的民族。为了把朝鲜人拉进"皇国臣民"的阵营，日本统治当局在东北推行了"皇民化运动"，宣扬"内鲜一体"、"鲜满一如"。"内鲜一体"的"内"指的是日本人，"鲜"则是对朝鲜人的蔑称，即把朝鲜人培养成"忠良的皇国臣民"；"鲜满一如"即推行"朝鲜延长主义"，让"朝鲜的今天"变成"满洲的明天"。④ 为此，日本统治集团对在东北的朝鲜人强制推行"创氏改名"运动，命令朝鲜人一律把名字更换成日本人姓氏，否则视为"非国民"，不配给粮食及生活用品，

---

① 王子衡：《伪满日本官吏的秘密手册》，《文史资料选辑》第39辑，第56页。
② 山室信一『キメラ——満洲国の肖像』282页。
③ 塚瀬進『満洲国——「民族協和」の実像』102页。
④ 韩俊光：《日本帝国主义的"皇民化"政策和朝鲜族人民反"皇民化"的斗争》，《东北沦陷十四年史研究》第1辑，吉林人民出版社，1988，第60页。

不发放居民证,成人不准就业,儿童不准就学,甚至鼓吹"内鲜通婚",使日、朝民族"形、心、血、肉全部一体化"。①

但是,日本统治集团并不把朝鲜民族当作可信赖的民族,在前述的《日本人服务须知》中记载,"朝鲜民族……与汉民族既有血缘又有宿仇,可利用它,化为'皇民',只可使其与汉族疏远不可与汉族亲密。汉鲜两族人民冲突时,同等是非,要扬鲜抑汉;朝鲜人理屈时要使朝汉人同其曲直"。② 可见,朝鲜民族不过是日本的借助力量,同时也是它时刻提防和防范的民族之一。比如,在物资和粮食的"通帐"(配给卡)上,已经更改成日本人姓名的朝鲜人必须附上原来的朝鲜姓名,以示"内鲜"有别,缘于日、朝两民族的配给和待遇不同。③ 朝鲜人在生活待遇等方面与日本人有别,但在履行日本国内外各项法西斯法令所规定的"义务"方面却不能逃避,尤其是随着日本侵略军在各战场吃紧,征兵的任务也落到朝鲜青年的头上。据统计,先后有11294名在东北的朝鲜青年被征兵入伍,其中有6178人战死,另有约10万朝鲜妇女被强制充当从军慰安妇,许多人含恨死在异乡。④

居住在中国东北的蒙古民族约80万人,占人口总数的2%—3%,生活空间则占总面积的1/3以上。九一八事变不久,曾参加"满蒙独立运动"的巴布扎布的两个儿子甘珠尔扎布和正珠尔扎布秉承关东军高级参谋板垣征四郎的旨意,接受关东军的武器援助,返回家乡组建伪蒙军。伪满洲国成立后,将蒙古民族居住区划分为东南西北四个伪省(即今内蒙古东部的四个盟),上设兴安局,后改称兴安总署、蒙政部等。1936年5月,伪满洲国出台《指导蒙古民族的根本方针》,其中指出,"关于国外蒙古民族的指导(指的是伪国辖区外的内蒙古西部地区——引者注),限于同依存日本的满洲国保持亲善关系,目前应帮助以蒙古军政府为中心的民族独立(即德王伪政权——引者注),确立经营外蒙的基石,并逐渐向新疆方

---

① 南次郎:《在道知事会议上的总督训示》,转引自韩俊光《日本帝国主义的"皇民化"政策和朝鲜族人民反"皇民化"的斗争》,《东北沦陷十四年史研究》第1辑,第60页。
② 王子衡:《伪满日本官吏的秘密手册》,《文史资料选辑》第39辑,第56页。
③ 青木一夫「満州における朝鮮人の概況と指導方針について一考察」『協和運動』第3巻第12号、1941年。
④ 韩俊光:《日本帝国主义的"皇民化"政策和朝鲜族人民反"皇民化"的斗争》,《东北沦陷十四年史》第1辑。

面扩大"，"蒙汉两民族有互不相容的历史，应通过五族中核的日本人的热烈指导，逐渐使其融合提携，促进有色人种的大同团结"。① 同统治其他地域一样，日本人在内蒙各省、县、旗公署安插了大批日本人，充当总务厅（处）长或参事官，直接操纵伪政权的运转。其中，有两项决策带有特殊的意义。一是逐渐削弱蒙古王公的势力、权限和削减封地，实行所谓的"中央集权化"；二是禁止汉族人流入，禁止开放"蒙地"，名义上是"保护"内蒙古东四盟的"蒙地"，实际是逐渐将之收归为伪满洲国所有。到1938年10月，以往向汉族放荒租借的"蒙地"几乎全部收为"国有"。热河境内放出的"蒙地"也于1939年9月收回。这些名曰"国有"的收回土地（草原）也就成为日本人的"新天地"，一部分被日本移民占据。

还应指出的是，日本统治集团所谓的"热烈指导"，使蒙汉两民族"融合提携"的方针也只是招牌而已。相反，利用蒙古民族镇压汉民族的抗日斗争则是他们的惯技。1937年，为了对付东北抗日联军，日伪当局把伪蒙军推上战场。日军利用蒙古骑兵机动灵活、善于山林作战的特点，充实和征调伪蒙军兴安支队开进三江地区，他们"侵扰了当地汉人的村庄，到处烧杀奸掠，结果严重伤害了汉人民心"。②

他们还利用伪蒙军充当挑衅苏联、制造边境纠纷的先锋。在诺门坎战役中，伪兴安军的一个师除了伤亡以外，其余的全部成为苏军的俘虏。1944年，关东军抽调健壮蒙古青年组成一支"武装谋略部队"，称为关东军第二游击队，正式编入关东军的建制，由日本军官率领。1945年8月，苏联对日宣战后，第二游击队队长、日本军官松浦率领全队潜入苏境，准备在苏联后方展开骚扰活动。然而，真正的战斗尚未打响，800多人的队伍就逃散了大半，松浦在绝望中自杀。③

1944年，日本关东军还组建了一支"铁石"部队，分为"铁心"和"铁血"部队，"铁心"部队由两个伪满洲国军步兵团和一个骑兵支队组成；"铁血"部队是由两个蒙古族骑兵团和一个朝鲜族支队组成。在日本军官率领下这支部队开往华北地区同八路军作战。日本军官唯恐这支队伍貌合神离，每天强迫士兵遥拜天皇，灌输效忠天皇和武士道精神，日本宪

---

① 塚瀬進『満洲国——「民族協和」の実像』111頁。
② 〔日〕西原征夫：《哈尔滨特务机关》，赵晨译，群众出版社，1986，第135页。
③ 〔日〕西原征夫：《哈尔滨特务机关》，第154页。

兵、特务也时常窜到部队监视官兵的行动，并收买眼线监视各族官兵，甚至别有用心地怂恿官兵烧杀抢掠，奸淫妇女，以刺激官兵的"战斗力"。①后来，这支部队遭受八路军的沉重打击，损失惨重。一些官兵逐渐意识到日本统治集团的险恶用心，加之远离家乡，战事频繁，同伴又死伤甚多，遂产生了厌战情绪。苏联红军出兵东北后，一些蒙古族官兵毅然脱离日本军官的控制，返回家乡。另一支朝鲜族武装也阵前倒戈，脱离了日本军官的控制。

生活在大兴安岭密林里的鄂伦春族，以打猎为生，善骑射，生性豪爽，又熟悉大兴安岭的山形地势。东北抗日联军崛起后，大兴安岭成为抗日联军活跃的地区，有一批鄂伦春族青年也加入抗日联军的行列。对此，1934年春，齐齐哈尔和黑河的日本特务机关召集鄂伦春族首领开会，兜售日本帝国主义的殖民统治思想和政策，并施以小恩小惠来笼络鄂伦春族的首领，组织鄂伦春族青年成立一支山林队，在日本军官的训练和指挥下，负责追击和"围剿"抗日联军。一位鄂伦春族首领不甘为日本人效命，日本人就把他的儿子关押起来，诬其"通苏"，以此要挟这位首领就范；后来干脆把这位首领解职，另以副首领取而代之。在日本统治者的淫威下，鄂伦春族山林队相继成立，仅在瑷珲县境就成立了4支山林队，另在毕拉尔路成立了两支山林队，分别由日本军官率领，并专门为山林队提供大米、豆油、白酒、罐头、布匹等特殊"配给品"，"作为鄂伦春谋略部队，利用鄂伦春族的特性进行严格的训练"。②

1935年3月21日，鄂伦春族山林队袭击了一支抗联小分队。1937年4月19日，鄂伦春族山林队又袭击了抗联第三军赵尚志的队伍。1941年12月，抗联三支队在呼玛县的塔源遭到鄂伦春族山林队的袭击，牺牲大队长以下66人，损失枪支70余支，战马80余匹。日本特务机关还经常指使鄂伦春族山林队潜入苏联境内从事侦察或破坏活动。仅1941年，鄂伦春族山林队就潜入苏境四五次之多，纵火焚烧苏境内农庄的粮谷、草垛，抢掠马匹等牲畜。

尽管日本统治集团机关算尽，但还是有许多鄂伦春族民众认识到日本

---

① 李雪松：《铁石部队的编成与活动片断》，《吉林文史资料》第19辑，1987，第15页。
② 川原衛門『関東軍謀略部隊』プレス東京出版局、1970、154頁。

人的居心叵测。有些山林队员毅然投身抗联队伍，还有些人为抗联武装送信、领路、运送粮食。1936年，抗联一支队袭击了伊春的一处伪警察所，缴获一批武器弹药，鄂伦春族猎民李朱产、莫乌苏等人主动联络附近的鄂伦春族村民，把战利品隐藏起来；后来被日军察觉，李朱产、莫乌苏等5人不幸被捕，惨遭敌人杀害。苏联对日宣战后，一批鄂伦春族山林队队员毅然倒戈，将日本军官引进山区困死。还有些山林队员主动为苏联红军带路，捣毁日本特务机关，歼灭了盘踞在鄂伦春族居住区的日本法西斯分子。①

为了维护殖民地统治秩序，日本统治集团对少数民族同样采取残酷的镇压手段，发生在呼伦贝尔盟的"凌升事件"就是典型的一例。凌升是达斡尔族人，九一八事变前历任呼伦贝尔盟督办公署咨议、黑龙江省公署咨议、"蒙疆"经略使公署顾问及北京政府咨议等职。九一八事变爆发后，凌升积极参与伪满洲国的"建国活动"，热衷辅佐溥仪"重振朝纲"，并同溥仪家族联姻，因此被委以伪兴安北省省长一职，成为伪满权贵。1933年10月，海（拉尔）、满（洲里）警备司令苏炳文举旗抗日，凌升对苏炳文抗日举动表示同情和默许，并接受了抗日武装推举他就任呼伦贝尔盟自治委员会委员长。苏炳文兵败退入苏境时，凌升还到车站相送，② 就此埋下了引起日本统治集团记恨和猜忌的隐患。1933年，"哈尔庙事件"爆发，日伪当局命凌升为首席代表，同蒙古人民共和国谈判。其间，凌升对受控于日本人颇感不满，日系官员则"责备凌升不为日满卖力，心无诚意"。更使日本人恼火的是，在一次伪兴安四省的会议上，凌升对日本人提出了一些反对意见，"言辞尖锐，弄得与会的关东军参谋怒不可遏"。③ 1936年3月27日，日本宪兵队突然行动，先后逮捕了凌升，凌升胞弟、伪兴安北省警备军参谋长福龄，凌升妹夫、伪兴安北省警务厅长春德，凌升秘书兼日语翻译华林泰，以及下属官员20余人。日本人对这些人严刑拷打，逼迫其承认"通苏通蒙"，最后，以"间谍罪"将凌升、福龄、春德、华林泰

---

① 〔日〕西原征夫：《哈尔滨特务机关》，第88、96页。
② 苏炳文：《一九三三年海、满抗战始末》，中国人民政治协商会议黑龙江省委员会文史资料研究委员会编《黑龙江文史资料》第3辑，黑龙江人民出版社，1982。
③ 《伪满时期的凌升事件》，中国人民政治协商会议呼伦贝尔盟委员会文史资料研究委员会编《呼伦贝尔文史资料》第3辑，编者自印，1986。

等4人处死，其他人员分别被判处12年以上徒刑，或者被革职。这便是日本统治集团迫害少数民族的"凌升事件"。"凌升事件"后，日本统治集团借机进行"大清洗"，抽调日系官员控制伪兴安北省政治、军事、警务、财政等一切大权。从此，呼伦贝尔地区成为日本人的天下，"民族自治"也便成为一句空话。

东北境内人数最少的民族是赫哲族，世居松花江下游、同江和乌苏里江沿岸，以渔猎为生。因赫哲人繁衍生息地濒临苏境，又是东北抗日武装活动的重要区域，一些赫哲族青年加入抗日联军队伍，还有些赫哲人同苏联有来往，成为日本统治集团的一块"心病"。1938年，日伪当局强迫抚远以西、王家店以东的赫哲人和少数汉族渔民迁移到八岔屯，在周围筑起土墙，实行保甲连坐制度，并把赫哲族青年组织起来，成立一支20多人的警察队，由日本军官指挥和统辖。赫哲人被驱赶进这个集团部落后，每天外出打鱼要到警察队"挂条子"，返回时要将船桨、船舵交到警察队"销假"，终日生活在警察队的监督和监视之下。

1942年，日伪当局又策划了灭绝赫哲人种族的"大归屯计划"，出动警察、特务和宪兵，强迫世居富锦、抚远地区的赫哲人迁到没有人烟的密林沼泽地带，将之划分成三个部落，每个部落相距100余里，相互之间不得往来。时值严冬时节，移民没有住所、粮食和生活必需品，只能住在几所潮湿、寒冷的地窨子里，粮食吃光后只得以冬青、鸟蛋充饥。由于环境的恶劣以及饥饿、疾病的折磨，赫哲人口急剧下降，民国初年，赫哲人有2500—3000人，到日本投降时，赫哲人只剩下300余人，已经濒临灭绝的边缘。[①]

综上不难看出，日本统治当局渲染的"五族共和"及"民族协和"不过是虚伪的口号。有日本学者评论称，"日本人提倡的民族协和，所谓'协'者'协助'也，'和'者'大和'也，民族协和即（其他各民族）协助大和民族侵略中国是也！"[②]

---

① 尤金良：《日寇给赫哲族造成的灾难》，中国人民政治协商会议富锦县委员会文史资料研究委员会编《富锦文史资料》第3辑，编者自印，1986；尤志贤：《日本侵略者对赫哲民族的迫害》，《黑龙江文史资料》第22辑，黑龙江人民出版社，1988。
② 山室信一『キメラ——満洲国の肖像』284页。

2. 从"王道主义"到"惟神之道"

伪满洲国建立之初,在《建国宣言》中称,"新国家建设之旨,一切以顺天安民为主,施政必徇真正之民意,不容私见之或存","则当惟礼教之是崇,实行王道主义"。① 九一八事变前后,日本内阁、参谋本部以及关东军在策划统治东北的一系列方案、要纲、决策中也屡次提到实施"王道主义",这就是日本统治当局标榜的"王道主义"政治理念。所谓"王道",是相对"霸道"而言,即排斥强权和压制,以道义实施统治,也是中国儒家学说一直推崇并身体力行的统治术。表面上看,日伪当局似乎要在伪满洲国这块"试验田"上栽种出中国历代儒家向往的"道义国家"、"王道政治"之树。

日本统治集团在伪国成立之初之所以把"王道"搬了出来,还有一个重要原因在于他们抬举的"执政"者是清逊帝溥仪,在溥仪的身边有一批急于复辟清室的遗老遗少,而且,第一任伪国务总理就是清廷遗老、溥仪的重臣郑孝胥。至少,"王道主义"的口号可以激发这些人为日本效力的积极性。而事实上在伪满"建国"初期,郑孝胥等遗老遗少的确分外活跃,没有"辜负"日本人的期望,在宣讲"王道政治"、推行"王道主义"的过程中格外卖力。郑孝胥为此著有《王道救世要义》,开篇就称,"'王道'是近代起死回生的良药,他能消除世界的战祸,和领导世界民众走到安居乐业的路上去的! 如果要行'王道',必先把爱国的思想洗除,拿博爱来作主宰,更要把军国民的教育铲灭,拿礼仪来作先遣,才能够实行"。② 郑孝胥认为,"王道"分为"内圣"和"外王"两项,"内圣"者,指修养"王道"的法规,要经过致知、格物、诚意、正心、修身等五道程序。致知、格物是指求知、进步;诚意、正心则突出"诚"和"敬"字,即要求人们"思念要真实,不能有虚伪","社会就自然会安宁"。而正心是"遇有忿懥、恐惧、好乐、忧患之侵袭"时,要用"敬"来"压制"自己,才可以"修身",尤其要"戒狂傲"、"戒轻浮"。郑孝胥还特意告诫年轻人,称他们是"社会之中坚分子,一举一动是以影响社会,举动轻浮,就只知道破坏,不知道建设,在加上浮躁来助长他破坏的动机,

---

① 『満洲国史』総論、219页。
② 郑孝胥著、彭寿释《王道救世要义的白话解》,文教部刊印《普及建国精神之教育资料》第2集,1933,第3页。

所以社会从此总破产"。①

所谓"外王",郑孝胥把它归结为齐家、治国、平天下。郑孝胥强调,齐家要体现"孝、慈、友、恭、义、顺、睦",尤其要"依照礼法行事","当儿子的要顺从父亲,做妻子的要顺从丈夫",包括婚姻,也要紧从"媒妁之言,父母之命"。治国,要体现仁爱、忠恕、信实,即"对自己的职务要一心无二,专心致志去操持",要"亲仁善邻"。平天下,即"把王道政治推行到全世界去,拿仁爱作干橹,拿礼仪作甲胄,去征服世界上一切强权霸道的势力"。②郑孝胥还极力歪曲爱国主义,鼓吹"如果要行王道,必先要把爱国的思想清除","爱国有广义、狭义之分,爱自己的国家是私心,爱大众的国家是公道","狭义的爱国,真是养成亡国灭种的祸根","狭义的爱国,是使全人类都要灭亡"。郑孝胥进一步阐述,"凡是同为一个人,我们都应当去爱他,不必分什么种族,也不必分什么国别,如果一有种族和国别的观念,第一步就要生出畛域之见。第二步就要互相歧视,争为雄长。第三步势所必然就会有敌对的行为发生"。③

郑孝胥在讲解"内圣"和"外王"的过程中并没有脱离儒家的说教,但必须指出的是,郑孝胥的"王道"掺杂了不少讨好日本"主子"、献媚殖民统治者的说法:一是引导民众循规蹈矩,做殖民统治的顺民,不得越雷池一步,否则就是"大逆不道"。郑孝胥不厌其烦地要求民众"戒轻浮"、"戒狂傲",要"正心"、"修身",要"孝、慈、友、恭、义、顺、睦",要"依照礼法行事",即便遇有忿忿之事也要忍让和压制,否则社会就要"总破产"。可见,郑孝胥在这里鼓吹的"王道",是泯灭人民斗志的精神鸦片。二是鼓吹对日亲善,抨击爱国主义。在这篇说教中,尽管没有出现日本或日本人的字样,但是,郑孝胥对爱国主义的"诠释"充分暴露出他的汉奸嘴脸。他反对所谓的"狭义的爱国主义",认为"爱自己的国家是私心,爱大众的国家是公道","狭义的爱国,真是养成亡国灭种的祸根"。郑孝胥一方面教唆民众放弃爱国主义,另一方面又提出一个"广义

---

① 郑孝胥著、彭寿释《王道救世要义的白话解》,《普及建国精神之教育资料》第2集,第10—16页。
② 郑孝胥著、彭寿释《王道救世要义的白话解》,《普及建国精神之教育资料》第2集,第17—27页。
③ 郑孝胥著、彭寿释《王道救世要义的白话解》,《普及建国精神之教育资料》第2集,第33、34页。

的爱国主义",煽动民众去爱"大众国家",明显的,这个"大众国家"不过是日本的代名词。三是宣扬对日妥协,鼓吹投降主义。郑孝胥主张"拿仁爱作干橹,拿礼仪作甲胄",去征服霸道和强权。殊不知,他面对的是一个穷凶极恶的霸主,正旁若无人地闯进中国的疆土,宰割着中国的民众。郑孝胥却一味告诫民众要拿"仁爱"和"礼仪"去同强盗理论,无异于"你有狼牙棒,我有天灵盖"的翻版。郑孝胥一厢情愿地对日"仁爱"并没有得到日本人的宽容和谅解,不过因一句牢骚就被日本人无情抛弃,也宣告了掺杂着献媚殖民统治者的"王道理论"在伪满洲国彻底破产。

其实,郑孝胥等汉奸文人宣扬的"王道政治"并没有切中日本统治集团的本意。尽管,他们把源于儒学的"王道政治"糅进近代西方殖民统治的理论,以讨日本统治集团的欢心,但是,"王道"毕竟发源于中华民族的传统文化,其中包含着许多中华民族传统的思想、方法和内容,从殖民统治的角度来看,这对于割裂东北与中国的联系,禁锢中华民族文化的输入和接续显然都是不利的。因此,日本统治集团宣扬的"王道"实际上与中国传统文化的"王道"截然不同,是打着继承和发扬中国传统儒学的幌子,以中国儒家主张的"王道"为表,以日本法西斯的"皇道"为里,因此,其内核实则是日本法西斯化的"皇道"。

由于郑孝胥等汉奸文人的说教并没有切中日本统治集团的本意,于是,关东军把日本的御用文人搬出来,请他们著书立说,集会讲演,以宣扬日本的"皇道",摈弃或贬低中国的"王道"。其中,日本文学博士井上哲次郎的讲演颇具代表性。井上认为,"日本建国以来就实行王道……在儒教传入之前王道就出色地实施","日本的固有之道是一元化的,绝不是包含多种,借用支那的话就是'王道'。所谓'王道',简单地说,就是德治主义政治,在这一点上同儒教的王道没有什么不同。但支那的王道还包含有'禅让放伐、易姓革命'的内容……日本的王道决不承认这样的'禅让放伐、易姓革命',而是万世一系的皇统,到任何时期都一以贯之","我国的皇统一系体现了日本的固有之道,是在我国国体永久不变的基础上建立起来的"。[①] 井上的这段话首先把日本的"皇道"和中国的"王道"区别开来,阐明日本的"皇道"是千古不变的,缘于日本国体的万世一系、

---

① 井上哲次郎『日本の皇道と満州の王道』単行本、東亜文化協会、1934、2—4頁。

"永久不变"；而中国的"王道"是在"禅让放伐、易姓革命"的基础上建立起来的，言外之意，即仍存在着"缺欠"。井上接下来对中国的"王道"进行了"点评"，认为孟子之后，"支那没有实行王道。汉武帝时董仲舒提倡王道，但并没有实行。唐太宗时将（主张）王道的门人安插在重要岗位上，但是，如魏征等人也没有特别强调王道……唐太宗也终究没有成为一位王者，因为他本来就是篡权者……这以后直到中华民国没有出现一位王者。换言之，或者实行王道、霸道并行，或者实行霸道。实行出色的王道、具备成为王者资格之人一直没有出现"。①

井上为什么一味贬低中国的"王道"，甚至轻言中国历史上从来没有出现过"王者"，包括唐太宗也不具备"王者"的资格，因为他是"篡权者"。其根本目的在于美化和标榜日本的"皇道"。他称，"日本从开始就是不承认革命的国家，因此也就没有革命的发生"，"支那的王道与日本的皇道虽然有共同点，但也有重大的差别，所以日本的王道是皇道"。而中国方面是"尊天命而承认革命"，"从远古时代就承认革命"，所以，"屡屡给篡权者以得授天命的口实"。②

当然，井上上述说教的目的绝非仅仅要贬低中国的王道，更是对伪满洲国推行的"王道"的"担忧"和解析。他称，"我想，满洲国的王道不应该等同支那的王道，为什么不能等同支那的王道呢？这就是我的讲演想促使满洲国反省之所在"，"如果实行支那式的王道，将来会给篡权者极大、极合理的口实，那样的话，将给满洲国带来重蹈支那覆辙的危险"。③这才是井上讲演的根本目的，即，澄清郑孝胥等汉奸文人的说教，把日本带有法西斯特色的"皇道主义"灌输给民众。

日本御用文人在贬低中国"王道"、吹捧日本"皇道"的同时，也没有忘记针砭西欧文明。他们把西欧政治归纳为"法权政治"，"根本没有天的观念"，统治者和被统治者"依条件而决定"，"带有弱肉强食的倾向"，所以，统治集团多是靠"权谋术数"来维持政权。④

经过日本右翼学者和御用文人的一番演绎，他们把世界上的国家政体

---

① 井上哲次郎『日本の皇道と満州の王道』単行本、6頁。
② 井上哲次郎『日本の皇道と満州の王道』単行本、8、9頁。
③ 井上哲次郎『日本の皇道と満州の王道』単行本、5、10頁。
④ 満洲評論社刊行『満洲国と協和会』1935、187、188頁。

划分成三种形式：

> 日本—皇道国家—万世一系—神文神武
> 中国—天（王）道国家—易姓革命—以德兴仁
> 西欧—法权国家—弱肉强食—权谋术数

可见，日本统治集团主张的"王道政治"既非中国历代帝王的皇家统治思想，也非汉奸文人牵强附会而勾勒的半是王道半是谄媚日本的理论，而是以殖民地政治土壤为培基，以中国儒家思想中"大义名分"、"忠君报国"等有利于殖民统治的内容为分支，以日本法西斯"皇道"为基础和实质的毒害东北民众的精神鸦片。另外，日本统治集团主张的"王道主义"还包含有反共产主义及反三民主义的面相——至少，伪满洲国的"王道主义"同国民政府的治国理念没有丝毫相近之处。

1934年，国民政府提倡"新生活运动"，试图以"礼、义、廉、耻"等儒家的道德规范来提高国民的道德素质，醇化社会风气，酝酿和积蓄全民族抗战的精神力量。因此，日本统治集团意识到，伪满洲国提倡的"王道主义"尽管灌输有日本法西斯"皇道"的内涵，但仍然逃脱不了同中国儒家的千丝万缕的关系，存在着潜在的危险，而且，自推行"王道主义"以来，并未取得实质性的成效。于是，借伪满皇帝溥仪访日之机，又对"王道主义"进行新的诠释。

1934年4月，为了答谢日本天皇同意伪满洲国实行帝制，溥仪跨海东渡，受到日本天皇、皇室以及朝廷重臣的"热烈"欢迎。溥仪回国后，在日本人的捉笔代刀下颁布了《回銮训民诏书》，日本人借机大肆宣扬，把所谓的"建国精神"贯穿其中，赋予"王道主义"以新的内涵。即日本式的"仁爱"、"忠孝"和"尊君亲上"，才是伪国必须效尤的典范，为此，必须与日本"精神如一体"，方能赢得"大局和平"和"人类福祉"。

1940年7月，溥仪二次东渡，捧回日本的"三种神器"（按，为复制品），意味着伪国彻底降为日本附庸之地位。"惟神之道"成为统治伪国的基本理念，并将这种理念转向以建设"大东亚共荣圈"为旗号，以推崇"惟神之道"为核心，以效忠日本天皇和"神国"日本为目的的政治形态。汉奸文人希冀的中国社会的"王道"也便随着日本统治集团的不断"诠

"释"和更张而被抛弃得无影无踪，剩下的只是日本法西斯"天皇主义"和"皇国主义"的霸道。

3. "日满一体"与"建国精神"的背后

日本统治集团为了把分裂中国版图的侵略行径"正当化"和"合理化"，不惜篡改历史，炮制谎言，把自古以来与中原本土不可分割的东北地区硬说成是与中原王朝毫无干系的少数民族居住区。直到战后的1971年，由日本"满洲国史编纂刊行会"编写的《满洲国史》一书，仍然强调东北地区一直到近世，明朝才"在辽东设立州府，保护汉农，同时与满蒙部族相对抗。不过势力仅限于辽西及辽东的部分地区"。张作霖时期，"满蒙一时似乎呈现满、汉、日、鲜各民族共存共荣的局面"，但是，由于张学良"易帜"，"屈服于南京政府，终于诱发起满洲事变"，"满洲国成立之前的满蒙地区，活跃着在人类学上属于同一黄色人种的满、汉、蒙、鲜各民族和日本民族……直至满洲国首次建成民族协和的理想国，由于日本民族成为先导，始有把握可能走向近代国家的发展道路"。[①] 这段瞒天过海的文字完全不计历史的真实，把日本民族塞进东北各"少数民族"的行列，为日本民族统治中国东北、凌驾东北各民族之上制造"合理"、"合法"的依据。

再追溯到日本崛起的近代，伴随着日本武装势力对中国东北的渗透，一批右翼学者也纷纷涌进东北，进行所谓的"历史研究"或"考察"，诸如白鸟库吉、稻叶君山、矢野仁一、须乡佷太郎等人，他们秉承满铁会社、关东州或关东军的旨意，随心所欲地编造历史，先后炮制了《满洲发达史》、《满洲国历史》、《满洲国史通论》、《满洲国国民道德概论》等著述，信口雌黄地割裂东北同中原的关系，污蔑东北的先民，甚至把一部东北的地域史说成是"满蒙民族驱逐汉族人"的历史。稻叶君山在他的《满洲发达史》中"旁征博引"，得出的一个结论是："满洲现在的三千万民众，全是侨民……或从陆地，或从海上侵入满洲内地，并非固有的满洲人的发达"，这些汉人"并不是主人公满洲人邀请而来的，而全部是入侵者"，纯属满洲人者"不过200万人"，甚至谬称，"古来夫余、高句丽、

---

① 『満洲国史』総論、3、4頁。

三韩以及日本同属于一个体系"。①

九一八事变前，日本关东军为了制造侵吞中国东北的借口，完全继承了所谓"满蒙学派"的衣钵。其中，制造九一八事变的首魁石原莞尔，在1929年9月率领关东军参谋进行所谓的"北满旅行"途中，向关东军参谋宣讲了他的《作为国运回转根本国策的满蒙问题解决案》，其中称，"在历史的关系上与其说满蒙属于汉民族，莫若说满蒙属于日本民族（更恰当些）"。② 1931年4月，他又向关东军调查班成员散发了一份其在1927年起草的《关于日本现在和将来的国防》。其中称，"满蒙并非汉民族的领土，毋宁说与我国关系密切……满蒙作为满洲（族）及蒙古人的满洲，满洲蒙古人比起汉民族来，毋宁说与大和民族更为接近"。③ 一言以蔽之，无论是"满蒙学派"，还是关东军以及在东北的日本驻外机关，还是当代的日本右翼学者，他们鼓吹的都是"东北非中国领土论"和"汉民族非东北民族论"。直到今天，这些荒谬绝伦的说法仍有部分市场。

基于上述的目的，日本统治集团从伪满洲国出笼开始，就为它规定了"日满一体"的统治理念，即"日满不可分"之关系。不过，这种理念并非一以贯之，而是有一个从"日满协和"、"日满亲善"到"日满一体"、"日满不可分"之深化过程。最初，为了掩人耳目，日本统治集团也曾喊过几声"日满协和"或"日满亲善"之类的口号，似乎还给伪满洲国蒙上一层薄薄的"对等"或"独立"的面纱。如1932年8月，石原莞尔在《关于满蒙之我见》中指出，"满洲国是日满协同的国家"。④ 1932年3月12日，日本政府出台的《中国问题处理方针要纲》中也称，"满蒙已成为从中国本部分离出来的一个独立政权的统治地区……应逐步引导使之具备一个国家应有的实质"。1932年5月21日，关东军的《对满蒙方策》中指出，"满洲国在顺应我国国策作为独立国家而发展的宗旨下……在同帝国的政治、经济、国防等各方面关系上实现（日）满融合、共存共荣"。⑤ 1933年3月24日，日本陆军省在《满洲国指导方针要纲草案》中，确立

---

① 稲葉君山『満洲発達史』日本評論社、1935年1月。
② 『太平洋戦争への道』86頁。
③ 『太平洋戦争への道』78頁。
④ 吉岡吉典『日本の侵略と膨脹』新日本出版社、1996、326頁。
⑤ 《日本帝国主义侵华档案资料选编·伪满傀儡政权》，第4、11页。

的"大日本帝国对满洲国的……根本方针是，在政治、经济、国防等各方面，使满洲国作为大日本帝国不可分关系的独立国家，向前发展"。[1] 1933年8月8日，日本政府的"阁议"中也提出，"使满洲国作为同大日本帝国具有不可分的独立国家获得进步与发展"。[2]

1934年5月，关东军又出台了《对满洲国根本观念的确立》这一指导方针，内中对伪国的构成理念做了如下规定："日满不可分之关系，不应仅仅限于观念的、学究式的理论方面，要站在地理的、历史的、民族的、政治的事实上，尤其是建国过程以及日满之间约定的根本意义上去把握。"值得注意的是，这一指导方针中单列了"建国精神"栏，内中强调："由于日本军的活动一扫弊政，赋予（伪国成立的）天机。"为此，该指导方针规定，伪满洲国同日本的关系是"尊重领土权；日满亲善关系的紧密化；东洋和平的基础；已签条约、契约的尊重；权利、利益的确认；国家防卫的确立；人事任用、军事费的负担问题；外交以及内部统辖指导权的确立；日本人作为构成分子在满洲的权利、义务"等。[3] 关东军的这一指导方针与此前一系列的指导要纲、指导方针等相比，有几点明显的区别。一是把"独立国家"的字样删除，尽管其中还有"尊重领土权"等表述，但是，不能与"独立国家"的意义完全等同；二是把伪国全方位地纳入日本的统辖之下，无论是政治理念，还是地理、历史、现实、契约等方方面面同日本的关联，都必须纳入所谓"日满一体"的范畴；三是重申日本关东军以及日本人在东北的各项特权。统而言之，即是对"建国精神"理念的强调和诠释。

"建国精神"理论从另一个侧面肯定了日本人的"主人"地位，日本统治集团也就更"名正言顺"地在这块土地上为所欲为，更加肆无忌惮地统治和支配一切，因此，产生的后果无疑是加剧了日本人同东北各民族之间的矛盾、冲突，甚至对抗。关于这一点，当时即使是日本军方也明显地意识到这一问题。1934年1—3月，陆军省派出一批军官赴东北考察，在一份报告书中列举了日本人官吏的种种劣迹："邦人对支那人随意发挥着优越感是通弊……把满人看作奴隶，利用恶劣手段垄断利益、遭致满人记

---

[1] 《日本帝国主义侵华档案资料选编·伪满傀儡政权》，第19页。
[2] 《日本帝国主义侵华档案资料选编·伪满傀儡政权》，第26页。
[3] 片倉衷『片倉衷回想の満洲国』193页。

恨者不在少数”，"受国民优越感的驱使……无理地殴打满人……不买车票乘车，长时间赖在饭店不计他人的不便，不买票进剧场看戏，旁若无人般的恣意妄为，实在令人遗憾"，"（日本人）以战胜者的大和民族的优越感接触鲜人、满人、汉人和蒙古人，对他们的民族性不予理解，没有同情心，使他们的人心离间，想到将来有事之时会有不利的事故发生，实在是令人毛骨悚然"。① 1940 年，日本大本营陆军研究班也搞过一次调查，其调查报告中记载，"大部分日本人官吏嘴里喊着推行民族协和的国策，实际上还没有脱下内地（日本）官吏的旧外套，务须纠正。而且，由于殖民地官僚的弊端及对他民族的强烈优越感，有意或无意地犯了许多谬误，与一般满人之间发生冲突，日本人官吏对满人官吏的这种冲突，主要是日本人官吏的独断专行，以及待遇上的优越，还有对满人官吏的蔑视倾向，成为满人官吏反感的原因"。② 上述引用的文字都是日本军界人物写进调查报告中的内容，在当时日本法西斯的体制下，参与调查的人员自然要极力庇护日本人，对同族的胡作非为只能隐晦描述，不会夸大其词，所以有较强的可信性。可以想见，在这样的社会环境下，各级伪政权的大小汉奸彻底被架空，所以被谑称为"三事官"，即每天上班只做三件事，分别是"喝茶、看报、聊天"，"越发增加对日系官员的反感"。③ 为此，一位日本陆军高级军官暗地里称，"满洲国并非日满提携的国家，而是日满争斗的国家"。一位海军高级军官也说过，"如果现在发生日俄战争，日本军至少要用十个师团，不得不以满洲人为对手进行作战"。④

1940 年以后，"日满一体"、"日满不可分"以及"建国精神"的理念进一步升级，日、"满"之间从"盟邦"、"友邦"关系变成了"亲邦"关系，过去名义上的"对等关系"降为实际上的"藩属关系"。这在溥仪第二次东渡回来颁布的《国本奠定诏书》中可以充分地体现出来。溥仪把日本的"三种神器"带回东北，将之奉为"建国元神"，并兴修"建国神庙"，设立祭祀府，制定《对于建国神庙及其摄庙有不敬罪处罚法》，明确

---

① 江口圭一『十五年戦争の開幕』小学館、1989、337、338 頁。
② 大本営陸軍研究班「海外地邦人の言動より観たる国民教育資料」（1940 年 5 月）、転引自山室信一『キメラ——満洲国の肖像』246 頁。
③ 山室信一『キメラ——満洲国の肖像』248 頁。
④ 江口圭一『十五年戦争の開幕』341 頁。

规定伪国的建立"皆赖天照大神之神庥，天皇陛下之保佑"，凡对"建国神庙"不敬者处以一年以上七年以下的徒刑，甚至路过"建国神庙"也必须施"最敬礼"，否则予以重罚。这样，"建国精神"的内涵转变为赤裸裸的"日主满仆"、"日主满从"的统治理念。即日本的天照大神缔造了伪国，成为伪国的祖宗，日本天皇保佑着伪国，成为伪国的天皇，伪皇帝溥仪也只有充当"儿皇帝"了。

"日满一体"也好，天照大神缔造了伪国的"建国精神"也好，日本统治集团制造这些理念的宗旨只有一个，那就是把伪国紧紧地绑在日本军国主义和法西斯主义的战车上。政治上必须服从日本的意旨，经济上必须为日本提供源源不断的战争资源，思想上必须与日本当局和日本人官吏保持一致，文化教育上必须为日本的战争目的发挥教化作用等。日本学者江口圭一评论说，"在关东军的武力支配下，皇帝溥仪是为天皇服务而存在，满洲帝国是为大日本帝国服务而存在"。[①]

二 伪满洲国的法律形态

伪满政府存在的14年里，一直没有出台宪法，而是以《组织法》代理《宪法》的功能。《组织法》明文规定，"朕承皇天眷命即皇帝位，兹制定组织法以示统治组织之根本，朕当行使统治权，循守条章，厥罔有愆"。[②] 同时，日伪政府还宣称，《组织法》"为治理满洲国国政的根本法，本法待采纳民意智识制订满洲国宪法之后旋即废除"。[③] 从字面上看，《组织法》即伪国的"根本大法"。

在伪满"建国"一周年时，日伪当局在纪念文告中称，"近世立国首推法治，法治之本惟推宪法，宪法一日不成则国本一日不立，宜应筹备修订，早日形成，以固国基，以统民志"。[④] 1933年，日伪政府成立了宪法制度调查委员会，由立法院院长赵欣伯负责具体事宜，随即，赵欣伯率领一干人等去了日本"考察"。然而，直到伪满垮台，宪法也没有出笼。不

---

① 江口圭一『十五年戦争の開幕』330、331頁。
② 「日文満洲新六法」日本国立公文書館・アジア歴史資料センター——：レファレンスコード、A06033529000。
③ 山室信一『キメラ——満洲国の肖像』156頁。
④ 山室信一『キメラ——満洲国の肖像』157頁。

仅如此，赵欣伯也被免去立法院院长之职。按照日伪《组织法》规定，具体负责立法事宜的立法院连个空壳子也没有留下就寿终正寝了。

1934年，伪国宣布实行帝制，颁布了经过一番修改的《组织法》，内称，"兹制定组织法以示统治组织之根本"。这表明《组织法》即伪国的"基本法"，取代宪法之机能。是时，立法院已经名存实亡，但《组织法》中还是规定立法院的职责为："所有法律预算及为预算以外国库负担契约之件，须经立法院之翼赞"（第19条），"立法院所议决之法律，预算及为预算以外国库负担契约之件，由皇帝裁可公布施行"（第26条）。① 根据该法规定的一系列条文，伪满洲国名义上实行的是君主立宪制，其实不然，早在关东军发动九一八事变之前的1931年1月27日，就出台了一份《满蒙问题善后处理要纲》，内中指出，"新国家为避免复辟之色彩，以溥仪为首脑表面上实行立宪共和国家，内部加入我帝国的政治威力，实行中央独裁主义"。② 所以，仅从伪满洲国的统治层面分析，它的统治实态与《组织法》的原则完全背离。其法律指导思想则是"帝国政治威力"下的"中央独裁主义"，行使立法与司法权的主体是日本关东军和依照关东军意旨行事的日本官吏。这样，在法律及"法治"的名义下，遭受镇压的是广大不屈从日伪统治的民众和反"满"抗日的志士。

另外，伪国建立之初，曾颁布《暂时援用以前法律事项》，其中第1条规定，"以前施行之法令凡不与建国主旨、国情及法令相抵触者一律援用之"，但"与前条规定相抵触，不得援用其法令"。③ 同时，日伪政府为了向中外各界标榜其具备"现代国家"的属性，还颁布了《人权保障法》，内中规定，"满洲国人民享有不得侵害身体自由之公开权利"（第1条），"依法律规定与约束，满洲国人民之财产权不受侵犯"（第2条），"满洲国人民不论宗教、种族，国家予以平等保护之"（第3条），"满洲国人民……当权利受到侵害时，可以申请法律规定之救济"（第8条），"满洲国人民可以不服从违背法令，或以各种名义征收之课税、罚款"（第9条）。④ 仅从法律条文看，伪国俨然一个"民主国家"，似乎很是看重人权。然而，在法

---

① 《日本帝国主义侵华档案资料选编·伪满傀儡政权》，第228页。
② 山室信一『キメラ——満洲国の肖像』166頁。
③ 『満洲国史』総論、223、224頁。
④ 『満洲国史』総論、225頁。

律的实施上又是什么样子呢？包括曾在伪国担任过重要职务的日本人也不得不承认这一切都是虚假的。

由于整个伪国都在关东军的统制之下，其军事独裁主义路线决定了他们标榜的立法、行政、监察、法院四权分立体制不过是作表面文章。日伪时期一切法律条款的出台根本没有依照《组织法》规定的"程序"，完全是按照日本人的政治统治、军事镇压、资源掠夺等需要随意决断，甚至连他们自行制定的法律条文也可以束之高阁（如《人权保障法》），肆意践踏人权，侵害各界民众的生命财产及其他利益。曾任伪满民政部部长和参议府议长的臧式毅供认，"凡有法则规定，事先有由日本军部指定者，有由主管机关请示日本军部而决定者，一切政治均由日本关东军司令部第四课掌管，因而对于伪满各机关的干预、接洽，由该第四课指定的参谋负责"，"伪满洲国的法令，是由主管部起草后提交伪总务厅法制处审核，在审核中，日本军部、伪总务厅长官、伪法制处长和伪主管部次长等，有密切的联系"，"法制处审核后，由伪总务长官交还伪主管部，更以伪主管部次长名义，提出伪总务厅次长会议，是即所谓火曜会议……这个会议是伪满洲国两重政治最高的会议，最发生效力的会议，因为在这个会议上通过的案件，虽伪国务院、伪参议府、傀儡皇帝亦不得变更之"。[①]（详见图2-1）

日伪政府成立初期，不甘为亡国奴的东北各界民众纷纷组织起各种形式的抗日义勇军，掀起了轰轰烈烈的反"满"抗日武装斗争热潮。关东军为了扑灭东北人民抗日斗争的烈火，制定了"治安第一主义"的镇压方针，除了不断从国内增派援兵、展开大规模的军事"围剿"外，1932年11月9日，以伪民政部的名义颁布了《暂行惩治叛徒法》和《暂行惩治盗匪法》两部法令——自然，这两部法令都是按照关东军的旨意出台的。《暂行惩治叛徒法》和《暂行惩治盗匪法》把支持、同情或参与反"满"抗日斗争的爱国民众诬为"叛徒"，"凡以紊乱国宪、危及国家存立或使其衰退而结社者，（1）首魁处以死刑；（2）骨干及其它领导者处以死刑或无期徒刑；（3）参与谋略或加入结社者处无期徒刑或十年以上徒刑"。而对于直接参加武装反"满"抗日斗争的义勇军官兵，则视为"盗匪"，"军队当剿讨肃清成股盗匪时，除得临阵格杀外，得该军队司令官依其裁量斟

[①] 臧式毅供述，《伪满洲国的统治与内幕——伪满官员供述》，第96页。

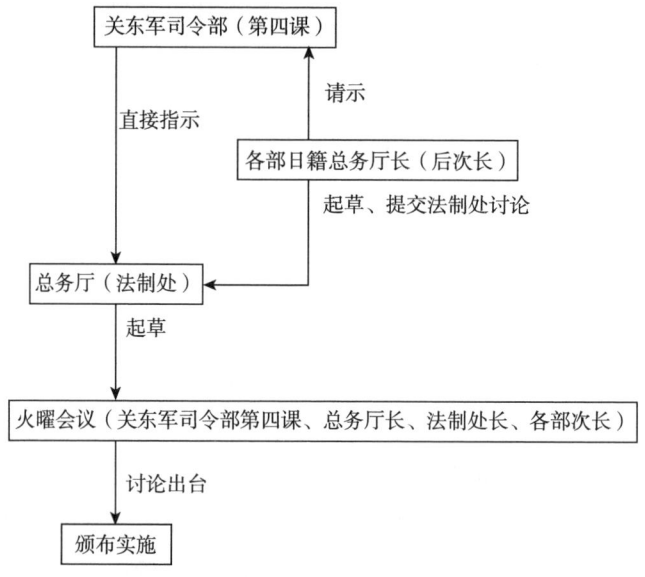

图 2-1 伪满法律法令出台示意

酌措置"。而且，不仅日本关东军具有这种权力，日伪警察也有"临阵格杀"的大权。并规定，"当场拿获盗匪，事态急迫有不能犹豫之情形时，得由该高级警察官依其裁量斟酌处置"。① 这就是"临阵格杀"法，按照这一法律，日伪军警可以随心所欲地对东北民众冠以"叛徒"或"盗匪"的罪名加以杀害，甚至对俘虏也可以"事态急迫"为由任意处置。这些反动法令的出台，使得日伪军警变得更加疯狂和残暴，也使数以万计的无辜民众惨死在日伪军警的屠刀下。诸如惨绝人寰的"平顶山惨案"，日军因一支抗日义勇军曾路过平顶山村就对无辜民众实施了报复，3000多名村民，包括老人、妇女和儿童在内，惨死在日军的机枪下。又如"土龙山惨案"、"白家堡子惨案"等数十起大型惨案都是推行"临阵格杀"法令的结果。

除了上述两法外，日伪当局还颁发了《治安警察法》、《暂行武器取缔法》、《暂行枪炮取缔规则》、《火药类取缔法》以及《禁止在铁道两侧栽植高粱之件》等相关法令。这些法令具体规定了一系列禁止条例，如禁止集会，禁止在街头张贴标语和讲演，禁止出版"危害国家存立"的出版

---

① 国务院法制处编《满洲国法令辑览 第五卷 法务》，"满洲国行政学会"，1943，第63页。

物，禁止在铁路两侧种植高秆作物，民间武器一律上缴等。凡违反上述规定者，轻者押进监狱，重者处以死刑。

1933年，日伪当局又颁发了《暂行保甲法》。保甲制度本来是中国封建社会禁锢人民的统治术，民元以来在中国已经遭到广泛的抵制或废弃。然而，日本人却把它视为至宝，强制在抗日武装活跃的地区实施。《暂行保甲法》以十户为一牌，一村或数个村的区域编成一甲，伪警察署管辖区域为一保，分别设置牌、甲、保长。牌内如出现反"满"抗日的人员，各家长负连带责任，课以连坐金2元左右。保甲制度不仅限于保甲连坐，还成立有自卫团组织，把保甲内的青壮年组织起来，成立自卫团，接受伪警察署长的调度和指挥，平时站岗放哨，盘查"可疑"路人；日伪军出动"清剿"时负责后勤补给。截至1934年12月末，除一些大城市外，日伪当局在东北农村乡镇建立起1267个保，22403个甲，314306个牌。① 在保甲制度的束缚和禁锢下，普通民众动辄得咎，时时处处不得安宁。据龙江、农安、龙镇、讷河、洮南、克山、桦川、瑷珲、呼兰、富锦、双城等13个县的不完全统计，仅1935年第四季度的3个月时间里，因连坐制度受罚的事件计有255起，举报有"功"受到表彰的92起，② 平均每月受罚或获赏80余起。

进入1937年，日伪当局在继续实施《暂行惩治盗匪法》和《暂行惩治叛徒法》中"临阵格杀"的镇压法令同时，又颁布了一部《刑法》，将"反对帝室罪"、"内乱罪"、"背叛罪"列为各种犯罪之首，规定"对皇帝或帝后加危害或拟危害者处死刑"，"有不敬行为或无故闯入帝宫及行在者处一年以上十年以下徒刑"；对"以颠覆政府、僭窃邦土，及其他紊乱国宪为目的的暴动者"判为"内乱罪"，"首魁者"处以死刑。《刑法》规定的"背叛罪"系指"通谋外国"，"将兵器或军用品交付敌国"，"为敌国从事间谍或帮助敌国之间谍者"。③ 很明显，这些法律条文都是直接指向反"满"抗日的爱国民众及其同情者，企图利用酷刑手段震慑和动摇东北人民的抗日反"满"意志。

太平洋战争爆发后，为了确保东北战争资源基地及兵站基地的安全，

---

① 〔日〕浅田乔二、小林英夫：《日本帝国主义对中国东北的统治》，第264页。
② 民政部警务司编辑刊行《康德二年度保甲制度特别工作概括》，第10—23页。
③ 《满洲国法令辑览 第五卷 法务》，第56页。

日伪当局又颁布了《治安维持法》，计11条，第1条为"国事罪"，规定"以变革国体为目的结成团体者，或参与团体之谋议，或为指导，或其他掌理团体之要务者处死刑或无期徒刑"。第3条规定，"以散布否定国体或冒渎建国神庙或帝室尊严之事项为目的结成团体者，或参与团体之谋议，或为指导，或其他掌理团体之要务者处死刑或无期或六年以上之徒刑"。第5条规定，以第1条和第3条规定所列之目的，"协议或煽动其目的事项之实行，或宣传其目的事项，及其他为实行目的之行为处死刑或无期或三年以上之徒刑"。①

随着日本在太平洋战场的节节失利，日伪当局越发对后方基地的安全及资源的掠夺表露出极大的担忧和恐惧，遂于1943年9月18日出台了《保安矫正法》和《思想矫正法》，首次提出"预防拘禁"和"保护监察"的理念。前述二法分别在第2条列举出四种关于"有犯罪之虞"的"界定"，即，一是被判刑但刑期终了的刑满释放人员；二是假释者；三是缓期执行者；四是不予起诉者。上述四种情况被视为"有犯罪之虞者"，可以"预防拘禁"和"保护监察"。《思想矫正法》还特别列举了10条"罪状"，分别是"反对帝室罪"、"内乱罪"、"背叛罪"、"危害国家罪"、"对于建国神庙及其摄庙之不敬罪处罚法之罪"、"军机保护法之罪"、"治安维持法之罪"、"国防保安法之罪"、"国防资源秘密保护法之罪"、"暂行惩治叛徒法之罪"等，并规定"犯有上述之罪之虞"者"得付于思想矫正"。此外，还可依据"本人之环境、性格、思想之情况及其他情况"等，实施"预防拘禁"或"保护监察"。②《保安矫正法》甚至把"浮浪人或劳动嫌忌人"也列为"有犯罪之虞者"，即对社会闲散人员都可以依据此两法随意逮捕之。1944年6月12日，日伪当局又颁布一纸《时局特别刑法》，将《治安维持法》、《保安矫正法》和《思想矫正法》再度升级，除了继续保留《维持法》中规定的"反对帝室罪"、"内乱罪"、"背叛罪"以及"危害国家罪"等，特别强调了"预防犯罪"的条款，内容是对有"犯罪嫌疑"，或"有可能犯罪"之人实施"预防拘禁"和"保护监察"。很明显，上述法律均是随心所欲、毫无界限地迫害东北民众的法西斯专制

---

① 《满洲国法令辑览 第五卷 法务》，第56页。
② 《政府公报》（伪满洲国），"康德"十年九月十八日。

条款。只要日伪当局及其追随者对某人冠以莫须有罪名，就可以启用"预防犯罪"条款，先将此人"预防拘禁"，后横加迫害。时任伪司法大臣的阎传绂供认，1945年1月至6月底，依据该法令处理的案件就达600余起，① 平均每月达100起。可见，日伪统治末期的法律规范实际已经完全"无法无天"，东北人民被笼罩在空前的法西斯白色恐怖的氛围之中。

毋庸置疑，日伪当局之所以在太平洋战争爆发后出台《保安矫正法》、《思想矫正法》、《时局特别刑法》等一系列法西斯专制法律条文，其根本目的是强化东北殖民统治秩序，为疯狂掠夺东北战争资源扫清一切障碍。另外，还有一个重要目的是，随着日本侵略战争的扩大，日本的财力、物力、人力等战争资源出现异乎寻常的困窘。尤其是随着日本侵略军在中国战场"泥沼化"的加剧，华北一带也出现劳动力紧张的局面，以往从华北等地诱骗中国劳工进入东北的举措难以实施，唯一的途径是最大限度地挖掘东北的人力资源。因此，上述各法的颁布为日伪当局疯狂搜捕劳动力提供了"法律依据"。

纵观日伪统治时期的"法治建设"和法律形态，可以归纳出以下几个特点。

一是日伪政府存续的14年里，一直没有出台一部宪法。宪法是一个国家的根本大法，其内容又是区分专制国家与民主国家的根本标志。日伪时期之所以没有产生宪法，最根本的原因是日本军事当局军事独裁主义路线所致。同封建社会"朕即是法"一样，关东军作为统治中国东北的"太上皇"，它的一切决策、方针即是"法律"，甚至可以随心所欲，为所欲为。所以，倘若制定带有现代意义的宪法，无疑成为关东军统治东北的法律障碍，而将之束之高阁则是最好的选择。但是，为了欺瞒国际舆论，伪国出笼之际曾宣称，一年内肯定颁布宪法，但此后却毫无动静。为了自圆其说，伪国成立一周年时，日伪政府发布了一纸《建国纪念教书》，声称"草创之际政务多端，且匪害水灾等原因未及实现（制定《宪法》），今后当迅速筹备宪法事宜"。② 同时宣布成立"宪法制度调查委员会"，指令立法院院长赵欣伯率领一干人等去日本"考察"。然而，直到伪满垮台，宪

---

① 臧式毅供述，《伪满洲国的统治与内幕——伪满官员供述》，第281页。
② 国務院総務庁情報処『満州建国五年小史』1937、日本国立公文書館・アジア歴史資料センター：レファレンスコード、A06033527900。

法也没有出笼，赵欣伯还被免去立法院院长之职，而且此后一直没有补任。伪满洲国14年来没有宪法，再确凿不过地说明日伪统治时期的"法制"之欺假性。

二是法律出台的非程序化和随意性。依照日伪当局出台的《组织法》规定，"凡法律案及预算案，得经立法院之通过"（第18条），"立法院所通过之法律及预算案，经执政之批准得公布施行之；立法院否决法律案或预算案，经执政提出理由，得予以再议；如须改正时，得咨询参议府以裁决之"（第25条）。① 然而，日伪统治时期各项法律条款根本没有履行《组织法》规定的程序，法律并不是由立法院制定出台，而是由总务厅辖下的法制局（处）制定，再经过伪皇帝的形式裁可。由日本人主宰的法制局（处）为了贯彻和推行关东军的"治安第一主义"，打着"法治"的旗号，出台草菅人命的"临阵格杀"等法律条款。当日本的侵略战争陷入泥潭时，为了保障东北战争资源基地的安全，解决人力、物力、财力的拮据问题，法制机关又出台《保安矫正法》、《思想矫正法》、《时局特别刑法》等专制独裁的法西斯法律，不仅与现代法治观念背道而驰，而且暴露出日本统治当局视中国人生命为草芥的阴暗心理。不难看出，日伪统治时期出台的一切法律法规等，均出自维护及强化殖民统治秩序，加速掠夺战争资源，搜刮民财民富，驱使殖民地民众为日伪当局服务的殖民统治思想，亦即伪国法律的指导思想。

三是法律条款的封建性。现代法律的理念应建立在时代发展与民主进步的基础上，日本统治当局扬言要建设一个"满蒙新国家"，开拓"满蒙新天地"。然而，他们在这块土地上刚刚施政，就把民元以来已经基本废弃的封建保甲制度搬了出来，推行"一人犯法、全家连坐"的封建法制。应该说，中国封建社会（宋代以来）创建的保甲制度在平定时局动乱、维护民众自身利益等方面曾经发挥过一定的作用。但是，"狡黠之官吏豪绅者流，更借此为行禁令，司觉举之工具，收税、征丁、课役、劝募……诸凡维举，侵假应用，日有甚焉"。② 日本统治当局把保甲制度引进伪满洲国，正是以此"行禁令"，作为镇压东北民众的工具。然而事与愿违，由

---

① 「日文満洲新六法」日本国立公文書館・アジア歴史資料センター：レファレンスコード、A06033529000。

② 闻均天：《中国保甲制度》，商务印书馆，1946，第1页。

于被"选"出的保甲长多是土豪劣绅或地方势力派,结果"农村内部的实际情况是保甲制完全服务于增强土豪劣绅的基础,保甲组织成为维持和加强对农民的旧的封建统治的一个机关"。① 因此,保甲制度的实施不仅破坏了农民的正常生活秩序,人为地制造民众之间的猜忌和不信任感,而且在某种程度上造成了农村封建势力的一时猖獗。

四是法律的偏悖、反动与法西斯化。日伪统治前期出台的《暂行惩治叛徒法》和《暂行惩治盗匪法》,以及全面侵华战争发动后颁布的《保安矫正法》、《思想矫正法》、《时局特别刑法》等,均是彻头彻尾的军事法西斯独裁法令,它剥夺了殖民地民众起码的人权和生存权,正如中国近代思想家严复痛斥中国封建专制法律是"逆天理、悖人性"的专制法律一样,"专制之国家,其立法也,塞奸之事九,而善国利民之事一","而非所以保民者也"。② 很明显,《暂行惩治叛徒法》和《暂行惩治盗匪法》、《保安矫正法》、《思想矫正法》、《时局特别刑法》等法律不具备现代法律的意义,相反,是典型的殖民地专制统治的"样板"。在这样的"法治"下,社会民众不仅没有任何民主自由可言,反而动辄得咎,随时都有可能遭受国家机器及暴力工具的迫害,失去了最基本的安全感,也从法律层面揭露了日本鼓吹"法治国家"的欺骗性和虚伪性。

三 伪满洲国的"外交"

1. 七七事变前伪满洲国对外关系及日本撤销"治外法权"的实质

伪满洲国成立后,由于其明显的傀儡性,以美国为首的西方社会均以不同形式拒绝承认伪满洲国。鉴于国内外的态势,日本政府也没有立即宣布承认伪满洲国,直到1932年8月8日,日本内阁决议承认伪满洲国,任命关东军司令官武藤信义大将兼任"驻满特命全权大使"。同年9月15日,武藤信义代表日本政府同伪满洲国总理郑孝胥签订了《日满议定书》,形式上表明日本正式承认伪满洲国,实际上也宣告了日本正式成为伪满洲国的"宗主国"。

1933年1月20日,伪满洲国宣布实施帝制,并向各国发出通告,希

---

① 〔日〕浅田乔二、小林英夫:《日本帝国主义对中国东北的统治》,第195页。
② 中国法律思想史编写组:《中国法律思想史》,法律出版社,1983,第461、462页。

望与各国建立"外交关系",但最终只有罗马教廷与萨尔瓦多表示承认伪国。

由于苏联与中国东北的历史渊源,苏方不仅在东北设有哈尔滨、绥芬河、黑河、满洲里等(总)领事馆,还有一条中苏合办的中东铁路,苏籍及白俄人员在东北创办有相当数量的企业、工厂等,大批苏(俄)籍人士多年来一直居住在这块土地上。尤其当时的苏联正致力于国内的经济建设,所以,尽管有些媒体对日本入侵中国东北表示谴责,苏联政府的一些领导人也曾表示过对中国人民的同情和支持,但是,作为政府决策则抛出"不干涉中立"政策。在关东军向北满进犯时,苏联允许日军利用中东铁路运兵。当东北义勇军要员马占山、李杜、苏柄文、王德林等兵败入苏境时,也予以了接纳和安排。

以国家利益为第一要义的外交路线,决定了苏联政府同日本及伪满洲国的"外交关系"走向。尽管没有公开承认伪国,但双方在航道、邮政、人员往来等具体问题的交涉过程中,仍然依照外交程序进行,甚至提出与日"满"签订"互不侵犯条约"。1932年11月9日,苏联副外交人民委员加拉罕会见日本驻苏代理大使天羽英二,表示苏联希望与日本缔结"互不侵犯条约",并准备以同样的内容与伪满洲国"缔结互不侵犯条约"。[①] 然而,苏联方面的"一厢情愿"遭到日本的拒绝,"无论苏联方面提出多么优惠的条件也坚持不理睬对策"。[②]

1933年5月2日,苏联外交人民委员李维诺夫又以公文通告日本驻苏大使,表示可以转让中东铁路。经过多轮会谈、交涉,1935年3月,苏、日在东京签署协定。该协定规定以1.4亿日元转让中东铁路,另由伪国支付苏籍员工退职金3000万元。支付方式采取1/3现金,2/3物资的形式。这样,本来由中苏合办的中东铁路被苏联单方面出售给伪国,引起中国舆论的愤慨,中国政府也正式向苏方提出了严正抗议。

尽管苏联方面极力避免与日冲突,以争取国内和平建设的时间和空间,但是,苏日之间的宿怨,尤其是日本军部酝酿已久的"北进"战略,一直把苏联当作假想敌,所以,围绕着伪满洲国的出现、边界纠纷以及苏

---

① 李凡:《日苏关系史》,人民出版社,2005,第75页。

② 李凡:《日苏关系史》,第75页。

日渔业等问题，苏日之间矛盾日益尖锐，纷争不断，甚至兵火相交。1938年7月，苏日两国军队在中、朝、俄交界的张鼓峰发生激烈军事冲突。苏方出动三个师、两个机械化旅，激战日军第19师团，结果日军惨败，伤亡1000余人，只好与苏签订了停战协议。一年后，双方又在中蒙边界的诺门坎发生更大规模的军事冲突，日军以阵亡万余人的代价退出战场。[①] 苏日之间旧怨未解，又添新仇，预示着苏日战争不可避免。

综上可见，七七事变前，伪满洲国实际上只与日本保有名义上的"外交关系"。

1935年，为了把伪国打扮成一个"独立国家"的模样，日本宣布准备撤销在中国东北的"治外法权"。同年2月，由外务省成立"撤消满洲国治外法权委员会"，以外务省次长为委员长，外务、陆军、司法省以及对"满"事务局有关官员为委员，开始研讨撤销治外法权的具体事宜。与此同时，关东军也由参谋长牵头，组织关东军要员和伪满洲国的日系总务厅长成立了一个委员会，在关东军的指导下配合日本国内开展具体的工作。

按照《日满议定书》的规定，"满洲国承认、尊重日本国及日本人依据以前日中间签订之条约、协定及公私契约所获得之一切权利利益"。事实上，从伪国出笼的那一天起，日本人就把伪国的一切大权牢牢控制在手，包括中国东北的土地、资源、企业、矿山、山川河流、湖泊海洋、3000万民众以及各级傀儡政权等都成为日本国或日本人的占有物。因此，即使撤销比实际特权微弱得多的治外法权，也丝毫不会影响日本对中国东北的全部占有。

1936年5月1日，由日本枢密院组成的精查委员会，经过前后8次反复审议，通过了第一期准备撤销的项目、原则及条件等，然后报请天皇批准。6月10日，经关东军司令官植田谦吉和伪满洲国"外交大臣"张燕卿签字，通过了《日满两国关于居住在满洲国的日本臣民及满洲国课税等条约》，及其《附属协定》，条约计6条，主要内容有：

（1）日本国臣民得以在"满洲国"领域内自由居住、往来和从事农业、商工业等其他公私各种业务，并享有关于土地的一切权利。日本国臣民在"满洲国"领域内享有一切权利，并在享受利益方面不得受较"满洲

---

① 日军伤亡人数为12230人。五味川纯平『ノモンハン』文藝春秋、1979、307頁。

国"臣民不利之待遇。

（2）日本国臣民在"满洲国"领域内依本条约附属协定规定，服从"该国"有关课税、产业等行政法。

（3）本条约规定不影响日"满"两国间根据特别约定所特定的日本臣民或法人的权利、特权、优例及豁免权。①

《附属协定》计8条，作为上述条约的附属条约，十分详尽地规定了一旦日本撤销治外法权后，日本人（含法人）必须享有的权利以及日本对伪国税制、行政法令等具有的"协议权"，具体内容如下。

（1）变土地商租权为土地所有权。撤销治外法权后，日本人（含法人）此前在东北商租的土地理应归还，这自然是日本不情愿的事情。于是，他们在《附属协定》中规定，"日本臣民历来享有的商租权"应变更为"相应内容的土地所有权和其他有关土地的权利"，伪满洲国还必须"迅速采取措施"。

（2）协议课税和行政法令。《附属协定》在名义上规定，"日本国臣民必须服从满洲国课税、产业等行政法令"，但又明确规定了其"范围和形式必须事先经日本驻满全权大使同满洲帝国外交部大臣之间协议决定"。伪满洲国如果变更有关法令时，也必须"事先取得日本驻满全权大使的承认"。《附属协定》还具体规定了必须"双方协议决定"的税制，包括地税、契税、营业税、矿业税、商业登记税等15种。行政法令有工业所有权、度量衡、金融、专卖等7种，这些税制和行政法令，不经日本方面应允或承认，伪国不得擅自变更或修订。

（3）对日本人实行减税。《附属协定》规定，对日本人（含法人）应课以的地方税、营业税附加捐、营业税户别捐、房捐及法人营业税等事实减税，减税后分别为原税率的1/4—1/3。

（4）满铁附属地内的日本人暂不服从伪国的课税、产业等行政法令。《附属协定》规定，在日本警察"撤消和移交前"，前述条约第2条规定的日本人服从伪国课税、产业等行政法内容，"不得在满铁附属地内实施"，"同满铁附属地行政警察有关的法令之范围应事先经日本驻满全权大使和满洲帝国外交大臣协议决定"。另外，《附属协定》还规定，在满铁附属地

---

① 『满洲建国五年小史』240 页。

行政警察移交之后，"满洲国应确保该附属地内外日本国臣民课税负担的均衡"。

（5）日本人若不服从伪国官宪的处分时，则伪国应予纠正。《附属协定》规定的内容是，"日本国臣民对于满洲国有关官宪的行政处分不服之时，满洲国政府应采取适当措置纠正之"。①

上述条约和协定签字实施以后，其实质内容并未影响日本人在东北的日常活动，相反，如原来的土地商租权变更为土地所有权，日本人更加"理直气壮"地占有东北的土地；原来的课税幅度还得以减少1/4—1/3，日本人又一次得到实惠；同时，还明文规定，"日本国臣民在满洲国领域内享有一切权利，并在享受利益方面不得受较满洲国臣民不利之待遇"。对其他一时难以预料的问题，或者比较棘手的问题，又特别规定，必须经由日本全权大使和伪国"外交大臣""协议"处理。所以，第一期撤销治外法权没有遇到任何障碍。

从1937年开始，日伪双方又进行了第二期撤销治外法权的工作，即对有关司法、警察以及满铁附属地行政权的撤销或移交。1937年11月9日，日本关东军司令官、驻"满"全权大使植田谦吉同伪满国务总理张景惠签署了《关于撤销在满洲国治外法权及移交满铁附属地行政权的日满两国条约》和《附属协定》。其中的条约计有7条，内称，"日本国现在满洲国的治外法权完全撤销，满铁附属地行政权全部移交"。各主要条款分别是：

（1）日本国政府现在"满洲国"享有的治外法权依本条约和附属协定之规定撤销之。

（2）日本国政府将满铁附属地行政权依本条约和附属协定移交给"满洲国"政府。

（3）日本国臣民在"满洲国"领域内依本条约和附属协定服从"该国"的法令。日本国臣民在任何场合不得受较"满洲国"人民不利之待遇。

（4）依日本国法令成立的会社或其他法人，在本条约实施之时，在"满洲国"领域内设有总店和主要事务所者，应视同本条约实施当时依"满洲国"法令成立的同类会社、其他法人或最类似法人。"满洲国"政府

---

① 『满洲建国五年小史』241頁。

对依日本国法令成立的会社、其他法人，在本条约实施当时在"满洲国"领域内设有分店或分事务所者应予以承认。

（5）本条约规定不涉及影响基于日"满"两国间特别约定的日本国臣民或法人特定的权利、特权、优例及豁免权。

与第一期撤销工作一样，日本统治集团在《附属协定》中规定了最详细、最缜密的内容，计分6章22条。其主要章目是：(1) 裁判管辖；(2) 南满洲铁道附属地之行政；(3) 警察及其他行政；(4) 关于神社、教育、兵事行政；(5) 设施及职员的接继；(6) 杂则。

其中的"裁判管辖"一章，规定废除领事裁判权，内称"尔后日本国臣民应服从满洲国的裁判管辖权"，但是，"满洲国政府必须对日本国臣民的身体及财产给予适合国际法和法律一般原则的审判上的保护"。另外，在放弃领事裁判权之前，"日本国臣民如触犯日本国刑罚法规，同时依满洲国刑罚法规认定犯罪，或日本国臣民触犯了日本国承认的日本国臣民适用的满洲国刑罚法规时，满洲国审判所得以审理裁判"，"满洲国政府承认条约实施前依日本法令确定的债务名义和效力"，"日本领事官依据日本国法令所为，应视作满洲国官宪依据满洲国法令所为之同等效力"。

"南满洲铁道附属地之行政"一章计列3条，一是"满铁附属地课税、警察、通信等其他行政移交给满洲国政府"；二是以后"不得阻碍该地文化的向上和产业的进展"，"满洲国政府应采取适当的措置"；三是属于日本政府课税权的租税，由"日本驻满全权大使同满洲国总理大臣协议决定，满洲国政府赋课或征收"，但必须把双方协议的课税金额"交付日本国政府"。

"警察及其他行政"一章规定，"尔后日本国臣民服从满洲国经常及其他行政"，"满洲国政府必须对日本国臣民的身体及财产给予一切保障"，日本国警察"原则上由满洲国有关官宪接收"。

"关于神社、教育、兵事行政"一章，主要内容是保留神社、研究、兵事三权。《附属协定》规定，有关日本人教育的重要事项"必须事先经双方协议决定"，"满洲国承认日本国依日本法令在满洲国领域内开设、经营的学校及其它教育设施"，"承认有关日本国臣民的教育行政"。在兵事一项中，伪满洲国表示，"承认日本国政府在满洲国能够对日本国臣民的征集、服役、召集等兵事行政"，同时规定，"必须依日本国法令的司法手续由日本国司法官宪实行"。

"设施及职员的接继"一章规定,满铁附属地行政权移交后,需经双方"协议","有关日本方面的设施(土地、建筑物及附属设备)及职员原则上保持条约实施当时的状态,由满洲国接继"。

"杂则"规定,此前"依日本国法令做出的认可、许可、豁免"等,应视同"依满洲国法令所为具有同等效力"。另外规定,"实施本协定的有关细目需经日本驻满全权大使同满洲国总理大臣协议决定"。①

根据"杂则"中"有关细目"需经双方"协议决定"的规定,日本与伪国政府之间又先后签发了《关于驻屯同盟国军队军事法规适用之件》、《关于管辖涉外事件之件》等。前件规定,日本军队依《日满议定书》,得以继续驻扎在伪国,同时规定日本军队必须实施日本国的军事法规,而且也可以利用伪国的军事法规,这就为日本军队在东北为所欲为提供了"法律依据"。由于上述条约及其《附属协定》规定日本仍然保留兵事权,日本的部分警察署长转为征兵事务官,并在长春、沈阳、牡丹江设立兵事事务所,而且,"满洲国各地警察署长受大使馆委托,在有关日本兵役事务方面,协助日本机关",②用一种"双保险"的形式保障日本军队的兵源。后一个文件是对日本"放弃"领事裁判权的补充规定,条约实施后日本人名义上应该服从伪国的审判,但这些日本人又是以双重"国籍"的身份出现,因此,当发生诉讼事件时可以作为外国人对待。为此,该文件特意规定,外国人的检察事务由"日系检察官处理",并在沈阳设置了专门收容日本人罪犯的第二监狱,以及收容朝鲜人罪犯的龙井村监狱。

从上述《条约》和《附属协定》的内容分析,不难发现日本统治集团欺瞒世界舆论的骗术,他们假惺惺地宣称撤销在中国东北的治外法权,实际上非但未削弱日本在中国东北的特权和利益,相反却从其他角度或渠道捞取到更多的实惠,具体而言,表现在以下几个方面。

(1)重大特权"当仁不让"。关东州的租借和满铁的经营可以说是日本在东北攫取的最大特权,也是日本侵略和独占东北的重要阵地。在日本宣布撤销治外法权之时,明确表明"继续保有满铁"。而对于在关东州的

---

① 以上《条约》、《附属协定》均引自『满洲建国五年小史』。
② 『满洲国史』総論、503頁。

特权,所有的条约和协议只字未提,这充分说明日本统治集团撤销治外法权的举动不过是避重就轻,做一番表面姿态而已,也暴露出日本绝不可能让伪满洲国成为一个真正"独立"的国家。

(2) 继续把持在东北的一切特权。日本和伪国在两个阶段签订的条约和协议中,均有一项不容忽略的内容,那就是反复强调不能影响此前日本同伪国之间签订的"赋予日本人(含法人)的权利、特权、优例及豁免权"。也就是说,以往伪国同日本之间签订的所有条约、密约、协定等继续生效。诸如驻军权、交通通信管辖权、矿业权、关东军对伪国的"内部指导权"、日系官员的参政权等,并不因为治外法权的撤销而失效。相反,《日满议定书》规定的内容仍然是第一位的。因此,无论治外法权撤销与否,日本人在东北攫取的各种权利、特权、优例及豁免权等没有受到丝毫的影响。

(3) 攫取了伪满洲国税制、产业等行政法令制定、修改的"协议权"。日本统治集团表面上宣称在东北的日本人应该服从伪国的各项法令,但在背后规定了各项法令、税制的制定、修改等必须经由"日本全权大使和满洲国总理大臣协议决定",并且具体规定了18种税制和7种行政法令非经双方"协议"不得变更。这样,日本当局不仅通过关东军和总务厅垄断伪国的立法权,而且利用这一"协议权"直接干预各项法令的制定或修改。此外,属于"协议权"的还有原满铁附属地的课税、兵事、神社,对日本人的教育,职员的接收等,甚至连具体实施《条约》的"有关细目"也必须双方"协议"。总之,凡是日本人感到不放心的,或者有可能给日本和日本人带来不利影响的事项,都附以"协议权"予以制约,作为撒手锏制约着傀儡政府。

(4) 扩大了日本人的参政范围,强化了对伪满傀儡政权的控制。日本政府把满铁附属地的行政权移交给伪满政府,自诩是出自"仁爱"和"恩惠",然而,伪国政府为此付出的代价是必须保证日本人的"安居发展",保障"文化的向上和产业的进展",而且,要接收附属地的日本警察、职员及各种居留民协会、团体的工作人员。据载,仅附属地的日本警察就达5000余人,相当于伪满洲国各级经常机构中日系警察的总数,这些人被伪满洲国接收后,无形中使日系警察的数量增长了一倍。其中,仅伪奉天省警务厅辖下的警察机构就增加日系警察1538人,另有"满"系警察524

人，总计 2062 人。① 由于警察数量的增加，为了新建办公室等设施，1937年伪国专门增加预算 110 余万元。② 此外，还有满铁附属地各机关、部门的大批日本职员也进入伪政权的各级机构，强化了日本人对傀儡政权的操纵和控制。原设在附属地内的日本人（含朝鲜人）居留民会、协会等"民间"组织有 75 个，朝鲜人居留民会 204 个。通过伪政府与各居留民会的"协议"，决定"今后全部停止课税"，"卫生、消防等行政设施由满洲国方面的市、县、旗等接收"，"有关职员由满洲国方面接收"。③ 于是，又有 154 个原日本人居留民会（含朝鲜人居留民会）的工作人员直接进入伪满各级政权。

另外，根据《条约》和《附属协定》的规定，日本人的检察事务完全由日本司法人员承担。从 1936 年 11 月开始，伪国各省的司法科长全部由日本人任职，法院、检察院等也由日系官员充当主体。随着满铁附属地行政权的移交，伪政权各级政府以及警察、司法等机关日系官员的猛增，伪满傀儡政权只能是受统制的强化和傀儡地位的深化。

（5）日本人（含法人）获得了更大的实惠。日本政府把满铁附属地的行政权以及警察、司法等移交给伪满洲国后，表面上看，伪国似乎得到了什么"便宜"，其实不然，伪国政府除了接收更多的日系官员外，什么"便宜"也没有得到，不过是替日本人管理有关机构、建筑物以及征收赋税等，然后把税收按《协议》内容支付给日本当局，充其量不过是个"大管家"而已。日本人（含法人）却从中得到了实惠。一是变土地商租权为土地所有权。治外法权的撤销，使日本人从过去商租东北土地变成了土地的所有者。这一权利的变化使日本人从经济利益上真正成为东北的"主人"，比起商租土地要实惠得多，而且可以获得伪国政府有关占有土地的所有权利。二是享受减少税率的待遇，理由是为了"保证满铁附属地内外日本人负担之均衡"，"使在留邦人的生活不发生急剧变动"。于是，税收按明文规定要减少 1/4—1/3，等于增加了日本人 1/4—1/3 的收入，其生活水准又上一个台阶，对于日本人（含法人）来说，当然是一件可遇不可求的幸事。三是变相的领事裁判权。领事裁判权虽然撤销，但日本人可以

---

① 加藤豊隆『満洲国警察小史』満蒙同胞援護会、1970、129 頁。
② 『満洲国史』総論、489 頁。
③ 『満洲国史』総論、487、488 頁。

以双重国籍的身份逃脱伪国司法机关的讯问和审理,《条约》明确规定"外国人检察事务"必须由日本司法人员审理,甚至连关押日本人(含朝鲜人)的监狱也要特设,其条件比关押中国人的监狱优越。日本人罪犯受到超越其他民族的礼遇、偏袒甚至放纵是一目了然的。其实,应该指出的是,当时日本国内的法律并不承认"双重国籍","具有日本国籍者,在法律上禁止持有满洲国的国籍,即使撤消治外法权,只要日本不修改国籍法,日本人在法律上就不能成为满洲国的国民"。[1]可是,日本统治集团故意在这一敏感问题上采取模棱两可的态度,只要是出于利益和统治的需要,日本人可以随时变换国籍,既获取日本人"高等民族"的统治地位,又可以获得满洲"主人"的权利。四是优惠的受教育权。日本政府宣布放弃治外法权,原来满铁附属地的日本人摇身一变,"获得"了双重"国籍",享有与其他民族同样的受教育权。从此,在满铁附属地生活的日本人不仅可以继续接受原来的学校教育,而且可以进入伪国任何小、中、大学接受教育,实行所谓的"日满共学"制度。这样一来,就学率和升学率本来就低下的伪国教育事业,又因为日本人子女的挤占,越发降低了东北各族民众子女的受教育率。另外,日本当局并没有放弃在满铁附属地的教育权,专门面向日本人子女的学校继续运转,而其他各民族的子女则没有机会进入,所以,在东北的日本人子女的受教育程度以及接受教育的比例明显高于日本国内。

综上,我们完全有理由说,撤销治外法权不过是日本统治集团一手制造的骗局。然而时至今日,仍有一些战争经历者和右翼文人喋喋不休地大作文章,借以宣扬日本统治东北的"功绩"和"宽仁"。曾任伪满政府高官的武藤富男在他的回忆录中称,"治外法权的撤消从来都是后进国家首先提出,到实现撤消,同先进国家之间总要产生许多问题",可是,"对满洲国治外法权的撤消,是出自享受治外法权的日本的独自思考和积极的付诸实施,这在国际法上是前所未有的"。他还标榜,"在民族协和的国家,日本人没有必要享受治外法权,因为影响政策的实施,随着日本人的移住也会引起行政上的混乱"。这里,武藤透露了一句"实话"。他意识到,"五十万、上百万的日本人移住和定居,日本则要在全满设置领事馆,必

---

[1] 武藤富男『私と満州国』文藝春秋、1988、60頁。

须设置为日本人服务的警察、裁判等事业"，① 这其中的耗费是可想而知的。所以，借助伪满洲国的行政资源（而且这些行政资源完全控制在日本人的手中），把日本人捧为东北的"主人"，继续日本和日本人在东北的特权，既不损失日本在东北的任何权益，又捞取到新的实惠，这该是日本统治集团"主动放弃"治外法权的实质所在。

2. 七七事变后伪满洲国被裹挟上法西斯轴心国的战车

1936 年 11 月，日德两个法西斯国家在相继退出国际联盟后走到了一起，打着反"赤化"的招牌，签订了《反共产国际协定》，一年后意大利也加入。按日军侵略者的指示，伪满洲国开始与德意两国接触。1936 年 4 月，伪满政府与德国签订了贸易协定，以一年为期，相互进口对方的产品。日本发动全面侵华战争后，伪国与德国的贸易关系逐步升温，贸易协定从一年延长到三年，贸易额增加，双方还互派常驻代表。自然，伪国派出的代表由日本人担当。1938 年 2 月，德国宣布承认伪满洲国，同年 5 月，双方签订了《修好条约》，随之互派"公使"，建立起正式的"外交关系"。一年后，伪国加入德意日"防共协定"，意味着伪国被裹挟上法西斯的战车。

张作霖时期，意大利就在东北设有领事馆。1937 年 11 月 29 日，意大利正式通告承认伪满洲国，将设在奉天的总领事馆升级为"公使馆"，双方互派"公使"，伪满政府派出"新京特别市长"徐绍卿充任驻意"公使"。

与日本的步调一致，伪满洲国与德意建交后，宣布承认西班牙的佛朗哥政府，与西班牙建交。德国进攻捷克前后，伪满洲国又先后与德意日轴心国成员或加入"防共协定"的波兰、立陶宛、匈牙利、斯洛伐克、罗马尼亚、保加利亚等国建立了"外交关系"。德国占领芬兰、丹麦后，伪满洲国宣布承认德国人成立的两个政府，双方也建立起"外交关系"。

在亚洲，直至太平洋战争爆发，才有被日本占领的国家与伪满建交，其中有一直宣布保持中立的泰国（1933 年国联会议上，对《李顿调查团报告书》投了唯一的弃权票），以及缅甸、菲律宾等国。

以上不难看出，伪满洲国的所谓"外交关系"是以日本的意志为基调

---

① 武藤富男『私と満州国』59、60 頁。

的，由此加入法西斯轴心国的行列。而且，伪国的"外交"大权牢牢掌控在日本人手中，伪外交部属下各司，清一色由日本人官吏执掌，派驻各国的所谓大使（公使）也多由日本人担当，即使名义上由中国人担当，实权仍掌握在日本人"副大使（公使）"的手中。可以说，伪满洲国根本没有任何自主的"外交"权力。如果需要伪满洲国以"外交"名义出面，那么只有一种场合，就是为日本摇旗呐喊。

七七事变爆发后不久，1937年7月20日，按照日本人的旨意，以伪治安部大臣于芷山的名义发布《布告》，内容是：（1）国民应持冷静态度，相信政府的善处和盟邦的实力，不为流言蜚语所惑，切勿轻举妄动，各安生业；（2）保守军事上和外交上之机密；（3）严禁秘密制造和私藏武器弹药；（4）不许散布流言蜚语，蛊惑民心；（5）不许抢购物资和囤积居奇，进行扰乱经济的活动。

7月22日，又以伪总理张景惠的名义发表了一纸声明，内称，"满洲国根据日满共同防御之义务，官民应团结一致，支持日本"，对"散布流言蜚语，贪图私利扰乱国民生活者，定将严惩不贷"。①

8月23日，日伪政府在伪京长春召开支持七七事变国民大会，明确表明站在日本的立场上，支持日本发动的全面侵华战争。

9月18日，以伪皇帝溥仪的名义颁布了《时局诏书》，内称，"盟邦大日本帝国兹为发扬一德一心之真义，贯彻共同防御之精神，以期东亚全局之安定。告尔三千万民众……朕不敢予暇，夙夜赐励，惟益修德业，以盟邦之心为心，愿为东亚之和平而尽力。自中华民国政府迁移南京以来，蔑弃东方固有之门户，屡屡制造事端，偏执教唆，竟与我盟邦挑衅。盟邦夙闵其情，推诚十年宽厚以待之，事已至此，势不得已而出膺惩之师，以挞暴戾，固非以其民为敌，实欲排除其误国殃民，搅乱东亚者也。名正事顺，神人所与，山川震荡，坚锐皆摧……尔众庶等宜善体盟邦膺惩之大义，念及我国当务之急，上下相勖，各奋职事，协和亲睦，众志成城，振作国威，以发扬一德一心之真义，举其全力贯彻共同防卫之精神，任何艰阻亦应与盟邦共同奠定东亚之和平，庶几同臻邦治，凡尔民众永矢不

---

① 『満洲国史』総論、510頁。

渝"。①溥仪的《时局诏书》从"精神"到"行动"都把伪国彻底绑在日本侵华战争的战车上，美化日本侵略军为"膺惩之师"，"以挞暴戾"，鼓动东北民众"举其全力贯彻共同防卫之精神"。

太平洋战争爆发后，伪皇帝溥仪又特意颁布一纸《时局诏书》，内称，"朕与日本天皇陛下，精神如一体，尔众庶与其臣民亦咸有一德之心，夙将不可分离关系，固结共同防卫之义，死生存亡，断弗分携"。1941 年 12 月 13 日，日伪政府又召集各伪省长会议，"向各地方长官下达有关对待大东亚战争爆发的根本方针，及与日本合作的各项政策的指示"。②

华北事变乃至七七事变后，关内相继出现日本人扶植的伪冀东防共自治政府、伪华北临时政府、伪华中维新政府、伪蒙古联盟自治政府以及汪精卫伪政府等汉奸傀儡政权。伪满洲国以"独立国家"的名义频繁与这些汉奸傀儡政权接触往来。1940 年 11 月，伪满政府还与日本及汪伪政权签署了《日满华联合宣言》，宣称："日满华经济建设之根本理念，以日满不可分割之关系为基础，根据日满华三国一体之共同合作，确立国防经济，以增进共存共荣于全体国民之福利。"③ 毋庸置疑，这些丑剧全部是在日本人导演下进行的，也暴露出伪满洲国及各汉奸傀儡政权卖身投靠、出卖主权的丑恶嘴脸。

第二节 汪伪政权的政治与"外交"

一 汪伪政权的政治体制

汪伪政权建立后，其政治体制不但与同时期的伪满洲国迥异，而且也与此前的"华北临时政府"和"华中维新政府"大相径庭，它继续沿用了南京国民政府的政体和法统。

早在第一次赴日进行"组府"谈判前夕的 1939 年 5 月 28 日，汪精卫集团即向日方提出了《关于收拾时局的具体办法》，内称："此次收拾时局的根本精神在于笼络人心，因此，不变更政体和法统，而以变更国策收拾

---

① 『満洲国史』総論、511 頁。
② 『満洲国史』総論、687 頁。
③ 『満洲国史』総論、526 頁。

此次时局为要。"其办法为：首先召开国民党全国代表大会，据此决议组织中央政治会议，负起改组政府之责。① 汪精卫5月31日开始秘密访日期间，日本陆军省、参谋本部共同决定了《对中国方面提出的"收拾时局的具体办法"之处理》，基本上同意了汪方的要求，但是决定：为使"反共救国"等字样明显起见，汪方必须在国旗和党旗上部，附加三角形黄色布片，尤其军队要在黄布上大书"和平反共建国"。② 汪精卫回国后，6月16日，日本政府的五相会议达成了《中方提出的有关收拾时局的具体办法和日方的意见》，在同意汪方之具体办法的同时，再次要求"中央政治会议"在决定采用青天白日旗时，在党旗、国旗及军旗上，须附上一块标明"和平反共建国"的三角形黄色布片。③

在获得了日方的许可之后，汪精卫首先于8月27—30日，在上海召开了被称为发出其政权登场第一声的伪中国国民党第六次全国代表大会。周佛海在27日所做《中国国民党过去的功罪与今后的地位》的报告中，在谈到国民党今后的法律与政治地位时宣称："中国国民党现在和最近将来的法律上的地位，仍旧是负着训政责任的党，仍旧是根据约法代表人民行使政权的党。固然，国民党已经将国民大会准备完成了十分之九，预备开始宪政，把自己从训政的地位，退到普通政党的地位，并且把代行的政权，交回给人民。但在国民大会没有召开之前，他的地位和权力，仍旧是没有变的。因为他的地位和权力，乃是约法所赋予的，已经变成了中国的法统，已经变成了中国的政治制度。这个法统和政治制度，只有国民大会才能变更。"④ 如此一来，就表明了汪伪政府将继续沿用国民党的"以党治国"的训政体制，这是其最根本的特点。

关于沿袭法统的问题，汪伪政权成立后不久，1940年4月12日发布第13号训令，宣称："国民政府既经还都，此后关于法令之适用，自以承继旧制为原则。"为此，训令具体规定了三项原则："一、一切法令以适应民国二十六年十一月十九日以前施行者为准则。二、凡中外人民在还都以前因适用他种法令所取得之权利或利益，现因适用国民政府法令而有受损

---

① 黄美真、张云编《汪精卫国民政府成立》，第64—65页。
② 黄美真、张云编《汪精卫国民政府成立》，第84—85页。
③ 黄美真、张云编《汪精卫国民政府成立》，第117—121页。
④ 黄美真、张云编《汪精卫国民政府成立》，第320—321页。

害或丧失之情形，各级行政及司法机关应妥拟适当办法，暂予保留，呈候核定，并由行政及外交各机关尽速调整。三、还都以前国民政府法令与现行政纲不相容者，应于行政院及立法院遵照政纲尽速修订。"① 据此，汪伪国民政府的法制，是以"承继旧制"为原则；对于部分法规和法令，则采取了"修正"的办法。

1. "中央政治委员会"、"最高国防会议"

按照伪国民党"六大"的决议，汪伪集团拟在政权组建之前，召开"中央政治会议"，以决定"收拾时局"的重大方针。1939年10月30日，日本兴亚院联络会议决定了《中央政治会议指导要领》，对于即将召开的"中央政治会议"的各方面问题，均以大量附件的形式，规定了有关的指导要领。② 在日本的指导下，经过历时半载的准备，1940年3月20—22日，"中央政治会议"在南京召开。

按照通过的《中央政治会议组织纲要》和《中央政治会议组织条例》，由汪精卫指定国民党代表10人、延请伪临时政府代表5人、伪维新政府代表5人、伪蒙古联合自治政府代表2人、在野政党代表4人、社会重望人士4人，共计30人作为议员，汪精卫任大会主席。大会讨论、决定了成立中央政府的各种重要问题，在为汪伪政权的诞生披上"合法"外衣之后，便宣布解散。

此次伪中央政治会议还有一个重要的"成果"，就是在1940年3月21日决定、公布了《中央政治委员会组织条例》。据此，伪中央政治委员会被规定为"全国最高之指导机关"，它对于下列事项有决议权："一、立法原则；二、施政方针；三、军事及外交大计；四、财政及经济计划；五、国民政府主席及委员、各院院长、副院长暨各政务官之人选；六、中央政治委员会主席认为应交会议之事项。"关于该伪委员会的构成，规定：设立主席1人，在宪政准备时期内由中国国民党中央执行委员会主席任之；设立委员24—30人，由主席指定或延聘之，任期一年；设常务委员6—8人，由主席就委员中指定之。关于该伪委员会之组织，规定：设立法制、内政、外交、军事、财政、经济、教育及其他专门委员会，各设主任委员

---

① 汪伪国民政府《立法院公报》第1期，1940年。
② 黄美真、张云编《汪精卫国民政府成立》，第716—725页。

及副主任委员1人，委员9—13人，分别担任审查与设计事宜，其人选由主席指定之；下设秘书厅，设秘书长1人、副秘书长1人或2人，秘书及办事人员若干人，由主席任命并指挥之。还规定："中央政治委员会"不直接发布命令及处理政务，其决议交由"国民政府"执行之；提交"国民政府"暨军事最高机关讨论或执行时，由各该长官负责办理。而关于第一款所列的决议事项，如因事机紧急不及提会决定者，中央政治委员会主席得为"便宜之处置"，交由国民政府执行，但须于最近会议中提请追认之。① 该条例通过之后，伪中央政治委员会宣布成立。

3月24日，伪中央政治委员会主席汪精卫决定了该伪委员会的委员名单。其中，"当然委员"6人，由伪国民政府五院及伪华北政务委员会委员长担任：汪精卫、陈公博、温宗尧、梁鸿志、王揖唐、王克敏。"列席委员"4人，由除立法院外的四院副院长担任：褚民谊、朱履龢、顾忠琛、江亢虎。"指定委员"19人，由汪精卫指定伪国民党中央执行、监察委员担任：周佛海、褚民谊、陈璧君、梅思平、陈群、林柏生、刘郁芬、任援道、焦莹、陈君慧、陈耀祖、李圣五、叶蓬、丁默邨、傅式说、鲍文樾、萧叔萱、李士群、杨揆一。"延聘委员"由汪精卫指定合法选举人士及社会知名人士担任：齐燮元、朱深、赵毓松、赵叔雍、诸青来、岑德广、赵正平、缪斌、卓特巴札布、殷同、高冠吾。② 同时，还决定了伪中央政治委员会的正副秘书长及各专门委员会的正副主任名单。③

伪中央政治委员会自1940年3月成立后，每年都组成一届新委员会。1941年4月组成第二届，1942年3月组成第三届，1943年4月组成第四届，1944年3月组成第五届，1945年4月组成第六届。各届委员会的委员组成，均略有变动；唯主席一职，长期由汪精卫担任之，仅在汪氏亡命日本后的第六届委员会主席，改由陈公博担任。由此构成的以汪氏为首的中央政治委员会（简称"中政会"）的领导制度，成为汪伪国民政府时期政治制度上的最大特征。

伪中央政治委员会虽然沿用了以国民党为中心、"以党治国"的训政

---

① 黄美真、张云编《汪精卫国民政府成立》，第760—761页。
② 秦孝仪主编《中华民国重要史料初编——对日抗战时期 第六编 傀儡组织》（3），第184—186页。
③ 黄美真、张云编《汪精卫国民政府成立》，第778页。

体制，但是它与此前的南京国民政府和同时期的重庆国民政府，又有很大的不同。这主要表现在：一是就委员的产生程序看，国民党中政会由国民党中央执行委员会在执行委员和监察委员中推定委员、候补委员，而汪氏伪中政会则均由主席来"指定"或"延聘"。二是就委员的组成来看，国民党中政会委员全部为国民党党员，而汪氏伪中政会则除了伪国民党的中央执行和监察委员之外，还有"其他合法政党干部人员"和"在社会上负有重望之士"，企图以此来标榜它们"放弃一党专政"，而开辟由各党、各派及无党派"合作"的局面。对此，汪精卫也曾解释说：延聘党外人士，这是"中央政治委员会"与此前的最大的不同之点。①

在伪中央政治委员会存续期间，1943年1月9日汪伪政府对英美"宣战"之后，为了适应"战时体制"的需要，又仿效重庆国民政府，产生了"最高国防会议"机构。

1943年1月9日，"中央政治委员会临时会议"议决通过了《最高国防会议组织纲要》，12日国民政府第13号训令公布了该文件。它规定："中央政治委员会"在战时设"最高国防会议"，决定关于国防之重要事宜；"中央政治委员会"在战时应于时局得为紧急处分，对于现行法律得停止其效力，对于法律案应于必要得省略法定程序，径送国民政府公布，交立法院备查；"中央政治委员会"在战时每月开会一次，闭会期间其职权由"最高国防会议"行使之；"最高国防会议"每星期开会一次，有必要时得开临时会议；"最高国防会议"以"中央政治委员会"主席为主席，其委员包括：军事委员会委员长及常务委员一人，行政院院长、副院长，"华北政务委员会"委员长，总参谋长、陆军部长、海军部长，内政、外交、财政、实业、宣传各部长，中央或地方军政长官有必要时，得由最高国防会议主席令其出席或列席；最高国防会议设立秘书长一人、副秘书长二人，均由"中央政治委员会"秘书长、副秘书长任之。②

伪最高国防会议是汪伪政府建立"战时体制"的最主要体现。它的成立，实际上在"战时"取代了此前的"中央政治委员会"，成为又一个"最高决策机构"。但与前者所不同的是，该机构不但人员已经大为精简

---

① 黄美真、张云编《汪精卫国民政府成立》，第776页。
② 《中华民国史档案资料汇编　第五辑第二编　附录》（上），第108—110页。该条例在1944年11月18日有所修正。

(11人），而且其组成人员除"华北政务委员会"委员长之外，均是清一色的汪派人员。无疑，伪最高国防会议的成立，进一步强化了汪精卫本人的高度集权及其一派在伪国民政府中的绝对领导地位。

2. "国民政府"

汪伪政权成立伊始，标榜仍然以奉行孙中山的三民主义、五权宪法为本，故其"国民政府"的构成仍然沿袭前南京国民政府的体制，实行的是行政、立法、司法、考试、监察五院之制。

根据1940年3月30日公布的汪伪《国民政府组织系统表》，伪国民政府设立行政院（下设内政、外交、财政、军政、海军、司法行政、工商、农矿、铁道、交通、社会、宣传、警政部，赈务、边疆、侨务、水利委员会）、立法院（下设各种委员会）、司法院（下设最高法院）、考试院（下设铨叙部、考选委员会）、监察院（下设审计部）五院，以及军事委员会（下设参谋本部、军事参议院、军事训练部、政治训练部）。[①] 同时成立的伪华北政务委员会，其地位与五院同等，直属伪国民政府。4月1日，伪国民政府各部门开始在南京办公。

至于"国民政府主席"一职，名义上宣布为重庆国民政府主席林森，但实际上由担任伪行政院院长的汪精卫代理之。1940年11月28日，伪中央政治委员会第28次会议讨论通过了周佛海等人的提案，决定修改《国民政府组织法》第11、12条关于伪国民政府主席的规定，并公推汪精卫担任伪国民政府主席，汪氏乃于29日就职，但仍兼任伪行政院院长。自此之后，汪氏伪国民政府的中枢机构，基本健全。

根据1940年11月28日公布的汪伪《国民政府组织法》，[②] 汪氏国民政府系根据《中华民国训政时期约法》第77条而制定。它规定："国民政府"总揽治权，统率海、陆、空军，行使宣战、媾和及缔结条约之权，公布法律、发布命令，行大赦、特赦及减刑、复权，授予荣典。"国民政府"设立下列五院独立行使行政、立法、司法、考试、监察五种治权：行政院、立法院、司法院、考试院、监察院，各院得依据法律发布命令；于必要时，得设置各种直属机关，直隶"国民政府"。"国民政府"设主席1人、

---

① 黄美真、张云编《汪精卫国民政府成立》，第824页。
② 《中华民国史档案资料汇编　第五辑第二编　附录》（上），第104—108页。

委员 24—36 人；各院设院长、副院长各 1 人，由"中央政治委员会"选任之。伪国民政府主席为中华民国元首，对内对外代表"国民政府"；主席任期两年，得连任一次，但于宪法颁布时得改选之；"国民政府"所有命令、处分及关于军事动员之命令，由主席署名行之，但须经关系院长、部长副署始生效力。宪法未颁布以前，行政、立法、司法、考试、监察各院各自对中央政治委员会负责。伪国民政府以主席及委员组织国民政府委员会，以解决院与院之间不能解决的事项。

行政院为伪国民政府最高行政机关，下设各部，分掌行政职权，关于特定事宜得设立委员会掌理之。各部设部长 1 人，政务次长、常务次长各 1 人；各委员会设委员长、副委员长各 1 人，委员若干人。由行政院院长、副院长、各部长、各委员会委员长组织行政院会议，以院长为主席，议决下列事项：（1）提出于立法院之法律案；（2）提出于立法院之预算案；（3）提出于立法院之大赦案；（4）提出于立法院之宣战、媾和案；（5）荐任以上之行政、司法官吏之任免；（6）各部及各委员会间不能解决之事项；（7）其他依法律或行政院院长认为应付会议议决事项。

立法院为伪国民政府最高立法机关，有议决法律案、预算案、大赦案、宣战案、媾和案及其他重要国际事项之职权；院长因故不能执行职务时，副院长代理之；立法院设立法委员 49—99 人，由立法院院长提请伪国民政府主席依法任免之。立法委员任期二年，得连任，但不能兼其他官职。立法院会议以立法院院长为主席。

司法院为伪国民政府最高司法机关，关于特赦、减刑及复权事项，由司法院院长依法提请伪国民政府主席行之；设立最高法院、行政法院及公务员惩戒委员会；最高法院院长得由司法院院长兼任，公务员惩戒委员会委员长得由司法院副院长兼任。司法院院长对于行政法院及公务员惩戒委员会之审判认为必要时，得出庭审理之；司法院关于主管事项得提出议案于立法院。

考试院为伪国民政府最高考试机关，依法行使考试、铨叙之职权。院长因故不能执行职务时，由副院长代理之。考试院关于主管事项得提出议案于立法院。

监察院为伪国民政府最高监察机关，依法行使弹劾、审计之职权。院长因故不能执行职务时，由副院长代理之。设立监察委员 29—49 人，由监察院院长提请伪国民政府主席任免之；监察会议以监察委员组织之，院长为主席。监察院关于主管事项得提出议案于立法院。

汪伪国民政府的各院、部、会机构，在1943年1月9日"宣战"之后，为适应"战时体制"，又有所变动。其组织系统如下："行政院"（下设：内政、外交、财政、教育、司法行政、实业、宣传、铨叙、社会福利、粮食、建设部），"立法院"，"司法院"（下设：最高法院、行政法院、公务员惩戒委员会），"考试院"，"监察院"（下设：审计部），"军事委员会"（下设：军事参议院、总务厅、陆军部、海军部、航空署、经理总监署、陆军编练公署、调查统计部、参赞武官公署），"华北政务委员会"（下设：内政、财政、治安、教育、实业、建设总署及政务厅），"宪法实施委员会"，"全国经济委员会"，"新国民运动促进委员会"，筹堵黄河中牟决口委员会。①

3. 地方行政体制

汪伪国民政府基本上沿袭了全国抗战前南京国民政府时期的省－县二级地方行政体制。

根据1940年11月5日汪伪国民政府公布的《省政府组织法》，伪省政府设立委员会，由9—11名委员组成；设立伪省政府主席，由伪国民政府就省政府委员任命之。省政府设立秘书处以及民政、财政、教育、建设四厅，必要时可增设实业厅及其他专管机关。1943年1月"宣战"之后，伪最高国防会议对于省政府体制进行了调整，6月30日公布了修正的《省政府组织法》。与此前有所变化的是：(1)"省政府"改设省长，承"行政院"院长之命，综理全省行政事务，并指挥监督所属职员及各机关；(2)省政府机构设置政务厅、财政厅、教育厅、建设厅，并得设置保安处、警务处、经济局、社会福利局、粮食局、宣传处。② 后来，省政府机构又有所变动。

汪伪国民政府所辖的地区，主要是江苏省、浙江省、安徽省、湖北省、江西省、广东省、福建省，或者各该省的一部分地区，以及名义上由伪国民政府管辖但实际上由伪华北政务委员会管辖的河北省、山东省、山西省、河南省。伪蒙疆联合自治政府之下无省政府的设置，而设立盟、旗（县）。

在各省政府之外，汪伪国民政府还设立行政院直辖的"特别市"。到

---

① 《中华民国史档案资料汇编　第五辑第二编　附录》（上），第166页。
② 《中华民国史档案资料汇编　第五辑第二编　附录》（上），第112—115页。

1944年，共有7个特别市：在汪伪集团辖区的有南京、上海、广州、厦门市；在伪华北政务委员会辖区的有北京、天津、青岛。在各省之内，还设立了若干省辖市。

县级政权为第二级的基层地方政权，县级以下则为区、乡（镇）、保、甲等组织。"宣战"以后，汪伪政府加强了对于县级以下政权的控制，将各县划分三个等级，并为其明确权限、调整内部机构。在全国抗战后期，又在各省普遍设立了"行政督察专员公署"，以统合相邻几个县的力量，强化军政一体化的反动统治。

二 汪伪政权的"外交"

（一）外交政策与体制

全国抗战之后，日本在华北和"蒙疆"扶植的伪政权组织中，均无所谓"外交"机构。唯独华中的"中华民国维新政府"成立之后，在其"行政院"之下，设立有"外交部"，其任务是"掌理有关国际交涉、通商条约及在外侨民、居留外人之一切事务"；下设总务司、政务司、通商司、情报司，配有日本顾问，并在日本的东京、大阪、长崎，分别设立驻日办事处，在伪满洲国设立一个通商办事处。[①] 伪维新政府第一任"外交部部长"为陈箓，他于1939年2月28日在上海公共租界被暗杀后，由廉隅代理部务；8月16日起，则由夏其峰担任"外交部部长"。[②]

汪伪政府成立之前，在1939年8月30日伪国民党"六大"修订的《中国国民党政纲》中，首先决定的外交方针为："一、本国家生存及主权独立之宗旨，励行睦邻政策，以奠定东亚永久和平。二、联合非共产主义之有关各国，共同防制第三国际之阴谋。三、尊重各友邦之合法权益，并调整关系，增进其友谊。四、本平等互惠之原则，与各友邦共商通商条约之修订。五、为谋经济之恢复与资源之开发，欢迎各友邦资本及技术之合作。六、以和平及外交方式收回租界，并修订其他有关中国主权独立之条约，取消领事裁判权。"[③] 据此，经过"中央政治会议"的决定，1940年3

---

① 《维新政府之现况》（日文版），第121—125页。
② 《中华民国维新政府概史》（日文版），第99—102页。
③ 黄美真、张云编《汪精卫国民政府成立》，第333页。

月30日，汪伪政权"还都"南京之际发布的《还都宣言》称："国民政府"的施政方针为"实现和平、实施宪政"；"所谓实现和平，在与日本共同努力，本于善邻友好、共同防共、经济提携之原则，以扫除过去之纠纷，确立将来之亲密关系"。同时公布的《国民政府政纲》，其首先为有关"外交"者："一、本善邻友好之方针，求中国主权行政之独立完整，以分担东亚永久和平及新秩序建设之责任。二、尊重各友邦之正当权益，并调整关系，增进其友谊。三、联合各友邦共同防制共产国际之阴谋及一切扰乱和平之活动。"① 由此，就确定了汪伪政权奉行的是亲日附日、反苏反共的所谓"和平外交"政策。

汪伪政府在"行政院"之下，设立了"外交部"。1940年3月30日的伪中央政治委员会第一次会议决议通过《外交部组织法》，交伪国民政府先行改组外交部，并交立法院审议。汪伪政府遂在伪维新政府外交部的基础上，组建了"外交部"。后经立法院的审议，7月16日伪国民政府公布了修正的《外交部组织法》。② 根据该法的规定，伪外交部的职权为：（1）管理国际交涉及关于在外侨民、居留外人、中外商业之一切事宜；（2）对于各地方最高行政长官执行本部主管事务，有指示、监督之责；（3）就主管事务，对于各地方最高行政长官之命令或处分，认为有违背法令或逾越权限者，得呈请行政院会议议决后，停止或撤销之，但因对外关系，认为情形紧急者，得呈请行政院院长，先行令饬停止该项命令或处分之执行。外交部下设总务、通商、亚洲、欧洲、美洲5个司；经行政院会议及立法院决议，可以增置或裁并各司其他机关；设置部长1人，政务、常务次长各1人，参事6—8人，秘书6—8人。太平洋战争爆发后，外交部取消了政务、常务次长名义，只设次长1人；又将欧洲、美洲两司合并为欧美司；增设了条约司。

此外，伪外交部还有若干国内附属机构：

（1）各省特派交涉员办事处。1940年5月2日中央政治委员会第五次会议决定了《省政府及隶属行政院之市政府设置特派交涉员暂行办法》。在此基础上，外交部后来另拟章程，于12月11日行政院第37次会议决定

---

① 黄美真、张云编《汪精卫国民政府成立》，第821—823页。
② 吴克峻等编《中国外交年鉴》（民国29年4月1日至民国30年3月31日），三通书局，1941，第76、95—97页。

通过了《外交部特派员办事处及职务规程》。据此，汪伪政府在各省及行政院直辖市，设立伪外交部特派交涉员办事处；特派交涉员秉承外交部之命，受地方最高行政长官之监督，办理地方交涉事件，并监督所属职员；其办事处的组织分为甲、乙两种规模，由外交部选择酌定。①

（2）驻沪办事处。1940年5月15日外交部公布《驻沪办事处组织规程》，并派员赴沪筹备。6月29日在上海正式成立该机构。该办事处是外交部根据外交策略推进部务而设立的；设置处长1人，下设政务、商务及总务三科，科长各1人，科员8—12人，承处长之命，处理掌管事项。②

（二）与日本的关系

出于傀儡政权的性质，汪伪国民政府与日本的所谓"外交"关系，是其首要、最主要、最重要而畸形的对外关系。

1.《日华基本关系条约》的签订

1940年3月30日，与汪伪政权成立同一天，日本首相米内光政在发表的广播讲话中称："中日两国应有互相结合、互相援助，以确立东亚之和平，进而贡献于世界之进展的共同使命。现在分担此项重大使命一半的中国新中央政府已经诞生，这正是建设东亚的新秩序的健全之发展。我们将不惜予以全盘的援助。"③ 尽管如此，曾经一手扶植这个傀儡政府的日本，却未立即对汪伪政权予以外交上的承认，只是于4月1日，派遣前首相阿部信行，作为"特派大使"赴南京。

对此做法，日本方面当时的解释是："先派特派大使调整邦交，以为事实上之承认；再派全权驻在大使，为法理上之承认。"④ 但实际上，日本当时的企图是在扶植汪伪政权的同时，使重庆的国民党政府屈服，最终实现蒋、汪的合流，以迅速在年内解决"中国事变"。为此，日本在扶植汪伪政府成立后，加强了对重庆政府的诱降工作，主要有1940年2—9月由陆军方面进行的"桐工作"，以及松冈就任外相后于10—11月进行的"钱

---

① 吴克峻等编《中国外交年鉴》（民国29年4月1日至30年3月31日），第77—78、98—100页。
② 吴克峻等编《中国外交年鉴》（民国29年4月1日至30年3月31日），第77、97—98页。
③ 黄美真、张云编《汪精卫国民政府成立》，第831页。
④ 蔡德金编注《周佛海日记全编》上编，第261页。

永铭工作"等。

与此同时，日本则以签订正式条约的形式，加紧对汪伪政权的承认工作。在汪伪政府成立前的3月19日，日本兴亚院即决定了《关于日中新条约的文件》，并决定组织"条约对策委员会"，拟订条约草案。① 经过该委员会的工作，6月11日，兴亚院联络委员会向阿部大使发出了训令，要求他与新中央政府开始谈判缔结条约的问题，并指出只有签订条约，日本才予以承认；要求在签约前后，"必须使中国承认满洲国"，以发表"共同宣言"的形式进行；规定该新条约应作为"今后长期的日中关系的准则"。② 根据这个训令，7—8月，汪精卫伪政府的代表与阿部信行等日方代表之间，进行了"签订调整日中新关系条约"的会谈，共有16次，基本上拟订了《日华基本关系条约》及《日满华共同宣言》的方案。③

1940年夏，德国在欧洲的闪击战取得辉煌战果。受此影响，日本的对外政策发生了重大变化，第二次近卫内阁成立后，提出了建设"大东亚新秩序"的目标，日本处理"中国事变"的政策，又被纳入了建设"大东亚新秩序"即"大东亚共荣圈"的相关政策之中。为此，日本仍希望迅速解决"中国事变"。

为此，日本继续加强对于重庆政府的"和平工作"。10月1日，近卫内阁阁议决定了《迅速处理中国事变的方针》；阁议之后，外务及陆、海三相又在首相官邸，协商决定了《对重庆和平交涉之件》。④ 上述文件提出"要在事实上以重庆政府为直接对手，进行全面和平交涉"，实现"全面和平"的顺序，规定为"停战、重庆南京合流、和谈"，还决定如上述对重庆"工作"不能奏效之时，日本将迅速承认汪氏南京政府。

11月13日，日本召开了第四次御前会议，决定了政府方面提出的《日华基本关系条约方案》（包括《日满华共同宣言案》、《基本条约案及其附属文书案》）以及大本营陆、海军部提出的《处理中国事变纲要》。⑤ 近卫首相在说明政府提案时称：日本认为目前短时间内难以使重庆政权屈

---

① 《日本外务省档案》，S493、S1110—1127，第5646—5647页。
② 《日本外务省档案》，S493、S1110—1127，第5714—5716页。
③ 《日本外务省档案》，S588—589, S2100—2114。
④ 《日本外务省档案》，S488、S1110—1127，第795—816页。
⑤ 『太平洋戦争への道資料篇』342—343頁。

服，而"此时有必要承认新政府、加强其政治力量，并与我方合作解决事变，作为最终完成事变的手段"。但大本营提出的处理"中国事变"的方针是："运用上述政略与战略的所有手段，努力摧毁重庆政权的抗战意志，使之迅速屈服。"还提出日本要在承认"新中央政府"之前，继续致力于争取对重庆政权的"和平工作"之成效，如到1940年底仍未见效，则转向长期战争，谋求其屈服。

此次会议之后，11月20日起，枢密院组织的审查委员会开始审议《日华基本关系条约》。27日，天皇亲临枢密院，听取有关审查报告。① 28日召开的"大本营－政府"第一次"联席恳谈会"，决定于当月30日承认汪精卫国民政府。② 日本在自认对重庆"和平工作"失败后，最终转向了承认汪伪政权。

11月29日，汪精卫就任长期"虚位以待"的"国民政府主席"（仍兼任行政院长）。30日，阿部信行大使奉日本政府的训令，与汪精卫正式签订了《日华基本关系条约》及《附属议定书》，此外还有《附属秘密协约》、《附属秘密协定》及《秘密交换公文》等。③ 这些条约，规定了日本与汪伪政府之间关系的总原则是"在以道义为基础建设东亚新秩序的共同理想下，互相善邻，紧密结合，以确立东亚的永久和平，并以此为核心，进而贡献于全世界的和平"；基本原则是"善邻友好、共同防共、经济提携"三项。在《附属议定书》及若干秘密协议、协定、交换公文之中，又就实现上述原则做了具体规定。由此一系列文件而构成的《日华基本关系条约》，实现了1938年11月30日御前会议决定的《调整日华新关系的方针》。这是日本发动全面侵华战争以来，处理"中国事变"的最重要"成果"。故他们自己也认为："从签订条约这个形式上看，日本政府的战争目的，也可以说大体实现了。"④

签订上述条约的同时，按照此前的约定，阿部信行与汪精卫、臧式毅（伪满洲国参议）之间，又共同签订了《日满华共同宣言》，规定：日、"满"、华"于东亚建设以道义为基础之新秩序之共同理想下，互为善邻，

---

① 《日本外务省档案》，S588、S2100—2114，第917—1028页。
② 『太平洋戦争への道資料篇』352頁。
③ 『主要文書』下、466—472頁。
④ 『戦史叢書・支那事変陸軍作戦3』324頁。

紧密提携，俾形成东亚永久和平之轴心，并希望以此为核心，而贡献于世界全体之和平"，并宣布"互相尊重其主权及领土"、"讲求各项必要之一切手段，俾三国间以互惠为基调之一般提携，尤其善邻友好、共同防共、经济提携得收实效"。①而在签订此宣言之前，日本与伪满洲国和汪伪政权之间，于11月7日和8日在南京举行了"三国委员"的预备会谈，商定了《日满华共同宣言》、《满华日共同宣言》及《中日满共同宣言》的方案。②也就是说，在日本的自编自导下，汪伪政权是在承认伪满洲国的基础上，来换取日本的承认。

日本此前在扶植伪满洲国之时，曾先签订日"满"密约，再成立政权，继则以《日满议定书》来承认该政权。而此次对于汪伪政权，仍是如法炮制。故上述《日华基本关系条约》及《日满华共同宣言》的签订，标志着日本自1930年代初扶植伪满洲国、实现"满蒙"政策以来，通过扶植、承认汪伪政府，最终实现了其以对华政策为中心的"大陆政策"。这是近代日本自提出"二十一条"以来，企图全面亡华、变中国为其殖民地的对华政策目标的实践，也是自提出建设"东亚新秩序"以来，处理"中国事变"政策和建设"东亚新秩序"目标的基本完成。

12月1日，中国政府外交部就日、汪之间签订上述伪约，发表声明，指出："日方此举，实为企图在中国及太平洋破坏一切法律与秩序而继续其侵略行动进一步之阶段。日本始则制成机构，以遂其欲，今则与之订约，借以助成其独霸与侵之政策。实则此种机构，不过为东京政府之一部移置于中国领土之上，而为日本军阀实行其政策之工具耳。"③

上述条约签订后，汪伪政府与日、"满"之间，才开始建立起所谓正常的"外交关系"。1940年12月28日，日本特命全权大使本多熊太郎，在南京向汪精卫递交"国书"；1941年2月8日，汪伪政府首任"驻日大使"褚民谊，在东京向日本天皇递交"国书"。1941年1月15日，伪满洲国第一任驻"华"大使吕荣寰，在南京向汪精卫递交"国书"；2月25日，汪伪政府首任驻"满"大使廉隅，在"新京"向溥仪递交了"国书"。④

---

① 《中华民国史档案资料汇编　第五辑第二编　附录》（上），第230页。
② 《日本外务省档案》，R. WT40、IMT301，第1—38页。
③ 《中华民国史档案资料汇编　第五辑第二编　外交》，第84—85页。
④ 吴克峻等编《中国外交年鉴》（民国29年4月1日至30年3月31日），第89—93页。

1941年6月13—28日，汪精卫一行访问了日本。其随行人员有：伪行政院副院长周佛海、外交部部长徐良、宣传部部长林柏生、全国经济委员会秘书长周君慧等10多人。17日在东京车站，他们受到了日本首相、外相、陆相、海相、藏相等200多人的"热烈欢迎"。随后，汪精卫拜会了日本天皇，与近卫首相会谈，并于23日发表了共同声明，还与陆相东条英机、外相松冈洋右、海相永野修身等人进行了会谈。28日回到南京后，汪精卫发表谈话指出：日本"前此援助国民政府之成立，此次则为援助国民政府使之在政治上、军事上、经济上、文化上能强有力，以早日解决事变，促成全面和平"。为此，随行的周佛海经过与日方的谈判，日本政府决定借款3万万日元，由横滨正金银行担任之。①

2. 日本"对华新政策"、汪伪政府的参战与《日华同盟条约》

太平洋战争爆发之初，日本不许汪伪政府参战和宣战。但到了1942年底，日本为继续进行并完成"大东亚战争"，随着"大东亚省"的设置，提出了允许汪政权参战，进而实施"对华新政策"的计划，力图把汪伪政府继续捆绑在日本的战车上，挽救败局。

1942年12月21日，日本召开御前会议，决定了《为完成大东亚战争的对华处理根本方针》。② 这是日本自日中战争开始以来第四次，也是最后一次以御前会议的形式，决定对华政策。③ 该文件规定了日本今后对华政策的总方针是："帝国政府认为国民政府（即汪伪政府——引者注）的参战，是打开日本与中国关系现况的一大转机，应当根据日华合作的根本精神，专心加强国民政府的政治力量，同时应力图消除重庆政权抗日的口实，使其与新生的中国一起，真正为完成战争而迈进"，并且要求上述对华措施"在美、英方面的反攻到达高潮之前"取得成效。也就是说，日本要以汪伪政府的参战为契机，并以该伪政府为主要对象，实施新的对华政策。为此，在政治方面与经济政策方面，分别规定了对汪伪政府的具体措施；还规定："帝国不进行一切以重庆为对手的政治工作。"

日本的上述决定，无异于是在"重庆工作"失败之后"不以蒋介石为

---

① 吴克峻等编《中国外交年鉴》（民国29年4月1日至30年3月31日），第271—295页。
② 关于上述会议的经过及决定，参见『杉山メモ』下、原书房、1967、310—322页。
③ 御前会议至此已召开了9次，其中4次为开战问题，1次为三国同盟问题，其余4次则为对华问题。

对手"的第二次声明，它是日本以往对华政策失败的自我宣告。故当时的中国派遣军司令官畑俊六认为，这是"在以往所采取的各种策略都全部绝望之后而采取的最后一招"。①

日本御前会议做出上述决定的同日，东条英机首相与来访的汪精卫进行了会谈。汪精卫说明了参战的愿望，东条就上述问题及日本方面的决定做了说明，双方约定参战日期为1943年1月15日。② 汪精卫返回南京后，12月29日，日本外相谷正之、大东亚相青木一男向重光葵大使发出了训令，要求其就日方拟定的协议，与汪伪政府进行谈判。③

1943年1月4日，日本大本营-政府联席会议就关于对华新政策的宣传及指导方针，达成了谅解，提出作为帝国国策的上述"对华新政策"的目标："1. 促进新中国的战争合作；2. 强化国民政府的政治力量；3. 消除重庆借以抗日的口实。"④ 这时，日本获悉美国国会将审议通过《中美平等新约》，为了赶在美国之前，日本将汪伪政府参战的时间提前至1月9日。为此，联席会议还审议了与汪伪政府的若干协定及政府声明。⑤

1月9日，汪伪政府对美、英"宣战"。同日，重光葵与汪精卫在南京签署了《日华共同宣言》，称为完成"大东亚战争"，建设"大东亚新秩序"，日本将与汪伪政府"在军事上、政治上、经济上，实行完全合作"。同时还签署了《关于交还租界及废除治外法权等的日中协定》。⑥ 由此，日本自导自演的所谓"对华新政策"粉墨登场。

汪伪政权参战后，日本终于同意其在"国旗"上方去除标有"和平反共建国"的三角形黄色布片。根据协议，日本政府向汪伪政府交还了租界，撤销了治外法权。在日本之后，汪伪政权也随之"参战"，向其他国家发起了收回租界、撤废治外法权的运动。

"对华新政策"初步实施后，日本又企图将其扩大为"大东亚"新政策，乃于4月20日将重光葵调任外相，以具体贯彻上述新政策。5月31

---

① 畑俊六著、伊藤隆等編『続・現代史資料4・陸軍畑俊六日誌』みすず書房、1983、1942年12月16日、386頁。
② 《日本外务省档案》，R. UD43、UD65，第85—118页。
③ 《日本外务省档案》，R. UD43、UD65，第59—84页。
④ 臼井勝美等編『現代史資料』第38巻『太平洋戦争4』87—88頁。
⑤ 臼井勝美等編『現代史資料』第38巻『太平洋戦争4』88—89頁。
⑥ 『主要文書』下、581—582頁。

日的御前会议决定采纳联席会议 5 月 29 日决定的《大东亚政略指导大纲》，规定在当年 11 月初之前完成对政略的整顿充实，"其重点在于加强各国、各民族在战争方面对帝国的合作，特别要解决中国问题"；而关于对华政策，又规定"应将日华基本条约予以修改，并签订《日华同盟条约》"，并要"伺机加以领导，使国民政府对重庆进行政治工作"。① 这表明，"对华新政策"已成为日本"大东亚"政策的重点所在。而在日本领导下、由汪伪政府进行的"对重庆政治工作"，成为"对华新政策"的内容之一。根据御前会议的上述决定，9 月 18 日，大本营－政府联席会议决定了《签订日华基本条约修正条约的纲要》及《对重庆政治工作》两份文件。② 这标志着日本"对华新政策"的实施进入第二阶段。日本在与汪伪政权签订同盟条约的同时，让伪国民政府开始对重庆进行"政治工作"。为此，大本营－政府联席会议 20 日就日本与汪伪中华民国的同盟条约方案达成谅解之后，21 日，又就《对重庆政治工作的方案》达成了谅解。③

9 月 22 日，汪精卫到东京访问，他对于与重庆的"和平工作"表示出了前所未有的热情。23 日，汪精卫返回南京。24 日，大本营－政府联席会议决定了《对重庆政治工作的指导文件》，规定："当前对重庆政治工作，原则上由内阁总理大臣直接担任汪精卫主席的指导联络，现地机关未经中央指示，除传达必要的信息之外，不得参与此项工作。"④

日本此时开始的由南京伪国民政府进行的对"重庆政治工作"，在中央由东条英机首相亲自担任指导，在现地由军事顾问柴山兼四郎中将指导；中央与现地之间的联络，则由陆军省军务局长佐藤贤了少将根据需要，乘飞机往返于东京、南京。但通过汪伪政府进行的对于重庆的"和平工作"却收效甚微。

9 月 30 日，日本召开第 11 次御前会议，通过了《今后应采取的战争指导大纲》，被迫从"绝对防卫线"后退到"绝对国防圈"；对于重庆，

---

① 『主要文書』下、583—584 頁。
② 臼井勝美等編『現代史資料』第 38 卷『太平洋戦争 4』126—130 頁。
③ 『外務省記録』「大東亜戦争関係一件・本邦の対重慶工作関係」外務省外交史料館蔵、A.7.0.0.9—61。
④ 『外務省記録』「大東亜戦争関係一件・本邦の対重慶工作関係」外務省外交史料館蔵、A.7.0.0.9—61。

则规定"要继续采取持续的高压……寻找时机，迅速解决中国问题"。① 同时，重光葵外相在御前会议上提出："要把对华新政策进行扩大，施行于大东亚地区，作为大东亚各国家各民族的政策。"②

根据此次会议的决定，日本在"重庆工作"失败之后，加速与汪精卫伪政权进行签署《日华同盟条约》的谈判。在9月21日访日期间，日、汪之间基本商定了有关原则。随后，汪伪政府与日本驻"华"大使谷正之开始进行了多次谈判，终于在10月30日，由日本大使谷正之与汪精卫在南京完成了签署关于上述条约及其附属议定书的文件。③

《日华同盟条约》规定汪、日之间：（1）"永久维持两国间善邻友好"，"互相尊重其主权及领土"；（2）"为建设大东亚，并确保其安定起见，应互相紧密协力，尽量援助"；（3）"实行两国间紧密之经济提携"；（4）本条约实施之日起，1940年11月30日的《日华基本关系条约》连同其一切附属文书，一并失效。但是与此同时，双方签署的《附属议定书》又规定：日本约定于两国间恢复全面和平、战争状态终了之时，撤去其派驻中国的军队，所有之驻兵权概予放弃；双方的"换文"又规定：现在中华民国所存既成事项，应于两国间恢复全面和平、战争状态终了时，加以根本调整。④如此，则把所谓"同盟"条约的内容全部放弃，而仍旧维持了此前的日本派兵、驻兵的既成事实。这对于汪氏集团所鼓吹的该同盟条约为"中国近百年来独一无二的平等条约"，实在是一个莫大的讽刺。

日本之所以急于签署上述条约，乃为了迎接即将召开的"大东亚会议"。11月5—6日在东京召开了"大东亚会议"，汪精卫参加了该会议，最后发表了"大东亚宣言"，企图宣示日本已建成"大东亚共荣圈"。但此后不久，美、英、中三国首脑于11月22—26日在开罗召开的会议和发表的《开罗宣言》，则宣告了它们的计划破产。直到1943年底，随着日本对于汪伪政权"对华新政策"的破产，其对重庆的"政治工作"也无果而终。

1943年12月19日，汪精卫在南京的日本陆军医院取出了1935年遇刺时留存的子弹，此后病情恶化，乃于1944年3月3日赴日本名古屋帝国

---

① 『杉山メモ』下、472页。
② 『杉山メモ』下、481页。
③ 『主要文書』下、591—593页。
④ 《中华民国史档案资料汇编 第五辑第二编 附录》（上），第237—240页。

大学附属医院求医，至 11 月 10 日在日本病死。① 汪精卫的死亡，宣布了其与日本复杂关系的终结，也预示着其伪政权与日本的关系走到了穷途末路。

（三）与其他国家的关系

1. 加入"国际反共协定"

汪伪政府成立后，在日本的操纵下，根据其"联合非共产主义之有关各国，共同防制第三国际之阴谋"，"联合各友邦共同防制共产国际之阴谋及一切扰乱和平之活动"的既定"外交政策"，积极参与到法西斯轴心国家间的"国际反共协定"中。

早在 1936 年 11 月 25 日，日本与德国在柏林签署了《反共产国际协定》，有效期为五年；1937 年 11 月 6 日，日本、德国与意大利，又在罗马签署了上述议定书；由此构成了国际法西斯的轴心同盟国。第二次世界大战爆发前夕，匈牙利、伪满洲国于 1939 年 2 月 24 日，西班牙于 1939 年 3 月 27 日分别加入该议定书。二战爆发后，该议定书成员于 1941 年 11 月 25 日在柏林签订了关于延长《反共产国际协定》的协议，决定将该议定书的有效期继续延长五年。②

与此同时，汪伪政府也在日本、德国及意大利三国政府的"邀请"之下，于 1941 年 11 月 25 日，由外交部部长褚民谊致函德国外交部部长里宾特洛甫、汪精卫致函希特勒，并由伪国民政府外交部分别致函日本、意大利两国大使馆，宣布自即日起，正式加入上述议定书。③

加入法西斯轴心国的"国际反共协定"，暴露了汪伪政府的傀儡和反动性质。从此，它也就被捆绑在了法西斯国家的战车上。

2. 与德、意等国的关系

在加入"国际反共协定"之前，在日本的操纵下，汪伪政府已经与轴心国的德国、意大利等建立了"外交"关系。

---

① 秦孝仪主编《中华民国重要史料初编——对日抗战时期 第六编 傀儡组织》（3），第 4 页。
② 秦孝仪主编《中华民国重要史料初编——对日抗战时期 第六编 傀儡组织》（3），第 403—408 页。
③ 秦孝仪主编《中华民国重要史料初编——对日抗战时期 第六编 傀儡组织》（3），第 408—412 页。

1940年3月30日，汪伪政府"还都"之后，德国、意大利两国均给予"同情"；意大利的报纸对于汪氏"努力和平，推崇备至"。① 但由于日本也没有立即承认之，该两国也仅是表态。11月30日，通过缔约获得日本承认，与伪满洲国建立"外交"关系之后，汪伪政府的"外交"才开始正式展开。

1941年6月，汪精卫访问日本，向日本提出了要求；日本表示会大力协助，并将劝说德、意等国尽早承认汪伪政府。经过日本的"劝说工作"，6月30日，德、意两国政府决定抛弃重庆国民政府，而与汪伪政府"建交"。②

7月1日，德国、意大利两国率先表示承认汪伪国民政府，并将迅速与之建立外交关系。同时，罗马尼亚、西班牙、匈牙利、保加利亚、斯洛伐克、克罗地亚六国，纷纷宣布承认汪伪政府；意大利大使及德国总领事，还拜会了汪精卫。

欧洲八国的迅速承认，使得汪伪政府欣喜不已。他们自认为"国民政府在国际上之地位，已不可动摇；而中华民国在国际上之地位，无形中亦已增高；而和平建国策，且已得国际上广大之同情"。③ 殊不知，这不过是邀它"参战"的前奏。

3. 与其他亚洲国家的关系

汪伪政府建立后，根据与日本关系的状况，还与亚洲的几个国家和地区发展"外交"关系。

七七事变后，中国政府驻朝鲜各领事馆关闭了，但伪华北临时政府成立后，恢复了汉城的总领事馆。汪伪政府在新义州、元山、釜山恢复了领事馆，并在仁川、镇南浦设立了办事处。台北总领事馆被关闭后，于1940年9月恢复，1941年1月开馆。④

1940年6月，日本出兵占领法属印度支那北部、胁迫泰国政府与之订约之后，汪伪政府1940年12月决定在越南设立"外交部驻越南通商代表处"，1941年2月13日在河内开始办公。汪伪政府还与泰国政府发展"外

---

① 吴克峻等编《中国外交年鉴》（民国29年4月1日至30年3月31日），第263页。
② 秦孝仪主编《中华民国重要史料初编——对日抗战时期　第六编　傀儡组织》（3），第420—421页。
③ 《中华民国史档案资料汇编　第五辑第二编　附录》（上），第152页。
④ 吴克峻等编《中国外交年鉴》（民国29年4月1日至30年3月31日），第81页。

交"关系，1942年9月7日，泰国宣布承认汪伪国民政府。①

第三节 汪伪政权与华北伪政权、伪蒙疆政权的关系

汪伪国民政府建立后，在日本的操纵和控制下，除了与伪满洲国建立起了所谓的"外交"关系之外，与华北、内蒙古地区的伪政权，也维持了一种特殊的关系。

一 与华北伪政权的关系

早在汪伪政权建立之前，日、汪之间就建立伪华北政务委员会的有关问题，达成了协议。

1939年6月汪精卫第一次秘密访问日本期间，在与板垣征四郎陆相的第二次会谈中，他就主动提出："华北由于它的特殊情况，不妨设置政务委员会那样的机构，给予比较大的自治权限"；对此，日方表示相信和赞同，以积极协助其建立"中央"政府。② 12月30日，汪精卫集团在上海与日本梅机关之间经过谈判签订了《关于调整日中新关系的协议书》，其中在"秘密谅解事项（第一）"中，规定了"新中央政府"与"华北临时政府"的关系调整要纲，指出：所谓华北是指内长城线（包括在内）以南的河北省、山西省和山东省的地区；"中央政府"在华北成立"华北政务委员会"，"临时政府"的名称加以废除，其政务由"华北政务委员会"继承；有关"华北政务委员会"的权限和组织等具体事项，由"中央政治会议"决定之，并提出了有关的条款和目标。③

根据上述文件，1940年1月，在日本主持下，汪精卫与伪临时、维新政府的首脑在青岛举行了会谈。1月25日，通过了《华北政务委员会组织条例》的修正案，决定由汪精卫提交"中央政治会议"协商内定。④ 3月21日，在南京召开的"中央政治会议"，决定把伪临时政府改组为伪华北

---

① 秦孝仪主编《中华民国重要史料初编——对日抗战时期 第六编 傀儡组织》（3），第425—428页。
② 黄美真、张云编《汪精卫国民政府成立》，第115—116页。
③ 黄美真、张云编《汪精卫国民政府成立》，第562—564页。
④ 黄美真、张云编《汪精卫国民政府成立》，第672页。

政务委员会，把伪维新政府解散，合并于"中央政府"；22日，"中央政治会议"通过了《华北政务委员会组织条例》，共计21条。①

1940年3月30日，在伪国民政府成立之时，《华北政务委员会组织条例》正式公布。② 该条例规定：伪国民政府为处理河北、山东、山西三省及北京、天津、青岛三市管辖地区内的防共"治安"、经济及其他由伪国民政府委任的各项政务，并监督其管辖下的各省市政府，设立伪华北政务委员会。关于该伪委员会的组成：设委员17—21人，其中指定一名任委员长，指定5—9名任常务委员，其人选由伪行政院院长向"中央政治委员会"提议，通过后由伪国民政府任命；委员长除处理本会会务之外，还对外代表并监督指挥本会职员；常务委员助理委员长处理本会会务。伪华北政务委员会下设机构为：内务总署；财务总署；治安总署；教育总署；实业总署；建设总署；政务厅；秘书厅。可设顾问、参议、咨议、专员、调查员各若干名。该会可先行任免"各机关内荐任以下公务员"。

为处理有关防共"治安"的事项，可在"中央"法令之范围内灵活处理；为维持华北"治安"，可组建绥靖军并指挥之，华北绥靖军设总司令一名，由治安总署督办兼任。本会为"开发"华北资源，可在"中央"法令的规定范围内，灵活处理；为调整华北的经济及对外物资的供求关系，可在"中央"法令的范围内灵活处置。本会受"国民政府"委托，可管理国有财产；可处理地方性的涉外事件。可在其职权范围内，指挥监督其管辖内的各省、市政府。可在"中央"法令范围内，发布命令及单行法规。本会经费由"国民政府"支付并受其统制，会址设于北京。本条例于必要时，可向国民政府申请进行修正。

该条例赋予伪华北政务委员会极大的自治权限。该伪委员会不同于此前南京政府曾经设立过的直属于行政院的"北平政务整理委员会"和"冀察政务委员会"，它直属于伪国民政府主席，而且与汪伪国民政府的五院是平行并立的，其权力也大大超越了五院，既有经济处分的权力，也有涉外事项处理以及治安军事等权力。这就使得该伪委员会成为一个仅在名义上隶属于伪国民政府的高度"自治"的机构。但是，该条例也把历来属于

---

① 黄美真、张云编《汪精卫国民政府成立》，第781—783页。
② 汪伪《国民政府公报》第1号。

伪华北临时政府管辖的河南省分离出来,由"中央"管辖;伪国民政府于必要时可以修正该条例。这也反映了华北和华中之间在对外及政治关系方面的微妙性。

3月30日,王克敏就职后发布的布告称:

> 查国民政府还都宣言中所指示本会者,及此次在南京开中央政治会议与汪代主席所商定者,约有数端,本委员长兹特郑重明白以申言之:一、前临时政府所办事项,本会当继承,暂维现状。二、本会甫经成立,条例亦甫经公布,殊难即日一一实行,但必随事态之推移,逐渐使其实现。三、前临时政府在统辖区域内所实施之政治、经济、金融、建设等之各种工作,均仍旧接续办理,不以本会初设内有变更。凡此三项,悉关重要。又查国民政府政纲第八条虽有重建中央银行、统一币制之文,惟临时政府所设之中国联合准备银行不使摇动,该银行前后发行之各种钞券,亦已确定一律照旧通行无阻。①

王克敏的这番话表明,尽管按照条例成立了伪华北政务委员会,但是他们仍将继承伪华北临时政府,照旧继续办理政治、经济、金融、建设等各项工作,还可以继续发行货币钞券,甚至继续悬挂其五色"国旗",俨然一个华北"独立王国"。6月9日,王揖唐接任伪华北政务委员会委员长一职后,更自称为"外臣",在日本支持下,与南京的汪伪政府继续作对。

11月30日,在汪精卫伪政府与日本签署的《日华基本关系条约》之"秘密交换公文(甲)"中,关于华北,达成的谅解如下:"中华民国政府鉴于华北在国防上和经济上是中日之间紧密合作的地带,在华北设置华北政务委员会,使该委员会接办中华民国临时政府所办的事项。但该委员会的权限和组织,应在两国间全面恢复和平后,以实现日本所要求的为限度和目标进行调整。"② 这样,在日本的要求下,尽管汪伪政府设立了华北政务委员会,但是其权限和组织仍然受到限制。伪华北政务委员会实际上成为伪华北临时政府的延续,其对汪伪政府只有形式上的隶属关系。

---

① 《中华民国史档案资料汇编 第五辑第二编 附录》(上),第72—73页。
② 『主要文书』下卷、470—471页。

1943年初，汪伪政府"参战"后，日本推行"对华新政策"，以加强汪伪政权的统治力。汪伪政府借机大力推行华北的"中央化"。2月8日，汪精卫批准王揖唐辞去伪华北政务委员会委员长之职，改由朱深担任委员长。周佛海在同日的日记中写道："（朱氏）与我党素无好恶，但较识大体，或不致妨碍华北之中央化也。"① 9日起，改组后的伪华北政务委员会宣布禁止悬挂五色旗，改悬汪伪政府的"国旗"。6月26日，伪华北政务委员会在南京设立办事处。7月2日朱深病故，日本方面又将王克敏接回北京。王克敏7月5日起担任伪华北政务委员会委员长，他在就职宣言中也不得不表示："务期中央与华北，结为一体，步趋一致。"11月11日，汪伪国民政府明确公布了中央政治委员会通过的《修正华北政务委员会组织法》，对于其内设机构进行了一些调整，但其职权方面并未有所变动。② 1944年2月8日，王克敏辞职，王荫泰出任伪华北政务委员会最后一任委员长。

汪伪政府的此次"中央化"运动，对于华北而言，仅有一些形式上的变化，伪华北政务委员会的"独立王国"地位一直没有发生根本的改变。

二　与伪蒙疆政权的关系

如果说伪华北政务委员会还是一个名义上隶属汪伪国民政府的机构，那么内蒙古地区的伪蒙疆政权则可以说是一个与之无关的"自治"机构。

日本在与汪精卫就建立政权进行的历次谈判中，对于"蒙疆"地区历来重视。

1938年11月20日在上海达成的"重光堂密约"中，日方就要求缔结"日华防共协定"，并承认日本"防共驻兵"，以内蒙古地区为"特殊防共地区"。11月30日的日本御前会议决定的《调整日华新关系的方针》，决定将"蒙疆"与华北作为国防上、经济上的紧密结合地区，在"蒙疆"地区，特别为了"防共"，应取得军事上、政治上的特殊地位。③ 日本方面的这些想法，在汪精卫投降后的秘密访日过程中，得到了明确。汪氏回国后的"组府"活动中，只有伪华北临时政府、伪华中维新政府的代表，而没

---

① 蔡德金编注《周佛海日记全编》下编，第705页。
② 章伯锋、庄建平编《中国近代史资料丛刊·抗日战争　第六卷　日伪政权与沦陷区》，第284—292页。
③ 黄美真、张云编《汪精卫集团投敌》，第291、298页。

有伪蒙疆政权的参与，就足以说明之。

在汪伪政权成立之前，1939年12月30日在上海与日本"梅机关"达成的《关于调整日中新关系的协议书》中，其"秘密谅解事项（一）"中的第三项，即为与"蒙古联合自治政府"的关系调整要纲，具体规定如下：所谓"蒙疆"，是指内长城线（不包括）以北的地区；鉴于该地区是国防上和经济上"日、满、华"三国高度结合地带的特殊性，根据现状，承认其有广泛的自治权，作为高度的"防共自治区域"，其权限，根据"中央政府"规定的"内蒙古自治法"，但关于该法的制定，事先须与日方协议。为了确定"中央政府和蒙古联合自治政府"的"新"关系，"中央政治会议"召开前，汪精卫或其代表和德王或其代表的会见中，须以成文约定下列事项："（1）中央政府基于现状，承认蒙古联合自治政府的高度防共自治权；（2）关于中央政府和蒙古联合自治政府的关系，在中央政府成立后，基于谅解另行协定之；在上述谅解达成时，蒙古联合自治政府须派代表出席中央政治会议，在中央政治会议上，不进行上述谅解范围以外的讨论。"①

根据日本的要求和安排，1940年1月，汪精卫与各伪政权的首脑在青岛举行会谈，以明确其"中央政府"与各伪政权的关系。德王并没有出席会议，派了李守信等人参会。1月23日，汪精卫的代表周佛海与德王的代表李守信晤谈，达成了以下协议：（1）汪精卫方面承认在"蒙疆地区"实行高度防共是必要的；（2）伪蒙古联合自治政府方面对于即将成立的新"中央政府"给予协力。② 同时还达成了一个协定附件：（1）新"中央政府"承认伪蒙古联合自治政府沿用成吉思汗纪元年号；（2）新"中央政府"承认伪蒙古联合自治政府的四色七条旗帜为政权旗；（3）新"中央政府"承认伪蒙古联合自治政府在长城各口的驻兵权。③ 但是，李守信并没有出席汪伪与华北、华中伪政权首脑的继续会谈，只是由汪精卫与李守信进行过一次晤谈。

尽管在青岛期间有过上述协约，但系德王、李守信当时迫于日本方面的压力而为之。他们均不愿意与汪伪政权打交道，其原因如下：其一，德

---

① 黄美真、张云编《汪精卫国民政府成立》，第564—565页。
② 黄美真、张云编《汪精卫国民政府成立》，第678—679页。
③ 卢明辉：《蒙古"自治运动"始末》，第241页。

王等人一向认为投靠日本帝国主义，是他在先，汪精卫在后，按理说他应是长子，而汪精卫是次子，汪应该以他为兄长才是。然而，汪精卫现在却要以后来者居上的姿态，当他的"顶头上司"，把"蒙疆"地区划归他的统辖范围，德王等对此很不服气。其二，德王当时宣称他投降日本帝国主义是基于"民族立场"，用"为了复兴民族"的这块遮羞布，来掩饰他充当日本帝国主义的走狗而为虎作伥的丑恶行径，但这次协定却指出汪精卫"国民政府"与"蒙疆联合自治政府"（原文文献为"蒙古联合自治政府"——笔者注）是"中央"和地方的关系，这就与德王一向所谋求的妄图实现"蒙古建国"相背。①

3月20日在南京开幕的伪中央政治会议，"蒙古联合自治政府"派出了两个代表参加会议："政务院"院长卓特巴扎普、察南政务长官陈玉铭。会后，卓特巴扎普还被汪精卫聘为"中央政治委员会"的"延聘"委员。②但是，在此次极为重要的汪伪政权"组府"的中央政治会议期间，并没有涉及伪蒙疆政权的事宜。

汪伪政府成立后，1940年11月30日与日本政府签署《中日基本关系条约》，在"秘密交换公文（甲）"中的第一项，关于伪蒙疆政权的规定如下："鉴于蒙疆在国防上和经济上具有中、日两国高度结合地带的特殊性，根据现状，作为承认其广泛自治权的高度防共自治区域；中华民国根据有关蒙疆自治的法令，规定蒙疆自治的权限，关于以上法令的制订，须事先与日本国政府进行协议。"③据此，既然汪伪政权一时难以制订出令日本满意的关于"蒙古自治"的法令，也就只能承认伪蒙疆政权的"高度自治"状态，实际上就是一个"独立王国"的状态。

1941年6月汪精卫访问日本后，即以"国民政府主席"的身份，携带林柏生等人，前往张家口视察。德王先是称病不去机场迎接，但在日本军方的严逼之下，勉强与汪精卫会谈了不到20分钟。汪氏受到冷遇，悻悻而返。与此同时，德王访问日本、伪满洲国，还盛情接待伪华北政务委员会的访问团，"自主地"开展所谓"外交"活动。④

---

① 卢明辉：《蒙古"自治运动"始末》，第243页。
② 黄美真、张云编《汪精卫国民政府成立》，第768、778页。
③ 『主要文書』下、470页。
④ 卢明辉：《蒙古"自治运动"始末》，第244—257页。

1943年初，日本抛出"对华新政策"，声称要加强汪伪国民政府对于各地政权的"指导"，甚至于还要修改1940年11月30日签订的一系列"条约"。汪伪政府受其影响，在前述推行华北"中央化"的同时，为加强对于德王的伪蒙疆政权的"领导"，迅速拟订出了一份《蒙古自治法草案》，共3章18条，并于3月派遣"和平建国军"第四路总指挥杨立中，携带该文件，奔赴张家口，征求德王的意见。但当时日本军部也出于防苏的需要而加强对伪蒙疆政权的控制，他们看到了这个草案后，对汪伪政权的越权干涉深表不满，不但不许杨氏与德王见面，连这个文件也毫不客气地否定了。汪伪政府苦心炮制的《蒙古自治法草案》胎死腹中。从此，日本再也不许汪伪政府过问"蒙疆"的事情，伪蒙疆政权俨然以"独立国"的地位继续维持。①

但汪伪政府1943年3月拟订的上述《蒙古自治法草案》，其第一章关于南京与内蒙古政治机构之联系的规定，部分反映了汪伪政府调整与加强和伪蒙疆政权关系的企图：

  1. 国民政府尊重蒙古民族之独立、自治、自主；蒙疆联合自治政府应尊重国民政府之职权及其各部、院首长，两政府相依为命，完成大东亚圣战之神圣任务。2. 在军事行动时间内，蒙疆联合自治政府，得国民政府之谅解，特准与日本发生有范围之外交关系。3. 尊奉总理遗教，扶助弱小民族。汉族绝对尊重蒙古民族之语言、风俗人情，并由国民政府蒙藏委员会，现改为边疆委员会，设立学校、屯垦局、宣抚处等机关，以调剂蒙、汉之间的矛盾，而达五族一体之宗旨。4. 蒙疆联合自治政府应隶属国民政府行政院，其职掌系统人事由德王直接支配之。5. 南京国民党中央党部得限至民国三十二年年底止，在绥东、察南、雁北，分设国民党省、市、县、区党部。6. 本章如有未及事宜，另由两方政府修订之。②

关于汪伪政府在1943年春企图加强对伪蒙疆政权的控制，并非空穴来

---

① 卢明辉：《蒙古"自治运动"始末》，第257—258页。
② 中国第二历史档案馆：《蒙藏委员会档案》卷1188号，转引自卢明辉《蒙古"自治运动"始末》，第258—259页。

风。1943年3—5月,重庆国民政府曾收到朱绍良、傅作义等前方将领给蒋介石的来电,内称:汪伪政府拟派军进入内蒙古,伪蒙疆政权将予撤销改隶南京等,但因德王反对移交政权和接防,汪精卫方面只好仍向日方进行建议。[①] 7月12日,汪精卫、陈公博、周佛海三人与日本中国派遣军司令官畑俊六会谈,再次向日方提出了"统一""蒙疆地区"的要求。周佛海曾提出:"蒙疆虽称自治,但另有年号,另有旗帜,俨然为一独立王国;盼日方援助,促成中国统一,勿令此分裂状态长此下去。"汪精卫及陈公博亦附和之。但是日方并没有给予任何答复。[②] 可见,最终还是出于日本方面的原因,伪蒙疆政权一直维持了"独立"于汪伪国民政府之外的"自治"状态。

[①] 秦孝仪主编《中华民国重要史料初编——对日抗战时期 第六编 傀儡组织》(2),第255—258页。

[②] 蔡德金编注《周佛海日记全编》下编,第769页。

第三章
沦陷区的军事

中国抗日战争期间的沦陷区，既包括沦陷14年的东北地区，也包括日本控制的华北与内蒙古地区，以及汪伪国民政府所辖的华东、华中与华南部分地区。作为日本在中国占领区实施殖民统治的重要机器和内容之一，沦陷区的军事，既包括关东军、中国派遣军等在华日军部队，又包括各伪政权自身组建的军队、警察与特务机构等，还涉及日伪军队在沦陷区共同进行的一系列军事镇压活动。本章将根据关内外各沦陷区的不同特点，分别加以论述。

第一节 伪满洲国

一 关东军的主宰地位

众所周知，日本关东军不仅是发动侵略中国东北的九一八事变、炮制伪满洲国的元凶，而且也是主宰伪满洲国的最高统治者。九一八事变后不久，关东军高级参谋石原莞尔就在日记中明确写道："现今满洲国的主权者是关东军司令官。"[①] 1936年9月，关东军司令部又抛出一份《满洲国的根本理念与协和会的本质》，内称："满洲国皇帝基于天意，即天皇之圣意而即位，因此，必须为皇道联邦中心的天皇服务，以天皇的圣意为己心……其状宛如月亮借太阳的光芒而发辉一样"，"关东军司令官乃天皇之代理人、为皇帝之师傅、监护人"。[②] 因此，从伪满州国的中央机构到基层乡村，从

[①] 大江志乃夫、淺田喬二等編『近代日本と植民地』第2卷『帝国統治の構造』岩波書店、1992、189頁。

[②] 『満洲国史』総論、578頁。

政治、军事领域，到经济、文化、教育、社会等各分野，无一不按关东军的指挥运转。不仅如此，关东军还是镇压东北民众的反抗，以极其残暴的手段维持殖民统治秩序的元凶。

九一八事变时，关东军在东北只有一个师团的建制，外加一支独立守备队，包括附属部队不超过两万人。随着伪满洲国出笼，东北民众反伪满抗日斗争高涨，日本不断向东北增兵，到1933年末，先后增派第八、第十四、第十、第二十、第十九、第六师团及一个混成旅团、两个骑兵旅团侵入东北，独立守备队也由原来的一支扩充到五支，总兵力达10万人左右，并配属130余架飞机，100余辆坦克。太平洋战争前夕，关东军在东北举行"特别大演习"，总兵力猛增到80万人之多，号称关东军的鼎盛时期。

按照伪满洲国成立之初日伪签订的《日满议定书》，伪满洲国实行"不养兵主义"，所有治安及"国防"托付日本关东军全权处置。所以，1934年之前，关东军的主要军事活动是镇压东北各地的抗日义勇军，他们以大中城市为依托，集中优势兵力，利用水陆交通的便利，频繁对东北各地抗日义勇军进行大规模的"军事围剿"，到1933年末，北满的马占山、李杜、王德林、苏炳文，辽东的唐聚五、李春润、李纯华以及辽西的郑桂林、耿继周、朱霁青、宋九龄等部相继溃败，折路进关或转路进入苏境，东北地区抗日义勇军的抗日活动进入低潮期，除辽东地区的王凤阁、邓铁梅、苗可秀等部仍然坚持斗争外，中国共产党领导的抗日游击队、人民革命军冲上反伪满抗日斗争的第一线，由此，领导东北民众继续抗日的大任也历史地落到中国共产党人的身上。

鉴于中国共产党领导的抗日武装采取灵活机动的游击战术，而且有抗日游击区广大民众的支持，以白山黑水为战场，搅扰日伪当局。从此时开始，关东军采取分散配置的方针，以关东军驻地军事长官为最高指挥，实行一元化统制体制，具体军事活动则以日军独立守备队为基干，驱动伪满军警对各抗日游击区实施重点"围剿"，这一方针一直持续到1939年前后。1940年以后，东北抗日联军的主力转入苏境，以抗联小分队的形式继续活跃在反伪满抗日斗争的第一线，日伪当局也变换了方针，在日本军事长官的率领下，主要驱动伪满警察部队展开"军事清剿"。关东军在镇压东北民众反抗的军事行动中，无视中国人民的生命财产，残害百姓，制造了一连串骇人听闻的屠杀事件。有确切资料证实的就有"平顶山惨案",3000余名民众惨死在日军的枪口下,还有吉林老黑沟事件、白家堡子事件,黑龙江的土龙山事件等,罹难的民众均在千人以上。

二 伪满国军

日本发动九一八事变时,留守东北的东北军分化成投降与抵抗两派。在吉林,原吉林省军署参谋长熙洽网罗下野军官(原奉军师长)于琛澂主动投靠日本侵略者。在他们的影响下,延吉镇守使吉兴以及吉林军团长王澍棠、李毓久、马锡麟、刘宝麟、杨秉藻等人相率附逆。辽宁的东边镇守使于芷山以及辽宁军团级军官王殿忠、李寿山、姜全我、赫慕侠、廖弼臣、邵本良等人也投向侵略者一边。另外,还有洮辽镇守使张海鹏以及黑龙江省防军程志远、张文铸、涂全胜、徐宝珍等人都先后加入投降派阵营。其中,张海鹏最先接受日本人的资助,督率所部向黑龙江省城齐齐哈尔进犯,遭到黑龙江省抗日派军队的痛击。接着,熙洽驱动于琛澂统率伪吉林军,在关东军飞机大炮的"援助"下,向李杜、丁超(后附逆)组织领导的吉林自卫军发起攻击。辽宁的于芷山等人也直接接受日本人的指挥,攻击辽东一带的抗日武装。上述三股势力组成了伪满国军的基干力量,总兵力达十数万人之多。

1933年初,至少拥有30万兵力的东北义勇军在日本关东军的重兵"围剿"下相继溃败,伪满国军在其中也效尽了犬马之劳。然而,正所谓"狡兔死,走狗烹",日本统治集团担心原东北军派系复杂,各自培植势力,唯恐尾大不掉。1933年9月13日,伪满国军军事顾问多田骏向陆军省呈交一份关于伪满国军的调查报告,内中认为,"满洲国军继承旧军阀的遗产,依然呈私兵状态,成为中央人事行政集权的障碍,如果此种状态长期维持下去,势必拖迟国军的改善,也使国家的改革难以进行"。为此,多田主张"将国军的人事行政归于国家的统制","将日本在乡军人编入满洲国军"。对伪军的编制,多田也提出建议,即伪奉天军维持在1.7万人,吉林军压缩到3.5万人,黑龙江军2.2万人,洮辽军1万人,兴安军(伪蒙军)0.2万人,除了靖安游击队,由于日本方面认为该游击队是伪满国军中"唯一的新军,目前最堪信赖",所以主张编制人数从当时的0.2万人扩充到 0.5 万人，① 总计为 8.9 万人（据多田的报告，当时伪军总兵力为 136838 人）。同月，日本陆军中央部参考多田的报告出台了《满洲国陆军指导要纲》，主要内容如下：

    1. 满洲国陆军必须在驻满日本陆军指挥官的实质性控制之下，负责国内维持治安，以作为日本国防的补助要素。
    2. 国军兵力限制在最少限度，当前总兵员为 6 万人。
    3. 国军的兵种仅限于步兵和骑兵，不设坦克车、重炮、飞机、化学等兵种。②

据《指导要纲》，在日本侵略军占领热河以后，就对伪满国军进行了清理整顿，其主要措施和内容包括以下几个方面。

一是强化顾问制。伪满政权成立后，关东军在伪军政部内设有军事顾问部，日军顾问最多时达 70 余人，以陆军大佐多田骏为最高顾问（后更为佐佐木到一）。伪军政部内的军务、人事、财政等大权均由日军顾问独揽。各伪军管区内也设有日本军事顾问，服从驻地日军最高军事长官的指挥，伪军管区下辖的各地方驻扎部队则必须服从当地日军部队长的指挥。这样，自上而下，日本人将伪满国军牢牢控制在手。

二是裁汰清洗、削藩掣肘。由于奉张军队的地方军阀性质，伪满国军中也有奉天派、吉林派、黑龙江派、热河派等。从 1933 年开始，日本统治集团对伪满国军进行了"大清洗"，到 1935 年，伪满国军共编成五个军管区，以及内蒙古地区的兴安南、兴安北两个警备军，外一支伪江防舰队（719 人），实际在编总人数为 79328 人，③ 前后裁减 4 万余人。为了防止伪满国军将领拥兵自重，采取明升实降的手段将张海鹏、熙洽、于琛澂、吉兴等高级将领调离军界，授以名誉虚衔将之"养"起。

三是灌输亲日思想，培植亲信。1932 年 11 月，日伪当局在长春建立了一所伪中央陆军训练所，对伪满国军的中下级军官进行培训，重点在于

---

① 多田骏「満州国軍状況報告」（1933 年 9 月 13 日）、日本国立公文書館・アジア歴史資料センター——：レファレンスコード、C01002817200。
② 『満洲国史』総論、321 頁。
③ 『満洲国史』各論、246 頁。

灌输亲日思想和效忠天皇的信念。1939年3月，训练所升级为陆军军官学校，从国民高等学校（初、高中合一的四年制学校）招收学员，由日本现役军人充当教官，采取日本法西斯的教学方式，试图培养效忠日本和天皇的伪满国军下级军官。同时，1940年4月，日伪政府颁布了《国兵法》，规定凡19岁以上的男青年均有服兵役的义务，逃避兵役或有意自残身体者处三年以下徒刑或罚金。日伪当局采取以上措施旨在自下而上变革伪满国军的构成，进而培养出一支亲日和效忠天皇的傀儡军队。然而事与愿违，即使对伪满陆军军官学校控制森严，仍有一部分爱国青年学生秘密成立各种反日地下组织，诸如教育长王家善领导的"七星会"，秘密联络爱国青年进行反伪满抗日的宣传，等待时机，随时准备起事。

四是由日系军官直接控制伪满国军。从1933年开始，对伪满国军的基层部队，关东军采取直接派遣现役军人担任主官的方式，把伪满国军牢牢控制在手。到1936年末，举凡伪满国军连长以上的军官，大部分由日本现役军人担任。对伪满国军中的高级军官，则采取秘密监视的手段，派遣宪兵特务跟踪盯梢，以防不测。就连时任伪军事调查部部长的王之佑也未能摆脱被监视的命运。他曾自供，"除了顾问、教官、日系军官将调查情况上报外，还收买许多亲日男女密探，围绕在我们身旁和家庭，有填写成绩考核表，也有密报的。这时谁监视谁都不清楚，互相猜疑，人人自危"。[①]

七七事变爆发后，伪满洲国追随日本进入"战时体制"，大批关东军侵入中国内地作战。尤其是太平洋战争爆发前后，关东军主力不断被抽调南侵，东北地区兵力薄弱。为填补兵力空虚，一方面，日本将"开拓团"中的青壮年以及"满蒙开拓青少年义勇军"征入部队，以维持关东军的编制；另一方面，放松对伪满国军的限制，允许有限度地扩大兵种，增设了重炮兵、辎重、飞行队等兵种，伪满国军的人数也从7万余人增加至15万人左右。目的是驱使伪满国军协同"围剿"长城内外日渐增多的反伪满抗日武装斗争。

是时，八路军第四纵队已经挺进冀热边区，在伪满洲国热河省境内兴隆、平泉、青龙、承德一带，开辟了热南抗日游击区。1942年，该纵队番号撤销，所辖军分区改立第十三军分区，拥有正规军4000余人，游击队

[①] 《吉林文史资料》第26辑，1988，第43页。

3400余人，外4万余人的民兵，还先后组建起12个抗日区政府。

1942年12月，第十三军分区先后派出两支远征队，分别越过长城，向热辽地区的临榆、抚宁、凌源、绥中和青龙一线挺进。他们放手发动群众，组织民兵武装，处决一小撮罪大恶极的汉奸，宣传中国共产党的抗日主张，号召民众团结起来驱除日本帝国主义，收复东北失地，很快开辟出包括临榆、抚宁、凌源、青龙、绥中等偏远山区在内的抗日游击区。1942年12月，中共冀东区委决定在青龙县的靴脚沟成立临（榆）抚（宁）凌（源）青（龙）绥（中）联合县。联合县成立后，县委组织武装工作队深入民众之中，组建中共地下党组织，广泛团结一切抗日的力量，建立抗日民主统一战线，抵制日伪当局的"集家并村"暴行。同时不失时机地袭击敌人据点，打击一小撮冥顽不化的汉奸，使临（榆）抚（宁）凌（源）青（龙）绥（中）地区形成抗日斗争新局面。1943年5月，第十三军分区又派出一部分武装越过长城深入伪满洲国统治的承德、平泉、宁城一带，建立起承（德）平（泉）宁（城）联合县，组建抗日武装。同年秋，冀东军分区又组建一支锦热边远征工作队，深入敌后开辟新的抗日游击区，在日伪统治森严的腹地展开抗日游击斗争，先后获得袭击宋杖子车站解除日伪警备队武装、击毙平泉县日本人"协和会"会长及日本宪兵队长、除掉汉奸等战绩。[1] 八路军挺进冀热辽边区，让东北民众看到了祖国光复的曙光，许多青年踊跃加入抗日武装，广大民众更是热心支援奋战在前线的抗日健儿。

伪满洲国"西南边境"抗日烽火燃起，令日伪当局分外震惊，寝食不安，欲除之而后快。1941年10月，日伪当局出台《西南地区肃正工作实施要纲》，决定在伪中央一级成立由日本人主政的西南肃正特别工作班，具体组织和指挥肃正工作。除出动热河省的军警武装外，另调集关东军一部及伪满第五、第一军管区总计5个旅、外5个独立团的军警武装，约占伪满军总兵力的一半，[2] 以热河的青龙、兴隆、滦平等县为重点，以制造长城沿线"无人区"、强迫民众"集家并村"为手段，与华北日伪当局策应，对冀热辽边区进行了残酷的"围剿"和"扫荡"。但是，八路军及各

---

[1] 中共朝阳市委党史工作办公室编印《敌后烽火》，1987，第1—26页。
[2] 佟衡笔供，《伪满洲国的统治与内幕——伪满官员供述》，第565页。

抗日游击队却在反"扫荡"斗争中越战越强。日伪当局力不从心，只得驱使两支特殊的武装部队上阵。一支是以延边地区朝鲜族组成的"间岛特设部队"，由日本军官指挥，开进热河一带"围剿"八路军和抗日游击区的爱国民众。这支武装仅在热河的榆树林子地区就参与"讨伐"活动28起，杀害八路军官兵和普通民众22人，抓捕14人。在石匣镇地区"讨伐"34次，杀害抗日军政人员39名，抓捕62人。① 然而，这支队伍也不是"铁板一块"，其中有位名叫安权显的青年，虽多次出逃要加入八路军都被抓了回来，最终成功脱身，加入八路军，成为一名八路军朝鲜族战士。

另一支是由蒙古族青年为骨干组成的"铁石部队"，下设"铁血"和"铁心"两个分支，拥兵15000余人，进入冀热辽边区后，直接受日本华北驻军司令加藤泊治郎中将的指挥。日本军官为了驾驭这支武装，公开怂恿他们烧杀抢掠、奸污妇女，致使其经常为害当地百姓。② 随着八路军抗日活动的日渐活跃，一部分蒙古族官兵也逐渐觉醒。苏联对日宣战后，"铁心部队"的一部分官兵毅然倒戈，击毙队长皆川富之亟、副队长兼石重太郎及日本官兵51人。③ 另一支由朝鲜族组成的武装之后也脱离了日本人的控制。

三　伪满警察

伪满警察是日伪统治时期镇压民众、维持殖民统治秩序的一支重要力量。伪满警察不仅人数众多，超过同时期伪满洲国军队的编制，而且警种繁多，诸如专事侦缉追捕抗日联军小部队的警察大队及森林、边境警察，镇压民众的治安警察，管理户籍的户籍警察，维持殖民地经济秩序的经济警察以及卫生、文化、矫正、辅导、司法、保安警察等。伪满警察机构成立之初，伪警察事务归属伪民政部（后划归伪治安部），由日本人甘粕正彦担任伪警务司长，直接控制伪满警察的一切权力，各伪省、市警察署（局）也由日本人担任主官，县一级设有日本人警务指导官，实际操纵着基层的伪警察事务。1937年之后，自上而下的警察大权完全由日本人任主官掌控，中央一级的伪警务司（局）长继续由日本现役军人担任，自不待

---

① 车相勋：《间岛特设部队始末》，《吉林文史资料》第26辑，第49页。
② 李雪松：《进驻冀东的铁石部队纪闻》，《吉林文史资料》第19辑，第15页。
③ 『満洲国史』各論、329頁。

言，各伪省、市、县一级的警察局、署、处、队、课（股）长也全部由日本人任主官，甚至连最基层的分署、派出所也由日本人直接担当分署长或所长。太平洋战争后，为了确保东北战争资源基地的地位，竭尽东北的人力、物力、财力资源来支撑扩大了的侵略战争，伪警察事务改由实际主宰伪国的总务厅直接统辖。日本宣布"撤消治外法权"后，原旅大及满铁附属地的 5000 余名日本警察"转"入伪满警察队伍，伪满警察队伍中的日籍人数猛增至 1 万人以上，占伪满警察总数的 1/10。不难看出，对比伪满洲国军队，伪满警察是日本统治当局镇压民众、掠夺资源、维持殖民统治秩序的重要利器。

第一，伪满警察直接参与对东北反伪满抗日运动的镇压活动。伪满政府建立之初，伪满警察的组成成分复杂，除一部分留用的旧东北政权警察外，还收编及招收了一批地方土匪、自卫团、地主武装等，组成伪警察大队，这些人熟悉地况，在当地有可借用的社会黑势力，且凶悍暴戾，随同关东军"围剿"抗日义勇军。据不完全统计，1932 年 1—3 月短短两个月，伪吉林省辖下的各县警察大队对所辖地区就进行了 37 次"讨伐"，对抗日武装构成较大威胁。1935 年，在对辽宁三角地区及伪滨江省的"大讨伐"中，仅伪警察部队就杀害抗日人士 5999 人，打伤 5431 人，抓捕 1429 人，"检举" 4254 人，另有 5000 余人被迫放下武器，总计造成抗日武装损失达 2 万余人。①

1937 年后，关东军主力转向对苏作战准备，以及应付长城内外的八路军，伪满警察成为"围剿"抗日联军的主力，这从表 3-1 中可以反映出来。②

表 3-1　1937—1940 年伪满警察"讨伐"抗日军情况

	1937 年	1938 年	1939 年	1940 年
抗日军活动次数	25487	13110	6547	3667
抗日军累计出动人次	10355577 *	468884	186071	132660
战死人数	7663	3693	3168	2140

---

① 加藤豊隆『満州国警察小史』228 頁。
② 伪满洲国治安部：《满洲国警察史》，东北沦陷 14 年史吉林编写组译，吉林省公安厅公安史研究室，1990，第 530 页。

续表

	1937 年	1938 年	1939 年	1940 年
受伤人数	5242	2876	1752	1073
被捕人数	1298	799	486	545

* 笔者保留原文文献中的数据。

第二，伪满警察是维持殖民统治秩序的别动队。为防范和镇压东北人民的反伪满抗日斗争，维护殖民统治秩序，确保日本战争资源基地的稳定，日伪当局出台了一系列反动法令，诸如《暂行惩治叛徒法》、《暂行惩治盗匪法》、《治安警察法》、《禁止在铁道两侧栽植高粱之件》，以及《刑法》、《保安矫正法》、《思想矫正法》等，不仅授予参与"讨伐"抗日武装的伪军警"临阵格杀"的特权，而且可以以"思想矫正"、"预防矫正"等莫须有罪名为借口，随意拘捕关押普通民众。在实际操作过程中，还推行了一系列反人道的白色恐怖措施，诸如对抗日武装活跃地区反复开展"治安肃正运动"，实行"归屯并户"，把普通民众驱赶到有伪警察严密监视的"集团部落"，切断抗日武装同民众的联系。后期实行的"强制就劳"、"抓浮浪"、"粮谷出荷"、"全面配给"、"金属献纳"等抢掠民财、搜刮资源、盘剥民众的措施，都是由伪警察机构强制推行的。伪警察权力无边，又直接牵连千家万户，他们在日本警务官员的直接指导和控制下，为所欲为，随意欺压百姓。因此，一提起伪满警察，东北民众无不深恶痛绝。

第三，伪满警察的特务活动猖獗。伪满警察机构内专门设有特务机关，专门对抗日爱国民众的地下活动进行侦缉、谍报和抓捕。各特务机关通过收买眼线、化装侦缉、设立联络站点等形式组成一张秘密的谍报网，在民众中制造了一连串骇人听闻的"大逮捕"、"大检举"案件。如 1941 年镇压青年知识分子的"一二·三〇事件"（又称"读书会事件"），1943 年逮捕和捕杀近千人的"巴（彦）木（兰）东（兴）事件"，以及"三肇事件"、"通河大检举案"、"三一五事件"、"田白事件"、"贞星事件"等。七七事变后，八路军挺进辽热边区，日伪当局为了切断八路军同辽热地区民众的联系，在长城沿线设立千里"无人区"，采取"三光政策"，把百余万民众赶入当地民众称为"人圈"（集团部落）之地。同时，在承德、宽城、兴隆、平泉、滦平、丰宁等地区制造了多起残酷的"大逮捕"、"大检举"案。据不完全统计,从1942年到1944年,日伪警察仅在兴隆县就进行了四次"大检举",有9500余名民众被抓捕。许多乡村的男人被抓光,变成了没有男人的"寡妇村"。①

四 日伪宪兵与秘密情报机关

日伪时期的暴力镇压工具除日伪军警外,还有庞大的宪兵及秘密情报机关。关东军占据东北后,将原下属的宪兵队升级为宪兵司令部,东条英机曾任关东军宪兵队司令官,日本宪兵的人数也由九一八事变前的几百人猛增到2000余人,分别在"新京"、奉天(沈阳)、哈尔滨、承德、延吉、牡丹江、佳木斯、海拉尔、锦州等地设立十几个宪兵队及数十个宪兵分队、百余个分遣队,专事侦缉中共及国民党地下组织以及苏联谍报人员、社会各界反伪满抗日爱国人士的各类情报,以及从事策反、秘捕等带有恐怖色彩的行动。日本宪兵队分布在东北各个角落,窥探中共及东北爱国民众的动向,收集各类情报,随时出动逮捕爱国人士。20世纪90年代黑龙江省和吉林省档案馆发现一批日本宪兵队"特别移送"档案,内中证实:至少有244名中共及国民党地下情报人员,包括数名苏联、朝鲜、蒙古等地的谍报人员被日本宪兵队秘密逮捕,审问后认为失去策反利用价值者,经日本宪兵队司令官或宪兵队长签署命令,由日本宪兵秘密"移送"(押送)到731细菌部队本部哈尔滨平房,充当731细菌部队人体细菌实验对象的"马路大",这些人最后全部惨死在罪恶的细菌实验之中。② 日本宪兵队的罪恶从中可见一斑。

1933年,为了监控伪满洲国军队,日伪当局在伪军警备司令部下设立督察队,同时着手设置宪兵训练所,由日本宪兵培训伪满洲国军候补生学员。1935年,伪满洲国军宪兵队正式成立,先后建立起7支伪满洲国军宪兵队,下设分队,全员1700人,分布在东北各大中城市及伪军管区周边,直接受日本宪兵指挥,充当日本宪兵的帮凶。

---

① 《热河革命史资料》第17期,1987年。
② 详见黑龙江省档案馆、黑龙江省人民对外友好协会、日本ABC企划委员会编《"七三一部队"罪行铁证·关东军宪兵队"特移扱"文书》,黑龙江人民出版社,2001。另,该档案资料记载的只是1941年到1944年东安宪兵队及下属各分队、分遣队负责"特别移送"的人员。

早在日本出兵西伯利亚、干涉俄国苏维埃革命时期，日本军部就在中苏边境设置了一批特务机关。九一八事变后，关东军将特务机关改称为情报部，总部设在哈尔滨，下设14个支部，支部下为派出所，组建起遍布东北全境的间谍特务网。情报部还设有各直属机构，分别有俄语教育队、第二游击队（日本军官率领，由伪蒙军组成）、通信班、临时航空队、一面坡训练所、情报部教育队、哈尔滨保护学院（实为秘密监狱）以及白俄部队等，全员3200余人，除部分白俄分子外，均由日本人组成。关东军情报部主要针对苏联展开秘密情报、策反、派遣等活动，并组织起几支秘密"谋略队"，由日本军官率领，准备一旦日苏开战即潜入苏境破坏铁路通信设施、展开敌后游击战，配合主力部队行动。此外，刺探抗联情报，策反妥协分子也是关东军情报部的重要目标之一，情报部着重网罗抗联叛徒组成"武装谋略队"，利用他们"围剿"抗联武装，如抗联叛徒谢文东、王荫武等人都是情报部吸收的武装特务组织负责人。

与关东军情报部对应，伪满警务司内也设有保安局，但实际业务与伪满警务司脱节，直接由关东军情报部指挥。各地方也设有地方保安局。保安局完全采取秘密工作方式，所有成员都有社会身份掩护，各保安机关也一律秘密设置，并冠以与特务机关毫无关联的名称。如伪龙江省地方保安局对外称"北满资源调查局"，伪滨江省地方保安局称"松花塾"，伪三江地方保安局称"三岛理化研究所"等。保安局收买大批社会闲散人员或从事服务行业的人充当眼线，秘密监视日伪当局内部拟定的"要视察人"以及"可疑"分子，发现破绽立即秘密逮捕，将之关押在保安局内的秘密监狱，进行刑讯逼供或秘密杀害。在特务魔网的笼罩下，广大民众生命安全没有任何保障，甚至连通信自由也被秘密剥夺。日伪统治当局称之为"信件检阅"。有资料证实，从1932年2月1日到当月末，被特务机关秘密检查的信件就达1137439件。1932年3月上旬到6月上旬，被检查的信件达5132578件。①

太平洋战争爆发后，对民众往来邮件的秘密"检阅"登峰造极。1943年12月6日，"根据关东军的强烈要求"，日伪政府颁布了《临时邮便取缔法》，分别在伪京长春、奉天和锦州邮便管理局内设置特务科，另在长

---

① 『十五年戦争極秘資料集』第4集、不二出版、1992、48、49頁。

春、奉天、哈尔滨、锦州、牡丹江等中央邮政局以及下属邮政机构设置检阅科，科下分别设立"索出"、"开封"、"翻译"三个系，具体由伪保安局和日本宪兵队内设立的通信检阅班负责。专门对往来东北的所有邮件实行公开检阅，完全无视人们的通信自由和个人隐私，还冠冕堂皇称之"为预防利用邮政流入有害情报或谍报"。① 其检阅过程首先由"索出"系人员将有"疑点"的信件检索出来，然后交"开封"系进行"技术性"开封，再由翻译系人员翻译信件内容，制成"录取票"（即信件内容的摘录），发现"问题"或有价值的情报直接呈报上级。据记载，仅在伪京长春，被检阅的信件就占全部信件的30%。而在伪滨江省，因为涉及苏联领事馆及苏联侨民（包括无国籍的白俄人）的信件很多，也有30%左右的信件被开封制成"录取票"，其中还有一部分被收录在《苏联人对苏德战争的思想动向》之中。②

除民众通信遭到无理开封"检阅"外，电话通信也受到监视，据曾任伪民生部和交通部大臣的谷次亨供认，日伪当局不仅对往来邮件进行公开的"检阅"，对电话通信也进行秘密监督，"指令各邮政和电话机关添设了通达欧文语言和中文语言的日本人，检查中外人民的往来信件和窃听向各地的通话"。另外还收缴民间短波收音机2600余台，防止东北人民收听到国内或海外的消息。③

第二节　华北伪政权、伪蒙疆政权

一　华北方面军

1. 中国驻屯军

日本在华北地区的军事力量，全国抗战以前是司令部位于天津的中国驻屯军。该部队是根据《辛丑条约》而最早部署在中国的日军，原称"清国驻屯军"。九一八事变后，该军积极参与侵略华北的行动，成为"华北事变"的主力和先锋。按照日本政府的《第一次处理华北纲要》，为了继

---

① 『満洲国史』各論、912頁。
② 《长春文史资料》第3辑，1987，第165页。
③ 《伪满洲国的统治与内幕——伪满官员供述》，第175、176页。

续配合华北分离政策的实施，1936年春，日本政府决定增强中国驻屯军。4月11日，日本广田弘毅内阁阁议做出决定之后，18日，日本军部发布"军令陆甲第六号"命令：中国驻屯军司令官为天皇亲授的"亲补职"，兵力增加3倍，由一年轮换制改为永驻职。5月6日，日军参谋总长西尾寿造以"临参命第五一号"，发布了给中国驻屯军司令官任务的命令，指出其目的在于"增强我军的潜在威力，实现帝国外交工作的刷新，同时减轻关东军的负担，使其易于完成任务"。[①] 6月上旬，该军编制完成，新任司令官为田代皖一郎中将，其司令部、直辖部队及步兵第一联队驻扎天津，步兵旅团司令部及步兵第一联队主力驻扎于北平（后又强行、非法地进驻丰台），其他部队则分布于塘沽、滦州、山海关、秦皇岛等地。为了实施华北分离政策，9月15日，中国驻屯军司令部制订了《1936年度华北占领地统治计划书》，这份机密文书是日军全面占领并统治中国华北地区的蓝图，也是七七事变前夕日军在华北的政略与战略计划。[②] 因此，与关东军一样，中国驻屯军成为七七事变的直接策划者。

七七事变爆发后不久，日本政府在7月11日决定扩大事变，向华北派兵（关东军一部及第二十师团），继续增强中国驻屯军。7月15日，田代皖一郎病死，日本军部决定由教育总监部长香月清司中将接任中国驻屯军司令官。该部队在继续得到增强之后，7月底占领了北平与天津，成为侵华战争初期在华北地区的日军主力。

2. 华北方面军

1937年8月15日，日本决定继续扩大侵华战争为"中国事变"，为了适应新的战争形势的需要，决定在中国驻屯军的基础上，编组"华北方面军"。8月24日，决定改组中国驻屯军司令部为华北方面军司令部，31日，根据"军令陆甲第十三号"命令，日军修改中国驻屯军的编制为华北方面军的编制。司令官为寺内寿一大将，参谋长冈部直三郎少将，副参谋长河边正三少将；下辖第一军、第二军、第五师团、第一〇九师团、中国驻屯混成旅团、临时航空兵团、方面军直辖防空队、独立攻城重炮第一和

[①] 『戦史叢書・支那事変陸軍作戦1』71、76頁。

[②] 臧运祜：《关于一份七七事变前夕日军阴谋侵占华北的机密文书的考论》，《抗日战争研究》2002年第3期。

第二大队、方面军通信队、铁道队、直属兵站部队、中国驻军宪兵队。①

1938年6月底至7月初，大本营对华北方面军的战斗序列做出调整，调整后的华北方面军下辖第一军，驻蒙军，第五、第二十一、第一一〇、第一一四师团，独立混成第五旅团，骑兵集团，华北方面飞行队。② 11月，大本营组建了第十二军，并将其战斗序列编入华北方面军。1938年底，大本营对华北军的战斗序列再次做出调整，杉山元大将接任华北方面军司令官，下辖第一军，第十二军，驻蒙军，第十、第十四、第二十七、第一一〇师团，华北方面军飞行队。③ 1939年9月20日，华北方面军经过多次改组之后，以多田骏中将任司令官，下辖第一军，第十二军，驻蒙军，第二十七师团、第三十五师团、第一一〇师团及独立混成第一、第七、第八、第十五旅团，骑兵第四旅团，第三飞行集团；共计10个师团、11个独立混成旅团、1个骑兵集团、1个飞行集团。④ 从此，华北方面军进入相对稳定的状态，虽然在人事安排和战斗序列上有所调整，但总体变化不大。1941年7月，冈村宁次大将接任华北方面军司令官。

华北方面军是全国抗战期间日军在华北（含内蒙古地区）的主要军事力量，其分布情况大致是：第一军司令部设在太原，主要辖境是山西省；第十二军司令部驻济南，主要辖境是山东省；驻蒙军司令部设于张家口；第二十七师团驻天津；第三十五师团驻河南新乡；第一一〇师团驻石家庄。

3. 驻蒙兵团

七七事变后，关东军积极参与关内的侵华行动。1937年8月9日，日军参谋本部决定进行"察哈尔作战"，要求关东军以一部兵力从热河及内蒙古方面配合中国驻屯军的行动，中国驻屯军则归还此前隶属的关东军一部。关东军遂将派往该地区的部队称为"察哈尔兵团"，并于8月14日在多伦设立兵团司令部，司令官为东条英机。该部队配合华北方面军的作战，进占张家口、大同等要地。10月，日军统帅部决定编组第二十师团，驻大同，指挥关东军察哈尔兵团。

---

① 耿成宽、韦显文编《抗日战争时期的侵华日军》，香港，春秋杂志社，1987，第7页。
② 耿成宽、韦显文编《抗日战争时期的侵华日军》，第44页。
③ 耿成宽、韦显文编《抗日战争时期的侵华日军》，第64页。
④ 耿成宽、韦显文编《抗日战争时期的侵华日军》，第67—68页。

为了加强在与华北毗邻的"蒙疆"地区的行动，1937年12月27日，日本军部决定设立"驻蒙兵团"，直属天皇指挥。1938年1月8日，兵团司令部编组完成，司令官是莲沼蕃中将，参谋长为石本寅三少将，下辖第二十六师团及5个步兵后备大队。1938年1月4日，参谋总长载仁亲王下达给驻蒙兵团的任务是：担任"内蒙及察南、晋北地方之主要地域"的防备任务，"将所属部队集结配置于铁路沿线及其他要地"，"考虑到将来对外蒙古方面的作战，对此进行调查并做其他的准备"。①

"驻蒙兵团"本来是一支独立于关东军、华北方面军的部队，但到了1938年7月4日，日本大本营又决定将驻蒙兵团改编为"驻蒙军"，划归华北方面军指挥。改编后的驻蒙军司令官是莲沼蕃中将，参谋长为田中新一少将，下辖第二十六师团、独立混成第二旅团。

二 华北伪军

随着侵略战争的一再扩大，日军开始在沦陷区扶植伪政权、建立隶属该伪政权的军队，以补充日军兵力的不足。1938年7月，日军制定的《从内部指导中国政权的大纲》就规定："促使中国军队投降，加以笼络，使其归顺，并发挥其反蒋反共意识，支持新政权"；除交通要冲及资源所在地由日军驻扎外，"在偏僻地方，则组织中国武装团体，负责确保治安"；根据各地情况，"签订防共军事同盟，在日军的指导下逐步改编军队"。② 9月，大本营陆军部又发布了《指导占领区内中国武装团体纲要》，指出"武装团体，主要指属于新政权的警备队及警察，负责维持占领地区的治安"，此外，"计划将来建设一定数量的国防军队"。③

据此，伪华北临时政府开始筹建正规军，其治安部总长齐燮元提出了六字方针——"兴学"、"建军"、"剿共"，即从成立军事学校开始，着手建立伪军。

伪华北临时政府建立的第一所军事学校是陆军军官学校，主要培养少

---

① 臼井勝美編『現代史資料』第9巻『日中戦争2』179—180頁。
② 复旦大学历史系日本史组编译《日本帝国主义对外侵略史料选编（1931—1945）》，上海人民出版社，1975，第273页。
③ 〔日〕日本防卫厅防卫研究所战史室：《中国事变陆军作战史》第3卷第1册，田琪之译、宋绍柏校，中华书局，1981，第6页。

尉级军官。1938年4月5日，治安部发布公告："本部为造就干部军官计，兹于京东通县设立陆军军官学校，考取青年优秀学生，造成基本干部，以供建军之用"，并公布了招生简章。① 19日，伪临时政府命齐燮元兼任陆军军官学校校长。经过筹备，陆军军官学校于5月1日在通县成立。该校编制总计官佐91人，士兵夫役74人，学生400人；学校还聘任了大量日本教职人员，"副教务长、教授部长、中队长，均聘请日本军官充任"，"教官中四人乃至五人聘请日本军官充任"。② 陆军军官学校建立后，为华北伪军培养了大批下级军官，一些成绩优秀者还被送往日本陆军士官学校接受继续教育。此后，伪临时政府又建立了陆军宪兵学校、军士教导团、陆军军官队等军官教育培训机关。

经过准备和筹划，1939年9月底，伪政府开始组建"华北治安军"。10月，在前述军校的联合结业式上，齐燮元宣布将成立治安军。治安军第一期共建成三个集团和两个独立团，即治安陆军第一、第二、第三集团和治安陆军步兵第七团、第八团，治安军受伪临时政府治安部的领导。1940年1月15日，伪治安部在德胜门内真武庙举行授旗典礼，正式向治安军各团授旗，标志着"华北治安军"的正式成立。

1940年4月，伪华北临时政府改组为"华北政务委员会"，"为维持华北治安，得设绥靖军并指挥之。华北绥靖军设总司令一人，由治安总署督办兼任之"。③ 此后，"治安部"改称"绥靖总署"，"治安军"也改称"绥靖军"，齐燮元出任"绥靖总署"督办兼"华北绥靖军"总司令。

1940年10月，"华北绥靖军"进行了第一次扩建，建立了第四、第五、第六、第七集团军，以及14个步兵团。1941年11月，"绥靖军"再次扩建，建立了第八、第九集团军及1个教导集团。之后，又经过收编，建立了第十、第十一集团军。至此，绥靖军经过多次扩建，共编制建成11个集团军以及1个教导团。其部署如下：第一、第四集团军驻北苑，第二、第六集团军驻保定，第三、第七、第九集团军驻唐山，第五集团军驻通

---

① 《京军官学校招生，组织招考委员会》，《庸报》1938年4月5日。
② 《军官学校系统表》，《治安部纪事》第5号，1938年5月，转引自刘敬忠《华北日伪政权研究》，人民出版社，2007，第47页。
③ 《中华民国史档案资料汇编 第五辑第二编 附录》（上），第75页。

县，第八集团军驻山东平度，第十集团军驻密云，第十一集团军驻顺德①。

日军在"察哈尔作战"期间，即扶植成立了"蒙古军"，协同日军作战，担任一些防务工作。"蒙古联盟自治政府"成立后，内设"蒙古军"总司令部，李守信为总司令。总司令部下设副官、参谋、军械、军需、军医、军法六处，还有直属的汽车队、宪兵队、兵器厂、医院，以及"蒙古军"幼年学校、军官学校等。"蒙古军"总司令部开始设在包头，1937年底又迁到厚和市（今呼和浩特）。当时的伪蒙古军共有9个师、1个炮兵大队，总兵力达18000多人，其中骑兵12000人、炮兵2000多人。②"蒙古军"第一、第二、第三师是李守信旧部，主要是汉人；第四、第五、第六师是从"满洲国"招募而来，主要是蒙古族人；第七、第八、第九师是由锡、察、乌盟蒙古族人组成。第一师驻防包头，第二师驻防厚和，第三师驻防集宁，第四师驻防黄河南岸的达拉特旗大树湾，第五师驻防四子王旗，第六师驻防张北县，第七师驻防正黄旗，第八师驻防武川西部的乌兰不浪一带，第九师驻防百灵庙一带。③

"华北绥靖军"和"蒙古军"，名义上由中国人统率，但实际上所有重要事务均由日军控制。日军的《指导占领区内中国武装团体纲要》即规定："对武装团体的内部指导，原则上不由日本军队进行，而以特务机关或作为军事顾问的军人担任之。"④ 据此，日军在伪军内部设立了"顾问部"和军事教官，借以实现对伪军的掌控。1941年日本大本营陆军部制定的《中国方面武装团体整备及指导纲要》明确指出：包括"绥靖军"在内的各武装团体，其"整备、指导及运用大纲等，实际由日军统制之"。而"华北绥靖军"及"蒙古军"，则"依照华北方面军司令官及驻蒙军司令官之命令，由各该军所属顾问、教官指导之"。⑤ 因此，华北伪军的事务实际上全部由日军把持，伪军官佐只能听令行事，并无太多的自主权。

---

① 即今河北邢台。
② 政协内蒙古自治区委员会编印《李守信自述》，1985，第294页。
③ 金海：《日本占领时期内蒙古历史研究》，第84页。
④ 《中国事变陆军作战史》第3卷第1册，第6页。
⑤ 章伯锋、庄建平编《中国近代史资料丛刊·抗日战争　第六卷　日伪政权与沦陷区》，第294—296页。

三　华北警察与特务

在扶植伪军之外，日军还在华北和内蒙古地区建立起了完善的警察系统。日军在1937年底制定的《军占领地区治安维持实施要领》中，曾对占领区的警察事务做过规定："警察队的编组，因各县的状况而异，初期担任治安的兵力大概在200名以下，主力在县城，其余在警备区域内各要冲，根据匪情随时出动讨伐"，"县警察队及各乡镇自卫团的组织，根据特务机关长的指导，由中国机关施行"，"警察队及保卫团的训练指导员，尽量由中国人担任，需要由日本军人充任时，则由该地区警备部队派出"。《要领》并对其军费、武器、通信等问题做了初步的规定。[①]

据此，在1938年，伪华北临时政府相继制定和颁布了《治安警察法》、《省会警察署组织规则》等法规，为建立警察系统提供了基础。其各省市公署也相应地制定了一些类似法规，以推进地方警务工作。在此基础上，华北沦陷区形成了包括伪临时政府的治安部、各省地警务厅、各特别市警察局、省会警察署、市县警察所等较完整的警察系统。各省的警务厅，设置有秘书室、督察室和警法、总务、警务、绥靖等科室，分管相关业务。1939年4月，华北方面军司令部制定了《治安肃正要领》，强调"为了恢复治安，首要的施策是恢复警察、保卫团或自卫团等自卫组织，将强化自卫力作为根本"，明确警察的自卫功能。1941年，各省警务厅内部机构又进行改组，分为总务、警务、保安、警法、特务等科和秘书、督察两室。

在完善各级警察机构的同时，伪治安部还要求各省、特别市设立甲、乙两种警察教练所，从初级警官中选送学员进行4—6个月的训练，"以使初级警官涵养德操增进学术"，提高他们的业务能力，"成为警察中级干部"。[②] 甲种警察教练所设于省公署所在地，乙种警察教练所设于道尹公署所在地，都分为普通科和讲习科两科。甲种警察教练所开设的科目有"学科目"，包括训育、国家组织法、警察法、刑罚法规、行政法等法律以及日本语、常识等14项；"术科目"，主要是实践事务，包括指挥法、操练、射击、捕绳术、救急法等10项。乙种警察教练所设立的科目略少，但相差不多。

[①]《华北治安战》（上），第68—70页。
[②]《警察教练所组织规则》，《政府公报》第82号，1939年6月11日，转引自郭贵儒等《华北伪政权史稿——从"临时政府"到"华北政务委员会"》，第240页。

在日伪当局的支持之下，各省市县的警察系统很快建立起来。到1940年5月，北京特别市有警察10027人，天津特别市有警察7119人，青岛特别市有警察1473人。① 1941年，河北省有警察所132处，警察分所534处，分驻所447处，派出所266处，警官4581人，长警18911人，建立了完整的警察系统。② 山西省和山东省也同样建立了完整的警察系统和警察队伍。

在警察之外，伪华北临时政府也极力推动各地建立"自卫团"。1938年2月，"临时政府"颁布了《自卫团暂行办法》，提出"为增进人民自卫能力，辅助军警维持治安起见，各县组织保卫团"。各村、联庄也要组织自卫团，"以防共剿匪、缉捕盗贼为主旨"。③ 各地随即组建保卫团和自卫团。山西省有67县组织了自卫团，共有团丁17.64万余人，并将优秀团丁召集到县城或区公所进行集中训练。④ 河南省豫东道也都编练了自卫团，计有团丁将近14万人，枪械2.5万余支。⑤ 各省市的保卫团或自卫团，因缺乏实际战斗力，伪治安部又将其进行整理，改编为"警备队"，负责"讨伐"、警备等工作。警备队由各级政府的主官负责统辖，即省长、特别市长、道尹、县知事为各级警备队的首领。为此，华北各省都编组了数量庞大的警备队。华北方面军司令官多田骏在1941年6月的报告中称："目前各省县警备队总人数为83000人，警察总人数达58000人。"⑥

对于数量庞大的警备队和警察，日军的控制十分严密。日军规定，警备队的指导工作，"在各县由日本驻军担任，在中央归治安总署管辖，军事顾问部担任指导"；各县警察"由驻各县日本宪兵担任指导"，警察的中央领导机关治安总署警察局"受军事顾问的指导"。⑦ 1943年5月，华北政

---

① 《中华民国史档案资料汇编　第五辑第二编　附录》（上），第255页。
② 《中华民国三十年度河北省统计年编》，河北省档案馆藏，卷宗号654—1—129，转引自郭贵儒等《华北伪政权史稿——从"临时政府"到"华北政务委员会"》，第242页。
③ 《中华民国史档案资料汇编　第五辑第二编　附录》（上），第242—243页。
④ 《山西省治安强化运动经过各事项及现在治安机构择要开陈》，北京市档案馆藏，卷宗号J144—1—10，转引自郭贵儒等《华北伪政权史稿——从"临时政府"到"华北政务委员会"》，第243页。
⑤ 《豫东道三十年度政务简述》，北京市档案馆藏，卷宗号J144—1—10，转引自郭贵儒等《华北伪政权史稿——从"临时政府"到"华北政务委员会"》，第244页。
⑥ 中央档案馆等编《日本帝国主义侵华档案资料选编·华北大"扫荡"》，中华书局，1997，第27页。
⑦ 《华北治安战》（下），第51页。

务委员会公布了《保安队条例》，将警备队改编成"保安队"，统一由"中央"指挥，"由内务署督办任保安司令、各省长任保安司令、各道尹任保安指挥、各县长任县保安队长，在一元化的指挥下，全力以赴进行剿共"。①

在内蒙古地区，伪蒙古联盟自治政府在保安部下设置了"警务处"，掌管治安警察和行政警察事务。在厚和建立了"中央警察学校"，用以培养警官。各盟公署设置保安厅负责警察及保安事务。各县成立自卫团，协助军队及警察机关，以维持地方治安。②

在扶植伪政权建立和完善军队警察系统的同时，华北方面军还积极地在各地建立、扩充其特务机关。日本在华北的特务机关有：河北省特务机关、石门特务机关、顺德特务机关、邯郸特务机关、德县特务机关、唐山特务机关；北京特别市特务机关；天津特别市特务机关；山西省特务机关、潞安特务机关、运城特务机关、临汾特务机关、阳泉特务机关、雁门特务机关；山东省特务机关、芝罘特务机关、济宁特务机关、益都特务机关；河南省特务机关、新乡特务机关、归德特务机关等。这些特务机关，按照华北方面军的指示进行工作，其任务是"促进开发重要国防资源，确立自给自足经济及对敌经济封锁体制，推进中国行政机关和民众的主动积极活动，并结合肃正讨伐、治安强化运动等扩大治安圈，推进开发建设的各种措施，以期巩固治安圈"。③ 在具体工作的执行上，各特务机关"与兵团的军事行动同时并举，对道、县行政机关、新民会、合作社等进行幕后指导，推进各种建设措施"。④ 遍布于华北沦陷区各要地的日军特务机关，是日军控制华北社会、实行殖民政策的重要力量。

第三节　汪伪政权

一　华中日军

1. 上海派遣军、华中方面军与华中派遣军

七七事变后，日军加紧在上海地区制造事端、扩大行动。1937年8月

---

① 《华北治安战》（下），第301页。
② 金海：《日本占领时期内蒙古历史研究》，第87页。
③ 《华北治安战》（下），第227页。
④ 《华北治安战》（下），第230页。

9日的"大山事件"发生后，在海军方面的要求下，日本政府10日阁议决定派遣陆军赴上海地区。12日，日本军部制订了拟派遣"上海派遣军"的方案，以第十一师团（欠一部）和第三师团编组之，15日为动员的第一日；13日的阁议决定同意派兵。8月15日，日本政府决定扩大对华战争之后，军部下达命令，正式组建"上海派遣军"，下辖第三师团、第十一师团（欠一部），司令官为松井石根大将。[①]

10月初，日本军部决定将侵华战争的重点转向华中方面，并陆续调集部分部队进入华中，编组第十军。为了统一指挥华中地区作战，11月7日，日军参谋本部下达编成"华中方面军"的命令，司令官为松井石根大将，参谋长塚田攻少将，下辖上海派遣军、第十军及第三飞行集团。12月7日，又下令在华南地区编组第五军，但不久又予以撤销。[②]

日军侵占南京之后，1938年2月14日，大本营下令解除"华中方面军"的序列，并命令编组"华中派遣军"。司令官为畑俊六大将，参谋长河边正三少将，司令部设于南京，下辖第三、第六、第九、第十三、第十八、第一〇一师团及步兵第十旅团、第三飞行集团。武汉作战前夕，大本营命令第一〇六、第一一六师团编入华中派遣军，将华北方面军第二军划归华中，新编组第十一军。经过调整后的华中派遣军，司令官为畑俊六大将，下辖第二、第十一军，第三、第九、第十五、第十七、第十八、第二十二、第一一六师团及航空兵团，共计14个师团。[③]

2. 中国派遣军

进入战略相持阶段后，日军继续整合和调整侵华兵力，以加强对沦陷区的占领与统治。

1939年9月4日，大本营决定在中国新设"中国派遣军"，总司令部驻于南京，下辖华北方面军（下辖第一军、第二军等），第十一、第十三、第二十一军及第三飞行集团，日军撤销了原华中派遣军司令部。由原教育总监西尾寿造大将担任中国派遣军总司令官，原陆相板垣征四郎中将担任总参谋长，以统率关内地区的全部在华部队。而在具体军事执行中，中国派遣军之总司令官则作为方面军司令官，直接统率华中地区的第十一军和

[①] 《中国事变陆军作战史》第1卷第2分册，第1—3页。
[②] 耿成宽、韦显文编《抗日战争时期的侵华日军》，第19、27页。
[③] 耿成宽、韦显文编《抗日战争时期的侵华日军》，第36—40、49页。

第十三军，而对于华北方面军和华南方面的第二十一军，则仅从其作战战略和政治统治上进行宏观指导，其兵站、供应由中央部直接指导，具体事务则交之自理。①

到1940年底，侵华日军经过陆续调整，共计有27个师团、21个混成旅团、1个骑兵集团及1个飞行集团。其中，中国派遣军，下辖华北方面军、第十一军、第十三军及第三飞行集团；华南方面军，司令官后宫淳中将，司令部驻广州，下辖印度支那派遣军、第十八、第三十八、第四十八、第一〇四师团及近卫师团等部。② 华南方面军于1941年7月被撤销后，日军编组第二十三军，仍归入中国派遣军的序列。1944年初发动"一号作战"后，8月，为统合在华中豫湘桂地区的各军，日军组成第六方面军，仍由中国派遣军统辖。

至1945年8月15日日本投降之际，中国派遣军总司令官冈村宁次大将、总参谋长小林浅三郎中将，其下辖兵力有：（1）华北方面军，下辖第一军、第十二军、第四十三军、驻蒙军；（2）在湘鄂赣等地的第六方面军，下辖第十一军、第二十军；（3）在江浙等地的第十三军、第六军；（4）在两广及香港地区的第二十三军，以及日本海军的中国方面舰队等。③

日军宣布投降后，中国方面接收的关内各地区日军人数为：包绥、平津地区126800人；山东地区70500人；山西地区58000人；河南地区72740人；徐海、安徽地区21000人；上海地区165000人；南京地区138000人；安庆地区20730人；南浔地区66800人；武汉地区142000人；长衡地区70180人；潮汕地区4460人；广州、雷州地区83890人；香港地区2850人；海南岛地区49400人。上述地区加上其他地区的接收人数合计1118400。④

二　汪伪政府的军队

1. 汪伪集团筹组军队

汪精卫集团最初认为其叛国之后，即可以拉拢到部分国民党将领和地

---

① 《日本军国主义侵华资料长编》（上），天津市政协编译委员会译，四川人民出版社，1987，第495页。
② 耿成宽、韦显文编《抗日战争时期的侵华日军》，第89—102页。
③ 据徐勇《征服之梦》（广西师范大学出版社，1993，第401页）的数据整理。
④ 耿成宽、韦显文编《抗日战争时期的侵华日军》，第204页。

方实力派,加入其"和平运动",但是均未得到响应。① 1939 年 5 月 28 日,汪精卫集团向日本提出《关于收拾时局的具体办法》,也向日方承认难以发动军队投日。② 因此,汪精卫集团不得不改变计划,准备在日军占领地建立政权,组织伪军。

汪精卫在 1939 年 6 月访问日本时,就军事方面同日本的关系,提出了几点希望。③ 然而,日本当局在回复中并未接受,④ 却以此为基础,迫使汪精卫集团同意了日方要求的五项原则,以确保对汪伪政权军队的控制:(1)在汪政权最高军事机关设立日本顾问,有权策划"国防军事设施"及"防共军事协力事项";(2)日本在华北、内蒙古等"防共驻兵地区",有权策划军事作战行动;(3)日本在华北伪绥靖军中可以直接指挥作战军队;(4)汪伪军事教育机关和军事技术部门,设置日本的军事教官和技术官;(5)伪军的武器由日本方面供给。⑤

根据 1939 年 12 月 30 日缔结的"日汪密约",日本"现驻华北及长江下游之军队,当继续驻屯至治安确立时为止","中国在日本驻屯区域内之警察队及军队等武装团体之配置,及军事设施,暂时以治安及国防上必要之最少程度为限"。⑥ 因此汪伪政权成立初期,并没有大规模地招募部队,而是通过收编各部伪军,建立起自身的军事基础。其所依靠的军队,依然只是原来伪维新政府任援道的绥靖军,以及一些拼凑的警卫旅和宪兵大队。⑦ 这些部队主要包括以下部分。

(1)伪中华民国维新政府绥靖部长任援道在华东组成的伪绥靖军,辖有 7 师 3 旅 2 独立团和 1 个支队。第一师师长徐朴诚,率部 3000 余人;第二师师长徐风藻,率部 2000 余人;第三师师长龚国樑,率部 2000 余人;

---

① 《今井武夫回忆录》,第 99 页。
② 黄美真、张云编《汪精卫国民政府成立》,第 68 页。
③ 黄美真、张云编《汪精卫国民政府成立》,第 410—411 页。
④ 「中国主権尊重原則実行等ニ関スル中国側希望及コレニ対スル日本側回答要旨(案)」JACAR アジア歴史資料センター:B02030519200、「支那事変関係一件」第 3 卷、外務省外交史料館蔵、A—1—1—344。
⑤ 转引自余子道等《汪伪政权全史》上卷,上海人民出版社,2006,第 608 页。
⑥ 《日汪密约全文》(1939 年 12 月 30 日),中央档案馆等编《日本帝国主义侵华档案资料选编·汪伪政权》,第 558—559 页。
⑦ 胡幼植、傅大兴:《汪伪政权"建军"拾零》,《文史资料选辑》第 99 辑,中国文史出版社,1984,第 177 页。

第五师师长程万军，率部5000—6000人；第六师师长沈席儒，率部800—900人；第七师师长王占林，率部4000—5000人；独立第八旅旅长沈玉朝，独立第九旅旅长陈炎生，教导旅旅长任组萱；独立第十团团长杨英，独立第十一团团长刘迈。① 伪维新政府的主要兵源为收编之土匪、游击队、散兵、民团等，合计有44135名："一部分编为地方性之伪警察队、自卫队，一部补充敌军，更有一部实施严格之训练，准备作为敌军之补充，其余编为伪绥靖军。"②

至1939年，伪绥靖军分为五区：第一区驻于蚌埠之江浦，人数约900人，司令为沈席珍（似应为"沈席儒"——笔者注）；第二区驻苏州，人数约8130人，司令为龚国樑；第三区驻吴江太湖沿岸，人数约7600人，司令为程万军；第四区驻常熟、上海至无锡公路区，人数约2360人，司令为许凤藻；第五区驻扬州及南京附近各县，人数约2670人，司令为熊育衡。此外，还有南京伪军校，约240人；南京伪绥靖军训练所，人数约300人；以上合计约22200人。③ 此外，还有白玉堂、常玉清、何平林等部及福建平潭以余作喤为总司令的所谓福建民军。④

（2）日军驻湖北部队在华中收编组成的伪皇协军三部：汪步青部，驻城陵矶，万余人；李宝琏部，驻随州，约1200人；张启黄部，驻信阳，五六百人；部众多为地方团队与国民党军溃兵。⑤ 李宝琏部及张启黄部后不断扩容，在1940年接受汪伪政府派遣的叶蓬点收之际，已分别扩充至五六千及四五千人，分别编为第十一、第十二师。⑥

（3）日军在华中扶植的"黄卫军"。该部由日本华中派遣军指挥，熊

---

① 蔡德金：《历史的怪胎——汪精卫国民政府》，广西师范大学出版社，1993，第193—194页。
② 《东南伪军概况》（1939年），秦孝仪主编《中华民国重要史料初编——对日抗战时期　第六编　傀儡组织》（4），第1426—1427页。
③ 《东南伪军概况》（1939年），秦孝仪主编《中华民国重要史料初编——对日抗战时期　第六编　傀儡组织》（4），第1426—1427页。
④ 《伪军现况与策动伪军反正问题》，秦孝仪主编《中华民国重要史料初编——对日抗战时期　第六编　傀儡组织》（4），第1467—1468页。
⑤ 徐向宸等：《汪伪军事组织和伪军的变迁》，转引自余子道等《汪伪政权全史》上卷，第614页。
⑥ 蓝香山：《我所知道的汉奸叶蓬》，中国人民政治协商会议全国委员会文史资料委员编《文史资料存稿选编——日伪政权》，中国文史出版社，2002，第913页。

剑东任军长,邹平凡任参谋长,系湖北伪军中实力较强者。① 所部 1400 余人,编为 3 团,驻防湖北监利骡山,后有所扩充。汪伪国民政府成立后,直到 1942 年 8 月,日军并未将该部交给汪伪收编,该部仍自办军校,自成一体。汪伪政权改编后,"黄卫军"的一部,改编为汪伪陆军第二十九师,邹平凡任师长,留驻武汉;另一部 3000 余人,由熊剑东率领转到上海,为周佛海编入伪税警总团。②

(4) 在华南,曹辉林、李辅群领导伪和平救国军第三路、第四路,驻广东番禺和市桥,分别为 1700 余人及 2000 余人;伪和平救国军第一集团军,由黄大伟领导,驻汕头、湖安一带;伪复兴军,以郎擎天为司令,约千人,驻广州;伪和平救国军,以吕春荣为总司令,辖 5 个团、1 个特务总队,约 6000 人,驻中山县;伪华南军,以马千里为司令官,辖两个团,约千人等。另有负责训练伪广州军警干部的伪广东军警教练所,以郭为民为所长。以上伪军均由日本华南方面军支配和指挥,经费则自筹自给。③

除以上伪军外,伪维新政府还在各地整编自卫团,人数约 5800 人,以及设置伪警察,人数约 4370 人。④ 伪维新政府还编订了庞大的编练伪军计划,预计最终设伪军 300 万人,并拟于 1939 年内获得"防共青年团"团员 125 万人。⑤

为扩大伪军规模,汪精卫集团将重点放在收编伪军、进行"招降纳叛"的工作上。同时,汪伪政权加强金钱收买,试图引诱国民党将领投敌。汪伪政府成立之前,伪军之待遇即相较国民政府军为优,如伪绥靖军少校每月可得 188 元,少将每月可得 658 元。⑥ 1940 年 7 月,汪伪国民政府重新颁布《陆军空军薪给标准》,"较之渝方待遇优厚至一倍以上",如

---

① 张世模:《沦陷时期的湖北伪政权》,《文史资料存稿选编——日伪政权》,第 913 页。
② 朱绍文:《汉奸熊剑东和黄卫军》,转引自余子道等《汪伪政权全史》上卷,第 614—615 页。
③ 《缔约一年来军事方面之进展》,《中央导报》第 2 卷第 18 期,1941 年;黄启华:《记汪伪广东保安队》,余子道等:《汪伪政权全史》上卷,第 615 页。
④ 秦孝仪主编《中华民国重要史料初编——对日抗战时期 第六编 傀儡组织》(4),第 1430—1433 页。
⑤ 《敌方及各伪政府拟编练之伪军人数统计表》(1939 年),秦孝仪主编《中华民国重要史料初编——对日抗战时期 第六编 傀儡组织》(4),第 1444 页。
⑥ 《伪军之训编与反正》(1939 年),秦孝仪主编《中华民国重要史料初编——对日抗战时期 第六编 傀儡组织》(4),第 1458—1459 页。

上将由 400 元增至 800 元，中将由 300 元增至 600 或 700 元，少将由 256 元增至 400 或 500 元，上校由 192 元增至 300 或 340 元，中校由 153 元增至 200 或 240 元，少校由 121 元增至 160 或 180 元等。伪《中华日报》也承认，由于这一措施的实行，"归来军队日见增加"。①

2. 汪伪政权的军事机构与院校

1940 年 3 月 30 日，汪伪政府成立后，建立了一套模仿国民政府的军事体制。在中央，将军令和军政相分离，设置伪军事委员会，作为全国军事最高机关，执掌军令权，而由参谋本部具体执掌。军事委员会的职权有："关于国防绥靖之统率事宜、军事章制、军事教育方针之最高决定，及中将及独立任务少将以上任免审核。"而军政权则归属伪行政院，通过设置军政部、海军部、航空署，分别执掌陆军、海军、空军的军事行政权。

伪军事委员会设委员长一人，委员若干人，由伪中央政治委员会选定、伪国民政府特任，伪总参谋长、军事参议院院长、陆军部部长及海军部部长为"当然委员"；关于军令事项，由伪委员长执行，其他执掌事项，由伪委员长召集常务委员会委员或委员会以委员讨论决定后，交由主管部门办理。汪精卫以伪国民党中央执行委员会主席、国民政府代主席、中央政治委员会主席、行政院院长的身份，兼任该委员会委员长，陈公博、周佛海任副委员长，汪死陈继，副委员长只有周佛海一人，未另补人。军事委员会委员有陈公博、周佛海、刘郁芬、齐燮元、鲍文樾、任援道、叶蓬、萧叔萱、陈群、唐蟒、丁默邨、胡毓坤、李讴一、郑大章、臧卓、申振纲、富双英等 26 人。② 伪军事委员会集中事权，每周举行会议一次，汪精卫必出席。③

伪军事委员会的下属机构主要有：(1) 办公厅，后改为总务厅；(2) 第一、第二、第三厅，办公室主任先后由杨揆一、黄自强、张恒等担任，第三厅后演变为经理总监部，总监一直为何炳贤；(3) 参谋本部，参谋总长先后由杨揆一、叶蓬、刘郁芬、鲍文樾、胡毓坤等担任；(4) 萧叔萱担任部长的军事训练部，后撤销；(5) 陈公博担任部长的政治训练部，后撤

---

① 《国府还都后陆军薪给重行规定》，《中华日报》1940 年 7 月 18 日。
② 罗君强：《伪廷幽影录》，黄美真编《伪廷幽影录——对汪伪政权的回忆纪实》，中国文史出版社，1991，第 38—39 页。
③ 朱子家：《汪政权的开场与收场》第 2 册，香港，春秋杂志社，1962，第 15 页。

销；(6) 陆、海军两部，既为行政院所属，也是军委会的组成单位。陆军部长先后由鲍文樾、叶蓬担任，海军部长最初由汪精卫自任，后由任援道担任；(7) 军事参议院，实际上并无实权，院长先后由任援道、萧叔萱、杨揆一等担任；(8) 为安排因行政院警政部遭到撤销而不满的李士群，1941年8月，军委会又设置与警政部类似的调查统计部，由李士群任部长，1943年李士群死后，此部缩编为政治保卫局，受新设的政治部领导。[①]

伪军事委员会下辖的地方最高军事机构，为绥靖主任公署和绥靖总司令部。军事委员会的常委，多身兼上述军事委员会下属机构及其他机构的负责人，计有：陆军部部长鲍文樾；海军部部长任援道；航空署署长陈昌祖；参谋本部总长杨揆一；军事训练部部长陈公博；政治训练部部长郑大章；调查统计部部长李士群；军事参议院院长萧叔萱；广州绥靖主任陈耀祖；武汉绥靖主任叶蓬；开封绥靖主任刘郁芬；苏豫边区总司令胡毓坤等。[②] 在地方上，"武汉绥靖公署"后改为"武汉行营"，杨揆一接替叶蓬出任；此外，地方上的军事机构还有"苏北行营"（后改设"绥靖公署"），由臧卓、孙良诚先后出任；由伪上海市市长陈公博、周佛海先后出任上海保安司令；李讴一出任南京警备司令；黄大伟出任潮汕总司令。[③] 为培养伪军的基层军官，汪伪政权还成立了中央军官训练团、中央陆军军官学校、"将校训练团"等。

伪中央军官训练团由汪精卫自任团长，叶蓬任教育长，刘培绪任副教育长，郭尔珍任教务处长，黄曦任总务处长，罗君强任政训处长及党务特派员，魏练青为办公厅主任，张诚为总队长，下设5个大队。伪训练团分学员、学生两种，学员占2/3以上，其中曾任师、旅、团长者不少，录取者已达千人，省籍成分，遍及全国，其中第一、第二、第三队为军官队，约400人，多为旧军人；第四、第五队为学生队，约200人。[④] 受训期间，军官月薪60元，学生30元。[⑤]

---

① 罗君强：《伪廷幽影录》，黄美真编《伪廷幽影录——对汪伪政权的回忆纪实》，第38—39页。
② 胡幼植、傅大兴：《汪伪政权"建军"拾零》，《文史资料选辑》第99辑，第177页。
③ 朱子家：《汪政权的开场与收场》第2册，第15页。
④ 胡幼植、傅大兴：《汪伪政权"建军"拾零》，《文史资料选辑》第99辑，第177页。
⑤ 《伪军之训练与反正》（1939年），《中华民国重要史料初编——对日抗战时期 第六编 傀儡组织》（4），第1455页。

伪中央陆军军官学校，以汪精卫自兼校长，陈公博、周佛海等人为校务委员，何炳贤为秘书长，刘启雄为教育长，鲍文霈为总队长。招收高中毕业或同等程度的人入伍受训，3年毕业。① 学校的编制、课程的设置等，均模仿黄埔军校。校歌仍用黄埔军校校歌（仅改动几个字）。还在军校成立了"国民党中央陆军军官学校特别党部"，书记长为汪精卫。为表示对军校的重视，汪伪政权要人纷纷将子弟送入军校，汪精卫的小儿子汪文悌，京沪青帮头子常玉清的儿子常某，警卫旅长秦汉卿的儿子秦履城，温宗尧的侄儿温鸾年等，都成了该军校第一期学生。②

"将校训练团"仿照国民党庐山军官训练团的训练方法，教育长为西北军少壮军人郝鹏举。③

3. 汪伪政权的陆海空军与税警团

汪伪中央和地方军事机关建立后，主要从事收编、改编和扩大伪军的活动。

汪伪政权在沦陷区沿用了国民政府的征兵法令，但由于时局动荡，伪军的财政负担又非常沉重，汪伪政权并没有采取强制征兵的办法。④ 除接受原有的各支伪军外，在汪伪政权的策动下，一部分国民党将领率部归降，增强了汪伪军队的实力。1941年2月，原国民党鲁苏皖边区游击总指挥部副总指挥李长江，率部3万余人投附汪伪政权，为了表示优遇，汪氏特委李以第一集团总司令。其后，陆续有孙良诚、庞炳勋、孙殿英、吴化文等人，公开宣布归附汪伪政权。利用归降的国民党军队，加上原有收编的伪军，汪伪政权组成了以下几个方面军：第一方面军，总司令任援道，辖第二军和第三军，另有3个独立旅；第二方面军，总司令孙良诚，辖第四军、第五军、第九军，另有3个直属师和两个独立旅；第三方面军，总司令吴化文，辖第六军、第七军；第四方面军，总司令张岚峰，辖第一军、第八军，另有一个直属师；第五方面军，总司令庞炳勋，辖第一师、第二十二师和第十四独立旅等部；第六方面军，总司令孙殿英，辖有第十

---

① 陈春圃：《汪精卫集团投敌内幕》，黄美真编《伪廷幽影录——对汪伪政权的回忆纪实》，第102—103页。
② 曹玄庆：《汪精卫"建军记"》，《文史资料选辑》第99辑，第182—183页。
③ 胡幼植、傅大兴：《汪伪政权"建军"拾零》，《文史资料选辑》第99辑，第179页。
④ 刘熙明：《伪军：强权竞逐下的卒子》，台北，稻香出版社，2002，第33页。

一军、第三十一师、第八师、第二十三师、第七师，以及独立第一旅、第二旅等部；第七方面军，总司令郝鹏举，辖有第二十八师、第三十三师、第三十五师和 3 个独立旅。杭州绥靖区有第十二军，1 个独立师，2 个独立旅；"武汉绥靖公署"（叶蓬部），辖有第十一师、第十二师及第二十九师、第五师、第六师和独立第十三旅；广州绥靖区，辖有第二十师、第三十师、第四十三师、第四十四师、第四十五师等 5 个师。以上连同其他部队，汪伪陆军的总兵力在 60 万人以上。① 据 1943 年 7 月的统计，汪伪政府下属伪军共约 319762 人，华北齐燮元系伪军共计 127700 人，合计约 447462 人。其兵力在各地分布如下。

苏浙皖地区，有任援道的第一方面军及部分独立部队，人数计 58500 人；苏淮方面，有李长江的第一集团军，人数计 31560 人，以及汪精卫亲自领衔的"苏北绥署"，人数 32106 人；在苏豫方面，有胡毓坤的苏豫边区，共 20606 人，孙良诚的第二方面军及开封绥署各有 36000 人及 12390 人，庞炳勋的暂编第二十四集团军 40000 人，在武汉方面有杨揆一的"武汉行营"34000 人，在闽广方面有陈耀祖的"广州绥署"54600 人；华北方面则有齐燮元的"华北治安军"127700 人。②

在日本投降之际，伪陆军大致分布如下：在南京，驻有宪兵两个团，警卫旅一旅，警卫军三个师；在京沪线及安徽，驻有总司令为任援道的第一方面军；在苏北驻有总司令为李长江的第一集团军、总司令为杨仲华的第二集团军、孙良诚的第二方面军，以及若干独立师；在上海浦东有丁锡山为师长的第十三师和谢文达为师长的第十师；此外，还有刘培绪部驻苏州、昆山，郝鹏举部驻淮海、吴化文部驻津浦南段蚌埠一带，张岚峰部驻开封、兰州一带，以及华北齐燮元部、武汉绥靖部队、广东绥靖部队、税警总团等。③

汪伪的海军，是在收编原有的傀儡政权及日本海军附设伪军的基础上组建的。汪伪政权成立之前，日本扶植的伪海军主要有伪维新政府绥靖部的水巡队，华北青岛日本海军附设的炮艇队，华南广州日本海军附设的水

---

① 金雄白：《汪政权始末记》，转引自蔡德金《历史的怪胎——汪精卫国民政府》，第 208 页。
② 《军令部呈蒋委员长伪军实力调查统计表》（1943 年 7 月），秦孝仪主编《中华民国重要史料初编——对日抗战时期　第六编　傀儡组织》（4），第 1448 页。
③ 朱子家：《汪政权的开场与收场》第 2 册，第 18—22 页。

上巡查队。水巡队、炮艇队、水上巡查队已有快速炮艇、小火轮等五六十只，人员近万。在华中地区，除原水巡队外，还设有水巡学校和水巡学校训练所，在汪伪成立之际，训练所毕业学员已达2000多人，分配到各舰艇、海军基地。1940年3月，汪伪政权成立后，将之合并、统一，改名为"中华民国海军"，统归汪伪海军部。①

汪伪政权的海军部，还吸纳了大量投敌的北洋政府、国民党的海军军官，下辖军令、副官、参谋、作战、人事、军需、军法、修械等局处。在地方，海军部下辖南京要港司令部，司令是原北洋海军中将徐建廷。指挥有投敌军舰"海绥"、"海安"、"海靖"，炮艇"江左"、"江裕"、"江荣"、"江康"、"江潜"、"江华"、"江丰"、"江靖"、"江安"、"江宁"、"江泰"等，其吨位为300—800吨。海军部还设立了南京海军基地司令部，司令是北洋系海军中将李庚照，下设江阴、闵行、芜湖、安庆、九江、汉口等海军基地。在华北设有青岛海军基地司令部，司令是北洋海军中将魏济民；威海卫海军基地司令部，司令是北洋海军少将赵培钧；还有刘公岛、烟台、大沽口等海军基地。在华南广州设立了"中华民国海军广东江防司令部"，司令招桂章，下设广州江防基地及多支江防巡查队。② 汪伪海军部还辖有伪中央海军学校及训练所，校长由姜西园担任，在抗战胜利后，其学员多为国民政府留用。③

日军通过上海江南制造厂制造了一批鱼雷艇型新式浅水小炮艇作为准备交付基地使用的船只，这种小炮艇仅一二百吨，以"江"字编号，成为汪伪海军的主力。除上述军艇、炮艇外，尚有商轮、小火轮改造的武装炮艇二三十艘，常驻各基地。④ 汪伪海军的主要活动有："（一）经常性的检查；（二）突击检查与戒严；（三）扫荡；（四）协助日军进行情报

---

① 张绍甫：《我所知道的汪伪海军》，黄美真编《伪廷幽影录——对汪伪政权的回忆纪实》，第186—193页。
② 张绍甫：《我所知道的汪伪海军》，黄美真编《伪廷幽影录——对汪伪政权的回忆纪实》，第196—199页。
③ 朱子家：《汪政权的开场与收场》第2册，第15页。
④ 张绍甫：《我所知道的汪伪海军》，黄美真编《伪廷幽影录——对汪伪政权的回忆纪实》，第196页。

活动。"[1]

汪伪政权在1940年4月设立了"航空署",却一直没有飞机。6月,国民党空军飞行员驾驶美制运输机从成都起飞,抵达南京,参加"和运",为汪伪政权的第一架飞机。1941年6月,日军将"九五-1"型军用练习机及其附件出售给汪伪政权,汪以此在常州设立了"中央航空学校",此后,虽然又从日本得到十余架教练机,但汪伪政权的所谓空军一直难有起色。1943年6月,"航空署"将航空学校改组为汪伪中央空军教导队。[2]航空署自身亦于10月缩编为司,后又缩编为科。[3]

汪伪另一支重要的武装力量,是独立于军事委员会之外,伪财政部下属的税警总团。伪税警总团模仿宋子文建立的税警总团,是一支由周佛海直接指挥的军队。1940年7月起,周佛海在上海建立了"中央税警学校"和"中央税警团"。其兵员主要来源于日军在中条山战役中俘虏的国民党军队士兵和熊剑东率领的部分黄卫军。"中央税警团"辖第一支队和第二支队,后于1943年3月合并为"中央税警总团",罗君强任总团长,熊剑东任副总团长,1944年1月,周佛海兼任税警总团总团长,兵力最盛时达2万余人。[4]税警团的枪械,由汪伪政权向日本购买3万支,部分交警卫师外,其余均交给税警团,训练和装备均优于其他伪军。[5]

汪伪政权不断试图招降国民政府军队,国民政府亦加强了对伪军反正的工作。早在1937年,国民政府军政部即公布《反正官兵奖励办法》,根据反正官兵人数、装备等制定了不同的奖励办法。[6]除大规模的反正外,不断有零星伪军投奔国民政府,仅1942年8—9月,就有2785名伪军携步马手枪2430支来降。[7]

---

[1] 张绍甫:《我所知道的汪伪海军》,黄美真编《伪廷幽影录——对汪伪政权的回忆纪实》,第202—207页。
[2] 余子道等:《汪伪政权全史》上卷,第648—649页。
[3] 《各伪政权组织人员一览》(1945年5月),《日本帝国主义侵华档案资料选编·汪伪政权》,第944页。
[4] 余子道等:《汪伪政权全史》上卷,第670—672页。
[5] 朱子家:《汪政权的开场与收场》第2册,第24页。
[6] 《反正官兵奖励办法》(1937年11月9日),秦孝仪主编《中华民国重要史料初编——对日抗战时期 第六编 傀儡组织》(4),第1516—1518页。
[7] 《本年度八九月份各战区策动伪军反正统计表》,秦孝仪主编《中华民国重要史料初编——对日抗战时期 第六编 傀儡组织》(4),第1534页。

三　汪伪政府的警察与特工

1. 汪伪警察

汪伪政权成立之际，在行政院设警政部，作为中央的最高警政机关，负责"管理全国警察行政事宜"。① 警政部的班底主要来源于汪伪特工总部，其主要班子和主要机构，与特工总部是同一套。警政部设总务司、警务司、保安司、训练司、政治警察署、特种警察署，成立时部长为周佛海。警政部下辖首都警察厅、省警务处、特别市警察局、行政区警察局，并各自依次下辖有警察局、警察分局、分驻所、派出所等一套垂直系统。②

在警政部，周佛海和李士群之间，存在着权力斗争，并影响了警政部的机构设置。1941年8月，为适应政治运作和权力再分配的需要，汪伪政权对行政院和军委会机构进行调整。周佛海等人决定裁撤警政部，将其一般性警政机构划归内政部，另在军委会成立调查统计部作为特工总部的外壳，借此削弱李士群一派势力。由此，警政部被并入内政部，内政部设立警政总署，1942年，警政总署又缩编为警政司。

在地方的警政机构中，"首都警察厅"具有独一无二的地位，它直接隶属于警政部，不像省警务处需要受到省政府的指挥监督，而是直接受警政部指挥监督，与南京市政府只是一种"协助"的关系。③ 日军还从北平调来宪兵一个营，在南京成立"首都宪兵指挥部"，与"首都警察厅"共同"维持治安"。1941年6月，日伪建立"首都军警联合办事处"，由伪首都警察厅、首都宪兵指挥部、第一方面军总司令部、南京警卫师司令部联合组成。在警政部撤销后，首都警察厅于1942年3月改称"首都警察总监署"。④ 汪伪政权在各省的最高警政机关为省警务处，直属警政部，并接受该省政府监督指挥，职责是"处理全省警察事务并监督指挥全省警察机

---

① 汪伪《警政部组织法》（1940年7月20日），蔡鸿源主编《民国法规集成》第91册，黄山书社，1997，第79页。
② 汪伪《各级警察机关编制大纲》（1940年12月25日），蔡鸿源主编《民国法规集成》第93册，第21页。
③ 汪伪《首都警察厅组织法》（1940年8月29日），转引自余子道等《汪伪政权全史》上卷，第553页。
④ 余子道等：《汪伪政权全史》上卷，第553—555页。

关",下辖省会警察局、省辖市警察局、县警察局及各特设警察局。①

同伪军一样,汪伪的警政部门,也直接受日军当局的控制。伪军事部宪兵、保安队、财政部税务警察、内政部警察局、中央警官学校、首都(南京)警察厅、上海特别市警察局、江苏省各警察局、安徽省各警察局的编制、装备、教育训练及警察工作的指导(实际上是指挥),都掌握在日本顾问的手里。②

2. 汪伪特工

汪伪政权的特工总部,源于原"中统"特务丁默邨、李士群在汪伪政权成立之前,在日本的"梅机关"指挥下成立的特工组织。1939年5月,汪精卫集团到达上海后,同丁、李的特务组织达成合作协议,其后丁、李正式建立特工总部,由丁默邨任主任,李士群、唐惠民任副主任,地址设在上海极斯菲尔路76号。汪伪特工总部组织有八处四室,除进行行政运转外,分别对付"军统"、"中统"、中共和新四军、"忠义救国军"、租界等。汪伪特工总部下属武装队伍有"行动总队"、"警卫总队"两支,此外还有租界警卫队、直属行动组、直属情报组、伪《中华日报》警卫组、《时代晚报》警卫组等直属总部指挥的行动组织。还有准备进攻租界的"租界突击队"、准备收买租界法院中国人员的"法院同仁会",以及学生界的"海社"等。③

汪伪特工总部,又被简称为"七十六号",以丁默邨、李士群为首。李士群原为中统的中层干部,在香港与土肥原贤二建立了联系,并加入伪维新政府,在沪西亿庭盘路诸安滨十号建立起特务机构。为劝李反正,中统派遣第二处处长丁默邨赴港,然而,丁默邨没能找到李的行踪,相反受到周佛海的拉拢,与之共同赴沪,负责汪伪的特工工作。汪伪特工总部除丁、李分任正、副主任外,有主任秘书黄敬斋,办公厅主任傅也文,其下的所谓行动大队,有投附的军统大将林之江、王天木、陈恭澍、万里浪、

---

① 汪伪《各级警察机关编制大纲》(1940年12月25日),蔡鸿源主编《民国法规集成》第93册,第21页。
② 协助汪伪警察进行"治安"、"取缔"工作的,还有伪军事部下属的宪兵,其制度、服装等,均与日本宪兵相同。《斋藤美夫笔供》,《日本帝国主义侵华档案资料选编·汪伪政权》,第841—842页。
③ 黄美真、姜义华、石源华:《汪伪"七十六号"特工总部》,上海人民出版社,1984,第47—48页。

中统的胡均鹤等；有原来公共租界的特别警察潘达、戴昌龄等；也有帮会中人夏仲明、杨杰、吴四宝等。① 周佛海虽在名义上是汪伪特务委员会的主任委员，李士群等表面上听命于周，但与土肥原贤二的特务机关有联系，并受晴气庆胤等日本派驻的特务人员指挥。周佛海实际上大权旁落，对于李士群领导下特工人员的无所不为亦在日记中多次表示不满。与之同时，李士群和丁默邨之间互相争权，丁默邨虽名义上为李士群的上级，但投奔日伪较晚，对特工组织的掌控不如李士群，二者彼此各有不快，周佛海则经常居中调停。②

汪伪特工的主要对手是国民党的特工系统。李士群就认为，"七十六号"首先"要消灭市党部和蓝衣社，只要收拾了这两个组织，其他的就会自然而然地土崩瓦解，上海的形势也会为之一变"。③ 为达此目的，李士群制订了《上海特工计划书》，其目的在于"夺取敌人的组织为我所有，在瓦解敌人活动的组织力量的同时，有利于发展我方的势力"。在同国民党特工系统的斗争中，"必须尽量避免流血，但敌人使用暴力的话，就立即予以报复，使他们不敢轻举妄动"。对于"七十六号"内部成员，"要确立纲纪，严守纪律，对通敌者，要诛灭九族"。其具体的手段包括："搜集情报的重点在于侦查了解蓝衣社和市党部的企图，为了弄清蓝衣社的上层人物，市党部委员的情况，暂先查明他们的日常生活。搜集情报的手段，除探访、夺取敌人的文件外，还要绑架敌人，强迫其坦白，此外，兼用一切其他可能的手段，如科学搜查等等，尤其是窃听敌人的无线电通讯，预先掌握敌人的企图。"④

在汪伪特工同国民党特工系统的斗争中，双方都进行了频繁的暗杀行动。汪伪特工除暗杀了诸多著名抗日人物外，还围绕着汪伪的"中央储备银行"，同国民党特工展开了暗杀战。在军统人员不断袭击"中央储备银行"后，周佛海下令李士群进行报复，李士群对国民党中央银行、江苏农民银行、中国农民银行进行了炸弹袭击，绑架、屠杀了中国银行和中国农民银

---

① 朱子家：《汪政权的开场与收场》第1册，香港，春秋杂志社，1960，第35—36页。
② 朱子家：《汪政权的开场与收场》第1册，第61页。
③ 〔日〕晴气庆胤：《沪西"七十六号"特工内幕》，朱阿根等译，上海译文出版社，1985，第40页。
④ 李士群：《上海特工计划书》，转引自〔日〕晴气庆胤《沪西"七十六号"特工内幕》，第43—44页。

行的职员，尤其是屠杀中国农民银行十数人，制造了骇人听闻的惨案。①

在汉奸内讧和日本人的清除异己行动中，吴四宝、李士群等先后毙命。李士群死后，日伪对特工总部进行了改组，撤销伪军事委员会调查统计部，改为政治部，以参谋次长、亲日派的台湾人黄自强为部长，下设政治保卫局，以代替特工总部，以军统特务万里浪为局长，局址设在南京普陀路八号，下设政治保卫局第一局和第二局。第一局仍设在上海 76 号（后迁杭州），以万里浪兼局长；第二局由胡均鹤任局长，局址设在南京颐和路 21 号，各局之下再设分局。1944 年 11 月，汪精卫死后，陈公博继任伪政府首脑，撤销了政治部，改为政治保卫总监部，自兼总监，以下各级组织并不变动，最后伴随汪伪政权一道覆灭。②

第四节　日伪在沦陷区的军事镇压活动

一　东北地区的军事镇压活动

按照日本承认伪满洲国后日伪之间签订的《日满议定书》规定，伪满洲国实行"不养兵主义"，所有治安及"国防"委托日本关东军全权处置。所以，1934 年之前，关东军的主要军事活动是镇压东北各地的抗日义勇军，他们以大中城市为依托，集中优势兵力，利用水陆交通的便利，频繁对东北各地抗日义勇军进行大规模的军事"围剿"。进入 1933 年初，东北义勇军的主力相继溃败，除辽东地区的王凤阁、邓铁梅、苗可秀等部仍然坚持斗争外，东北义勇军的抗日活动进入低潮。在此严峻时刻，中国共产党领导的抗日游击队、人民革命军及抗日联军冲上了反伪满抗日斗争的第一线，领导东北民众继续抗日的大任也落到了中国共产党人的身上。与此相对应，关东军采取了分散配置的方针，以关东军驻地军事长官为最高指挥，实行一元化统制武装部队的体制，具体军事活动则以日军独立守备队为基干，驱动伪满军警对各抗日游击区实施重点"围剿"，这一方针一直持续到 1939 年前后。1940 年以后，东北抗日联军的主力转入苏境，以抗联小分队的形式继续进行反伪满抗日斗争，日伪军事当局也变换了方针，

---

① 蔡德金、尚岳编《魔窟——汪伪特工总部 76 号》，中国文史出版社，1986，第 100—101 页。
② 蔡德金、尚岳编《魔窟——汪伪特工总部 76 号》，第 207—208 页。

主要驱动伪满军警展开军事"清剿"。纵观日伪统治时期的军事镇压活动，大体可分为三个阶段。

1. 伪政权成立初期的镇压活动（1931年9月—1933年末）

九一八事变后，以东北爱国军警、地方武装、民众武装（大刀会、红枪会等）以及部分绿林豪杰为主体的东北抗日义勇军掀起了大规模的自发抗战活动，总人数达30万以上（一说40万人）。为了扑灭东北义勇军的抗日烈火，日本相继从国内增派近8个师团，投入战机和大炮、坦克等重武器装备，利用其控制交通的便利，对各地的义勇军进行了血腥镇压。有数据统计，从九一八事变到1932年9月，日军总计出动"讨伐"905次，平均每天2.5次。[①] 1932年4月，日军抽调擅长山地作战的骑兵第一旅团集中追击马占山的指挥机关。同年6月末，马占山的指挥机关遭到日军的包围，马占山率领少数卫兵辗转山林40余天才脱离险境。随之，日军第八、第十、第十四师团在黑龙江及吉林境内的昂昂溪、齐齐哈尔、肇东、泰安、拉哈等地以及松花江下游地区击溃了马占山、苏炳文、李杜、王德林等部的义勇军，1932年末，上述义勇军将领假道苏境返回内地。

在辽西和辽北地区，虽然活跃着多股抗日武装，但是他们大多来自民间，装备低劣，没有后援，又缺乏作战经验。从1932年9月起，日军以第八师团为主力，配以飞机、大炮等装备，对辽西、辽北地区的各路抗日义勇军反复"清剿"。同年末，各路义勇军大多溃散，郑桂林、耿继周、朱霁青、宋九龄等义勇军将领辗转进关。

在辽东、辽南地区，主要活跃着唐聚五、邓铁梅、李春润等人领导的抗日武装。1932年10月，日军第二、第八、第十师团出动，另有5个旅的伪军配合，对各路义勇军展开了大规模的"围剿"作战行动。各路义勇军尽管作战勇猛，给予日军顽强抵抗，但终因力量对比悬殊，除辽东三角地区外，其他义勇军活动的地区均被日军占领，队伍溃散，唐聚五进关，邓铁梅、李春润壮烈殉国。就此，到1932年末，东北义勇军的主力溃败。

需要指出的是，为了以铁血手段扑灭东北民众反伪满抗日的火焰，1932年11月9日，遵照关东军的意旨，日伪当局颁布了《暂行惩治叛徒法》和《暂行惩治盗匪法》两部法令，把支持、同情或参与反伪满抗日斗

---

① 加藤豊隆『満州国警察小史』227頁。

争的爱国民众诬为"叛徒"或"盗贼",授予日本关东军以及日伪警察"临阵格杀"的大权。照此,日伪军警可以对东北民众随意地冠以"叛徒"或"盗匪"的罪名加以杀害,甚至对俘虏也可以依据"事态急迫"的规定任意处置。由于这些反动法令的出台,怂恿和煽动了日伪军警的疯狂和残暴,也使数以万计的无辜民众惨死在日伪军警的屠刀下。1932年初,日军古贺联队一部在锦西一带遭到义勇军伏击,古贺大佐以下80余人战死。为防止日军报复,战场附近村屯的民众纷纷逃进山里避难。日军施展花招,佯称"既往不咎",劝说民众下山,待民众返回家乡后日军立即报复,前后有400余名村民被屠杀,仅五家子村,就有378名民众死在日军的机枪扫射之下,全村仅有30几人侥幸逃脱。①

1932年9月,日军又制造了"平顶山惨案",只因一支义勇军袭击了抚顺日本人煤矿,日军抚顺守备队便把平顶山村无辜民众作为报复对象,竟屠杀了全村3000余名男女老少。

1933年,日伪当局又相继颁发了《暂行保甲法》、《火药取缔法》、《火药原料取缔法》、《枪炮取缔法》等一系列法令。在抗日武装活跃的地区实施保甲制度,保甲内如出现反伪满抗日人员,各家长负连带责任,课以连坐金2元左右。同时把保甲内的青壮年组织起来,成立自卫团,接受伪警察署长的调度和指挥,平时站岗放哨,盘查"可疑"路人;日伪军出动"清剿"时,负责后勤补给。在保甲制度的束缚和禁锢下,普通民众动辄得咎,时时处处不得安宁。

2. 维持殖民统治秩序的"治安战"(1933—1936年)

东北义勇军主力溃败后,东北义勇军的余部仍然坚持斗争。在黑龙江和吉林地区,有吉林自卫军余部陈东山、高玉山、谢文东、李华堂等人在虎林、抚远、饶河、宝清、密山以及松花江下游一带活动;在绥(芬河)宁(安)、额穆、敦化一带,有王德林余部吴义成、姚振山、李延录、周保中等部活动。在辽宁地区,有邓铁梅、苗可秀、白君实、王凤阁率领的抗日武装坚持斗争。同时,中国共产党领导的十几支抗日游击队及人民革命军脱颖而出,他们联合和团结一切抗日力量,到1937年10月,东北抗

---

① 《不能忘记的历史》,《黑龙江文史资料》第19辑,黑龙江人民出版社,1985,第135—137页。

日联军发展到11个军，人数最盛时达3万余人，把东北的武装抗日斗争推向一个崭新阶段。

为了彻底切断抗日武装同民众的联系，1934年12月，日伪当局颁布了《关于集团部落建设之件》，将抗日武装活跃的地区划为"匪区"或"半匪区"，凡居住于这些区域的民众必须迁移到当局指定的"集团部落"。以100—200户为一个部落，部落四周挖有深壕，拉上铁丝网，内有高8尺的土墙或木栅栏，四角筑有碉堡。部落设正、副部落长及正、副自卫团长，另常驻有日伪警备队或伪警察派出所，严密监视部落民众的一举一动。1934年，首先在延吉、和龙、珲春三地建立起8个"集团部落"，随之扩大到伪奉天、安东、滨江各省，截止到1939年，共建立起13451处"集团部落"，① 被迁移民众占东北总人口的14%。许多民众不肯离开世代居住的家园，日伪出动军警强制进行"归屯并户"，对不服从者抓捕烧杀。1936年冬，汤原太平川日军守备队在太平川地区大肆抓捕不肯动迁的民众。第一次杀害无辜民众60余人，第二次出动抓走108人，其中62人被折磨致死。太平川刘盛金屯只有15户人家，日军守备队将15户男女老少驱赶到场院，然后一把火将小村的民房烧毁，再用棍棒把15户人家驱赶进"集团部落"。② 桦南县在"归屯并户"中被烧毁村庄120余座，烧毁民房24000余间，被杀害及冻馁疾病非正常死亡者13000余人，损失牲畜4800余头，2100余垧土地荒芜。尤其该县的土龙山地区，因"土龙山暴动"被日伪视为"匪区"，日伪军警乘着汽车进入该地区，逢村便烧。冷家沟两名青年为抢救自家的物品，被活活烧死。大火在这一带烧了7天7夜，几十个村屯化为灰烬。③

七七事变后，八路军挺进敌后，在长城沿线开展游击斗争。日本侵略者把"集团部落"的"经验"搬到热河、河北一带，仅在承德、平泉、宽城、宁城等地就设置了667个"集团部落"（当地民众称"人圈"），被驱赶到"人圈"的民众达100万人。

在军事镇压行动上，日本关东军针对抗日武装小型、分散、游击的特点，改变了大兵团作战的方式，采取分散配置、重点"围剿"、分区进行

---

① 《满洲国警察史》，第232—233页。
② 《不能忘记的历史》，《黑龙江文史资料》第19辑，第190—197页。
③ 《不能忘记的历史》，《黑龙江文史资料》第19辑，第198—200页。

的手段，妄图将各抗日武装各个击破。日伪军事当局将东北划分成5个军管区（后扩大至8个），由伪满洲国军队驻防，但必须听从驻地日军长官的调遣和指挥。另外，镇压主力改为日军独立守备队，并驱使伪满洲国军队效命前驱。因此，日军独立守备队从九一八事变当时的6个大队扩充至18个（至1933年末），到1936年增至30个。从1934年起，以日军独立守备队为基干，伪满洲国军作伥，重点对哈（尔滨）东、东满、三江、辽东等地区进行"围剿"。在日伪军的疯狂"扫荡"下，抗联三军的珠河游击区丧失，团政委赵一曼被俘，抗联三军被迫转移到松花江下游。中共东满特委书记童长荣也在反"围剿"中英勇牺牲。但是，抗联各部队成功地突破了日伪军的包围圈，进入新的游击区开辟抗日根据地，继续坚持武装抗日斗争。在辽东三角地区，邓铁梅率领的抗日武装遭受重大损失。邓铁梅被叛徒出卖殉国，接替他指挥部队的苗可秀也在后来的战斗中被俘牺牲，但该地区的抗日斗争仍然在白君实、刘壮飞、阎生堂等人率领下继续战斗。1936年10月，日伪军出动27000余人对通化地区王凤阁率领的民众武装进行重点"讨伐"，在敌强我弱的形势下，王凤阁率领所部誓死不投降，坚持战斗到只剩8个人，最后，王凤阁不幸被捕，连同妻子和四岁的儿子殉国在通化玉皇山下。

这一时期日伪军以更凶残暴戾的手段镇压东北抗日武装。1934年8月，土龙山民众暴动，击毙日军联队队长饭塚朝吾（死后晋升大佐）以下十余人。事后，日伪军警对土龙山民众进行疯狂报复，肆意屠杀无辜民众1100余人，焚毁粮食20余万斤，民房600余间，12个村屯被洗劫一空。① 1935年春，日伪军对舒兰、磐石、通化、桦甸等地的抗日武装进行重点讨伐。5月下旬，日军包围了舒兰县老黑沟村，屠杀了全村980余名普通民众，甚至连老人、妇女、儿童也不放过。1935年7月，日军独立守备队在通化白家堡子大施淫威，他们把全村400余名无辜民众抓捕起来，逼问抗日武装的下落，不做回答者当场用刺刀挑死。最后，400余名民众只有3人侥幸逃脱，其余全被日军杀害。② 其他还有清原镇惨案（辽宁清原县）、四道河惨案（辽宁岫岩县）、张酒局子屯惨案（吉林梨树县）、南岗头惨案

---

① 《不能忘记的历史》，《黑龙江文史资料》第19辑，第124—134页。
② 《不能忘记的历史》，《黑龙江文史资料》第19辑，第146—149页。

（辽宁东沟县）等，都是日伪军警这一时期制造的暴行。

3. 对抗日联军的"围剿"（1936—1945年）

从1936年起，东北抗日联军成为东北抗日斗争的主力军。为了"剿灭"这支由中国共产党领导的抗日武装，日本关东军出台了《三年治安肃正计划》，首先把伪三江、滨江、间岛、吉林、安东、奉天等六省作为重点"讨伐"地区，在日本军官的统率下，以各伪军管区的伪军为骨干力量，集中27000余人的兵力，配备迫击炮、山炮、轻重机枪等重武器，进行了为时一年的"篦梳山林式"的"大讨伐"。从1937年7月至1939年3月，日伪军的"讨伐"重点又集中到三江地区，包括松花江下游和黑龙江下游南部地区，这里群山绵延，林木茂密，河道纵横，又毗邻苏境，所以在东北抗日联军11个军中，除第一、第二军外，有9支部队活跃在这个地区。日伪当局任命伪第四军管区司令于琛澂为"讨伐军"总司令，日军大佐大迫通贞为顾问，抽调25000余名伪军对三江地区展开了"大讨伐"。关东军第四、第八、第十师团等则驻防佳木斯、牡丹江、绥阳、密山等要地，中东铁路沿线以及中苏边境一线，作为"讨伐军"的后盾。这次"大讨伐"为时近两年，抗联各部队遭受不同程度的损失。先后有第二军军长王德泰，第四军军长李延平、副军长王光宇，以及师长级军官常有均、关化新、张连科、郝贵林、王德富、李福林、吴景才、王毓峰、张相武、马德山、徐光海、刘曙华、王克仁、金正国等数十人光荣牺牲，第八、第九军军长谢文东、李华堂投敌，三江地区的武装抗日斗争陷于低潮。为保存部队实力，抗联各部队相继撤往苏境整训。从1939年10月至1941年3月，日伪当局实施三省联合"大讨伐"，在伪通化、间岛、吉林三省成立"联合讨伐司令部"，以日军独立守备队司令官野副昌德为司令官，抽调6支独立守备大队，另有伪满洲国军和伪森林警察部队配合，重点对抗联第一、第二军以及活跃在五常一带的第十军进行"讨伐"。同时利用"集团部落"等统治形式，切断抗联部队的一切给养来源。在严酷的形势面前，抗联各部队忍饥受冻，部队损失严重，第一军军长杨靖宇、第十军军长汪雅臣相继战死，其余部辗转进入苏境。1941年以后，抗日联军采取小分队作战方式，在松花江下游一带发动民众，开展游击斗争。日伪当局遂以伪森林警察部队为"讨伐"主力，驻防各山区要隘，密切监视抗日联军的动态。同时利用伪联防组织，密布间谍情报网，收买叛徒，刺探抗日联军情报,抗联优秀指挥员赵尚志就牺牲在叛徒的枪下。

二 华北"治安肃正作战"和"治安强化运动"

日军在扶持伪政权建立军队和警察等武装势力的同时,还策划和伙同伪政权及其军警势力,在华北地区展开了"治安肃正作战"和"治安强化运动"等军事镇压行动,以实现全面控制沦陷区、支援太平洋战争等"以战养战"的目的。

1."治安肃正作战"

1938年11月,日本大本营拟定了《陆军对华作战指导纲要》,于12月初以"大陆令第二四一号"向侵华日军发出明确指示:今后的对华作战,"在于确保占据地域,促进其安定,力求以坚强之长期围攻态势,压制残存抗日势力,促其衰亡";在华北地区,首先要"负责确保目前所占的华北地区之安定,尤应谋求迅速恢复河北省北部、山东省、山西省北部,以及蒙疆地区要域之治安,且确保主要交通线"。① 12月,日本政府制定的《昭和十三年秋季以降对支处理方策》,将日军占领区划分为以确保安全之"治安地区"与消灭抗日势力之"作战地区",并将河北省北部、包头以东的"蒙疆"地区,正太线以北的山西省特别是太原平原地区,山东省主要部分(胶济沿线地区)等划作"应迅速确立治安之要域"。② 日本军部和政府企图将物产富足、矿产丰富的华北地区,改造成为其"以战养战"政策的理想地域,为此首先展开了"治安肃正作战"。

从1939年1月至1940年3月,日伪军在华北地区展开的"肃正作战",即"通过讨伐作战,全部摧毁匪军根据地,同时彻底进行高度的分散部署兵力,随后即依靠这些分散的据点,对匪军反复进行机敏神速的讨伐,使残存匪团得不到喘息时间和安身之所"。还有治安工作,即主要是"复活县政,重建自卫组织,建设乡村自治","重点在于永远获得民众",还要"培植、整顿亲日武装团体,使之成为维持当地治安的核心"。③ 整个作战分三期进行:第一期是1939年1月到5月,第二期是1939年6月到9

---

① 章伯锋、庄建平编《中国近代史资料丛刊·抗日战争 第六卷 日伪政权与沦陷区》,第899—900页。
② 臼井胜美编『现代史资料』第9卷『日中戦争2』553—554页。
③ 《华北治安战》(上),第109—110页。

月，第三期是1939年10月到1940年3月。

这次"肃正作战"，日军使用了近一半的在华兵力，对华北和内蒙古地区展开了大规模的"扫荡"作战，基本实现了既定的战略目标。日军宣称："华北治安经过三期的肃正，与以前相比出现了划时代的进展。""在此期间，还促进了日本扩大生产所渴望的重要资源的开发，从而结合华北肃正建设，确立了日满华牢不可破的国防圈。"①

进入1940年，日军延续"治安肃正"作战计划，分为两期：第一期是4月到9月末，第二期则由9月末到年底。其主要目的是"尽快建成特殊地区巩固的华北，用以示范并指导中国的治安建设"。②此次"治安肃正"作战，日伪方面以军事行动为主，多头并进，以实现沦陷区的"治安"，还要掠夺资源，支持其侵略战争的进行。

但日军按照既定计划进行的作战，在8月遭受中共八路军发动的"百团大战"的严重打击，"促使日方重新认识共军，并使以后的治安肃正工作空前加强"。③同时，日本由于要加紧准备开辟太平洋战场，因此在1941年1月至3月进行了第二期后段的"肃正"作战之后，便开始了在华北地区的"治安强化"运动。

2. "治安强化"运动

关于日伪政权在华北展开"治安强化"运动的原因，多数学者受日本《战史丛书》的影响而认为是八路军百团大战引起了日伪政权的重视。对此，有研究指出："'治安强化运动'是日本政府及军部一系列对华政策和太平洋区域整体作战计划调整的必然结果，是日本政府及军部维持本土、伪满洲国及太平洋战争战略需要的必要步骤。在促使日伪政权作出展开'治安强化运动'决策的诸多因素中，百团大战只是一个偶然巧合而非决定性的因素。"这次运动的目的，"旨在通过政治军事经济和文化的手段，稳定日伪政权在两个区域（华北和华中）的统治，彻底击垮以中共为主的抵抗力量，扩大对上述地区的矿产、农业、工业资源的掠夺，以支援太平洋战场和日本国内急需，逐步实施对民众的奴化教育，以达到'以华治

---

① 《华北治安战》（上），第111页。
② 《华北治安战》（上），第224页。
③ 《华北治安战》（上），第264页。

华'、'以战养战'的战略目的"。①

1940年，日本决定"南进"、发动太平洋战争之后，提出了对华长期持久作战的方针。1941年初，日本大本营陆军部制订了《对华长期作战指导计划》，规定第一期作战的内容是："直到1941年秋为止，应毫不松懈地继续对华施加压力，在此期间，竭尽一切手段，尤其利用国际局势变化，谋求'中国事变'得到定局。"第二期为："1941年秋后转入长期持久态势，并在数年后确立在华50万兵力体制。"并规定其作战目的"是以维持治安、肃正占领区为主，不要进行大规模进攻作战。必要时可发动速战速决的奇袭战，但以返回原驻地、不扩大占领区为原则"。②2月15日，华北方面军参谋部制订了《治安强化运动实施计划》，提出"利用3月30日华北政务委员会成立一周年时机，使华北全体官民在建设新生华北的感召下，积极主动地从事治安强化工作"。③华北方面军于1941年2月25日、26日召开了参谋长联席会议，传达新一年的"肃正建设计划"："在1941年度，应使作战及肃正建设等项工作更加积极开展"，"首先在华北促进中国事变的解决，以适应国际局势的转变，重新调整我国体势"。④

3月11日，"华北政务委员会"发出"政情第一五〇六号"训令："兹值国府还都暨本会成立一周年之期，为克臻前述之愿望，定于本月30日起至4月3日止，全华北举行大规模之治安强化运动。"⑤这一训令并附了《"强化治安运动"之实施及宣传计划》，对运动宗旨、工作开展以及宣传做了细致的策划。⑥在进行了上述充分的准备之后，1941年3月30日，第一次治安强化运动在华北沦陷区正式展开。

但是由于第一次"治安强化"运动持续时间短、收效不明显，因此，日伪决定继续进行这个运动。华北方面军制订了《肃正建设三年计划》，决定"逐渐把巩固治安地区的任务移交给中国方面的行政及警备机关，日军则主要将其势力范围逐渐向敌方推进，扩大治安圈及准治安地区"，并

---

① 江沛：《日伪"治安强化运动"研究》，南开大学出版社，2006，第4页。
② 《华北治安战》（上），第360页。
③ 中央档案馆等编《日本帝国主义侵华档案资料选编·华北治安强化运动》，中华书局，1997，第63页。
④ 《华北治安战》（上），第362页。
⑤ 《日本帝国主义侵华档案资料选编·华北治安强化运动》，第66页。
⑥ 《日本帝国主义侵华档案资料选编·华北治安强化运动》，第67页。

制定了三年计划的目标。① 根据华北方面军的计划，第二次"治安强化"运动在1941年7月7日开始，为期两个月。其宗旨是："首先要将全华北宣布为确立的反共思想之区"，"军、政、会及民众融合为一体，而发挥其统合的威力"，"特别扩充乡村之防共自卫力"。②

此次运动的重点是军事作战和政治宣传。在军事作战方面，战斗分两期进行，第一期作战是8月14日至9月4日，主要包括对古北口、密云地区作战，对冀中南部地区作战，以及向冀西地区进攻。第二期作战是9月4日至10月15日。华北方面军认为，此次作战"战果尚属次要，主要在于扩大了我治安圈及对中共施加的压力，从而使之陷入经济穷困等方面"。③ 在宣传工作方面，日伪以中共军队为主要敌对对象，其目的是使民众与中共军队之间产生隔阂，分化华北的抗日力量。为此，8月24日，"华北政务委员会"成立了"华北防共委员会"，委员长由王揖唐兼任。9月8日，第二次"治安强化"运动结束。

此后不久，日本华北方面军"鉴于第一次、第二次的成果，为了使之更加飞跃的发展，于11月1日至12月25日间，开始了第三次的运动"。④ 华北方面军制订了《华北政务委员会第三次治安强化运动实施要领》，规定其"重点指向经济方面，彻底实行经济封锁，促进重要物资的生产、供应，加强我战斗力和经济力，摧毁敌匪的抗战意志"。⑤ "华北政务委员会"委员长王揖唐于10月23日发布训令，称："前两次举办治安强化运动，地方安宁赖以增进。现在时届冬令，为求再行增强治安起见，特举办第三次治安强化运动。"⑥ 并制订了《第三次治安强化运动各级学校及文化教育机关施行纲要》和《华北各省市各级学校及文化教育机关协力第三次治安强化运动实施办法》，⑦ 以加强宣传，促进第三次"治安强化"运动的实施。

第三次"治安强化"运动的重点在经济封锁，军事活动较少，主要是

---

① 《华北治安战》（上），第416—417页。
② 《中华民国史档案资料汇编　第五辑第二编　附录》（上），第432页。
③ 《华北治安战》（上），第442页。
④ 《华北治安战》（上），第449页。
⑤ 《华北治安战》（上），第450页。
⑥ 北京市档案馆编《日伪在北京地区的五次强化治安运动》上册，北京燕山出版社，1987，第183页。
⑦ 《日本帝国主义侵华档案资料选编·华北治安强化运动》，第209页。

由各地伪政权组织警察和自卫组织进行封锁检查工作。但其效果上显然未达到既定目的。日本方面只是笼统地总结道："此次运动执行情况及详细成果虽尚未明确，但经济封锁似有很大影响。"①

1942年初，华北方面军制订了新一年的"肃正建设"计划大纲，具体要领是："将确保治安地区的任务，逐渐移交给中国方面军政机关。日军的主要任务是进一步向外推进其势力范围，并设法将非治安区变为准治安区，准治安区变为治安区，从而逐渐扩大治安地区的面积"；"在本年度内，务期将河北省大部、山东和山西各省以及蒙疆的主要地域都变成治安区"；"治安肃正的重点，应放在以剿共为主的作战讨伐上"；"以治安第一为原则，军事方面的肃正讨伐，应与建设方面的行政、经济、文教等措施以及治安强化运动、新民会、合作社等民众工作密切配合，使军、政、民成为一体，而把各种行动措施有机的结合起来进行活动"。② 这一大纲在2月的华北方面军各兵团参谋长会议上进行了传达。以此为基础，日军策动"华北政务委员会"在1942年又进行了两次"治安强化"运动，也就是第四次和第五次"治安强化"运动。

第四次"治安强化"运动从1942年3月30日到6月15日。3月3日，华北政务委员会下发《华北政务委员会第四次治安强化运动实施纲要》，确定第四次"治安强化"运动在"华北政务委员会"成立二周年纪念日（3月30日）开始实行，为期两个半月。③ 16日，"华北政务委员会"又发布了《华北政务委员会第四次强化治安运动补充实施要领》。④ 在前三次运动的基础上，日伪政权进一步扩大行动，对中共根据地进行经济封锁，对八路军进行军事进攻，而且突出宣传的作用，企图以此获取民心，争得民众支持。尤其是日伪将此次运动的第一目标定为"东亚解放"，企图借其发动太平洋战争之机，渲染中国民众对欧美的仇视情绪，力图对华北民众实行思想奴化。尽管各地伪政权都在总结中宣称本地运动取得了"许多成果"，⑤ 但是实际效果并不明显。

---

① 《华北治安战》（上），第453页。
② 《日本帝国主义侵华档案资料选编·华北治安强化运动》，第42—44页。
③ 《华北治安战》（下），第119页。
④ 《日本帝国主义侵华档案资料选编·华北治安强化运动》，第418页。
⑤ 《第四次治安强化运动综合成果（1942年9月10日甲第一八〇〇部队）》，《日本帝国主义侵华档案资料选编·华北治安强化运动》，第455—479页。

第四次"治安强化"运动结束之后，日伪方面即开始准备第五次"治安强化"运动。1942年8月6日，华北方面军出台了《第五次治安强化运动实施纲要》，"初期约两周时间内与末期的夏防运动（针对7月共军夏季政治攻势的肃正建设运动）同时进行，以扩大成果。自12月2日至8日期间，配合大东亚战争一周年纪念活动，使本次运动达到最高潮"。① 8月20日，"华北政务委员会"发布的《华北政务委员会第五次治安强化运动实施纲要》，则完全体现了华北方面军的上述意志。② 此后，"华北政务委员会"下属部门以及各省市也制定了相应的实施办法。

第五次"治安强化"运动开始后，日伪按照既定目标，一方面加紧宣传工作，力图在宣传内容和宣传手段上有所突破。各级伪组织都致力于"确立大东亚必胜的协力体制，彻底剿灭共军，提高民众建设新华北的意志"。③ 另一方面，日伪军继续对华北各抗日根据地进行军事进攻，"展开了激烈的肃正作战"，并积极推行挖土壕、修炮楼等封锁工作，"以期摧毁敌方抗战力量并完全杜绝敌方的收粮工作"，而且还在一些地方设立了"剿共模范地区"。至1943年初，第五次"治安强化"运动在华北各地陆续结束。至此，日伪的五次"治安强化"运动亦全部结束。

从1941年3月到1943年初，日伪在华北地区发动了五次"治安强化"运动。日伪对于整个运动的设计，"贯穿着'总体战'的基本思想，从军事、政治、经济到思想、宣传，有一个非常清楚的层次与部署在内"。④ 第一次运动时间较短，主要是宣传活动，为整个运动造势；第二次的重点在于"剿共"，围攻抗日根据地，取得了较大的成果；第三次则集中于经济战，以经济封锁的手段来打压抗日根据地的发展；第四次在"剿共"之外，非常强调生产，借以安抚民心，增强经济；第五次重点就在宣传方面，以拉拢民心。这些运动虽然并未完全取得如期的效果，但是的确加剧了华北敌后抗战的严重困难局面，支援、配合了日本发动的太平洋战争，并因此使华北成为其战争的"兵站基地"。

在华北沦陷区进行五次"治安强化"运动的同时，伪蒙疆政权也在日

---

① 《华北治安战》（下），第244页。
② 《日本帝国主义侵华档案资料选编·华北治安强化运动》，第617页。
③ 《华北治安战》（下），第245页。
④ 江沛：《日伪"治安强化运动"研究》，第97页。

本的策划和指导下，连续进行了四次所谓的"施政跃进"运动。第一次运动从 1941 年 9 月 1 日开始，第二次运动是在 1942 年 1 月至 3 月实施，第三次运动实行于 1942 年 9 月 1 日至 11 月末，第四次是在 1943 年 4 月至 6 月实行。这些运动，可以视为华北"治安强化"运动在内蒙古地区的延伸。

全国抗战中后期，日伪在华北沦陷区实行的包括"肃正作战"、"治安强化"运动、"施政跃进"运动等在内的大大小小、规模不一的多次军事镇压活动，被日军总称为"华北治安战"。所谓"华北治安战"，其目的实质上就是日本"把华北、蒙疆当作完成大东亚战争的兵站基地而予以维持和发展，当地伪政权的稳定只不过是为了达到这一目标不可缺少的手段而已"。尽管华北地区被日本当作太平洋战争的"兵站基地"，他们在此"开发"和获得了大量国防资源，并送回日本国内，这"可以算是华北治安战的一个成果"，但是连日方也供认："从全面来看，华北治安战是既未收到预期的成果，也未能达到作战的目的。"[①] 它终于在华北军民艰苦卓绝的抗战之中，以失败而告终。

三 华中"清乡"运动

日本扶植、承认了汪伪国民政府之后，在发动太平洋战争期间，即从 1941 年开始，为了维持其在华中、华南占领区的"治安"，进而推行其"以战养战"、"以华治华"的侵华政策，指使与支持汪伪政府，主要在华中沦陷区进行了以军事"清剿"为主的"清乡"运动。"国民政府为了将自己的政治力量渗透并强化到地方农村，自 7 月 1 日起开始实施清乡工作，第一期为期五个月，江苏省昆山、苏州、无锡、常州一线以北的扬子江南岸地区为实施地区，清乡意味一扫地方的不安定。"[②]

在侵华日军的策划与指使下，为了准备这场运动，1941 年 5 月 23 日，汪伪政府成立了"清乡委员会"，由汪精卫任委员长，陈公博、周佛海分任副委员长，秘书长为警察部长李士群；伪行政院的各部长，边疆、政务委员会委员长，江苏省主席为委员。该会同行政院、军事委员会具有同等

[①] 《华北治安战》（下），第 470—472 页。
[②] 《清乡工作与治安强化运动》，《满洲评论》第 21 卷第 3 号，1941 年 7 月 19 日，转引自中央档案馆等编《日本帝国主义侵华档案资料选编·日汪的清乡》，中华书局，1995，第 59 页。

权力,是可以独自发布有关"清乡"法令、命令的最高计划领导机关。"清乡委员会"下属有江南"清乡督办公署",负责整顿区内各地治安和行政,并在其下设各县区署,配备工作人员 2000 名;还有军事委员会参谋团,其下配备军队和保安队。①

汪伪政府勾结侵华日军自 7 月 1 日开始的"清乡",主要包括军事进攻和政治"宣抚"等内容,最终目的是要确立日伪政权对整个华中沦陷区的全面控制。在实行武力进攻的环节,主要由日军负责进行,汪伪政权则采取各项政治、经济、教育措施,以巩固日军武力进攻的"成果"。也就是如日军所说的,"先以日军为主体扫除敌性,中国方面密切配合,推行政治、经济、文教等各项措施(即所谓'三分军事,七分政治的形式'),其次是随着工作的深入进展,分阶段削减日军兵力,终于把政治、经济、军事的一切逐步移交给中国方面,而日本方面断绝一切干涉,在这里建设起局部体现新中国理想的模范和平区。然后,推广于全占领区,以扩大与加强新政权的统治力量"。② 根据"清乡"进度的不同,日伪将"清乡"的地区分为:"匪贼盘踞"、"讨伐进行"、"扫荡残匪"、"讨伐完毕"等四种。在"讨伐进行"和"扫荡残匪"的地区,除进行从军宣抚、招抚归顺、救济难民、盘查等行动外,还通过特务工作进行户口调查、发放良民证、居住保护证,并采取保甲制度和连坐制度。③

"清乡工作"的军事部分,主要由日军进行"武力扫荡",这是由于伪军实力不足。如汪伪军事顾问晴气庆胤所表示:"清乡之事功,以军事言,国民政府目前正规军之军力有限,不足以应付艰巨,克服环境,必须敝国军队为之协助,在贵国则偏重政治运用。"④ 汪伪方面各种军事力量,则要服从于日军指挥官的指挥,参与协助"清乡"。根据《清乡工作实施概

---

① 《清乡工作与治安强化运动》,《满洲评论》第 21 卷第 3 号,1941 年 7 月 19 日,转引自《日本帝国主义侵华档案资料选编·日汪的清乡》,第 59 页。
② 日本防卫厅战史室:《第十三军的清乡工作》,余子道等编《汪伪政权资料选编·汪精卫国民政府"清乡"运动》,上海人民出版社,1985,第 155 页。按,为行文方便,下文简称为《汪精卫国民政府"清乡"运动》。
③ 《清乡工作与治安强化运动》,《满洲评论》第 21 卷第 3 号,1941 年 7 月 19 日,转引自《日本帝国主义侵华档案资料选编·日汪的清乡》,第 60 页。
④ 《清乡委员会第一次筹备谈话会记录》(1941 年 4 月 23 日),余子道等编《汪精卫国民政府"清乡"运动》,第 126—127 页。

要》，日军指挥官对汪伪各军事力量得以行使指挥权："各地中国方面清乡负责人管辖下之中国保安队、警察队于参加本工作之作战警戒时，得受当地日本方面最高指挥官之支配"，"各地日本方面最高指挥官，对上项部队，得于作战警戒时及封锁时使用之，尤其对保安队、警察队，应予以必要之援助，以求其于将来能单独担当任务"。①

在"清乡"运动中，虽然日军承担了主要的作战任务，但汪伪方面也投入了大量的兵力。除伪军直接参与"清乡"运动外，汪伪政权的特工也在"清乡"运动中进行情报搜集、破坏等活动。日军要求："清乡工作，固以军事政治为中心，而特工只可在外围施展其威力，以协助清乡工作之推进。"而汪伪特工协助"清乡"的要点为：（1）调查，进行政治、军事、经济、交通情报的详细调查；（2）谍报，获取"肃清工作"所需情报；（3）义勇队（谋略队），歼灭"敌性"组织和分子；（4）秘密警察，侦查区内"敌方"武装、枪弹、军需等，设法破获及没收。②

全国抗战后期，日汪在华中的"清乡工作"大致分为以下四个阶段：1941年夏至1942年夏，日伪首先在苏南的苏州、常熟、太仓、无锡、武进、江阴地区进行"清乡"，这是"清乡"的第一阶段；1942年夏到1943年春，日伪着重在太湖东南地区和上海郊区进行"清乡"，这是"清乡"的第二阶段；1943年春至1944年初，"清乡"重点转移至镇江地区和苏中地区，同时在浙江的杭州地区和余姚、庵东进行"清乡"，这是"清乡"的第三阶段；1944年初至1945年夏，日伪一边在原清乡地区实行"反扑"，一边在安徽、广东、湖北的一些县区发动"清乡"，这是"清乡"运动的第四阶段，也是随着日本法西斯失败而最终破产的阶段。③

第一阶段的"清乡"，从1941年7月开始，日伪主要利用"封锁围剿"来攻取占领区内的各重要市镇。仅在第一期第一段（昆山、太仓、常熟、吴县）的"清乡工作"中，汪伪就出动了陆军10900名，警察及税警2694名，共计兵力13594名；配备步枪9000支，轻机枪256挺，重机枪

---

① 《李士群致汪精卫等签呈·附录一〈清乡工作实施概要〉》（1942年12月14日），《日本帝国主义侵华档案资料选编·日汪的清乡》，第218页。
② 《清乡委员会第一次筹备谈话会记录》（1941年4月23日），余子道等编《汪精卫国民政府"清乡"运动》，第126—127页。
③ 余子道等：《汪伪政权全史》下卷，第806、810、817、822页。

33挺，迫击炮1门，子弹1045600发等。其主要任务是协助日军，担任城垣防务及近郊警戒，并以一部分兵力协同"清乡"部队办理情报事宜等。① 此外，还调集了太仓武装警察队及"清乡委员会"新编第三大队一部，及常熟福山自卫团，共1058名，再调集新收编三个中队348人，在吴县、昆山等"清乡"区域担任防务。② 在"清乡"开始时，由"清乡委员会"驻苏州办事处负责进行，与江苏省政府对立，为统合"清乡"力量，汪伪政府将两个机构合并，并成立"江苏省保安司令部"，以江苏省主席兼任，在"清乡区"设立党务办事处，代行省党部职权，以李士群为主任，将党军政一元化。同时，"乡村确保治安的办法"，"兵力是必要的"，在都市则"警察的工作，尤为必要"。③ 通过统一"清乡"指挥机构，伪军警的协作，汪伪政府自认为，此阶段的"清乡"控制了各重要市镇，取得了"共匪主力崩溃"的效果。④

第二阶段的"清乡"，主要在太湖东南地区及上海郊区进行。"清乡工作"军事方面主要为"军事扫荡"，"然后就地区要隘，布置武力，广筑封锁线，设置检问所，实施军事及经济封锁，一面编组保甲抽调壮丁，使担任地方自治自卫工作"。⑤ 本阶段的"清乡"第一期工作自1942年7月1日开始，汪伪政府派遣了若干军警部队，随日军对"清乡区"进行"扫荡"。其中第二军第十三师（师长丁锡三）直接协助日军作战，第二军暂编独立第五、第六团则接受日军训练指挥，参加日军的"清乡"，江苏省保安队及清乡警察队亦接受日军指挥，从事"肃清"工作。⑥ 而其第二阶段的"清乡工作"又分为三期：第一期，1942年10月为组织配备"扫荡

---

① 唐生明：《清乡军事工作》（1942年7月4日），余子道等编《汪精卫国民政府"清乡"运动》，第235页。
② 《清乡委员会工作报告节录》（1941年11月），《日本帝国主义侵华档案资料选编·日汪的清乡》，第345页。
③ 汪精卫：《三期清乡的特点》（1942年5月10日），余子道等编《汪精卫国民政府"清乡"运动》，第28页。
④ 唐生明：《清乡军事工作》（1942年7月4日），余子道等编《汪精卫国民政府"清乡"运动》，第235页。
⑤ 《太湖东南第二期清乡地区工作报告》（1943年6月），余子道等编《汪精卫国民政府"清乡"运动》，第432—435页。
⑥ 《民国三十一年度下半年度清乡工作要领》（1942年6月6日），余子道等编《汪精卫国民政府"清乡"运动》，第35—36页。

工作"的准备时期，成立两嘉、平湖、海宁、海盐、金山、松南各特别区警察局，组织情报网；① 第二期，自1942年11月到1943年2月，为实施"扫荡"时期，其主要工作为"刷新军警纪律，实施业余训练，确立自卫机构，协助清查户口，检举反动分子，军警联系，会同友军，搜捕游匪，彻底扫荡，肃清流寇"等；② 第三期，汪伪在太湖东南地区计配备甲种保安队一大队五中队，乙种保安队一中队，独立步兵第六团改编之保安队三大队及保安特务队一中队，还有两大队"清乡"警察及各特区警员。在上海则配备上海特别市保安队第一团及第二团一个大队，第三团两个大队，第四团一个大队、保安队特务队两个中队、保安独立大队一个中队、中央税警总团第一支队和上海特别市警察总队。③ 各"清乡"地区共配备保安队1901人，警察2122人。④

第三阶段的"清乡"，主要面对镇江地区和苏中地区，并在浙江的杭州地区和余姚、庵东等地同时进行。汪伪在原则上配备的武力如下：（1）每一公里平均2.5—3人；（2）每1万人配保安队、警察约30人，军队约20人，共计约50人，随着清乡工作之进展，逐渐增加。但欲由中国方面军力单独确保治安，则应于每1万人中配备100名。⑤ 在镇江地区，动用兵力为警卫大队120人及别动总队100人，以及镇江、丹阳、扬中、武进四县保安队14个中队，保安第十一大队4个中队和警察第三大队4个中队等。⑥ 在苏中地区，配合日军进行"清乡"的伪军警力量有：汪伪政府军事委员会抽调的保安队2500名，并由如皋警备总队一部分改编的500名，共计3000名；汪伪暂编第三十四师两个团（约2000名）、第二十二师的

---

① 《太湖东南第二期清乡地区工作报告》（1943年6月），余子道等编《汪精卫国民政府"清乡"运动》，第432—435页。
② 《太湖东南第二期清乡地区工作报告》（1943年6月），余子道等编《汪精卫国民政府"清乡"运动》，第432—435页。
③ 《两年来的清乡工作》（1943年3月27日），余子道等编《汪精卫国民政府"清乡"运动》，第432—435页。
④ 《太湖东南第二期清乡地区工作报告》（1943年6月），余子道等编《汪精卫国民政府"清乡"运动》，第432—435页。
⑤ 《军事委员会致清乡委员会咨文》（1943年3月9日），《日本帝国主义侵华档案资料选编·日汪的清乡》，第248页。
⑥ 《江苏省第二区清乡工作报告节录》（1943年），《日本帝国主义侵华档案资料选编·日汪的清乡》，第616页。

一个团（约2000名）；区内原有的和新编的警察计3300名等。①

在本阶段的"清乡"运动中，汪伪政府原设的"清乡委员会"宣告撤销，"清乡"事务划归汪伪行政院办理，各地"清乡"事务则划归各地省市政府负责。② 除了机构的变迁之外，在这一阶段的"清乡"运动中，虽然最初仍由日本指挥官指挥汪伪之军队、保安队、警察等武装，但在"工作开始后约六个月"，就规定：日军应"迅速将一切移交于中国方面，俾得担任之"。③ 这反映了日本方面为了配合对于汪伪实施的"对华新政策"而带来的某些变化。

"清乡"的第四阶段，自1944年初至1945年夏。日伪除在江苏、杭州等原"清乡地带"继续进行"反扑"之外，也在华中的安徽、湖北等地，发起了"清乡工作"。在安徽，"清乡工作"的军事方面，仍旧沿用江浙一带的旧例，即"树立封锁线"、"构筑碉堡，设立大小检问所，实施封锁检问工作"、清查武器等。④ 其武力仍以保安队和警察为主，归省长兼保安司令直辖，大部分得兼受日军部队长官指挥。⑤ 在湖北，亦在日军的直接指挥下，由汪伪方面的正规军、保安队、警察等，协助日军开展"治安肃正"工作。日军最高指挥官得以指挥武汉方面汪伪治安机关，伪军师长、旅长则归日军联队长或独立大队长以上者指挥，伪省、县政府保安队长，则归当地兵团长、地区警备队长及宪兵队长等指挥。⑥

在广东，汪伪也展开了"清乡工作"，1944年1月，伪军第三十、第四十五师在东莞、宝安开展"搜剿"。据其计划，东莞、宝安为第一区，

---

① 《清乡委员会苏北地区清乡主任公署第一期清乡第一次工作总纲》（1943年3月17日），《日本帝国主义侵华档案资料选编·日汪的清乡》，第646—647页。
② 《国民政府训令》（1943年5月20日），《日本帝国主义侵华档案资料选编·日汪的清乡》，第250页。
③ 《汪曼云致行政院长汪签呈》（1943年6月23日），《日本帝国主义侵华档案资料选编·日汪的清乡》，第264—265页。
④ 《安徽省政府致清乡事务局公函》（1944年7月12日），《日本帝国主义侵华档案资料选编·日汪的清乡》，第987页。
⑤ 《安徽省政府致行政院呈文》（1943年7月3日），《日本帝国主义侵华档案资料选编·日汪的清乡》，第982页。
⑥ 《湖北省政府等致行政院清乡事务局呈文》（1944年9月5日），《日本帝国主义侵华档案资料选编·日汪的清乡》，第996页。

中山、新会为第二区,南海、番禺、顺德为第三区。①

1944年2月10—11日,汪伪行政院在南京召开"清乡工作"会议,病入膏肓的汪精卫请周佛海代为宣读了训词,继续叫嚷要把华中地区的"清乡"作为"大东亚作战前线"。②但是在华中抗日军民的反击之下,伴随着日本在太平洋战争末期日薄西山,汪伪政府为虎作伥的"清乡运动"最终也随着日本的投降而宣告彻底破产。

---

① 《广东省三十三年度清乡工作概况(节录)》(1944年10月),余子道等编《汪精卫国民政府"清乡"运动》,第555页。
② 《汪精卫在清乡会议上的训词》,《中华日报》1944年2月11日。

第四章
沦陷区的经济

日本帝国主义发动的从局部到全面的侵华战争，打断了中国社会经济艰难曲折的近代化历程。抗日战争期间，中国关内外各沦陷区的经济及其发展状况，直接取决或者主要决定于日本实施殖民统治的各项经济政策。日本在侵华战争期间，为了支持和扩大战争的需要，在中国各占领区实施严格的经济统制政策，设立"国策会社"，进行了残酷的经济掠夺和疯狂的资源榨取，从而造成了中国各沦陷区畸形的经济形态。本章拟结合日本侵华的经济政策，分别论述东北、华北、华中各沦陷区的经济发展状况。

第一节　日本对东北地区的经济统制及其资源掠夺

一　经济统制政策的制定及其实施

日本通过武力手段占据中国东北以后，首先着手劫夺东北的银行、海关、邮电、工矿企业、交通设施等经济命脉，派驻日籍人员将所有大权控制在手。接着，以伪满洲国的名义颁布了一系列统制东北经济的法令法规等。1934年3月30日，日本内阁通过一份《日满经济统制方策要纲》，内中明确规定经济统制的方针是："使满洲国作为与帝国有着不可分关系的独立国家而向前进步发展的根本方针。"其具体统制方策计有六条，其要点是：（1）"满洲的交通、通讯及其他事业，制约帝国国防要求者，置于帝国之实权下，适当统制，以期迅速发展"；（2）"日满经济运营上特别重要之基础事项，适当采取统制措施，以期有秩序的发展"；（3）"满洲的金融，在适当的统制下，使之保持日满两国金融组织的充分协调，并体现我国资本与满洲资源之间的有效的适当的联系"；（4）"为供应满洲产业发展所必需的技术或劳力,在一定的统制下,尽量向满洲移植多数日本人"。另外,《要纲》还具体列举了纳入统制范畴的产业,计有:交通与通信事项;钢铁业;轻金属业;石油业;代用液体燃料工业;汽车工业;兵器工业;煤炭矿业;铅、亚铅、镍、石棉等采矿业;硫铵工业;碱工业;采金业;电业;伐木业等14项。此外,对制盐、纸浆、油脂、制麻、纤维、机轮船拖网渔业以及棉花种植、面粉加工、养蚕、养绵羊、水稻等业也实行"适当"或"行政性"统制措施。① 可见,《要纲》规定的统制对象完全是服务于日本战争需要的工矿产业或资源,这也说明日本决策层从统治东北的初期开始,就决定将东北建设成日本的战争资源基地。

1934年6月,伪满政府秉承日本的旨意,颁布了《一般产业声明书》,将东北的经济企业划分成三种形式,一是"国营"、"公营",或特许的特殊会社;二是受"国家"统制许可的企业(即准特殊会社);三是自由企业。《声明书》明确规定,"国防上的重要产业"、"公共公益事业"以及"一般基础产业"必须由"国家"特别统制。②

进入1937年,华北战云密布,为了适应侵略战争的需要,日本加紧了掠夺东北资源的步伐,遂于当年5月出台了《重要产业统制法》,计14条,明确规定经营重要产业者必须"受主管大臣许可","未经主管大臣许可而经营重要产业者处5000元以下之罚金"。同时出台的还有一份《关于施行重要产业统制法之件》,具体规定重要产业的范畴为:兵器制造业,航空机制造业,自动车制造业,液体燃料(矿油及无水酒精)制造业,铁、钢、铝、镁、亚铅、金、银及铜之精炼业,炭矿业(除年产5万吨未满者),毛织物制造业,棉纱纺织业,棉纱物制造业,麻纺织业,麻制线业,制粉业,麦酒制造业,制糖业,烟草制造业,曹达制造业,③ 肥料,纸浆制造业,油坊业,水泥制造业,火柴制造业等21项,远远超过《一般产业声明书》规定的范畴,如原来属于"自由经营"的纸浆、水泥、纺织、制糖、制粉等业也纳入"重要产业"范畴,东北民族业者被拒之门外。

经济统制方针的确立,实质上是把伪满洲国的一切经济命脉控制在日

---

① 中央档案馆等编《日本帝国主义侵华档案资料选编·东北经济掠夺》,中华书局,1991,第36—40页。
② 『满洲国史』各论、403页。
③ "曹达"在日语中为纯碱苏打之意,引申意为化工。

本的手中，使伪满洲国的经济彻底沦为日本经济的附庸。同时，也为日本资本的输入敞开了大门。在关东军的具体策划下，由满铁继续控制东北的交通业及部分工矿产业。但是，关东军又担心满铁高度垄断东北的产业，对殖民统治和经济统制政策构成障碍。于是，由时任参谋本部作战部长的石原莞尔出面，包括关东军参谋长东条英机、伪满总务厅长星野直树、次长岸信介在内，都频繁与新兴的日产财阀总裁鲇川义介接触，怂恿该财阀进入东北。直接的理由是日产财阀以大众资本为基础，在经营重化学工业方面颇有建树，是军工业必须依赖的重要产业。此外，日产财阀总裁鲇川义介与军部相交甚密，尤其对九一八事变后关东军推行的"满洲开发五年计划"饶有兴趣，曾亲自到东北考察，提出"一系列资源综合开发"的建议，以及在东北建立汽车、飞机工业，实行"一业一社主义"等建议，都深得关东军的首肯。[①] 1937年10月，日本内阁讨论通过了关东军制订的《满洲国重工业确立要纲》，决定"以综合经营满洲国重工业为目的，设立强有力的会社"，"该会社由满洲国和（日本）民间会社各出资一半，日产预定资本金2.25亿元，持股人数约5万人"，经营的产业包括"钢铁业、轻金属业、重工业（汽车、飞机制造业）、煤炭业"以及"金、铜、铅、铝等矿业的投资经营"。[②] 同年12月，日产财阀正式将总部迁到东北，成立满洲重工业株式会社，垄断了除铁路以外的东北轻重工业以及化工、制造、矿产业等。日产财阀从此进入成立以来的巅峰期，旗下的77家企业总资本金由原来的2.25亿日元一跃增至6.2亿之多，原本不过是二三流的财阀，由于把准了军部的脉，竟然一崛而起，上升为仅次于三井和三菱的第三大财阀集团。

除满铁和日产财阀外，从1934年开始，三井、三菱、住友、大仓等十大财阀也陆续将触角伸向东北，截至1941年，十大财阀在东北的总投资额达67.7亿元，其中三井当年投资1.5亿，三菱7000万，住友5000万，大仓1.8亿元。[③] 需要指出的是，这些投资都明显地向军事、重化工以及军需产业倾斜。

---

① 铃木隆史『日本帝国主义と満州』下卷、塙書房、1992、269、270頁。关于"满洲"的称谓，日文资料中有"満洲"或"満州"，本书所引日文资料均照录原著。
② 铃木隆史『日本帝国主义と満州』下卷、274、275頁。
③ ねず·まきし『満洲帝国の成立』校倉書房、1990、290頁。

1936年9月，关东军召集日伪政府高级官员及本国财阀代表在汤岗子召开一次重要经济会议，酝酿全面掠夺东北战争资源的计划，1937年便出台了《第一次产业开发五年计划》。该计划不顾东北当时的实际生产能力，规定的各项产业指标几乎都超出实际生产能力的1.6倍或2倍以上。就在该计划刚刚制订成形准备颁布实施时，日本发动了卢沟桥事变。出于战争的需要，日伪当局又将计划指标再度提升，详见表4-1。

表4-1 《第一次产业开发五年计划》原计划指标及修订计划指标对比

	单位	1936年末实际生产能力	原计划指标	再修订计划指标
钢铁（包括铣铁、钢块、普通及特殊钢材）	千吨	800（100%）*	4500（562.5%）	10200（1275%）
铁矿石（包括贫、富矿）	千吨	2495（100%）	8500（340.68%）	7730（309.8%）
煤炭	千吨	11700（100%）	25000（213.67%）	34910（298.37%）
铝	千吨	4000（100%）	20000（500%）	30000（750%）
铅	吨	1220（100%）	12400（1016.3%）	29000（2377%）
岩油及煤炭液化	千吨	145（100%）	1600（1103.44%）	—

* 以1936年末实际生产能力为100%。
资料来源：此表根据『满洲国史』各论、564页；『满洲国史』总论、553页绘制。

从表4-1不难看出，七七事变后，日伪当局不顾实际生产能力，大幅度提升主要产业的生产计划指标，甚至几倍、十几倍的增长，站在经济史的视角，就可以看出该计划的盲目和荒唐，也透露出计划策定者攫取战争资源之欲壑难填的心态。目的就是保证侵略战争的需要。

尽管，《第一次产业开发五年计划》不可能按照统治者的意愿全部实现，但是，出于对战争资源的巨大需求，日伪当局采取竭泽而渔、酷使劳工等手段，还是获得了产业指数的提升。有数据统计，以1936年实际生产能力为100%，到1941年，铣铁完成219%，钢块154%，钢材264%，煤炭178%，铅1223%，亚铅398%，铜517%，石棉4828%，液体燃料160%，电力24%（不包括松花江、镜泊湖的水力发电），硫铵104%，曹达灰54.5%（1937年数据），盐150%，铝1666%（1938

年数据），纸浆790%。① 上述产业指标从一倍到十几倍，甚至数十倍的冒进，恰恰说明日本统治集团旨在攫取战争资源，而绝非工业化的体现，更与提高民众的生活水平毫无干系。

七七事变后，伪满洲国宣布进入"战时体制"，并于1940年2月颁布了《物资动员计划与物资统制》，内中指出，"随着中国事变的进展，时局日益紧张，事态进入长期建设阶段后，根据日满共同防卫的原则，作为最高命令不能不要求满洲国向日本提供援助，并加强应该承担任务的部门"。该计划还明确提出，"物动计划是以确保军需资材为最高目的……即以日满为一体的扩大生产计划中我国所承担的任务，其本身就是我国对日支援的实际行动"。该计划规定物资统制的类别包括：钢铁类、有色金属、轻金属、煤炭、水泥、木材、橡胶、毛皮皮革类、羊毛、棉花、原棉棉制品、柞蚕、米谷、饲料、小麦面粉、重要特产品（大豆、豆油、豆饼）、棉籽、苏子、蓖麻子、青麻、洋麻、烟叶、麻袋等。② 同年6月，日伪当局又颁布了《物价及物资统制法》，对所有统制物资实行价格专管，规定"无论何人不得超过……公定之价格"，否则"予以必要之处分"。③ 上述两法的颁布，使得从工矿业产品到生活物资，几乎全部控制在日伪当局的手中，东北民众生活在"配给经济"的阴霾下，生活必需的吃穿用等物资被压缩到最低限度，甚至是"零配给"，东北民众的生活陷入水深火热的艰难境地。

1941年9月，日伪当局推出《第二次产业开发五年计划》，同年12月，日本发动了更大规模的太平洋战争，日本国内及各个战场都陷入财力、人力、物力极度紧张的困境。12月22日，日伪当局颁布了《战时紧急经济方策要纲》，规定伪满洲国的经济目标，必须"考虑我国国防上的特殊地位，充分满足日本的战时紧急需要"。④ 从此，伪满洲国的一切运转完全围绕着日本扩大侵略战争的需要，包括农副产品在内的所有战争资源大量输向日本国内或各个战场，伪满洲国经济呈现出工、矿、轻、商、农各业极端畸形的态势，民众的生活也陷入极端贫困、朝不保夕的极限

---

① 『满洲国史』各论、563页。
② 《日本帝国主义侵华档案资料选编·东北经济掠夺》，第48—60页。
③ 《日本帝国主义侵华档案资料选编·东北经济掠夺》，第62、63页。
④ 日本产业调查会满洲总局编『满州产业经济大观』1942。

状态。

二 东北经济沦为日本的经济附庸

1. 全面垄断东北的交通、港湾及矿工业，控制东北的经济命脉

按照《日满议定书》规定，东北境内的一切交通、港湾均委托日本经营管理，并赋予其新设权，具体由满铁会社一家独揽。满铁除"接收"东北境内的铁路、公路（包括1935年收购的中东路）外，从1932年5月起，进行了三期铁路的铺设，先后铺设了敦（化）图（门）、天（朝阳川）图（越过图们江朝鲜上三峰站）、拉（法）滨（江）、海（伦）克（山）、泰（安）克（山）、拉（哈）讷（河）、北（安）辰（星）、辰（星）黑（河）、讷（河）墨（尔根）、图（门）宁（安）、宁（安）林（口）、林（口）佳（木斯）等31条线路，总长度为3941.3公里。①

东北公路在九一八事变前已经颇具规模，总长度为1万余公里。满铁"接收"和经营东北公路后，从对苏作战和日本移民的需要出发，截至1939年，公路又新设15000余公里，作为铁路网的补充。

在日俄战争后，日本就对大连港进行了扩建，实行"大连港中心主义"。九一八事变后，满铁对营口、安东港以及葫芦岛港进行了改建或扩建，作为大连港的辅助港，实行"三港三系统主义"，把辽东、热河等地的资源也完全吸收到满铁经营的港湾系统之中。此外，满铁还获得东北境内的松花江、嫩江、牡丹江、辽河、黑龙江、乌苏里江、鸭绿江、图们江等八条水系的经营权。原东北航务局、东北航运处、广信航业处、松黑两江邮船处、东北造船所等水运机关及其船舶、码头设施、工厂及附属工厂的土地、建筑物、机械器具等所有设施悉数移交给满铁。② 由此，满铁全面垄断了东北铁路、港湾、河川的经营权和新设权。

1932—1936年，日伪当局在控制东北经济命脉和出台一系列经济统制政策的基础上，把煤炭、电力、钢铁、石油等能源工业列为首要"发展"目标。1934年5月，伪满政府和满铁各出资一半（总资本1600万元，到1936年增加到1亿元），成立了满洲炭矿株式会社（"满炭"），全面垄断

---

① 苏崇民：《满铁史》，中华书局，1990，第500—501页。
② 吉林省社会科学院〈满铁史资料〉编辑组编《满铁史资料 第二卷 路权篇》第4分册，中华书局，1979，第1172—1173页。

经营东北的煤矿，截至1936年，总计出产煤炭52328千吨，其中20%以上输往日本，占东北煤炭输出总量的70%以上。

1934年11月，满洲电业株式会社成立，通过收买和资本渗透等手段，将满铁、满炭以及其他工业部门经营的发电所纳入旗下，全面垄断了东北的电力工业，发电量从1932年的5.9亿度，到1936年增加至13.5亿度。① 1943年后竟猛增到42亿度，自然是为了满足工矿及军工产业的需要。

在钢铁工业方面，1933年6月，日伪当局在鞍山成立昭和制钢所，到1935年，生产生铁471926吨，钢锭211564吨，钢坯172872吨，钢材50704吨。② 同年，日伪当局又以合资的形式与日本大仓财团合办本溪湖煤铁公司，生铁年产量为12万—15万吨，其中80%以上输往日本。③

1933年5月，满铁与其他日本财团合资成立满洲化学工业会社，从煤炭中提取硫酸、盐酸、硝酸、纯碱、烧碱、硫铵等化工产品。到1936年，生产硫酸135851吨，硫铵185772吨，④ 分别为1932年的5倍和6倍。这些化工产品当然是为了满足军工产业的需要。

九一八事变后日本劫夺了奉天兵工厂，1937年又投资2000万元（总资本达2500万元，其后又陆续投资达1亿元）扩建为奉天造兵所，生产规模由原来的兵器、火药、造枪等3个所扩充为造枪、造炮、枪弹、炮弹、机械加工、火药等6个制造所，并增建高射炮厂房、库房等。

日本垄断资本全面控制东北经济命脉的根本目的，在于把中国东北建成日本的战争资源基地，弥补日本国内战争资源的短缺，满足侵略战争的需要。所以，自从日本独占东北之后，大量钢铁、煤炭、有色金属以及农副产品等战争资源就源源不断地运往日本国内及各个战场。据不完全统计，从1931年九一八事变到1937年七七事变前，伪满洲国向日本提供煤炭达2178万吨，生铁221.3899万吨。⑤ 七七事变爆发后，日本政府公然要

---

① 东北物资调节委员会研究组编《东北经济小丛书·电力》，京华印书馆，1948，第16页。
② 张福全：《辽宁近代经济史（1840—1949）》，中国财政经济出版社，1989，第522页。
③ 解学诗：《伪满洲国史新编》，人民出版社，1995，第322页。
④ 张福全：《辽宁近代经济史（1840—1949）》，第570、575页。
⑤ 王成敬：《东北之经济资源》，商务印书馆，1947。因参考资料不同，此处数据与表4－2的数据略有不同。

求伪满政府每年向日本提供煤炭2900万吨、钢铁150万吨、粮食1000万吨。[①] 以煤炭为例，详见表4-2。

表4-2 日伪时期东北煤炭年度对日本供应量及投入军工产业数量统计

单位：千吨

	1931	1932	1933	1934	1935	1936	1937	1938	1939	1940	1941	1942	1943	1944
生产量	8511	7169	9277	10577	12428	13672	14387	15988	19401	21120	24190	24169	25320	25591
对日供应量	2123	1900	2533	2882	2454	2115	1912	1383	845	772	671	643	577	590
日伪军军供应量								636	1821	1472	2621	2542	2727	2713
工矿产业供应用量	1460	2515	2832	3414	3923	3328	4076	5257	6017	6465	7580	8543	8043	6515

资料来源：参见《日本帝国主义侵华档案资料选编·东北经济掠夺》，第354、355页。其中"工矿产业用量"包括鞍山、本溪钢铁业，电力、煤气、私营铁路、焦炭生产、采矿冶金、轻金属、钢铁机械、水泥、窑业、化学工业、纺织、农畜产品加工、食品加工、其他等与军事工业有关联的产业用煤量。

再以鞍山昭和制钢所对日输出生铁的数量为例，可以看出日本对东北资源的掠夺程度，详见表4-3。

表4-3 日伪时期鞍山昭和制钢所对日输出生铁数量

单位：吨

年份	日本总输入量	鞍山输出日本的生铁数量	比率（%）
1932	650380	308597	47.4
1933	801284	287332	35.9
1934	778583	295776	38.0
1935	1092541	249375	22.8
1936	1094879	120951	11.0
1937	1129943	129983	11.5
1938	1072032	112080	10.5

① 王子衡：《日寇在伪满进行掠夺的三光政策》，《文史资料选辑》第29辑，中国文史出版社，1980，第61—81页。

续表

年度	日本总输入量	鞍山输出日本的生铁数量	比率（%）
1939	928030	290870	31.3
1940	854566	295194	34.5
1941	784292	517541	66.0
1942	878463	509300	58.0

资料来源：参见《日本帝国主义侵华档案资料选编·东北经济掠夺》，第339页。

表4-4仅以四种物资为例，反映了日本对东北其他战争资源的掠夺情况。

表4-4 太平洋战争后伪满洲国对日输出的几种产品情况

单位：百万元

年份 数据 品名	1942 输出量	1942 日本总需要量	1942 %	1943 输出量	1943 日本总需要量	1943 %	1944 输出量	1944 日本总需要量	1944 %	1945 输出量	1945 日本总需要量	1945 %
油脂、腊制品	10	44	22.7	15	155	9.68	10	107	9.35	5	61	8.20
粮食饮料、烟草	3	44	6.8	1	28	3.57	154	328	47.0	140	202	69.3
金属制品	168	301	55.8	113	332	34.0	139	364	38.2	37	92	40.2
矿石制品	48	205	23.4	40	217	18.4	54	297	18.2	24	100	24.0

资料来源：参见〔日〕日本满铁会编《满洲开发40年史》，辽宁社会科学院译，编者自印，1962。

综上可以得出结论，日本从发动九一八事变到战败投降的14年间，一直把东北作为日本的战争资源基地来进行"开发"、"投资"和"建设"，一切经济统制方针、政策也完全围绕着这一根本目的来实施，即攫取东北的战争资源，满足日本不断扩大的侵略战争的需要，成为日本垄断东北经济命脉的唯一主旨。

2. 农业经济日趋衰落

日伪时期所推行的农业经济政策同整个东北殖民地经济的形成和深化过程一样，大体分为两个阶段，一是从九一八事变到1937年；二是从七七事变到伪满洲国垮台。

第一，从九一八事变到1937年，这个时期农业经济政策的特点是极力维护农村旧有的封建半封建经济体系，承认和保护地主土地私有制，同时建立带有殖民掠夺性质的农村经济统制机构，并同农村中的地主、富农、高利贷者结合起来，强化对中下层农民的剥削，束缚了农业生产力的发展。1932年3月23日，伪满民政部设立土地局，投入大量的资金和人力对东北土地进行了调查，其目的并非确立新的土地制度，"防止土地兼并"，而是为了摸清东北的土地资源，使"国有"土地及日本人侵占的土地合法化，同时为后来的日本移民提供可"开拓"土地。在此基础上，日伪当局逐步建立起农业经济统制机构，利用金融资本渗透的手段，把重要农产品的收购和销售统制起来。如在伪奉天省，成立起各种形式的"农事组合"，如烟草组合、棉花组合、果树组合等，宣扬"以民族协和为宗旨，以建国精神为基调，排除历来的自由主义经营思想，实行同国家政治密切相关的近代协和组织形态"。① 在黑龙江，伪青冈县首先设置了青冈县粮谷交易市场和粮谷共同仓库。随之，伪滨江、龙江两省也开展类似的"合作社"运动。到1936年，依兰、桦川、勃利、克山、双城、绥化各县都设立了各种交易市场。这种"合作社运动"标榜旨在"排除中间机构（如粮栈）的榨取，防止价格暴涨暴落，促进资金流通"等，实际上，兴办这种"合作社"所依赖的力量仍然是农村里那些土地占有者或富有阶级，接受其各种贷款或在兴办中受惠的也是这些人。就连日伪政府也不得不承认，"没有担保能力的实际劳动农民是得不到恩惠的"，② 也暴露出日伪政府实行这项措施的根本目的在于逐步对农村经济实行全面统制，特别是垄断、统制以大豆为主的农作物的生产、收购和销售。即在维护东北农村旧有的封建半封建生产关系和土地占有制度的前提下，以强制殖民统治的手段，全面占有农业生产成果，为满足战争和日本国内需要服务。

第二，从七七事变到日本战败投降。1937年5月，日伪政府颁布了《第一次产业开发五年计划》，在这个计划中，农业明显地被置于日伪经济中的次要或附属地位。就投资而言，农业（包括牧业）投资仅占总投资额的5%。1938年，日伪政府修改了这个计划，总投资增至48亿元，其中对

---

① 『満洲国史』各論、789頁。
② 『満洲国史』各論、788頁。

工矿业投资增加了约3倍,而农业投资仅增加1000万元,占总投资的比例下降到3%,详见表4-5。

表4-5 1938年日伪制订的产业"开发"计划

单位:百万元

	原计划投资额	占比	修改后投资额	占比
投资总额	2500	100%	4800	100%
工矿业	1224	49%	3800	79%
交通通信业	720	29%	640	13%
移民	274	—	220	5%
农牧业	130	5%	140	3%

资料来源:『満洲国史』各論、656頁。

综上可见,日伪当局的投资重点始终瞄准交通、工矿等产业,农业一直处于从属地位,甚至低于运筹日本移民的投资。但是农业生产又是保障生存的最起码条件,因此日伪当局从来没有放松对粮食等农副产品的控制,其重要手段就是实施全面统制,把粮食等农副产品垄断在手。1937年以后,日伪政府采取了以下几个步骤,对东北农业实施全面的统制。

一是建立"三位一体"的农业统制体制。1937年6月28日,日伪政府公布《设立农事合作社要纲》,其方针是:"在政府的统制下,按照国家计划促进农业的开发,增进农业者的福祉,与此同时密切与地方机构配合,圆满地实行生产品的配给,逐渐把农业者组织起来。"一个是按(国家)计划生产;一个是实行生产品(即生产资料)配给,这便是组建农事合作社的根本目的。《要纲》还规定了农事合作社的任务:(1)农产品(包括畜、林、水产品)的检查、储藏、搬运、调制、加工及贩卖;(2)农业仓库的经营;(3)农产品交易场的经营;(4)设置各种利用设备;(5)必需品的购入、加工及对生产品配给;(6)办理储蓄和资金借贷。这样,从生产到销售,各个领域的经营权都由农事合作社垄断。

1940年3月,为进一步加强对农业生产的统制,协调农事合作社和金融合作社的关系,以及为侵略战争积蓄更多的农副产品,日伪政府又宣布将上述两社合并成"兴农合作社",并在伪政府内设置兴农合作社中央会,各伪省设立中央会支部,采取"一县一社"主义,由伪县长任社长(实际是日籍副县长参与制)。这便是伪地方政府、协和会、兴农合作社"三位一体"的统制体制。从此,兴农合作社取代了金融、农事合作社的职权,包揽了农业的一切业务,是日军更大规模掠夺农副产品的组织保障。

二是颁布一系列法令法规,严格控制农产品生产和销售的各个环节。1938年,随着侵华战争的升级,粮食的需要量猛增,日伪政府颁布了《粮谷管理法》,规定凡粮谷的生产和贩卖一律实行伪政府规定的价格,统一由"满洲粮谷株式会社"执行和监督。1939年,又公布了《特产物专管法》,由统制机关"满洲专管会社"对大豆等特产物实行专管。接着,《主要粮谷统制法》出笼,由"满洲粮谷株式会社"对高粱、玉米、谷子等主要农作物实行统制,并全面实行农产品价格统制政策。这样,农产品从生产到销售的每个环节均在统制之中,农业经济命脉牢牢控制在日伪统治当局的手中。

三是全面掠夺,不遗余力。太平洋战争后,日本军国主义的战线拉长,粮食供给告急,为了挽救即将崩溃的命运,日伪当局加紧对东北农村的粮食掠夺。日伪政府先是实行"先钱制度",即在收获季节前由"兴农合作社"逐一同农民签订"出荷"契约,预支部分"先钱",从而把粮食预先霸占到手。1938年之后,日伪政府通过《粮谷管理法》等一系列法令法规,宣布对一切农副产品实行统制配给。每年向各伪省县下达农副产品"增产"指标,"对完成任务成绩优秀者予以褒奖"。进入1942年,上述各项法令仍然无补时艰,日伪政府又颁布了《战时紧急农产物增产对策》。翌年1月又制定《战时农产物搜荷对策》。这两项《对策》无异于公开抢掠的动员令。每到收获季节,各级伪政权官吏、"协和会"、"兴农合作社"职员、警察等就组成"抢粮队",到乡下抢粮。1940年12月,伪吉林省抢先完成粮食"出荷"任务,获得伪中央1万元"嘉奖"。与之毗邻的伪滨江省不甘落后,伪省长、次长亲自出马,带着警察,以刺刀马棒到乡下抢粮,结果完成170万吨的"指标",也获得上级1万元"嘉奖"。[1] 据黑龙江省万奎县的调查,从1940年到1944年,日伪当局在该县搜刮粮食388060吨,每年递增11.5%—19%,平均每亩地强制"出荷"粮食74.4斤。[2]

---

[1] 王子衡:《日寇在伪满进行掠夺的三光政策》,《文史资料选辑》第39辑,第61—81页。
[2] 万奎县政协文史委员会编《万奎县文史资料》第2辑,编者自印,1984。当时东北农村单位亩产量不过150—200斤。

表4-6以几个地区为例，反映了日伪统治时期搜刮粮食的具体情况。

表4-6　1940—1943年部分伪省别出荷量及其比例

单位：吨

伪省别	1940 产量	1940 出荷量	%	1941 产量	1941 出荷量	%
龙江	1460833	431719	29.9	1437200	547901	38.1
北安	1860637	638620	34.3	1760498	716105	40.7
滨江	2734135	740742	27.0	2556179	874613	34.2
三江	612826	202494	33.0	514200	140376	27.3
东安	248548	75637	30.4	171280	42936	25.0
牡丹江	142537	15647	10.9	164210	41447	25.2
吉林	3165983	1031660	32.5	2997184	1972005	35.7
四平	1663788	589688	35.4	1787309	673158	37.6
奉天	2048533	470280	22.9	2308832	506330	21.9
锦州	1326572	203096	15.3	1387777	226235	19.1

伪省别	1942 产量	1942 出荷量	%	1943 产量	1943 出荷量	%
龙江	1421949	679000	47.7	1555070	732448	47.1
北安	1621376	893800	55.1	1951112	1043162	53.5
滨江	2380561	1076900	45.2	2754888	1239903	45.0
三江	570622	191600	33.5	540954	227742	42.1
东安	188375	96450	51.2	167272	82800	49.5
牡丹江	192924	78050	40.4	132451	53477	40.4
吉林	3082788	1341100	43.5	3453200	1559363	45.2
四平	1670666	796500	47.6	1800362	857741	47.6
奉天	1670116	293900	17.5	2094656	611015	29.2
锦州	1279474	195775	15.3	1173967	265718	22.6

资料来源：参见《日本帝国主义侵华档案资料选编·东北经济掠夺》，第590、591页。表中数据略有不准确之处，如1941年吉林的比例应为65.8%等，有些地方的百分比没有进行四舍五入。此处保留原文献的数据。

由表 4-6 得知，除个别省份外，多数省份的"出荷量"占该省总产量的 35% 以上，有些省份甚至超过一半。而且从 1940 年到 1943 年，每年的"出荷量"都在逐年攀升，呈总体上升趋势。

3. 民族工商业的遭遇

日伪统治的 14 年里，东北地区的民族工商业经历了限制发展、强化统制、兼并等曲折历程。1934 年 6 月，日伪政府颁布了《一般产业声明书》，明令对工矿、铁路、冶金、银行、烟草、电业等行业实行"国家"统制，指定由特殊会社或准特殊会社经营。据统计，截至 1945 年 6 月，整个东北特殊会社和准特殊会社中民族资本仅占投资总额的 0.3%，其中，工业为 0.5%，矿业为 0，交通业为 0.2%。① 可见，东北沦陷期间，民族资本涉足工矿业及交通运输业的比例微弱，而且，这一比例又是以股份形式保存下来。

东北沦陷的 14 年里，民族资本赖以生存的是日伪政府统制之外的"自由经营"业，诸如油坊、烧锅、制粉、粮栈、磨房以及商号、杂货店等业，这就决定了民族工商业不可能在这一时期得以发展壮大。1937 年前，日伪政府为了标榜繁荣，安抚人心，同时因要致力于建立殖民地经济体系，对统制外的经济活动不予过多地干涉和限制，允许因事变爆发关闭的民族工商业恢复经营。东北民族工商业便在这一"时机"下有所复苏和某种程度的发展。据统计，1935 年，哈尔滨民族资本新设制粉厂 4 家，棉织 13 家，制棉 21 家，烧锅 1 家，石碱 4 家，罐头 1 家。② 然而，这一时期民族工商业也非一帆风顺，经常受到日伪政府统制政策的限制以及日本雄厚的垄断资本、先进的生产技术和过剩的各类产品的冲击。1937 年之后，由于全面掠夺东北战争资源的殖民地经济体系已经建立，日本当局便开始向民族工商业伸出魔爪，实施严厉的统制、限制和扼杀措施。特别是太平洋战争爆发后，日伪政府通过了各项扼杀性的法规，如《重要产业统制法》、《银行法》、《"七·二五"物价停止令》、《物价物资统制法》、《战时紧急经济方策要纲》以及各种《配给法》、《专卖法》等，把民族工商业禁锢到无法生存的地步，许多颇有经济实力的民族资本或被兼并，或被挤

---

① 《东北经济小丛书·伪满时期东北经济统计》(1)，第 19 页。
② 孔经纬：《东北经济史》，四川人民出版社，1986，第 507 页。

垮，或沦为日本人特殊会社及准特殊会社的支店、加工厂、代销点等。民族工商业备遭摧折，濒于崩溃。

九一八事变前，哈尔滨计有制粉厂27家，一昼夜加工能力为66910袋，其中昼夜加工能力为1000袋以上者有21家，最大的天兴福第二制粉厂昼夜加工能力为6500袋。九一八事变爆发后，各制粉厂不同程度地受到影响。1932年，松花江洪水泛滥成灾，小麦大幅减产，价格飞涨，加工原料短缺，致使各制粉厂一蹶不振，直到1934年，一些制粉厂才逐步回归正轨，但仍未达到九一八事变前的生产能力。

就在民族制粉业勉强维持、拼力挣扎之时，日本将大批日本及其他外国产面粉输入东北市场，民族制粉业因在价格上无力同外国面粉竞争，逐步陷入困境，民族制粉业苦不堪言。日伪政府为了平息舆论，采取了提高关税，鼓励输出等措施，但对日本面粉输入并不限制，使民族制粉业虽得一时残喘，却面临着更大的危机。果然，从1934年开始，日本财阀开始侵入制粉业，他们在关东军的支持下，由日本制粉、味之素会社、增田制粉所、大同商事会社、三菱商事会社、东拓会社、三井物产会社等财团共同集资200万元（后增至1000万元），成立实力雄厚的"日满制粉株式会社"。该会社成立后到处兼并弱小民族制粉业者，引进先进技术设备，扩大经营规模，到1938年，在东北地区建起11家制粉厂，其中在黑龙江地区就有10家，日加工能力达4万余袋，为1931年哈尔滨民族制粉业的6倍还多。[1]

除"日满制粉株式会社"外，还有三菱、三井、日东制粉株式会社等日本财团也相继在东北兴办制粉厂，哈尔滨的广信升火磨、忠兴福制粉厂，宁安的增兴火磨，昂昂溪的振兴火磨以及安达的福兴火磨等民族制粉业便是被上述日本财团挤垮、收买或兼并的。由于日本财阀制粉业的勃兴，加之日伪政府对日本财阀实行特殊保护制度，使民族制粉业遭受空前的打击。1939年12月，日伪政府颁布了《小麦专卖法》和《面粉专卖法》，1941年颁布物价停止令，接着，工厂整理法、配给法等一系列法规相继出笼，民族制粉业在这些法规的束缚下，大多数倒闭，少数维持开业

---

[1] 哈尔滨市民建、工商联史料组编《哈尔滨的制粉业》，中国人民政治协商会议黑龙江省哈尔滨市委员会文史资料研究委员会编《哈尔滨文史资料》第4辑，编者自印，1984，第82页。

的制粉厂也只能"仰日伪政府的鼻息"度日。因为，从制粉业的原料供应到销售渠道、价格规定都在日伪政府的控制之下，民族资本者毫无经营产业的自主权。不仅如此，日伪政府还频繁以摊派公债、股票，强制储蓄等手段勒索民族资本。仅以哈尔滨双合盛制粉厂为例，在日伪时期被敲诈、勒索的资金总额就达400万元，占全部资本的36%。这样，黑龙江地区的民族制粉业日渐凋零。到光复前夕，原有近30家的哈尔滨民族制粉厂只剩下7家了。

油坊业同制粉业一样，在民族工商业中占有重要地位。九一八事变后，日本资本加大了机械制油的投资，并通过科技手段提高出油率，致使东北民族制油业屡屡受挫。1932年12月末，东北计有100多家油坊休业，只剩下490余家，到1936年又减少到473家。[①] 九一八事变前，哈尔滨有39家民族油坊，到1935年，只剩下17家了。[②] 1940年后，日伪政府强化了对大豆等粮食作物的控制，各油坊的加工原料一律由日伪政府指定的三菱财团垄断和配给，生产产品必须如数上缴。这样，从供、产、销各个环节卡住民族资本，使民族油坊业处于奄奄一息、债台高筑的境地。三菱财团乘势在齐齐哈尔组织龙兴制油株式会社，欲将当地民族油坊逐个吞并，甚至采取压低收买价格等卑劣手段，强迫民族油坊以股份形式并入。这引起了齐齐哈尔民族油坊业者的不满和抗争。对此，日伪当局采取暴力手段，出动警察、宪兵将12家油坊的老板全部抓进警察局，冠以"破坏经济统制法"、"破坏大东亚圣战"等罪名进行刑讯恫吓，与此同时，强令各家油坊一律停业。在日伪当局的淫威下，齐齐哈尔的民族油坊业者只好屈服，交纳数量不等的罚款，应允将油坊拍卖给龙兴制油株式会社，这才得以释放。12家民族油坊就这样全部被挤垮了。[③]

1940年，日伪政府颁布《粮谷管理法》等一系列法令法规，严格控制粮食等农副产品的收购和销售，使以粮食为主要原料的民族制粉厂、烧锅厂等只能靠统制机构的供给惨淡经营，最后仍然摆脱不了沦为日本人特殊会社或准特殊会社的加工厂的命运。而烧锅业因日伪政府明令不准用粮食

[①] 孔经纬：《东北经济史》，第411页。
[②] 姜念东等：《伪满洲国史》，吉林人民出版社，1981，第322页。
[③] 郭守昌：《日本帝国主义是怎样掠夺东北大豆和吞并民族工商业的》，《黑龙江文史资料》第6辑，黑龙江人民出版社，1982。

酿烧酒，结果几乎全部倒闭，余下的也并入日伪政府组织的各类"麦酒株式会社"，民族烧锅业几乎不复存在。

九一八事变前东北共有2800多家粮栈，投资总额达3900余万元。① 1934年，日伪当局颁布《金融合作社法》，利用金融合作社的金融业务切断了粮栈与农民的经济联系，结果使民族粮栈业的数量及资本总额迅速减少。以伪滨江、龙江、三江、吉林省及哈尔滨市为例，1932—1936年，粮栈由657所减少到567所，减少了90所，资本金总额由6046千日元，减少到5659千日元，减少了387千日元。②

三 日伪时期"经济开发"及产业冒进的恶果

从经济史的角度考量，1937年之后伪满洲国的产业指数客观上是不断提升的，甚至出现过成番论倍地"跃进"。比如，从1934年到1940年，工矿业工厂从6500家增加到12700家，产业工人从10万人增长到37万人，产业生产的指数从1936年到1942年增长了约两倍。③ 以煤炭生产为例，九一八事变前，东北的年煤炭产量为1000万吨，到1944年就猛增到2600万吨，④ 为九一八事变前的2.6倍。那么，日伪统治东北时期产业指标的不断攀升，究竟是产业化（工业化）的体现，还是殖民化的加剧？有必要予以解析。

1. 日本向伪满洲国投资和"建设开发"的真实意图

正像《中日共同历史研究·日方报告书》指出的那样，"产业基础及工矿业的发展并非是为了提高居民的生活水平，在许多场合，开发与现代化受军事考虑所致，工矿业的发展也是向军需关联部门倾斜。特别是中日战争扩大以后，这种倾斜更加显著，满洲成为日本的兵站基地。太平洋战争后满洲国强化了战时体制，把日本的战争需要放到最优先位置。战争末期由于经济、金融的平衡崩溃，给予当地居民以极大的痛苦。满洲国并没

---

① 解学诗：《伪满洲国史新编》，第329页。
② 風間秀人『滿洲民族資本の研究』綠蔭書店、1993、42頁。
③ 塚瀬進『満洲国——「民族協和」の実像』190、191頁。
④ 塚瀬進『満洲国——「民族協和」の実像』197頁。另，当年的计划指标为3578万吨。见《日本帝国主义侵华档案资料选编·东北经济掠夺》，第345页。

有实现'王道乐土'"。①

众所周知,自日本通过日俄战争攫取南满权益以来,朝野上下均把中国东北视为"日本的生命线",千方百计要占为己有。当这个目标实现以后,第一步是劫夺东北的银行、海关、交通、邮电、矿山等重要经济资源,由日本人执掌要职,把东北的经济命脉牢牢控制在手。第二步再通过满铁、日产等财阀垄断东北的一切重要产业,相继颁布《一般产业声明书》、《重要产业统制法》、《产业统制法》、《战时紧急经济方策要纲》等,对东北的工矿业实行"国家"统制,严禁东北的民族工业者插足。在这样的前提下,日本的确对东北有投资,有建设,也有"开发",但目的绝不是实现东北工业化,更不是为了提高东北人民的生活,而是出于日本国内建设和侵略战争的需要。正所谓欲取姑予。

2. 重工业冒进,资源过度开发

从1937年到1941年,日伪统治集团在东北推行两次"产业开发五年计划"。在此期间,又正是日本先后发动全面侵华七七事变以及太平洋战争的历史阶段,为此,日伪当局反复修订计划,硬性提升战争需要的煤炭、钢铁、有色金属等生产指标,在这个阶段里,促成生产指数几倍、十几倍的增长。尤其是太平洋战争爆发后,工矿业的恶性膨胀愈发显著,甚至以廉价的中国劳力肆无忌惮地掠夺东北的资源,以普通民众缺衣少食为代价,换取产业指数的提升,造成大批劳工死于非命,东北森林、矿产资源遭到毁灭性破坏,民生物资奇缺,非正常死亡率增加(包括因粮食奇缺而自杀者),② 可谓竭泽而渔、"杀鸡取卵"。

3. 产业指数的提升,不能直接与工业化、机械化画等号,而是以牺牲中国工人的血汗甚至生命为代价

14年里,东北煤炭、钢铁产量的提高并非工业化、机械化的结果,而是以廉价的劳力来换取生产指数的提高。以1939年为例,日本国内使用原动机的工厂占总数的83%,而伪满洲国则为33.1%。其中金属工业,日本为94.5%、伪满洲国为39.4%;机械工业,日本为95.4%、伪满洲国为

---

① 中日共同历史研究中方委员会编《中日共同历史研究·日方报告书》,编者自印,2010,第244页。
② 《日本帝国主义侵华档案资料选编·东北经济掠夺》,第559、562页。

56.5%。① 尤其是采矿业，几乎延续九一八事变前人刨肩拉笨重的劳动方式。中国工人在恶劣的环境下，以血汗和生命为代价，换取煤炭产量的提高。可以说，日伪时期工矿业的发展是建立在无数劳工的白骨之上的。

4. 经济畸形发展，比例失调，民族工商业遭受毁灭性打击

由于煤炭、钢铁等生产指数的过热，不仅破坏了东北的宝贵资源，而且造成农业、轻工业的长期凋敝。截至伪满洲国垮台，尽管耕地面积有所扩大，但单位农作物产量始终徘徊在九一八事变前的水平。九一八事变前，东北农业平均每公顷产量为1409斤，到1936年下降到1246斤，到1944年，每公顷产量为1148斤，均未能达到九一八事变前的水平。而且重、轻工业比例严重失调，以1942年为例，重工业总资本额为79.2%，轻工业只占20.8%，②造成民生凋敝，人民生活必需品奇缺。不仅对粮食、棉布等生活必需品实行最低额度的配给，而且连灯泡、服装、火柴、鞋袜、食盐等也实行配给。③ 此外，由于日本资本的垄断，东北的民族工商业一蹶不振，相当数量的企业或被兼并，或破产倒闭，即使勉强维持生存的企业也沦为日本企业的加工厂、代销店之类。1942年，东北民族资本在工矿交通业总资本中仅占3%，而日本垄断资本则占97%。商业资本中民族资本额占26.8%，日本资本占72.9%，其他占0.3%。④ 这是殖民地经济排斥民族工商业的严重恶果。

5. 日本垄断资本对东北的投资，除了获得大量战争物资以外，还攫取了巨额利润

以日产财阀进入东北为例，日"满"双方议定，对日产实行利润必保制，即使经营亏损，必须保证日产每年至少获得2000万元的纯利润。又如满铁，从1932年到1936年，年利润率为13.6%，以当时满铁的总资产14亿元计算，年获利达1.9亿元之多。⑤日产财阀头目鲇川义介曾一语道破：

---

① 《东北经济小丛书·伪满时期东北经济统计》(1)，第11页。
② 《东北经济小丛书·资源及产业》(下)，第9页。
③ 1940年，日伪当局颁布《主要生活必需品配给统制要纲》，太平洋战争爆发后，又颁布《战时紧急经济方策要纲》，凡违反"要纲"者视之为"经济犯"，予以处罚或课刑。因此，有因私吃大米饭而被处罚之例。
④ 塚瀬進『満洲国——「民族協和」の実像』191頁。
⑤ 東北淪陥14年史總編室、日本植民地文化学會『満州国満洲国とは何だったのか』小学館、2008、280頁。

"如今（我国）的贸易决算额输入远远超过输出，甚至成倍数，有人认为会给决算带来麻烦……我认为这正是我们采取的办法，极端地说，从对方（国）拿来不必付出，只是索取，换句话说，输掉了战争就要受惩罚，这是当前之风……也是战争胜利者的权力……付出的金额与换取物品的等价原则在今天已经不适用，我如此说或许有人认为我是在奖励榨取，其实，说好听的话不过是协力而已，在今天，我认为协力与榨取是同义语。"①

四 日本对中国东北的移民侵略

向中国东北地区移民，是日本通过日俄战争、霸占南满以来蓄谋已久的罪恶政策之一。随着日本发动九一八事变，彻底变东北为日本的殖民地，大规模的移民侵略开始纳入日本的国策。众所周知，日本是个资源匮乏、人口众多的岛国，尤其是1929年以来资本主义世界的经济危机，毁灭性冲击了日本的农村，农产品价格暴跌，有资料显示，农民流尽汗水收获的50棵甘蓝，仅能购买一盒"敷岛牌"香烟，近10公斤的蚕茧或大麦仅售10元，连肥料钱都换不来。②农民挣扎在生存的边缘，一些人不得不出卖自己的子女，阶级矛盾呈现空前尖锐的态势。1932年爆发的右翼团体"血盟团"刺杀大藏大臣及财阀领袖事件则是尖锐的阶级矛盾的一个缩影。日本炮制伪满洲国以后，将大批贫困农民移入东北，不仅可以缓解国内的阶级矛盾，转移民众的斗争视线，减轻国内地少人多的压力。更重要的是，这些在日本国内处在下层社会的贫苦农民摇身一变，成为统治集团的成员，可以协同殖民统治集团维持殖民统治秩序，使东北从政治、经济、文化到宗教信仰、风俗民习、意识形态乃至人种向"日本化"趋进，进而实现永久占领中国东北的险恶目的。

1. 九一八事变前对中国东北的移民

《朴茨茅斯条约》签订后不久，时任"满洲创立委员会"委员长的儿玉源太郎大将抛出一份《满洲经营梗概》，内中明确提出向中国东北移民的主张。1906年，满铁总裁后藤新平制定了向中国东北移民50万人的计划。接着，日本外相小村寿太郎正式向国会提出20年内向中国东北移民

---

① 信夫清三郎『「太平洋戦争」と「もう一つの太平洋戦争」』劲草書房、1988、63—65頁。
② 長幸男『昭和恐慌——日本ファシズム前夜』岩波書店、1973、124、125頁。

100万人的倡议，并得到军政要员的响应和支持。1912年，关东州总督福岛安正大将视察关东州大魏家屯时，发现当地土地肥沃，气候适宜，水稻长势良好，决定首先向这里移入日本农民。1914年，山口县爱岩村及下川村的19户农民移入该地，取两村名字的各一个字，命名为爱川村，这便是日本向中国东北移入的第一批农业移民。这之后，福岛安正频繁回国鼓动军政各界，宣扬"满蒙开拓"的重要性，煽动日本农民离开家乡前往"满洲""开发新天地"。但由于当时世界性的农产品价格低下，农业生产成本过高，日本的移民政策成效甚微。据1914年统计，在东北从事农业生产的日本移民仅为61人，耕种土地370余公顷。

在日本官方策动向中国东北移民的同时，南满洲铁道株式会社（以下简称满铁）也开始筹划向满铁附属地移民，建设试验农场，其目的是"保护铁路，防范抗日势力"。首先，满铁采取安置复员铁道守备队员的办法，在满铁附属地安置了数十名复员守备队员，经营烟草、蔬菜、果树等业务。接着，从国内移入一批日本农民，分布在满铁沿线。1924年，美国政府颁布移民法，对日本移入美国的人数予以限制，如此一来，日本移入美国的人数每年减少2800人左右。日本当局为了减轻国内压力，缓解农业的萧条，又开始筹划向中国东北移民。尤其是1927年田中内阁召开"东方会议"后，"满蒙生命线论"甚嚣尘上，1928年，满铁副总裁松冈洋右在大连设立农事会社，招募日本农民移入东北，但由于土地、资金的不足以及管理不善等原因，一些农民去而复返，到九一八事变前，仅有74人定居。

2. 九一八事变后的武装试验移民

1931年九一八事变爆发，日本据中国东北为己有，为日本政府实施移民政策开了绿灯。日本政府立即召开了由陆军、海军、外务、大藏、拓务等五大臣组成的五相会议，充分肯定九一八事变既是"解决满蒙悬案的极好机会，又是将大批日本人移居满蒙新天地，解决人口过剩和农村贫困的一石二鸟方策"。[①] 与此同时，关东军高级参谋板垣征四郎也携带包括移民政策在内的《满蒙开发方策案》返回东京，征求军政各界意见，初步形成了向中国东北大量移民的构想，并由关东军制定《关于满洲移民要案》，

---

① 『満洲国史』総論、633頁。

决定采取屯田兵制的方式，首先移入武装移民，以"确保农村纵深地带及边缘地区的治安"。1932年8月30日，日本第63次议会通过了移民经费预算，批准第一次移民经费为107850日元。这样，从上到下，日本军政当局一致确立了向中国东北大量移民的政策，下一步就是如何具体地实施。

具体实施移民政策的骨干分子有两人，也可以称作狂热鼓吹移民侵略的日本法西斯分子的"一文一武"代表。一个叫加藤完治，原是日本茨城县国民高等学校（高中）的校长，是一个信奉天皇专制、鼓吹农本主义并掺杂以神道的反动学者，早年就提出过"海外移民论"，主张对外扩张。日本刚吞并朝鲜，他就上书当局，极力主张向朝鲜移民。九一八事变爆发后不久，他又起草《满蒙六千人移民案》，提交拓务省和内阁会议。另一个是日本关东军大尉东宫铁男，他是1928年"爆杀张作霖"的现场指挥者，九一八事变后任伪吉林军顾问。他主张以退伍军人为基干组建屯垦军，一方面可以协助关东军"维持治安"；一方面屯垦戍边，伺机北犯苏联。二人形成分工，由加藤回国招募，东宫则到佳木斯一带落实移民地点。

当然，移民政策的实施绝非仅靠两个人行事。日本内阁通过向中国东北移民的决策案后，日本"在乡军人会"本部立即在茨城、枥木、群马、新潟、山形等11个县展开了招募活动。因为上述11个县地处偏僻，生活贫困，人口过剩，而且入侵东北的第二、第八、第十四师团的士兵大多来自这些地区，与移民有同乡之谊，易于沟通和配合。当时提出的招募条件是：（1）出生农村，身体健康，有从事农业的经验者；（2）在部队训练成绩良好，未满30岁者；（3）有独立生活能力者；（4）无家庭牵累。

由于招募当局的花言巧语，许多在乡（退役）军人踊跃报名，按照上述条件很快招募了492人，先在国内进行了20余天的训练，于1932年10月3日，由现役军官市川中佐任团长，组成第一批武装移民团，离开东京前往中国东北。然而，10月14日，当他们经水路到达佳木斯时，未待下船就遭到东北抗日民众的袭击，直到第二天早上才勉强登陆，进入市区。10月22日，武装移民团又遭到东北抗日武装的袭击，双方激战六个小时后抗日武装才撤去。由于东北抗日武装的袭扰，第一批武装移民无法进入预定的移民点，被编成佳木斯屯垦军第一大队，配合日伪军担负佳木斯的警戒任务。直到1933年2月11日，第一批武装移民才进入佳木斯的永丰镇，后更名弥荣村，这就是九一八事变后日本武装移民的第一个据点。

第二批武装移民455人，由团长宗光彦带队，1933年7月，进驻距永丰镇40公里的七虎力河畔的湖南营，取名千振村。

此两批武装移民"进入"东北后，强占当地农民1000余垧已耕地，并协同日伪军残酷镇压和盘剥当地民众，引发民众的强烈不满，终于爆发了轰动国内外的"土龙山农民暴动"事件，暴动农民一举击毙日军联队长饭冢大佐及数十名日伪军。由于中国民众武装抗日运动的高涨，第三批武装移民拖到1934年10月才成行，全员300余人，进驻绥棱县的瑞惠村。第四批武装移民拖得更久，于1935年9月进入密山县的城子河与哈达河。第五批武装移民于1936年7月进入密山的永安、朝阳、黑台、信浓等四个村。以上五批武装移民总计3000余人，前后历时四年之久，称作"武装试验移民"。

武装移民进入东北后，首先遭遇的是当地民众的武装抵抗，据不完全统计，第一、第二批武装移民中先后有39人被抗日民众击毙。加之生活条件、环境和待遇等与当局的宣传大相径庭，因此，大多数移民思想动摇，情绪低落，纷纷要求回国，先后有千余人提出离队回国申请，日本当局称之为"屯垦病"。为了安抚武装移民，东宫、加藤等人赶到现场说服协调，移民代表提出5条11项问题，谈判几成僵局，武装移民甚至有的当场掏出枪，几乎发生火拼，结果，有157人宣布退团，也宣告了日本武装移民试验政策的破产。[1]

3. 百万户移民计划及其实施

武装移民试验虽然失败，但并没有影响日本政府向中国东北移民的国策。1934年12月，日本陆相南次郎出任关东军司令官，表示要坚定不移地推行移民政策，并制定了《满洲农业移民实施基础要纲》，分别送达日本军政机关。接着，日本政府决定成立"满洲拓植株式会社"（后改称"满洲拓植会社"）、"满洲移住协会"及"满鲜拓植株式会社"等机构，为实施大批移民计划奠定了组织基础。

1935年7月，日本政府拓务省正式出台《关于满洲移民根本方针之

---

[1] 藤田繁『草の碑・満蒙開拓団棄てられた民の記録』能登印刷出版部、1989、160、161頁。

件》（即"百万户移民计划"），计划从1937年开始，以5年为1期，第一期先向中国东北移入10万户农业移民，用20年的时间向中国东北移民100万户，总计500万人。1936年"二二六"事件后，广田弘毅组阁，接受了此项计划，并将该计划列为广田弘毅内阁的七大国策之一。伪满政府也将接收安置日本移民列为"三大国策"之一。

从1937年开始，"百万户移民计划"正式启动，到1941年为第一期，五年内移入10万户50万人。以后每五年一期，到1956年实现100万户500万人的移民计划。

该计划实施后，由于各方面因素的制约，并没有实现5年内移入10万户50万人的计划，到1941年，实际移入东北的日本农民为46462户、107703人，按人数统计，仅完成计划的21.5%。日本当局为了加速实现"百万户移民计划"，在第一期计划实施过程中采取了一系列措施，诸如"分村分乡"计划及组织"满蒙开拓青少年义勇军"。前者是将计划迁移的村、乡的全部或半数以上农民迁到东北。后者是招收16岁以上的青少年（实际有13岁、14岁的少年加入），组建"满蒙开拓青少年义勇军"，以军事化的组织形式，由现役军官带队，先在日本国内或中国东北进行半年以上的训练，然后移入指定的乡村。分村移民的典型是长野县南佐久的大日向村，该村以养蚕和烧炭业为生，由于连年砍伐，森林毁之殆尽，村民陷入衣食无着的苦境。1938年，该村189户766人全员迁移到舒兰县近郊，征用当地农民的土地，仍沿用大日向村的名字，在日伪当局的扶持下很快"兴旺"起来，被当局树为典型，还拍成电影在日本各处放映，一时掀起了"分村分乡"移民热。

日本当局组建"满蒙开拓青少年义勇军"的目的除了扩充移民的数量外，还有一个更重要的目的是培养关东军的后备兵源。从1938年开始招募到1945年，前后组建有246支"青少年义勇军"，总人数为86530人。[①]

从1942年开始，日本实施第二期移民计划。由于发动了太平洋战争，日本人力、物力、财力都异乎寻常地困窘。在东北，关东军加紧实施"北边振兴计划"，疯狂掠夺东北的战略资源，亟须大批劳力及日本移民的协

[①] 上笙一郎『満蒙開拓青少年義勇軍』中央公論新社、1973、75頁。另，日本战败投降时，尚有2万余青少年在各地训练所，未及进入"入植地"。

力，于是又掀起一个移民的小高峰，到 1942 年末，大约移入日本移民 51240 户（包括朝鲜移民）。1942 年以后，日本战局举步维艰，向中国东北的移民也陷入萧条期。综上，从九一八事变到日本战败投降，日本向中国东北移民总数约为 27 万人。

不难看出，日本政府之所以将移民计划列为国策之一，目的很明显：一是解决日本农村剩余人口的问题，缓解国内的阶级矛盾和经济压力；二是通过增加日本移民数量，使在中国东北的日本人数量提升到一定比例，进而彻底变中国东北为日本"本土"的一部分；三是利用日本移民维持殖民统治秩序，镇压反伪满抗日运动；四是就地培养关东军的后备兵源等。所以，就其性质言，称之为移民侵略是毋庸置疑的。

原本生存在下层社会、生活贫困的日本农民进入中国东北后，地位发生了根本变化，他们成为殖民统治集团的成员之一，受到殖民统治当局的信赖自不待言。而且，除日本政府的经济补贴外，他们还从伪满政府领取到优厚的补贴，在经济上也彻底翻身。日本移民进入东北后，名为"开拓"，但迄今为止，日本移民开垦荒山荒地的史料极其少见，他们耕种的土地和居住的家园大多是以低于市价几倍、十几倍的价格剥夺而来。有数据统计，截至 1941 年 4 月，"开拓"移民夺占东北土地 2000 万公顷，其中已耕地 351 万公顷，相当于日本全国耕地面积的 58.5%，占东北地区已耕面积的 23.4%，但日本移民亲自耕种的土地仅为 23.9 万公顷，仅占夺占土地的 6.8%，其他均租佃给当地农民耕种。① 日本移民成为东北殖民地形态下的新型地主。如巴彦县日本会阳"开拓"团，通过强卖等手段人均占地达 15.65 垧，而当地农民只剩下人均 0.73 垧。失去土地的农民只好给日本"开拓"团民当佃农。阿城县四道河子一带有个日本丰村"开拓"团，该地居民被日军用刺刀逼近"集团部落"，1000 余垧已耕地落入日本移民手中，同时还霸占了 30 多平方公里的山川。② 另据依兰、桦川、勃利、密山、宝清、虎林等县统计，日本移民强占当地土地达全部可耕地面积的 57.5% 以上。

不仅如此，在殖民统治集团的蛊惑下，日本移民自觉不自觉地以"大和民族"自居，"君临"东北农村。尤其是各"开拓"团长，多是在乡军

---

① 浅田乔二「満州農業移民と農業・土地問題」『近代日本と植民地』（3）、岩波書店、1993、91 頁。
② 周福臣：《阿城县丰村开拓团的史料点滴》，《哈尔滨文史资料》第 6 辑，第 32 页。

人出身，他们不受伪满政府法律的管束，肆意欺压百姓，奸污妇女，侵吞民财，甚至动辄以反伪满抗日为名把不顺从者关进监狱。1943 年，日本宪兵在巴彦、木兰、东兴逮捕了 1000 余名中共地下党员及爱国民众，其中一部分名单就是会阳"开拓"团提供的，还有些民众直接被他们抓进"开拓"团团部施刑。另有史料提及，在五常县，一个叫铃木久的"开拓"团民，仅因为当地农民不肯听从他的支使，便开枪将一名农民打死。① 1941 年 5 月，虎林县日本"开拓"团因土地和伐木问题与当地农民发生冲突，日本"开拓"民竟然向中国农民开枪，当场打死 3 人，打伤十几人，其中重伤 5 人。日本人副县长大濑户权次郎竟站在日本"开拓"民一方，威胁中国农民向"开拓"民"赔礼表示和解"。② 可见，日本移民不仅是盘剥当地民众的新型地主，还是为非作歹、为所欲为的恶势力。因此，中国民众背地里将日本移民称为"屯匪"。

由于日本的移民侵略，一批当地农民被逐出家园，日伪当局将这些人称为"内国开拓民"。这些人被迫离开世代居住的家园，被驱赶到荒漠或边远地区，却得不到日伪当局的补贴。有资料述及，宁安县石头站附近的八个村屯，因为地理位置方便，土地肥沃，日伪当局强迫当地农民迁移到黑河，声称黑河出金子，三年内不必缴纳"出荷粮"，不当劳工等。结果，八个村的农民被迫举家迁往衣食无着的荒凉之地，只能住草棚、吃野菜。据初步统计，仅宁安芦家屯 300 余户 1500 余人迁移到黑河偏远地区后，三年里病饿死者达 287 人，占总人口的 18.1%，其中有谭姓和尤姓两家人因冻、饿、病等原因死绝。③

日本战败投降时，日本移民中的青壮年大多被征入伍，剩下的多是老病妇童，许多人在撤退转移途中受尽了苦难，有些人死于非命，还有些人在"开拓"团长的率领下集体自杀（如麻山事件），从这一意义上说，他们也是受害者。有数据显示，日本宣布投降后，大约 27 万人的日本移民中，非正

---

① 《滨江省警务厅长秋吉威郎致治安部警务局长植田员太郎函》（滨警特秘发第 8666 号，1939 年 8 月 21 日），《日本帝国主义侵华档案资料选编·东北经济掠夺》，第 724—725 页。
② 《开拓民枪杀当地农民》，孙邦等编《伪满史料丛书·经济掠夺》，吉林人民出版社，1993，第 764 页。
③ 梁常军：《苦难的开拓民》，《黑龙江文史资料》第 9 辑，黑龙江人民出版社，1983，第 171 页。

常死亡者约为 78500 人，其中集体自杀者（包括个别自杀者）11520 人，①另有 7000 余名 10 岁以下的儿童被丢弃在东北，②除夭折者外，大多被当地中国民众收养。还有一部分 18 岁以上的少女、妇女嫁给当地的中国人。

日本战败投降后，日本移民之所以遭受磨难，有两点必须指明：第一，他们既是对中国民众的加害者，也是日本侵略战争的受害者；第二，日本投降后，他们的颠沛流离，是关东军的"弃民政策"所致。众所周知，苏联红军出兵东北不久，731 细菌部队、化学部队人员（包括家属）、在东北的日本殖民统治机构官员、满铁社员、企事业机关人员及其家属几乎全部安全转移回内地。唯日本移民因在统治集团的心目中可有可无，被视为可以随时遗弃的对象，既没有在事先对他们发出任何形式的照会或通知，也没有安排任何转移措施，造成大批移民乱了方寸，惶惶然盲目逃遁，甚至将自己的子女丢弃，酿成影响迄今的日本"残留妇人"及"残留孤儿"的历史悲剧。

第二节　华北沦陷区

一　从"兴中公司"到"华北开发株式会社"

七七事变之前，日军在华北制造军事冲突同时，对华北的经济侵略也在按部就班地进行着。中国驻屯军在 1935 年 7 月制定了《随着华北新政权产生的经济开发指导方案》，提出："在此种建设期间，抓住一切机会，在交通、资源及金融等各方面投资，为将来建立牢固不移的利益"，步骤是"按交通、矿物资源（煤炭）、农村问题及其他顺序进行"。③ 9 月，满铁经济调查会也制定了《华北经济开发方针大纲案》，根本方针是："谋求日、满、华北经济合理融合，确立以日本为中心的日、满、华北经济集团，以期实现平战两时的自给自足。"④ 为了执行上述计划，日本于 1935 年 12 月成立了"兴中公司"。该公司成立的方针是："为对中国产业交通和其他一

---

① 『満洲国史』各論、842 頁。
② 講談社出版研究所編『昭和の戦争』(7)、講談社、1986、124 頁。
③ 《日本帝国主义侵华档案资料选编·华北经济掠夺》，中华书局，2004，第 3—4 页。
④ 《日本帝国主义侵华档案资料选编·华北经济掠夺》，第 8 页。

般经济发展做出贡献,圆满地增进日华经济关系,特设立对华投资会社,以作为日本发展对华经济的基干的统制性代表机构。"在具体执行上,"政府以及像满铁这样国家机关,鉴于该社系对华政策的代行机关,在该社的设立上和为推行作为其目的的事业方面,应给以必要的保护、奖励和援助"。经营目的主要是"有关中国产业交通的开发、通商贸易的促进和其他一般经济开发等业务"。① 兴中公司是日本发动全面侵华战争前在华北进行经济掠夺的具体执行者,但其真正发挥作用是在七七事变后。

七七事变之后,华北方面军特务部负责对华北(含内蒙古地区)的经济侵略方面的事务。1937年9月6日,华北方面军给特务部长喜多诚一的指示中指出:"关于交通、经济等的建设,应注意与作战用兵方面的关系及国防资源的获得,努力促使日满资本的流入。"② 9月30日,华北方面军特务部拟定了《华北经济开发基本要纲(案)》和《华北开发国策会社要纲(案)》。前者的方针是"以将华北包含在帝国的经济圈内为目标,在动员当地资本的同时,使日、满两国资本、技术结合起来,开发产业,以资扩充帝国的生产力和安定居民生活"。在具体的执行上,对重要矿产资源的"开发"及其原料加工企业,交通、发电、盐田及其他认为有必要统制的企业实行统制,对农业"就农产品品种改良、普及和治水植树等,采取必要的措施"。③ 后者着重于华北地区的煤、铁、盐和交通运输的统制计划,并计划新设"华北兴业公司"(暂称),"华北统制企业的大部分由该会社统辖,防止浪费资本,哺育企业,以期促进华北经济开发","除由其统辖兴中及其他既有事业外,纠集满铁和广泛的内地资本,并尽量使用当地土著资本参加",其资本额初定为5亿元。④ 12月,特务部又制定了更加具体的《华北产业开发计划要纲案》,其方针为:将华北产业开发计划的重点"置于开发、供给平战两时日、满集团必须的资源,并以华北各种重要产业的开发进展为策,使之在有事之际无遗憾的获得、确保所需资源,同时为以华北民众利益为基调开发华北资源,大致按如下要点,开发各种

---

① 《日本帝国主义侵华档案资料选编·华北经济掠夺》,第47—49页。
② 中国抗日战争史学会、中国人民抗日战争纪念馆编《日本对华北经济的掠夺和统制——华北沦陷区资料选编》,北京出版社,1995,第3页。
③ 《日本帝国主义侵华档案资料选编·华北经济掠夺》,第155—156页。
④ 《日本帝国主义侵华档案资料选编·华北经济掠夺》,第156—159页。

产业,以贡献于华北经济的发展,并资帝国国力的增进",重点"开发"的是铁、煤炭、液体燃料、矾土、盐等产业;该要纲并对各产业"开发"所需资金做了预算,对具体的企业、地点以及产量等也做了具体计划。①

1937年底,日本政府在《处理中国事变纲要》中提出:在华北地区,"经济的目标是建立日满华不可分割的关系","为了开发和统制华北经济,设立一个国策公司,它是以体现举国一致的精神和动员全国产业的宗旨而建立的组织"。②1938年6月,日方又制定了华北《第一次产业开发五年计划》,对1938年至1942年的华北"经济开发"做了规划。华北方面军还与伪华北临时政府在1938年3月共同成立了"日华经济协议会",以示共同处理有关问题。该会由中日双方各出5名委员共同组织,王克敏任会长,日本经济顾问平生釟三郎任副会长。该会名义上有权力"策划、起草和审议有关经济、产业等方面重要案件"。③实际上,该会并无实权,华北一切重要经济部门均由华北方面军把持,华北伪政权只是配合日本方面的行动。1938年底,日本政府设立了由总理大臣直辖的"兴亚院",专门主管中国占领区的事务,其重要任务之一就是监督、监管在华企业。兴亚院在北京和张家口,分别设置了"华北联络部"和"蒙疆联络部",原来主管相关业务的华北方面军特务部和关东军张家口特务部随之取消,其人员转入兴亚院新设立的联络部。

1937年12月16日,日本政府在《华北经济开发方针》中提出,"为开发华北经济及进行统制,设一国策会社"。④1938年初,日本方面为此提出的《华北产业开发会社设立纲要草案》中,明确指出华北"经济开发"的根本目标是"获得日满集团缺乏的重要资源和确保经济根干的交通机关,并对居民生活安定、治安维持和政权确立做出贡献,以期日满华集团之形成"。为实现此目标,"有必要新设可称之为第二个满铁的强有力的半官半民的综合性国策会社,使其统制投资和经营,以防止浪费资本和谋求进行迅速而又合理的开发"。其资金主要来源是政府,其次是满铁和民

---

① 《日本帝国主义侵华档案资料选编·华北经济掠夺》,第159—175页。
② 《日本对华北经济的掠夺和统制——华北沦陷区资料选编》,第20—21页。
③ 《日本帝国主义侵华档案资料选编·华北经济掠夺》,第448页。
④ 《日本帝国主义侵华档案资料选编·华北经济掠夺》,第331页。

间资本。兴中公司和山东矿业会社被满铁以资本的形式并入新成立的公司。① 1938年3月15日,日本内阁决议设立"华北开发株式会社",资金为3.5亿元,日本政府出资一半,总部设在东京,总裁及副总裁均经御批,由政府任命。② 华北开发株式会社成立的目的是"促进华北经济开发并进行统一调整",主要经营事业包括:交通、运输、港湾事业;通信事业;发送电事业;矿产事业;盐的制造、贩卖和利用事业;前开各项以外为促进华北经济"开发"而特别需要加以统一调整的事业。③ 华北开发株式会社在北京、张家口设有分社,在天津、太原、青岛、济南设有办事处。如此,日本在华北的经济统制系统便形成了:兴亚院—华北联络部、"蒙疆"联络部—华北开发株式会社—华北、"蒙疆"各地分社、办事处。

华北开发株式会社成立之后,即接收了兴中公司,掌握了其分布在华北的大量产业。但由于体量巨大,兴中公司在一段时间内,继续以子公司的形式运营,直至相关的股份、债权、债务等问题得到处理之后,兴中公司即解散。1939年,兴中公司的"关系会社华北产金、天津电业、冀东电业、"蒙疆"电业、齐鲁电业、塘沽运输、华北棉花、井陉煤矿及华北矾土的保有份额转移我社(华北开发株式会社)";"直辖事业中的华北汽车运输事业让给华北交通会社";其盐业部独立为华北盐业股份有限公司;龙烟铁矿成为独立会社;久大精盐和永利化学委托华北盐业股份有限公司经营;彰德及济南的打包工厂由华北棉花公司经营。④ 到1941年底,兴中公司的各项事业均完成转制,结束营业,退出华北经济舞台。

二 日伪对华北经济的统制

七七事变后,华北日军每占领一处,即以"军管"的名义,对重要的工矿企业进行管制,然后委托给以兴中公司为代表的日本企业进行生产经营。"日华事变以来,军(部)在华北接受了很多矿山、工厂为军管工厂,在自己支配下进行着管理指导",为有效经营工厂,军部委托适当业者,

---

① 《日本帝国主义侵华档案资料选编·华北经济掠夺》,第323—324页。
② 《日本帝国主义侵华档案资料选编·华北经济掠夺》,第332—333页。
③ 《日本帝国主义侵华档案资料选编·华北经济掠夺》,第335—336页。
④ 《日本帝国主义侵华档案资料选编·华北经济掠夺》,第369—370页。

"受托的业者必须根据军部所指示的条件很好地经营"。① 兴中公司接收了19个煤矿,包括井陉、阳泉等,一时间"在华北、蒙疆、华中各地极其活跃,推行了各种业务,即接收、管理及受委托经营各煤矿,开发龙烟铁矿及建成了石景山炼铁厂,经营管理各地电力事业,收买棉花,以汽车输送军需品等等"。②

到1939年,兴中公司的经营范围已经十分广泛。在煤矿方面,临时运营的11个煤矿,"基本上完成恢复作业,发挥现有出煤能力已无障碍",另有6个煤矿在准备接收中,计划1939年度出煤400万吨;电气方面,临时运营的15个电灯厂和接收中的3个电灯厂已经恢复,设备总量是14565千瓦,计划进一步扩充设备;盐业方面,兴中公司控制了长芦盐场,计划该年度对日输出40万吨,并将长芦盐场的产量由40万吨增至64.5万吨;久大精盐工厂年产2万吨,永利化学工业所预定日产碳酸钠120吨;矾土采掘方面,冀东矾土采掘月产3万吨,用以供应伪满和日本;钢铁方面,龙烟铁矿的烟筒山该年计划采掘50万吨,庞家堡20万吨,共70万吨,"预定对日输出44万吨,向石景山提供10万吨";石景山制铁所日均生产100吨,阳泉制铁所和太原制铁所当年也能投入生产;石家庄工厂月产焦炭1300吨,石景山制铁所月产焦炭1600吨。③ 在内蒙古地区,兴中公司拥有"蒙疆电业股份有限公司"。兴中公司的事业主要包括直营事业、旁系会社事业、委任管理事业。直营事业主要包括黏土采掘事业和长芦盐对日输出事业;旁系会社事业包括电气、棉花、运输、采金等方面,共9家公司会社;委任管理事业有煤矿20家,电气15家,制铁3家,铸造业1家,窑业1家,铁矿石3家,石灰石1家,焦炭1家,制盐化学工业2家。④ 随着日军侵略范围的扩大,兴中公司也日益膨胀起来,在日本对华北的经济掠夺中扮演了重要角色。

日本还对华北交通、通信及电力实行统制经营,以利于资源的"开发"和外运。战争爆发后,南满铁路株式会社派员赴华北地区修复遭破坏的铁路,但仍不敷用。1939年4月,华北开发株式会社、满铁、华北政务

---

① 《日本帝国主义侵华档案资料选编·华北经济掠夺》,第233页。
② 《日本帝国主义侵华档案资料选编·华北经济掠夺》,第231页。
③ 《日本帝国主义侵华档案资料选编·华北经济掠夺》,第238—239页。
④ 《日本帝国主义侵华档案资料选编·华北经济掠夺》,第270—276页。

委员会共同出资 4 亿元，组建了华北交通株式会社，"其业务除经营华北境内之铁道、公路、内河水运外，蒙疆地区之铁道亦委托其运营，并担任塘沽新港及连云港之修筑工事"。该会社执掌华北、"蒙疆"交通事业的一元化统制运营。[①] 到 1943 年，经过修复以及新建，该社"铁路营业公里为 6117 公里，汽车营业公里为 16916 公里，水道营业公里为 4213 公里，此外还经营天津特三区码头及其他 5 个码头，并被委托经营蒙疆国有铁路的运营"。而且，它自身还设有警务机关，"实施自卫、防护和爱路工作"。华北交通株式会社利用其掌握的交通资源，为日本本土和中国占领区输送了大量的物资，支持了日军"以战养战"的计划。仅在铁路方面，华北交通株式会社向日本、伪满洲国、华中等地输送的煤、铁等矿产资源数量为：1939 年度合计为 590 万吨，1940 年度合计为 791.7 万吨，1941 年度为 1043.8 万吨，1942 年度为 1187.6 万吨，1943 年为 957.6 万吨。[②] 汽车和水运的输送量也十分巨大。

电力是工业运行的基础，日伪对此十分重视。1938 年 2 月，以日本兴中公司的电业部门为主体，华北伪政权成立了华北电业股份有限公司。华北电业股份有限公司成立后，即合并了华商电灯股份有限公司、天津电业股份有限公司、冀东电业股份有限公司。1942 年又将解除军管的保定、石门、新乡、太原、临汾等地方电灯厂并入华北电业旗下。同年还合并了山东地区的济南电力股份有限公司、芝罘电业股份有限公司、胶澳电气股份有限公司，"于是华北之用电事业遂得一贯之统制经营"。日方还计划"开发"华北的水力资源，将华北电业"转向于水力之开拓"。[③] 在内蒙古地区，日本于 1938 年 5 月成立了"蒙疆电业株式会社"，统一经营"蒙疆"地区的电力事业。1943 年，日伪建成了下花园发电所，以补足内蒙古地区对电力的需求。

1938 年，为集中发展华北电气通信，日方与华北伪政权成立了华北电信电话股份有限公司。该公司成立之初致力于恢复受破坏的华北通信，之后，"通过整顿扩充，统一或消灭国营、省营、县营和敌性不法通信设施等经营主体，实现一元化，更适应兵站基地华北的重点产业"开发"整备

[①] 《日本帝国主义侵华档案资料选编·华北经济掠夺》，第 416 页。
[②] 《日本帝国主义侵华档案资料选编·华北经济掠夺》，第 462—469 页。
[③] 《日本帝国主义侵华档案资料选编·华北经济掠夺》，第 423 页。

设施，谋求治安和国防通讯［信］设施的强化扩充，促进以日、满、华中及蒙疆为一环的大陆通信政策的实现和大东亚电气通信体系的完成等，充分发挥了电气通信的价值"。①

日本还对一般性的工业，先后以军管和中日合办的形式强行占有，共有82家工厂，"其分布计山西38厂、河北12厂、河南11厂、山东18厂、安徽2厂、绥远1厂。至其各业分配，则以面粉厂为最多，共达30厂，纺织15厂，毛织、火药、制酸、火柴、水泥、冶炼各3厂，机器翻砂8厂，其他如造纸、制草、精盐、制糖、印刷、烟草等共11厂"。② 由于日军的强占，加上战争的破坏，华北地区的工商业一片萧条。尽管在太平洋战争前，日本落实物资就地自给的政策，加强对军需品的生产，以提供原料和技术的方式，扶植相关行业的发展，使得1942年前华北的机械、染整、火柴、橡胶、颜料、油漆、造纸、印刷和食品加工行业有不同程度的发展。③但是日军的目的并非繁荣华北的经济，而在于形成以日本为中心的生产格局，实现"以战养战"。华北的许多工厂结束军管之后，无论企业主是否愿意，均被转变成"中日合办"，实则由日方主导。此外，由于物资匮乏，许多企业被迫停工，其中以棉纺织业和面粉业为代表。在这样的环境下，华北地区的民营企业只能夹缝中求生存，大量企业破产倒闭。以青岛为例，"据不完全统计，临近1945年青岛的1100家左右的工厂企业中200余个完全停产，近500家产量大减，其他或为中日合办，或被日商企业所控制，成其加工厂"。④ 这只是整个华北地区工商业陷入绝境的一个缩影。

三　日伪对华北资源的掠夺

日本在对华北经济进行统制的同时，对华北地区矿产资源的掠夺也在进行之中。1941年，兴亚院制定的《华北（含蒙疆）产业开发五年计划基本纲要》中，将煤炭、盐、棉花列为特别资源，并特别作为增产重点。兴中公司、华北开发株式会社等成为日军进行掠夺的重要工具，煤、铁、

---

① 《日本帝国主义侵华档案资料选编·华北经济掠夺》，第543页。
② 陈真、姚洛、逄先知合编《帝国主义对中国工矿事业的侵略和垄断》，《中国近代工业史资料》第2辑，三联书店，1958，第439页。
③ 居之芬、张利民主编《日本在华北经济统制掠夺史》，天津古籍出版社，1997，第375页。
④ 居之芬、张利民主编《日本在华北经济统制掠夺史》，第381页。

盐、矾土等战略资源是主要的掠夺对象。

华北地区煤炭资源丰富，河北、山东、山西、河南四省在七七事变之前的产煤总量占全国的75%以上，这其中的大部分出口到日本。① 开滦煤矿、井陉煤矿、鲁大公司、中福公司、中兴公司都是具有较大产量和极大煤炭储藏量的公司，早为日本所垂涎。战争爆发后，除了少数合资煤矿之外，华北大部分煤矿被日军以军管的形式委托给兴中公司经营。兴中公司接收后即开始恢复生产，进行采掘。华北方面军特务部制定了《华北煤矿开发要纲案》，明确对华北的煤炭资源"加以确保、开发，从日、满、华的供需关系考虑，应急速和有计划地进行，以期补充日、满的不足和满足国内的消费"，"期将华北煤作为决定日本煤炭市场正常价格的基准"。该案计划1942年产煤3800万吨，其中对日输出1200万吨；到1946年产煤6000万吨，对日输出3000万吨。② 9月，特务部通过了《华北煤矿业开发要纲》，要求"迅速开发华北煤炭，以适应日满产业计划，并满足中国国内之需要"，目标是在1942年，"华北、蒙疆及第三国系统的煤矿，共产煤2900万吨，预定同年对日输出量为800万吨"。③ 本来还计划建立华北煤矿株式会社，以统一华北煤炭产业，但未实行。

在兴中公司及之后的华北开发株式会社的统制下，各级伪政权加以配合，华北各地煤矿逐渐恢复生产，产量也呈上升趋势。日伪还加强勘探，为各煤矿制定产量计划。例如对大同煤矿制定的五年计划中，预定1938年出煤100万吨，1939年215万吨，1940年360万吨，1941年730万吨，1942年1310万吨。④ 在此情况下，1939年华北煤矿总产量为9330千吨，其中运往华中、华南870千吨，运往日本2900千吨。⑤ 华北开发会社下属的包括华北、内蒙古地区的13个煤矿的总产量是：1941年21327千吨，1942年22558千吨，1943年19937千吨，1944年估计为19119千吨。⑥ 在

---

① 〔日〕浅田乔二等：《日本在中国沦陷区的经济掠夺（1937—1945）》，袁愈佺译，复旦大学出版社，1997，第87页。
② 《日本帝国主义侵华档案资料选编·华北经济掠夺》，第562—563页。
③ 《日本帝国主义侵华档案资料选编·华北经济掠夺》，第566页。
④ 《日本帝国主义侵华档案资料选编·华北经济掠夺》，第577页。
⑤ 《日本帝国主义侵华档案资料选编·华北经济掠夺》，第588页。文献原文采用"千公吨"单位，1公吨＝1吨＝1000千克，千公吨即千吨。
⑥ 《日本帝国主义侵华档案资料选编·华北经济掠夺》，第643页。

这两个地区出产的煤炭中，很大一部分都被运往了日本，对日输出情况是：1939 年为 3250 千吨，1940 年为 4770 千吨，1941 年为 4800 千吨，1942 年为 5100 千吨，1943 年为 3720 千吨，1944 年为约 2220 千吨。①

在铁矿方面，日军最为重视的是龙烟铁矿。该铁矿位于察哈尔省之南，"矿区绵延于宣化、龙关与怀来三县之间，蕴藏量，经战前贝茵氏调查，确定量约为四千五百万吨，推定量约为四千六百万吨，共计约达九千一百万吨，占华北总蕴藏量中约四成左右"。② 且该矿矿藏品质优良，适于炼铁。1937 年 10 月 4 日，关东军就要求尽快"开发"龙烟铁矿，并要求对交通、焦炭等相关事宜做出计划。③ 龙烟铁矿被"军管"后，委托给了兴中公司，1937 年底即开始向日本输送铁矿石。龙烟铁矿的开采量是：1938 年出产 176000 吨，1939 年是 192166 吨，1940 年是 396047 吨，1941 年是 605164 吨，1942 年是 939000 吨，1943 年是 830000 吨，1944 年是 648228 吨，1945 年是 124000 吨。④ 其中对日供应量为：1938 年为 96000 吨，1939 年为 178000 吨，1940 年为 239000 吨，1941 年为 390000 吨。⑤ 其他被掠夺的重要铁矿，还有河北滦县和山东金岭镇铁矿。

全国抗战初期，日本主要将矿石运往国内进行冶炼加工，对华北既有的炼铁厂只是恢复生产。但是随着战争的进行，日军对钢铁的需要激增，转而扩充华北地区已有铁厂的生产能力。1940 年，兴亚院华北联络部制定了《华北制铁事业计划要纲》，要求石景山制铁所增设 500 吨高炉一座，并快速完成阳泉制铁所 30 吨高炉和太原制铁所 120 吨高炉的增设工程，迅速扩大制铁炼钢事业。⑥ 1942 年，由华北开发株式会社和日本制铁株式会社共同成立了"华北制铁株式会社"。在 1943 年实现了第一次从日本向华北移建 380 吨高炉和建设特设高炉 11 座后，华北制铁株式会社计划 1944 年底完成第二次移建 600 吨高炉的工程，以增加华北钢铁的产量。⑦ 日伪统治时期的华北生铁产量情况是：1937 年为 8000 吨，1938 年为 30000 吨，

---

① 居之芬、张利民主编《日本在华北经济统制掠夺史》，第 406 页。
② 《日本帝国主义侵华档案资料选编·华北经济掠夺》，第 653 页。
③ 《日本帝国主义侵华档案资料选编·华北经济掠夺》，第 645 页。
④ 《日本帝国主义侵华档案资料选编·华北经济掠夺》，第 676 页。
⑤ 《日本帝国主义侵华档案资料选编·华北经济掠夺》，第 657 页。
⑥ 《日本帝国主义侵华档案资料选编·华北经济掠夺》，第 649 页。
⑦ 《日本帝国主义侵华档案资料选编·华北经济掠夺》，第 665 页。

1939年为39000吨，1940年为50000吨，1941年为61000吨，1942年为90000吨，1943年为125000吨，1944年为218000吨，1945年为44382吨。①

华北地区的河北和山东毗邻渤海，盛产海盐。七七事变后，兴中公司接收了长芦盐场，制订了长芦盐增产计划，一方面恢复旧有盐田的晾晒生产，主要是汉沽、塘沽、新河、大沽等地的盐田，共有9102町步。此外，计划实行改良增产措施，将其年产量提高25万吨，达到60万吨。另一方面准备开辟新盐田，在汉沽开辟2000町步，在大沽开辟10000町步，计划每年增产78万吨盐。兴中公司还接管了永利化学公司和久大精盐公司。②为了充分利用华北地区的盐业资源，日本制定了《华北盐业开发要纲案》，要求"在华北开发株式会社的统制下，恢复、开发华北的主要盐业和盐利用工业"，命令中国方面整备盐务行政机构，协助日方的"开发"。实施机构方面，"将兴中公司盐业部分离"，设立华北开发株式会社统制下的华北盐业株式会社，山东盐业的"开发"则由华北开发株式会社统制下的山东盐业株式会社承担。③

长芦盐场是华北地区最大的盐场，日方极为重视，专门制定了《华北长芦盐开发纲要》，方针是在长芦盐区"增产丰富而价格低廉的盐，以期满足中国国内的消费盐和碱类，并确保对日的盐输出，实现日华经济提携的理想"。在具体生产目标上，1941年实现对日输出60万吨盐，到1941年末产碱14.4万吨，烧碱2.2万吨。在经营上，由华北盐业株式会社承接兴中公司的相关业务，负责经营长芦盐场、永利化学公司和久大精盐公司。还要求华北盐业株式会社为盐场提供技术指导、资金通融的帮助，以及建立相关的粗盐精制工厂。④长芦盐场的产量情况是：1938年为25.3万吨，1939年为59.5万吨，1940年为48.8万吨，1941年为79.9万吨，1942年为96.8万吨，1943年为121.2万吨，1944年为101.4万吨，1945年为99.6万吨。⑤山东盐业株式会社也对山东省的盐田"开发"做出规划，"以既设盐田之增产为主，新设盐田之增产为副"，到1941年为止，"预计生

---

① 居之芬、张利民编《日本在华北经济统制掠夺史》，第407页。
② 《日本帝国主义侵华档案资料选编·华北经济掠夺》，第692—695页。
③ 《日本帝国主义侵华档案资料选编·华北经济掠夺》，第696—698页。
④ 《日本帝国主义侵华档案资料选编·华北经济掠夺》，第698—699页。
⑤ 《日本对华北经济的掠夺和统制——华北沦陷区资料选编》，第543页。

产数量为 59 万吨"。山东盐场的产量情况是：1937 年为 40 万吨，1938 年为 23.5 万吨，1939 年为 51.5 万吨，1940 年为 34 万吨，1941 年为 45.7 万吨。华北地区对日输出的海盐数量为：1937 年为 30.7 万吨，1938 年为 65.8 万吨，1939 年为 48.4 万吨，1940 年为 81.4 万吨，1941 年为 88.2 万吨。[①]

对海盐的掠夺，一方面是资源性掠夺；另一方面，由于盐是政府专营和垄断经营，因此还是对财政的巨大掠夺。据统计，华北地区每年的盐税收入情况是：1937 年为 1653 万元，1938 年为 1491 万元，1939 年为 2419 万元，1940 年为 4609 万元，1941 年为 4535 万元，1942 年为 3500 万元，1943 年为 5005 万元，1944 年为 7462 万元。[②] 这对华北方面军和华北伪政权而言是一笔不小的收入。除了统制盐场的生产销售外，日方还建立了东洋化学股份有限公司，以生产精盐、氯化镁等重要物资，并建立电解工厂，生产氢氧化钠、盐酸、漂白粉等。[③] 还建立了大沽工厂、塘沽工厂、汉沽工厂，利用华北海盐，生产漂白粉、溴素、盐化苦土、净盐等工业产品。

在农业方面，日军也进行了统制和掠夺。受战火影响，华北农业遭到严重破坏，"1938 年华北主要四省的农作物平均产量比战前减产 50% 左右"，1939 年又遭受旱灾和洪灾，"华北四省（不包括蒙疆）小麦普遍减产 30%，杂粮平均减产 40%，棉花平均减产 50%，稻米平均减产 80%"。[④] 在此情况下，华北的粮棉供应都十分缺乏。1940 年兴亚院制定的《华北产业五年计划综合调整要纲》中指出，"华北耕地生产力不足的结果，向来粮食不能自给"，"谋求粮食作物增产，确定粮食自给计划，同样是华北产业开发的重点之一"。[⑤]

对于华北农业的"开发"，日本首要重视的是棉花。1938 年日本外务省制定了《华北棉花增产九年计划》，要将华北的棉花生产由 1938 年的 420.4 万担增至 1946 年的 1000 万担。[⑥] 1939 年，伪华北临时政府成立了华

[①] 《日本帝国主义侵华档案资料选编·华北经济掠夺》，第 700—702 页。
[②] 居之芬、张利民编《日本在华北经济统制掠夺史》，第 418 页。
[③] 《日本帝国主义侵华档案资料选编·华北经济掠夺》，第 702 页。
[④] 居之芬、张利民编《日本在华北经济统制掠夺史》，第 228 页。
[⑤] 《日本帝国主义侵华档案资料选编·华北经济掠夺》，第 182 页。
[⑥] 《敌伪在华北沦陷区之农业侵略》，河北省档案馆藏，卷宗号 618—2—1215，转引自郭贵儒等《华北伪政权史稿——从"临时政府"到"华北政务委员会"》，第 297 页。

北棉产改进会。该会接收和统一了在华北各地的棉产改进会和试验场，"成为日本对华北棉产实行一元化统制开发的管理组织"。① 此外，日伪还建立了棉花增产委员会和棉花合作社等组织，以促进棉花增产计划的实现。1938年，兴中公司成立了华北棉花株式会社，在天津、济南、彰德设有打包厂，负责统制和垄断华北棉花的收购、运送及对日输出。同年12月，伪华北临时政府颁布了《棉花输出许可暂行条例》，规定"棉花非经实业部总长之许可，不得输出"，违者将受到严惩，以控制棉花的输出。② 为了彻底实现对棉花的统制，日伪又禁止棉花上市交易，规定"新民会"合作社为指定供应单位，并统制棉花收购价格，以低于市场价收购棉花。1939年，华北棉花株式会社、华北棉花同业公会以及华北棉花协会共同规定华北地区的棉花价格：石家庄地区为58元，保定地区60元，天津地区62元。以2元的差价促使棉花向沿海口岸输送，进而直接运往日本，但是这三个收购价均低于市场价20元左右。③ 为完成棉花的收购和加工，日伪组织成立了四个棉业团，由"日华纺织及日华棉花商组合配置而成"，棉花商团负责收购，纺织团负责加工，"依各棉产地区，将各棉业团员适当分配之，务使达成理想任务"。④ 日伪方面虽然采取诸多措施促进棉花的生产和收购，但是由于其措施不得民心，遭到抵制。全国抗战期间华北的棉花产量一直很低，始终未能超过战前。1936年的华北棉花产量是6233千担，全国抗战期间产量最高的1942年为3905千担。⑤ 由于原料严重不足，许多纺织厂都存在开工率不足的问题。

不仅棉花产量不高，华北地区的粮食产量也始终不足。在1940年之前，日本主要依靠进口来维持华北地区的粮食供应，弥补华北粮食生产的不足。1941年，《华北（含蒙疆）产业开发五年计划基本纲要》中的"方针"指出，"在确定计划时，特别将开发、获得华北特产重要资源和确立粮食自给态势，作为重点"。⑥ 同年，还成立了华北垦业株式会社，"在滦河地区、蓟运河地区、马厂减河地区、永定河沿岸地区、小清河地区开发

---

① 居之芬、张利民编《日本在华北经济统制掠夺史》，第230页。
② 居之芬、张利民编《日本在华北经济统制掠夺史》，第232页。
③ 居之芬、张利民编《日本在华北经济统制掠夺史》，第233页。
④ 《日本帝国主义侵华档案资料选编·华北经济掠夺》，第819页。
⑤ 居之芬、张利民编《日本在华北经济统制掠夺史》，第410页。
⑥ 《日本帝国主义侵华档案资料选编·华北经济掠夺》，第196页。

水旱田。并强行收购民地，移民垦殖沿海荒地。计划垦殖面积百万亩，实际垦殖达到7万余亩"。① 此外，日伪方面还成立了华北合作事业总会、天津米谷统制会、华北农事试验场及各省农事试验场等机构，以促进粮食增产。"新民会"控制的合作社，从事农业贷款、农技推广、农产品收购等工作，为日军的粮食增产计划出力不少。尽管日伪努力进行粮食增产的工作，但是受天灾人祸的影响，华北地区的粮食产量始终未恢复到战前的水平。

四　日伪对华北金融、财政的统制

在对工矿业和农业实行统制之外，日伪对华北地区的金融业也实行全面的统制。

1937年9月，日军首先建立了"察南银行"。伪蒙疆政府成立后，察南银行改为"蒙疆"银行。根据《蒙疆银行组织办法》和《蒙疆银行条例》，"蒙疆"银行成为"蒙疆"地区统一发行货币和统制金融的最高机构，总部设在张家口，注册资本1200万元。"蒙疆"银行的"重点业务是辖区的金融指导与统制，货币的制造与发行，办理财政资金划拨和机关、团体存款，以及日伪统治管理和经营的大企业存放款"。② "蒙疆"银行成立后准备金不足，且呈减少的趋势，但是该行的货币发行量却逐年递增。"蒙疆"银行极少对一般性工商业放款，"主要用于代替伪政府放款，且货币流通范围有限，银行资金的融通性极差，所以该银行并不是真正意义上的商业银行，而是伪蒙疆政府的金融财务出纳机构"。③

在华北地区，日本也决定建立一个"中央银行"。1937年底，日本内阁通过了《华北联合银行设立纲要》，规定伪华北临时政府和中国各银行各出资半数。该银行的职能"主要是发行联合银行券作为华北唯一的货币，同时收回华北境内的正金银行券和朝鲜银行券，并预定将新券与日本圆结成等价联系，中国方面以往发行的钞票也决定进行回收"。④ 此后，日本又制定《中国联合准备银行要领》，将所要成立的银行正式定名为"中

---

① 郭贵儒等：《华北伪政权史稿——从"临时政府"到"华北政务委员会"》，第301页。
② 内蒙古金融志编纂委员会编《内蒙古金融志》（上），内蒙古人民出版社，2007，第328页。
③ 居之芬、张利民编《日本在华北经济统制掠夺史》，第97页。
④ 〔日〕浅田乔二等：《日本在中国沦陷区的经济掠夺（1937—1945）》，第184页。

国联合准备银行"。1938年2月,伪华北临时政府颁布了《中国联合准备银行条例》,明确"中国联合准备银行以安定通货,统制金融为目的",总行设于北京,受政府监督,政府出资占银行股本一半,总裁和副总裁均由政府任命。在业务上,政府赋予中国联合准备银行货币铸造和发行的特权,银行所发行之货币公私一律通用。① 1938年3月10日,中国联合准备银行正式成立。

日方通过设置顾问室的方式,实际上控制着中国联合准备银行,"顾问室成员根据顾问命令,负责与日方银行的联络,对'联银'加以指导及规划各项事务"。② 中联银还在华北各地设置分行,在天津、青岛、济南、太原等地均设有分行,共15处。中联银成立后即开始发行联银券,在各地推行使用,并极力取缔旧币和法币。伪临时政府颁布了《旧通货整理办法》,规定了各种旧币的流通期限,限制既有旧币的流通。1939年,又颁布了《扰乱金融暂行处罚法》,规定"持有或搬运不属中国联银发行之货币而希图流通或便其流通之行为者",为扰乱金融,应处以徒刑或罚金,"但由小额通货整理办法公认其流通之小额通货与蒙疆银行券及外国货币不在此限"。③ 日伪控制下的中国联合准备银行,不顾准备金的储备情况,大肆发行联银券。1938年发行量为5900万元,到1942年突破10亿元,1942年12月发行量为15.92亿元,1945年5月发行量为420.24亿元。④ 日伪以印钞票的方式,大力掠夺华北地区的农矿资源,使得华北地区物价高涨,通货膨胀严重,经济接近崩溃状态。

日军还强行接收了国民政府保存在平津两市的现银。对华北地区其他的银行和钱庄等金融机构,日伪也采取了统制的措施。通过"投资"的方式,中联银控制了河北的河北银行、冀东银行,山东的大阜银行、鲁兴银行,以及河南实业银行和山西实业银行。对于钱庄和银号,日本先是实行汇兑统制,限制其汇兑业务。在太平洋战争爆发后,"华北政务委员"会又颁布了《金融机关管理规则施行细则》,加强对所有金融机构的统制,

---

① 《日本帝国主义侵华档案资料选编·华北经济掠夺》,第855—859页。
② 〔日〕"联银"顾问室:《中国联合准备银行五年史》(1944年),第14页,转引自郭贵儒等《华北伪政权史稿——从"临时政府"到"华北政务委员会"》,第290页。
③ 《日本帝国主义侵华档案资料选编·华北经济掠夺》,第862页。
④ 居之芬、张利民编《日本在华北经济统制掠夺史》,第419页。

许多钱庄银号被迫停业。到 1942 年底,日本已完成了对华北沦陷区华资银行的统制。①

在财政方面,伪华北临时政府首先采取了大力紧缩的方针,建立了预算制度,"对作为政府主要财政来源的关税、盐税、印花税、烟草税、酒税等,加以根本性改造,杜绝横征暴敛,随之确立岁入的基础"。② 关税、盐税和统税历来是政府的主要财政来源。1937 年底,日军就把持了海关,"并于 1938 年实行了第一次关税改正,改正后的新税目有输入税 60 种,输出税 16 种。与旧税相比,输入税降低了 3 成至 7 成,输出税降低了 5 至 6 成"。③ 这自然有利于日本的资源掠夺和商品倾销,但是降低了伪临时政府的财政收入。在接管海关之外,日军特务部还接收了国税总署,改称"统税总署",将其下属的征税管理处改称"统税分局"。盐税方面,在设立长芦盐务管理局外,又设立了青岛盐务管理局。通过对以上三大税种和征税机关的整理,伪华北临时政府在 1938 年初步确立了财政基础,"1938 年关税约 7349 万元,盐税约 1865 万元,统税约 3965 万元,合计 13179 万元,距年度预算相差近 30000 万元"。④ 此后,各项税收均有较大增长,但是政府支出也在增长。为了增加财政收入,伪政府在既有繁多税种的基础上,又陆续开征了烟酒税、所得税、糖类织物消费税等。⑤ 在地方则有各种摊派和杂税,例如牲口税、电灯捐、车牌捐、屠宰税、婚帖税、猫狗牌照税以及人头税等五花八门的税捐。与此相对的是,日伪方面对鸦片等毒品采取"寓禁于征"的政策,纵容甚至鼓励种植和吸食鸦片,烟毒业畸形发展。日伪则在鸦片的流通、交易等环节获取了大量的财政收入,有的地区来自鸦片的税收甚至能占财政收入的两成。在"蒙疆"地区,日伪也对其财政收支进行了一系列整顿,实行了预算制度。

五 日伪对华北劳动力的掠夺

华北人口众多,民众吃苦耐劳,劳动力资源十分丰富。伴随着对华北

---

① 居之芬、张利民编《日本在华北经济统制掠夺史》,第 363 页。
② 《日本对华北经济的掠夺和统制——华北沦陷区资料选编》,第 900 页。
③ 居之芬、张利民编《日本在华北经济统制掠夺史》,第 102 页。
④ 居之芬、张利民编《日本在华北经济统制掠夺史》,第 103 页。
⑤ 郭贵儒等:《华北伪政权史稿——从"临时政府"到"华北政务委员会"》,第 255 页。

地区矿产资源的掠夺,日本对华北地区劳动力资源的掠夺也在进行之中。

1934年,日本就在天津组织成立了"大东公司","依据满洲国劳工入国取缔方针,对入满华北劳工的身份在其出国之前在华北进行调查,对身份符合条件的人发给签证,满洲国则采取没有大东公司的签证的劳工禁止其入国的方针",[①] 其实质就是从华北向关外贩卖劳工。大东公司将自己的业务总结为:"本公司的业务遵守本公司章程的规定,办理对中国劳工的身份证明书的发给、中国劳工的募集、供给、输送、保护等有关事务。"[②] 从1935年到1937年,入"满"的华北劳工人数为1130505,[③] 由大东公司给予办理"签证"。

七七事变以后,日伪方面即着手准备建立新的劳动统制实行机关。1937年底,伪满发布了《满洲劳工协会法》,1938年初,正式成立了"满洲劳工协会",对东北境内的劳工进行分配和管理。"从1938年1月到1939年7月,在外由大东公司从华北等地大规模统制招募并向满洲押运输入劳工,在内由满洲劳工协会进行全面动员、统制、分配和管理劳工,严密和扩大了日本对华北劳工实施统制招募、输出和管理奴役的法西斯统制机构。"[④]

1938年,日本在伪满实施第一次产业"开发"计划,对劳工的需求量大增,"在主要产业及其外围部门,五年内对不熟练劳工的需要量总共需要增加的数额,概算起来,大约达到100万人"。[⑤] 1939年,日本又在伪满实施"北边振兴计划",进行大规模的基础设施建设,"在这样大规模的建设事业中所使用的劳工,每年最少也有30万人"。[⑥] 有鉴于此,日伪调整劳工统制机构,"原来执行对外国劳工入国(满洲国)限制职责的大东公司及谋求对国内劳动力合理性配给调整、确保劳动资源的涵养的满洲劳工协会,以康德6年(1939年)7月1日为期,进行了统合,从而实现了机

[①] 居之芬、庄建平主编《日本掠夺华北强制劳工档案史料集》(上),社会科学文献出版社,2003,第67页。
[②] 居之芬、庄建平主编《日本掠夺华北强制劳工档案史料集》(上),第76页。
[③] 居之芬、庄建平主编《日本掠夺华北强制劳工档案史料集》(上),第102页。
[④] 居之芬、张利民编《日本在华北经济统制掠夺史》,第255页。
[⑤] 居之芬、庄建平主编《日本掠夺华北强制劳工档案史料集》(上),第105页。
[⑥] 《日本帝国主义侵华档案资料选编·东北经济掠夺》,第863页。

构的一元化"。① 大东公司并入"满洲"劳工协会,"满洲"劳工协会成为"日本在伪满洲国对劳工实施招募、动员、输入、供给和管理的一元化劳工统制组织"。② "满洲"劳工协会总部设在"新京",在伪满境内设有19个支部和122个事务所,在华北设有两个支部和9个事务所。华北的支部和事务所,负责从华北等地大规模招募和输出劳工,关外的则负责对这些劳工实行统制和管理。在此基础上,日伪从1938年到1941年在华北掠夺的劳工情况是:"入满者总数为374.6万人,每年平均93.65万人。"③

在向伪满输出劳工之外,日伪还向内蒙古地区输送华北劳工,用以大规模开发该地区的煤、铁资源。1939年初,日本在"蒙疆"地区实施"产业开发三年计划(1939—1941年)","蒙疆"地区的劳动力明显不敷使用,从华北输入劳工也就成为最佳方式。1939年5月,"蒙疆联合委员会"的《关于蒙疆华北劳工分配协定》,规定"新民劳动协会"协助"蒙疆"方面在华北地区招工,负责身份甄别、完成劳工资料登记,"蒙疆"方面发给身份证明书。④ 1939年,伪蒙疆政府设立了蒙疆劳动统制委员会和晋北劳工公会,负责华北劳工的输入和分配等工作。1940年从华北地区输入的劳工为50845人,1941年为31146人,其中河北人居多。⑤

1940年,日本在华北地区展开"第一次产业开发计划",使华北本地的劳工量需求大增,造成了华北本地劳工使用与对外输出之间的矛盾。日本方面认为:"对这个华北自身及对外供出劳力的问题,若不恰当的加以处理和解决,日满华战时体制的确立是绝不会取得成功的。"⑥ 在此情况下,经过各方的协商和筹措,伪华北政务委员会在1941年7月3日第119次常务会议上审议通过了《华北劳工协会暂行条例》。7月14日,华北政务委员会在中南海怀仁堂举行了"华北劳工协会"成立大会。"它将以往华北新民会的各级劳务统制机关与满洲劳工协会在华北各地的劳工招募机构全部接收统一起来,成为对华北境内劳工资源进行调查、登录、制档、

---

① 居之芬、庄建平主编《日本掠夺华北强制劳工档案史料集》(上),第109页。
② 居之芬、张利民编《日本在华北经济统制掠夺史》,第255页。
③ 居之芬、庄建平主编《日本掠夺华北强制劳工档案史料集》(上),第182页。
④ 居之芬、庄建平主编《日本掠夺华北强制劳工档案史料集》(上),第287页。
⑤ 居之芬、庄建平主编《日本掠夺华北强制劳工档案史料集》(上),第301页。
⑥ 居之芬、庄建平主编《日本掠夺华北强制劳工档案史料集》(下),第455页。

统制以及对劳工实施强征制的一元化劳务统制机关。"① 劳工协会总部设在北平，在各主要城市设有 9 个办事处。

经过日伪多年的掠夺和战争的影响，华北的劳动力也已经不敷使用。据"华北劳工协会"1941 年的调查，华北地区能够充当劳工的劳动力不超过 300 万人。有鉴于此，"华北劳工协会"根据各地情况，将河北、山东、苏北等地的 16 个县确定为对外输出劳工的重点"实验县"，1944 年扩展为 40 个，这些县也就成了劳工输出大县。在招募方法上，"华北劳工协会"开始采取暴力手段，"从 1942 年起，在华北全境，实施了划分地区，按计划定点强征与公开抓捕并行的手段，劫掠华北劳工"。② 在此之外，战俘也成为华北劳工的重要来源。1941 年，华北方面军与"新民会"中央总会达成了《关于特殊工人劳动斡旋一事的协定》，指出"由于劳动力不足，拟将特殊工人动员到国防产业线上，借以保障其生活安定，进而还有助于治安对策与思想善导"，所谓特殊工人就是指关押在监狱中的嫌犯、"通匪嫌疑者"以及"讨伐作战中的俘虏"。③ 在"治安强化"运动期间，华北劳工协会加强对劳工的劫掠。1942 年至 1943 年的两年，华北劳工协会共向东北、内蒙古、华中等地区提供劳工 209.4 万余人，随行家属 128.4 万人，④ 其中战俘占相当比例。

到了战争末期，华北方面军已无力支撑华北劳工协会的掠夺行为，进而推行"强力行政供出制"，使各级伪政权成为强制征工的主体。为此，"华北政务委员会"发出紧急密电："所有劳工募集应由该市速与当地关系机关及劳工协会妥洽办理。"⑤ 各地伪政权随即设立专门机构，用以推行"强力行政供出"。北京特别市设立了"筹募劳工委员会"，并制定了"劳工动员实施计划"。青岛特别市设立了"劳务委员会"，用以"确保重要资源急激增产增运之重点产业所需之劳动力"。⑥ 天津特别市也"特设劳工招募委员会，办理招募劳工事宜"，⑦ 并命令学生参加劳务服务。尽管日伪继

---

① 居之芬、张利民编《日本在华北经济统制掠夺史》，第 382 页。
② 居之芬、张利民编《日本在华北经济统制掠夺史》，第 384 页。
③ 居之芬、庄建平主编《日本掠夺华北强制劳工档案史料集》（上），第 243—244 页。
④ 居之芬、张利民编《日本在华北经济统制掠夺史》，第 385 页。
⑤ 居之芬、庄建平主编《日本掠夺华北强制劳工档案史料集》（下），第 730 页。
⑥ 居之芬、庄建平主编《日本掠夺华北强制劳工档案史料集》（下），第 753 页。
⑦ 居之芬、庄建平主编《日本掠夺华北强制劳工档案史料集》（下），第 758 页。

续加强掠夺劳工，但是1944年和1945年的劳工数量还是急剧减少，1945年不足5万人。

太平洋战争爆发后，日本国内劳动力日益缺乏，输入华工成为日本政府的一个选择。日本政府在1942年12月决议："内地劳务需求日益紧迫，特别是在重体力劳动方面的劳力不足更为突出。鉴于此种情况，依照下面要领向内地移入华工，为进行大东亚共荣圈建设而努力。""要领"对华工从事的行业，华工本身的条件以及对华工的管理等均有详细规定；还指出先试行一年，根据成绩再行推广。① 根据这一决定，日本在1943年先从华北输入了1420名华工。在试行一年后，1944年决定输入3万华工，1945年计划输入5万华工。实际上到1945年5月止，日本共输入华工169批38935人（其中由华北劳工协会输入35778人）。② 华工在日本主要从事的行业是矿业（煤炭、金属）、国防土木建筑业、重要工业（钢铁、造船、轻金属、化工工业方面）、港湾及陆运装卸，以及其他特别亟须的行业。③ 华北劳工在日本受到了超强度的压榨和剥削，许多人在繁重劳动过程中葬送了性命。

第三节 华中沦陷区

一 日本的经济掠夺政策

1. 全国抗战初期

淞沪会战爆发后，日军侵入华中地区，相继占领上海、南京等地。由于战争破坏和日军的掳掠，华中地区经济遭受惨重损失。以上海为例，在战前，上海占到了全国工业生产的1/2强，有华商工厂5200余家。在淞沪会战中，上海工厂合计被毁者约达70%，密集于闸北一带而全毁者，约占35%，浦东南市一带全毁者，占20%，损失总额当在8亿元以上。④ 除上海以外，南京的工商企业损失达80%，无锡在60%以上，华中各地平均工

---

① 居之芬、庄建平主编《日本掠夺华北强制劳工档案史料集》（下），第504—505页。
② 居之芬、张利民编《日本在华北经济统制掠夺史》，第388页。
③ 居之芬、庄建平主编《日本掠夺华北强制劳工档案史料集》（下），第511页。
④ 上海市档案馆编《日本在华中经济掠夺史料（1937—1945）》，上海书店出版社，2005，第74页。

业损失则约为 40%。① 日军不仅攫取了占领区的关税、统税等税收，而且将大量华商工厂收为"军管"。在汪伪政权 1940 年成立之前，仅苏、浙、皖三省属于"日军管理"的纺织、丝绸、化工等大小工厂，总数就达到了 200 多家。②

华中地区是中国工商业的中心地区，虽然矿产资源较华北及东北贫乏，但贸易、交通、工商、农业等都较为发达。因此，日军经济侵略华中的重点，也主要集中在这些方面。

1937 年 10 月 1 日，日本四相会议通过的《处理中国事变纲要》提出，希望在华中、华南地区"出现适合于不断增进、发展日华通商贸易的情况"；而向中国提出的具体要求，则在文件附属的《调整邦交大纲》中规定："实行日华经济合作，即在全中国，从海运、航空、铁路、矿业等的事业着手，进行立足于日华平等立场的共同开发，逐步进行两国真正的经济合作。"③ 12 月 24 日，日本内阁决议通过《事变对处要纲（甲）》，确定在华中地区，"以上海为据点，首先着手通信、交通等公营事业的统制经营"，为此，"设立上海特别市，将其电话、电力、照明、水道、瓦斯、电车、公交等相关公共事业的实权，由我方进行掌控，并为此设立国策会社"。④ 其后，日本设立"国策会社"——华中振兴公司，以统制华中地区公共事业，该公司成为日本对华中进行经济侵略的主要据点。

全国抗战进入相持阶段后，1938 年 11 月 30 日，日本御前会议通过《调整日华新关系的方针》，系统规定了日本对华政策的基本原则和具体方针。在经济方面，文件要求如下：

> 日满华三国为了实现连环互助和共同防卫，在产业经济等方面，根据取长补短、互通有无的原则，以共同互惠为宗旨。
> 一、日满华三国就资源的开发、关税、贸易、航空、交通、通讯、气象、测量等方面，签订必要的协定，以实现上述要旨和以下各

---

① 潘健：《汪伪政权财政研究》，中国社会科学出版社，2009，第 30—31 页。
② 黄美真编《伪廷幽影录——对汪伪政权的回忆纪实》，第 158 页。
③ 《处理中国事变纲要》（1937 年 10 月 1 日），《日本帝国主义对外侵略史料选编（1931—1945）》，第 242—243 页。
④ 閣議決定「事変対処要綱（甲）」（1937 年 12 月 24 日）、外務省『日本外交文書・日中戦争（一）』、六一書房、2011、226 頁。

项要点。

二、关于资源的开发利用，在华北、蒙疆地区，以寻求日满所缺乏的资源（特别是地下资源）为政策的重点，中国从共同防卫和经济合作的观点出发，提供特殊便利。在其他地区，关于特定资源的开发，也从经济合作的观点出发，提供必要的便利。

三、在一般产业方面，尽量尊重中国方面的事业，日本对此给予必要的援助。帮助改良农业，以有利于中国民生的安定，并设法栽培日本所需要的原料资源。

四、对中国财政经济政策的确定，日本予以必要的援助。

五、在贸易方面，采用妥当的关税制度和海关制度，一方面发展日满华之间的一般通商关系，一方面使日满华（特别是华北）之间的物资供应趋于便利、合理。

六、对于中国的交通、通讯、气象和测量的发展，日本提供必要的援助和合作。

日华交通方面合作的重点在于：整个中国航空事业的发展，华北的铁路（包括陇海线在内）、日华之间和中国沿海的海运，长江的水运，和华北、长江下游的通讯事业。

七、通过日华合作，建设新上海。①

《调整日华新关系的方针》几乎覆盖了中国交通、矿产、工商、贸易等国民经济的各个方面，而日本对中国资源的掠夺，特别是矿产的掠夺，主要集中在华北地区、华中地区，日本的着眼点主要集中在通商贸易和交通。

2. 汪伪政权成立后

1940年3月30日汪伪政权正式宣告成立。同年11月30日，与日本签订了《日汪基本条约》，确认了日本前述的侵略要求。

太平洋战争爆发后，随着国际环境和日本战争需求的变化，日本也调整了对汪伪政权的经济政策。1942年底，日本准备在"应允"汪伪政权"参战"的同时，通过向其移交部分权力，来增强汪伪政权的实力。经济

---

① 《日本帝国主义对外侵略史料选编（1931—1945）》，第281—282页。

方面，日本当局决定，在继续保证满足日本侵略战争需要的前提下，适当地将一部分企业和物资让渡给汪伪政权控制，以提高汪伪政权的积极性，"使日华合办的中国法人在名义上和实际上都置于中国方面的监督之下，对其资本、人事组成、免税特权及其他方面加以根本的调整"。在沦陷区物资的统制上，要"有效运用中国方面的责任感和创造精神"，"不得因此而妨碍占领区域内的物资交流"，以减轻长期以来统制政策对沦陷区经济的破坏，提高沦陷区经济活力。其具体方针如下：

一、取得为完成帝国的战争所必要的更多物资，确保军队的自给，并有助于维持民生，谋求于占领区域内重点地并有效地取得重要的国防物资，同时积极地获得敌方的物资。为此，特别谋求物资调拨的合理化，以及物资收购价格的恰当。

又，在前线，考虑到对敌实行经济压迫，需阻止对敌输出战争必需物资，但不得因此而妨碍占领区域内的物资交流，但实行本措施时，需有效运用中国方面的责任感和创造精神，以有助于加强国民政府的政治力量。

二、促进中国方面官民积极的经济活动及对日合作，并以此帮助国民政府加强政治力量。

（一）使日华合办的中国法人在名义上和实际上都置于中国方面的监督之下，对其资本、人事组成、免税特权及其他方面加以根本的调整。

（二）一般物资的生产及配给，避免日本方面的垄断，允许中国方面均沾其利。[1]

但在实际上，日本向汪伪政权的"放权"，不过是将对沦陷区的经济掠夺交给汪伪政权协助完成而已。如"关于粮食及其他物资的掠夺，自1943年以后，仅靠三井物产和日本商社的'市场操作'，已无法获得，于是便以'尊重中方的自主权'这一体面的口实，将搜集粮食的任务交给省政府，美其名曰'使其负全责'"。[2] 1945年1月，日本最高战争指导会议

---

[1] 《日本帝国主义对外侵略史料选编（1931—1945）》，第418—419页。
[2] 《日本帝国主义侵华档案资料选编·汪伪政权》，第915页。

就中国"战时经济"通过第十四号决定,要求:"以军队的战争自给及日满需求为第一要义","努力防止中国经济的破坏,确保战争需要,设法维持和培养当地的经济力量,维护现行货币制度"。① 这说明直到侵华战争结束,日本掠夺中国经济、利用沦陷区物资来"以战养战"的基本方针,并没有发生改变。

二 日本经济掠夺的主要机构

1. 兴亚院华中联络部

侵华战争初期,日军对沦陷区的经济掠夺指导权,主要由日军特务部执掌。侵华日军特务部内设"经济委员会",负责制定具体的掠夺方策和计划。② 1937年11月6日,日本内阁设立了"第三委员会",主要负责对华经济事务的调查研究、立案,以及协调各部门对华事务等。③

全国抗战进入相持阶段后,为了统一中国占领区的管理事务,1938年12月,日本政府正式发布《兴亚院官制》,宣布设立对华中央机关——兴亚院,负责处理在华政治、经济、文化事务。兴亚院以首相为总裁,内设总裁官房及政务、经济、文化三部。④ 为具体指导、统制日本对华政策,兴亚院在沦陷区分设了华北、"蒙疆"、华中、厦门联络部和华北联络部青岛办事处,其中华中联络部设在上海,负责伪维新政府所管辖的区域,⑤ 其在经济方面的主要职能包括:(1)经济"开发"之计划与调查;(2)伪维新政府经济产业的协力实施;(3)交通通信航空事项;(4)一般产业;(5)上海都市建设;(6)公共事业;(7)物资动员;(8)敌产处理;(9)华中振兴株式会社之监督;(10)通商贸易之振兴;(11)港湾水道之整理;(12)水利、盐业、造船事项;(13)金融币制之统制;(14)伪

---

① 《日本帝国主义对外侵略史料选编(1931—1945)》,第486页。
② 黄美真等编《日伪对华中沦陷区经济的掠夺与统制》,第20页。
③ 「第三委員会規則」(1937年10月26日)、外務省『日本外交文書·日中戰爭(二)』1419—1420頁。
④ 「興亜院官制」(1938年12月16日)、外務省『日本外交文書·日中戰爭(二)』1383—1384頁。
⑤ 「興亜院連絡部及興亜院連絡部出張所ヲ置ク地位並二各連絡部及連絡部出張所ノ名称及担任区域二関スル件」(1939年3月10日)、外務省『日本外交文書·日中戰爭(二)』1397—1398頁。

维新政府财政调查。①

2. 华中振兴公司

华中振兴公司，即"华中振兴株式会社"，于1938年11月7日正式登记成立。其设立主旨为"使我方掌握华中方面各种公共事业之实权，以中日共荣精神促进该区域经济之复兴及建设"。华中振兴公司作为"华中统一之指导"，受兴亚院华中联络部监督，职责为"振兴与公共利益相关之事业、产业，对必要的事业等进行投资、融资，乃至在必要的情况下直接进行经营"。②

华中振兴公司资本金为1亿日元，由日本政府及日本民间各负担5000万日元。③其实缴资本为3138万日元，日本政府出资1888万日元，包括764万日元实物出资，日本民间出资1250万日元。华中振兴公司总部设在上海，辖有总务课、商务课、业务调查课，此外，还下辖东京分公司和各种子公司。④

华中振兴公司在设立时，是向日本政府登记的日本法人，但其子公司是向中国伪政权登记的中国法人，日本当局借日本法人支配中国法人的方式，统制了占领区重要产业，⑤包括：（1）交通、运输、通信相关事业；（2）电气、瓦斯、水道相关事业；（3）矿产相关事业；（4）水产相关事业；（5）经政府许可的其他关于公共利益及产业振兴之必要事业。⑥

作为"国策公司"，华中振兴公司直接受日本政府掌控，唯日本政府可以取消该公司决议，委任及解除公司负责人职务，并于国防或其他必要之际，颁发各种命令。⑦而华中振兴公司同另一个"国策公司"——华北

---

① 秦孝仪主编《中华民国重要史料初编——对日抗战时期 第六编 傀儡组织》（4），第968页。
② 「中支那振興株式会社設立要綱」（1938年3月15日）、外務省『日本外交文書·日中戦争（二）』1440—1441頁。
③ 「中支那振興株式会社設立要綱」（1938年3月15日）、外務省『日本外交文書·日中戦争（二）』1440—1441頁。
④ 《敌掠夺我华中经济实录》（1939年5月27日），秦孝仪主编《中华民国重要史料初编——对日抗战时期 第六编 傀儡组织》（4），第1019—1023页。
⑤ 王士花：《"开发"与掠夺：抗日战争时期日本在华北华中沦陷区的经济统制》，第37页。
⑥ 「中支那振興株式会社設立要綱」（1938年3月15日）、外務省『日本外交文書·日中戦争（二）』1440—1441頁。
⑦ 《敌掠夺我华中经济实录》（1939年5月27日），秦孝仪主编《中华民国重要史料初编——对日抗战时期 第六编 傀儡组织》（4），第1019—1023页。

开发株式会社的不同之处在于：一是华北重在"开发"，而华中重在"振兴"，故华北偏重投资，而华中偏重自营。因此华中振兴公司特别规定，得经政府核准，单独经营各项企业。华北开发株式会社之事业范围为交通、盐业等，而华中振兴公司虽无盐产等项，但有瓦斯、自来水、水产等。二是华北开发株式会社规定自开设之年起，十年内免付所得税、营业税及各种地方税，而华中振兴公司则无此免税待遇。①

三　日本对资源和金融的掠夺

1. 对矿产资源和农产品的掠夺

华中沦陷区的矿产资源，与华北相比较为缺乏。卢沟桥事变前，华中煤产量仅为80万吨左右，而华中日军占领区的总消费量达450万吨，其差额必须要依靠进口和华北煤炭的供应。因此，对矿产业的投资，仅占到华中振兴公司投资总额的5.6%。②华中占领区较重要的矿藏为淮南煤矿和大冶铁矿，分别由日本制铁所设立的大冶制铁所和华中振兴公司设立的子公司——淮南煤矿股份有限公司经营。③

为优先保证军需，日本当局对华中沦陷区出产的小麦、棉花、大米等农产品进行了统制。华中地区的米粮，一律被置于日军司令部的统制管辖之下，要进行运输则必须持有日本特务机关发给的"物品搬出许可证"。④1939年8月，日军对苏、浙、皖三省主要产谷地区发布新米禁止出境令，指定由各日本商社进行收购。在日本指定军粮收购的地区里，只有军方指定的商人才能收购；沦陷区所产小麦，通过设立华中制粉联合会收购；沦陷区的棉花，则由华中棉花协会收购。所谓"收购"，实际上和强制征收相差无几。⑤

2. 在沦陷区发行军票

在金融掠夺方面，日本除使用各种手段打击法币外，还在沦陷区大量发行军票。侵华战争初期，日军并没有发行军票，在华中主要使用日本银

---

① 《敌侵华两大国营公司概况》（1939年5月6日），秦孝仪主编《中华民国重要史料初编——对日抗战时期　第六编　傀儡组织》（4），第1266—1267页。
② 〔日〕浅田乔二等：《日本在中国沦陷区的经济掠夺（1937—1945）》，第129页。
③ 中国社会科学院近代史研究所编《日本侵华七十年史》，中国社会科学出版社，1992，第610—611页。
④ 〔日〕浅田乔二等：《日本在中国沦陷区的经济掠夺（1937—1945）》，第10页。
⑤ 《日本侵华七十年史》，第620页。

行券。1937年10月，日本内阁发出《军用手票发行要领》，决定在华军队开始使用军票。① 由此，军票、日本银行券及法币得以并行使用。日军要求："军费及经济振兴资金，原则上使用本国货币（日本银行券及补助费）；军票的使用则继续已有方针，应对军事行动的需要；军费及经济振兴资金要极力避免使用法币，万不得已之际，尽量使用日货换取、在华北回收，以及维新政府收入的法币，不使用外汇兑换的法币。"②

日本占领当局尽量避免在沦陷区使用法币，导致日元在沦陷区大量流通，于是"日军在中国流通之日币数百万元之价值，亦大为减低"，甚至迫使日本政府不得不考虑发行不在日本国内流通的"出口日币"。③ 因此，在1939年，军票逐步取代日本银行券，成为日本在华直接发行使用的主要货币。"鉴于整顿、统一华中日币通货的重要性与紧迫性，需按下列要领迅速制止华中日本银行券的流通，用军票取而代之。同时需维持必要的军票价值。""确定从今年9月1日起的一个月时间为实施军票化的准备时间，在此期间内，需努力缩小日本银行券的流通面和扩大军票的流通面，于适当时机（预定为9月20日）明确宣布有关日本银行券与军票兑换及阻止日本银行券流通的强制性措施。"④ 对日本当局来说，"军票价值的维持不仅是日本军队赖以生存的关键，而且也是培育中国新政权的基本条件"。⑤

然而，随着日本实施"军票一体化"，军票的发行量不断增高。到1937年12月为止，军票发行额为500万日元，1939年4月，由于日军预谋实施"军票一体化"，军票发行额猛增到15487万日元，到1941年11月太平洋战争爆发前夕，更是突破4亿日元，达40716万日元。⑥ 为保证军票的价值，日军强制要求沦陷区商业活动须使用军票："敌人为严密实施使用军票计，对上海及占领区域各地之贩卖强制施行下列办法：一、各协

---

① 「軍用手票発行ニ関スル件ヲ定ム」日本国立公文書館・アジア歴史資料センター、A14100594500。
② 第三委员会「中支那通貨金融対策」（1938年5月13日）、外務省『日本外交文書・日中戦争（二）』1446—1447頁。
③ 《敌拟发行"出口日币"》（1939年4月12日），秦孝仪主编《中华民国重要史料初编——对日抗战时期 第六编 傀儡组织》（4），第970页。
④ 《日本在华中经济掠夺史料（1937—1945）》，第250—251页。
⑤ 《日本在华中经济掠夺史料（1937—1945）》，第258页。
⑥ 黄美真等编《日伪对华中沦陷区经济的掠夺与统制》，第113—114页。

议会于审查准许输出时须调查是否以军用票交易；二、各地贩卖时，顾客如不以军票购买，绝对不贩卖。"①

1943年4月1日，由于汪伪政权发行的中储券成为日军军费新的直接来源，日军宣布军票停止再发行，并开始逐步回收已发行的军票，华中沦陷区实现了名义上的"通货统一"。②但日本在华中沦陷区长期发行的军票，成为其经济掠夺的重要手段。

四 汪伪政府的财政税收

1. 汪伪政府成立前的主要税收

关税是华中沦陷区的重要税收。1937年，仅上海海关一处所收关税即达12410万元。③中国所有关税收入，先由税务司存入汇丰银行，用于偿还各国外债或赔款本息，如有多余，再拨付中国政府，即关余。经过日本同英国的谈判，1938年5月起，关余改存于日本的横滨正金银行，为日本所控制、使用，国民政府无法动用。④

华中沦陷区另一项主要税收，即向货物征收的统税。日军侵占上海后，在其特务机关的支持下，成立上海统税局，并在伪维新政府成立之后改组为伪苏、浙、皖税务总局，共有分局14处，计江苏8处，浙江3处，安徽3处，其1938年度之税收额共5200万元，纯收入2400万元。随着上海等地工业逐渐恢复，其统税税收逐渐增多。1939年度税收额在8000万元左右，平均每月可达600余万元，1940年度平均每日可达20余万元。然而，伪统税局属独立组织，直属于日本特务机关，不属于伪维新政府，每月税额解缴日本特务机关，再由该机关划拨一部分给伪组织，充当伪组织所需经费。⑤

盐税也是华中沦陷区税收的重要组成部分。苏北的海州一带，有板浦、济南、中正、临兴等四个主要盐场，面积共35万亩，年产盐达60万吨之多。1939年5月1日，伪维新政府设立海州盐务管理局，8月，成立

---

① 《最近敌人统制华中经济的阴谋及其反应》（1941年），秦孝仪主编《中华民国重要史料初编——对日抗战时期 第六编 傀儡组织》（4），第1292—1296页。
② 黄美真等编《日伪对华中沦陷区经济的掠夺与统制》，第203页。
③ 《日本在华中经济掠夺史料（1937—1945）》，第264—265页。
④ 朱子家：《汪政权的开场与收场》第1册，第114—116页。
⑤ 《日本在华中经济掠夺史料（1937—1945）》，第264—265页。

华中盐业公司，作为华中振兴公司的子公司，负责运营盐场，又设立通源公司负责运销。日伪通过在华中一带盐区征收盐税，大概每年可得约8360万元，然而，多数落入日本手中，伪政府所得非常有限。1938年度，伪维新政府盐税收入共8500万元，其中归日本特务机关5600万元，占到总额的65.9%，伪维新政府实际所得仅2900万元。①

因此，全国抗战初期华中沦陷区的主要税收均为日本所控制，伪政府只能通过日本当局的划拨，才能满足基本的财政需要。

2. 汪伪政府的财税收支情况

汪伪政府成立之前的1939年，日本兴亚院决定自存于横滨正金银行的中国关余中，拨出不超过1800万元，用作其后6个月之内汪伪集团的经费，为保密计，名义上为日本方面使用。②汪精卫卖国集团抵沪以后的经费便来源于此，但是数额有限，且日军也时常出现延阻。③8月，汪伪集团关于未来政府的财政来源，向日方提出了三项要求：（1）未来退回关余，并将每月关税交给汪伪政府，在汪伪政府成立前，自正金银行的关余借支4000万充作伪政府运用经费；（2）"苏浙皖三省统税局，系独立组织，不属维新政府"，未来应将之划归汪伪政府所有；（3）盐税"毫无收入"，"华中有所谓通源公司，系日人经办之食盐运销机构，几不纳税"，此种情况亦应设法改变。"以上三点，如不办到，则中央政府即不能成立。"④对于汪伪集团的请求，日方表示，提供汪方所要求的借款，前提是"将来新中央政府成立后正式调整日支邦交之准则，即日支新关系调整之原则及其他过渡的办法，能得到确约时"，而对关税、统税、盐税，则同意在汪伪政府成立后加以交还。⑤

汪伪政府成立之后，日汪之间达成如下谅解："在中华民国之各种征税机关，目前因军事上的需要处于特殊状态，故基于尊重中华民国财政独立之宗旨，速予谋求调整。"日军逐步将控制下的征税机关归还汪伪政府。⑥

---

① 《日本在华中经济掠夺史料（1937—1945）》，第264—265页。
② 「救国反共同盟会ノ所要経費二関スル件」（1939年4月1日）、外務省『日本外交文書・日中戦争（二）』1362—1363頁。
③ 朱子家：《汪政权的开场与收场》第1册，第114—116页。
④ 《日本帝国主义侵华档案资料选编・汪伪政权》，第745页。
⑤ 《日本帝国主义侵华档案资料选编・汪伪政权》，第746页。
⑥ 《日本帝国主义侵华档案资料选编・汪伪政权》，第796—797页。

汪伪政府的财政收支方面，根据周佛海最初编列的财政预算，收入部分为华北关税200万元，江海关与华南关税合计为650万元，统税550万元，盐税200万元，华北盐税50万元，武汉各项税收可解缴150万元，合计1800万元。① 可以看出，关税、统税、盐税为汪伪政府财政收入的主要组成部分。在财政支出中，主要包括国务费、内务费、外交费、财务费、军务费、实业费、交通费、教育文化费、司法费、事业费、抚恤费、总预备费以及地方补助费等。② 汪伪政府正式成立之前，周佛海编制的支出预算以"维新政府"支出为基础，为800万元，汪伪政府建立后，机构增多，追加150万元，另有事业费500万元，军事费500万元，国民党党费60万元，预备费50万元，再加上其他项目预算440万元，合计为2500万元，收支两抵，不敷700余万元。③ 但汪伪政府的军务费逐年增加，1941年占到财政支出的约38%，1944年增长到约占54%，主要被用于"清乡"。此外，1943年日军停止发行军票后，汪伪政府用中储券付给日军的军费，在1943—1944年达到993.3亿元。④

3. 地方政府的财税

汪伪政府成立之初，其地方政府多依赖汪伪中央政府的拨款。1940年度，汪伪政府每月给江苏省、浙江省、安徽省、上海市、南京市各地方政府经费补助达283万余元，与国民政府在1935年度对上述省市的补助相比，提高了175万余元。这说明苏、浙、皖各地地方伪组织，在财政上难以自立，乡村尚不能控制，城市又尚未恢复繁荣。⑤

为了提高财税收入，汪伪政府进行了"财政整理"，先后设立关税署、盐务署、税务署等机构。新增所得税、蚕丝特捐，提高卷烟税率，对苏、浙、皖各省大宗出产，如猪、棉花、茶叶等十几种货物，课5%的捐税，补助地方伪组织。而地方伪组织最重要的收入来源，除来自汪伪政府的补助外，便是在农村地区征收的田赋："地方伪组织最着力征收者为田赋，企图招致旧日征收人员、利用保甲机构，迫令乡保甲长为之征收，以重赏

---

① 朱子家：《汪政权的开场与收场》第1册，第114—116页。
② 潘健：《汪伪政权财政研究》，第30—31页。
③ 朱子家：《汪政权的开场与收场》第1册，第114—116页。
④ 潘健：《汪伪政权财政研究》，第30—31页。
⑤ 《目前伪组织的财政问题》（1940年3月），秦孝仪主编《中华民国重要史料初编——对日抗战时期　第六编　傀儡组织》（4），第1266—1267页。

奖励税收人员等。"①

通过"清乡"运动，汪伪政权加强了对沦陷区农村地区的控制，田赋收入也随之提高，成为地方组织的主要收入来源。如浙江省1942年下半年"清乡"地区收入中，田赋占38％，而中央补助款占55％；到了1943年上半年，田赋则达到80％，中央补助款降至10％左右。② 苏州地区的"清乡"工作，"最大的收获是财政上的成绩，江苏省政府在三十一年度的下半年，预算有四千五百万元的收入，实现有将近上半年五倍的实绩"，其原因"主要是苏州地区田赋的增加"。③

五 华中沦陷区的物资统制和经济状况

1. 公共事业和重要产业

华中沦陷区主要的公共事业和重要产业，多由华中振兴公司根据"一业一社"原则设立的子公司所统制垄断。这些子公司虽然在名义上属于中国法人，然而，无论是名义资本，还是实缴资本，日方都占有55％以上的控股权，其中华中振兴公司又占有1/3以上，对其进行实际控制。④ 截止到1940年3月，华中振兴公司下辖的主要子公司有：

上海内河轮船公司，1938年7月8日成立，资本额200万日元，主要统制华中内河航运业。

华中电气通信公司，1938年7月31日成立，资本额1500万日元，主要经营华中电报电话及对外无线电业。

华中水电股份有限公司，1938年6月30日成立，资本额5000万日元，统制华中水电。

华中矿业股份有限公司，1938年4月8日成立，资本额2000万日元，主要掠夺苏、浙、皖矿产。

华中都市公共汽车股份有限公司，1938年11月5日成立，资本额300万元，主营上海、南京、常州、镇江等市内公共汽车及上海租界"越界

---

① 参见秦孝仪主编《中华民国重要史料初编——对日抗战时期 第六编 傀儡组织》（4），第1266—1267页。
② 刘星辰：《最近浙省财政之整理》（1943年9月），余子道等编《汪精卫国民政府"清乡"运动》，第346—347页。
③ 余子道等编《汪精卫国民政府"清乡"运动》，第327页。
④ 黄美真等编《日伪对华中沦陷区经济的掠夺与统制》，第333—334页。

筑路"等公共汽车、长途汽车、卡车运输。

华中蚕丝股份有限公司，1938年8月10日成立，资本额800万日元，统制华中蚕种、蚕丝、丝厂等。

上海恒产公司，1938年9月1日成立，资本额200万日元，统制华中地产业。

华中水产有限公司，1938年11月6日成立，资本额130万日元，掠夺江、浙沿海渔业。

此外还有大上海瓦斯有限公司、华中轮船公司、华中铁道公司、淮南煤矿公司、华中盐业公司等。① 1942年和1943年还分别成立华中运输公司和华中火柴公司，总数达到了15家。②

上述华中振兴公司的各子公司，不仅对相关产业实行垄断，其中一部分还属于伪政府之"特殊法人"，享有特殊权益。如华中铁道公司作为"特殊法人"，得享受伪政府赋予的下列特权："一、政府对于公司之财产所得及营业，公司之契约登记，并公司需用之物件，应免除其租税及其他一切课税。二、公司于事业经营上有必要时，得收用或使用他人之土地建筑物及其他物权，并得收买他人所经营与公司相同之事业。三、政府保证公司债款之偿还，并利息之支付。四、对于事业有关之土地及其他物件与权利之征收之免除。五、专用电信电话之设施。六、已缴股款三倍以内之公司债之发行。"③

所谓"特殊法人"的优惠待遇，并非华中振兴公司的子公司所独享。如日本航空公司控股的"中华航空公司"，同样作为"特殊法人"，享有航空事业、"国有"机场的独占权，以及自伪政府获免税、补助等特殊权利。④ 如此一来，沦陷区多数的重要产业，实际上均在日本的统制之下，借助日伪的扶植，在行业内实现了垄断。

2. 物资流通

日本统制华中沦陷区物资流通的主要目的有：（1）统一并加强对华

---

① 秦孝仪主编《中华民国重要史料初编——对日抗战时期 第六编 傀儡组织》（4），第1019—1023、1207—1208页。
② 黄美真等编《日伪对华中沦陷区经济的掠夺与统制》，第330页。
③ 《日本在华中经济掠夺史料（1937—1945）》，第297—298页。
④ 《日本在华中经济掠夺史料（1937—1945）》，第301页。

中占领地区日货的倾销和资源掠夺；（2）封锁大后方，断绝物资之供给；（3）排斥第三国在华中的贸易商业地位；（4）推行军票以排斥法币。① 按照日军的规定，如果要在上海和内地间运输物品，必须持有兴亚院华中联络部签发的商品交易许可证，而一些特产品如蛋及蛋制品、羽毛、桐油、茶叶等，则必须要有日军特务机关所发许可证，运输火柴、水泥、面粉、食盐等，还必须持有缴纳统税或盐税的证明。②

随着日军对物资统制的深入，各种经济统制机构也得以成立。1939年8月，日本在上海成立了"军配组合"，以"谋求华中军票价值及扩大流通，圆满地实行物资的输入、筹集和配给"。③

至1941年，华中沦陷区以商品种类为单位，组织了22种"华中输入配给组合"：食料品、麦酒饮料、化妆用品、药品、印刷材料、玻璃材料、文具材料、日本木料、照相材料、玩具材料、缝纫材料、纽扣材料、海产品、丝绸材料、西装用品、布匹洋杂货、家具装饰品、帽子装饰品、陶瓷器、玻璃制品、电气材料、汽车材料。此外，当时还在筹备华中日本杂品输入配给组合。日军还组织了14种商品单独的"奥地贩卖协议会"，要求凡从上海运向沦陷区各地的物资，建设资材及一般民用品等，必须通过这种"贩卖协议会"运出。统制物资种类如下：金属、机械、石油及汽油、木材、盐、烟草、棉丝布、毛及毛织品、食用油、火柴、蜡烛、人造丝及其制品、砂糖、肥皂。这种"协议会"组织，依规定须先得物资搬出入之许可机关（为当地日军军事机关）及"华中配给组合"的认可，或得两者推荐，设本部于上海，支部于杭州、苏州、无锡、江阴、镇江、扬州、芜湖、南京、蚌埠等地。其任务如下，上海本部：调整输出之数量，使适合于占领地域内各地之需要；确切实施以军票换货；取缔私运或违反搬出许可条例等行为。各地支部：防止物资流出占领地域；监督当地系用军票之贩卖；于扩充军票流通工作上协力军事之企图。④

日军强化统制，不仅限制了华中沦陷区的物资流通，破坏沦陷区经

---

① 秦孝仪主编《中华民国重要史料初编——对日抗战时期 第六编 傀儡组织》（4），第1292—1296页。
② 《日本在华中经济掠夺史料（1937—1945）》，第319—321页。
③ 黄美真等《日伪对华中沦陷区经济的掠夺与统制》，第492页。
④ 《最近敌人统制华中经济的阴谋及其反应》（1941年），秦孝仪主编《中华民国重要史料初编——对日抗战时期 第六编 傀儡组织》（4），第1292—1296页。

济，并且对自身的统治造成了不良影响，据《东亚经济月报》，日军的统制对日本在华中的权益也造成了损害：物资激减；特产停滞，日商困疲；日货滞销；日厂停闭；私运旺盛；物价发生畸形差异，社会不安。①

3. 物资统制

汪伪政府成立后，试图从日军手中收回对物资的统制权，以加强自身对沦陷区经济的掌控。1940年11月，汪伪政府接手了一部分向日军提供粮米的任务，开始插手日军的物资统制。② 1941年9月，汪伪政府成立了"中央物资统制会"，并设置地方物资统制会，具体负责督导改进物资供求及计划配给、调查统计物资产销、审议准许移出物资标准数量、严防物资流入大后方等。③然而，这一机构的实际领导权仍在日军手中，并未改变日军主导统制沦陷区物资的现状。④

随着太平洋战争的爆发，日军对沦陷区的物资统制政策进行了调整。一方面，日军企图加强对沦陷区物资的掠夺："当前对华经济施策的着眼点，是增加获取战争完成上必需的物资，图谋占领区内紧要物资的重点开发与获得，并积极获取地方物资。"另一方面，为提高汪伪政权的积极性，日本方面一定程度上放松了对沦陷区经济的统制和垄断："在实行经济施策过程中，力戒日本方面的垄断，同时活用中国方面官民之责任与创意，使之体现其积极地对日协助之实。"⑤

在这样的背景下，1943年3月，汪伪政权成立了"全国商业统制总会"，即"商统会"。在商统会之下，分设米粮、油粮、纱布、五金、日用品等五个统委会，其中米、油与日军军需和沦陷区百姓生活密切相关，故先办米粮、油粮两个统委会。⑥ 商业统制总会由沦陷区工商业人士组成，"为民间之自治团体，担负经济统制之任务，就有各自为政之商业组织统一化，成为最高之统制集权机关"，由"金融实业界有力分子来统筹执

---

① 《最近敌人统制华中经济的阴谋及其反应》（1941年），秦孝仪主编《中华民国重要史料初编——对日抗战时期　第六编　傀儡组织》（4），第1302—1303页。
② 黄美真等编《日伪对华中沦陷区经济的掠夺与统制》，第506—507页。
③ 《日本在华中经济掠夺史料（1937—1945）》，第301页。
④ 余子道等：《汪伪政权全史》下卷，第1254—1255页。
⑤ 《日本帝国主义侵华档案资料选·汪伪政权》，第935页。
⑥ 金湛卢：《记汪伪全国商业统制总会》，全国政协文史资料委员编《文史资料存稿选编·日伪政权》，中国文史出版社，2002，第889页。

行"、"利用商人团体作为统制行政之细胞组织"、"各省市商业团体为会员",其理事长为唐寿民、监事长为闻兰亭。商统会主要办理统制物资的收买配给、物资交换营运、输出物资的供给、输入物资的配给、伪政府委托的军需物资采办、伪实业部等其他主管部门委托事项等。①

商统会隶属于伪实业部及其他主管部门,1943年5月30日汪伪最高国防会议决议将其改隶行政院,提高了其地位。② 其直辖下属机构为各业别的联合会,各联合会则下辖各地同业公会。③

1943年6月,汪伪政府公布《战时物资移动取缔暂行条例》,以苏、浙、皖三省及上海、南京两个特别市为对象,内容与日军统制规定相类。④ 商统会的统制办法是,若宣布统制某项物资,则先由统委会核定一个极低价格,向生产者分头收购,集中物资供日军提购后,再把剩余物资另定高价,向民间销售。⑤ 这不仅使日军优先获取军需品,而且直接盘剥了沦陷区百姓。

4. 中储券的发行

1938年5月日本内阁第三委员会通过的《华中通货金融政策》决定"设立中央银行,作为未来华中的中枢货币发行机关"。⑥ 1939年5月1日,伪华兴商业银行在上海成立,并发行了伪华兴商业银行券("华兴券"),但发行量相对较小,最高时达到6079114.10元。⑦

1940年12月,汪伪政府公布了《中央储备银行法》,宣布准备成立伪中央银行,资本金1亿元,由"国库"拨足,发行本位货币及辅币,经理国库等。1941年1月6日,汪伪政府中央储备银行在南京开行,其组织分为三局四处,包括业务局、发行局、国库局、总务处、秘书处、稽核处、调查处等。与此同时,撤销"华兴券",发行"中储券",作为伪组织发行的唯一货币。1月12日,伪中储行发行第一期报告,宣布从1月6日到1

---

① 《日本在华中经济掠夺史料(1937—1945)》,第405—406页。
② 黄美真等编《日伪对华中沦陷区经济的掠夺与统制》,第515页。
③ 《日本在华中经济掠夺史料(1937—1945)》,第419页。
④ 《日本帝国主义侵华档案资料选编·日汪的清乡》,第276—278页。
⑤ 金湛卢:《记汪伪全国商业统制总会》,《文史资料存稿选编·日伪政权》,第890页。
⑥ 第三委员会「中支那通货金融对策」(1938年5月13日)、外务省『日本外交文书·日中战争(二)』1446—1447页。
⑦ 黄美真等编《日伪对华中沦陷区经济的掠夺与统制》,第120、126页。

月 11 日，共发行流通券、兑换券和辅币券 6413927.2 元。①

在"中储行"筹备成立之际，周佛海便向日军方面提出，希望发行"中储券"，逐步收回军票。"中储行"成立后，即开始尝试统一沦陷区货币。根据日汪间达成的兑换办法，法币同"中储券"的兑换比率为 2∶1，即 2 元法币可兑换 1 元"中储券"。② 1942 年 5 月，日汪双方又会商决定，以"中储券"100 元兑换军票 18 日元。确定了兑换比例后，沦陷区各银行通过兑换，逐步将"中储券"确立为沦陷区的唯一流通货币。1943 年 4 月 1 日起，沦陷区银行宣布一律不再使用军票。③ 汪伪政府向日军提供"中储券"，代替军票筹措日军军需。日军为"军需物资的筹措和其他军方所需及确保供日物资等方面的紧急需要"，"指导储备银行及财务当局，尽可能有效地使用储备券，以期军方所需等万无一失"。④

随着日军停止发行军票，"中储券"日益"军费化"，不可避免地造成了沦陷区的恶性通货膨胀。仅 1944 年 1—9 月，"中储券"即增发 467 亿元，其中 90% 以上都为日军以正金银行借支国库金名义提支使用。⑤ 1943 年到 1945 年，"中储券"供应日军华中、华南部队军费达 25035 亿元，占到 1945 年 8 月中旬为止"中储券"发行量的 90%。⑥ 相应的，从太平洋战争爆发到抗战结束，上海物价指数上涨了 5490 倍，⑦ "中储券"终于也走向了破产。

5. 沦陷区的经济情况

华中沦陷区的经济，虽然逐渐得到复苏，但占据重要地位的是华中振兴公司等日本方面控制的垄断产业。

1939 年末，华中振兴公司投资额为 3403.4 万元，1940 年末即增为 5152.6 万元，1942 年末则达 8676 万元。⑧ 随着投资的增加，其子公司的

---

① 参见秦孝仪主编《中华民国重要史料初编——对日抗战时期 第六编 傀儡组织》（4），第 1247、1252、1257—1258 页。
② 朱子家：《汪政权的开场与收场》第 1 册，第 118 页。
③ 《日本在华中经济掠夺史料（1937—1945）》，第 437 页。
④ 《日本在华中经济掠夺史料（1937—1945）》，第 439 页。
⑤ 〔日〕浅田乔二等：《日本在中国沦陷区的经济掠夺（1937—1945）》，第 248 页。
⑥ 黄美真等编《日伪对华中沦陷区经济的掠夺与统制》，第 206 页。
⑦ 黄美真等编《日伪对华中沦陷区经济的掠夺与统制》，第 207 页。
⑧ 黄美真等编《日伪对华中沦陷区经济的掠夺与统制》，第 329 页。

资本和控制力进一步增加，在华中沦陷区经济中的比例也得以提高。然而，日本的投资能力毕竟有限："敌对华中之各种产业企图独占，徒以其本身物力薄弱，益以欧战影响，开发资金与器材缺乏之种种限制"，因此它只能从"普遍开发"变为"重点开发"，其子公司的盈余率也受到影响。经过华中振兴公司的所谓整顿，其下属各子公司在1940年下半年的盈余率，自4%到45%不等，详见表4－7。①

表4－7　华中振兴公司1940年下半年盈余情况*

公司名称	实收资本（千元）	纯益（千元）	盈余率（%）
华中盐业公司	1250	530	5
淮南煤矿公司	9675	345	4
华中电气通信公司	10000	2144	21
华中都市公共汽车股份有限公司	1526	110	7
华中水产有限公司	3165	722	33
上海内河轮船公司	1539	200	13
华中蚕丝股份有限公司	6500	2913	45
华中矿业股份有限公司	15000	1282	8
华中轮船公司	14500	111	4
华中铁道公司	27250	111	4
上海恒产公司	15000	111	4
华中水电股份有限公司	20000	1199	6
大上海大瓦斯有限公司	900	1199	6
华中振兴公司	37200	1199	6

*表中部分盈余率数字有误，但所引资料原文如此，此处保留原文数据。

而在中国公司方面，日军在汪伪政权成立后，返还了一部分军管工厂。"敌为树立傀儡组织之基础起见"，于1940年3月18日，由中国派遣军发表声明，宣布将返还部分侵占的中国工厂和企业，计华北110所，华

---

① 秦孝仪主编《中华民国重要史料初编——对日抗战时期　第六编　傀儡组织》（4），第1316—1317页。

中94所。① 在签订《日汪基本条约》之际，日本亦向汪伪政府承诺，返还部分日军军管的中国工矿："目前日本国军管理中的公营、私营工厂、矿山及商店，除具有敌性及军事上需要等不得已特殊情况者外，按合理方法，速为移交给中国方面，采取必要措施。"② 然而，在太平洋战争爆发后，原在上海租界内继续生产的华商企业，又被日军没收。在汪伪统治区内，日军返还军管工厂的同时，不惜对战争所需的华商工厂如申新纺织厂、和兴铁厂等进行强制收买。③ 而工商业发展所需要的各种物资，仍遭到日伪禁止运输法令的管制。如擅自运输，则将被处以5万元以下罚金，将物资运往大后方者，更是会以通敌罪论处。工商业者若囤积货物，则会被处以三年以上七年以下有期徒刑，并处5万元以下罚金。④ 此外，伪币的贬值，也让工商业难以正常运转。伪中储行对一般银行的放款，利息通常在五厘以下，而那时商场上的利息，已经高达两角半了。⑤

在上述情况之下，即使在汪伪政府成立之后，华中沦陷区的经济发展仍然步履维艰、雪上加霜。仅就贸易而言，太平洋战争的爆发，给华中沦陷区的贸易造成了毁灭性的影响。1942年至1945年8月的近四年间，华中沦陷区对外贸易净值逐年下降，分别为1941年27.8%、1942年21.1%、1943年12.8%、1944年3.5%。⑥ 可以说，到战争结束之时，华中沦陷区的对外贸易几乎陷入停滞。

---

① 秦孝仪主编《中华民国重要史料初编——对日抗战时期 第六编 傀儡组织》（4），第1170页。
② 《日本帝国主义侵华档案资料选编·汪伪政权》，第796—797页。
③ 《日本在华中经济掠夺史料（1937—1945）》，第458—461页。
④ 秦孝仪主编《中华民国重要史料初编——对日抗战时期 第六编 傀儡组织》（4），第1422—1423页。
⑤ 朱子家：《汪政权的开场与收场》第2册，第130—132页。
⑥ 黄美真等编《日伪对华中沦陷区经济的掠夺与统制》，第555页。

第五章
沦陷区的社会组织与文化

抗战时期沦陷区的社会状况，在日本帝国主义的侵略政策之下，呈现出混乱、复杂和落后的局面。考虑到相关研究的薄弱和阙如，本章主要论述关内外沦陷区的主要社会组织——伪满洲国的"协和会"、华北伪政权的"新民会"与华中伪政权的"大民会"，重点考察它们作为伪政权之外围、政社合一的社会组织的成立与演变过程，及其在基层政权与组织方面发挥的社会控制作用。汪伪国民政府成立后，其社会组织之功能虽被伪国民党所替代和承担，但是华北沦陷区仍然维持了新民会的组织。

在日伪政权的操纵和控制之下，抗战时期沦陷区的文化事业，无论是东北地区还是关内地区，其在新闻、出版、广播、电影等事业以及文学方面，呈现出复杂的面相。本章对此将分别予以简述。

第一节　"协和会""新民会""大民会"

一　伪满协和会

1. 伪满协和会的初创及其活动

九一八事变爆发后，在中国东北的两个日本右翼团体，即"满洲青年联盟"和"大雄峰会"活跃起来，积极配合关东军展开了一系列收罗汉奸、炮制傀儡政权、镇压抗日民众等活动。9月20日，满洲青年联盟抢先发表了坚决支持关东军军事侵略行径的声明，内中称："此乃我大和民族向大陆发展的第一步，要堂堂踏入，高歌猛进。"[①] 10月23日，青年联盟理事长金井章次又以满洲青年联盟的名义，向关东军司令官本庄繁献上了一

---

① 山室信一『キメラ——満洲国の肖像』99頁。

份《满蒙自由国建设纲领》，内中主张：（1）东北四省实行彻底的门户开放；（2）本着各民族居住者协和及平等自由的宗旨，凡现在居住的各民族均为自由国民；（3）排除军阀，实行彻底的文治主义，（把满洲）从动乱的中国本土分离出来，以期东北四省彻底的经济"开发"。① 这里，"满洲"青年联盟堂而皇之地提出了"民族协和"的口号，这也是后来"协和会"成立、命名的由来。

其实，"民族协和"这一冠冕堂皇的口号并非日本发动九一八事变后才提出来的。早在九一八事变之前，随着日本在中国东北侵略活动的加剧，东北各族民众也掀起了抵制日本侵略、收回国权的民族主义运动。在东北的两个日本右翼团体——"满洲"青年联盟和大雄峰会在竭力为日本侵略方针和政策推波助澜的同时，为了制造"合法"居住在中国东北的借口，掩饰其侵略意图，提出了"民族协和"的口号。1928年11月，"满洲"青年联盟成立不久，就提出"日华和合"、"日华青年协和"、"日华共存共荣"。1931年6月，中村事件和万宝山事件相继爆发，"满洲"青年联盟一面派成员返回国内，叫嚣日本的"满蒙生命线"受到威胁，敦促政府出兵东北；一面在东北提出"期望满蒙现住各民族的协和"等口号，②旨在欺瞒国际舆论，麻痹东北人民的斗志。

1931年11月10日，为了炮制伪满基层政权，按照关东军的旨意，奉天成立"自治指导部"，由汉奸于冲汉充当部长，满洲青年联盟干员中西敏宪任顾问，其他要职几乎全部由大雄峰会和满洲青年联盟的成员担当。

自治指导部成立后，掀起所谓的"建国促进运动"，向满铁沿线的昌图、本溪、安东（今丹东）、开原、怀德、铁岭派出指导员。到1931年底，又向凤城、梨树、盖平、辽阳、复县、海城、洮南、营口、岫岩、新民、庄河等11县派出指导员。1932年初，锦县、盘山、绥中、兴城、义县、黑山、北镇、抚顺等8县也派驻了日本人指导员，这样，辽宁省境所属各县几乎都置于日本人的实际控制之下。

随着自治指导部"建国运动"的鼓噪和推进，1932年3月9日，伪满洲国正式出笼，自诩为"满洲国""建国之母"的自治指导部已失去存在

---

① 山室信一『キメラ——満洲国の肖像』96、97頁。
② 山室信一『キメラ——満洲国の肖像』93頁。

的意义，关东军于是指令其解散，另组隶属伪国务院的资政局，由大雄峰会的成员掌控。如此一来，成员数量远远超过大雄峰会的满洲青年联盟就坐了冷板凳，于是转而开始筹划成立一个有权、有势、有利，可以操纵伪满政权的政党结社组织。

1932年2月，大雄峰会头目笠木良明及八木沼丈夫二人找到关东军核心人物之一石原莞尔，询问自治指导部解散后成立新团体的事宜。石原当即指示，新团体必须具备三个条件：一是"国家性团体"；二是"经费出自国库"；三是"不隶属政府"。① 接着，满洲青年联盟干员山口重次、小泽开策等人也找到石原，提出成立"协和党"的方案。经呈请关东军司令官本庄繁，同意指定由关东军另一核心人物板垣征四郎领衔，召集片仓衷、山口重次、小山贞知、和田劲、驹井德三等以及部分汉奸人物组成协和党筹备委员会，并在沈阳商埠设立办事处，开始了具体组建协和党事宜。

据曾任伪满洲国总务厅长官的古海忠之供述，关东军核心人物之一石原莞尔十分热衷在伪满洲国组建一个类似德国纳粹党或意大利国家法西斯党的政党。他曾指示满洲青年联盟的人员："世界上高度发达的国家无不实行一国一党制，纳粹德国、意大利都是如此……远比政党林立、互相抗争的形态更为优越……满洲国是由日本缔造的，不应该有多种政党和政党间斗争的存在……为了将多民族的国家满洲国建成'王道乐土'，成立满洲国协和党，无论如何是一个不可或缺的条件。"可见，石原设想成立的政党是一个必须不折不扣地推行关东军独裁统治的政党，是一个必须俯首帖耳听命于日本（关东军）的政党。关东军少佐、第四课长片仓衷曾公开宣称："关于协和会的理想，一言以蔽之，就是'日本党'，就是捍卫日本精神的各民族精锐分子的结社。满洲国的政治指导原理和政治理念将由此而产生。"②

就这样，在关东军首脑人物的直接参与和授意下，"满洲"青年联盟和大雄峰会的成员开始积极运作，很快拟订出《满洲国协和党方案》。然而，伪政权首脑溥仪却对此不以为然，认为"满国建国之精神在于实行王

---

① 〔日〕森克已：《满洲事变内幕史》，赵朗编《九一八事变全史 第五卷 资料编下》，辽海出版社，2001，第604页。
② 本段叙述参见《日本帝国主义侵华档案资料选编·伪满傀儡政权》，第560—561页。

道，必须是民族协和，不偏不党……政党政治不适用于现代。因此，不应成立协和党，而应设协和会"。①

溥仪的意见当然不足以触犯即将成立的组织的根本原则，1932年7月18日，筹备委员会发布了"协和会"《成立宣言》、《纲领》、《章程》等正式文件。7月25日，关东军司令官及一干人等，还有溥仪及大小汉奸出席了协和会成立仪式。以溥仪为名誉总裁，本庄繁为名誉顾问，伪国务总理郑孝胥为会长，张燕卿为理事长，桥本虎之助、驹井德三、板垣征四郎为名誉理事。"协和会"设中央事务局，谢介石为事务局局长，中野琥逸为次长，山口重次、小泽开策、小山贞知、大羽时男等人为委员。"协和会"的实际权力掌握在满洲青年联盟和大雄峰会成员的手中。

"协和会"的《成立宣言》称："本协和会之目的在于奉行建国精神，以王道为主义，以民族协和为信念，以期巩固我国家之基础，实行王道之善政，切望各方人士踊跃参加。"②

"协和会"的《纲领》规定：

1. 宗旨
以实践王道为目的，肃清军阀专制之余毒。
2. 经济政策
振兴农政，改革产业，以期保障人民生活。
排除共产主义之破坏和资本主义之垄断。
3. 国民思想
重礼教，乐天命，谋求民族协和与国际敦睦。③

上述"协和会"的《宣言》和《纲领》中有两个冠冕堂皇的口号，一个是"王道主义"，一个是"民族协和"。所谓的王道主义是对应霸道主义而言，表面上看，是把中国儒家思想搬到前台，鼓动"重礼教，乐天命"，其实质是教化民众必须遵从日本军事占领中国东北的"天命"，在"礼教"的束缚下循规蹈矩。至于"民族协和"的提出，不过是一个"美

---

① 《日本帝国主义侵华档案资料选编·伪满傀儡政权》，第562页。
② 《日本帝国主义侵华档案资料选编·伪满傀儡政权》，第562—563页。
③ 『満洲国史』各論、78頁。

丽的谎言"罢了。综观日本占据中国东北之后的所作所为，可以断言，当时的占领者和统治者，无一不是在为日本的殖民统治政策效力，中国各族民众在他们的眼中如同草芥一般。

"协和会"正式成立后，在迅速组建各地方支部的同时，大张旗鼓地展开了一系列反动活动，大体包括以下几个方面。

一是创办刊物，开展反动宣传。"协和会"成立之初，创办了机关刊物《协和》，"协和会"的干员连篇累牍地发表鼓吹"日满一体"、"民族协和"、"王道政治"之类的文章，吹捧日本的"王者之师"，宣扬伪满的"建国精神"，污蔑和谩骂反伪满抗日武装，煽动读者放弃民族抗争。如山口重次在题为《全满的爱国者团结起来》的文章中称，"民族主义高唱民族意识，刺激对外斗争的激烈，麻痹民众反省内政的意识，在这点上恰如鸦片的作用一样，而中毒的多是年青人，受了这种如同鸦片的民族主义的毒害"。[1]

各"协和会"支部也创办了一系列刊物，如奉天支部的《新青年》，长春《大同报》"协和会"支部的《国民文库》，大连支部的《王道周刊》，抚顺支部的《东亚之光》等。

二是推进承认伪满洲国的运动。伪满洲国出笼后，中国政府严正声明了它的非法性和傀儡性，并诉诸国联，要求国际社会共同抵制。以美英为首的西方世界等也没有承认伪满洲国，甚至连日本政府也碍于国际舆论的猛烈抨击，没有即时承认它的存在。这使关东军首脑掀起了敦促日本立即承认伪满洲国的运动，"协和会"则充当这一运动的急先锋。1932年6月，"协和会"理事于静远受命率领17人赴日请求日本政府承认伪满洲国。于静远一行到日本后，首先拜会了日本内阁大臣斋藤实，又先后"到各权威人士处游说"，"还到东京《朝日新闻》讲堂讲演"，向与会者表示"感谢日本仗义援助满洲国的成立"，呼吁"日本赶快承认满洲国"。[2] 于静远一行不仅在东京，还到了名古屋、京都、大阪、福冈等城市活动。当然，日本政府不久就宣布了承认伪满洲国，于静远一行不过是作一篇掩人耳目的表面文章罢了。

三是宣扬"建国精神"，泯灭东北民众的民族斗志。1932年前后，协

---

[1] 山口重次「全滿的愛國者團結起來」『満洲国と協和会』満洲評論社、1935、27頁。
[2] 于静远：《我做了日本帝国主义的帮凶》，孙邦等编《伪满史料丛书·伪满人物》，第497—498页。

和会的工作重心放在所谓的"彻底熟知国家观念、建国精神和东方道德真义的运动"之上，美其名曰"涵养国民精神"。"协和会"利用手中控制的广播、报刊、电影、文学、艺术等各种舆论工具，在东北全境展开铺天盖地的"思想战"。先是召开"全满朝鲜人大会"，别有用心地拉拢在东北的朝鲜人和朝鲜民族，诱惑他们与殖民统治集团"同心同德"。接着，在东北21个城镇相继召开"普及建国精神大演说会"，鼓噪"日满一体"、"民族协和"。"协和会"还组建了一个高级宣讲班，在各地巡回讲演，蛊惑民心。"协和会"还利用镇江山（今丹东锦江山）花会，奉天绘画展览会，鞍山、凤城庙会等民间活动，见缝插针，把"思想战"深入到这些活动中，造成强大的舆论攻势，强迫民众接受他们的谬论。

四是盗用民意，向李顿调查团提供虚假情报。1934年4月，国联调查团进入东北，在关东军的指使下，"协和会"格外活跃，赶制各类宣传品四处散发，鼓噪伪满洲国的成立"顺乎民意"，并千方百计地同国联调查团人员接触，盗用东北民众的名义，歪曲历史事实，为日本关东军霸占中国东北"开路"。6月2日，小山贞知、于静远、阮振铎三人以伪满协和会的名义在沈阳大和旅馆会晤了国联调查团人员，其间小山贞知"先声夺人"，抢占了交谈的主动权，故意混淆九一八事变和伪满洲国出笼的真相，喋喋不休地向国联调查团成员灌输伪满洲国成立的"合法性"，"从满洲国民的立场阐述满洲国的特殊情况，说明协和会的必要性，并追溯满洲事变以前民族协和运动的情况，努力启蒙调查团"。① 当然，关东军和"协和会"的一切"努力"并没有获得国联调查团的认可，之后的《李顿调查团报告书》指出，"现在之政权，不能认为由真正及自然之独立运动所产生"，日本军的行动也"不能视为合法自卫之解释"。②

五是赴东边道和热河随军"宣抚"。"协和会"除在北满地区从事"宣抚"活动外，因东边道地区民众反伪满抗日烈焰正炽，关东军恼于民心难抚，特命山口重次为总指挥，率领"协和会"干员组成东边道特别工作班，在武装力量的保护下深入该地区，刺探军事情报，分化抗日武装，组建傀儡武装和地方政权。然而，直到1932年末，东边道地区的反伪满抗日

---

① 『満洲国史』各論、79頁。
② 张篷舟：《中日关系五十年大事记（1932—1982）》第1卷，文化艺术出版社，2006，第77—78页。

活动依然十分活跃，特别工作班并未取得显著成效，只好悻悻收兵。

2. 伪满协和会的改组

"协和会"成立后，由于其骨干成员是满铁大雄峰会和"满洲"青年联盟的成员，他们在政治方针、统治决策、御民策略等大方向上一直与关东军保持一致，对关东军的大政方针并没有异议。然而，他们毕竟是一批文职人员，不可能完全、充分和及时地了解日本军部和关东军的意图，因此同军部、关东军产生某些争执也是不可避免的，这就成为关东军剔除满铁文职人员，以关东军人物取而代之借口。1933年，石原莞尔在一次会上指责"协和会"是"盗贼集团"。他愤愤地称，"会务职员拿国家的钱，俨然是一副公务员的样子，难道不能像个民间结社去尽义务吗？他们早已将协和会本来的精神忘记了"。① 石原指责的"他们"，就是指满铁参与协和会的人员，说明关东军已经对"他们"十分不满。因此，在1934年，关东军以协和会中央本部会计科"发生不正当事件为契机"，② 对协和会进行了第一次改组。中央事务局六名日本人委员中，除小山贞知留任外，其余五人全部"辞职"，有事务局次长中野琥逸、次长山口重次以及委员小泽开策、大羽时男、永江亮二等人。另以伪总务厅次长阪谷希一、伪国都建设局局长结城清太郎、日本右翼团体头目和田劲等8人取代。这样，在"协和会"中央事务局中，只有小山贞知及和田劲两人属于日本"民间人"，其余都是关东军的军界人物，并在伪政府中兼有要职。事务局下的各处科长也一律安排日本人担当。此次改组是关东军以排除满铁人员来谋求"协和会"与伪政府趋于统一的举动。一是强化了关东军对"协和会"的控制，扭转了由满铁人员独霸"协和会"的局面，因此时人戏称此次改组是"旧委员舍身成仁，新委员挺身赴难"；③ 二是致力于弥补和协调"协和会"同伪政府之间的关系，使"协和会"完全成为官制的政治团体。

1935年7月，"协和会"中央事务局次长阪谷希一因有他任退出，关东军任命日本众议院议员平岛敏夫为"协和会"中央事务局专职次长，又组建了"新京特别工作委员会"，由半田敏治出任委员长，力图把"协和会"组织扩大到伪政府之外的各团体、会社、部门之中，以实现"协和

---

① 《日本帝国主义侵华档案资料选编·伪满傀儡政权》，第565页。
② 『満洲国史』各論、87頁。
③ 『満洲国と協和会』336頁。

会"的"全国民组织化"。

1936年7月25日,在"协和会"成立四周年之时,关东军又对"协和会"进行了第二次改组。此次改组除了人事变动以外,从"协和会"的名称到纲领都进行了修改,表明"协和会"的宗旨、目标同成立初期相比已发生了重大变化。

第一,由于伪满洲国已经实行帝制,除了把"满洲国协和会"更名为"满洲帝国协和会"外,对"协和会"的"纲领"、"章程"等也进行了修改。修改后的"协和会"的"纲领"规定,"满洲帝国协和会者,乃唯一永久且举国一致之实践组织体,与政府表里为一体"。其"使命"计有五项,分别是:"建国精神之发扬"、"民族协和之实现"、"国民生活之向上"、"宣德达情之彻底"、"国民动员之完成"。① 对比"协和会"成立初期制定的纲领,带有明显不同的特殊意义。初期"协和会"的"纲领"及"目标"是:"以实践王道为目的,肃清军阀专制之遗毒";在经济政策上,"振兴农政,改革产业,以期保障人民生活";在国民思想上,"重礼教,乐天命,谋求民族协和和国际敦睦"。② 改组后的"协和会"强调的是,该组织是伪国"唯一永久且举国一致之实践组织体",而改组前的"协和会"的纲领是为了"实践王道"和"肃清军阀专制"。前者强调"举国一致"和"唯一永久","与政府表里为一体";后者显然着眼于伪满洲国出笼初期的民心安抚。另外,虽然前后两个阶段"协和会"的纲领里都包含有"民族协和"和"宣德达情"的内容,但改组后的"协和会"所强调的"建国精神"和"国民动员",在初期"协和会"纲领中并没有出现。这是改组后"协和会"的着眼点,即强调伪满洲国的成立"皆赖天照大神之神麻,天皇陛下之保佑",鼓动民众与宗主国保持一致,为日本的侵略战争政策效命。

第二,机构发生明显的变化。撤销了中央事务局,改设中央本部。中央本部设本部长,下辖中央本部委员会,各伪省、市、县也成立各级本部,本部之下设立分部。必须指出,此次改组并非简单地变更名称,"协和会"最初的章程里规定,理事会由"全国协议委员会选举产生的理事组

---

① 《日本帝国主义侵华档案资料选编・伪满傀儡政权》,第576—577页。
② 『满洲国史』各论、78页。

成",即,至少在形式上是实行选举制度。但修改后的章程改"选举制"为"任命制",中央本部委员会委员及各部官员均由会长或中央本部长任命。当然,任命权仍操持在关东军司令部的手中。所以,原来由中国人担当理事长和中央事务局长的职务被日本人担任的中央本部长取代,初任中央本部长为伪大同学院院长、退役陆军中将井上忠也(后来,除于静远任不足一年的本部长外,均由日本人担当斯职,相继者为桥本虎之助和三宅光治,均为日本预备役陆军中将),中央本部下设的总务、指导、企划、监察四部部长也多由日本人担任,改组后"协和会"的独裁性和由日本人一手包办的特点暴露无遗。

第三,促进"协和会"与伪政府融为一体。"协和会"最初是在关东军的指导下,满铁大雄峰会和"满洲"青年联盟成员的鼓动下成立的,在一定意义上具有半民间团体的性质。因此在运作过程中难免同伪政府之间产生某些"阻隔"或"互不通气"的现象。关东军当然不允许这类现象出现,先是通过人事更迭使"协和会"官制化,接着修改纲领、章程等,使"协和会"升级为"唯一永久且举国一致之实践组织体"和伪政府的"精神的母体"。这样,原来"协和会"同伪政府并立的"二元体制"转化成为"全体主义",确立了"协和会"同伪政府的"表里一体的关系"。

第四,组织系统进一步扩大和膨胀。1938年7月"协和会"改组之前,重点吸收农村或"满系"人员中的地、富、商等实力派和有"名望"、有"地位"的乡绅充当会员,目的是利用这些人"教化"东北民众,因此,协和会的触角并没有在日本人和城市里伸展。修改后的"协和会"纲领明确规定,"协和会"为"举国一致"的"实践组织体",甚至提出"3000万民众不问官民都应成为协和会员"的口号。因此,修改后的"纲领"和"章程"规定,各伪省、市、县一律成立"协和会"各级本部,同时要大量吸收日本人会员,使其认识"在满洲国民中的中核地位及其使命"。这样,"协和会"的触角伸向各个部门、各个角落,组织也迅速扩大和膨胀。1937年,全东北拥有会员81.49万余人,比1936年翻了一番,设立分会2607个,比1936年增加800多个。①

---

① 協和会中央本部『協和運動』第7卷1号、1945年1月。

3.《植田声明》与后期改组

1936年3月,植田谦吉接任关东军司令官,同年7月23日,"协和会"召开第三次全国联合协议会,植田向会议下发一纸《训示》,内称,"建国伟业日增月进,凡百庶政尤须充实,协和会之使命愈加重大之秋,兹当开催第三次全国联合协议会,实堪欣快之至。夫以仁爱为政之本,统一民心导于道义之途,此乃满洲帝国一贯之精神,庶几王道赖此而实现,百业依此而振兴,宣君德于无疆,俾政治副乎民情。正当民意反映于政治,勿效议会政治之譬,勿陷专制政治之弊,充分发挥联合协和会之技能,将见协和会划期跃进之际,尤期自觉使命之重大,竭诚奋勉,是所切盼"。① 植田的《训示》披露了一个信号,这就是为"协和会"的"功能"和"性质"做了明确的界定,《训示》打着"勿陷专制政治之弊"和"仁爱为政"的口号,实质是警告"协和会"不能走"议会政治"的道路,规定了"协和会"的功能只能是"宣君德于无疆,俾政治副乎民情"。同一天,溥仪也向会议颁布《敕语》,其中更明确地表达了"协和会"的宗旨和任务,"我国以仁爱政本,依赖盟邦日本帝国,永久不渝,一其心,一其德……俾日满两国精神一体之关系日益巩固,万邦皆趋我建国之精神,实协和会始终一贯之任务"。②

1936年9月18日,在日伪当局召开的伪满建国纪念大会上,关东军司令官植田谦吉正式颁布了《满洲帝国协和会之根本精神》,当时又简称《植田声明》,内分三个部分的内容,一是"满洲帝国政治之特质";二是"协和会"设立之意义;三是"满洲国政府"与"协和会"之关系。在"满洲帝国政治之特质"中指出,"满洲帝国之政治,系不效民主主义的议会政治之譬,不陷专制政治之弊,乃将民族协和真正之民意,反映于官民一途之独创的王道政治而使其实现也"。关于"协和会",《植田声明》明确规定,"协和会""为国家机构之团体而护持建国精神于无穷,训练国民,并实现其理想之惟一无二之思想的、教化的、政治的实践组织体也"。关于"协和会"与伪满洲国政府的关系,该声明指出,"建国精神之真髓,实为协和会所应体得之惟一绝对之信念……须依据满洲国政府,至其思想

---

① 《日本帝国主义侵华档案资料选编·伪满傀儡政权》,第592页。
② 《日本帝国主义侵华档案资料选编·伪满傀儡政权》,第593页。

的、教化的、政治的实践……是故协和会既非政府之属从机关，又非对立机关，乃政府之精神的母体也。政府为构成于建国精神、即协和会精神之上之机关，而其官吏则应为协和会精神最高热烈之体得者也。……真正协和会员，或入政府，或在野，均应指导政治经济，善导思想"。①

《植田声明》颁布后，关东军参谋花谷正、大尉辻政信依照《植田声明》的精神，起草了《满洲国的根本理念与协和会的本质》，以限量印刷、黄皮封面、机密的形式分发到伪政府和"协和会"日本人高官手中。该文件可以称为集日本帝国主义统治东北殖民地的方针、政策、思想之"大成"，其间赤裸裸暴露出日本帝国主义炮制傀儡政权，驾驭伪满皇帝，驱使大小汉奸，奴役东北各族人民的狼子野心。其内容之恶毒，策略之阴险，连关东军副参谋长今村均在核准该文稿时，"始见到这一草稿，对其过激的内容大为吃惊，甚至不得不委托第三课长竹下义晴，修改词句"。②时任伪总务厅长官的大达茂雄也因此"向关东军司令官提交一份长篇意见书连同辞呈"。他认为，"断定关东军司令官是天皇的代理人，恐属越权行为"，"不能不使人对满洲国的主权所在产生疑问"，"实在是僭越非分之行为"。③

《满洲国的根本理念与协和会的本质》论述了日本天皇与关东军司令官及伪满皇帝之间的关系，"满洲国皇帝，基于天意即天皇之心意而即帝位，以天皇之心为己心，作为在位之条件，永远于天皇之下，成为满洲国民之中心。皇帝乃为实现建国理想而设立之机关（其状宛如日月之光，大放光芒），因此，万一皇帝违反建国理想，不以天皇之心为己心，则应根据天意，将立即失去帝位"，"满洲国之宗主权，实掌握于皇道联邦之中心日本天皇手中，皇帝应为皇道联邦内之一独立国家之主权者，关东军司令官乃天皇之代理人，为皇帝之师傅、监护人"。关于"协和会"，该文件规定，"政治上执行与体现建国精神者，为满洲国政府，而进行思想上之教化，政治上之实践体，乃是协和会。政府为基于建国精神而成立之政治机关，其官员应是最热情之协和精神之体会者，即真正之协和会员"，"所谓真正协和会员，不论军官民等，不论何种民族，唯体现领会建国精神，为

---

① 《日本帝国主义侵华档案资料选编·伪满傀儡政权》，第593—594页。
② 『満洲国史』総論、592頁。
③ 『満洲国史』総論、593頁。

宣扬皇道而牺牲生命在所不惜者是也","协和会并非政府之从属机关,更非相对立之机关,而是以所谓'无所祈求之绝对爱'拥抱政府之精神母体","真正之协和会员,既应参加政府,完成官吏之统治任务,又应在野指导民众,处于被统治之立场……非以直接进行政治统治为目的,而以产生政治影响为理想","协和会所祈求者,即在于第一次建成满洲国,进而第二、第三次,逐渐发展至中国、印度、澳大利亚、西伯利亚,于该处同样建成王道乐土之国家","实际协和会之最终伟大使命,乃在于伴随推行皇国之道义世界政策,而做出奉献","奉天皇旨意之万国协和会本部,设于东京,进而逐渐向全世界扩展,则皇道普照八纮之时,即重新完成建设道义世界伟业之日"。①

《植田声明》和《满洲国的根本理念与协和会的本质》第一次把"协和会"视作"国家机构","协和会精神即建国精神","协和会"为"实现建国精神的惟一思想的、教化的、政治的实践组织体"。本着这一宗旨,从1937年4月开始,"协和会"又进行了第三次改组。改组仍然从人事调整入手,原中央本部长井上忠也退出,由汉奸于静远接任,属下的总务、企划、指导、监察四部长分别由日本人甘粕正彦、古海忠之、和田劲担任(其中甘粕兼任总务、企划两部的部长)。1937年8月2日,"协和会"出台了新的《会员规则》和《分会组织规则》,提出"凡年满20周岁身心健康的满洲帝国人民",均可成为会员。同时简化入会手续,取消严格限制,以扩大"协和会"组织,使其成为"国民组织化运动"。特别是伪满政府的各级官吏、职员,原则上必须加入"协和会",以体现"协和会"与伪满政府"表里一体的关系"。分会的设立也不受行业职别的限制,以地域为设立基础。1938年2月,"协和会"又进行机构大调整,仅担任中央本部长10个月的于静远被日本人桥本虎之助取代,另在中央本部实行一局三部一室制,即设立企划局、总务部、实践部、辅导部和审查役室,其局、部长均由在伪政府任职的日系官员充任。

此次改组的特点是极力扩大组织,强化统制,明确"协和会"作为伪国的"精神母体",升级为"国家机构之一",使"协和会"组织大幅膨胀。据统计,到1939年,全东北计有"协和会"分会3510个,比1937年

---

① 『満洲国史』総論、605—608頁。

增加900多个，会员总数达149.13万人，比1937年增加67.5万人。①

随着日本侵略战争的扩大，战线的延长，"协和会"与伪政府"表里一体的关系"，已经难以适应日本统治集团掠夺东北战争资源的需要。尤其是"协和会"第三次改组以来，中央本部统制的强化和绝对的集权化，导致中央本部的独断专行和官僚化，引起地方分会的不满。1940年9月，在第七次联合协议会上，奉天本部的代表提出《关于确立协和会地位之件》的议案，"指责中央本部的独断"。锦州本部的代表也提出《关于彻底国民训练及确立国民组织之件》，对中央本部的指导表示了不同的意见。为此，关东军司令部决定对"协和会"进行第四次改组，变"表里一体关系"为"二位一体关系"。即由各伪省、市、县（旗）长兼任当地"协和会"的会长，副职官员任副会长，使"协和会"的地方本部与地方政权统一在同一个首脑机构的统制之下，"协和会"的各项活动融入地方政权的一切活动之中。此次改组由关东军参谋长三宅光治直接担任中央本部长，总务、训练、调查等部长分别由日本人官员菅原达郎、蛸井元义、板田修一充任。另外，伪政府的总务厅长官武部六藏，总务厅次长松木侠、古海忠之，满映理事长甘粕正彦，满铁副总裁山崎元千以及在伪政府任职的日本人官员青木实、结城清太郎、冈本忠雄、平岛敏夫等人担任中央本部常委或委员，清一色由日本人官员把持一切事务。

这之后，"协和会"相继出台《协和会基本运动要纲》、《战时工作要纲》等指导性文件，这些文件都跳出了以往只把"协和会"当作"思想的、教化的、政治的实践组织体"，而是把"协和会"当作直接贯彻落实日本统治当局各项方针政策的政权实体，诸如在"粮谷出荷""勤劳奉仕""强制储蓄""金属献纳"等战争资源掠夺活动中，"协和会"及各级分会俨然是一副伪政府当局的架势，成为明目张胆掠夺东北资源、奴役东北人民的别动队。

总之，"协和会"从成立到覆灭，前后共进行了四次改组，每次改组都进一步强化了它的反动作用，扩大了它的组织规模，巩固了它在贯彻落实殖民统治政策中所占据的重要地位。如果说，"协和会"在成立之初还是一个"半官半民"的法西斯团伙，那么，经过几次大幅度改组，尤其是

---

① 協和会中央本部『協和運動』第7卷1号、1945年1月。

《植田声明》颁布之后，它已经彻底脱去了"民间"的外衣，成为具备傀儡国家机器同等功能的官办法西斯政党。最后，它又进一步融入傀儡国家机器之中，从单纯的"精神母体"演化成全面参与殖民地政治、经济、文化、教育诸方面统治的工具。因此可以说，"协和会"不同于西方资本主义国家的执政党，亦非在野党，更不是真正代表民意、体恤民情的群众性组织，而是滋生在东北殖民地这块特殊的土壤上，由日本关东军"太上皇"操纵控制的，与傀儡政权并列的两件御用工具之一。

4. 1937年后"协和会"的活动

"协和会"经过几次改组，身价倍增，组织体系不断膨胀，跃居参与政权、"教化"民众、推行和贯彻关东军意旨的法西斯执政党的位置。从七七事变到太平洋战争爆发，是"协和会"竭尽全力运转、发挥最大效能的时期，其工作的重心也转移到配合时局，加速掠夺东北战争资源，不遗余力地盘剥、榨取东北民众。其为日本侵略战争"效力"具体表现在以下几方面。

第一，强力推行日伪当局的经济统制政策，动员最大的人力、物力、财力去支撑日益扩大的侵略战争。从1937年伪国开展第一个"产业开发五年计划"起，到1942年第二个"产业开发五年计划"的实施，东北的一切人力、物力、财力均被纳入为日本侵略战争服务的轨道，这便成为"协和会"一年一度全国联合协议会研究和落实的重要内容之一。仅以1942年全国联合协议会为例，伪皇帝溥仪，关东军参谋长、"协和会"中央本部长三宅光治，伪国务总理张景惠，总务厅长官武部六藏等干员均出席了会议。在溥仪发表"敕语"后，三宅光治代表关东军司令官发表训词，内称，"大东亚圣战的胜利与否不仅攸关日本国运的兴废，也决定着整个亚洲各国命运的前途，尤其决定着满洲国存亡的问题，希望诸位本诸'日满不可分'的精神……以竭尽全力援助皇军俾使兴亚大业早日完成"。[①] 接着，总务厅长官武部六藏做报告称，"圣战以来，满国上下人们在人力、物力、财力方面虽然已有若干的贡献，但与日本人民付出的代价相比较，不免微乎其微、瞠乎其后了。然而日本现在不是要求满洲国要出多少兵

---

① 王子衡：《从1942年的全国联合协议会，看伪协和会耍弄的政治骗局》，孙邦等编《伪满史料丛书·殖民政权》，第564页。

力，付出多少生命来，只是要在人力、物力和财力上要比过去做出进一步的贡献，这是满洲国无可推诿的责任。因此，今年粮食的收购、劳力的供出、财务的捐献要比往年踊跃一些……即使吃的东西有时不太满意，大家紧紧裤带也就过去了"。①

伪总理张景惠模仿主子的调门，喊得更响，"援助皇军完成圣战，对于衣食日用节约一点缩减一点。因此，国家要什么给什么，给什么要什么，不要分斤论量计较多少，不要胡思乱想听信谣言，要听亲邦的话，听政府的话，安分守职作一个善良的人民，共患难才能共安乐"。②

因此，这一时期"协和会"的中心任务之一就是从民间掠夺、榨取和盘剥。"协和会"也就成为推进日伪当局各项"国民运动"的主力军，诸如"金属献纳"、"勤劳奉仕"、"粮谷出荷"、"北边振兴"、"储蓄报国"、"日本百万户移民"等运动，各级"协和会"总是站在最前列，会同日伪警察、宪兵、伪政府、兴农合作社挨家逐户搜刮粮食、逼迫"献纳"、强制"储蓄"。"金属献纳"未完成任务指标者，就抢走民用的小五金、铜铝炊具。一些民众无奈，只好到黑市购买废金属充数。而且，"协和会"在逼迫民众时，常常大打出手，甚至给不服"管教"者安上一个莫须有的罪名，关进"辅导院"、"矫正院"，强制服苦役。为落实日伪当局的"北边振兴"和"百万户移民计划"，"协和会"与地方政府的专门机构一起出动，强迫农民离开世居的家园，把土地让给日本移民，或提供给"北边振兴计划"使用。

为了全面落实日伪当局的经济统制政策，打消民众对配给统制等政策的不满，"协和会"出台了具体工作细则，其中有："通过协和会运动使民众彻底认识时局"；"通过协和会运动致力于节约消费"；"通过协和会运动推进增产运动"；"通过协和会运动敦促各阶层民众自肃自戒，排除违反统制（政策）"；另有协助经济警察取缔黑市，统制物价，强化配给统制等任务。③ 当然，这些所谓的运动并非和风细雨地宣传或说服，而是法西斯的

---

① 王子衡：《从1942年的全国联合协议会，看伪协和会耍弄的政治骗局》，孙邦等编《伪满史料丛书·殖民政权》，第567、568页。
② 王子衡：《从1942年的全国联合协议会，看伪协和会耍弄的政治骗局》，孙邦等编《伪满史料丛书·殖民政权》，第566、567页。
③ 『満洲国史』各論、125页。

高压和强迫。1941年,双城县"收荷"粮食12万吨,这一"成果"就连"协和会"协议员也供认,是该县被称作"王大马棒"的伪县长王奉璋"用大马棒打出来的",但如果再增加供应量,"恐怕再多几根马棒也是打不出粮食的"。①

第二,建立和操纵外围组织,把触角伸到各个阶层、各个领域。"协和会"还有一项重要任务,担负"宣德达情"的社会"教化"职责。因此,在"协和会"下,还设有一批直属或外围组织和团体。

"协和青少年团"。青年团由16岁到19岁的青年组成,少年团成员为10岁到15岁。1937年初,"协和会"就在东北各地设立了48个青少年训练所,课程有两门,一是军事课,一是公民课,时间为2—3个月,目的是培养"忠良国民",当年就培训了7000余人。到1938年,这样的训练所增加到59个,培训青少年15000余人。截至1942年,总计培训青少年80472人。② 这些青少年受训后多被分配到各"协和会"充当劝导员,奔赴各地协同各"协和会"促进"国民运动",充当日伪统治的吹鼓手。此外,"协和会"还组织青少年团体参加日伪当局组织的"勤劳奉仕"、"宣传教化"、"治安肃正"、"情报收集"等活动,发挥青少年的所谓"翼赞"作用。仅1941年,参加"勤劳奉仕"活动的青少年就达300万人。1942年,"青少年团的训练活动重点指向勤劳增产运动,挺身铁路建设、农田开发以及增炭奉仕,取得辉煌的成果"。③ 1944年,参加"出荷"粮谷、土特产等动员工作的青少年达900万人。④

"协和义勇奉公队"。由20岁到35岁(后扩大到40岁)的中青年组成,"协和会"中央本部长兼任义勇队总监。各伪省设有义勇奉公队训练总处,伪省长兼任总处头目,各市、县(旗)设总队,下设战术区队和分队,分队与"国民邻保组织"合一,成为一个统一体。义勇奉公队取代原来农村自卫团的职能,使命是"圆满地完成民间警护和应急警护的实

---

① 王子衡:《从1942年的全国联合协议会,看伪协和会要弄的政治骗局》,孙邦等编《伪满史料丛书·殖民政权》,第569页。
② 斋藤直基知『満州国政指導総覧』1943、799頁。
③ 『満洲国史』各論、138頁。
④ 赵卜谦:《谈伪满洲国协和会是个什么组织》,孙邦等编《伪满史料丛书·殖民政权》,第554页。

施"。① 这支由强壮中青年组成的队伍平时担负防空警护、巡逻、值班、站岗等保安任务，并进行"精神修养"和"行动训练"等两个科目的训练，担当"国防"预备队的使命。到后来，由于劳动力紧张，协和义勇奉公队也同其他"勤劳奉仕"、"勤劳奉公"队一样，成为日伪当局无偿的劳役队，奔赴边境、矿山、铁公路等建筑现场充当劳动力。仅1941年7月到10月的4个月间，义勇奉公队参加"勤劳奉仕"活动就达37万人次。② 到1945年5月，计组成义勇奉公队总队89个，人数达47.6万人左右。

"满洲国防妇人会"。由汉奸太太、姨太太及部分日系人员组成的妇女组织，会长由伪国务总理张景惠的姨太太徐芷卿充任，副会长是总务厅长官星野直树的太太。各省设有支部，支部长一律由伪省长的太太担任，副支部长由日本人次长的太太充任。该会是以日本的国防妇人会为样板组建的，作为"协和会"的外围组织，接受协和会的指导和统制，其会章规定的使命是"涵养自主独立精神"，"健全身心，养育子女，担负国家公务"。在非常时期，不能"从家庭里发出泄气话"，要"抚慰站在国防第一线的官兵，为其解除后顾之忧"，还要"以慈母和姐妹之心照顾军人及伤病、阵亡军人及其家属"。③ 因此，该会在"协和会"的具体指导下，主要负责社会募捐、慰问伤病官兵、出席各种需要妇女参加以粉饰太平的会议等。

"满洲国道德会"。该会是由原"万国道德会"改组成立的。伪满洲国出笼后，"万国道德会"的头面人物主动投靠，把伪满权贵拉进道德会，诸如袁金铠、韩云阶、冯涵清等人都摇身一变，成为道德会的会长、副会长等。1936年，伪吉林省总务厅长三谷清把日系分子安插进道德会，全面操纵和控制这一团体，不久，打出"满洲国道德会"的招牌。规定其三大工作纲领是："宣扬建国精神，奉戴训民诏书，笃行教化事业。"这样，满洲国道德会便成为"协和会"指导下的又一外围团体。1936年，伪滨江省道德会在协和会的组织下，联络一批汉奸太太外出讲演，除了募捐活动外，无非粉饰日伪的统治，号召民众与日本侵略者"一心一德"。1941年，道德会按照"协和会"的旨意，举办了5606个"建国精神"学习班，由"协和会"或道德会人员讲演"建国精神"及溥仪的各类诏书，参加学习

---

① 加藤豊隆『満州国警察小史』239頁。
② 『満洲国史』各論、139頁。
③ 《满洲国现势》，1937，第465页。

班的人员达34082人。另组织"讲演社"427个，培训专业讲演员2494人，到处巡回讲演。①

除上述团体外，受"协和会"直接管辖或"指导"的团体还有"军人后援会"、"满洲国赤十字社"、"劳务兴国会"、"商工公会"、"满洲空务协会"等。

第三，插手基层组织建设。自伪国出笼以来，其基层组织先后实行过保甲制、街村制以及国民邻保组织等三种形式。每一种形式的实施都有协和会插手，甚至是直接进行强有力的干预。"协和会"成立之初，它的基层骨干会员是农村中的地主、富农、士绅等地方实力派，这些人又往往充当保长、甲长或自卫团长。"协和会"通过这些骨干力量运行保甲制度，并保证保甲制度的顺利实施。改施街村制后，日伪政府在颁布的《街村育成要纲》中明确规定，街村的区划必须与"协和会"地方分会的设置保持一致，这就为"协和会"插手街村制的建立和实施提供了合法性。1941年，日伪当局又推行了"国民邻保组织"。其实，这一形式正是1940年9月"协和会"第七次联合协议会上提出的。日伪当局颁布的《国民邻保组织确立要纲》中，更明确规定，"国民邻保组织"要与"协和会"分会的设立保持一致，并且强调，（国民邻保组织）"必须由协和会指导运用，其组织长（即屯、牌、班、组长）必须由协和会员担任"。同时实行"村治一元体制"，即村长、"协和会"分会长与兴农合作社长"集于一人之身"，"协和会"分会的常务会即是"村的协议体"，"不得另设其他协议体"。②这样，实现了伪协和会、基层政权与兴农合作社"三位一体"体制。从某种意义上说，"协和会"的地方分会已经取代了伪国的基层权力机构，直接控制着基层政权。

第四，参与"治安肃正"，充当军事镇压机构的别动队。1937年七七事变爆发后，活跃在辽吉边区以及东边道一带的东北抗日联军第一军、第二军以及王凤阁等抗日武装展开了更积极的武装抗日反"满"斗争。为了彻底"剿灭"这批抗日力量，1937年10月，关东军制订了"东边道治安肃正计划"，抽调大批兵力对上述地区进行反复"扫荡"。同时，为了"剿"、

---

① "民生部厚生司教化科"编印《教化团体概要》，1942，第17—29页。
② 高桥胜治「村建設要綱解説」『協和運動』第6卷第6号、1944年6月。

"抚"并举，在"讨伐司令部"下，分别设置了"东南部治安联络委员会"、"省治安联络委员会"和"县治安联络委员会"。各级"协和会"均参加相应的委员会，由"协和会"联络部部长蛸井元义担任"讨伐司令部"的幕僚，统一调度和指挥各级"协和会"投身到"治安肃正"之中。

各级"协和会"组织人员随同关东军"讨伐"部队深入抗日武装活动的地区，征集民夫、车辆为关东军运送给养，开展反共、反抗日军的宣传，蛊惑民众与日本关东军合作，刺探和提供抗日军情报，收买汉奸，瓦解抗日军队等。1938年6月，八路军一部开始挺进热河及辽西等地，建立起冀察热辽军区及各抗日边区，把反伪满抗日的火种撒到了正在受奴役的东北人民心中。日伪当局分外震惊，在出动重兵疯狂"扫荡"八路军等抗日武装的同时，"协和会"也派上了用场。1939年11月，在关东军和地方伪政府的支持下，伪通化省临江县"协和会"本部组建一支协和青年行动队，这支队伍由县"协和会"青年训练所培训的45名青年组成，其中包括5名训导员和辅导员，进入抗日武装活动的地区，以关东军"讨伐"部队为后盾，利用手中控制的舆论工具，散布谣言，攻击和污蔑中国共产党领导的抗日武装，离间民众与八路军等抗日武装的关系。协和青年行动队还化装成普通民众，潜入农村和工人居住的工棚，刺探八路军情报。此外，协和青年行动队还有一项重要任务，那就是动员当地民夫为关东军运送给养，兴修道路，提供后勤服务。他们在关东军的武力支持下，采取硬性摊派、强制征集等手段，驱赶当地民众为日本军卖命。然而，这支青年行动队的"宣抚"工作不过是徒劳，连当局也不得不叹息道，"由于居民不协作，武力讨伐只是取得一时的效果，未能达到肃正工作的真正目的。特别是东边道地区，白天是满洲国，夜间是共匪支配的地域"。[①]

第五，《战时工作要纲》的出台。1944年5月，日本军国主义彻底崩溃的迹象已经毕露，为了做最后挣扎，在关东军的旨意下，"协和会"中央本部秘密制定了《战时工作要纲》，但没有公开发表，直到8月30日，以"协和会"中央本部长三宅光治的名义发表了《战时工作要纲与协和会面临的使命》的讲话，内称，"鉴于满洲国担负着国防共同体的重大使命，当务之急是集结协和会运动骨干人物作为先锋团员，在各地担负和完成积

[①] 『満洲国史』各論、131頁。

极思想战"。① 三宅在讲话里强调的"思想战"不过是日伪当局穷途末路时，试图把"协和会"的骨干分子集结起来作为"先锋团员"，到处鼓噪，做最后的一搏。1945年2月，伪协和会在"新京"召开最后一次"全国会员大会"，通过了《满洲帝国协和会行动纲领》，煽动民众"协和奉公，保持政治翼赞的荣誉，坚定必胜之信念，挺身于增加生产、强化防卫，以猛进的决心赢得大东亚战争全胜的最后一步"。②

然而，日本法西斯的丧钟终于敲响。1945年8月13日，"协和会"中央本部得到关东军的撤退指示，顿作鸟兽散。8月18日傍晚，苏联红军空降部队在卡尔罗夫少将率领下开进"协和会"本部，辟之为苏联红军卫戍司令部。到9月中旬，包括"协和会"中央本部长三宅光治在内的1300名日系"协和会"官员，其中大约有1000人成为苏联红军的俘虏。③ 猖獗一时的伪满协和会终于迎来了它的末日。

二 华北"新民会"

1. "新民会"的成立及初期发展

1937年12月14日，伪中华民国临时政府在日本华北方面军的扶植下在北平（后被改为"北京"）成立。由于日本未能成功网罗到吴佩孚、段祺瑞等曾为北洋政府的大人物加入"临时政府"，伪临时政府行政委员会委员长王克敏等人的影响力又极有限，因此，这个政府相当软弱无力。"鉴于新政权不可能把民众诱导到亲日满，所以要结成与政府表里一体的民众团体，让日本人参加到这个团体中"，④ 这样，"新民会"作为"翼赞政府抚恤流亡"，⑤ "与政府表里一体之民众团体"，⑥ 就在日伪政权成立之初随之产生。

"中华民国新民会"于1937年12月24日在北京成立。该会的初创工作得到了伪满协和会的帮助。"协和会"的重要分子小泽开策在1934年协

---

① 『満洲国史』各論、152页。
② 『満洲国史』各論、154页。
③ 『満洲国史』各論、156页。
④ 成田贡：《中华民国新民会大观》，转引自王强《汉奸组织新民会》，天津社会科学院出版社，2006，第30页。
⑤ 北京市档案馆编《日伪北京新民会》，光明日报出版社，1989，第371页。
⑥ 《中华民国新民会章程》，《新民会报》第1号，1938年4月1日。

和会改组之后来到华北,参加"新民会"的组建工作。此外,曾任伪满洲国实业部长的张燕卿也是"新民会"的主要创始人。"新民会"创会的纲领、章程及各种规章制度,都出自张燕卿的手笔。

初成立的"新民会",置会长、副会长、日本顾问各一名。会长以政府元首兼任,会长不在时,由副会长代理会长职务,日本顾问从旁应会长之咨询。伪临时政府行政委员会委员长王克敏一再推辞就任会长,直到1939年12月才同意就任。在会长空缺的这段时间,副会长张燕卿暂代会长职务,统辖全会。会长之下设"中央指导部"总理会务,中央指导部下辖总务部、教化部、厚生部三部以及中央指导部委员会和联合协议会,其中以总务部处于中枢位置。① 小泽开策、宋介、缪斌分任总务、教化、厚生三部的部长。小泽开策和张燕卿不但参与"新民会"之创会工作,更担任会内要职,这体现了"新民会"早期浓厚的"协和会"色彩。在中央指导部之下,各省(特别市)、道、县设立了各级地方指导部,各地指导部部长也由同级的行政长官兼任,如"新民会"通县指导部部长就由通县县长担任。

创会之初,"新民会"宣称,"本会为信奉新民主义,与政府表里一体之民众团体,以实现中日满之共荣、并期剿共灭党之彻底、而贡献世界平和为目的"。② 其纲领为:"一、拥护新政权,以图畅达民意。二、开发地产,以安民生。三、发扬东方之文化道德。四、于剿共灭党旗帜之下参加反共战线。五、促进友邻缔盟之实现,以贡献人类之和平。"这就赤裸裸地表明了其与伪中华民国临时政府互为表里的本质。

关于"新民会"用来与国共两党进行思想战的理论武器"新民主义","新民会"早期的"理论家"缪斌在《新民主义》③一书中有详尽的阐述。他将新民主义分为理论和实行两部分内容。其理论就是所谓的"新民史观",归纳起来,要点有二:一为物竞天择、适者生存的社会达尔文主义。缪斌认为"优者善者生存,劣者恶者败亡",在此基础上,推导出"战争者,正欲使不平者平,不和者和耳。不能使不平者平,不和者和,则非真正和平"的结论。这样,以"适者生存"为理论基础,战争反倒成了善

---

① 《中华民国新民会中央指导部规则》,《新民会报》第1号,1938年4月1日。
② 《中华民国新民会章程》,《新民会报》第1号,1938年4月1日。
③ 缪斌:《新民主义》,"新民会"中央指导部,1938。

举。二是人类历史在"善恶之消长"中循环前进发展的辩证思想。缪斌认为"动中有静，静中有动"，"一动一静，变化生而日进不已焉"。这套所谓"循环前进"的史观，与前述之"适者生存说"是一致的，都是为日军的侵略战争辩护。所谓"东西洋文化经过百余年之消长，又将为东方文化之黎明日期"，显然就是"新民会"纲领中的"发扬东方之文化道德"的辩词。

在"新民史观"的基础上，缪斌提出了"新民主义"的实行方法，即"格物、致知、诚意、正心、修身、齐家、亲乡、治国、平天下之九项"。这九项内容，简而言之，就是克己复礼。其中，"格物、致知、诚意、正心、修身"五项重在个人道德修养，是为"克己"。"齐家、亲乡、治国、平天下"四项旨在复礼。格物，即去除物欲之私。私欲去除之后，"则人心与天心合一，而成道心"，此即"王道之发端"。致知，在于致"良知"。所谓"良知"，就是知识善用的意思。"人之知识，应用之际，可善可恶。往往有一念之差，失之毫厘，差以千里之误。"只有格去物欲之私，才能善用知识，也即致良知。知识善用之后，更需"身体力行"，这就是"诚意"。诚意之后，还须"择善而固执"，此为"正心"。缪斌认为人心无时不动，极易入于邪僻，为了使心不入于邪，就须"正心"。"修身"就是修人格，也即修身养性。缪斌认为资本家之为富不仁、欲壑难填，劳工之要求"减时间，增工资，打倒资本家"等均是不能守其人格之故。若人能修其人格，"仁义忠信，乐善不倦"，便不会有阶级斗争学说了。有了以上五项"克己"的功夫，接下来便可"复礼"。缪斌所谓的"齐家"，就是指父子、兄弟、夫妇各安其分，也即三纲五常的封建伦理思想。缪斌在此着重批评现代男女平等、妇女解放的思想，认为"男主外，女主内。各禀天赋，各尽其性。此之谓真正之平等"，体现了其极端保守的封建复古思想。所谓"亲乡"，就是地方自治。缪斌认为地方自治的本意，就是以德行道艺之教，化民成俗。而"现今之地方自治则注意如何严密人民之组织，如何监督防范人民之行动，而未有以教民者"，于是"政府与人民，渐次形成压迫阶级与被压迫阶级之分"，这就偏离了地方自治的本意。缪斌在此提出了"政治家之治民，作之君而作之师"的政教合一的思想。在亲乡的基础上，"治国"之道包括三个部分，即礼治主义、德治主义和生产主义。礼治主义即博采众论之政治，也即民主政治。缪斌在此批判了欧美的代议制度和当时中国及苏联采行的一党专政制度，认为这两种制度名为民主，实则民意拥塞，甚且独裁。他提出了以封建家长为基础的选举制度，即以家长为本位，由家长而选村长，由村长而选区长，由区长而选县长，更由县长而选省长，然后由人民在各省长中直接选举一国长。德治主义，就是以德治民，也即教化民众，从而与上述之礼治主义实现政教合一。在此，蒋介石被缪斌批评为"丧德败行"之领袖，有违德治。由于人民必先"仓廪实而知礼节"，故治国之道，除了礼治主义和德治主义，还需生产主义。缪斌的生产主义思想认为，现代大机器生产一则造成资本家的垄断，二则造成苏俄式的官僚主义垄断，故贫富差距日益拉大。解决之道，不在于集中生产或集中分配，而在于分散，即"工业农村化"，将工业机器分散于乡村，"达成以近代生产工具之男耕女织社会，使自给自足"。这再次体现了缪斌浓重的封建复古主义。至于土地问题，缪斌在书中反对分田制度，认为生产力不提高，以农民有限的劳力，即便分配再多的土地，也无法发挥生产效能。故土地问题的解决在于开发地利，增加生产。综上，礼治主义、德治主义及生产主义三者合一，则国家可治。在"平天下"一项中，缪斌最后说道："土地之所有，吾人主张当属于有德者。个人然，国家亦然。夫'大德曰生'。能将土地生产以养人者，即为有德。有德者，即能领有土地。故败家之子，则丧其产。败国之政府，则失其土。此优胜劣败之天理也。今欲平治天下，非将天下之土地，还之于天下之有德者，此王道天下大义也。"① 新民主义所谓的王道，归结到最后，也不过为日军的侵略战争做辩护。土地只能属于有德者，而发挥地利以养育人口即为有德，那么经济发达的日本侵占经济落后的中国，自然便属有理了。以此观之，所谓的"新民主义"，从头至尾就是企图掩饰日本的侵略战争。"新民会"以此宣传奴化思想，美化侵略战争，"翼赞"伪政权。

"新民会"还通过报刊、宣传品、口头宣讲及表演等方式，对上述新民主义进行宣传。"新民会"发行的主要报刊有《新民报》《新民会报》以及《新民周刊》，要求政府职员及学校教职员"一律必须订阅，不得藉词拒受"。② "新民会"还编写发行了《新民精神》、《新民主义》、《新民会

---

① 以上关于"新民主义"的内容，均出自缪斌《新民主义》。
② 《关于派销订阅〈新民报〉的函》（1938年9月8日），北京市通州区档案馆藏，档案号：102/14/69。

大纲之说明》、《新民主义演讲集》、《怎样确立东亚和平》、《新民会与农民之关系》、《由新民主义批评三民主义》、《新民歌曲集》、《会旗说明》①等宣传品。对于一般不识字的民众,"新民会"采用口头讲演或表演的方式进行宣传。例如组织"新民宣讲班",在新民教育馆及新民茶社等人口密集处讲演、演唱《新民会歌》,表演"新民主义"题材的话剧及相声等,使民众"深刻了解新民主义之真谛,以期造成良善之新民"。② 为了替卢沟桥事变辩白,在《新民会为卢沟桥事变周年纪念告全国国民》中说,"中日事变是共产党做的。日军是为剿灭该党的,是替我们安民伐罪的,救我们于水深火热之中,我们新民要感谢这种圣战,我们要共同努力提携,拥护新政权,促成东亚永久和平",③ 妄图为日本推诿发动战争的责任。

为进一步将战争责任嫁祸于国共两党,"新民会"在1938年6月13日至19日,开展了"剿共灭党"周运动,网罗各级职员、教育家、地方士绅等组成演讲班和实践班。演讲班负责对各学校、各团体巡回演讲,实践班则负责没收抗日图书和国民党的标识,并且派员慰问日军。6月19日,"新民会"主持"剿共灭党"大会,通过了"由全国民众及海外华侨通电铲除共产党,消灭国民党,一致拥护中华民国新民会;与日本及满洲共谋亲善提携,通电缔结东亚反共战线;通电慰问友军;推荐代表赴日本大使馆特务部或现地友军致谢"等四项提案,④ 其企图对当地人民进行洗脑宣传、灌输奴化思想之用心暴露无遗。

除了正面宣传"新民主义"奴化思想之外,"新民会"更厉行文化专制主义,严厉查禁反日抗日书籍和国共两党之读物,以钳制民众的思想。1938年,"新民会"通县指导部将"《南冀人传》、《满城风雨》、《留东外史》、《丁玲文选》、《课程标准》、《洪秀全》、《天台奇侠传》、《欧美透视》、《酱色的心》、《荒唐梦》、《湖上的悲剧》、《滑稽小说大观》"等列为禁书,予以查禁。⑤ "新民会"虽卖力地宣传"新民主义"奴化思想,但

---

① 《首都指导部会员宣传工作实施大纲》,《日伪北京新民会》,第19页。
② 《新民宣讲班组织方案》,《日伪北京新民会》,第30—32页。
③ 《新民会为卢沟桥事变周年纪念告全国国民》(1938年7月7日),北京市通州区档案馆藏,档案号:102/12/270。
④ 《剿共灭党运动实施大纲》,《日伪北京新民会》,第190—192页。
⑤ 《河北省立第一新民教育馆检出书籍数量表》(1939年7月4日),北京市通州区档案馆藏,档案号:102/12/347。

效果并不理想。对此,兴亚院华北联络部次长森冈皋少将回忆说:"大部分与实践不相适应的思想运动均成泡影。军方本来着重致力于精神方面的培育,但其结局,虽强行灌输占领军所赶制出来的'新民主义',却非当地民众所能接受。"①

作为一个民众教化团体,"新民会"通过分会和各种外围组织将民众组织起来,并加以训练和教化。分会是"新民会"的基本组织单位,以地域、职业和民族分别组成。以北京为例,"新民会首都指导部"下辖的职业分会包括教育分会、啤酒分会、农民分会、报夫分会、国医职业分会、粪夫分会等。② 除了职业,"新民会"更以地域为别成立分会。在农村,以大乡为单位成立分会,分会下面以村为单位成立村支会。在城市,"新民会"以坊为单位成立分会,分会之下成立组。这样,从城市到乡村,各行各业,"新民会"会员遍布社会的各个角落。"新民会"会员分为协赞会员和正会员两种。"凡赞同本会之宗旨,经正会员二人以上之介绍而履行法定入会之手续者",就是协赞会员。"凡本会协赞会员受相当期间之训练,经所属分会之推荐,得本会职员之承认而实行宣誓者",就是正会员。协赞会员,有发言权及请愿权。正会员有发言权、表决权、选举权及被选举权。③ 由于须履行上述的入会手续,"新民会"初期的会员人数并不多,到1938年12月底,正会员及协赞会员共41840人,④"截至1939年末,组成分会292个,分会会员125582名"。⑤

除了分会,"新民会"还通过各种外围团体来笼络民众,例如新民茶社、新民佛教青年会、新民问事处、劳工协会等。新民茶社以"训练民众思想,实行娱乐教化工作,以期促成民众自觉贡献东亚和平为宗旨"。一般来说,新民茶社设立于人口密集之市井处,向来往行人提供廉价茶水。上午,茶社以职业为别举办茶话会,借此联络各行业的同业人员,"日久感情笃厚,自然发生信仰力量"。下午,由新民宣讲班宣讲新民主义,或举行游艺活动。另外,新民茶社还附设有阅报处,陈列新民主义书籍供人

---

① 《华北治安战》(上),第194页。
② 《首都指导部教化工作实施大纲》,《日伪北京新民会》,第24页。
③ 《中华民国新民会会员规则》,《新民会报》第1号,1938年4月1日。
④ 王菊隐:《新民会扩大组织——坚持特殊性与民众同进》,《新民报》第2卷第7期,1940年4月1日。
⑤ 《华北治安战》(上),第192页。

阅览。① 新民问事处则负责群众纠纷之调解、事务之咨询等工作。② 劳工协会更是包揽职业介绍及劳动供给等事项。③ "新民会"通过这些外围团体拉近与民众的距离，希冀以此减少民众对日伪当局的反抗意识。

"新民会"还在华北沦陷区开展了一系列民政工作，包括合作社事业、农业贷款、医疗、社区管理以及社会教育等方面，通过给予老百姓一定的实惠来收买人心。

"华北的合作社组织的任务，是构成东亚新秩序经济结构中的基层组织"，④ 合作社因而成为"新民会"民政事业的最主要内容。全国抗战爆发前，华北地区的合作社已经有了一定发展，已有的合作社先由北平"维持会"接收。伪临时政府成立之后，"新民会"负责合作社事宜，其接收的合作社数目为1975个。⑤ 1938年6月，原华北农业合作社委员会改为新民合作社中央会，成为"新民会"合作社运动的领导机构。最初，由于许多人对于合作社尚不了解，所以"新民会"从普及合作社知识及培训合作人才开始着手合作社运动。1938年2月，"新民会"设立了中央合作社指导员训练所，专门培训合作社指导员。1938年培训毕业的60人被派往中央和地方指导合作社运动。⑥ 在农村，"新民会"举办合作讲习班，于各村召集识字农民30人授以合作知识，于农闲时开课，两个月毕业。⑦ 除了举办上述的合作培训活动，"新民会"还出版发行《华北合作月刊》、《合作半月刊》等刊物，以普及合作社知识。"新民会"的合作社运动主要在农村开展，"以发展农村产业的生产力，谋求社员的生活稳定为根本目标"。⑧ 农村合作社包括产销合作社、消费合作社、信用合作社等几种类型。其中，产销合作社经营社员农产品的贩卖事项，消费合作社经营农民生活日用品的购买事项，信用合作社经营社员的存款、贷款业务。"新民会"通

---

① 《首都指导部新民茶社章程及工作计划书等项》，《日伪北京新民会》，第62—64页。
② 《华北治安战》（上），第192页。
③ 《首都指导部劳工协会宣言章程等项》，《日伪北京新民会》，第56页。
④ 《华北治安战》（上），第250页。
⑤ 《华北治安战》（上），第193页。
⑥ 「一年来的合作关系事业概况」，"新民会"中央指导部编印《新民会年报》（1938年度），第219页。
⑦ 《农村实验区工作大纲及章则》，《日伪北京新民会》，第162页。
⑧ 《华北治安战》（上），第251页。

过信用合作社开展肥料、种子、凿井贷款事务,以救济农民困难,发展农业。这些贷款均收利息,且严格管理款项的用途。以北京郊区为例,肥料、种子贷款的金额为一亩菜地可贷 8.5 元,一亩小麦可贷 5 元,年息 6 厘,以六个月或八个月为还款时限。农民贷款后须从速购买肥料种子,如有挪用情形,不但立即将贷款收回,还处以相当的罚金。① 有些农民由于贫困而无力凿井,无形中影响水利灌溉。合作社发放凿井贷款,凿井一眼,准贷 100 元,以二年为期,分四期偿清。② 华北地区合作社的农业贷款从 1938 年开始实施,由华北日伪政府令中国联合准备银行发放给各地的合作社。1939 年,其放贷总金额为 300 万元,后有所增加,至 1941 年增至 600 万元。③ 日伪当局希望通过这些贷款达到促进农业增产以支援战争的目的。除了上述经济职能,"新民会"还期待合作社能"掌握民心、治安工作、筹办驻在兵团的食粮、普及联银券"等,也即成为"担负着治安、政治、文化等多方面的任务"的农村自治的基干组织。"组织合作社,原则上应以乡村为主,但也不必局限于此",④ 事实上,在城市,"新民会"设立了消费合作社,贩卖食品、日用品、杂货等各类消费品。社员出资 2 元即为一股,第一次交付为每股 5 角。第一次交付完毕即为正式社员。合作社若有盈利,社员依其所出股金的多寡享受相应的分红。⑤ 在"新民会"的推动下,华北的合作社有所发展,至 1939 年末,"增为 4101 个,社员总数达 143531 名"。⑥

除了合作社事业,"新民会"的民政工作还包括社区管理、医疗卫生和教育事业等。在城市,以北京为例,"新民会"按人口密度将北京市分为若干区段,每区段选定若干热心公益的人作为"邻保委员"。邻保委员需"负起一区之内居民生活、家庭情形调查的责任,还要负起老弱贫疾的拯救义务,还要负起一般居民教化福利的使命",仿佛本区段内的"乡长"、"族长",承担"调查"、"救济"、"教化"⑦ 三大使命。在农村,

---

① 《新民会首都指导部农村实验区肥料种子贷款章程》,《日伪北京新民会》,第 179 页。
② 《农村实验区工作大纲及章则》,《日伪北京新民会》,第 162 页。
③ 转引自王强《汉奸组织新民会》,第 128—129 页。
④ 《华北治安战》(上),第 250—251 页。
⑤ 《新民会首都消费购买合作社》,《日伪北京新民会》,第 32—38 页。
⑥ 《华北治安战》(上),第 193 页。
⑦ 《首指部为举办"邻保事业"告市民书》,《日伪北京新民会》,第 145 页。

"新民会"通过各乡农村分会以及新民建设辅导委员会进行民政管理。"新民建设辅导委员会"是"新民会"为"采纳本地民意"而于各村选定若干名士绅组织而成,辅助农村分会办理一切建设及乡村自治事项。①"新民会"通过邻保委员会和建设辅导委员会将触角伸到城乡基层。为普及卫生保健思想及掌握民心,"新民会"设立诊疗所和新民医院,提供一定的医疗服务。诊疗所往往设置于公共地点,每所聘请中西医各一名,分期值班,不收诊费,并免费提供简单的中西医药品,至1939年末,共设立48处诊疗所。②"新民会"的教育事业包括成人教育、职业教育和社会教育等。"新民会"开展这一系列民政工作的目的是掌握民心,这也导致其由最初的"思想教化团体,其后却变成上意下达、下情上报的政府专用机关,更因合作社的关系终至变成进行经济工作的机关"。③

"新民会"自成立以来,尤为重视对青年进行思想教化。然而,华北沦陷以后,广大爱国青年目睹国土沦陷,反日抗日运动愈演愈烈,日军的奴化教育推行困难。1938年5月,"新民会"对各教育行政机关下发"关于对青年加强教育"的指示,内中称,"查事变以来,全国各省市教育多陷停顿,甚或青年辍学,推厥原委,不外过去国民政府倡言党化、反复容共、误用青年爱国赤忱挑拨民族情感,更时而提倡阶级斗争,时而鼓吹全民战线,为害之烈,甚于洪水,影响所被,思之痛心。本部惩前毖后,深知东亚民族在历史地理文化思想各方面夙具有深切密接之关联,原为兄弟唇齿之邦,宁无相互提携之要?既认外来危险思想之不可为训,岂可听其滋蔓而不予除?……仰各该省市地方主管教育行政机关善体斯意,务将过去党化容共排外之流毒荡尽涤清。庶几拨乱反正,领导青年纳于轨范"。④为了消除青年的反日思想,灌输"新民主义","新民会"于1938年3月18日在北京成立新民青年运动实施委员会。该会由"新民会"教化部职员及北京市各校校长及教职员组成,⑤借教育界的势力向青年学子进行思想

---

① 《农村实验区工作大纲及章则》,《日伪北京新民会》,第165页。
② 《华北治安战》(上),第193页。
③ 《华北治安战》(上),第194页。
④ 《关于对青年加强教育荡清党化、容共、排日等流毒影响的训令》(1938年5月3日),北京市通州区档案馆藏,档案号:102/14/62。
⑤ 北京"新民会"新民青年运动实施委员会编印《新民会新民青年运动实施委员会工作报告书》,1940,第3页。

教化。其后，新民会于1938年5月1日成立中央青年训练所，召集青年施以"新民主义"训练，以期培养"新民主义"干部。各地也先后成立青年训练所。此外，"新民会"还广泛成立新民青少年团和新民少女团，将在校学生和失学青年尽数纳入，以青年训练所的毕业学员担任教练，施以新民思想及体格训练。到1939年末，"新民会"开设青年训练所115个，毕业人数为12822名；青年团58个，团员260337名；少年团及少女团86个，团员49275名。① 为使学生彻底了解"新民主义"，"新民会"甚至直接在学校开设"新民主义"课程。例如，"新民会"通县指导部就于1938年9月至11月在通县各校开设"新民主义"课程，每周一小时，由"新民会"通县指导部派员进行讲授，直到学生"于新民奥义已有相当之了解"才终止授课。②

2. 1940年以后的"新民会"

1940年3月，汪伪南京国民政府正式成立，华中的伪维新政府与华北的伪临时政府同时取消，均并入汪伪南京中央政府，同时成立"华北政务委员会"。"华北政务委员会"成立之后，"新民会"也进行了相应的改组。

早在1939年底，"新民会"就开始了内部的人事调整。首先，该会会长一职一直空缺，1939年12月，伪中华民国临时政府行政委员长王克敏就任"新民会"会长，体现了新民会"政教合一"的特性。其次，为了冲淡伪满协和会的色彩，免去张燕卿的副会长职务，改任安藤纪三郎、缪斌、王揖唐三人为副会长，安藤纪三郎同时兼任"新民会"顾问。这时，华北当局内部已经开始有将"宣抚班"与"新民会"合并的呼声。经日本军部、兴亚院联络部与伪临时政府及"新民会"首脑等各方商讨，最终决定于1940年2月将"宣抚班"解散，"宣抚班"人员于1940年3月加入"新民会"。③ 日军之取消"宣抚班"，"一方面是考虑到新国民政府成立后的华北政治形势；另一方面则是内部问题，即为了打开新民会工作的僵局，以及节减日方的军费，其经费由中国方面负担"。而合并之后的"新民会"，由于"宣抚班"人员的大量加入，越发带有日本味。如兴亚院华

---

① 《华北治安战》（上），第192页。
② 《关于终止讲授新民要义课程的函》（1938年11月14日），北京市通州区档案馆藏，档案号：102/14/69。
③ 以上叙述可参见《华北治安战》（上），第194、261—262页。

北联络部次长森冈皋少将所回忆："一般群众并不理解新民会是中国的机关，认为与军宣抚班一样，是'大日本新民会'。"此后，新民会内部的日本职员增多，出现了中系职员与日系职员的分界，"大概三人中以中国系 2 人，日本系 1 人之比率为标准"，中日职员各自的分工标准为"中国系人员立于新民会之第一线，与民众相接，而日系则由内部指导及协力"。[①]

除了与日军"宣抚班"合并，"新民会"内部的组织机构也进行了改革。首先是改中央及各地指导部为中央总会和各省、市、县总会。其次，总会内部新设事务总部，下辖教化、设计、训练、厚生四部，作为会务的中枢机构。除了事务总部，总会内部还包括中央训练处、全体联合协议会、中央委员会、秘书厅等平级机构。同时，"新民会"的人事也相应有了变动。1940 年 6 月，王克敏辞去"华北政务委员会"委员长及"新民会"会长的职务，7 月，王揖唐就任伪政务委员会委员长及"新民会"会长一职。从此，"新民会"更加朝着政教一体的方向发展。

为了与汪伪政府成立后的新形势相适应，新民会颁布了新的纲领。新纲领为："一、发扬新民精神，显示王道。二、实行反共、复兴文化、确立和平。三、振兴产业，改善人民生活。四、睦邻结盟，以建设东亚新秩序。"考虑到汪伪国民政府乃名义上的中央政府，故新纲领将原纲领中的"剿共灭党"改为"实行反共"，表面上不再与国民党为敌。但实际上，在华北方面军"1940 年度第一期肃正建设计划"中，其关于思想方面规定"不使错误的三民主义和共产主义思想有可乘之机"。[②] 可见，新纲领中去除"灭党"的字眼只不过是表面功夫而已，实则由于"华北政务委员会"与汪伪国民政府围绕华北的特殊性问题一直存在矛盾，"新民会"也一向排斥国民党的势力进入华北。

"新民会"作为与伪华北政务委员会"表里一体"之团体，其与汪伪政府的矛盾，后来发展为"新民会"与东亚联盟的矛盾。"东亚联盟论"最初由日本军部及政界的温和派人士提出，由于其主张一定程度上给予中国"政治独立"，因而成为汪伪和平"建国"运动的理论基础，就连"新民会"早期的理论家缪斌也服膺东亚联盟论。缪斌为此于 1940 年辞去

---

① 〔日〕安藤纪三郎：《对于中央总会所指示者加以补充说明》，《新民会报》第 72 号，1940 年 8 月 20 日。

② 《华北治安战》（上），第 242 页。

"新民会"副会长的职务,而专任东亚联盟中国总会文化委员会主任。① 但东亚联盟论主张的"政治独立",与"新民主义"奴化思想是不相容的。因此,1942年1月,"新民会"指责国民党"利用东亚联盟中国总会为外围团体,而将各党各派纳入国民党内的政治手段","在华北于新民会以外另建立东亚联盟支部,以及在新民会内进行东亚联盟支部的活动,都是不许可的",并强调"不论是对于国民党、或是对东亚联盟,新民会都应站在启蒙立场主动加以指导,万万不可处于被动地位",② 上述反映了"新民会"与汪伪政权错综复杂的关系。

1940年10月,"新民会"召开全体联合协议会,强调"反共是第一任务",这与华北的形势有关。抗战以来,共产党的军队在华北地区不断壮大,1940年8月至1941年1月,中共发动百团大战,给日军很大震动。有鉴于此,华北方面军认为"共党的地下势力是华北建设的主要敌人",因此,"肃正的重点,仍然在于剿共"。但"剿共一事,仅靠武力进行讨伐,不能取得成效。必须以积极顽强地努力统一发挥军、政、民的力量,摧毁破坏敌人的组织力量和争取群众为重点"。③ 因此,"使用新民会所组织的斗争力量与其对抗最为适当","应使新民会进一步将矛头指向剿共工作"。这样,从1940年3月改组至1941年底太平洋战争爆发之前,"新民会"的核心工作就是"剿共"。为了促进"剿共"工作的进行,"新民会"将其工作重心从县城转移到农村,"在扩大对新民会本身的基层组织同时,积极促进和扩大乡村自治自卫组织,并与民众打成一片,形成以"新民会"地方分会为核心,依靠其斗争力量组织力量,驱除共党势力"。④ 在这一原则的指导下,"新民会"在农村的组织迅速扩张。至1940年12月,"新民会"农村分会会员达507191名,而会员总数仅为674057名。⑤

在农村会员发展迅速的形势下,"新民会"在华北地区配合"华北政务委员会"先后开展了三次"治安强化"运动。

---

① 关于新民会与东亚联盟及汪伪政府的矛盾,参见裴京汉《汪伪政权与新民会》,《社会科学研究》2006年第3期。
② 《华北治安战》(下),第53页。
③ 《华北治安战》(上),第364页。
④ 《华北治安战》(上),第367页。
⑤ 《第二届全体联合协议会会议录》(1941年),转引自曾业英《略论日伪新民会》,《近代史研究》1992年第1期。

1941年3月30日至4月3日,"新民会"配合"华北政务委员会"开展第一次"治安强化"运动,主要是通过讲演、电影、图片、宣传画、广播、戏剧及小册子等方式,大力宣传中日"亲善"及反共思想。1941年7月至9月,"华北政务委员会"开展了第二次"治安强化"运动,"新民会"一方面组织各种武装团体直接参加"剿共",例如河北的武装自卫团、山西的先锋队,河南及山东的红枪会等;① 另一方面,"新民会"成立"共产地区调查班",深入抗日根据地,以"进一步加深对共产党的研究,掌握其真相,避其所长,攻其所短"。② 例如,"新民会"北京东郊办事处派青年训练所教官金增禄,率该所卒业学员三人赴各抗日根据地进行秘密调查,调查的地点包括河北省大名县、高阳县,山东省博山县,山西省忻县、静乐县、岚县等,历时两个月。③

　　1941年11月1日至12月25日,"华北政务委员会"开展以经济封锁为重点的第三次"治安强化"运动,"新民会"的实际活动包括经济封锁和保甲控制两方面。首先,"新民会"通过加强对合作社的经营管理,实现经济封锁及促进物资上市的目标。其次,为了做好农作物的收集、保卫等工作,"新民会"在各地遍设农产品仓库,并加强防御设施。此外,"新民会"还倡导节约消费、奖励储蓄、回收利用废品等。为了严格实行经济封锁,填补村与村、县与县之间的空隙,"新民会"注意加强毗邻保甲之间的联系,通过保甲组织控制物资流通。华北日伪当局的各级行政长官,如省长、市长、县长等均以"新民会"职员的身份督促运动的进行。④

　　对于"新民会"在历次"治安强化"运动中的表现,华北方面军称赞道:"新民会一向是治安强化运动的核心实践团体……对于治安地区的巩固和扩大起了很大作用。"除了开展"治安强化"运动,"新民会"还积极配合日军"肃正作战"。对此,"新民会"最高顾问铃木美通如此说道:"华北各地目前尚有很多由共军及蒋系残党设置的难以发现的据点破坏我们的工作。日军正在逐一进行讨伐,在讨伐后新民会立即进入,努力做到使该地区不再成为彼等之巢穴。今后的方针是使新民会进一步向共军控制

---

① 曾业英:《略论日伪新民会》,《近代史研究》1992年第1期。
② 《华北治安战》(上),第264页。
③ 《新民会北京东郊办事处工作概况报告书》,《日伪北京新民会》,第356页。
④ 《华北治安战》(上),第451—453页。

地区采取攻势,以加强我方地盘。"①

3. 太平洋战争爆发后的"新民会"

1941年12月8日,太平洋战争爆发,战争的新形势促使"新民会"的体制和性质都发生了相应的改变,其"从思想团体向政治团体演变",②经济和军事职能得到了强化。

太平洋战争爆发后不久,华北方面军就印发了《新民会扶植大纲》及《大纲说明》,③阐明了扶植"新民会"的原因和办法。日军扶植"新民会",首先是出于"剿共"的需要。战争爆发之后,华北成为日军后方的"兵站基地",加紧掠夺华北的物资以供给前线日军,十分重要。1941年12月13日,华北方面军参谋长召集"新民会"中央总会日系职员开会,强调"目前皇国正处于前所未有的时期,应使华北成为日华合作的模范地区,为了能使华北民众与中国共产党分离,只有依靠新民会的活动"。《新民会扶植大纲》进一步指出,"共产党以党、政、军三位一体,与民众的关系有如鱼水,正在积极争取民众的战争。现将双方阵营加以对比,我方在军事上占绝对优势,在政治上也未必很差,但以新民会与共产党相比,则处于极端劣势的地位,对共政策的困难性,可以说就在于此"。由此,"新民会"便被日伪当局作为思想武器,与日军、"华北政务委员会"形成"三位一体",与中共党、政、军的"三位一体"进行对抗。其次,日军扶植"新民会",是争取中国人民民心的需要。日伪当局认为,对于一部分对国共两党均感失望的华北知识分子来说,其"是他们唯一的希望所在"。因此,有必要加强"新民会",并且尽量减少日本人职员,使其成为"彻底的中国人的新民会",借此笼络人心。最后,华北日军加强"新民会",也是对抗汪伪国民党的需要。如前所述,围绕华北的特殊性和独立性问题,华北日伪当局与汪伪南京政府之间存在着复杂的矛盾。"为了使政务委员会具有实力",以保持华北的特殊性,"必须扶植和加强作为其基础的新民会"。汪伪中央政府与华北的矛盾,汪伪国民党与"新民会"的竞争,成为日军扶植新民会的重要原因。基于以上三点原因,华北日伪当局决定加强"新民会"的力量,为此对"新民会"进行了以下几方面的改革。

---

① 《华北治安战》(上),第239—240页。
② 《华北治安战》(下),第51页。
③ 《华北治安战》(下),第52—54页。

为"使中国人心向新民会，积极参加新民会的活动"，"新民会"将过去"以日本人为中心"改为"以中国人为中心"进行活动。为此，日系职员应坚持顾问和监察的立场，"日本人参与新民会应坚持少而精的原则"。① 按照这个原则，"新民会"先是设立参事制，即各级总会由中国职员负责执行事务，另设参事，"由日系会务职员充任，并于参事中遴派一人为首席参事，从前道、县联络员职务，即由首席参事担当，以举政会一体之实绩"。② 至1943年3月，日本职员完全退居幕后。"新民会"改设顾问部，由日本人担任顾问。③ 这一系列改革的目的在于冲淡"新民会"的日本色彩，借此笼络人心，以利会务活动的展开。

除了大量减少日本职员，"新民会"中央总会新设宣传局和政治局。宣传局由原来的宣化科、弘报室、资料研究室合并而成，旨在统一宣传机构，加强宣传力度。政治局由原来的全联事务局和联络局改并而成，以充分发挥联合协议会制度的效能。此外，地方上也进行了相应的机构改革。一是改道办事处为道总会，"举现地工作之重点，集中于道"。④ 二是在县总会内设立自卫科和训练科，将过去一直实行的"农村自卫"运动纳入自卫科，训练科则接手原来由县公署负责的"保甲训练"，改为由"新民会"进行领导。⑤ 县总会自卫科和训练科的设立，充分体现了"新民会"性质的改变和职能的扩充，即"从思想团体向政治团体演变"，由民众教化的单一职能扩充为经济、军事、文化的多重职能。

经过改组以后的"新民会"，更加符合日军的需要，配合其在华北积极从事"剿共"和经济统制的活动。1942年3月至6月以及1942年10月至12月，日军先后发动第四次和第五次"治安强化"运动。这两次"治安强化"运动都是以"新民会"作为实践的核心主体。"新民会"在这两次"治安强化"运动中，除了继续此前的宣传和经济封锁工作外，尤其突出的是其军事职能的强化。此时的"新民会"已经"具有华北治安自卫、组织国民等特殊性质"，大力从事武装民众、训练保甲的工作。例如，"新

---

① 《华北治安战》（下），第54页。
② 曾业英：《略论日伪新民会》，《近代史研究》1992年第1期。
③ 《新民会与新国民运动》，《日伪北京新民会》，第387页。
④ 《新民会中央总会会务概况》，"中华民国新民会中央总会"，1942，第1—2页。
⑤ 《华北治安战》（下），第54—55页。

民会"网罗一些农村壮丁进行军事训练,编成名为"新民突击队"的组织。① 此外,名为"新民工作先锋队"的组织也是由"新民会"组训而成。"新民工作先锋队"分为武装班和政治班,武装班负责"讨伐"、自卫、搜索、逮捕等任务,政治班负责宣传、组织、情报、联络等任务,分工明确,故于"剿共工作上颇著成效"。② 由于"新民会"的工作十分卖力,日本华北方面军评价道:"这一系列连续进行的作战以及有民众参加的治强战,给予蒋共两阵营以大的打击。"③

太平洋战争爆发以后,实行战时经济制度,成为华北日伪当局除"剿共"治安之外的另一项要务。"新民会为渗透民众各阶层的全民组织,站在推进此种工作的尖端,以协助政府。"1942 年以后,"新民会"在华北的经济工作包括经济调查及粮食配给。

1942 年 7 月,"新民会"在北京市进行户口及物资消费量调查,以"新民会"各分会及分会下的各组为实施主体,挨家挨户调查每户的人口数量及其所需的粮食量。为确保调查结果的全面准确,以利配给工作的进行,各分会以"有不参加调查者,今后对于施行物资配给票时,不得享受粮食及生活必需品之配给"作为威胁,迫令全体市民如实填写调查表。④ 这次调查结果随后成为北京市粮食配给的依据。"新民会"规定配给的粮食种类分为面粉、大米、杂粮三种。其价格为一等面粉每斤 8 角,二等面粉每斤 7 角,大米每斤 1 元 1 角,杂粮每斤 6 角,以人口和年龄为单位进行配给。7 岁以下及 60 岁以上均只配给半个人口单位,7 岁至 60 岁之间为成年,每人配给一个人口单位。居民凭票领取粮食,配给票上必须盖有"新民会"分会的印章,否则无效。在粮食配给过程中,粮食采购及运输、批发均由北京市食粮联合办事处负责,但实际负责将粮食配送到居民手里的却是"新民会"。⑤ 太平洋战争期间的"新民会"愈发成为一个无所不包的组织体,不但直接参与农村军事组训,且经济职能也大大扩充了,其所发挥的作用远远超出早期思想教化团体的性质,甚至替代了经济行政部

---

① 《华北治安战》(下),第 240 页。
② 《新民会与新国民运动》,《日伪北京新民会》,第 389 页。
③ 《华北治安战》(下),第 246 页。
④ 《市总会调查主要物资消费量》,《日伪北京新民会》,第 263—265 页。
⑤ 《市总会关于主要粮食配给的通告》,《日伪北京新民会》,第 265—266 页。

门的职能。

随着战事的推进，"新民会"原有的纲领已不适应新的形势。1942年10月，"新民会"召开1943年度全体联合协议会，南京伪国民政府主席汪精卫携外交部部长褚民谊等参会，汪精卫并当选为"新民会"名誉会长。同时，原会长王揖唐辞职，由朱深就任新会长。朱深不久病逝，王克敏于1943年8月重新就任会长。这次联合协议会受到南京汪伪政府的影响颇大，会上修改了"新民会"的纲领。新纲领为：（1）发扬"新民精神"；（2）实行"和平反共"；（3）完成"国民组织"；（4）团结"东亚民族"；（5）建设"世界新秩序"。① 修改后的纲领较此前变化颇大，明显受到汪伪政府"新国民运动"的影响。按照"新民会"的解释，发扬"新民精神"就是发扬"王道"的精神、"革新"的精神、全体的精神、克己的精神，反对西方的霸道主义、功利思想，反对旧秩序、主张"新秩序"，反对个人主义自由思想等，带有法西斯主义色彩。"实行和平反共"，根据王揖唐的解释，就是"要用和平来扫清英美及其在中国的附庸势力，用反共来与共产党及其在中国的附庸势力进行斗争"。"完成国民组织"，是"新民会"的基本工作方针，即由"新民会"的会员运动发展到"国民运动"，由会员组织发展到"国民组织"，最后实现"一国一组织"的新体制。团结"东亚民族"旨在鼓吹中日合作。建设"世界新秩序"是与太平洋战争爆发的形势相适应的，反映了日本称霸世界的野心。② 与纲领的修改相适应，"新民会"的会旗也由五色旗变成"亚"字旗。以这次联合协议会的召开为节点，"新民会"此后一年便致力于开展"新国民运动"，并定1943年为"新国民运动年"。

"新国民运动"以"国民精神"的昂扬、"国民"生活的"革新"、"国民"理想的统一、"国民组织"的完成为宗旨，其要领为"忠国家、爱东亚、重道义、尚勤俭、负责任、守纪律"。③ 关于运动的基本实施方针，"新民会"副会长喻熙杰阐述了以下六点：（1）"新民会"是"新国民"组织的指导团体，"新民会"的历史使命是领导中国民众进行"建设新中国"的"国民运动"。（2）"建设新中国"的"障碍"是共产主义、

---

① 《华北治安战》（下），第241页。
② 《新民会与新国民运动》，《日伪北京新民会》，第381—382页。
③ 《新民会与新国民运动》，《日伪北京新民会》，第372页。

英美的自由主义、封建的残余三者。"新民会"负有领导民众除掉这些"障碍"的责任。(3) 发扬中国"国家民族意识"是"建设新中国"、支援"大东亚战争"的基本要求,"新民会"应以此作为"统一国民信念"的基础,致力于"国家建设"。(4)"新民会"坚持以政、会"表里一体"的精神进行指导。(5)"新民会"发动最大限度的人力、物力,加强华北参战体制,协助完成"大东亚战争"。(6)"新民会"整顿、扩充分会、外围团体、青少年团三个组织,以建立"新国民组织"为工作重点,并在此基础上以确立"国民总动员体制"作为运动的目标。① 由此观之,"新民会"开展的"新国民运动"的目的在于对民众进行战争动员,以最大限度地掠取人力、物力来支援日军的侵略战争。

1943年上半年,"新民会"开展"三清"运动,作为"新国民运动"的第一步。所谓"三清",即"清乡、清政、清毒"。"清乡"就是"剿灭"共产党和农村的各路土匪。"清政"就是肃清政府中的贪污腐化及投机操纵、囤积居奇等商业投机行为。"清毒"就是禁绝鸦片,普及拒毒宣传和拒毒工作,以使农业增产和增进人民健康。"新民会"期望通过开展"三清"运动,在一定程度上改善民生,把握民心,以利"新国民运动"的全面开展。在"三清"运动的基础上,1943年下半年,"新国民运动"进入其全面实践期,以"新民会"县总会为实践推进体,以道总会为实践指导体,以省总会为联络指导体,以中央总会为综合指导体。运动以"剿共建国、增产救民、肃正思想、革新生活"为四大目标,而尤以"剿共建国"和"增产救民"为工作重点。② 然而,"新国民运动"并未能达到预期效果,以致"新民会"也只能以"虽成绩尚未能如所预期,而精神已为世人所共谅解"③来安慰自己。

"新民会"的纲领之一为"完成国民组织",即由会员运动发展为"国民运动"。这意味着"新民会"组织的扩张。事实上,早在1942年8月,"新民会"就提出"将来准备将华北的全部居民都吸收进来"的目标。在此后的"新国民运动"中,"新民会"分会和会员人数急剧增加。1942年底,"新民会"会员约为360万人,是1940年的5.4倍,即便是

---

① 《华北治安战》(下),第241—242页。
② 《新民会与新国民运动》,《日伪北京新民会》,第398—399页。
③ 《新民会与新国民运动》,《日伪北京新民会》,第386—387页。

与1942年6月相比，人数也增加了29%。① 至1944年5月，会员总数更达到1000万人，约占华北总人口的十分之一，② 可见其组织扩张之快。组织的急剧膨胀，是后期"新民会"的显著特点，也导致该会"逐渐产生了派系党派，丧失了清新活泼的风气"。③

1943年以后，伴随着太平洋战场的失利，日军在华北的统治也渐渐力不从心，走向了穷途末路。"新民会"作为与日伪政府"表里一体"的团体，也日现衰颓之象。1944年，鉴于北京市"物价狂涨之情形，亟有纠正之必要"，"新民会"开展了经济调查工作。"新民会"以下属各分会为单位，每个分会任命一名干事为固定情报员，对于物资供求情形、暴利囤积的现象及物价之升降随时调查掌握，规定生活必需品价格每二日汇报一次，准生活必需品价格每三日汇报一次。调查结果作为政府及"新民会"制定经济政策的参考。④ 发动"新民会"各分会广泛进行经济调查，一方面表明此时"新民会"具有准经济组织的性质；另一方面说明当时华北地区物价狂飙的情形及人民生活的困难。

由于这时的华北已完全进入"战时经济体制"，"新民会"为此特意印发了《战时经济体制市民商人须知》，⑤ 要求民众"革新生活"及发挥总力实践参战体制。"革新生活"即要求人民生活简朴，厉行节约，具体说来，就是婚丧喜庆仪式务须从简，停止一切私人间的应酬宴会，废除年节馈赠礼品的旧习，戒绝烟酒赌嫖等不良嗜好，多吃蔬菜少吃鱼肉，日常开支力求节省等。发挥总力实践参战体制，即要求人们将积蓄存入银行，利用庭院空地种植蔬菜，以及强力要求各机关及普通百姓贡献军需物资，如献金、献铜等。此外，"新民会"北京市总会还将每月的8日和9日两日定为"决战生活日"，规定当日上午11时59分，北京全体官民就其当时所在地点对"大东亚战争"胜利祈祷，立正静默1分钟。为此，11时59分，景山鸣警笛一分钟，广播电台放送击灭英美之歌，作为提醒人们进行"祈祷"的"信号"。行人听到"信号"之后须停止行走，默默祈祷，车

---

① 《华北治安战》（下），第243页。
② 《新民会与新国民运动》，《日伪北京新民会》，第377页。
③ 《华北治安战》（下），第243页。
④ 《新民会北京特别市总会经济调查实施要领》，《日伪北京新民会》，第268—269页。
⑤ 《市总会制发战时经济体制市民商人须知》，《日伪北京新民会》，第298—299页。

辆也须停止开动。"新民会"还要求市民在"决战生活日"当天过简易生活，禁止吸烟、喝酒、吃大鱼大肉，如同宗教之斋戒。此外，中小学学生须于每个决战生活日献废铁器一个，交予学校，由学校交给"新民会"，再由"新民会"转交政府。决战生活日那天，"新民会"实行防空、防火训练，要求人们穿短服、扎裹裤腿，以之为防空服装，并为防火起见，实行灯火管制。①

战争末期的"新民会"，也只能从事上述困兽犹斗之活动。因为其会员人数虽急剧增加，但由于经费有限，其内部职员急剧减少，"现有职员约五千人，负指导四省三市广大地域之责任，殊感支配困难，不敷应付。惟为经费所限，不能不勉为调度"。② 可见，在日军投降之前，"新民会"已经外强中干，无力开展有效的活动。

1945年7月，日军投降前夕，"新民会"内的日本顾问全部退出。日军宣布投降的次日，即8月16日，"新民会"宣布解散。其时，曾先后为"新民会"卖力的历任会长、副会长，或早已病死，或逃亡日本，如张燕卿等，或在战后被国民政府逮捕，以汉奸罪论处。

三 华中大民会

1. 成立与纲领

日本在占领华中地区以后，扶植伪政权组建的社会组织是"大民会"。"大民会"的前身是兴亚会。1938年初，兴亚会在日军特务机关的主持下，在上海宣布成立，宣扬中日"亲善"、建设"东亚新秩序"等思想。③ 5月，由于兴亚会"成绩不佳，且所有会员，多为下级流氓，引不起社会之重视"，④ 日军特务机关决定将其改组。这样，"大民会"便于7月15日在上海成立，以上海新亚饭店六楼620、621两室作为办公地点。参加成立大会的有沈炯、叶鼎新、黄维、杨兀亮等人，日军特务机关也派大西初雄、三浦斯夫两人出席。不久，由于新亚饭店会址面积太小，日军

---

① 《市总会检送"决战生活日实施办法"》，《日伪北京新民会》，第227—229页。
② 《新民会与新国民运动》，《日伪北京新民会》，第387页。
③ 高丹予、徐晓虹：《南京伪维新政府及其大民会》，《民国档案》2000年第2期。
④ 《日本帝国主义在中国沦陷区》，第215页。

特务部便指拨上海哥伦比亚路 22 号作为"大民会"总本部的新会所。①

"大民会"成立之后，总部机构由监察部、总本部、中央委员会及专门委员会组成。其中，监察部负责检查会务职员之过失及会务之审计事项。总本部处理日常会务，是"大民会"的中枢机构，下分总务部、组织部、宣传部三部。② 起初，三部之下，各设两科。旋因事务繁多，每部均添设一科，即每部下设三科。其中，总务部除文书科、庶务科之外，后又添设企划科。③ 组织部除第一科负责撰拟文稿及订定章则、第二科负责筹设各级支部之外，又添设一科专门负责组织爱护村。④ 宣传部除了企划、指导二科之外，又增设一科专司书报之编译，⑤ 组织日益完善。除总本部作为行政中枢，"大民会"中央还设中央委员会，负责重要规则之制定及预算决算之审定。专门委员会则应特殊专门事项而临时设置。关于各部人事安排，大民会创会人高朔谈道，由于经费紧张，"大民会"职务属"半义务的……贤才不肯来，非才又不要"，遂"在政府贤达中打主意"。这样，为节省经费，伪维新政府立法委员高朔除担任总本部长，还兼任总务部部长，伪立法委员叶鼎新担任组织部部长，张桐担任宣传部部长。由于"大民会"是由日军特务部一手扶植成立，故以日人堂胁少佐、大西初雄为该会顾问，主导会务发展。⑥

1938 年 10 月 1 日，伪维新政府迁至南京，"大民会"随即于 10 月 30 日迁京，11 月 1 日正式在南京市宁海路 40 号办公。"大民会"人事随之进行更新。为联络伪政府，加强该会的影响力，"大民会"请伪维新政府行政院院长梁鸿志、立法院院长温宗尧任会长，南京市首任自治委员会委员长陶锡三任副会长。同时，"大民会"组织部部长叶鼎新因"大民会"事务繁重而辞职，由伪立法委员王鸿恩继任。高朔也不再兼任总务部长，而

---

① 高朔：《大民会成立一年来之感想》，特刊编纂委员会编《大民会初周纪念特刊》，大民会总本部，1939，第 1—2 页。按：《大民会初周纪念特刊》中收录了多篇纪念文章，每篇文章的页码都是独立编排，而非全书连续编排；如，此处的第 1—2 页指的是《大民会成立一年来之感想》的第 1—2 页，而非《大民会初周纪念特刊》的第 1—2 页。因而，下文注释中引自该刊的是所在文章的页码，而非全书的页码。
② 《大民会章程》，《大民会初周纪念特刊》，第 2 页。
③ 朱大璋：《总务部一年来之回顾》，《大民会初周纪念特刊》，第 1 页。
④ 王鸿恩：《组织部一年来之概况》，《大民会初周纪念特刊》，第 1 页。
⑤ 《大民会工作报告》，《新中国》第 1 卷第 5 期，1938 年 12 月 20 日，第 70 页。
⑥ 高朔：《大民会成立一年来之感想》，《大民会初周纪念特刊》，第 1 页。

改由朱大璋担任，宣传部部长则仍由张桐担任。① 1939年初，"大民会"日籍顾问大西初雄调至汉口特务部，堂胁亦调任华北。此次调任被"大民会"形容为"有似孩提失去了保姆"，② 可见该会与日军特务部之间的依附关系。不久，日本华中派遣军副参谋长松室孝良少将担任"大民会"首席顾问，日军特务机关滨田中佐和马渊中佐，继任"大民会"指导官。

"大民会"成立之初，宣称以"努力实践贯彻纲领，以谋东亚之和平兴隆为目的"。③ "大民会"的纲领包括四项内容：（1）振兴实践"民德主义"，确立"新中国国民"精神；（2）联络政府与人民，使政教普施，民情上达；（3）"革新生活"，强化民力；（4）中日"提携"，以图东亚之"自主隆兴"。其中，第一项之"民德主义"，就是要发扬中国固有的东方精神，如孝、亲、忠、国、信、交等，借以完成中国"重新建国"的任务。第二项内容"联络政府与人民"，即"大民会"一方面"要扶助政府，使人民了解政府，信仰政府；而另一方面，还要帮助人民发表意见，代人民解除痛苦，做成一个上接政府下接民情的总机关"。④ 第三项旨在发展经济生产。关于第四项，《大民会的任务》一书解释道："我们要扑灭国民党和共产党，而求中国的强盛和东亚的和平，只有和我们同文同种的友邦日本紧紧携手，密切合作"，⑤ 实则为日军的侵略战争辩护。关于纲领中四项内容之间的关系，"大民会"南京联合支部长刘琨谈道："大民会之纲领，首揭振兴实践'民德主义'"，因为民德主义属于精神建设，是正心之道。只要"人心一正，百事皆正"，余如政教普施，民情上达，"革新生活"，强化民力，中日"提携"，以图东亚之"自主兴隆"，均不在话下。⑥ "大民会"的会旗式样，也显示了其与日伪之间的密切关系。会旗以日月星三光为帜徽，其中太阳代表东亚盟主——日本，月亮代表伪维新政府，星星代表与伪维新政府一体之"大民会"，蓝色旗身代表浩浩之天地。⑦

为了宣传民德主义，贯彻该会纲领，"大民会"开展了一系列宣传

---

① 《大民会工作报告》，《新中国》第1卷第5期，1938年12月20日，第78页。
② 高朔：《大民会成立一年来之感想》，《大民会初周纪念特刊》，第2页。
③ 《大民会章程》，《大民会初周纪念特刊》，第1页。
④ 大民会出版部编印《大民会的任务》，1938，第2—4页。
⑤ 《大民会的任务》，第6页。
⑥ 刘琨：《新中国国民精神》，《南京新报》1938年11月7日。
⑦ 《大民会会旗说明》，《大民会初周纪念特刊》。

工作。

该会成立之后，立即召开了一系列民众大会。1938年11月7日，"大民会"在南京鼓楼举行"反共救国民众大会"，参加民众号称有30万人。大会结束后，"大民会"宴请从各地赶来参加大会的支部代表。① 11月28日，"大民会"又发起"各省市县民众促进树立中央政权代表大会"。② 1940年3月3日至5日，为了给即将成立的汪伪南京国民政府造势，"大民会"在南京举行"还都运动大会"，参加者包括"大民会"会员、学校学生、各区坊保甲长等，人数约5万。③ 这些民众大会，虽然名义上的"主办人是维新政府内政部及社会局，实在是大民会所做"，"其中工作人员，亦多数是大民会中的人"。然而，这些大会也存在虚张声势的问题。该会的日本顾问西村就指出：有些支部的"请愿书名簿，写某某县民众2万人请愿签名，如这样简直毫无意思，政府连一个民众的呼声亦未听到"；西村还谈道："我以前参加过很多支部成立大会。其中我感到在演说的时候，下面听的人听完了没有一个人拍手，毫无一些表示。又如示威运动者，以及旁观热闹的人，都不知道究竟开的是什么会。"④ 凡此，均表明"大民会"举行的这些民众大会，形式大过内容，并不能代表真正的民意。

"大民会"还组织流动宣传队，即选择一些口才较好的会员，以三五人为一组，携带旗帜乐器，分赴各地进行露天宣讲和表演。⑤ 该会还借鉴华北"新民会"的做法，命令各支部于当地繁华地段设立民众茶社，"张贴关于民德主义之图书与标语，并置备各种娱乐器具（如无线电、棋盘、台球等）及各种报纸与图书，俾一般民众于工作余暇，得有正当消遣场所。各支部可随时利用机会，派员常往讲演，藉以宣传民德主义"。⑥ "大民会"甚至将其纲领等内容印在日历上，广为发行，以达宣传目的。⑦ 至于报刊等连续出版物，由于"大民会"经费紧张，除总本部发行《新中国》月刊及《大民会报》之外，地方支部多无力独立发行刊物，只能与当

---

① 《大民会总本部欢宴各地来京代表》，《南京新报》1938年11月11日，第3版。
② 《大民会京支部请愿代表参加大会五千余人》，《南京新报》1938年11月28日，第3版。
③ 《大民会领导五万人举行还都运动大会》，《南京新报》1940年3月2日，第3版。
④ 《大民会工作报告》，《新中国》第1卷第5期，1938年12月20日，第69—70页。
⑤ 《大民会工作报告》，《新中国》第1卷第4期，1938年11月10日，第57页。
⑥ 《大民会工作报告》，《新中国》第1卷第4期，1938年11月10日，第56页。
⑦ 《总本部工作报告》，《大民会报》第3期，1939年3月1日，第8页。

地报馆合作，特辟一栏，发布会务消息。① 除了这些传统的宣传渠道，该会亦积极利用先进的传播工具，例如广播。每星期三下午 5 点 30 分，"大民会"总本部在南京广播电台播送该会新闻。大上海广播电台亦于每星期二和星期五播送"大民会"的演讲。② 1940 年 3 月，为了表示对汪伪政府的拥护，"大民会"特印制《我们应一致拥护新中央政府书》，并用飞机三架，在苏、浙、皖三省空投该宣传书，南京一带空投 30 万张，上海一带 30 万张，其余苏州、嘉兴、蚌埠、安庆、南通等地各 20 万张。③ 除了花样繁多的宣传方式，"大民会"亦重视宣传人才的培养训练。该会宣传部于 1939 年 2 月举行为期三星期的会务工作人员训练班，由各联合支部及支部选派优秀职员，统一受训。流动宣传队亦加入受训。训练班的师资除总本部的职员外，还聘请日籍学者及名流多人讲学，"教学做合一，颇收成效"。④

2. 组织工作与民政事业

"大民会"作为民众团体，最重要的工作就是发展组织，广设支部、广招会员。"大民会"的地方组织分为三级，总本部之下，每数县市设立一个联合支部，如南京市联合支部、上海联合支部等。联合支部以下，以县为单位设立支部，支部以下以区为单位设立区分会。⑤ 关于区分会的设立，该会规定一区凡有基本会员 5 人以上就可设立区分会。⑥ 然而，"大民会"组织的扩展受到诸因素的限制。首先，"大民会"成立后，苏、浙、皖三省治安尚未完全"肃清"，"各省设县治者，十之五六，大民会设支部者，只十之二三"。⑦ 因此，"大民会"要求各地在成立支部时，"必俟党军肃清，地方秩序安定，行政机关成立后，方可筹备"。⑧ 其次，经费紧张也是该会扩展组织的一大障碍。"大民会"初成立时，经费完全依赖日军特务部拨给，后来随着战事日紧，日军便将负担转移到伪维新政府身上。于是，伪维新政府逐渐承担大民会全部经费的拨给。总体来说，"大民会"

---

① 《大民会工作报告》，《新中国》第 1 卷第 5 期，1938 年 12 月 20 日，第 71 页。
② 《大民会总本部定期广播》，《南京新报》1938 年 11 月 18 日，第 3 版。
③ 《大民会用飞机散发拥护中央政府书》，《南京新报》1940 年 3 月 9 日，第 1 张第 3 版。
④ 《大民会工作概况》，《大民会报》第 3 期，1939 年 3 月 1 日，第 2 页。
⑤ 《大民会章程》，《大民会初周纪念特刊》，第 3 页。
⑥ 《大民会苏州联合支部召开联席会议》，《南京新报》1938 年 11 月 16 日，第 2 版。
⑦ 王鸿恩:《大民会成立一周年之感想》，《大民会初周纪念特刊》，第 1 页。
⑧ 《总本部工作报告》，《大民会报》第 3 期，1939 年 3 月 1 日，第 6 页。

经费异常紧张。总本部起初每月有 7000—8000 元经费，后来逐渐增加到 15000 元。1938 年 11 月总本部迁至南京以后，经费增加至每月 20000—25000 元。到"大民会"成立一周年时（1939 年 7 月），该会自称每月经费 40000 余元。上述经费大半用于总本部的开支，其下发至各级支部的经费不过每月百元。因此，支部开支均须自给，也就是依赖地方政府或当地日军特务班拨给。① 由于经费紧张，"大民会"在地方上的会务很难开展，不得不寻求地方政府的支持。在地方政府比较配合的地方，"大民会"会务的推行相对顺利。例如，蚌埠联合支部请伪安徽省财政厅长唐少侯担任联合支部长，故成立较为顺利。再如，松江联合支部亦争取到松江县县长张受之兼任联合支部长。张致函松江县各机关学校，要求所有职员教员，全体加入"大民会"。该会在松江成立不到 1 个月，请求入会者就超过百人。对此，松江联合支部在致总本部的工作报告中称，"以部长为县长兼任，一切深得县署之赞助，故成绩颇见优良"。②

然而，"大民会"成立之初，伪政府对这一组织并不完全认可。该会顾问堂胁少佐曾说，伪维新政府行政院及内政部曾将"大民会"误为与黄道会差不多的性质，因而禁止政府公务员加入"大民会"。"大民会"副会长陶锡三也提到，许多人"以为本会是个政党，特来想握政权"。陶为此特意声明，"大民会""是发扬民意，领导民众的团体，并不是一个政党"。③ "大民会"高层的这些"辩白"，恰恰证明该会一度不被伪维新政府所认可。对此，镇江联合支部也向"大民会"总本部反映情况，称"行政机关，每视本会如传教，凡有请求协助与否，须听其便，甚且有反对及破坏者"。④ 可见，在地方上，"大民会"与当地政府也存在矛盾。华北"新民会"明确规定各级会长由同级行政长官兼任，而"大民会"对此并无明文规定。实际上，为了便于会务推行，"大民会"各级支部长由政府长官兼任者，不在少数，但也有许多地方的支部长并非当地行政首脑。随着伪维新政府逐渐承担大民会全部经费的拨给，其对"大民会"渐采承认的态度。对此，"大民会"总本部长高朔称，"继而渐由政府补助半数至每月的

---

① 高朔：《大民会成立一年来之感想》，《大民会初周纪念特刊》，第 2 页。
② 《大民会工作报告》，《新中国》第 1 卷第 4 期，1938 年 11 月 10 日，第 59 页。
③ 《大民会工作报告》，《新中国》第 1 卷第 5 期，1938 年 12 月 20 日，第 67—68 页。
④ 《大民会工作报告》，《新中国》第 1 卷第 5 期，1938 年 12 月 20 日，第 71 页。

全额，事实上已深感政府承认为正式团体了"。①

尽管组织的发展遇到诸多困难，"大民会"仍将招收会员视为最紧要的工作。"大民会"的会员分为基本会员和普通会员两种。其中，民众经基本会员1人以上之推荐，即可成为普通会员。普通会员入会6个月以上，经基本会员3人以上之推荐，即可升级为基本会员。基本会员既享有发言权、表决权、选举权及被选举权，也有缴纳会费的义务，每年须缴2元会费。② 在招收会员方面，"大民会"一方面强调务必审慎，"现在各地地方不靖，良莠不齐。故对于招收会员，尤须谨慎考虑，并须调查各会员以往详情及所做职业"，③ "如有不良分子潜入，即负重大之责任"。此外，该会还一再饬令各支部招收会员不能强迫，"民众入会与否，须使其有良心上之驱使，自动加入"。④ 然而，由于总本部将招收会员的数量作为各级支部的考核标准，⑤ 各支部遂想方设法增加会员人数。例如，浦东联合支部提议，由"大民会"总本部呈请日军特务部，以"大民会"会证代替良民证或通行证使用，认为这样便可吸引民众入会。⑥ 再如，按照会章，民众须经基本会员之推荐，方可入会。此规定导致不少民众持观望态度。于是，镇江联合支部简化手续，规定只要有普通会员之介绍，就可入会。⑦ 对此，"大民会"驻沪办事处自认"不免有泛收滥招，带有强迫性之行为"。⑧ 由于各级支部积极发展会员，1938年10月底，"大民会"成立刚三个月，已发展了基本会员302人，普通会员212人，共514人。⑨ 1939年1月，大民会成立了联合支部9处，支部40余处，会员人数达3万人。⑩ 至1939年底，"大民会"在苏、浙、皖三省共建立联合支部及支部105处，会员9.6万人。⑪

---

① 高朔：《大民会成立一年来之感想》，《大民会初周纪念特刊》，第3页。
② 《大民会会员规则》，《大民会初周纪念特刊》，第1页。
③ 《大民会工作报告》，《新中国》第1卷第5期，1938年12月20日，第70页。
④ 《大民会工作报告》，《新中国》第1卷第5期，1938年12月20日，第78页。
⑤ 《总本部工作报告》，《大民会报》第3期，1939年3月1日，第7页。
⑥ 《大民会工作报告》，《新中国》第1卷第5期，1938年12月20日，第78页。
⑦ 《大民会镇江联合支部继续征求会员》，《南京新报》1938年11月29日，第2版。
⑧ 《大民会工作报告》，《新中国》第1卷第5期，1938年12月20日，第78页。
⑨ 《大民会工作报告》，《新中国》第1卷第4期，1938年11月10日，第55页。
⑩ 《大民会工作概况》，《大民会报》第3期，1939年3月1日，第2页。
⑪ 赵如纾：《中国大民会的过去及将来》，大民会宣传部，1940，第7页。

为了实践"革新生活、强化民力"的纲领,"大民会"亦积极从事民政事业。1938年12月,正值岁暮天寒,南京市难民众多。"大民会"遂主办冬赈游艺大会,号召政府机关职员捐款。一个月后,由于各机关认领的款项尚未缴齐,"大民会"在《南京新报》上登报催款,言及日本各机关票款已经收齐,伪政府方面认领的票款只收到3000余元,尚拖欠6000元。① 不久,募捐款额收齐,共"日金3600元整,银15879元7分,兑入银2200元"。② "大民会"一面派职员前往安徽芜湖购米;一面函请南京市社会局等机关调查贫苦人民经济状况,并进行登记。根据调查情况,"大民会"规定各户人口在5人以下者,发米1斗2升,户口在5人以上至9人者,发米1斗5升,9人以上之户口,发米2斗。1939年2月13日至17日,"大民会"在南京连续5天发放赈米,共计发出赈米1654石2斗1升,救济贫民22029户,被救济的人口在55000人以上。③ 除了用于购米放赈,这次冬赈游艺大会募集的款项尚余日金19元80钱,银8936元1角4分。"大民会"随后利用这笔钱成立了小本贷款所,规定凡南京市20岁以上之居民,领有安居证者,均可申请贷款。贷款数目分为20元、10元、5元三类。贷款人须觅妥实之保人为其作保,方可申请贷款。还款期限分为10期,每10天为1期,每期还款1/10,不收利息。如延期不还,则欠款归保人清偿。战后南京,百业凋敝,失业者普遍。故小本贷款所自1939年4月成立之后,每日前往申请者,络绎不绝。由于申请贷款的人数过多,该所的资金又极为有限,故开办不久就被迫改为每逢星期六发放申请书一次,以示限制。1939年7月,小本贷款所共贷出款额4490元,已收回款额1056元,"以此循环借贷,运用得宜,当能永久流畅,长期救济也"。④

除了发放赈米、提供借贷,"大民会"还从事医疗和教育服务。1940年3月,"大民会"南京市第四支部在莫干路20号设立施诊处,聘请医生为贫民免费治疗。⑤ 此外,该会还令各支部开办民众学校,提供免费教育。战争爆发后,南京市定淮村第二小学停办,导致该地失学儿童众多。"大

---

① 《大民会催取各机关冬赈游艺会票款》,《南京新报》1939年1月9日,第5版。
② 《大民会小本贷款所之过去与现在》,《大民会初周纪念特刊》,第1页。
③ 《大民会主办冬赈情形之汇述》,《大民会初周纪念特刊》,第2页。
④ 《大民会小本贷款所之过去与现在》,《大民会初周纪念特刊》,第1—3页。
⑤ 《第四支部设施诊处》,《南京新报》1940年3月9日,第3版。

民会"遂在原校舍基础上成立民众学校,招收 100 名学生,学杂费全免,教授国语、算术、常识、修身等课程。① 江浙地区沦陷后,人民远避战祸,流离失所,导致农田荒芜。"大民会"为鼓励农业生产,安定社会,仿照伪满洲国的做法,成立"爱护村",以上海市引翔乡作为首个试办点。引翔乡原有居民 6 万人,战争爆发后,居民逃散一空。其中,避难于上海租界难民所中的就有 3 万人。"大民会"首先在引翔乡成立支部,联络该乡士绅,以乡绅王邈为支部长,并划定该乡之观音堂、法华庵作为该乡难民的临时寄宿处。随后派员至难民所劝说乡民登记返乡,恢复农业生产。② 据《南京新报》报道,引翔区爱护村成立不久,乡民 1000 余人登记返乡。③ "大民会"希望这些民政措施能达到革新生活、强化民力的目的,但往往效果有限,杯水车薪。

3. 改组与消亡

1940 年 3 月,汪伪国民政府成立在即。"大民会"为适应新的形势,先后多次主办民众大会,表示对汪伪新政府的拥护。但尽管如此,由于汪伪政府成立后日本对华政策的改变,其命运也是日薄西山了。

3 月 3 日,"大民会"发表《大民会更新宣言》,宣称"更新"后的大民会,"是纯正的民众团体,不是政治团体","换句话说,就是做社会公益事业的团体"。"大民会"既已更新为纯粹的民众团体,不再参与政治,这就与其原来的纲领"联络政府与人民,使政教普施,民情上达"相矛盾。为此,"大民会"自解道:"本会的指导原理,不偏于某一种主义与主张,而是依据先圣先贤的遗训为准绳,采取孙中山先生所倡导的三民主义的长处,更以汪精卫先生的和平救国精神基础,加之除旧布新与民更始的主旨,综合实现出来。"如此一来,"大民会"的纲领也需做一番更新:"一、实践民德,增进社会福利,以图民生安定。一、贯彻大民主义,善导民众,完成大同团结。一、发挥爱乡爱民精神,上下一致,以求中国健全发达。一、促进善邻提携,确立互助互惠关系。一、协力建设东亚新秩序,以贡献世界和平。"在新的纲领中,所谓"实践民德",就是"陶冶品性和增进百姓的幸福"。所谓"大民主义","就是众多的良民公民集合团

---

① 《民众学校开始招生》,《南京新报》1940 年 3 月 9 日,第 3 版。
② 《大民会工作报告》,《新中国》第 1 卷第 4 期,1938 年 11 月 10 日,第 56 页。
③ 《大民会引翔区支部设立爱护村》,《南京新报》1938 年 11 月 20 日。

结起来，做有组织的活动形态的总称……就是养成大同之民的主义"。① 由上可见，原本就没有严密理论体系的"大民会"，其更新后的纲领更是模棱两可。

由于性质之改变，"大民会"的组织和人事也被迫进行变动。首先，该会名称由"大民会"改为"中国大民会"，以"大亚洲主义"为中心，推行"大民主义"，并以办理社会福利事业为宗旨。其次，该会被纳入汪伪国民政府社会部管辖，经费由财政部拨发。会内组织也进行了改革，会长额定1—3人，为名誉职。总部设监事会和理事会。监事会负责审查预算决算及对理事会之失当措施进行弹劾。理事会负责处理日常会务，下设秘书处、组织处、宣传处、社会服务处及调查统计处等5处。此外，联合支部改名为总支部，支部名称不变。② 人事方面，梁鸿志、温宗尧、陈公博担任名誉会长，原伪维新政府宣传局局长孔宪铿等人就任常务理事，伪国民政府审计部长夏奇峰为常务监事。③

改组后的"大民会"由于变为社会公益事业的民众团体，故会务活动范围大为缩小，影响力亦日渐消减，且不同于华北的伪中华民国临时政府和华中的伪维新政府，汪伪政府有其法定的执政党——伪中国国民党，不容其他党派团体之存在。因此，1940年11月日本正式承认汪伪政府之后，向汪精卫提出建立"东亚联盟中国总会"，而汪精卫则借机提出解散"大民会"等团体，获得日方同意。④

在日本与汪精卫之间达成上述"谅解"之后，1940年12月18日，"大民会"正式解散，宣称："本会同人，为拥护最高领袖之主张，促成东亚联盟之迅速成立，认为本会已进入发展的解消阶段，因而自动作光荣的解散。"⑤ 对此，汪精卫称，"当此严重关头，非集合全国才力，造成中心，不足以克服一切困难，达到共同目的"，因此，"此种解散之意义，为积极

---

① 《大民会更新宣言》，《南京新报》1940年3月4日，第2张第4版。
② 《中国大民会组织章程》（1940年6月15日），《日本帝国主义侵华档案资料选编·汪伪政权》，第537—538页。
③ 《中国大民会会长暨理监事处长名单》（1940年6月15日），《日本帝国主义侵华档案资料选编·汪伪政权》，第539页。
④ 石源华：《汪伪时期的"东亚联盟运动"》，《近代史研究》1984年第6期。
⑤ 《中国大民会解散宣言》，《南京新报》1940年12月18日，第1张第1版。

的，发展的"。①

解散后，"大民会"的头目孔宪铿，在汪伪国民党六届三中全会上被增选为中央执行委员，② 以示优抚。解散后的"大民会"，则由汪伪国民政府的行政院、社会部、宣传部及财政部等四部门，分别予以接收。1940年12月23日，"大民会"停止办公，③ 其南京总部会址及一切办公用品，由"东亚联盟中国总会"继承。④ 至此，在华中沦陷区存续两年多的"大民会"，终于消亡。

第二节　新闻、出版、广播、电影

一　东北地区

伪满洲国出笼以后，日伪当局对所有的文化事业实行严厉的法西斯文化专制，从政权机构到理论宣传，乃至舆论操纵及控制手段等，均纳入法西斯国家机器的掌控之下，称为"官制文化"。

1932年8月17、18日两日，关东军司令部组织伪满洲国日籍负责宣传教化的官员，以及奉天总领事馆、关东州、满铁宣教官员在奉天大和旅馆召开会议，决定成立"处理指导言论通信机关协议会"，"对在满言论通信机关的设立、改废、补助、指导等重要事项予以协调和联络"。经"协议会"商定，决定在伪都"新京"新设伪满洲国的机关报，另在奉天、吉林、黑龙江及哈尔滨市设立地方机关报，"对目前刊行的东三省公报、吉林日报、黑龙江民报、国际协报予以利用"；还决定在伪都"新京"设立韩文《东明时报》，收购奉天的《满鲜申报》；同时决定尽早成立"满洲国通讯社"，"以打入国际通讯圈"。⑤

最初，具体履行关东军宣教旨意的机构为弘法处，设在伪国务院的资

---

① 《全国各团体相继自动解散，汪主席发表谈话，同心勠力共谋收拾时局》，《南京新报》1940年12月18日，第1张第1版。
② 《国民党三中全会第三日会议告竣圆满闭幕》，《南京新报》1940年12月18日，第1张第1版。
③ 《大民会宣告结束，全部职员已遣散》，《南京新报》1940年12月24日，第1张第3版。
④ 石源华：《汪伪时期的"东亚联盟运动"》，《近代史研究》1984年第6期。
⑤ 関東軍参謀長小磯国昭「在満言論通信機関処理指導ニ関スル件」（1932年9月6日）、日本国立公文書館・アジア歴史資料センター：レファレンスコード、C01002824100。

政局下,作为"善导民心,普及自治思想"的意识形态领域的专制机关。不久,资政局撤销,弘法处更名为情报处,直接归属日本人主导的总务厅统辖,各伪省市级的文化专制机构也随同纳入各伪省市的总务厅下,即意味着文化专制大权统一由日本人控制。1937年,伪满政府实行行政"改革",进一步强化了总务厅的权力,情报处更名为弘报处,具体负责制定文化专制政策,监理基层政权弘报机构,以及统一宣传口径、统制舆论机构、独揽对外宣传等。太平洋战争爆发前后,弘报处的权限更加膨胀,原本由伪治安部、交通部、民生部、外务局等分别管理的对电影、新闻、出版的检查权,以及广播、监听、文艺、美术、音乐、戏剧等文化行政的领导权也归由弘报处"一元化"统制,同时在各伪省、市、县设有弘报担当官,直接对弘报处负责,这样,伪满洲国的所有文化事业均掌控在弘报处的统辖之下。

除弘报处自上而下统制所有的文化事业外,对新闻、广播、出版等事业,又设立有官方一统到底的专制机构。1932年12月,伪满当局成立"满洲国通讯社",之前所有的通讯社或合并,或撤销,实行"一国一通讯社主义",并在各地设立支社、支局或特派员,统一向各新闻机构发送新闻稿,任何新闻机构不得擅发稿件。1935年9月,日伪政府又宣布成立"满洲弘报协会",将15家新闻单位合并其中,对其他民间报业或查封,或挤垮,民间报业几乎不复存在。对出版业,也成立有"满洲出版协会",所有出版物非经该协会批准一律不得发行,外来书刊类也必须经该协会批准方有可能引入。有数据统计,仅1944年,出版协会检查的出版物中有170件被否决,占被检查出版物总数的18.3%,另有177件名曰"保留",实则束之高阁,等于扼杀,占总数的19.4%。而被批准的出版物中日文书占一半以上。① 其他则侧重于政治宣传品、战争鼓动品之类。

日伪当局唯恐中国内地文化及抗战信息通过书刊等出版物传进东北,采取严厉封锁的方针,明令36种报刊禁止进入东北,其中包括《大公报》、《申报》、《时报》、《京报》、《北平晨报》,苏联的《真理报》、《消息报》以及欧美国家的一些报刊。普通民众与内地之间的邮寄包裹、书信也在日伪当局的监控范围内,肆意对之拆封查验,发现"违禁品"一律没

---

① 满洲日报社编印《满洲年鉴》,1945,第435页。

收，甚至加害信件所有者。

此外，大量充满法西斯文化色彩的日本出版物每年以递增的速度输入东北。有数据统计，1936年日本向伪满洲国输入的图书为58.7万册，1938年增至1000万册，1939年1440万册，1940年2230万册，1941年3440万册。另，1939年日本输入中国东北的报纸为5494万份，杂志827万册，分别为输入中国内地数量的10倍及487倍。每天计有日本的15万份报纸、2.2万册杂志和4.9万册图书进入东北。① 可以想见，日本强制向中国东北灌输法西斯文化的程度。

广播是当时最迅速、最便捷的传播统治当局意旨的有效工具，因此，九一八事变爆发后不久，日伪当局就劫夺了东北四省（包括热河）的电报、电话机构及沈阳、长春、哈尔滨广播电台，随即成立"满洲电信电话株式会社"，先后由关东军要员广濑寿助（师团长、中将）、山田乙三（关东军司令官、大将）等人担任总裁，全面垄断东北的电信电话及广播事业。其中的广播事业分别成立有"新京"、奉天（沈阳）、大连和哈尔滨四家中央放送局，另在安东、营口、锦州、承德、海拉尔、齐齐哈尔、北安、佳木斯、吉林、通化、牡丹江、抚顺、鞍山设立放送局，在日伪政权的直接统制下充当殖民者的传声筒。各广播台站必须唯"新京中央放送局"（后升级为放送总局）马首是瞻，而"新京放送局"又直接受满洲电信电话株式会社控制，所有广播节目必须经由日本人主管的电政科审查，"电政科可以对原稿的某些字句提出修改意见，也可以勒令禁止广播，不仅可以对广播稿件详加检查，即对于广播使用的唱盘的审查亦毫不松懈"。② 同时，日伪警宪部门每年实行春秋两次例行的大检查，对广播新闻系统里的重点目标（多为中国人）进行审查检举，甚至肆意逮捕关押。1942年秋及1945年春，"新京放送局"及哈尔滨放送局分别有几名中国人职员被逮捕，这些人被莫名其妙地关押几个月，并受到严刑拷问。还有几名中国人职员上了伪首都警察厅特高课的"黑名单"，准备于1945年10月实行逮捕，幸而特高课行动之前日本宣布投降，这些人才免于被逮捕的

---

① 姜念东等：《伪满洲国史》，吉林人民出版社，1980，第436页。
② 赵家斌：《日伪统治下的东北广播》，孙邦等编《伪满史料丛书·伪满文化》，第268页。

厄运。①

1937年8月，日伪政府成立了官办的"株式会社满洲映画协会"（简称"满映"）。"满映"成立之前，先由殖民者组成一个"审议委员会"，委员长由关东军参谋长板垣征四郎充任，成员有伪国务院总务厅次长神吉正一、总务厅企划处长松田令辅、法制处长松木侠、主计处长古海忠之，伪经济部次长西林淳一郎、伪产业部次长岸信介、伪民生部次长宫泽惟重以及满铁会社的部分要员，从该委员会的成立到成员的身份，可以看出，日伪政府决定成立"满映"的目的非比寻常。该委员会规定"满映"的"使命"是：一是发扬满洲"建国精神"，彻底普及"建国精神"；二是介绍"满洲国"的"国情"；三是输入日本文化，介绍日"满"一体的"国策"；四是对学术、技术及艺术做出贡献；五是有事之际作为对内对外的宣传武器。②

可见，"满映"的成立不过是"利用最直接的电影媒介，在宣传教化方面设立最露骨的桥头堡"。③按照殖民者的旨意，"满映"从一成立就确立了拍摄"国策电影"，"教化"民众，蛊惑民心，为殖民统治服务的宗旨。"满映"拍摄的影片大体有三类，即启民片、时事片和娱民片。启民片是能够直接体现殖民统治者决策意图的片种，其内容无非宣扬日伪统治东北的"业绩"，歌颂日本军国主义的"武功"，以及蒙骗国际舆论的虚假宣传之类，目的是"启发"民众的"觉悟"，麻痹民众的斗志，使之甘心接受日伪统治的奴役。时事片更是颠倒黑白，胡编乱造。如1939年拍摄的宣扬伪满洲国军队"业绩"的《壮志烛天》，宣传伪满警察"功德"的《大陆长虹》，宣传检查官不徇私情的《国法无私》，美化伪满农村的《田园春光》等，"这些影片都是直接为殖民统治服务的"。④

尤其是太平洋战争爆发后，日伪当局对思想文化领域的统制越发严酷。战争爆发前的1941年11月，伪满弘报处就出台了《对美战争爆发之

---

① 陈鸿钧：《回忆伪满洲国"新京放送局"》，孙邦等编《伪满史料丛书·伪满文化》，第274页。
② 山口猛「擬制の王国としての『満映』」浅田喬二等編『近代日本と植民地 7・文化のなかの植民地』岩波書店、1993、160頁。
③ 山口猛「擬制の王国としての『満映』」浅田喬二等編『近代日本と植民地 7・文化のなかの植民地』160頁。
④ 胡昶：《伪满的国策电影》，孙邦等编《伪满史料丛书·伪满文化》，第154页。

际的舆论指导方针》，其主要内容是："1. 日本为东亚诸民族的团结，建立大东亚共荣圈，决心彻底打破白人对东亚的侵略；2. 与日本一德一心、具有不可分关系的我国（指伪满——引者注），虽然不参加战争，但要举国支援战争；3. 日本军的战略优越于美英，日本军人具有忠诚殉国之观念，战争必胜；4. 日本人以外的国民，虽不参加战争，要在后方支援亲邦日本。"① 太平洋战争爆发的前3天，弘报处就组织画家绘制出1000余幅歌颂"圣战"、"膺惩"英美的大型彩色宣传画。② 战争爆发后立即于各机关企业和民众聚集的地方张贴。

按照弘报处的《指导方针》精神，各大报社、广播电台以及音乐、戏剧、绘画、展览、电影等宣传工具都投入"思想战"和"宣传战"之中，《满洲日日新闻》、《新京日日新闻》、《大同报》、《盛京时报》、《满洲新闻》以及各地方报纸等，均在头版头条刊登日本向英美开战以及日本天皇和伪满皇帝的《诏书》，以及日军的"赫赫战果"。伪满的广播电台，在连续播送有关战争的新闻、讲座的同时，每日播放日本和伪满的"国歌"，以及《日满交欢歌》、《爱国进行曲》、《排共之歌》等歌曲。

1943年11月17日，继"大东亚会议"后，日本将参加会议的各伪政权及傀儡政权新闻界代表人物聚到东京，召开"大东亚新闻人"会议，会议的宗旨是将"大东亚建设的理念，宣扬各地域，引导人心，走向理想的境地，这是赋予东亚新闻人最光荣的使命"。③ 会后，伪满新闻界紧跟日本的舆论基调，在报纸、广播和各种杂志上，连篇累牍刊登"大东亚圣战"的消息，以及日本侵略军的"赫赫武功"等，为日本扩大的侵略战争摇旗呐喊。

太平洋战争爆发后，"满映"越发活跃，首先制作完成《日本舰队堂堂出师》，后来又陆续推出赞颂伪满警察的《碧血艳影》、《夜袭风》，赞美日伪空海军的《兰花特攻队》、《银翼恋歌》、《夏威夷·马来海战》、《南海之花束》、《马来战记》、《空之神兵》，以及丑化和污蔑八路军的《大地逢春》等。"满映"还以《新闻特报》的形式拍摄了一批新闻纪录影片，包括《大东亚战争特辑》之一、二、三辑，其中有《击毁敌机》、

---

① 武藤富男『私と満州国』354頁。
② 武藤富男『私と満州国』354頁。
③ 〔日〕大村次信：《大东亚战争与新闻界》，《青年文化》第2卷第1期，1944年，第41页。

《武克特攻队》、《进驻法属印度支那》、《南海之花束》、《大东亚战争一周年》等，为日本的侵略战争大唱赞歌。

在音乐方面，为配合日本"圣战"，日伪当局成立了"满洲"乐团协会，将"满洲"的音乐家统制起来。该协会与日本文化协会合作，编辑了三部《满洲国民歌曲集》，收入《君之代》、《天长节》、《明治节》、《敕语奉答》、《满洲国国歌》、《建国日》、《访日宣诏纪念日》、《日满交欢歌》、《协和会之歌》、《建国颂歌》、《王道赞歌》、《满洲帝国真快乐》，以及法西斯国家德国、意大利的100余首歌曲，向机关、学校、部队、企事业组织机构和农村地区大量发行。

出版机构及报纸杂志也紧密配合时局，出版发行各种宣传读本或小册子，向读者灌输日本的"圣战"是"正义战争"，是"解放亚洲的战争"。出版机构还编辑出版《战时国民常识》、《最新国民常识》等小册子。除了向日伪机关、企事业组织机构、学校、军队发行外，还强行向城乡民众推销，不购买者受罚，甚至冠之以"反满抗日"的罪名。

1942年8月，伪满弘报处在"新京"举办了"大东亚建设博览会"，利用照片、图表、实物等展示日本的"圣战"，宣扬日本的侵略战争是为了"亚洲的和平"、"解放亚洲"等。伪皇帝溥仪以及各部大臣带头参观，并指令各机关、部队、学校以及企事业职员观看。

二 关内地区

中国关内地区各伪政权建立之后，按照日本殖民统治者提出的实施"思想战"、"宣传战"等要求，在强化各沦陷区的思想控制、奴化教育的同时，也在新闻、出版、广播、电影等诸多文化事业上有所体现和发展。

在华北沦陷区，日本的华北方面军设置了"报道部"，负责在辖区实施舆论宣传及新闻统制等事务。华北伪临时政府设有情报局、在各省市警察局设立情报处等机构，负责舆论宣传与情报工作，还设立了新闻事业管理所，负责新闻事业的监管工作。1940年汪伪政府设立宣传部之后，华北各省市随之设立了宣传局，作为统制思想文化事业的专门机关。华北伪政权还颁布了相关的法规，加强对于各文化事业的控制。如1938年4月，天津市特别公署颁布了《审查图书戏曲规则》，对于图书与戏曲，制定了如下的审查标准："应提倡者：（1）提倡中日满亲善者；（2）提倡旧道德者；（3）描写社会生活富有感染力者;(4)能增进民众知识者;(5)能辅助教育之不足者;(6)描写党共罪恶使人民知所警惕者。""应取缔者:(1)有碍中日满亲善者;(2)宣传党共之悖谬主义者;(3)其他违警罚法所规定事项;(4)违反事理人情者;(3)有悖人道者。"1938年7月,伪临时政府颁布的《出版法》,则规定报纸、杂志、书籍及其他出版品,不得登载以下内容:"(1)意图颠覆政府或有损中华民国利益者;(2)意图煽惑他人而宣传共产主义者;(3)因蔑视国家之制度或政府之行为,明知其事实系属虚诬或附会而竟公然主张之或揭载之者;(4)意图破坏公共秩序者;(5)诋毁外国元首或住在本国之他国外交官者。"①

北平作为华北的文化中心,在七七事变之前,曾有大、小报纸和通讯社40余家。日军侵占北平之后,大多数报纸均被停刊,通讯社也被关闭。日本支持下的华北伪政府,创办了新民报社和中华通讯社。1937年底,曾任冀察政务委员会顾问的日本人武田南阳,接收了原世界日报社的资产,成立了新民报社,1938年元旦开始发行的《新民报》,即作为日伪新民会的机关报。其总社设于北平,在华北各都市都设有分社与支社,编辑与记者队伍庞大,发行数量最多时达八九万份。1944年5月1日,《新民报》停刊。日伪当局下令停发所有中文报纸,此后统一发行《华北新报》,各地报社亦改编为该社的分属机构。《华北新报》是全国抗战后期华北沦陷区唯一发行的中文报纸。此外,北平沦陷时期还有以下期刊:《新民周报》、《新民报》半月刊、《反共战线》、《中国公论》、《国民杂志》、《中国文艺》、《朔风月刊》、《妇女杂志》等。中华通讯社也是在1938年元旦由日本同盟社北平分社之华文部改组而成立的,稿件的主要内容为国际新闻及北平的各方面信息;该新闻社还领导着日伪当局在华北组织的"中华新闻学院",讲师由该社的编辑、记者担任,讲授新闻学,有采访、编辑等课程,学员毕业后在华北沦陷区之各新闻宣传机构任职。②

七七事变之前,在察哈尔省会张家口出版的汉文报纸只有一份——

---

① 伪天津特别市公署秘书处:《天津特别市公署行政撮要(民国29年)》,《政府公报》第26号(1938年7月18日),转引自郭贵儒等《华北伪政权史稿——从"临时政府"到"华北政务委员会"》,第348—349页。

② 王隐菊:《沦陷时期北平的新闻业》、黄河:《沦陷时期的敌伪报刊》,转引自文斐编《我所知道的伪华北政权》,第274—285页。

《察哈尔国民新报》,在绥远省会归绥则有《绥远西北日报》和《绥远日报》两种。日军于1937年8月底侵占张家口之后,将《察哈尔国民新报》废刊,利用该报社于8月30日创办《察哈尔新报》。该报纸后来改名为《蒙疆新报》,作为伪蒙疆政权的机关报。10月中旬侵占归绥之后,日军即接管了《绥远西北日报》和《绥远日报》两家报社,并强迫其废除原报纸,改而发行《蒙疆日报》。1939年9月蒙古联合自治政府成立后,《蒙疆日报》改名为《蒙古日报》;1940年,又改名为《蒙古民生报》。

为了加强对于内蒙古地区的思想舆论控制与宣传战的需要,1938年5月20日,日本策动"蒙疆联合委员会",在张家口成立了"蒙疆新闻社"。该社主要由日本出资、日本人担任理事长,以利长期控制。其内部机构庞大,外设人员众多。除总社之外,尚有大同支社、厚和支社、包头支局、北支支局、天津支局、"新京"支局、东京支局及大阪支局,另有太原、青岛、上海、南京通讯部等处。其业务表面上是以企业的面貌出现,但它不但垄断了"蒙疆"地区的报刊、图书事业,还组织与举办各种文化宣传活动。到1940年9月,该社共计发行报纸、杂志25种。主要有汉文《蒙疆新报》,蒙文《蒙古周报》及《蒙疆通信》(日文、汉文),还出版与发行日文版《蒙疆年鉴》以及汉文版半月刊《利民》等。[①]

日军占领张家口与归绥后,先后成立了"张家口放送局"与"厚和放送局",后由伪蒙政权的邮电总局管理,实际上仍由日本出资并提供无线电技术进行控制,形成了以张家口、厚和为中心并覆盖主要城市的广播网络,还在主要街道和交通要道遍设高音喇叭,以扩大至收音机之外的听众。此外,日伪当局还在厚和、包头、集宁等地开设了一些电影院,主要上映一些新闻电影、文化电影,以配合实施其所谓的"电影教育"事业。

日军在侵占上海、南京、武汉之后,即与其卵翼下的各伪政权一起,加强了在思想文化上的统制。1938年3月14日,伪上海市大道政府颁发第104号密令,规定实施新闻检查制度,以下各项为其检查范围:"(一)言论反动及宣传赤化者;(二)抵触本政府政纲、政策者;(三)破坏中日邦交者;(四)造谣生事、惑乱人心者;(五)诋毁本府行政设施者。"并规定"凡属上述各种新闻,应予严格检查,一律不许登载。"据此,伪政

[①] 金海:《日本占领时期内蒙古历史研究》,第119—120页。

府之宣传股即宣布在上海禁售《文汇报》、《华美报》及《大美报》等三种报纸。5月15日，伪政府又创办了自己的新闻通讯社。① 伪汉口市政府1939年成立之初，即设立宣传局，专司政令文教之宣达及文化思想有关事件之审查、管理、指导、取缔以及"宣抚"民众搜集情报等项工作。还组织了"政务新闻统制班"，所有市局各机关政务新闻，均交由该班审查后方能发表。关于出版物之审查，于1939年5月4日制定了《管理出版物条例》，还加强了剧本审查、影片检查及留声机唱片之审查。②

1940年3月30日汪伪国民政府成立后，沿袭伪维新政府设立宣传局以取代国民党中央宣传部的做法，继续设立宣传部，进一步加强对于以华中地区为主的关内沦陷区的新闻统制和舆论控制。隶属于伪行政院的宣传部，是汪伪政权对于沦陷区内包括新闻、出版在内的整个文化、宣传事业的最高指导与管理机关。自1940年初成立至1941年5月，该机构人员日渐庞大，计有简任24人、荐任64人、委任84人、聘任2人，共计174人。部长林柏生，政务次长胡兰成、常务次长孔宪铿；下设总务司、宣传指导司、宣传事业司、特种宣传司等部门。③ 根据1941年5月28日伪国民政府修正公布的《宣传部组织法》，宣传部又设以下各司局：总务司、宣传指导司、宣传事业司、特种宣传司、国际宣传局。其中，"宣传指导司"掌管下列事项：（1）宣传纲领之拟订；（2）各级宣传机关及工作人员之指导及训练；（3）新闻稿件之撰拟发布；（4）报纸刊物通讯及有关宣传之出版物之指导审查；（5）外国文字报纸刊物重要稿件论文之译述审查；（6）报纸刊物通讯及有关宣传之电讯及其他出版物之检核；（7）宣传工作之考核；（8）宣传问题之解答；（9）各种报纸刊物图书之征集。宣传事业司掌管以下事项：（1）一般宣传事业宣传活动之规划及实施；（2）新闻事业之联络与扶助；（3）文化团体之联络及扶助；（4）报社、杂志社、通讯社及其他新闻事业组织之调查与登记；（5）记者及一般新闻事业从业员之调查与登记；（6）新闻事业同业公会、记者公会及文化团体之调查登记；（7）宣

---

① 《日伪上海市政府》，第803—807页。
② 《汉口特别市政府秘书处宣传科1939年度工作报告》，涂文学主编《武汉沦陷时期档案史料丛编 ① 沦陷时期武汉的社会与文化》，武汉出版社，2005，第278—284页。
③ 《宣传部第一届全国宣传会议报告汇编》，秦孝仪主编《中华民国重要史料初编——对日抗战时期 第六编 傀儡组织》（3），第538—540页。

传文告、宣传刊物及通俗宣传读物等之编撰；（8）丛书年鉴及其他出版物之编纂；（9）印刷及发行。"特种宣传司"掌管如下事项：（1）特种宣传方案之规划与实施；（2）广播及有关宣传之无线电讯之管理；（3）民营广播事业之注册与监督；（4）国营电影戏剧；（5）一般电影戏剧歌曲之检查与改进；（6）广播电影戏剧事业及其从业人员之联络与扶助；（7）文艺宣传之规划及实施；（8）各种文艺团体之监督改进及扶助。[①] 此外，宣传部还在上海特设驻沪办事处，在各重要城市派驻视察员、专员和特派员，协助其在各地办理有关业务。

在各地方，汪伪行政院于1941年3月8日通过了"地方宣传机构的调整办法"。在原伪维新政府的基础上，设立了各省市宣传处、科以及宣传会议。江苏、浙江、安徽、广东省与南京、上海、汉口等市以及后来成立的湖北、江西、苏淮等省区的伪政府，均设立"宣传处"。各省市的"宣传会议"，则由地方政府的有关机构，伪省党部，主要新闻团体、学校及宣传机关等7个相关部门的人员组成，以统一协调和决策该地区的宣传文化事业。[②] 由此，汪伪政府时期形成了自中央到地方的上下联动、互相协调的包括各种文化事业在内的宣传管理系统，从组织上进一步强化了新闻舆论的统制。

除了组建宣传机构，汪伪政府时期由宣传部主导，修订、颁布了大量的规章，以强化对于文化事业的法制管理。据宣传部总务司编印的"现行法规汇编"，汪伪政府成立一年多之后通过的主要规章即有：《宣传部中央导报社组织简章》（1940年8月7日）、《中央报业经理处组织章程》（1940年10月22日）、《电影检查法》（1940年11月25日）、《中央报业发行所组织章程》（1940年12月11日）、《电影检查法施行细则》（1940年12月12日）、《出版法》（1941年1月24日）、《出版法施行细则》（1941年1月25日）、《宣传部广播事业设计委员会组织规程》（1941年2月15日）、《中国广播事业建设协会章程》（1941年2月18日）、《宣传部广播无线电台管理组织规程》（1941年2月11日）、《中央电讯社组织章

[①] 秦孝仪主编《中华民国重要史料初编——对日抗战时期　第六编　傀儡组织》（3），第517—521页。
[②] 秦孝仪主编《中华民国重要史料初编——对日抗战时期　第六编　傀儡组织》（3），第566—568页。

程》(1941年5月19日)、《宣传部直属报社管理规则》(1941年5月29日)、《全国重要都市新闻检查暂行办法》(行政院第27次会议通过)、《宣传部电影检查委员会组织规程》(行政院第28次会议通过)、《宣传部电影检查委员会电影片检查费征收办法》(行政院第40次会议通过)、《中华电影股份有限公司章程》，等等。[①]

在上述法规中，作为报纸、杂志管理之主要法规的《出版法》，是汪伪政府在维新政府相关法规的基础上修改、拟定的，其变化最大者有二：一是报纸杂志的登记事项，改以宣传部为最高主管机关，在各地则以警察机关为主管部门；二是未经登记之报纸杂志不得发行，违者依法处罚。[②]以警察机关来主管报纸杂志之管理工作，这表明汪伪政府的文化管制特色更加鲜明。至1942年6月，由于警政部之撤销，加上太平洋战争的爆发，汪伪政府公布施行《修正战时出版法》，以强化对于报纸杂志的管控。1943年初，汪伪政府"参战"之后，为了配合其辅助、参与"大东亚战争"的需要，6月10日，公布了《战时文化宣传政策基本纲要》，规定其基本方针为："动员文化宣传之总力，担负大东亚战争中文化战、思想战之任务，与友邦日本及东亚各国尽其至善至大之协力，期一面促进大东亚战争之完遂，一面力谋中国文化之重建与发展，及东亚文化之融合与创造，进而贡献于新秩序之文化。"其具体措施则有：(1) 充实强化出版、新闻、著述、广播、电影、戏剧、美术、音乐各部门之机构，分别组成协会，采"统一主义"；(2) 对于图书、新闻、杂志、电影、戏剧、唱片、歌曲、广播等文化宣传品之严格审查及检查，采积极指导方针；(3) 严厉取缔敌性新闻；(4) 强化中央通讯社；(5) 强化中国广播事业建设协会；(6) 强化电影事业；(7) 整理报纸，除重要地点外，采一地一报政策；(8) 整理杂志，除地方性质外，属于全国性质者，采一事一刊政策；(9) 调整强化印刷事业；(10) 强化制纸事业；(11) 筹集文化基金、科学奖励金。[③] 据此，汪伪政府在全国抗战后期，在文化上也将自己捆绑于日本战败的破车上。

---

① 秦孝仪主编《中华民国重要史料初编——对日抗战时期 第六编 傀儡组织》(3)，第461—536页。
② 秦孝仪主编《中华民国重要史料初编——对日抗战时期 第六编 傀儡组织》(3)，第653页。
③ 《中华民国史档案资料汇编 第五辑第二编 附录(上)》，第568—573页。

汪精卫在从事"和平运动"的时期即特别注意发挥报纸的宣传作用。在香港创刊于1930年的《南华早报》，在全国抗战初期被作为汪派"和平运动"的喉舌；臭名昭著的汪精卫之"艳电"即发表于此。"所有有关汪氏之主张，完全由《南华早报》为大本营，向国外发表。"① 汪精卫集团转移到上海之后，1939年7月10日，首先将1932年4月创刊、1937年11月停刊的《中华日报》复刊，林柏生任社长，郭秀峰任总编辑。1940年3月汪伪国民政府成立后，该报纸被作为伪政府的机关报，成为汪伪时期历时最长、地位最重要的舆论喉舌，直到1945年8月21日停刊。在此期间，同样作为汪伪政府机关报、地位仅次于《中华日报》者，为在南京创刊的《民国日报》，关企予、周雨人先后任总编辑，1945年初更名为《中央日报》，武卿仙任社长，8月15日以后停刊。

除了汪伪国民政府的机关报，华中沦陷区的各伪地方政府亦出版发行其"机关报"。如：南京的《南京新报》、浙江的《杭州新报》、江苏的《苏州新报》、安徽的《蚌埠新报》、广州的《中山日报》等。1941年10月之后，上述报纸分别更名为《民国日报》（南京）、《浙江日报》、《江苏日报》、《安徽日报》等。1943年"参战"以后，又创办了《苏北日报》。此外，还有一些以周佛海为首的汉奸派系小集团创办的"半官方"报纸，如上海的《平报》、《国民新闻》与南京的《中报》等，以及民间名目繁多的各色小报。

汪伪政府时期的报刊，在初期有较大的增长。1941年6月，报刊总数达到118种，其中华中94种、华北13种、华南8种、"蒙疆"约3种。1942年，总数达到222种。到1943年后因为"战时新闻体制"，数量大幅下降。据该年11月10日的统计，汪伪地区的刊物存197种，其中，上海87种、北平54种、南京21种、汉口7种、广州4种、天津8种、杭州3种、苏州4种、张家口3种，镇江、南通、宁波、蚌埠、南昌、香港各1种。② 在这些报刊中，南京的《中央导报》，上海的《中华月报》、《中华周报》和北平的《中国公论》等，作为伪政府宣传部门主办的政治导刊，在各类杂志中居于主导地位，引领着沦陷区舆论的导向。

---

① 朱子家：《汪政权的开场与收场》第1册，第25页。
② 叶再生：《中国近代现代出版通史》第3卷，华文出版社，2002，第1095—1096页。

在出版方面，汪伪政府时期主要的出版机构有上海的华中印书局、三通书局和中国联合出版公司以及北平的新民印书馆。华中印书局的前身为上海世界书局的工厂，日军占领后，由日方出资，伪维新政府接收，组建华中印书局。汪伪政府继续与日方合作经营该书局，其主要业务为承印教科书。三通书局则为汪伪当局所指定的独家发行华中印书局印制的教科书的单位，是由日本军队作为后台的"中日合办"单位，在伪中央书报发行所成立之前，该书局垄断了教科书的发行权，还出版介绍日本文化的读物。太平洋战争爆发后，日军侵占上海公共租界、强占法租界，对于原在租界"孤岛"的出版事业实行统制，不久为推行其"对华新政策"，将原在"孤岛"的五大书局（商务、中华、大东、世界、开明）合并重组，交由汪伪政府主持经营。汪伪政府乃于1943年夏，将五大书局的在沪机构合组为"中国联合出版公司"。7月华中印书局关闭后，该公司承担了印刷教科书的业务。新民印书馆是华北沦陷区最大的一家出版机构，由华北伪政府与日方合资，1938年4月在北平建立，以出版文史、文艺书籍为主。在汪伪政府成立中央书报发行所之后，"华北政务委员会"设立"华北文化书局"，作为垄断华北沦陷区出版物的唯一发行机构。

1940年5月1日，汪伪国民政府将原设于上海的"中华通讯社"与原伪维新政府宣传局所属的"中华联合通讯社"合并，在南京组建为"中央通讯社"，直属于行政院宣传部，其职责为"统一全国通讯事业"、"发布新闻，宣扬国策，沟通各地信息，采集国际新闻"。[1] 该社之最高权力机关为理事会，由宣传部部长林柏生兼任理事长，日本同盟社社长被聘为名誉理事。其下设编辑部、总务部、摄影制版部及电务管理、调查两处。除了总社之外，在上海、武汉、广州、香港、东京等地设立10家分社，还有5个城市的通讯处和24个城市的通讯员，构成了覆盖全沦陷区的通信网络。该社主要制作文字新闻稿、新闻图片稿和各类专题特稿，并向沦陷区内各报纸、期刊和广播电台供稿，是汪伪政府时期各新闻媒体最主要的信息来源地和供给处。

日军侵占华中地区以后，直接掌管了各地原有的广播电台。直到汪伪

---

[1] 秦孝仪主编《中华民国重要史料初编——对日抗战时期 第六编 傀儡组织》(3)，第499页。

国民政府成立之后的1941年2月,才将其统制下的广播事业之经营权"交还"给伪政府当局。汪伪政府规定由宣传部对广播事业实行统一控制,下设"广播事业设计委员会"作为政策与规划机构、"中国广播事业建设协会"负责广播电台的建设与发展、"广播无线电台管理处"执行电台管理与广播监察职能。1941年3月,广播事业建设协会开始对无线电台进行整理,在南京设立"中央广播电台",作为汪伪地区的放送中心,并与重庆国民政府的中央广播电台呼号一致,以混淆国内视听。在华北,原设于北平的伪中央广播电台,在华北广播协会成立后,改组为"华北广播电台",继续作为华北沦陷区的广播事业中心。伪蒙疆政权所属的"蒙疆广播协会",统制了该地区的广播事业。在华南沦陷区,还有伪广东放送局开办的"广州电台"以及日本"台湾广播协会"设于厦门的广播电台。汪伪政府所属各沦陷区,总计设立电台31个,设台城市27个。各伪政权利用这个有效的工具,在对沦陷区进行反动政治宣传的同时,还对国统区和解放区不断发动所谓宣传攻势的"广播战"。

日本发动全面侵华战争之后,最初是以日"满"的电影业开始起家的。1938年12月,日本在北平成立了"满洲映画协会"的分支机构——"新民映画协会",以此控制华北沦陷区的电影业。1939年2月,华北方面军报道部直接控制下的"兴亚影片制作所"在北平成立,开始拍摄与放映所谓的"宣抚"影片。1939年11月,华北伪临时政府与日本兴亚院华北联络部及东宝影片公司、伪满映画协会等共同出资,以新民映画协会为基础,组建了华北电影股份有限公司,作为华北沦陷区唯一的电影机构。1941年2月,该公司又成立了由日本人操纵的"燕京影片公司",专门拍摄戏曲故事片。

日军侵占上海以后,就不断打击、拉拢与利诱"孤岛"的中资电影公司,以为其侵华行径服务,但是受到了抵制。伪维新政府在南京成立后,1939年5月10日,日本兴亚院华中联络部、陆军及外务省的代表,与伪维新政府宣传局局长孔宪铿在上海开会,按照日方制订的《在华电影政策实施计划》,拟订了《华中电影统制委员会章程》、《中华电影股份有限公司设立要纲》等文件,以在华北、华中"达成中、日、满协力为目的"。据此,6月10日,伪维新政府议政委员会修正通过了《中华电影股份有限公司设立要纲(案)》,决定"于中、日、满互相提携之下,以思想融合及文化发展为目的",设立该公司;资本来源方面,由伪维新政府出资50万元、日本映画业者出资25万元、满洲映画协会出资25万元;伪维新政府作为其特殊法人,本部设于上海。①

汪伪政府成立后,首先强化了对于电影业的检查制度。1940年6月,接收了设于上海的原维新政府的电影检查所。11月25日颁布《电影检查法》,规定违反其现行国策者,一律禁止公映;同月又在南京成立"宣传部电影检查委员会",并在上海设立其办事处。接着,着手组建电影机构。1940年6月27日,在南京成立"中华电影公司"(简称"中影"),后迁至上海。该公司由日本东宝映画株式会社、"满映"及汪伪当局共同出资,外交部部长褚民谊担任董事长,但实权掌握于日本人川喜多长政手中。该公司垄断了华中、华南沦陷区以及华北部分沦陷区的电影发行权,拍摄了大量短片进行"国策"宣传活动。太平洋战争爆发以后,"孤岛"的部分中方电影公司被日伪利用,1942年4月,由"中影"投资,将原在上海的12家电影公司实行合并,成立"中华联合电影制片公司"(简称"中联")。1943年5月1日,上海的两家电影公司("中影"、"中联")与上海影剧公司,合组为"中华电影联合公司"(简称"华影"),陈公博、周佛海、褚民谊任名誉董事长,林柏生、川喜多长政分任正、副董事长。该公司在上海设立4个制片厂,还在南京、武汉、广州设立3个分公司,成为全国抗战后期在沦陷区集制片、发行、放映于一体的电影业之"国策"总机关,直到汪伪政权的覆亡。

第三节　沦陷区文学

一　东北地区

九一八事变爆发后,东北地区文学、新闻工作者及一部分青年知识分子,感愤于日本帝国主义的公然侵略,纷纷拿起手中的笔,在文学艺术战线与侵略者展开了不妥协的斗争。1933年,共产党员金剑啸、罗烽奉中共指示,创办了《夜哨》杂志,团结和联络进步青年萧军、萧红、山丁、舒

---

① 《中华民国史档案资料汇编　第五辑第二编　附录》(上),第548—553页。

群、白朗等人，创作了一批抨击日本侵略行径，揭露日本罪行，歌颂东北民众自发抗战的文学作品。1934年，白朗又在哈尔滨的《国际协报》创办副刊《文艺》，发表了大量富有战斗力和现实意义的作品。

可是，随着日本在军事、政治、经济等方面确立了殖民统治秩序，在文化战线也开始实施残酷的专制统治，相继颁布了《出版法》、《新闻法》、《记者法》等一系列法西斯法令，疯狂封禁进步作家的作品，查封进步刊物，镇压和迫害爱国作家及文学工作者。1936年6月，日伪警宪部门逮捕了共产党员金剑啸，黑龙江《民报》社长王甄海以及记者阎达生，两个月后，金剑啸、王甄海、阎达生等人在齐齐哈尔被杀害。1937年，日伪当局又制造了"哈尔滨口琴社事件"，因哈尔滨口琴社经常向民众演奏爱国歌曲，所以遭到当局的镇压，口琴社成员多数被捕判刑，队长侯小古被枪杀。在法西斯高压政策下，萧军、萧红、罗烽、舒群、白朗等作家被迫流亡关内，东北爱国进步文学遭到毁灭性的打击。

1941年3月，日伪当局又颁布了《文艺指导要纲》，提出"我国艺文以建国精神为基调，完美显现'八纮一宇'的大精神，因此须以移植此国土的日本文艺为经，以原住民族固有之文艺为纬，汲取世界艺文之精髓，创造浑然独特之文艺"。①《要纲》还规定，在总务厅弘报处下，分别成立文学、音乐、美术、戏剧等各领域的专业团体，全体纳入"国策文艺"的轨道。在当局的运作下，"满洲文艺家协会"、"满洲美术家协会"、"满洲剧团协会"、"满洲乐团协会"等"一元化"团体相继成立，其头面人物几乎全部由日本人担当，直接受命总务厅弘报处，全力为推行当局的"国策文艺"服务。太平洋战争爆发后，各协会在日本人的旨意下，"生产"出大批丑化英美、歌颂"大东亚战争"，蛊惑民心的作品，并组织文艺家直接参与当局主持的"产业报国"、"勤劳奉仕"、"开拓兴农"等现场活动，为当局摇旗呐喊。

1942年，日伪当局借伪满"建国十周年"之机，驱动各协会的文艺家创作歌颂日伪统治"丰功伟绩"，美化东北社会"歌舞升平"，渲染日本军队"赫赫战功"的小说、诗歌、剧本、摄影、美术等作品。乐团协会则组成大型歌咏队，巡回各地进行"新国歌"、"纪念歌"的演出，企图借此扫

---

① 『满洲国史』各論、66頁。

除战局日紧、民心浮动的阴霾。到1944年,日本战败的迹象已经在各方面显露出来,当局又抛出《决战文艺指导要纲》,把"决战文艺"当作蛊惑民心、扭转颓势的最后稻草。

这一时期,为"决战文艺"效命的大多是日本人文艺家,而"满系"文艺家大多处于"低潮期",甘心为统治集团唱赞歌之人寥寥无几。如满洲文艺家协会理事长山田清三郎的《建国列传》,将发动九一八事变,炮制伪满洲国的关东军罪魁祸首,以及依附侵略者心甘情愿出卖国家和民族利益的汉奸人物当作"英雄"描写。上野凌嵘的《嫩江祭》歪曲社会真相,虚构了东北民众在日伪统治下"五族共和、民族协和"、"其乐融融"的景象。高木恭造的《奉天城附近》描写的是日本军队屠杀抗日民众的"光荣历程"。还有神户悌的《县城》、《坟墓》,北村廉次的《春联》,山田清三郎的《初生儿》,八桥雄次郎的《下士官室》,三好弘光的《国境之兵队》,筒井俊一的《当监视哨》,林田茂雄的《默默敢斗队》,青木实的《国境之兵》等长短篇小说,都是美化日军,贬低抗日武装的所谓"大陆文学"。随着日本"开拓"移民的侵入,"开拓文学"也盛极一时,许多日本作家纷纷推出歌颂日本"开拓"民"艰苦奋斗"、"开拓满蒙"的作品,如山田清三郎的《我的开拓手记》,小田实的《开拓祭》、《新垦地》,青木实的《部落之民》,竹内正一的《向日葵》,井上乡的《到达开拓团》,菅忠行的《先遣队的故事》等。[①]

1942年1月18日,伪满在"新京"召开"艺文家爱国大会",动员文艺工作者要为大东亚战争"奋起翼赞"。同年3月1日,伪满纪念"建国"十周年之际,伪满文艺家协会发起编辑《建国十周年庆祝词华集》和《北边镇护》文艺作品集。收入日、"满"作家歌颂"圣战"的诗词和散文。同年5月19日,伪满又召开"兴亚动员大会",要求伪满艺文家必须为"建立大东亚共荣圈"和"兴亚灭敌"而战;要从文学、艺术、道德、宗教等方面建设"光明灿烂的大东亚文化"。

1942年11月3日,日本文学报国会在东京召开"第一次大东亚文学者大会",伪满、汪伪以及伪蒙疆的文学者代表到会。会议决定建立东亚文化研究机构,设立"大东亚文学奖",还发表了《共荣文学者会大会宣

---

① 参见步平等编《苦难与斗争十四年》(下),第181—182页。

誓》，内称："时当大东亚战争炽烈之秋，东洋全民族之文学者于本会中团结一致，对永年蚕食侵害东洋之一切思想而宣战，一开新世界之黎明"，"我等精神战士，深思于此东洋存续之际，誓挺身将东洋悠久生命显扬于世界，适逢明治之佳节，吾人得以坚固决意再进一步，以完遂本大会之使命"。伪满派出的中国人作家在弘报处官员的严密监视下，不得不发表"适值激烈决战之际云云，等千篇一律的无聊发言"。①

1943年8月25日，日本又召开"第二次大东亚文学者大会"，会议提出"发扬决战精神，消灭英美文化，确立共荣圈文化"的口号。为落实第二次文学者大会精神，伪满《新满洲》编辑部召开"勤劳增产视察作家报告座谈会"，要求文学家必须为支援"圣战"、"勤劳增产"摇旗呐喊。会后还指令文学家到工厂、矿山、农村以及日伪军队"视察"，撰写"增产助战"、"勤劳报国"、"圣战必胜"等视察报告。1944年11月12日，第三次会议在汪伪政权的南京召开。日本通过三次文学者大会，为伪满的文学活动规定了基本方针、行为准则以及为大东亚战争效力的基调等。

在法西斯文化及"国策文化"猖獗泛滥的时日，代表进步、向上以及爱国主义的文学作品并没有绝迹，为了躲避当局的严厉审查，一些进步作家采取隐匿的笔法，将反抗精神或爱国主义思想渗透到作品之中。如山丁的长诗《拓荒者》，用野狐、山鼠、豺狼寓指日本侵略者，抨击它们掠夺东北的宝藏。其他还有也丽的《黄昏的诗篇》，杨光政的《铁窗生活记实》，石君的《混血儿》，伍郎的《千里食客》，吴瑛的《鸣》，但娣的《戒》等作品，都以隐匿或影射的笔法揭露日伪统治的黑暗，并向读者传递着充满前途、光明和希望的信息。为此，日伪当局采取了更加卑鄙残暴的手段，疯狂"围剿"进步文学及文艺作品。一方面，实施严厉的审查措施，垄断所有文学艺术作品的发表权和出版权，非经弘报处所属审查机关的审查通过，一律不得自行发表出版。另一方面，日伪当局成立了专门监视文艺家的机构，称"文艺侦察部"，直接受警务总局指挥，利用特务或收买的眼线密切监视文艺家们的一举一动，并将当局认为有反伪满抗日嫌疑的人员列入"要视察人"或"视察人"名单。除山丁、关沫南、李季风、王光逖等左翼作家早已名列其中外，还有王则、安犀、辛实、李映、

---

① 岡田英樹『文学にみる「満州国の位相」』研文出版、2000、186頁。

刘国权、徐聪、张敏、张我权、张静、蒲克、冯禄丹、王芳兰、王度、王瑛、张英华、郑晓君、张奕、威廉等20余名文艺家也被列入"黑名单"。[1] 1941年12月30日，日伪当局动用警宪特部门对东北文艺界人士进行一次大逮捕，先后有关沫南、陈堤、王光逖、刘丹华、李季风、高德生、牢罕、赵文选、李默、问流、温成钧、驼子、张烈、刘荣久、马成龙、陈东升、孙海峰、王德麟等人被逮捕，称为"左翼文学事件"。这些人中有的人被判死刑，有的人在狱中被折磨致死，还有的人虽然保外就医但不久就凄然死去。[2] 1943年到1944年，日伪当局又将田贲、铁汉、鲁琪、王天穆等青年作家抓进狱中，实施残酷的折磨和迫害。

二 关内地区

关内沦陷区的文学，主要指1937年七七事变后的华北沦陷区、八一三事变后的华中沦陷区及华南沦陷区的文学。相关的作家、刊物、社团等，主要集中于北平、天津、上海、南京、广州等中心城市。

关于全国抗战时期沦陷区文学的总体发展状况，钱理群曾做过如下的总结：在日伪的高压统治下，中国沦陷区的作家需要考虑"什么是自己想说而又不能说的话；什么是别人（当局）要自己说，自己又不想说的话；什么是自己想说，而又能够说的话，以及以什么样的方式去说"。于是，他们在"政治和风月之外，谈一点适合于永久人性的东西，谈一点有益于日常生活中的东西"，重新发现并确认了人的平凡性与"凡人"的价值，"得以质疑充满英雄主义与理想主义、浪漫主义色彩的主流意识，关注被忽略（与压抑）的人生（人性）常态与恒态，及其情趣、兴味，从而更加贴近历史文化主体及其精神世界的真实"。部分作家则坚持新文学主流传统，倡导文学英雄主义、浪漫主义。沦陷区文学是在两大潮流的互相对立与补充中发展的。[3] 由于难以在作品中表达与激发民族救亡热情，沦陷区

---

[1] 冯为群：《"文艺指导纲要"出笼以后》，孙邦等编《伪满史料丛书·伪满文化》，第18页。
[2] 该事件又称"一二·三〇事件"，被逮捕的爱国知识分子、左翼作家数以百计。详见中央档案馆等编《日本帝国主义侵华档案资料选编·东北历次大惨案》，中华书局，1989，第462—494页。
[3] 钱理群：《"言"与"不言"之间——〈中国沦陷区文学大系〉总序》，中国现代文学研究会、中国现代文学馆合编《中国现代文学研究丛刊》第1期，作家出版社，1996，第27—30页。

文学发展的动因转变为满足文学市场的需求，写作成为沦陷区作家的一种生存方式，他们徘徊于"作家内在精神追求"与"文学市场需求"之间，试图创作出雅俗共赏的作品，"雅文学"与"俗文学"两大文学潮流，在对立中互相理解与接近，其代表性人物就是张爱玲。①

与二战时期欧洲国家不同的是，在中国沦陷区，"几乎没有出现过所谓'地下'文学"，因为其作品一般是通过日伪政权允许的所谓"合法"的方式公开发表的。② 七七事变后，华北大批知名作家奔赴抗日前线及大后方，平津文坛进入沉寂期，从事文学创作的大多是文学青年。在1941年前的华北沦陷区，因出版业凋零，文学作品发表的主要途径是报纸杂志，呈现出校园文艺期刊、民间文学期刊及官办刊物并存的局面。其中，2/3以上的文学刊物主要集中于北平。

校园文学首先打破了文坛的寂寞荒芜局面。而开启风气之先的则是燕京大学新闻系主办的实习报纸《燕京新闻》的文学副刊《文艺副镌》周刊（1937年9月至1939年6月）。它是专门发表新文学创作与评论的纯文学周刊，得到了北平高校部分师生的支持。其后于1939年4月创刊的《辅仁文苑》（初名《文苑》，从第二期起更名为《辅仁文苑》，1939年4月至1942年4月），是北平校园文学活跃的重要标志，也是华北沦陷区校园文艺期刊最突出的代表。《辅仁文苑》专门发表文艺论文、小说、散文、诗歌、戏剧、译作与评论，杨丙辰、李霁野、赵荫棠等著名教授与作家，张秀亚（亚蓝）、李景慈（林榕、阿茨）、李道静（麦静）、赵宗濂（芦沙）、查显琳（公孙嬿）、杜文成（南星、林栖）、沐绍良（穆穆）、闻国新、李韵如、吴兴华、秦佩珩、孙道临（孙羽）、李蔓茵（黄雨）、张鸿仪（曹原）、白金等华北沦陷区文坛的著名青年作家，都曾在《辅仁文苑》上发表作品。尽管校园文艺期刊的部分作品"过于偏重在文艺本身技巧的修炼"，创作个性上往往是顾影自怜，题材比较狭窄，因而被讥讽为"田园风味"和"洋神文化"，③ 但与华北沦陷区文坛中同时存在的明显的复古主

---

① 钱理群：《"言"与"不言"之间——〈中国沦陷区文学大系〉总序》，《中国现代文学研究丛刊》第1期，第28—33页。
② 〔美〕耿德华：《被冷落的缪斯——中国沦陷区文学史（1937—1945）》，张泉译，新星出版社，2006，第7页。
③ 徐迺翔、黄万华：《中国抗战时期沦陷区文学史》，福建教育出版社，1995，第177页。

义色彩不同，校园文艺期刊保持了五四新文学的传统，继承了京派文学的传统，主要刊登新文学作品，也没有低级趣味、色情等不健康的内容，而且大部分刊物坚持不为日伪做任何政治宣传，这些都是难能可贵的。

在民间文学刊物中，1938年11月创刊于北平的《朔风》，是华北沦陷后的第一个纯文艺刊物。它"不谈政治时事"，仅"向中上阶级供给一些精神的粮食"，主要刊载"有趣味有分量的小品，以及空灵的抒情文章"，及读书札记等随笔作品。① 周作人、毕树棠、吴兴华等人均曾在《朔风》上发表诗文，对散文在华北文坛的复苏起到了重要作用。该杂志停刊于1939年12月，存续时间虽短暂，但也成为推动华北文坛复苏的一股力量。

至于官办刊物，影响长远的当属华北伪政权创办的《中国公论》（1939年4月至1944年9月）。这期间，它在"文艺"专栏上，刊登了大量的散文及小说。它们虽然宣称其在文学编辑方针方面尽量保持独立性，但是因其"官办"身份而难以摆脱殖民文学的色彩。而在战前曾有着巨大影响力的《晨报》等报纸的文艺副刊，则被迫主要刊登艳情武侠小说，因而经常出现作品荒。

在上述三方面的文学期刊之外，《中国文艺》（1939年9月至1943年11月）则是华北沦陷区中发行时间最长、发表作品数量最多的专门文学刊物。该杂志的创办者为张深切、张我军，他们认为："整理旧文化和创造新文化的确是目前的急务，但是这并非空谈得以实现，必须要有实践而后能见效的"，因此《中国文艺》早期所刊载的散文、小说，皆"有趣而有味"，少消闲之作。该杂志最初是自编、自印、自卖，故保持了一定的文学独立性。即使后来被迫由日伪当局控制的华北文化局来发行，但仍得以保持其独立性："使刊物朴素化，并且尽量提供给新进写作的朋友们来利用……只要这稿件本身是写得象点样子的，至于内容是什么'主义'都不十分计较。"② 因此，其发表的作品并没有陷入"汉奸文学"的泥沼。

华北沦陷区前期的小说，代表作品有校园作家张秀亚的两部中篇小说《皈依》、《幸福的泉源》，赵宗濂的小说集《在草原上》，谢人堡的小说集《葡萄园》，张金寿的长篇小说《路》、小说集《京西集》，萧艾的小说集

---

① 徐迺翔、黄万华：《中国抗战时期沦陷区文学史》，第177—178页。
② 徐迺翔、黄万华：《中国抗战时期沦陷区文学史》，第182—183页。

《落叶集》、《萍絮集》、《鬼》等。毕基初的小说集《盔甲山》，被时人称为"现代的梁山泊故事"，是华北山林小说的代表作。北派的通俗小说风行一时，其代表作品有白羽的《十二金钱镖》、《偷拳》，王度庐的《宝剑金钗》、《卧虎藏龙》、《宝刀飞》等，还珠楼主的《青城十九侠》等，言情小说则有刘云若的《旧巷斜阳》等。创作滑稽小说的耿小的，被称为最多产的通俗小说家，其代表性作品有《讽刺与滑稽》、《论滑稽》、《云山雾沼》、《摩登济公》等。1941年前的华北诗坛，长期处于沉寂局面，报刊上刊载的多是"让人看不懂的新诗"。1941年，华北诗坛出现了以"艺术和生活社"为主的青年诗人、以《中国文艺》等杂志形成的庄损衣（朱英诞）等长期写诗者，以及在高校任教的学者诗人三大诗人群体，代表性作品有查显琳的诗集《上元月》、毕基初的长诗《幸福的灯》、刘恩荣的"私人藏版"诗集《五十五首诗》等。其时的散文数量最多，代表性作品有南星的散文集《蠹鱼集》、秦佩珩的《椰子集》、毕树棠的《昼夜集》等。

1941年起，随着出版界的复苏和文学思潮的相对活跃，华北沦陷区文坛迎来了三年的"中兴期"，其重要标志就是"丛书热"的兴起。如艺术生活社的"艺术生活文艺丛书"、新民印书馆的"新进作家集"、华北作家协会的"华北文艺丛书"、艺术社的"艺术丛书"、中国公论社的"中国公论丛书"等。期刊仍然扮演了重要角色。创刊于1942年10月的华北作家协会会刊《华北作家月报》，虽受华北伪政权资助，具有浓厚的官办色彩，但其所刊的小说、戏剧、随笔等却较少政治性。1944年1月，《中国文艺》与《华北作家月报》合并为《中国文学》，在封面上标出"文学报国"四字，柳龙光、邱一凡等汉奸文人更是大肆鼓吹适应"大东亚圣战"的"国民文学"，但是《中国文学》也有相当数量的文章，并未卷入"文学报国"的"思想战"。

1941年以后，华北沦陷区的代表性小说有：袁犀的短篇小说集《泥沼》、《森林的寂寞》、《时间》，长篇小说《贝壳》、《面纱》；戈壁（申述）的小说集《离乡集》；雷妍（刘蕚）的长篇小说《良田》，短篇小说集《白马的骑者》；梅娘（孙嘉瑞）的短篇小说集《第二代》，长篇小说《小妇人》、《双合花开》，童话集《青姑娘的梦》、《聪明的南陔》；上官等（关永吉）的短篇小说集《秋初》、《风网船》，中篇小说《苗是怎样长成的》，长篇小说《牛》；马骊的小说集《太平愿》、《骝骅集》；闻国新的短篇小说集《落花时节》，长篇小说《蓉蓉》；高深的小说集《兼差》；曹原的小说集《风沙》；赵荫棠的长篇小说《影》；王朱的小说集《旧时代插曲》，长篇小说《地狱交响乐》；公孙嬿的《红樱桃》、《流线型的嘴》、《真珠鸟》。诗坛最为杰出的诗人是吴兴华，作品有《刘裕》、《刎颈行》、《秋日的女皇》等，在诗歌形式的"化古"与"化洋"探索方面取得了很大的成就。散文方面有林榕的诗化散文《远人集》、徐一士的《一士类稿》、傅芸子的《白川集》。戏剧方面有朱应之的《婉君戏曲集》，穆穆的《生涯》，贡献最大的陈锦除了翻译《复活》、《茶花女》等外国剧作外，还创作了三幕话剧《候光》、《天罗地网》、《人群》和五幕话剧《半夜》等。

　　华中沦陷区的中心城市是南京与上海。但南京地区的文学受到日伪政权的严格管制，出现了配合汪伪政权"和平救国运动"的"和平文学"，鼓吹者多是汉奸文人。南京地区影响较大的刊物是1944年创刊的《华东文学会会刊》，作者大多是华东沦陷区的大学生，作品颇有生活气息，保持了文学的真性情。

　　上海是中国沦陷区文学最为繁盛、成就最大的城市。1941年底上海完全沦陷后，报刊纷纷停刊，"孤岛文学"时期结束，文坛一片凋零、荒芜。从1942年下半年起，随着《古今》、《万象》、《杂志》、《文艺春秋》、《紫罗兰》、《风月谈》等刊物的创刊或复刊，以及"中国联合出版公司"与"太平书局"的成立，上海文坛重新得到发展。《万象》创办于1941年7月，初期主要刊载通俗文学，1943年柯灵任主编以后，逐步转为以纯文学为主，聚集了王统照、郑定文、石琪等作家，被誉为上海沦陷期间爱国进步作家的"堡垒掩体"。1945年6月，《万象》被迫停刊，范泉主编的《文艺春秋》继而高扬起爱国文学的旗帜，充满着现实主义的战斗精神，成为进步作家的另一个阵地。《紫罗兰》于1943年复刊后，成为上海影响力很大的通俗文学刊物，聚集了部分"鸳鸯蝴蝶派"作家。《小说月报》也以刊载通俗文学为主，在培养文坛新人方面有所建树，而且部分作品也以较强的现实感脱离了"鸳鸯蝴蝶派"的窠臼。《古今》是上海沦陷为"孤岛"后新问世的第一份期刊，发表了不少有价值的史料文献及散文，并形成了文体意识分明、思想倾向复杂的"古今"作家群体，该作者群既有梁鸿志等汪伪集团要员，也有一批职业作家。《古今》在政治上可以被视作汪伪政权刊物，但所发表的文章却力图追求"纯文学"，"可以反映出沦陷区作家、尤其是那部份政治上同日伪有染的作家的某种心境和处境"。①《古今》创刊后引起了极大的反响，中共上海地下党为争取文化工作者及读者，决定创办"为办杂志而办杂志"的"中立刊物"，于是利用《新中国报》的汪伪背景，复刊《杂志》。受此影响，不明内情的《万象》作家群体耻于向其投稿，而一些"和平文学"的作品也刊登在《杂志》上，此外，一些从事地下抗日活动的作家也得以利用《杂志》开展进步文学活动，这些都反映出沦陷区文学"隐忍"曲折的特点。

文学思潮方面，上海沦陷区也是泾渭分明，部分作家采取较为隐蔽的方式继续坚持抗日爱国文学运动，而汉奸文学则有时也披上了"纯文学"的外衣。上海文坛还发生了关于"通俗文学"及"新文艺笔法"的讨论，反映了通俗文学的觉醒，促进了新文学的健康发展。

上海沦陷区文坛的复苏是从散文开始的，且数量颇丰。在《古今》等刊物的推动及周作人的提倡下，散文界充溢着一股闲适之风，但也有一定数量的继承"五四"散文传统的激愤、抗争之作。学者的言志散文侧重于趣味性、知识性、学术性，多为文史杂谈及文坛掌故，代表作有黄裳的《宣南菊琐谈》、《谈善耆》、《记戊辰东陵盗案》，周越然的散文集《书书书》、《六十年回忆》、《版本与书籍》，文载道的散文集《风土小记》、《文抄》。抒情叙事散文同样弥漫着平和冲淡之风，代表作有纪果庵的散文集《两都集》，张爱玲的散文集《流言》，谭惟翰的散文集《灯前小语》，周佛海的忆旧之作《往矣集》等。杂文创作处于低潮，代表作有金光军的《星火集》等。报告文学方面，作家中王韦创作最勤，作品有《赶帮》、《三轮车夫》，从不同侧面记录了上海沦陷后的状况。

上海沦陷区的小说界在现实主义艺术方面取得了突破。如师陀的《一吻》、《期待》，唐弢的《稻场上》、《山村之夜》，沈寂的《敲梆梆的人》、《大草泽的犷悍》、《盗马贼》、《大荒天》，郑定文的《大姊》，关露的《黎明》，罗洪的《晨》等皆为其中的精品。都市题材小说方面，代表作有周楞伽的社会写实小说集《小姐们》，长篇小说《漩涡时代》、《幽灵》，谭惟翰的短篇小说集《海市吟》，长篇小说《浑浊的天堂》等，丘石木的长篇小说《黄梅青》、《网》，丁谛（吴调公）的小说集《人生悲喜剧》等。

---

① 徐迺翔、黄万华：《中国抗战时期沦陷区文学史》，第476页。

通俗小说仍然长盛不衰,代表作有予且的短篇小说《七女书》、长篇小说《女校长》等新旧杂糅的言情小说,程小青的《龙虎斗》等侦探小说。其中,孙了红的小说集《侠盗鲁平奇案》是当时"中国唯一的反侦探小说"。还有徐卓呆的《李阿毛外传》等滑稽小说,谭正璧的小说集《长恨歌》、《三都赋》等历史小说,胡山源的《龙女》、《散花寺》则反映出沦陷区文学创作中雅俗交汇的特点。

与华北相比,沦陷时期上海的女作家群体群星闪耀。苏青的《结婚十年》写出了"日常人生的大胆体验";"东吴派"才女施济美的小说集《凤仪图》、《鬼月》在对家常琐事的描绘中透露出淡淡的现实气息,以纤细而柔美的笔调表现出女性的柔情;汤雪华的《罪的工价》等社会小说表达了对劳动者的同情。1943年,张爱玲开始进入上海文坛,小说集《传奇》,中篇小说《金锁记》、《倾城之恋》使她蜚声文坛,她的作品在古今杂糅、华洋交织、雅俗共存上取得了很大的成就。

上海剧坛的剧作、演出、评论交相辉映,共同推进了戏剧创作的繁荣。虽然话剧的商业化倾向明显,但周贻白、吴天(方君逸)等剧作家仍坚守现实主义创作阵地。周贻白创作了《绿窗红泪》《金丝雀》《阳关三叠》《连环计》《天外天》等剧本,吴天推出了《四姐妹》《银星梦》《满庭芳》《离恨天》《秦淮月》等现代剧剧本。喜剧是当时上海剧坛的特点之一,有杨绛的《称心如意》《弄真成假》《游戏人间》《风絮》等风俗喜剧。历史剧代表作有孔另境的《李太白》《沉箱记》《春秋怨》《凤还巢》,姚克的《清宫秘史》《楚霸王》《美人计》,魏于潜的《钗头凤》等。改编剧除了将巴金的《秋》、张恨水的《金粉世家》等名著改编为戏剧外,还直接改编、移植外国剧作。柯灵、师陀的《夜店》及《大马戏团》是将外国剧作改编为中国风格剧作的佳作,李健吾改编自《杜思克》的《金小玉》被誉为1944年沦陷区具有现实主义倾向的"唯一的佳作"。

沦陷后的上海诗坛,继续处于沉寂之中。其间仅有4人结集出版诗作,作品不过七八种。"诗领土社"的发起者路易士(纪弦)是当时最为活跃的诗人,出版了《出发》《夏天》《三十前集》《上海漂流记》等诗集,但他后来在日伪卵翼下写了一些攻击抗战、美化汉奸的诗作,陷入了"大东亚文学"的泥潭之中。中共地下党员丁景唐的诗集《星底梦》则充溢着斗志昂扬的民族精神。

在同一时期，由于受到日伪政权的扶植，关内各沦陷区的汉奸文学活跃起来，主要旗帜有"和平文学"、"报国文学"与"大东亚文学"等。作为华北沦陷区文学代表人物的周作人，其间共出版了8本散文随笔集：《秉烛谈》《药堂语录》《药味集》《药堂杂文》《书房一角》《秉烛后谈》《苦口甘口》《立春以前》，其作品"既渗透出现实的苦涩味，又交织着通入'梦幻'的温馨味，既隐伏着其从隐士意识向民族变节者逐渐演变的思想线索，也包含着并不完全同步于其现实思想变化的多层次思想意蕴，成为一种具有特殊历史韵味的深渊中的吟哦"。① 但同样因受政治倾向之左右，汉奸文学在创作上并无成绩可言，随着日本的战败、伪政权的崩溃而湮灭。

---

① 徐迺翔、黄万华：《中国抗战时期沦陷区文学史》，第439页。

第六章
沦陷区的教育

作为思想文化统制的重要手段，日伪政权一直重视在沦陷区实行奴化教育。从教育政策与方针的制定，到各级、各类教育机构的设立与发展，乃至教科书等内容的审定和师资等人才的遴选，无不体现出殖民地教育的特征。本章分别从东北、华北（含内蒙古地区）、华中三地区，论述其奴化教育的主要内容。而对于学界一向较少关注却是沦陷区殖民教育一大特征的留日教育，也依据历史档案资料进行较为详实的论述。

第一节 东北沦陷区

一 殖民教育机构及初期奴化教育方针的确立

九一八事变爆发后，凡日本侵略军践踏的地方，各大、中、小学校相继被封闭、占用或强制解散，东北正常的教学秩序被打乱。除几所著名的大学，如东北大学、冯庸大学迁进关内及部分边远地区日军未及染指外，各教育机关均陷入瘫痪或半瘫痪状态。大批教员走散逃亡，一些教职员工被侵略军逮捕、屠杀，另有一部分教师流入关内，中、小学生则大部分失学，学校设备被毁坏，校舍被辟为兵营或其他军事设施，东北全境的教育事业几乎全被侵略者所扼杀。伪满洲国出笼以后，表面上宣扬"振兴教育"，实际上却把主要财力、物力、人力用于镇压东北人民的反抗和维持反动的殖民统治秩序上，对教育事业无暇问津。因此，在前期教育阶段，东北的学校建制、在校学生人数、就学率等指标长期低于九一八事变前的水平。

1932年3月9日，伪满洲国颁布《政府组织法》，规定文教事业划归伪民政部管辖，具体职能部门为其下文教司。同年7月5日，日伪政府又将文教司升格为文教部,由伪国务总理郑孝胥兼任文教部总长。文教部下设三个司,即总务、学务、礼教司,其中司、科级官员绝大多数由日籍官员担任。各伪省分别设教育厅(伪黑河省在民政厅下设教育科),具体负责各地区的教育事宜。

1934年6月,日伪政府组建了"满洲帝国教育会",由郑孝胥任会长,许如棻、葆康为副会长,伪文教部司长西山、上村为常务理事,各伪省教育厅长为理事。该会系日伪政府出面组织的官办机构,下设分会、支会。具体负责"调查研究教育工作;表彰在教育上的功绩者;举办教育研究会、讲习会、讲演会;派遣教育视察团"等。①

除组建教育会外,日伪政府还设置了一个特殊的视学机构,在伪文教部内设置权限非凡的督学官,各伪省设视学官,各市、县、旗设视学,这些人大多由日籍反动文人充任,名义上"图谋建国精神之彻底,培养国家兴隆之基干",实则监督各学校的教学活动,充当文化特务,发现有同奴化教育方针相悖的行为立即予以取缔,或通报宪兵警察机关,动用暴力手段加以镇压。

伪满建国初期,确立的教育方针是实施"王道主义"教育,这在日本政府和关东军的一系列政策文件中体现出来。1932年5月21日,日本关东军抛出《对满蒙方策》,其中指出:"必须彻底普及王道主义、民族协和的建国精神及日满融和之观念,倾注日本文化,排挤三民主义和共产主义,弹压赤化的侵袭。"② 1933年6月,日本政府内阁会议也通过了一份极秘密的文件——《满洲国指导方针要纲》,其中的第13项指出:"关于满洲国民的教化,必须着眼于启发满洲国民自觉认识该国同帝国密不可分之关系,培养确保东亚和平之特殊使命的自尊心和五族共和之理想,同时在劳作教育上倾注力量,振兴实业教育。"③ 这便是日本初期确立的殖民地奴化教育的基本方针。

按照日本侵略者的旨意,1932年4月1日,日伪政府以伪民政部的名义颁发了《各学校课程令用四书孝经讲授文件》,内容是:"嗣后各学校课程著暂用四书孝经讲授,以崇礼教,凡有关党义教科书等一律废止,仰该

---

① 民生部教育司编辑刊行《满洲帝国学事要览》,1940年9月。
② 『日本现代史资料』第11卷、大月书店、1970、639页。
③ 小林龙夫等编『现代史资料』第7卷『满州事变』589页。

部长转令各省长知照并饬文教司通行各省学校一体遵照毋违。"① 紧接着，1932年6月25日，伪民政部又颁发了《关于废止三民主义党义及其他与新国家精神相反之教科书文件》，内容是："关于废止三民主义党义及其他与新国家建国精神相反之教科书或教材等项，业经通令遵照在案，值兹新国家建设伊始，对于是项禁令亟应严切实行，以符定制，仰该厅署督饬所属各学校认真实行，勿稍疏忽。并将中等学校用教科书删正表迅即呈部一份以凭考核。"②

伪满前期的奴化教育方针包括三个方面的内容：第一，坚决排除三民主义、共产主义的影响，废除与此有关联的教材、教科书和资料。第二，以封建主义培养顺民、奴才和劳动力。辛亥革命后，民国政府教育部已明令废止学生读经制度，包括东北在内的大多数学校均采取了现代教育方式，剔除了在中国教育史上主宰已久的尊孔读经。他们的目的自然不是发扬光大中华民族的传统文化，而是以腐朽、没落的精神鸦片腐蚀、麻痹受教育者，使其成为统治集团的顺民。在这股复辟逆流的喧嚣下，尊孔、祭孔的礼仪以及大兴土木、兴建文庙的活动开始复苏。1932年8月，伪满洲国政府在东北各地同时举行了盛大的祭孔活动。在伪都新京，傀儡执政溥仪到场，行三跪九叩之礼，虔诚备至，同时散发《祀孔参赞》、《振典孔教》等小册子，又规定以后每年举行春秋两度祭孔，使尊孔读经复辟的逆流甚嚣尘上。第三，鼓吹"王道主义"和"民族协和"精神，宣扬"日满不可分"，彻底把东北变成日本的殖民地。如果说，前两项内容是伪满奴化教育方针的出发点，那么，最后一项内容便是伪满奴化教育方针的最终目的。无论是取消三民主义的讲授，还是以四书孝经为主要教材，均最终服务于维护反动殖民统治的"王道主义"。而此"王道主义"究竟是个什么货色呢？殖民统治者对此的解释是："王道乃满洲国的治国大本，即教育国民各安其分，涵养国民各安其业……使全体国民安居乐业，熙熙皞皞。"③ 可见，"王道"即是规诫民众安分守己，逆来顺受，不得有丝毫非分之想，更不得有半点僭越之举，实际上，只不过是奴役、统治人民的法西斯皇道罢了。

---

① 《满洲国法令辑览》第3卷，第1页。
② 小林龍夫等編『現代史資料』第7卷『満州事変』589頁。
③ 嶋田道弥『満州教育史』文教社、1937、739頁。

殖民统治者把"王道主义"同封建儒学融为一体,作为初期奴化教育的基本方针,宣扬"学校教育的重大课题是重新酿成国民精神,重新建设国民文化"。"此国民精神之内容,即如同建国宣言、执政宣言、即位诏书所言,实现对内民族协和,对外国际亲善之理想,其目前直接之表现形式,即是日满两国的不可分之融合。"① 如此,再清楚不过地说明了日伪政府推行上述教育方针,根本目的在于实现由日本人主宰的"五族共和",以及由日本政府操纵控制的"日满两国不可分"。

二 奴化教育的深化

1. "新学制"的实施及其实质

1937年10月10日,伪民政部宣布实施"新学制",并颁发了《关于新学制实施之件》和《学制要纲》。《学制要纲》计分六款,分别是:(1)教育方针;(2)学校教育要纲;(3)学制起草之要点;(4)学校教育之分类与其目标及学校之种类;(5)学校要纲;(6)学校体系。

"新学制"规定,从即日起实行新学校体系,即4年制初等教育国民学校,2年制国民优级学校,并将初高中合并为国民高等学校,学制4年。大学高等教育学制为3—4年。与此并行的还有中等教育的师道学校,女子国民高等学校师道科(国民高等学校毕业后1年)和职业学校(2—3年制);高等教育有师道高等学校(国民高等学校毕业后3年,后改名为师道大学)。除此之外,还有民间私塾演变而来的国民义塾及国民学舍。

"新学制"确定的教育方针是:"遵照建国精神及访日诏宣之趣旨以咸使体会日满一德一心不可分之关系及民族协和之精神,阐明东方道德,尤致意于忠孝之大义,涵养旺盛之国民精神,陶冶德性并置重于国民生活安定上必需之实学,授与知识技能,更图保护增进身体之健康,养成忠良之国民。"② 剖析起来,这一方针具有以下几个特点。

第一,与前期奴化教育方针一脉相承之处,是继续以封建儒学为精神鸦片,鼓吹"东方道德"、"忠孝大义",毒害受教育者,使之成为顺从殖民统治的奴隶。《学制要纲》中的第三款"学制起草之要点"称:"以道

---

① 嶋田道弥『満州教育史』739页。
② 《满洲帝国学事要览》,第2页。

德教育为主，尤以国民精神为基础之精神"；"以精神教育为主，而图陶冶人格，涵养德性，以期国民精神之发扬光大"。① 这种所谓的"国民精神"，正是殖民统治集团所要求的"君君臣臣父父子子"的封建依附关系，凡事取逆来顺受之态度，不得有丝毫违背或僭越，做忠诚于殖民统治的顺民。

第二，与前期奴化教育方针不同，它的指导思想是以"建国精神"及溥仪"访日诏书"为依据的，换句话说，它是"王道主义"的进一步深化和具体化。1937年前，日伪当局鼓吹的"王道主义"，侧重于"涵养国民各安其业"，"各安其分"，旨在维持和巩固殖民统治秩序。1937年以后，殖民主义者在东北的统治地位得以巩固，其指导思想也随之发生变化，把"建国精神"和溥仪诏书搬出来，旨在宣扬伪满洲国的"建国渊源"，"皆赖天照大神之神庥，天皇陛下之保佑"，② 使受教育者对日本侵略者感恩亲善、俯首帖耳。

第三，播扬"日满一德一心"是"新学制"教育方针的具体内容。为了巩固日本侵略者在东北的统治地位，必须把东北人民牢牢绑在日本帝国主义的战车上，因此，日伪当局从教育界入手，向青少年强制灌输"日满一德一心"、"日满不可分"之思想，宣扬"民族协和"、"五族共和"，而日本大和民族则是"五族之首"、"中核民族"，具有其他民族不可比拟的"先进性"、"优越性"，从而确立大和民族在伪满洲国中的领导地位，以此泯灭青少年的民族意识，潜移默化中使东北彻底成为殖民地。

第四，带有愚民性质的实业教育。《学制要纲》中另一个显著的特点是主张实业教育，称之为"置重于国民生活安定上必需之实学"。其实，这种实业教育绝非近代"实利主义"或"实用主义"教育，而是以培养一般技工或下级技术人员为目的，从而降低整个民族文化科技水平。正是因为所谓的实业教育，绝大多数中国学生失去了接受高等教育的机会，而真正执先进尖端科技之牛耳者是日籍科技人员，而且这种状态将随着时间的推移愈发明显。东北人民的文化科技水平必将徘徊不前，处于落后地位，殖民统治者则可以利用垄断的先进技术进一步驾驭东北人民，使东北的经济、科技等事业永远处在受控于日本的地位。

---

① 《学制要纲》，《满洲国法令辑览》第3卷，第20—21页。
② 溥仪：《国本奠定诏书》，《我的前半生》，第364页。

2. 中小学教育

由于殖民统治者的本意绝非振兴和发展东北的教育事业，更无意提高东北人民的文化知识水平，所以，由日伪政府兴办的国民学校及国民优级学校远远不能满足就学儿童的需要，东北儿童的就学率仅在12%—20%，中心地区及大城市也不过30%，为此，日伪政府才宣令保留东北旧有的私塾制度。据统计，截至1937年末，东北尚有私塾7798处，就学儿童达170000人之多。[①] 日伪政府对这些私塾加以"改造"，改称国民学舍或国民义塾，学制1—3年。其实，无论是师资配备，还是校舍建设及教学器材的分配上，这类私塾都得不到当局的丝毫支持，只不过是一种沿袭旧有的私塾制度，讲授当局颁发的教材并受到当局严格监督和控制的落后的教育形式罢了。日伪当局利用这种旧式私塾制度，表面上提高了儿童的就学率，实则增加了人民的负担，降低了东北人民的文化知识水平。

中等教育方面，合并初级中学和高级中学为国民高等学校，分设农、工、商、水产和商船五科，各学校可以结合本地实际情况予以选择。日伪当局宣称，这种国民高等学校的培养目的是"涵养国民道德，修炼国民精神，锻炼身体，置根基于实业教育，授予国民必需之知识技能，培养劳作习惯，养成堪为国民之中坚男子为目的"。[②] 这种中等教育体制实际上是殖民统治的产物，明显带有殖民地教育的特征，具体表现在以下几个方面。

第一，学制大大缩短。民初以来，中国引进美国学制体系，即"六三三"制，实践证明，这种学制基本适合中国国情，因此一直沿用下来。殖民主义者出于愚民政策的需要，将中等教育的六年制缩短为四年制，相当程度地降低了东北人民的文化水准，制约了东北优秀人才的培养，其指导方针已在《学制要纲》中披露分明，即"在学校体系上教育之修业年限，力使短期以期适应民度与文化等，并谋教育内容之充实"。本来，如果一个民族的文化水平越是低下，就越要在普及教育的基础上培养尖端人才，以带动整个民族文化水平的提高。所以，"适应民度"之说不过是殖民统治者的借口，压抑被压迫人民文化水准才是真正的目的。

第二，培养目的在于维护和服务于殖民统治。同初等教育一样，中等

---

① 《满洲帝国学事要览》，第46页。
② 《学制要纲》，《满洲国法令辑览》第3卷，第38页。

教育也被纳入该时期奴化教育总方针的轨道，即播扬"日满一德一心"和"民族协和"精神。日伪政府颁布的《国民高等学校规程》第一条便是，"应阐明建国之由来及建国精神及使知访日诏书之缘由，藉使深刻体会日满一德一心不可分之关系，涵养忠君爱国、孝悌、仁爱之至情，民族协和之美风，使其自觉负有为国家社会效劳之责务"。① 对比初等教育，这条方针要求受教育者必须做到"深刻体会"、"自觉"效劳，比初等教育要求更高，一步步把受教育者引向殖民统治者设置的陷阱。

第三，以劳作教育为主。《学制要纲》中一个明显的特点是进行所谓的"实业教育"，而这种"实业教育"又主要在中等教育阶段进行，正如《学制要纲》所指出的："重视实业教育或实务教育，使初等教育与之有密切之联系，而中等教育则依此行之为主。"日伪时期的国民高等学校，实行分科授业，其科目有农业科、工业科、商业科、水产科、商船科五种，其中又以农业科为多。这种分科授业的目的是"使学得关于实业之适切有用之知识技能，且依实习养成爱好勤劳之精神，练成勤勉力行之良习，以陶冶人格为要旨"。② 很显然，这种"实业教育"不过是一种劳作教育，受教育者根本学不到扎实的基础知识，充其量只能去做一名操作技工或下级技术人员。

3. 高等教育与师范教育

伪满洲国刚一建立，就关闭了当地一半以上的原高等教育机关。经过调查各校的教育宗旨、现状等情况后，1933年公布私立学校规程，允许设立奉天医科专科学校、哈尔滨医学专科学校及圣弗拉基米尔专科学校。作为"国立"高等学校，首先于1936年4月创办奉天高等农业学校。1937年又许可开办哈尔滨俄侨学院。同年5月改组了原中东铁路局创办的私立哈尔滨高等工业学校，成为哈尔滨高等工业学校。接着，吉林的"国立"医院附属学校改为"新京"医学校，私立的奉天药剂师培养所逐渐过渡为国家统制。大学入学资格是国民高等学校毕业或同等程度，学制为三年至四年。学生全部住校，"以此锻炼身心和体验民族协和的实践"，"保持基于新学制的坚强的国民精神，使其掌握国家需要的学术理论及实际能力，

---

① 《学制要纲》，《满洲国法令辑览》第3卷，第38页。
② 《国民高等学校规程》，《满洲国法令辑览》第3卷，第40页。

重点是培养中坚国民领导人才。"①

最为日伪政府"炫耀"的是伪满"建国大学"的创建。1937年2月，日伪政府决定创办一所"名贯亚洲"的高等学府，组建一个"建国大学创设委员会"，由时任关东军参谋长的东条英机为委员长，伪国务院总务厅长官星野直树为副委员长，开始筹划在"新京"创建"建国大学"事宜。1938年5月，"建国大学"开业招生，与此同时，日伪政府颁发了《建国大学学则》、《建国大学令》、《建国大学研究院令》等，确立该大学的建校目的是"培养领悟建国精神之精髓，深究学问之奥义，躬行实践，充任道义世界建设之先觉的指导者"，②傀儡皇帝溥仪还特意颁发了"敕书"，并由伪国务总理张景惠兼任大学总长，日本右翼学者作田庄一为副总长，下属各教务科、室负责人完全由日本人担任，可见日伪当局对这座大学的重视。建大的师资除极少数中国人外，绝大多数聘请日本右翼学者充任，其中"具有自由主义思想的较少，思想进步的屈指可数"。③建大的学制为六年，分前、后两期，培养对象以日本人为主，中国学生仅占30%左右。学生一律实行寄宿制，各宿舍设有塾头，一切行动按军事化要求，由塾头进行严格的管束和监控。建大的学业不分科系，首要是"建国精神"的学习，并从所谓的"建国原理"、皇道、儒教以及被篡改的历史等方面进行授业，上升到反动的理论高度，使受教育者不仅从思想意识上接受这些反动的理论，而且在行动上充当忠诚的实践者及传播者。由于建大的特殊地位，它的毕业生经考试后即可授予"高等文官试补"头衔，充当日伪政权机构的中、高级官员，这是伪满其他任何大学不能比拟的。正因为如此，建大的招生对象以日本人为主，对中国人的录取条件极为严苛，并且在数量上予以控制。

总之，1941年之前，伪满的高等教育事业迟迟没有进展，即使包括前述的改头换面的大学和专为日本人设立的龙井"开拓"学院、齐齐哈尔"开拓"医学院、哈尔滨"开拓"医学院等在内，截至1941年末，全东北也不过有18

---

① 『满洲国史』各论、694页。
② 《建国大学令》，"满洲国国务院"《政府公报》，1937年8月5日。
③ 刘世泽：《伪满建国大学》，沈阳市政协文史委员会编《沈阳文史资料》第9辑，编者自印，1985，第122页。

所大学，教师563人，学生6176人，[①] 勉强接近九一八事变前的水平。

师范教育方面，伪满的师范教育是为贯彻日本的统治政策服务，"培养教师的任务，并不只停留在教育训练学生，也要求指导训练地区社会上的一般国民，特别是应成为培养街村的推进力量"。[②]

1934年8月20日，伪政府公布《师范教育令》，创立师范学校和女子师范学校，学制为初、高两级。前者招收初级师范学校及初级中学毕业的学生，接受三年教育；后者招收高级中学毕业的学生，接受三年教育。此外还有师范讲习所和师范专修科，统称为乡村师范学校，招收高级小学毕业的学生进行2—3年教育。师道学校是培养初等教师的机关，设置主体是省或"新京特别市"，接收国民高等学校三年结业或同等学力以上的有实力的学生，实行两年教育。

师道大学是师范教育的高等学府，1934年在吉林创立高等师范学校，培养实业科以外的普通科和技能科的中等教师。按照《师范教育令》，师道高等学校分设男子部和女子部，学习年限减为三年。1942年4月27日，制定《师范大学规程》，更名为师道大学。此外，为了补充中等学校师资的不足，从1938年开始，设立一般大学收费代培实业教师的制度，商业科教师由法政大学代培，农业科教师由奉天农业大学、哈尔滨农业大学及"新京"畜产收益大学代培，工业科教师委托哈尔滨工业大学代培。

日伪政府为了确保奴化教育方针的贯彻执行，在师资的选拔、培训上采取了一系列措施，着意建设一支忠实于执行奴化教育方针的师资队伍。第一，对现有教师进行考核。九一八事变后，日本侵略者迫害当地知识分子，逮捕、屠杀了一大批进步的爱国师生，另有一部分教师流入关内，师资队伍缩减了60%左右。各地学校相继复课后，日伪政府不得不利用留在当地的教师支撑衰败的教育业，却又有所顾虑。所以，从1940年开始，实行教师检定及资格制度。此制度规定，对现有教师进行学力、品行、身体三个方面考核，按规定，学力符合条件者才能进行后两项考核，不符合当局规定条件者不颁发教师许可证，无许可证者不得从事教师工作。

对于品行一项的考核，日伪政府规定，有以下情形之一者没有参加教

---

① 『満洲国史』各論、695頁。
② 『満洲国史』各論、696頁。

师考核之资格：(1) 被处禁锢以上之刑者；(2) 受破产之宣告未经复权者；(3) 因惩戒受剥夺许可证之处分未经过三年者；(4) 因惩戒受免职之处分未经过两年者。① 对已获得许可证之教师，一经发现"有不正行为或其他有辱教师体面之行为"剥夺其许可证。很显然，此规定把那些因有爱国之心而遭迫害的知识分子排斥在教师队伍之外。即使获得许可证之人，如若不履行日伪政府制定的教育方针，随时都有可能被冠以"有不正行为或其他有辱教师体面之行为"而被淘汰。因此，这种教师考核制度实际上是一次清洗运动，是对爱国进步教师思想的清洗，又是强制灌输奴化教育方针的重要措施。

第二，进行带有特殊意义的师道教育。为培养一支忠诚于殖民地教育制度的教师队伍，日伪政府对旧有的各级师范学校进行了"改造"，分别建成师道学校、高等师道学校及各种临时教师养成所。尤其是日伪政府提倡"实业教育"以来，师资严重不足，便开办了农、工、商各业的临时教师养成所培养教师，或依附某高等学校对他们进行半年至一年的培训，然后匆匆派赴各中等学校任教。

由于师范教育直接关系到奴化教育方针的落实与否，日伪当局做出了区别于其他学校的特殊规定。要求学生必须深刻体会"建国精神"以及"民族协和"、"日满一德一心"之精神，这是日伪当局推行奴化教育的精髓，对这些未来的教师则要再三强调。此外，《师道学校规程》还规定，师道学校必须教育学生，"使了解以学校教育为中心之社会教化之意义及其方法"，"使服从长上之命令、训诲，正其起居言动，特借严格之团体训练，以涵养尚规律重秩序之良心"。② 概而言之，一是要充分理解、贯彻殖民地教育方针，掌握其执行方法；二是一言一行必须服从上级之命令，循殖民地教育之规则，维护殖民地统治之秩序。

4. 教科书的编纂及内容

日伪统治初期，殖民统治秩序尚不稳定，遍及东北全境的抗日反"满"武装运动风起云涌，日本侵略军四处"征剿"，疲于奔命，无暇顾及教育诸业，因此，一些复课学校仍然以张学良时代的教材授业，这让日伪

---

① 《师道学校规程》（民生部令第18号），1937年10月10日。
② 《师道学校规程》（民生部令第18号），1937年10月10日。

统治者极度不安。对此，他们公然采取法西斯手段，出动武装力量搜查有关学校，焚毁不符合其要求的教科书。据报载，1931年10月11日，长春宪兵队在市内5所中等学校中搜出"排日教材"50余种，共400余册，并警告学校当局，"今后再有教授排日教材者，按持武器反抗日本论处"。① 与此同时，日伪政府颁发了《小学校教科书临时删正表》，对张学良时代的教科书进行"涂墨"、"贴纸"或"删剪"，作为临时教科书使用。

1932年5月2日，伪民政部颁布《关于发布之重要教育命令、改废法规、编纂教科书等之文件》，指出："关于编纂各种教科书现已由文教司着手进行……但在此编纂期间，如采用他处所编纂者或各省制定教材编纂临时教科书时，须视为暂定之性质……须经本部之审核许可。"②

1932年6月14日，伪民政部又颁布第101号训令，明确规定东北境内的各小学校一律使用"南满洲教育会"和伪奉天省公署教育厅编纂的暂定教科书。上述两个部门均为殖民统治者所信赖，属于日籍右翼学者团体或汉奸伪政权，所以日伪政府把编纂教科书的任务交给他们。

1932年7月，伪文教部成立，设立"教科书编审委员会"，任命3名编纂官，其职责是受伪文教部总长之命"编纂国定教科书并负责审查教科书、教材及教材资料"。③ 这些编纂官上任以后，开始了各类教科书的编纂工作，其编纂的内容、目的又不断随着时局的变化而变化，大体可分为三个时期。一是伪满洲国成立初期，编纂官围绕着"振兴孔教"、"王道主义"、"民族协和"等内容先后编纂了小学教材8种43册，初级中学教材15种27册，师范学校教材3种3册。二是伪满洲国实行帝制以后，教科书的内容随之发生了变化，经编纂官删改修订，又编纂小学教材22种37册。同时对各伪省、市、区呈报的教科书进行了审查。1935年10月，各部门共呈报教材1923册，其中除业经许可通用的教科书外，经审查，认可671册，禁用156册。三是傀儡皇帝溥仪访日归来颁发《回銮训民诏书》后，各类教科书又重新修订，把该诏书当作"金科玉律"收录到教科书内。至1936年末，计编纂小学教材26种，中学教材23种29册，另编纂

---

① 《长春实业新闻》昭和6年10月13日（1931年）。
② 《满洲国法令辑览》第3卷，第5页。
③ "满洲国通讯社"编《满洲国现势》，"满洲国弘报协会"，1932。

小学教科书 7 种 14 册，中学教科书 1 种 1 册。①

日伪政府对教科书的编纂不惜花费时间，耗费血本，甚至新的教科书刚刚编出，因时局发生变化，又不得不作废重编，根本目的在于及时配合时局，策应日伪政府的统治，使教育成为统治集团驾驭受教育者的工具。

这一时期伪满教科书大体包括以下几个内容。第一，宣扬迂腐的封建礼教。前有所述，伪国出笼伊始，颁令以四书孝经作为授业内容。1933 年 8 月 4 日，时任伪国务院总理兼文教部总长的郑孝胥召集编纂官会议，阐明编纂教科书的方针要围绕孔门四科，即德行、言语、政事、文学。② 日伪当局进一步把这种教育美化，能够"复兴礼教，以期振兴东洋道德"。③ 因此，在投入使用的各类教科书中，诸如"仁义礼智信"、"先王之道"之类，以及宣扬"忠臣"、"孝子"、"贞女"、"义仆"、"懿行"的内容充斥其中。这些教科书不仅宣扬中国封建社会的"仁义"、"孝行"典范，还把日本的"样板"介绍在内。比如当时由南满洲教育会编纂的《修身教科书》中有一篇题为《责任》的文章，叙述一位名叫彦七的老邮差，在冬天为市议会议员送信，不料信件落入河里，老邮差不顾性命跳进河里去捞，好不容易把信捞到，终于送到指定公馆，而这封信不过是市议员对该公馆的客套道谢信而已，老邮差却险些为此丢了性命。④

第二，宣扬"王道"。日伪统治集团在教科书中把法西斯化的"王道"美化成世界上最好的东西，宣扬只要实行它，人民就可以"安居乐业"，国势也会"日渐兴隆"等。教科书中还宣扬，"王道"来源于"亲善友邦"日本的"帮助"，日"满"两国因此要"相亲相助"，"永远不变"。此外，对内要实行"民族协和"，"和别的民族相交，无论对谁，也恳切相待，彼此帮助，以期共存共荣，努力造成王道乐土"。⑤ 上述引用的教科书是以小学生为对象，利用儿童的纯真，以谎言灌输"王道主义"，使受教育者从小推崇"王道主义"，对屠杀同胞的刽子手报以亲善的态度，进而成为任统治者摆布的奴隶。

---

① 『満洲国史』各論、1105 頁。
② 『満洲国史』各論、1105 頁。
③ 《满洲国现势》，1937，第 132 页。
④ 南满洲教育会编《修身教科书》第 5 册，昭和 9 年 2 月 28 日（1934 年），绿荫书房，2005 年复刻版。
⑤ 《修身教科书》第 4 册、第 6 册。

第三，把伪"建国宣言"、执政宣言、即位诏书、回銮训民诏书等当作"国民道德"课的重要内容。溥仪的各类诏书、宣言、训词之类代表的是殖民统治者的意志和利益，因此，这些诏书、宣言、训词便成为教科书的重要内容。无论大、中、小学生都必须背诵如流，认真领会，否则轻者体罚，重者开除甚至监押。《满洲补充读本》第 4 册收录了一篇题为《庭青松》的文章，记述溥仪访日时的"殊遇"以及溥仪献媚日本天皇太后的种种行为，从中说明诏书出笼的背景，同时"启迪"受教育者对日亲善——连伪满洲国皇帝对日本天皇尚且如此亲近尊敬，何况伪国的"臣民"。

第四，美化法西斯刽子手，鼓吹日本对伪满洲国的"支援"。教科书中这类内容比比皆是，信口雌黄地把屠杀中国人民的刽子手说成是"奉天运行，吊民伐罪"的"仁义之师"，把侵吞东北的日本说成是"普度东北众生"的"救世主"。如《战斗在寒原》美化入侵黑龙江的日军嫩江支队；《二勇士》记述日俄战争中两名日本间谍被俄军捕获，坚贞不屈，最后英勇"献身"的故事；《空中勇士》歌颂日军飞行大尉南野在七七事变后驾机轰炸苏州，机身中弹，最后以"肉弹"同地面目标同归于尽；另有《殉国的女性》《忠魂塔巡礼》《铁桥修理》等，都是对日本侵华行为的歌颂。教科书中还大肆宣扬日本法西斯分子的武士道精神，诸如乃木希典、佐久间、小村侯之流，都成为教科书中重点"宣扬"的对象。

三 "战时体制"下的殖民教育

1. 战时教育体制与教育方针的确立

1941 年 12 月，日本帝国主义悍然发动了太平洋战争，随着侵略战争的逐步升级，日本国内的物力、财力、人力日渐紧张。为了支撑这场侵略战争，日本帝国主义加速了对殖民地的经济掠夺，特别是在东北殖民地推行了一条完全为侵略战争服务的路线，即进入所谓的"战时体制"。在这个总方针下，教育事业也围绕着鼓吹军国主义、支持"大东亚圣战"、培养侵略战争的"炮灰"和效命者而进行，就此，此时期的奴化教育方针同前两期相比是有些区别的。

战时教育体制的标志有二，一是恢复了伪文教部的建制。1937 年《学制要纲》公布以后，伪文教部被撤销，并入伪民生部，设立文教司主管东北的教育事业。1943年4月，文教司再次升格为伪文教部，由卢元善任伪文教部大臣，田中义男任次长，下设教学司（司长佐枝常一）、指导部（部长光安弘）、编审部（部长加藤将之）、企划部（部长饭塚富太郎）以及教学官室、编审官室等。二是设立"文教审议会"，侧重研究战时体制下教育方针的确立及具体措施。该会于1943年10月15日设立，受伪国务总理大臣监督，会长由伪国务总理兼任，副会长由伪国务院总务厅长官及伪文教部大臣充任，伪文教部次长任干事长，另吸收有关部门官员、重点学校校长、专家、学者等为会员。该会的宗旨很明确，即如何使教育为侵略战争服务。正如关东军司令官梅津美治郎在审议会成立仪式上的致辞所说，"设立审议会在于明确建国本意，振兴坚定不移的国民精神，以贡献于战时国家所需要的文教之振兴，将文教力量集结于大东亚战争的全胜上"。

　　文教审议会成立不久，伪总理大臣向该会发出第一号咨询，提出："在大东亚战争下，应如何采取方策振兴刷新我国文教？"审议会奉命行动，于1944年10月7日根据教学官小野正康的提案做出回答：（1）以"惟神之道"为本；（2）成立祭政教之一德；（3）以实学为基调育成忠良"国民"；（4）以适应时局为宗旨（即战时即应教育）；（5）宣扬"建国精神"，创建"道义世界"；（6）把"国本""惟神之道"付诸实践。在具体措置上，文教审议会根据伪文教部次长田中的提案做出答复：（1）确立教学的战时措置；（2）昂扬师道；（3）整备扩充学校；（4）振兴女子教育；（5）振兴体炼。① 这便是太平洋战争爆发后奴化教育方针的基本格调和措置。如果同前期教育的方针对照，其相同点是继续把宣扬"建国精神"作为奴化教育的重要内容；此外，它又有明显的区别。一是把日本的神道加以法西斯化，然后移入东北，编造出一个"天照大神"，缔造了伪满洲国的神话。实质上，正如关东军制定的《满洲国的根本理念与协和会的本质》所指出的那样，"满洲国，实际上是以日本天皇为中心的皇道联邦内的一独立国家"。实际上，伪满洲国不过是受日本控制的"附属国"，因此这种"惟神之道"的教育，旨在使受教育者时刻同日本的步调保持一致，自觉地踏上军国主义的战车，不遗余力地支持"大东亚圣战"。二是实行

---

① 『满洲国史』各論、1099頁。

"战时即应教育"。由于太平洋战争爆发，日本在东北加紧了掠夺战争资源的步伐，同时也需要更多的"炮灰"奔赴前线，维持日渐困窘的侵略战争。因此，他们除了不断地对青少年灌输军国主义思想以外，还把教育完全纳入军国主义轨道，实施所谓的"战时即应教育"。也就是说，他们可以随心所欲地安排"授业"内容，即便停课参加各种劳动，也被说成"涵养国民精神"、"锻炼身心"、"联络社会"，甚至说成"实习"。因此，在伪满临近崩溃的几年里，东北的教育事业几乎陷于终日停课、"支援圣战"的状态之中，受教育者只能充当受驱使的劳动力，几乎学不到什么知识，这导致了伪满教育的最后崩溃。

2. 法西斯军事训练

在学校里实施军事训练发端于伪滨江省。早在1937年，伪滨江省教育部门同伪军管区联络，请伪军部队派出教官对青少年学生进行军事训练。次年，伪三江省和兴安南县纷纷效尤，其他地区亦步亦趋，很快在中等以上学校推行之。日伪当局于是颁发了《关于配属学校教官之件》、《学校教练教授要目》等，将军事训练列为各学校课程的主科之一，至1940年，先后为85所中等学校配备了现役军官充当军事教练。

1941年末之后，随着太平洋战争的爆发和侵略战争的不断升级，伪满洲国已经完全被绑在军国主义的战车上，傀儡皇帝溥仪为此颁发了《时局诏书》，声称誓与日本"一德一心，夙将不可分离之关系，团结共同防卫之义，死生存亡，断弗分携，举国人而尽奉公之诚，举国力而援盟邦之战"。于是，教育事业也被纳入军国主义轨道，全力对学生进行"圣战必胜"的宣传，号召学生随时准备参战，共建"大东亚共荣圈"。为此，伪文教部颁发了《大学战时体制确立要纲》，把军事训练同学科教授等同并重，增加和延长了军事训练的课时。一些学校还开设军事课，讲授军事学、兵器学等。不论所学专业，上述各科一律均列入必修课之中，成绩不及格者不准毕业或会遭受处罚。此外，在进行队列、射击、防空、隐蔽等军事训练的同时，尤其注重武士道精神训练，甚至采取装神弄鬼、威胁恫吓等手段对青年学生进行"胆量"、"忠诚"、"勇气"之类的考验，唆使青少年以武士道精神为榜样，做效忠天皇、勇于为"大东亚圣战"捐躯的亡命之徒。这类严酷的训练和折磨让青少年学生难以忍受，但若稍有懈怠，便会招致毒打、体罚，甚至被开除学籍。到后期，一些高、中等学校干脆实行"入营"制，将队伍拉到日伪军部队"体验"军事生活，或者举行"军事演习"，携带武器、空弹包参加"战斗"，如临实战。对初等学校的学生，也照例进行各种形式的军事训练，甚至停课"全日训练"，各级学校已经成为半军事化的训练机关。进行这种法西斯军事训练的目的，无非准备在"玉碎"关头，驱使青少年到前线卖命，以做垂死挣扎，特别是中、高等学校的日籍学生，到后来，几乎无一例外地被征集入伍，驱至前线充当罪恶战争的炮灰。

3. "勤劳奉仕"与"全日实习"

日伪统治后期，对青少年身心健康毒害最大的"勤劳奉仕"制度发端于伪滨江省的木兰县。1941年9月，法西斯分子、伪协和会滨江省本部副部长半田敏治把从德国学来的训练青少年的制度改头换面，炮制出"勤劳奉公"制度，① 然后在东条英机、板垣征四郎等法西斯分子的支持下，在木兰县各级学校及社会中选拔青年壮丁，按军队建制组建起第一支"勤劳奉公"队，为大规模掠夺东北资源、发动新的侵略战争提供了大批无偿的劳动力。这种制度立即受到日伪当局的肯定和支持，翌年3月，伪滨江省在全省一市一旗16县全面铺开，共征集1万余名青壮劳力。在哈尔滨大张旗鼓地召开"国民勤劳奉公队"组成式后，这些劳力全部开赴第二松花江至哈尔滨的铁路复线工程现场，开始为期4个月的奴役劳动。

1942年10月26日，日伪当局正式颁布了《国民勤劳奉公局官制》，接着公布了《国民勤劳奉公法》和《国民勤劳奉公队编成令》，任命半田敏治为"勤劳奉公局"局长（该局后升格为"勤劳奉仕部"，半田为次长），规定凡年龄在20—23岁的男性青年，除服兵役外，都必须参加勤奉队。勤奉队以地区编队，采取军队组织形式，由各伪省或各县头目兼任司令或副司令，主要从事军事工程、铁路和公路修建、煤矿采掘、土地开发等繁重艰巨的劳务。

在教育界，首先在各高等院校实行勤奉制度，编成学生"勤劳奉公

---

① "勤劳奉仕"与"勤劳奉公"制度存在一定的区别。前者多指经身体检查不合格者，俗称"国兵漏"，即未当"国兵"的人义务接受军事化的劳役，到"勤劳奉仕"队去服役。而根据《国民勤劳奉公制创设要纲》规定，凡"满洲国男子，自21—23岁期间（即三年内)，必须服共计12个月内之勤劳奉公"。因此，后者多指学校、机关等单位的人员必须参加的义务性劳役。

队",到当局指定地点参加各种劳务,时间为一个月或一个半月,未参加勤奉队者不准毕业。很快,各中、小学也相继组成各种勤奉队,成为任当局随意驱使的廉价劳动力。初期,这种勤奉制度规定每个学生必须参加50—125天的勤奉活动,到后来干脆取消了时间界限,许多学校长期停课,"全日勤奉",甚至把学生勤奉队派赴边境、煤矿、农场等地从事极其艰苦的劳动。1943年夏,师道大学的勤奉队被派赴东宁县边境修建"军备国道",带队的大、中、小队长均为日籍教师或日籍高年级学生。学生在那里每天挖砂石、刨树根,起早贪黑,不得休息,而且吃不饱饭。学生们饿得无奈,只好捡日军丢弃的剩菜或挖野菜充饥。学生们受尽折磨却敢怒不敢言,稍有不满或稍作喘息,中、小队长上来就是一顿拳打脚踢,甚至以木棒把学生"打得大口吐鲜血"。[①] 由于勤奉制度的实行,学生们几乎学不到知识,完全变成了无偿的劳动力。随着这种状态的加剧,社会和家长纷纷表示质疑,日伪当局又变换花样,提出"产学结合",美其名曰"对学生进行实务教育",指定各学校分别同农、工等部门挂钩,然后率领学生到各生产部门"实习",实则参加各种勤杂和体力劳动。因此,在伪满临近垮台的几年里,东北各级学校均处于无课可授、"全日实习"的状态,青少年学生的身心健康受到了极大损害,东北的教育事业陷于停滞。

4. 缩短修业年限

随着日本帝国主义在亚洲和太平洋战场上屡屡受挫,彻底倾覆的命运已明显地呈现出来。但战争狂人们仍不遗余力地调动国内和殖民地的各方面力量,力图孤注一掷,做最后挣扎。为此,日本国内的各学校先后缩短学业制度,把大批学生送上前线,称"学徒出阵",以补充兵力的不足。对东北各学校,日伪当局也采取了同样办法,于1944年8月7日公布了《关于国立大学临时缩短修业年限之件》,同时还规定,此件对日籍以外的学生也适用。这样,东北各类大学均匆匆结业,在校生尚未学到知识便被逐出校门,为统治集团的战争服务,而日籍学生则被征集入伍,甚至连一些年轻的日籍教师也不例外。

---

① 张国振:《伪满吉林师道大学的片断回忆》,《吉林文史资料》第6辑,1987,第139页。

第二节 华北沦陷区

一 华北地区

伪华北临时政府的教育部，成立于1938年2月1日，由汤尔和任教育总长。1940年，伪临时政府改称"华北政务委员会"后，其教育部也改称"教育总署"，设督办、署长各一人，汤尔和续任"教育总署"督办；汤尔和去世后，周作人、苏体仁相继担任督办一职，方宗鳌、张心沛、文元模先后担任署长一职。伪教育部（总署）下设总务、文化、教育三局及参事若干人，刘士元、张心沛、梁亚平等人担任局长、参事。1943年11月，为了"策应参战体制"，"华北政务委员会"进行改组，教育总署也在原有组织之外增设了保健局，改组后，总署督办先后由王谟、王克敏、文元模等人担任，王竹村任署长。

沦陷初期，华北各地方的"治安维持会"在社会局中设立教育科，负责教育事宜，不久之后，教育行政机关从社会局中独立出来，成立教育局。伪临时政府成立以后，"地方维持会"的教育局也过渡为地方政权的教育厅（局、科），省（市）教育厅（局）之下一般设有秘书室、督学室、总务科、学务科、社教科等科，科下设股。

华北沦陷区总的教育方针是"亲日"、"反共"。1938年4月15日，伪临时政府教育部颁布的训令中确定的教育方针为：彻底取缔党化排日教育，实践职业教育，禁止男女共学，奖励体育，组织学校少年团，采用新定教科书，对中小学职员再教育，"革新"女子教育，指导监督外国各学校等。实际上主要就是"根绝党化及排外容共等思想"及"依据东亚民族集团之精神和中国传统之美德，以完成新中国之使命"。[①] 1938年7月，日本确定的《从内部指导中国政权的大纲》，规定华北沦陷区的文化教育应"振兴儒教"，"尊重汉民族固有的文化，特别尊重日华共通的文化，恢复东方文明精神，彻底禁止抗日言论，促进日华合作"。[②] 伪华北政务委员会

[①] 《教育部训令》（1938年4月15日），中华民国临时政府教育部编《教育公报》第2期《公牍》，1938年8月。

[②] 《从内部指导中国政权的大纲》（1938年7月19—22日），《日本帝国主义对外侵略史料选编（1931—1945）》，第274页。

成立后，教育总署确定的施政方针为："肃正思想"、"统一教材"、"训练中小学师资"、"实施义务教育"、"推行中心小学"、"注重自然科学"、"推广职业中学，发展生产教育"、"增设各种有关产业及国民生计之专科学校"、"恢复专科以上学校"、"整顿社会教育"、"施行农事教育"、"确定教款成数"、"整顿教育产款"、"统筹优遇教员办法"等。① 太平洋战争爆发后，教育总署指示："教育指导方针，应以协力东亚之建设为目的。当前，一方面彻底铲除英美文化之流弊，一方面积极增进中日文化之交流。肃正思想，最为切要，务使一般国民咸具善邻防共及协力建设大东亚之理念。"②

华北沦陷区的教育措施就是服务于这种教育方针的。1937年11月，"平津治安维持联合会"成立中小学教科书审委会，以删除教科书中"有碍中日邦交"的内容。伪临时政府教育部成立后，在"平津治安维持联合会"中小学教科书审委会的基础上，又成立了初等教育委员会与中等教育委员会，负责编纂中小学及师范学校当年的春季教材，编纂完成后经过审查，发给各学校使用。1938年3月1日，伪临时政府教育部成立教科书编审委员会，由教育总长汤尔和任委员长，成员包括王怡、周作人、鲍鉴清等26人，但具体负责教科书编纂事宜的则是日本文部省官员藤本万治、横山俊平等人。他们规定新教材应"适合国情"、"适合时代性"，③ 实则是以清除"排日"、三民主义等内容，倡导"日满华亲善"、"复兴"中国封建纲常及儒教、鼓吹实学等为根本的编纂方针。④ 8月，该会共编纂完成中小学及师范学校教科书155种，包括修身、国语、历史、地理等科目，供华北沦陷区各中小学及师范学校使用。这些教科书被日本舆论称为"黎明支那文化的基石"，其特色是在"复兴中国固有文化"的名义下，推行封建复古主义，废弃近代国民教育制度，规定学生必须学习四书五经，并以新民主义取代三民主义，"把关于具有国家思想和民族思想的完全铲除，

---

① 《伪华北政委会教育总署施政方针》（1940年），《中华民国史档案资料汇编 第五辑第二编 附录》（上），第596—600页。
② 王学珍主编《北京高等教育纪事（1861年—1949年1月）》，中国广播电视出版社，2006，第260页。
③ 《修正教科图书审定规程（附：审定教科图书共同标准）》，"华北政务委员会"政务厅法制局编印《华北政务委员会法规汇编》，1941，第27—29页。
④ 王士花：《日伪统治时期的华北农村》，社会科学文献出版社，2008，第209页。

而注入容易养成奴隶意识的东西"。①

在外语教育上，日伪政府将英语改为选修课，并强行规定从小学开始，日语就是学校的必修课。1939年6月，日本兴亚院制定《普及日本语方策要领》，详细规定了在沦陷区推广普及日语教育的根本方针、要领、组织计划等。② 太平洋战争爆发后，日伪当局更是决定禁止除日语以外的外语教育，"以根本肃清英美侵略者之思想及其色彩"。伪临时政府教育部规定：小学三、四年级每周上60分钟的日语课，五、六年级每周90分钟，中学每周3学时，师范学校每周2学时，专门学校及大学每周4小时以上。伪华北政务委员会教育总署还规定高中及以上学校的入学考试，日语属于必考科目。为了强化日语教学，兴亚院华北联络部从日本招聘了大批经过特殊训练的日语教师，派往北京、天津、青岛等大城市教授日语。尽管伪临时政府教育部也曾表示过"中、小学聘请日籍日语教员，须斟酌各校状况及各地方需要情形，在本国日语教员不敷时，可量予聘用，但聘用手续及方式，务先期呈请主管教育厅转呈教育部核示备案，以便考察。至聘用之日籍教员，应以任课为专责，对于校务及行政事项，万万不宜干涉，如有意见，得采取建议方式，以清权责"，③ 但这些日籍教师实际上"不单纯是日语教师，而是负有代表日本民族指导大陆民族的重任，不专心于日语教学，而是奔波于政治及事务方面的工作"，④ 兼有沦陷区学校督学官的角色，监督师生的思想动向，以加强对沦陷区学校的控制。更多的中小学日语教师则是出身于北京师范学院日文系、北京女子师范学院日文系及各省、特别市的日语教师培训机构。兴亚院华北联络部及日本陆军特务机关还举办了日语讲习会，以培养中小学日语教师的讲授能力。伪临时政府颁布的小学日语教材是《小学日本语读本》，但各学校使用的教材并不统一，其他的教

---

① 余子侠、宋恩荣：《日本侵华教育全史》第2卷，人民教育出版社，2005，第232—237页。

② 興亜院文化部第三課：「普及日本語方策要領（草案）」(1939年6月)、駒込武『日中戦争期文部省と興亜院の日本語教育政策構想——その組織と事業』東京大学教育学部編『東京大学教育学部紀要』第29卷、1989、182頁。

③ 《伪临时政府教育部公函》(1938年8月10日)，《中华民国史档案资料汇编　第五辑第二编　附录》(上)，第584—585页。

④ 〔日〕大出正篤：《大陆日语教授概况》，《日本语》第1卷第3号，1941年6月，第25页，转引自王士花《日伪统治时期的华北农村》，第229页。

材有《正则日本语读本》《速成日本语读本》《日本语会话读本》《初等日本语读本》等，这反映了华北伪政权教育统治力的薄弱。

为了消除沦陷区民众的民族意识与抗日思想，日伪当局还特别注意从思想上控制沦陷区的师生，灌输所谓"建设大东亚新秩序"理论，使其服从日本的殖民统治。教育总署的施政方针明确规定中小学教师思想上应接受"睦邻之道，以积极且诚意主张之"，"认识东亚及世界时局"，"民族、文化、经济各方面造成东亚集团，以建设真正新秩序"，"了解国家远大之利害，排斥崇拜欧美观念"；各级学校应"尽力提倡我国固有之美德，以领导学生之思想趋于正轨，而为建设东亚新秩序之始基"，"根绝容共思想，以亲仁善邻之旨，谋东亚及全世界之和平"。① 除了日籍教师担任督学官外，部分地区的学校还设有日籍指导官，强化对师生的思想监督与控制。各地伪政权设立专门的"检定委员会"，对中小学教师及日语教师进行思想"检定"，"检定"不合格者，一律辞退，甚至被捕、遭杀害。日伪当局还训令教师具结保证书，并"联保切结"，互相监督；派官员到学校做"精神讲话"与形势报告，鼓吹"大东亚新秩序"等谬论，毒害师生思想。日军直接控制青年训练工作，进行"精神教育"，"对于中华民国青年，就新政府成立之意义，日本军队之使命，以及共产主义亡国灭身之最要原由加以阐明，务使其明确觉悟并认识，以期本此日华亲善之实，努力迈进于东亚新秩序之建设"。② "新民会"还组织师生演讲比赛、青年训练团等活动，灌输"亲日""反共"思想。日伪当局还通过"剿共灭党运动周""中日善邻旬间计划""食粮增产运动""勤劳奉仕活动"等政治运动，迫使广大师生接受日本式训练，参与"大东亚共荣圈"的建设。③

华北沦陷后，中小学教育遭到了很大的破坏，而在"恢复"方面的成绩乏善可陈。据统计，1939年华北沦陷区共有完全小学1248所，初级小学20356所，幼稚园25所，合计21629所，仅相当于战前初等学校数量的20%；学生972371人，相当于战前的24%；教职员41828人，不到战前的

---

① 《伪华北政委会教育总署施政方针》（1940年），《中华民国史档案资料汇编 第五辑第二编 附录》（上），第597页。
② 《南云部队地区青年训练所规定》（1939年2月10日），《中华民国史档案资料汇编 第五辑第二编 附录》（上），第586页。
③ 余子侠、宋恩荣：《日本侵华教育全史》第2卷，第251页。

40%。① 北平是华北沦陷区的中心城市，其学龄儿童的失学率长期徘徊在55%左右。② 河北、山西两省的学龄儿童入学率均不超过战前的30%，山东沦陷区大部分地区的入学率不到战前的50%，部分地区的入学率甚至仅达到战前的一成多。③ 1939年，华北沦陷区共有中学134所，相当于战前的35%；学生38967人，相当于战前的39%；教职员3340人，约为战前的44%。④ 1941年，华北沦陷区共有中学218所，学生59319人；教育事业虽有所恢复发展，但仍然不到战前的60%。⑤ 华北沦陷区的中学大部分是私立中学，主要是因为大多数家长不愿意让子女入读日伪公立中学，但这些私立学校同样无法摆脱日伪奴化教育的桎梏。日伪虽比较重视师范教育，以培养奴化教育所需师资，但师范教育同样走向衰落。1939年，华北沦陷区共有师范学校43所，约为战前的32%；教职员771人，约为战前的43%。⑥ 日伪还开办了一些职业学校，但由于缺乏就业机会，职业教育多属于定向培养，并不发达，而且同样最重视日语能力，很少教授工业技术。

日伪虽吹嘘"战后教育不仅未蒙受丝毫破坏，抑且数年以来逐步发展，质与量均较前有长足之进步"，⑦ 但七七事变发生后，华北地区高校大量内迁，高等教育事业受到严重摧残。"北平治安维持会"虽成立了国立、省立学校保管委员会，但北京大学红楼被日军用作宪兵队部、地下室用作牢房，清华大学被日军征用为军队医院，可见其所谓的"保管"能力。伪临时政府成立后，制定《大学组织法》，并"鉴于过去学校系统庞杂，院系科目多半重复，以为名义欠妥"，对北平高校"一律加以彻底的改组，而次第予以成立"，⑧ 先后"恢复"了北京大学、北京师范学院、北京女子师范学院、北京艺术专科学校等学校。北京大学是在原国立北京大学、北平

---

① 毛礼锐、沈灌群：《中国教育通史》第5卷，山东教育出版社，1988，第426页。
② 余子侠、宋恩荣：《日本侵华教育全史》第2卷，第317页。
③ 王士花：《日伪统治时期的华北农村》，第221—224页。
④ 毛礼锐、沈灌群：《中国教育通史》第5卷，第424页。
⑤ 中央教育科学研究所编《中国现代教育大事（1919—1949）》，教育科学出版社，1988，第472页。
⑥ 余子侠、宋恩荣：《日本侵华教育全史》第2卷，第339页。
⑦ 《伪华北教育总署关于学生修养问题的布告》（1944年2月），《中华民国史档案资料汇编 第五辑第二编 附录》（上），第642页。
⑧ 《一年教育实施之回顾（教育部张心沛局长讲）》，《新民报》1939年1月4日。

大学、清华大学和交通大学（北平铁道管理学院部分）的基础上恢复的，共有文、理、法、医、农、工6个学院，1938年5月首先恢复医学院与农学院，恢复时间最晚的法学院则直到1941年8月才成立。恢复后的北京大学受教育部指导监督，设有总监督1人，由汤尔和兼任，管理全校事务，总监督一职后改称校长，由钱稻孙担任校长。周作人任文学院院长、图书馆馆长。北京师范学院、北京女子师范学院分别是在原国立北平师范大学与原北平大学女子文理学院的基础上，于1938年3月"改组"成立的。1941年11月，根据《国立北京师范大学组织大纲》，北京师范学院、北京女子师范学院合并成立北京师范大学，设有文、理、教育3个学院14个系，由黎世蘅任校长。北京艺术专科学校是1938年5月在原北平艺术专科学校的基础上恢复的，设有绘画、图画、雕塑、图案等科，由王石之任校长。

日伪也新设了一些高等学校，如教育部立外国语学校、教育部立师资讲肄馆、北京市立体育专科学校、河北省立师范专科学校、山东省立日语专科学校、山西省立桐旭医学专科学校、新民学院、中华新闻学院、中国佛教学院等，以此培养专门的汉奸"人才"。部立师资讲肄馆成立于1938年4月，初名"教育部立中等教育师资讲肄馆"，刘家壎任馆长。该馆"专为于短期内依据新的教育方针造就中小学师资而设立"，[1]分中小学两部，生源主要是中小学教师，该馆学生毕业后"务须全部到农村去启发儿童"，"与恶势力奋斗"，[2]是日伪推行奴化教育的重要机构。新民学院成立于1938年1月，由"新民会"主持开办，1943年改称"华北行政学院"，直属于伪华北政务委员会，[3]其宗旨是"养成中华民国临时政府中坚官吏"及"育成新政府标榜之新民主义国内宣抚之战士"，院长由王克敏、王揖唐、朱深、王荫泰等华北伪政权负责人兼任，掌握实权的副院长（教务长）一职则长期由日本人把持，教师也多是日本人或汉奸。该校分特科、本科、预科，特科负责训练县长以下的官吏，学习年限为半年

---

[1] 《一年教育实施之回顾（教育部张心沛局长讲）》，《新民报》1939年1月4日。
[2] 《部立中等教育师资讲肄馆举行开学典礼记录》，华北临时政府教育部编《教育公报》第3期，1938年9月，第43页。
[3] 《伪华北政委会公函》（1942年9月22日），《中华民国史档案资料汇编　第五辑第二编附录》（上），第610页。

至一年；本科是学制四年的大学班，分行政、司法两科；预科招收中学肄业者，学习一年后转入本科。该校免费给学生提供衣、食、住，学生还可以享受50—200元不等的津贴，吸引了大批汉奸子女、失意政客及部分小知识分子。①

华北沦陷后，一些私立大学特别是教会大学并未内迁，而是留在当地继续办学。1938年后，中法大学、燕京大学、协和医学院、齐鲁大学等私立大学，因不堪日伪压迫，先后内迁。如燕京大学在七七事变后，利用治外法权寻求保护，虽然不能避免日本宪兵的搜查与破坏，但毕竟为沦陷区学子提供了一片求学的净土。太平洋战争爆发后，教育总署"电请各省市当局与当地关系方面（指日军——引者注）妥为联络，将英美系及与英美有关各国之私人或团体设立的各级学校即时予以封闭"，②因此日军查封了燕京大学，将其征用为军官疗养院。坚持到抗战胜利的私立大学只有中国学院、辅仁大学、天津工商学院，而且因很多学生不愿意投考官办大学，这些私立大学都得到了较大发展。辅仁大学更因为与德国"圣言会"的关系，"一不挂日本旗，二不开日语课，三不用日文课本，成为整个华北沦陷区惟一不悬日伪旗帜的高等学府"，发展成为设有文、法、理、教育、神学、女子等学院，2000多名学生的大学。③ 但辅仁大学并不能完全逃脱日伪的压迫，细井次郎被派到辅仁大学教授日语，监督师生，后来更是担任该校校务长首席秘书，并兼任附中学监。1944年辅仁大学秘书长英千里、教育学院院长张怀、文学院代理院长董洗凡等30余名教师被日本宪兵队逮捕，直到抗战胜利后才恢复自由。

华北沦陷区的高校中，以私立学校最受欢迎，而日伪"恢复"或新成立的学校则受到了广大师生的冷落，只能通过引诱、强迫、降低录取标准等手段招收学生，虽然学生数量逐步增加，但仍然不及私立学校的学生数量。表6-1的1941年华北高等教育统计数据，就清楚地说明了这一点。

---

① 余子侠、宋恩荣：《日本侵华教育全史》第2卷，第285—291页。
② 《教育总署指令》，转引自曹必宏、夏军、沈岚《日本侵华教育全史》第3卷，第101页。
③ 孙邦华：《身等国宝志存辅仁——辅仁大学校长陈垣》，山东教育出版社，2004，第256页。

表 6-1　华北高等教育统计情况（1941 年）

		校址	学生数	教职员数	全年经费数
	总计		8292	2779	1035702640
教育总署直辖	合计		3895	2209	885302476
	国立北京大学	北京	2230	1390	616883673
	国立北京师范大学	北京	1225	546	184724745
	国立北京艺术专科学校	北京	187	105	37890948
	直辖外国语专科学校	北京	190	105	30349025
	直辖师资讲肄馆	北京	63	63	15454085
私立	合计		3998	465	130633894
	辅仁大学	北京	2054	255	68757519
	中国学院	北京	1483	140	21741984
	天津工商学院	天津	461	70	40134391
省市立	合计		399	105	19766270
	河北省立师范专科学校	河北保定	72	34	8120000
	山东省立日语专科学校	山东济南	262	29	6254650
	北京市立体育专科学校	北京	26	26	4897220
	天津市立日语专科学校	天津	39	16	494400

资料来源：汪伪教育部统计室编印《全国教育统计》第5集，转引自《中华民国史档案资料汇编　第五辑第二编　附录》（上），第627页。

二　内蒙古地区

伪蒙疆政权的教育行政机构，最初附属于察南、晋北、蒙古联盟自治政府的民政部门，"蒙疆联合委员会"改组后，教育事务归民生部管辖。"蒙古联合自治政府"成立后，在政务院所属民政部内设立教育科，主管教育行政事务。1941年6月，"蒙古联合自治政府"采取"属人行政"的政策，蒙古族的教育行政归"兴蒙委员会"教育处掌管，汉族的教育事务则归内政部文教科管辖，回族教育事务则归伊斯兰教委员会管理。[①]

伪蒙疆政权在教育政策上，坚持"亲日"、"反共"、"民族协和"的

---

① 金海：《日本在内蒙古殖民统治政策研究》，社会科学文献出版社，2009，第267—268页。

原则。伪蒙古联合自治政府成立后，确定其教育方针为"给予对蒙古政权的理想和特质之认识；陶冶为东亚新秩序建设忠诚服务的德行；掌握民生之向上所必要的知识、技能；锻炼身心，培养强健之国民"，这一方针的核心就是培养"为东亚新秩序建设忠诚服务"的人，而具体的教育目标则是"把握、认识政府肇建精神，彻底普及日本语，尊重实务教育，重视科学的陶冶"。①

教科书是日伪当局向学生灌输"亲日防共"、"东亚新秩序"的重要工具。内蒙古地区教科书的编纂思想是"强调为东亚新秩序之一翼蒙疆建设团结一致的精神，发扬东洋道义之文化……特别强调民族协和、防共、厚生……"②但受教育行政主管机关不统一及日本分化教育政策影响，蒙、回、汉学校分立，各民族学生只能上专门招收本民族学生的学校。日伪政权为了"养成亲日的氛围，通过语言理解日本，养成对日本的信赖观念"，③强制推行日语教育，在中小学课程中，每周须上7—10小时的日语课，是汉语或蒙语课程时间的2倍，并限制各民族互相学习对方的语言，尤其严禁蒙古族学生学习汉语，可见所谓的"协和"仅流于口号，其真正要贯彻实施的还是"亲日防共"。

日本方面规定，"对蒙民的教育当前止于小学教育，且以职业教育为重点……除了对特别优秀的所需要的人员外，不随意实施高等教育"。④因此，内蒙古地区的学校体制只有初等教育、中等教育以及以农牧专科为主的职业教育。

内蒙古地区的教育长期以来比较落后，沦陷初期更是陷入瘫痪状态，日伪虽高唱重视基础教育，但在恢复教育方面并未取得多大成绩，失学儿童占学龄儿童的60%以上，女童的失学率更是高达90%以上。⑤小学的数量始终没有达到战前的水平，沦陷初期，小学生数量也大幅减少，1940年以后学生数量逐渐增多，尤其是蒙古族小学及学生数量明显上升。据统

---

① 金海：《关于"蒙疆政权"教育方针及政策》，氏著《近代蒙古历史文化研究》，内蒙古人民出版社，2009，第309—310页。
② 金海：《关于"蒙疆政权"教育方针及政策》，氏著《近代蒙古历史文化研究》，第311页。
③ 蒙古善邻协会：《善邻协会史——在内蒙古的文化活动》，转引自金海《关于"蒙疆政权"教育方针及政策》，《近代蒙古历史文化研究》，第317页。
④ 岛田俊彦、稻叶正夫编『现代史资料』第8卷『日中戦争1』451页。
⑤ 余子侠、宋恩荣：《日本侵华教育全史》第2卷，第529页。

计，1942年内蒙古地区的蒙古族小学数量及学生数量分别比1940年增长了138.6%、237%。① 日伪对中等教育比较重视，有师范学校、中学、女子中学、实业中学、兴蒙中学等类型，但学校数量较少，总共只有17所，招生名额也较少。

内蒙古地区没有高等教育，学生要接受高等教育只能选择通过"善邻协会"去日本留学。以"蒙疆"学院为代表的"特殊教育"、技能教育处于内蒙古地区教育体系的顶层。"蒙疆"学院成立于1939年6月，1941年6月更名为中央学院，其目的是"要体现构成现政权确立前提的基本各民族的协和，进而担当培养与蒙疆相联系的亚细亚诸民族解放的先锋人物的工作"，② 即培养伪蒙疆政权建设所需要的文官。"蒙疆"学院的实权掌握在日本人手中，学院第一部只招收伪蒙疆政权中的日本官员，以使他们将来成为"四个民族的先锋"；第二部只招收政府中的蒙、汉、回族官员，学制都不超过一年，到1944年，该校毕业生有490余人。③

第三节 华中沦陷区

一 教育机构与宗旨

伪维新政府成立后，在行政院下设有教育部，主管教育事务，陈则民、顾澄先后担任伪教育部长。汪伪国民政府成立后，教育部同样是主管教育的最高行政机关。根据汪伪政府1940年7月6日修订公布的《教育部组织法》之规定，教育部的权责是"管理全国学术及教育行政事宜"，"对于各地方最高行政长官执行本部主管事务有指示监督之责"，"就主管事务对于各地方最高级行政长官之命令或处分认为有违背法令或逾越权限者，得提经行政院会议议决后停止或撤销之"。教育部设有部长一人，"综理部务并监督指挥所属职员及各机关"，赵正平、李圣五先后担任教育部部长；设政务次长、常务次长各一人，"辅助部长处理部务"，樊仲云、戴英夫、刘仰山先后任政务次长，戴英夫、王敏中、薛点曾、杨为桢先后任常务次

---

① 金海：《日本在内蒙古殖民统治政策研究》，第287—288页。
② "蒙疆"学院编印《蒙疆学院便览》，1939。
③ 余子侠、宋恩荣：《日本侵华教育全史》第2卷，第539—541页。

长；1943年2月后，教育部设次长一人，杨为桢、赵润丰、戴策先后任次长；设参事、秘书、督学、视察、专员各若干人，"承长官之命，办理有关事务"。① 1943年7月，教育部又增设咨询委员若干人，专备咨询及建议相关事宜。教育部内设总务、高等教育、普通教育、社会教育、边疆教育五司及秘书、参事、会计、统计四室，并设有大学教育委员会、华侨设计委员会、编审委员会、学制及课程标准研究委员会、留学生考选委员会、中小学训育实施委员会等附属机构。

汪伪时期的各省、特别市，则分别设立"教育厅"与"教育局"，在教育部的指导下负责全省、市教育事务的规划，地方教育法规的制定，教育经费的筹措、管理，公立学校的筹设、管理，私立学校的立案、管理、审核，社会教育机构的筹设、管理，师资的培养、管理，学生的管理，毕业生的分派，留学生的选派，及对各县教育局的指导、督察等工作。②

沦陷初期，各县地方"治安维持会"中一般设有"教育科"；伪维新政府时期，部分县开始设立"教育局"；汪伪国民政府成立后，决定恢复"教育局"。但各省的具体恢复办法则有所不同。如安徽省规定，"就已恢复之省份，参酌各县财政及教育情形，分别缓急，次第恢复各县教育局，掌理全县学校教育及民众教育馆、图书馆、博物馆、公共体育场、民众乐园、儿童乐园等事项及其他文化、社会事业"，恢复的条件是"每年教育经费收入在5万元以上者"、"各校学生总数达4000人以上者"或"各校学级总数在100级以上者"。③ 各县之"教育局"，其下一般设有总务、学校教育、社会教育三科或总务、教育两科。

1938年5月，伪维新政府公布教育宗旨："恢宏中国固有之道德文化，吸收世界之科学知识，养成理智精粹、体格健全之国民"，并制定了具体的实施方针，其目的是"要把中国人民培养成服从伪傀儡政权，拥护所谓'中日亲善'，并懂得基本农业知识的顺民"。④ 1939年8月，伪中国国民党第六次全国代表大会在上海召开，通过《修订中国国民党政纲》，其中教

---

① 《教育部组织法》（1940年7月6日修正公布），《国民政府公报》（1940年7月10日），第44号，国民政府文官处印铸局，1940，第1—4页。
② 曹必宏、夏军、沈岚：《日本侵华教育全史》第3卷，第121页。
③ 《修正安徽省恢复各县教育局办法》（1940年10月），转引自曹必宏、夏军、沈岚《日本侵华教育全史》第3卷，第125—126页。
④ 曹必宏、夏军、沈岚：《日本侵华教育全史》第3卷，第86—87页。

育部分的内容为:"保持、发扬民族固有之文化及道德,同时尽量吸收适于国情之外国文化"、"铲除狭隘之排外思想,贯彻睦邻政策之精神"、"厉行纪律训练及科学研究,以养成健全公民及建国人才"、"改订教育制度,重编教材,以适应新中国之建设"。① 1940年3月,汪伪政府发表的《国民政府政纲》明确规定:"以反共和平建国为教育方针,并提高科学教育,扫除浮嚣空泛之学风",② 推行"亲日和平教育"。所谓"浮嚣空泛之学风",即1940年汪精卫对伪中央大学教师所说:学生"喜欢参加政治活动,把学校当成个人活动的场合……以为读书没有出息的纷纷来干组织,作活动",因而必须"纠正青年的思想行动……埋头读书,认识和平反共救国的真意义,养成和平建国的真本领"。③

按照上述宗旨,日伪政权首先对南京国民政府时期的教科书进行了修改。伪维新政府对国民政府时期编纂的教科书进行修改的标准为:"排斥共产主义及不纯正的三民主义""坚持东方道德精神""一扫排日精神,打破欧美残留的痕迹"。④ 汪伪政府成立后,再次重新编订、修改中小学教科书,删除"教科书上含有阶级斗争,或足以引起阶级斗争的一切思想",修正"含有民族国家间的仇恨,或有足以引起将来的民族国家间的仇恨的思想",⑤ 实际上就是"删除了原来的所谓的排日的文字、文章,改为希求中日提携的措辞"。⑥ 经过修订后的这些教科书,"曲解三民主义中之民族主义"。

> 三民主义中之民族主义系以大亚洲主义为其重要内容,中国之独立自由与东亚之永久和平为不可分离,而世界之永久和平,亦必于此

---

① 《修订中国国民党政纲》(1939年8月30日),汪伪国民党中央宣传部编印《和平反共建国文献》,1941,第38—39页。
② 《国民政府政纲》(1940年3月30日),《和平反共建国文献》,第115页。
③ 汪精卫:《对中央大学教职员训词》(1940年8月11日),转引自经盛鸿《南京沦陷八年史》下册,社会科学文献出版社,2005,第851页。
④ 《伪维新政府一九三九年度之傀儡剧》(1940年3月),转引自曹必宏、夏军、沈岚《日本侵华教育全史》第3卷,第88页。
⑤ 杨洪烈:《国民政府改组还都后的"文化政策"》,《中日文化》第1卷第2期,1941年,第6页。
⑥ 上海市档案馆编《日本帝国主义侵略上海罪行史料汇编》,上海人民出版社,1997,第658页。

求得基础……倡导和平反共建国主义。认和平反共建国主义为当时救国救民惟一指南，和平反共建国之途径，系于和平中谋建设，非于和平中图苟安……宣传东亚联盟四大纲要。认东亚联盟四大纲领：政治独立、军事同盟、经济合作、文化沟通，为东亚民族共同生存，共同发达之基本原则……鼓如簧之舌，作强诡之辩，欲以上述各种涵义融化于中小学教科书内，进行其所谓"唤醒""大东洋的自觉"工作，消灭我抗战意识，缓和我民众仇日心理，再进而成全敌人东亚联盟的迷梦，使我青年悉受益惑，甘为驱使，乃至亡国而不自知觉，其险恶之甚，较之伪维新政府时代抑又过之。①

在课程设置上，伪政权按照日方要求，从小学开始就加强日语教学。

担任伪维新政府最高顾问的日本陆军少将原田熊吉，以"建设东亚新秩序，两国国民均属东亚协同体之构成分子，为促进强化双方之协同团结起见，对于彼此国语互相通晓，至关紧要"，要求中小学都必须进行日语教育。在师资方面，原田熊吉还制定了详细的《中小学日语教师任用规则》，规定"小学、中学及其同等以上学校日语教师，如须招聘日本人时，其人选应由最高顾问审查选定之后，推荐于行政院长，学校校长应按其结果，并依照名次顺序，向行政院长呈请聘用之。行政院长应与最高顾问协议之后，对于所属学校职位、薪俸等予以决定，再行核准委任之"。② 伪维新政府的《小学暂行规程》，虽规定初级小学原则上不开设外语课程，但实际上各学校从一年级开始就教授日语，而且课时也超过国语与算术。

汪伪政权成立后，原本计划取消小学的外语教育，但在日本的压力之下，"意旨竟有将日语之是否列为中小学必修课程，以觇我中日亲善程度与真诚之情势……且以善意说明国府改进各政宜采渐进，免致日方惊疑"，③ 只好决定"外国语以不教授为原则，但于都市区域，依实际需要，

---

① 教育年鉴编纂委员会编纂《第二次中国教育年鉴》，台北，文海出版社，1986，第1633页。
② 《伪维新政府最高顾问原田熊吉致伪维新政府行政院长照会》(1939年5月7日)，《日本帝国主义侵华档案资料选编·汪伪政权》，第540—541页。
③ 《汪伪教育部长赵正平致汪精卫呈文》(1940年7月27日)，《日本帝国主义侵华档案资料选编·汪伪政权》，第846页。

高年级（即五六年级）得加授外国语（日语或其他外国语）"。① 但实际情况则是，各小学仍然开设了日语课。如在湖北当阳县，"课本全系日文，其宣抚班翻译官等每周亲往各校教授日语"。②

此外，汪伪还故意篡改孙中山三民主义的本意，认为"大亚洲主义"是三民主义的重点，③"总理遗教中以大亚洲主义为最后主张，此一理论经二十年之湮没，始为事实证明其为真理。和平理论固以大亚洲主义为理论根干，即大东亚战争亦为大亚洲主义之实践，现在智识阶层虽已明白，中国之自由独立须求于东亚解放之中，然一般国民及学生犹未能普遍了解。为发扬总理遗教，培养东亚解放之正确观念及协力大东亚战争起见"，④ 将"大亚洲主义"列为学校的必修课程。

伪政权还大力推行所谓"训育教育"。1941年8月，汪伪政权颁布《中学训育方针及实施办法大纲草案》，规定中学训育原则为"训练学生反共睦邻思想，并深切了解国父遗教及和平建国国策"，"施行'训教合一'，全体教师共负训育责任"，"励行师生共同生活，注重积极指导，实施人格感化"。⑤ 1941年12月，汪伪国民党中央政治委员会通过《新国民运动实施纲要》，强调要"把爱中国爱东亚的心打成一片，东亚诸国，互相亲爱，团结起来，保卫东亚"。1942年，汪伪宣传部制定了《全国新国民运动推进计划》，要求"由教部通令全国学校，以新国民运动纲要列为公民特别课程之一，宣传部编纂新国民运动纲要讲授大纲，颁由各地宣传教育机关派员分赴各校讲演"，"派员先行到各校巡回演讲，散发传单及新国民运动纲要小册，并动员当地学生分散所属行政区划劝签，随时将参加签书人

---

① 《小学校日语课程调整原则及过渡办法》（1940年8月10日），《日本帝国主义侵华档案资料选编·汪伪政权》，第847页。汪伪教育部原来拟定的原则是"外国语以不授为原则，但于大都市区域，依实际需要，高年级得于正课外补授外国语（日语或英语）"，后汪精卫批示："英语改为其他外国语。"
② 国民党战时党政委员会编《倭寇之奴化教育》，《中华民国史档案资料汇编 第五辑第二编 附录》（上），第610页。
③ 《汪伪战时文化宣传政策基本纲要》（1943年6月10日），《日本帝国主义侵华档案资料选编·汪伪政权》，第859页。
④ 《汪伪国民政府训令》（1943年2月20日），《日本帝国主义侵华档案资料选编·汪伪政权》，第857页。
⑤ 《汪伪教育部呈》（1941年7月29日）、《汪伪行政院程步川签注》（1941年8月14日），《日本帝国主义侵华档案资料选编·汪伪政权》，第849—855页。

姓名披露"。① 受此影响，1942年9月，伪南京市教育局命令"以推行新国民运动为本学期各校馆中心工作"。② 以汪精卫为首的"新国民运动促进委员会"，还在各学校成立青少年团，以使沦陷区青少年"成为智仁勇兼备之中国青少年，俾能共同负荷复兴中华、保卫东亚之划时代之责任，以建设三民主义之中国与共兴共荣之东亚，而臻世界大同"。③

二 各类教育

1. 初等教育

日本侵占华东地区后，初等教育受到严重破坏，基本处于停顿状态。以南京市为例，根据1938年4月伪南京市教育局的统计，南京四个区公所（第五区公所及郊县未纳入统计）共有学龄男童18498人、女童17174人，而学校及入学儿童数量则极少，第一区公所仅有3所学校、431名学生，第四区公所"小学教育几乎完全陷于停顿，失学儿童为数当可惊人"，而南京城郊的燕子矶区公所则是"原有公私立小学三十余所，自兵灾之后，迄今无一校设立，致使全区儿童荒废学业"。④ 1938年9月，南京市有初级小学、完全小学共25所，学生4993人，教职员797人；⑤ 1939年5月，南京市有学龄儿童60000人，而小学仅有36所，学生12500人，⑥ 远远无法满足学龄儿童的需求。

面对上述状况，伪教育局无力开办更多的小学，只好鼓励开办旧式私塾与私立小学。1938年11月，南京市经教育局核准发给许可证的私塾已经有106所，这些私塾"受日伪官方的控制较少，后来成为宣传抗日爱国思想和反奴化教育的主要领域之一。但它也存在教育形式过时和教育内容陈旧等问题"。⑦ 私立小学的发展则较为缓慢，截至1939年10月，南京市仅有4所私立小学。浙江省的初级教育最为发达，先后设立了700余所初

---

① 《全国新国民运动推进计划》（1942年1月16日），《中华民国史档案资料汇编 第五辑 第二编 附录》（上），第558—559页。
② 《南京特别市教育局工作报告》（1942年10月），转引自曹必宏、夏军、沈岚《日本侵华教育全史》第3卷，第217页。
③ 曹必宏、夏军、沈岚：《日本侵华教育全史》第3卷，第219页。
④ 曹必宏、夏军、沈岚：《日本侵华教育全史》第3卷，第144页。
⑤ 曹必宏、夏军、沈岚：《日本侵华教育全史》第3卷，第145页。
⑥ 〔美〕明妮·魏特琳：《魏特琳日记》，南京师范大学南京大屠杀研究中心译，江苏人民出版社，2000，第638页。
⑦ 经盛鸿：《南京沦陷八年史》下册，第829页。

级教育机构，私塾也较为普及，但必须设立在"地方偏僻四周一里内无学校，或本地学童过多学校无法容纳之处"。①

1938年12月，伪维新政府教育部颁布《小学暂行规程》，着手恢复各省市的小学，规定小学为施行义务教育之阶段，原则上不收学费，招收6—12岁儿童，修业年限为六年，并对小学的设置、管理、经费、编制、课程、训育、设备、成绩考察、教职员等都做了详细规定。1939年9月，伪维新政府教育部又颁布《简易小学暂行规程》《短期小学暂行规程》《模范小学暂行办法大纲》，在偏远落后地区设立短期小学或简易小学，采用半日二部制，分上午、下午轮流教学，或全日二部制，间时教学，免收学费，教材由学校提供。初级教育虽然由此逐步走上正轨，但沦陷区学龄儿童失学的问题仍然没有得到解决。

汪伪国民政府成立后，通令各省市拟具扩充初等教育计划，"设法救济"失学儿童，推动了华东、华南、华中地区初级教育的恢复与发展。截至1940年6月，南京市共有各类小学50所、学生21737人；1941年底，南京市共有各类小学67所，学生34091人。② 1942年底，汪伪教育部对辖区内初等教育情况进行了调查，具体情况如表6-2所示。

表6-2 初等教育概况统计（1942年）

省市立别	项别	学校数	学级数	学生数合计	男	女	教职员数合计	男	女	支出经常费（元）
立别总计	合计	9255	23277	945745	636030	309715	30918	20184	10734	122202109
	国立	3	29	1166	730	436	61	19	42	196920
	省立	41	337	13365	8227	5138	600	317	283	3247212
	市立	268	2044	110186	71842	38344	3208	1647	1561	8857938
	县（市）立	3544	9982	430248	276622	153626	13325	8117	5208	95502867
	区（公）立	1832	4813	191412	147390	44022	6398	4802	1596	6167112
	私立	3567	6072	199368	131219	68149	7326	5282	2044	8230060

---

① 《市府公布杭州市管理私塾办法——注重道德教育，促进中日亲善》，《新浙江日报》1938年7月7日。
② 曹必宏、夏军、沈岚：《日本侵华教育全史》第3卷，第150页。

续表

省市立别 \ 项别		学校数	学级数	学生数 合计	男	女	教职员数 合计	男	女	支出经常费（元）
省市别总计	合计	9255	23277	945745	636030	309715	30918	20184	10734	122202109
	江苏	2174	5856	301891	203195	98696	8377	5181	3196	16615328
	浙江	608	1875	75279	51301	23978	2781	1557	1224	2832636
	安徽	433	1166	46602	34076	12526	1749	1345	404	1454716
	湖北	3825	5695	159832	95727	64105	6157	4773	1384	72452410
	广东	1138	4491	141869	95653	46216	5701	3838	1863	13887842
	南京	80	651	38665	22976	15689	1115	443	672	2297687
	上海	913	2870	149903	114047	35856	4051	2523	1528	9309095
	汉口	84	673	31704	19055	12649	987	524	463	3352395

资料来源：汪伪教育部统计室编印《全国教育统计》第 5 集，参见《中华民国史档案资料汇编　第五辑第二编　附录》（上），第 624—625 页。

尽管与伪维新政府时期相比，汪伪国民政府时期的初等教育已经有了较大的发展，但是仍然未能恢复到战前的教育水平。详见表 6-3 之比较。

表 6-3　1936 年度国统区与 1942 年度沦陷区初等教育比较

省别	学校数 1936 年	学校数 1942 年	学生数 1936 年	学生数 1942 年
江苏	11182	2174	1167538	301891
浙江	17573	608	1207597	75279
安徽	5921	433	384214	46602
湖北	6178	3825	397973	159832
广东	25355	1138	1718452	141869
南京	210	80	59162	38665
上海	1040	913	188177	149903

资料来源：教育部教育年鉴编纂委员会编纂《第二次中国教育年鉴》，第 1460 页；汪伪教育部统计室编印《全国教育统计》第 5 集，转引自曹必宏、夏军、沈岚《日本侵华教育全史》第 3 卷，第 152 页。

从表 6-3 可知，除上海外，汪伪国民政府统治下其他沦陷区的初等教育，远没有回复战前的水准。恢复情况最好的湖北省，学校数也仅达到战前的 62%，学生数仅达到战前的 40%；浙江省学校数仅达到战前的 3.5%，学生数仅达到战前的 6.2%，恢复的情况最差。

在沦陷区鼓吹实施的所谓免费义务教育，也没有得到落实。1940 年 4 月，汪伪国民政府教育部通令各省市教育厅局，"转饬各地小学，尽量设置免费学额，以资奖助清寒生"，"自下学期起，各地小学免费额至少应设置百分之二十，其有经济充裕学生发达之校，并应酌量情形增设至百分之四十"。[1] 1942 年，伪南京市教育局以"教育经费有限，于教育进展影响至巨"[2] 为由，向市立小学征收学费，半日制幼稚园与初级小学每人每学期 2 元，全日制幼稚园与初级小学 4 元，高级小学 4 元。[3] 1943 年 6 月，伪江苏省教育厅修正公私立小学征收学费标准，省立幼稚园每人每学期应缴费用 36 元，低级小学 18 元，中级小学 22 元，高级小学 28 元；县立幼稚园 31 元，低级小学 12 元，中级小学 17 元，高级小学 22 元，义务学校 11 元。[4] 即便是经济、教育发达的上海，到抗战结束前夕，各小学的经费也多来自征收学生的学费，而且交纳的多半是粮食，已经是难以维持。1944 年下半年开始，沦陷区小学的普遍状况是学校数量明显下降，继续办学的学校，也大多是"陷于极度贫困而不得不因陋就简之状态"。[5]

2. 中等教育

伪维新政府及汪伪国民政府不重视中等教育，不仅中学数量较少，始终无法满足学龄少年的入学需求，而且始终未能编写、出版统一的中学教科书。

伪维新政府将战前中学的三三制改为不分初高中的五年制，汪伪国民政府成立后恢复三三制。出于培养奴化教育所需师资的考虑，汪伪政权设立了一些中等师范学校，并投入了较多资金发展师范教育，但由于小学教师待遇菲薄，很多学生毕业之后从事其他职业，师范学校发展有限。汪伪

---

[1] 汪伪教育部编《教育部一九四一年施政概况》，转引自曹必宏、夏军、沈岚《日本侵华教育全史》第 3 卷，第 153 页。
[2] 伪南京市教育局：《教育局三十一年一月份施政概况》，转引自曹必宏、夏军、沈岚《日本侵华教育全史》第 3 卷，第 153 页。
[3] 伪南京特别市政府：《南京特别市立中小学征收学费办法草案》，转引自曹必宏、夏军、沈岚《日本侵华教育全史》第 3 卷，第 153 页。
[4] 伪江苏省政府教育厅编审室编印《两年来之江苏教育》，1944，第 143 页。
[5] 《小学教育》，《中华新报》1945 年 3 月 16 日。

政府虽然较为重视职业教育，但职业学校仍然存在着数量少、教职员及学生数量严重不足、教育质量低下等问题。

表6-4和表6-5反映了1942年汪伪统治区中等教育的发展概况。

表6-4 由学校性质统计中等教育概况（1942年）

省市	学校性质	学校数	学级数	学生数 合计	男	女	教职员数 合计	男	女	支出经常费（元）
总计	合计	240	1333	54250	35880	18370	5153	4283	870	26119783
	初级中学	67	258	10513	6969	3544	986	838	148	3609942
	中学	134	862	36960	24501	12459	3164	2610	554	15780560
	师范学校	13	82	2743	1466	1277	420	350	70	4177938
	职业学校	26	131	4034	2944	1090	583	485	98	2551343
江苏	合计	90	469	20314	13163	7151	1662	1434	228	4275051
	初级中学	27	116	5304	3159	2145	422	367	55	1033150
	中学	52	293	13135	8666	4469	977	843	134	2251343
	师范学校	2	13	444	288	156	58	54	4	551940
	职业学校	9	47	1431	1050	381	205	170	35	438618
浙江	合计	17	98	4197	2850	1347	393	299	94	1252380
	初级中学	5	27	1405	981	424	103	81	22	326640
	中学	8	54	2364	1594	770	198	144	54	540888
	师范学校	1	7	186	85	101	33	26	7	197832
	职业学校	3	10	242	190	52	59	48	11	187020
安徽	合计	19	88	3299	2348	951	379	319	60	1067036
	初级中学	4	9	502	372	130	51	40	11	85280
	中学	8	52	1930	1313	617	209	173	36	522364
	师范学校	3	7	269	191	78	43	38	5	222360
	职业学校	4	20	598	472	126	76	68	8	237032
湖北	合计	16	78	2382	1847	535	253	205	48	1865957
	初级中学	9	34	906	725	181	99	74	25	810960
	中学	6	35	1160	818	342	116	95	21	521608
	师范学校	1	9	316	304	12	38	36	2	533389

续表

省市	学校性质	学校数	学级数	学生数 合计	男	女	教职员数 合计	男	女	支出经常费（元）
广东	合计	35	233	7927	5211	2716	980	822	158	8084669
	初级中学	12	39	1205	842	363	180	162	18	960852
	中学	16	137	5148	3780	1368	561	474	87	5216034
	师范学校	2	27	740	136	604	108	78	30	1093494
	职业学校	5	30	834	453	381	131	108	23	814289
南京	合计	15	126	5996	4024	1972	569	464	105	2083786
	初级中学	2	10	382	276	106	50	44	6	126928
	中学	9	99	4865	3258	1607	399	323	76	1424532
	师范学校	1	5	317	160	157	60	50	10	202110
	职业学校	3	12	432	330	102	60	47	13	330216
上海	合计	39	143	5967	4169	1798	622	498	124	3871741
	初级中学	8	23	809	614	195	81	70	11	266132
	中学	29	112	4859	3415	1444	488	384	104	2998949
	师范学校	2	8	299	140	159	53	44	9	606660
汉口	合计	9	98	4168	2268	1900	295	242	53	3619163
	中学	6	80	3499	1657	1842	216	174	42	2304842
	师范学校	1	6	172	162	10	27	24	3	770153
	职业学校	2	12	497	449	48	52	44	8	544168

资料来源：曹必宏、夏军、沈岚《日本侵华教育全史》第3卷，第204—205页。

由表6-4可见，尽管师范学校数量不多，但平均每所学校的经费是中学的3—6倍，可见其受重视的程度。由于很多学生不愿意进入日伪开设的学校接受教育，这一时期的私立学校得到了一定的发展。如表6-5所示，私立学校在学校数量上占到了总数的46%，学生数占总数的37%，教职员数占到了35%，经费占总数的28%，说明私立学校尽管数量较多，但经费相对不足，发展受到了限制。

表 6-5　省市立别学校中等教育概况（1942 年）

省市	立别	学校数	学级数	学生数 合计	学生数 男	学生数 女	教职员数 合计	教职员数 男	教职员数 女	支出经常费（元）
总计	合计	240	1333	54250	35880	18370	5153	4283	870	26119783
	国立	6	46	2065	1052	1013	243	188	55	1062795
	省立	42	368	12919	8449	4470	1439	1201	238	7362017
	市立	16	162	7355	4853	2502	560	476	84	4910307
	县（市）立	58	268	11099	7537	3562	1030	877	153	5175015
	区（公）立	7	21	618	408	210	94	77	17	228999
	私立	111	468	20194	13581	6613	1787	1464	323	7380650
江苏	合计	90	469	20314	13163	7151	1662	1434	228	4275051
	省立	16	136	5006	3095	1911	516	431	85	1705096
	县（市）立	20	101	4740	3068	1672	370	323	47	860668
	私立	54	232	10568	7000	3568	776	680	96	1709287
浙江	合计	17	98	4197	2850	1347	393	299	94	1252380
	省立	8	55	1868	1248	620	227	172	55	825576
	县（市）立	5	31	1773	1217	556	117	94	23	326004
	私立	4	12	556	385	171	49	33	16	100800
安徽	合计	19	88	3299	2348	951	379	319	60	1067036
	省立	8	49	1496	1046	450	212	186	26	581912
	县立	5	11	575	426	149	65	54	11	198520
	私立	6	28	1228	876	352	102	79	23	286604
湖北	合计	16	78	2382	1847	535	253	205	48	1865957
	省立	2	25	922	711	211	88	79	9	639817
	县立	14	53	1460	1136	324	165	126	39	1226140
广东	合计	35	233	7927	5211	2716	980	822	158	8084669
	省立	8	103	3627	2349	1278	396	333	63	3609616
	县（市）立	14	72	2551	1690	861	313	280	33	2563683
	区立	3	11	281	162	119	49	40	9	57387
	私立	10	47	1468	1010	458	222	169	53	1853983
南京	合计	15	126	5996	4024	1972	569	464	105	2083786
	国立	6	46	2065	1052	1013	243	188	55	1062795

续表

省市	立别	学校数	学级数	学生数 合计	男	女	教职员数 合计	男	女	支出经常费（元）
	市立	4	44	2257	1690	567	166	133	33	530329
	私立	5	36	1674	1282	392	160	143	17	490662
上海	合计	39	143	5967	4169	1798	622	498	124	3871741
	市立	6	37	1545	1040	505	164	142	22	1037215
	区立	4	10	337	246	91	45	37	8	171612
	私立	29	96	4085	2883	1202	413	319	94	2662914
汉口	合计	9	98	4168	2268	1900	295	242	53	3619163
	市立	6	81	3553	2123	1430	230	201	29	3342763
	私立	3	17	615	145	470	65	41	24	276400

资料来源：汪伪教育部统计室编印《全国教育统计》第5集，《中华民国史档案资料汇编 第五辑第二编 附录》（上），第622—623页。

3. 高等教育

全国抗战爆发后，华中沦陷区的高等教育受到了严重的摧残。除了部分教会大学与私立大学在上海租界继续坚持办学外，华中、华南地区的其他高校或被迫内迁，或被迫停办。

伪维新政府教育部虽然颁布了《修正大学法》，计划筹建"南京大学"，并成立了南京大学筹备处，但它在高等教育方面唯一的"成就"，仅是在上海的复旦大学旧址上，创办了一所"维新学院"。汪伪国民政府成立后，认为"教育为立国精神所寄，而大学教育站在全国领导地位，于反共和平政策之推行，青年思想行动之纠正，复兴建设人才之培养，均极重要"，[1] 于是积极恢复高等教育，并专门成立了大学教育委员会，由伪教育部长赵正平任委员长。

汪伪国民政府教育部先后在南京、上海、杭州等地，设立或恢复了7所高等院校。"国立上海大学"成立于1941年8月，校长为赵正平。1944年，该校设有农学院、法学院、文学院3院11系，在校学生299人，教职员108人。该校与日本关系较为密切，曾得到兴亚院的直接资助。国立交

---

[1] 严恩椿：《一年来的高等教育》，《教育建设》第2卷第1期，1941年，第56页。

通大学部分师生西迁后，留沪部分于1941年9月改称私立南洋大学，但在日伪压迫下，该校校长张廷金于1942年8月呈请"恢复国立交通大学"，得到汪伪国民政府行政院的批准。该校设有理学、管理、工学等3院9系，校长为张廷金。截至1943年底，该校共有学生594人，教职员93人。淞沪抗战后，国立上海商学院搬迁到上海愚园路40号继续办学，1942年6月，汪伪教育部接收了该院，任命裴复恒为院长，该校设有会计、银行、工商管理、国际贸易4系，截止到1943年6月，共有学生157人，教职员55人。"国立上海医学院"部分师生西迁后，留沪部分于1942年9月被汪伪教育部接收，任命乐文照为校长，截止到1943年6月，该校共有学生96人，教职员72人。"国立音乐院"前身是国立音乐专科学校，全国抗战爆发后在上海市内几经搬迁，于1942年6月被汪伪教育部接收，改称"国立音乐院"，李维宁任院长，设有理论作曲、键盘乐器、乐队乐器、国乐、声乐等系，共有学生171人，教职员47人。"国立浙江大学"于1943年8月恢复，由钱慰宗任校长，设有文法、理工、农学、医学4个学院，共有学生241人。1944年5月23日，汪伪行政院会议决定停办浙江大学。"中央大学"是汪伪时期规模最大、最有影响的高校。该校于1940年4月恢复，设有文、法、商、教育、理工、农、医等学院，樊仲云、李圣五、陈柱、陈昌祖曾先后担任该校校长。至1944年，该校有学生940人，教职员165人。

此外，汪伪时期的各省，还创办了一些省立高校，如广东大学、江苏教育学院、浙江日文专科学校、湖北农林专科学校等，但规模都不大。

在汪伪统治区，私立大学数量较多，类型庞杂。南方大学、中国公学大学部、中法大学医学专修科的主办者是汪伪政权的高官江亢虎、许逊公、褚民谊。东亚工业学院、厚生医学专校则是日本人创办的。全国抗战爆发后，暨南大学、沪江大学、之江文理学院等高校迁入租界，太平洋战争爆发后则相继迁往大后方。圣约翰大学是上海最负盛名的教会大学，全国抗战爆发后迁入租界，坚持办学；太平洋战争爆发后，校长卜舫济被迫退位，由沈嗣良担任校长。该校设有文理、医、土木工程3个学院，受到沦陷区广大青年的欢迎，截止到1943年6月，共有学生2004人，教职员165人，是汪伪统治区规模最大的高校。复旦大学、大夏大学西迁后，留沪师生在租界复课。太平洋战争爆发后，日伪进入租界，试图将圣约翰、光华、大夏、复旦4所私立大学合并为"联合大学",但因受到四校师生的抵制,汪伪政权被迫废弃原来的提议。

第四节　沦陷区的留日教育

甲午战争的惨败,促使"睡狮"猛醒的中国人决定"以日为师",通过日本学习欧美现代先进的科学文化技术,以救亡图存。于是,近代中国兴起了轰轰烈烈的留日运动,直至1937年七七事变后,中国政府主导下的留日运动暂告一段落。不过,在侵华战争期间,日本政府和军部为培养"中日亲善"的"楔子"和"大东亚新秩序"建设的"协力者",以服务于其侵略战争,蛊惑或强令伪中华民国临时政府、维新政府及1940年3月成立的汪伪政府和伪满、伪蒙疆政权继续选派留日学生,在中日战火纷飞的年代竟出现了中国伪政权之留日学生赓续不绝的特殊现象。

一　伪满洲国

1931年九一八事变后,日本迅速攻陷东北三省,并借助上海"一·二八"事变的掩护,不顾国际舆论的强烈谴责,"毅然决然"地抬出了清废帝溥仪,于1932年3月1日成立了傀儡政权——伪满洲国。伪满政府明确规定留学日本的宗旨是:"依据日满两帝国一德一心不可分之关系,我国自大同二年三月以来,对于留学日本之青少年,政府予以诸般方便之指导,或支给补助,以奖励其修学,而作两帝国之精神结合之楔子,并努力育成国家有用之人才,以至今日。故向日本派遣留日学生之本旨,非单为学习采择先进国家日本文物制度之所长,以资我国国势之革新向上,所谓企图文化移植而已,乃使纯真活泼之青少年在亲邦国土、气候、风俗、人情环境内,历身生活,与日本青少年共相切磋琢磨,体得日本真精神,互相提携于次代,成为日满两帝国之不动摇的结合分子。"[1] 即培养日"满"提携,以及日"满"结合的"中坚分子"。

为此,伪满政权采取种种措施,继续推动中国东北地区的青年学生赴日留学,或呼吁因九一八事变回国的留日学生返回日本。1932年7月29

---

[1] 《满洲帝国学事要览》,"留学生制度篇"。

日，伪满文教部召开"第一回教育厅长会议"，宣布此前的各种官费留日学生限于同年9月10日前，到东京的伪满驻日留学事务处报到登记，学费照发。①部分中国留日学生虽因九一八事变和"一·二八"事变而回国，但在伪满政府要求各项公费留日学生限期赴日后，不少人鉴于中日局势再次趋缓而又陆续返回日本。据统计，1933年5月，伪满留日学生仅314人，一年之后的1934年6月就增加到757人，1935年6月又增至1133人，1936年6月达1805人，七七事变前夕的1937年6月1日竟至1939人，是为伪满留日学生人数的最高峰。②这一时期伪满留日学生人数的快速增加，与伪满政府推行的积极留学日本之政策不无关系。

1936年9月17日，伪满当局以敕令第143号颁布了《留学生之件》，确立了留日学生认可制度。该件规定："欲为留学生者，并依文教部大臣或蒙政部大臣之所定，受其留学之认可"；"文教部大臣或蒙政部大臣为令学习国家需要之学术、技艺，得对于留学生以给留学补助费"；"遇留学生有不当行为或至无成业之希望时，得撤销其留学生之认可，或命其归国"；"本令自康德四年七月一日开始实行"。③1936年9月21日，伪满文教部发布部令第三号和伪蒙政部令第八号公布《留学生章程》，次年1月修正为《留学生规程》，共计22条。1937年9月，伪民生部成立后，原伪满文教部缩编为其属下的一个司，故伪民生部重新发布了该规程。

《规程》的主要内容有以下几项：（1）留学资格，即必须获得伪民生部大臣发给的留学生认可证，但获得留学生认可证的条件，是留学认可考试合格者或毕业于其所指定之留学生预备教育施设者。（2）认可办法，首先是具有伪满国籍的"思想坚实，身体强健"者，且须具有国民高等学校毕业证明或经国民高等学力检定合格；其次，提出留学生认可呈请书，并附履历书、毕业证书或毕业预定证明书、学业成绩证明书、身份调查书、留学誓约书、三个月内免冠照片，呈经管辖住所地之省长或特别市长，转呈伪满民生部大臣，获批准后参加考试；最后是笔试、口试和身体检查合

---

① 赵卜谦：《留日学生纪略》，《吉林文史资料》第26辑；武强编《东北沦陷十四年教育史料》（二），吉林教育出版社，1993，第448—450页。
② 周一川：《近代中国留日学生人数考辨》，《文史哲》2008年第2期。
③ "满洲帝国教育会"编印《满洲帝国文教关系法规辑览》，1938。

格。(3) 指定学校,"留学生之留学地、应入之教育施设、学习学科及留学年限,由民生部大臣指定之"。(4) 权利和义务,即伪满政府对于成绩特别优秀而家境贫困者,"支给留学补助费",但他们毕业后有担任伪民生部大臣所指定职务之义务。由此,伪满的留学生认可制度,取消了留日公费生、自费生的区别,加强了对留日学生的统制和监控,但也因留日门槛提高、管制过严和通晓日语者有限而致留日学生人数开始下降。1938年6月,伪满留日学生人数从七七事变前夕的1939人下降至1620人;1939年6月,又降至1322人;1940年6月竟不足千人,仅有933人,① 尚不足七七事变前夕伪满留日学生的一半,可见伪满留日学生人数下降速度之快和幅度之大。

为保证一定数量优秀留日学生的培养,伪满政府与日本政府几经协商,决定从内外两个方面促进伪满的留日学生工作。从内部来说,伪满政府于1937年5月在"新京"成立留学生预备校,做好留日前的培训工作,尤其是要提高留日学生的日语水平。根据《留学生预备校规程》规定,② 只有"思想坚实""身体强健"的"满洲人",且具备以下几项条件之一者,方有可能经过考试而成为留日预备生。第一是国民高等学校毕业或于该年度有毕业希望者;第二是国民高等学校毕业、学力检定合格者;第三是伪满民生部大臣认为有特别事情者。考试为笔试、口试及查体。笔试为国民道德、"国语"、数学及经民生部大臣许可、校长指定之科目。通过考试者则成为留日预备生,但还要经过为期一年的学习。学习科目为国民道德、日语、数学、英语、物理、化学或地理、历史及训练各科,且规定每周授课时间不低于24个小时,但亦不得超过42个小时。伪满民生部大臣将给这些预备学校毕业生直接发放留学认可证书。

从外部来说,伪满政府鉴于留学认可制度中指定学校欠缺计划性和留日学生人数的不确定性,容易导致留日学生人数与指定学校衔接困难;加上全国抗战爆发后,日本政府为配合伪满政府的"五年产业开发计划",故两者协商决定在一些学校专门为伪满洲国留日学生设置固定的学席名额,重点培养伪满政权的"中坚分子"和"产业开发计划"实施人才。根

---

① 周一川:《近代中国留日学生人数考辨》,《文史哲》2008年第2期。
② 武强编《东北沦陷十四年教育史料》(二),第115—119页。

据这一学席制度的规定，日本政府在8所大学、3所高中与大学预科学校、16所工业专门学校、7所农业学校和9所高等师范学校中，为伪满洲国留日学生保留222个学席名额。① 这些学席的专业多为理、农、林、工、商、机械、电气、土木、建筑等科，由此可见，日本政府和伪满政权重点培养实用技术人才，以配合"开发"中国东北的资源，支持日本的侵略扩张战争。1938年4月，伪满民生部根据日本学校保留的学席名额，开始从留日预备学校毕业者和获得留学认可者中选拔学生赴日留学。

伪满政府除重视培养这些普通的留日学生之外，还根据日本政府和关东军的安排，选派了教员、社会指导者、警官、司法官等一批批特殊的留日学生。这些留日学生多为伪满政权体制内的基层工作人员，直接与社会各界联系，对贯彻落实伪满傀儡政权政策具有非常重要的作用，故日本政府和伪满当局希望通过强化这些人的亲日教育和技术指导，培养其效忠伪满政权，成为配合日本侵略战争政策的工具和未来"日满结合"的实用"楔子"。

但是，这些留日学生在国内看到的是日本侵略者烧杀抢掠的暴行，在日本又遭到歧视和不平等待遇，反而激起了他们更高的爱国热情。如东京第一高等学校的中国留日学生同学会会长、吉林人徐荫东，抵制日伪的诱惑，坚决拒绝加入伪满"国籍"，被日本学校开除。② 1937年，一批在东京大学学习的伪满留日学生秘密组织读书会，研讨救国方策。其后，他们在读书会的基础上成立东北青年救亡总会，且在1940年通过中共东京支部与国内党组织取得联系，1943年更名为晋察冀东北青年救亡总会。伪满留日学生中还有不少人加入了中国共产党，利用寒暑假回国之际，参加抗日活动。③

伪满当局和日本政府一方面镇压留日学生的抗日反"满"活动；一方面加强对留日学生的监督和控制。因此，伪满初建之时，留日学生相关事务由伪满文教部负责。1937年7月，伪满文教部缩编为教育司，直属于新成立的伪满民生部，故伪满民生部又成了伪满留日学生事务的主管机构。

---

① 武强编《东北沦陷十四年教育史料》（二），第399页；谢廷秀：《满洲国学生日本留学十周年沿革史》，伪满外交部，1942，第158页。
② 国民政府教育部档案，中国第二历史档案馆藏：5-15293。
③ 王奇生：《留学与救国——抗战时期海外学人群像》，广西师范大学出版社，1995，第277—278页。

1943年4月，伪满复成立文教部，负责留日学生事务。而伪满境内的蒙古族人的文教行政和留日学生事务，统归兴安总署负责，后改为伪蒙政部管理。在日本国内，伪满留日学生事务，先由伪满驻日留学事务处负责，继而由伪满驻日大使馆参事官负责，最后由伪满驻日大使直接管辖。当然，在伪满留日学生的监管过程中，都有日本人的直接参与。

除了管理留日学生的行政机关之外，日本政府和伪满当局还设有留日学生组织，以强化留日学生之间的相互监视和连带责任。伪满建立不久，熙洽为控制留日学生和培植私人势力，于1932年成立"满洲国留日学生俱乐部"，招致伪满中央和日本人的嫉恨，故在1935年6月20日该俱乐部被解散，并随之成立伪满留日学生会馆，由伪满驻日大使馆职员、日本陆军预备役少将平田幸弘担任理事长，聘请外务省文化事业部长冈田兼一、陆军省军务局长今井清等人为顾问，实权完全掌握在日本人手中。1938年1月16日，新的"满洲留日学生会馆"建成，募集新旧留日学生入住，而一旦留日学生入住之后基本上就失去了自由活动的权利，受到严密监视。① 日本政府和军部要人、伪满访日重要官员等，也会经常到会馆宣扬"日满亲善"、"日满一德一心"，鼓动伪满留日学生"为建立亚洲新秩序而努力"。②

日本政府和伪满在管教和监控留日学生的同时，也比较"关心"即将毕业回国的留日学生的工作问题，因为这不仅关系到留日学生个人的生存和发展，更直接关系到其培养留日学生的战略目标能否实现。故而，伪满政府文教部（或民生部）等机构在留日学生毕业之际，主动与有关部门协商，以妥善安置留日学生的工作。据1937年《满洲帝国学事要览》记载："对于留学生之卒业者，与总务厅人事处协力斡旋，就职于诸官署或特殊银行公司等。"③ 另据刘振生对原留日学生的采访和问卷调查，确知留日学生毕业后有具体职业的5人中，1人任教于承德师范学校，1人是"服务"日本军国主义的战地记者，1人任吉林省政府保健科属官，1人就业于伪满洲国生活必需品株式会社，1人被分配到哈尔滨海关检查科，基本上都是为

---

① 伪满洲国文教部编印《满洲帝国文教部第二次年鉴》，1935，"留学教育篇"。
② 《盛京时报》1943年3月24日。
③ 转引自王奇生《留学与救国——抗战时期海外学人群像》，第277—278页。

日伪政权"服务"的基层工作人员。① 故而，伪满政府的留日教育，一定程度上培养的是巩固殖民统治的"人才"和配合日本侵华战争的工具。

不过，中日战争发展的态势并没有给伪满更多的时间，1945年8月15日，日本宣布无条件投降后，伪满政府的留日教育也烟消云散了。

二 伪中华民国政府

1937年7月全国抗战爆发后，国民政府教育部发布了中国留日学生"撤离敌国，回国参战"②的训令。绝大多数留日学生积极响应国民政府的号召，纷纷回国。七七事变之前有4018名中华民国留日学生，到1937年11月1日仅剩下403人留日。③ 但是，日本在全面侵华战争之后扶植的伪中华民国临时政府、维新政府，以及整合临时、维新两个伪政府而于1940年3月成立的汪伪政府，在日本侵略者的指使下继续向日本派遣留日学生，以培养日本政府和军部所希望的"中日亲善"的"楔子"和"大东亚战争"的"协力者"。

不过，由于日本政府、军部内部之间的矛盾，汪伪政府管辖的范围仅限于华中方面，而原伪临时政府在改称"华北政务委员会"后仍管辖华北地区甚至一度包括河南、安徽北部等地，保留了相当大的独立性。华北的文教事业，包括留日学生有关事务都由"华北政务委员会"教育总署负责；而华中的留日学生事务则由汪伪教育部负责，华南广东方面的留日学生事务虽然名义上归汪伪政府，但实际上更多地接受"中日文化协会广东分会"和日军驻广东特务机关的指令而选派留日学生。在汪伪政权成立之前，伪中华民国临时政府、维新政府，基本上仍沿袭中华民国的留日政策，④ 但因派遣主体和派遣目的出现根本性变化，导致这一时期的留日性质发生了"质变"。

---

① 刘振生：《"满洲国"时代的留日学生与日本》，博士学位论文，东北师范大学，2004，第283—312页。
② 《教育部令留日学生一律回国》，《大公报》1937年10月29日。
③ 《事变前后留学生省别比较表》，中国第二历史档案馆藏，伪华北临时政府教育部档案，2017-179。据日华学会统计，所剩403人是具有学籍者人数，实际上仅余398人。此处见《日华学报》1937年12月30日。
④ 三好章「維新政府と汪兆銘政権の留学生政策——制度面を中心に」『人文学研究所報』第39巻、2006年3月。

随着日本在华侵占区域的扩大，侵华战争之初主要倾向于从北京、天津等大城市选拔留日学生，因不能"惠及"华北、华东其他省市，而无法适应大面积占领中国领土的战争局势和对华"文化工作"的需要。1939年9月18日，日本驻伪中华民国临时政府大使馆的参事官堀内干城，呈报外务大臣阿部信行《关于选拔留学生各地比例人数变更件》，请求自1940年开始将外务省的选拔留学生名额按地域划分，转交伪临时政府教育部，使其公平地选拔各地的优秀者，并附送了华北五省学校统计表作为参考。① 外务省较为重视其建议，亦希望在更广泛的范围内招募优秀的中国留日学生。

1940年5月16日，日本外务省与"华北政务委员会"教育总署、兴亚院华北联络部之间达成了《中国留学生选拔委员会组织规程》。《规程》规定："中国留学生选拔委员会设委员九人，由中华民国临时政府教育部指定五人，日本兴亚院华北联络部及驻华日本帝国大使馆各指定二人组织之，并公推一人为委员长，于必要时得酌聘临时委员"；"委员会之职权为审议关于左列之事项：一、留学生所缴证件之审查；二、留学生学资历之审查；三、留学生学业操行及思想等之审查；四、留学生选拔派遣之决定，五、其他关于选拔之重要事项"。② 5月30日，有田八郎外务大臣致函在北京的土田丰书记官，指示：（1）认真向留学生选拔委员会推荐合适人选；（2）文化事业部对留学生的录取方针是在大学、高等学校、各种专门学校、高等师范学校的学生中按照学业成绩顺序选拔"思想健全者"，尽可能多地录用学习医、工、农、理科者；（3）昭和15年"选拔留学生"录取人数为40名以内。③ 由此可见，日本政府选拔中国留日学生的目的，在于挑选所谓"思想健全者"和学习理工科者，即培养具有"亲日"思想的实用性技术人才，配合日本政府和军部的殖民地资源"开发"与"利

---

① 「選抜留学生各地割当人数変更ニ関スル件十四年九月」『在本邦選抜留学生補給実施関係雑件/方針関係　第二巻』外務省外交史料館蔵、アジア歴史資料センター、レファレンスコード、B05015477300。
② 「選抜留学生選定方ニ関スル件十五年二月」『在本邦選抜留学生補給実施関係雑件/方針関係　第二巻』外務省外交史料館蔵、アジア歴史資料センター、レファレンスコード、B05015477500。
③ 「選抜留学生選定方ニ関スル件十五年二月」『在本邦選抜留学生補給実施関係雑件/方針関係　第二巻』外務省外交史料館蔵、アジア歴史資料センター、レファレンスコード、B05015477500。

用"，以支持日本的侵略战争政策，但限于战争时期的财政紧张，无法过多地接收学生。

汪伪政府也鉴于财政紧张，将选派留日学生的目光转向了各地的自费生。沦陷区各地的中国学生既无法去别国留学，在日伪监视和控制下也很难到大后方进修学习。为逃避日伪监视和沦陷区的白色恐怖，不少人自费赴日留学，还有些家资丰厚者为保护自己的人身和财产安全，讨好侵略者，主动派遣子弟赴日留学。当然，也不排除某些青年学生为了解战时日本的情况而东渡留学。① 总之，在抗日战争时期，自费留日的现象非但没有停止，反而再现小高潮。据统计，从1938年6月至1943年9月，中国沦陷区留日学生人数平均每年仍有2540多人，即使在抗日战争临近结束的1944年4月，仅伪中华民国留日学生人数就有1118人。②

伪中华民国各地方政府还选派赴日考察者，亲身体会、领悟"日本精神"、"大东亚新秩序"等，以使之影响伪政权辖区内民众的精神面貌。1939年底，伪河北省公署决定派遣崔培桐、苏沅村、王寿田、陈怀仁等4名在职教育司法官员，组成教育视察团赴日研修学习，并给每人分配了不同的任务。如，陈视察员要在1940年2月1日至7月31日之间，用半年的时间进入东京国民精神文化研究所，在专家的指导下研究专门科目；苏视察员要研究教员再训练方法的心得，及"东亚新秩序"理念的理论；王视察员要特别留意理科教员的指导训练。他们在研修结束后，还要到大日本青年协会、葛饰农场等相关教育实习机构视察。③

日本侵华战争时期的中国留日学生教育，已无须像战前那样遮遮掩掩地培养留日学生中的"亲日分子"和他们的"亲日感情"，而是赤裸裸地培养服务日本侵华战争政策的各级各类"人才"，即所谓"大东亚新秩序"建设的"协力者"，故对遴选出来的公费生及自费生的教育非常重视，既要教给他们"服务"日本侵华战争的知识和技术，又要培养他们对"大日本帝国"的顺从和忠心，以实现其"以战养战"、"以华制华"和永远霸占沦陷

---

① 参见周孜正《试探沦陷区中国青年赴日留学原因》，《民国档案》2004年第3期。
② 关于全国抗战期间中国沦陷区每年留日学生的具体人数，周一川在《近代中国留日学生人数考辨》（《文史哲》2008年第2期）中已有详细考订，此处不再赘述。
③ 「河北省派遣日本留学生ニ便宜供与　昭和十五年一月」『満支人本邦視察旅行関係雑件/便宜供与関係　第十一巻』外務省外交史料館蔵、アジア歴史資料センター、レファレンスコード、B05015796700。

区的战略目的。如 1940 年，伪河北省公署选派 50 名官费学生赴日留学，在《留日官费生派遣实施要领》中规定聘请日本人担任指导者，而中国人为副指导者，目的是获得"留日学生即积极的新秩序建设协力者这样的成果"，[①] 明确其目标就是培养"大东亚新秩序"建设的"协力者"。

为实现上述留学教育目的，日本政府一方面监督、检查留日学生的学业成绩；另一方面修建留日学生教育基础设施，改善留日学生生活待遇。如 1939 年 5 月 10 日，三谷文化事业部长致函东京帝国大学总长平贺让等 13 名校长，请求他们在事业报告书中尽快列明 1938 年度伪中华民国留学生训育费的详细收支情况。各学校在 1939 年 5 月汇报了此前组织留日学生的各项"中日亲善"活动，如带领中国留日学生参观名胜古迹、徒步旅行、实习见学，参加各种关于日本建国、"大东亚战争"的纪念会，举办演讲会、恳谈会、留学生入学欢迎会、毕业生欢送会，制作各种徽章，冬季或夏季修炼会活动等及其支出情况。[②] 5 月 31 日，会计检查员西村书记官报告文化事业部：1937 年对华文化事业费补给留日学生团体设施及训育费总决算额为 89578 元。[③] 从这些经费支持的前述"中日亲善"活动看，其目的主要是培养留日学生的"亲日感情"，展现日本文化的"精髓"和"夸耀"日本的战力，以及宣扬大东亚"圣战"的意义。

全国抗战时期伪中华民国的留日学生，非但没有被伪政权和日本政府的"糖衣炮弹"迷惑，反而暗中参加抗日救亡活动。其原因主要有二：一是基于民族大义自然而然产生的民族主义情绪。故而，全国抗战时期中国留日学生虽在日伪监控下不得不"安心向学"，但真正甘心附逆者并不多。周孜正通过查阅部分战时中国留日学生的"自传"，也认为"在留日学生中间的'叛变者'是极少的"。二是培养留学生对留学国的亲近感需要一个相对长期、潜移默化的过程，而历史发展的态势给日本政府的时间非常

---

① 「昭和十五年（3）河北省公署派遣留日官費生ニ関スル実施要領昭和 15 年」『在本邦選抜留学生補給実施関係雑件/推薦関係　第二巻』外務省外交史料館蔵、アジア歴史資料センター、レファレンスコード、B05015480100。

② 「昭和十三年度訓育費ノ調査十四年五月」『在本邦留学生ニ対スル諸補給関係雑件/訓育費関係』外務省外交史料館蔵、アジア歴史資料センター、レファレンスコード、B05015538500。

③ 「団体施設及訓育費決算額照会ノ件昭和十四年五月」『会計検査関係雑件　第十巻』外務省外交史料館蔵、アジア歴史資料センター、レファレンスコード、B05015107400。

有限，它甚至还来不及培养一批"优秀"而又"亲日"的留日学生。如，"汪伪派遣第一批留日学生是1940年秋季到日本的，入日本最好的官公立大学的学生至少要到1945年夏天才能毕业，这时离日本投降只有一二月了。这些汪伪设想中的'最优秀人才'哪里还有机会承担什么'复兴救国'的重任？"① 而战时留日毕业生或短期留日生、速成生回国为日伪政权"效力"，亦因年龄、资历、经验等原因，多为低级属吏。王奇生在研究各地傀儡政权中汉奸的留学出身比例后，提出："留日出身的汉奸大多在各伪政权中出任要职。他们留日的年代一般在清末民初至20年代。战时留日学生作汉奸者较少，而且多任低级伪职。"② 这一方面反映了日本侵华战争时期对中国留日学生教育"欲速则不达"的实态；另一方面也反映了战争暴力下的留学教育非但不易产生亲近感，反而更易结出"仇恨"的苦果。

三 伪蒙疆政权

七七事变爆发后，日军为防止日后"北进"时苏军由外蒙古南下包抄其后路，得到向外蒙古和苏联等远东地区扩张的立足点，以及解除南侵中国内地的后顾之忧，决定出兵占领内蒙古部分要地，扶植亲日"满"的傀儡政权。1937年8—9月，日军相继攻陷了张家口、大同，分别扶植了伪察南自治政府和伪晋北自治政府。10月，日军在伪蒙军的协助下，接连攻占绥远、包头等地，于10月27日成立伪蒙古联盟自治政府。11月22日，关东军从其侵华总体战略目的出发，指示察南、晋北和蒙古联盟自治政府三个伪政权在张家口组建统一的伪蒙疆联合委员会。为安慰德王建立"蒙古国"的愿望，1939年9月1日又将伪蒙疆联合委员会改组为伪蒙疆联合自治政府。但不管形式如何变换，都是由日本驻蒙军司令官、兴亚院"蒙疆"联络部部长和各种日本顾问控制伪蒙疆政府的实权。

虽然在政治和军事上控制了"蒙疆地区"，但日本侵略者深知：要把"蒙疆地区"真正地从中国分离出去，达到长期有效地控制"蒙疆地区"的目的，必须在文化上做到"日蒙亲善"，使"蒙疆地区"日本化，而选派蒙古族学生和喇嘛赴日留学是一条捷径，故直接插手伪蒙疆政权的教

---

① 以上叙述参见周孜正《汪伪的留日学生》，《抗日战争研究》2004年第3期。
② 王奇生：《留学与救国——抗战时期海外学人群像》，第280页。

育，选派合乎其意者赴日留学。

为此，日本政府以补给学费、斡旋入学等便利条件，吸引蒙古族学生留日。1938年1月22日，日本驻海拉尔代理领事三村哲雄向外务大臣广田弘毅报告了因外务省补助蒙古族留日学生学费，得到了留日蒙古族学生，"所属旗公署对我方有极大的好意，即使其所属省的省长也多次言谢，预想这些留学生毕业回国后在我方的对蒙政策上大有益处"。① 故提出《蒙古留日学生学费补给禀请件》，希望外务省为新巴尔虎旗参事官推荐的乌勒聚木尔图、祢玛加普提供留学学费。2月1日，广田大臣复函三村哲雄，同意由文化事业部为其斡旋入学和补给学费。1939年10月21日，三谷隆信文化事业部部长致函"善邻协会"常务理事大岛丰《关于选拔留学生选定件》，通知因受驻张家口望月代理总领事的推荐，选定了入学善邻高等商业学校的王豫复等5名留学生为选拔留学生，由文化事业部为其提供学费补助。② 尽管此处所提仅是对众多蒙古族留日学生进行学费补助的个案，却表明了日本政府通过"善邻协会"、驻"蒙疆地区"领事馆等机构吸引和接受蒙古族留日学生的事实。

日本政府还采取各种宣传鼓动措施，鼓励和刺激内蒙古各界人士的留日愿望。1943年，驻蒙日军选取了8名回民女塾学生组成"蒙疆回教女子访日视察团"，前往日本参观访问。该团于10月5日抵达东京，参观了各种学校、广播电台、天文台、钟渊纺织工厂、明治神宫及土浦航空队等，并在首相官邸受到了东条英机夫人的热情招待。回国后，该团相继在张家口、大同、厚和及包头等地举行了大型报告会，宣讲日本的文明与教育的进步，激起了一些人的留日愿望。如该团成员麻觉慧于1944年3月通过留学生考试，进入东京女子高等师范学校学习。日本军方还拨出大批经费，邀请有名望的上层喇嘛访问日本佛教各宗总本山。据幽经回忆，他本人于1942年和1943年曾两次组织内蒙古西部地区有影响的十几名上层喇嘛访问日本各地寺院，并得到陆军省的周到接待，③ 以宣传日本佛教文化的

---

① 「留学生学資補給」『善隣協会関係雑件　第二巻』外務省外交史料館蔵、アジア歴史資料センター、レファレンスコード、B05015957000。
② 「留学生学資補給」『善隣協会関係雑件　第二巻』外務省外交史料館蔵、アジア歴史資料センター、レファレンスコード、B05015957000。
③ 〔日〕幽经虎岩：《日本的秘密战与蒙古喇嘛工作》，朱风译，《资料与情报》1981年第1期。

"先进性"，吸引蒙古族喇嘛留学日本。

一些蒙奸为讨好日本主子，主动遣派子弟赴日留学。如曾任伪蒙疆政权参议府议长、"政务院"院长的吴鹤龄就把其弟吴鹏龄送入日本陆军士官学校学习，伪蒙古军参谋长乌古廷也把他弟弟岸门布和派往日本陆军士官学校学习。一些家境殷实的有志青年在日伪统治区的严密监视下，既不可能去其他国家留学也无法到国统区升学进修，要留学只能去日本。由此，在伪蒙疆政权后期，自费留日学生逐渐增加。① 依据目前掌握的资料，尚无法统计出伪蒙疆政府派遣留日学生的确切人数，但据初步统计，三四十年代在日本各寺院学习的蒙古族喇嘛有100多人。② 到1942年11月，在日伪蒙政权留学生有163名。③ 张家口市留日预备学校在1941年、1943年和1944年共向日本派遣蒙古族学生58名。④ 再加上其他学校派遣和以不同途径赴日的留学生，据此估计，伪蒙疆政权在不足8年的时间内，派出的留日学生和喇嘛至少也有400名。

日本侵略者为使"蒙疆地区"的留日教育制度化、长期化，唆使蒙奸吴鹤龄等人组织成立"蒙古留学生后援会"，并于1941年在张家口市建立留日预备学校。1940年10月10日，吴鹤龄在"蒙古留学生后援会"成立大会的报告中称："为了实现蒙古民族的复兴，今后计划依靠大日本帝国的援助，培养人才，促进文化。为实现此目的，痛感最有效的方法就是把年少气锐的学生委托大日本帝国的学校，与大日本帝国的国民施以相同的教育……其前蒙古联合自治政府在成立之初就排除万难，派遣了近三十名官费生和十几名自费生，倾全力培养青年体会日本精神、理解日本文化。"并表示"日本政府极为赞同该计划，并给予了特别的援助和同情"。⑤ 由上，不仅透露了日本政府命傀儡政权派遣留日学生的真正目的，而且表明了后援会的主要任务就是协助伪政权选派留日学生，配合日本政府对"蒙疆地区"的文化工作和军事战争政策。日本兴亚院"蒙疆"联络部甚至直

---

① 齐红深主编《日本侵华教育史》，人民教育出版社，2002，第334页。
② 娜仁高娃：《留学日本的蒙古知识分子——关于在智恩院学习的喇嘛们》，乌云毕力格、娜仁高娃编《硕果——纪念扎奇斯钦教授80寿辰》，内蒙古文化出版社，1996，第426页。
③ 齐红深主编《日本侵华教育史》，第334页。
④ 沈殿成主编《中国人留学日本百年史》，辽宁教育出版社，1997，第593页。
⑤ 「蒙古留学生後援会発会式挙行」『参考資料関係雑件　第三巻』外務省外交史料館蔵、アジア歴史資料センター、レファレンスコード、B05016193500。

接参与组建张家口留日预备学校——"蒙疆高等学院",该校的主要经费也是由"蒙疆"联络部和伪蒙疆政府共同拨给,"蒙疆"联络部每人每月100日元,伪蒙疆政府兴蒙委员会每人每月95日元。以蒙奸吴鹤龄为首的"后援会",通过向王公贵族和军官集资,每人每月90日元,共同支援留日预备学校。为保证教育"质量",蒙古族学生必须在留日预备学校学习2年,各方面条件符合后才被批准赴日留学。[1]

一是具有亲日精神和健康体魄者。即愿意且能够为日本侵华战争服务者。尤其是"蒙古留学生后援会"成立后,"留学生的选拔采用政府与后援会合作的考试制度,第一原则就是精神和健康",[2] 重点选拔那些素来对日具有好感和不满国民政府内蒙古政策的蒙古族青年。如九一八事变以后个别蒙古族青年学生"一方面极端厌恶近来汉人尤甚的压迫,另一方面提出强烈的自治要求,并希望获得日本的援助,以实现蒙古独立……他们在业余时间开始学习日语,希望将来到日本留学。自停战协定(《塘沽停战协定》——引者注)以后,更加渴望实现到日本留学"。[3] 故东方文化事业总委员会向外务省文化事业部建议多选拔和资助此类青年学生,以便于培养成亲日反华的分裂势力。

二是出身。即留日学生多为"蒙疆地区"豪门望族的子弟。蒙古族的名门望族不仅家资丰厚、社会地位高,而且通过习俗、惯例、宗教等在蒙民中具有很强的影响力。因此,获得豪门望族的配合和支持,对于维护日本在"蒙疆地区"的殖民统治具有相当重要的作用。日本政府通过选派名门望族子弟留学日本,既可以借机笼络和控制这些豪门大族及地方势力,又可以培养具有实力的亲日分子与合作者。如日本侵略者曾直接指示"蒙民裕生会"资助翁牛特右旗王爷的继承人——14岁的鲍洪举赴日留学,在日本培养几年后再让他回来接替祖业,成为亲日势力。

三是民族。即选派留日学生倾向于多派蒙古族学生。如伪蒙疆政权于1942年选派的158名留日学生中,蒙古族学生116名,汉族学生36名,

---

[1] 额力敦铬:《赴日学习前后片断记》,政协苏尼特右旗文史编委会编《苏尼特右旗文史》,编著自印,1987,第78—79页。
[2] "蒙疆"新闻社编印《蒙疆年鉴》,1941,第237页。
[3] 「蒙古青年ノ日本留学希望ノ件」『在本邦留学生関係雑件 第九巻』外務省外交史料館蔵、アジア歴史資料センター、レファレンスコード、B05015406600。

回族学生 6 名。① 蒙古族学生占 70% 以上。可见，日本重点在蒙古族青年中培养亲日分子，希望以后能通过他们来实现分离、统治"蒙疆"的目标。

四是宗教。注重选拔蒙古族的喇嘛留学生。伪蒙疆政权建立后，日本政府和军方特别注重选派内蒙古的佛教徒留学日本，力图通过培养青年喇嘛来控制蒙古族，并通过这些喇嘛伺机向伊克昭盟、阿拉善旗、额济纳旗、青海、新疆等未被日本占领的地区扩张其势力。又因为佛教是内外蒙古共同信仰的宗教，所以通过培训这些青年喇嘛特工便于在外蒙古和苏联开展特务活动。在日本的安排下，伪蒙疆政权不仅向日本派遣了为数众多的喇嘛留日生，还把传统的喇嘛留学西藏改为留学日本。作为主要接受内蒙古佛教徒留学生的京都智恩院亲自派人前往"蒙疆"地区招选大批喇嘛，以至于伪政权因喇嘛人数不够，不得不以俗家人充数。②

五是资质和学习成绩。如果具备前述四项标准之一，则考试只是走形式而已。如 1938 年 1 月日本驻海拉尔代理领事三村哲雄向外务大臣广田弘毅推荐的新巴尔虎旗的乌勒聚木尔图、袮玛加普两名蒙古族学生，"属于当地蒙古人数较多的一支民族，而且对我方抱有憧憬的好意"，③ 故仅进行了简单的口头考试便准许入学，且由外务省文化事业部提供留学学费。此外，若确属成绩优秀和资质聪慧者，经过统考选拔亦可留学日本。如在张北师范学校，每年实行日语统考，日语成绩突出者不仅给予物质奖励，而且还选送日本留学。1943 年 11 月，张家口回教初级第一小学校的丁瑞兰与王淑贞因日语成绩比较优秀而被奖励赴日本留学。

伪蒙疆政权学生赴日留学后所接受的教育，到处充斥着亲日和崇日的内容。如蒙古族留学生赴日后，"首入东京淀桥大久保之善邻高商接受入学基础教育，其后方入其他各大学、高专而学皇道教育"。④ 其中，普通留日学生与日本学生一样，学习修身、国文（日文）、数学、地理、历史、物理、化学、生物、英语等，每天上 6 节课，每节课 40 分钟，每学期还要

---

① 齐红深主编《日本侵华教育史》，第 325 页。
② 齐红深主编《见证日本侵华殖民教育》，辽海出版社，2005，第 11—12 页。
③ 「留学生学資補給」『善隣協会関係雑件　第二巻』外務省外交史料館蔵、アジア歴史資料センター、レファレンスコード、B05015957000。
④ 《留日蒙古学生激增善邻高商开恳亲会》，《盛京时报》1942 年 11 月 13 日。

进行期中、期末考试。喇嘛留学生则每天早晨 4 点半起床，首先奉唱日本历代天皇的尊号，然后再诵读佛经，俨然把天皇凌驾于佛祖之上。他们学习的课程主要有日语、修身、佛教史、亚洲史、亚洲地理、日本史、欧洲史、数学、物理、佛教常识及军事训练课等。① 从其所学课程来看，注重文化基础知识教育和日语教育，意味深长的是，在喇嘛留学生教育中还有军事训练课。在课堂教育之外也搞一些文体活动，尤其是利用假期组织伪蒙疆政权留日学生赴日本各地参观学习，其主要活动就是参拜神社、遥拜皇宫，并借机宣讲"大东亚圣战"和"武士道"等，以使他们领略大日本帝国的"文化精髓"。留日喇嘛要经常听日本佛僧讲述"佛教广大无边与日本精神无别，日本皇室的尊严、忠孝合一，日本的历史在世界上无比"，以及"从宗教角度看日满蒙的亲善"等，② 实为另一种方式的亲日、崇日教育。

日本政府与伪蒙疆政权还达成协议，按照"工业日本，农牧业蒙疆"的政策，严格限制伪蒙疆政权留日学生选择专业和学校。据时任"兴蒙委员会"教育处处长陶布新回忆："选派留学生时，仍是限学农业、师范、兽医、军事、医学、政经等科，学习工业者记得仅有陈松涛一人。"③ 此外，他们大多被集中在千叶医科大学、东京高等师范学校、山口高等商业学校、带广兽医专门学校、北海道大学等几所学校。日本政府此举的目的是要把大多数蒙古族留日学生培养成农牧业技术人员，变"蒙疆地区"为其侵略战争的又一个物资基地。

伪蒙疆政权根据日本政府的旨意，将这些经过奴化教育和严格训练的留日学生主要安置在伪政府各级机关、军队、团体工作，当然也有一些人从事日语教学工作，还有一些人成为谍报人员，以及从事宣传反共、"圣战"等工作的人员。豪门望族出身的留日学生回国后多数出任伪蒙疆政府的各级官吏，尤其是德王推荐的蒙古族留日学生回国后，多出任军职或担任中央官职。如暴德章（蒙名哈丹巴图尔）任德王亲卫队队长、毕格勒图和那木四郎皆任蒙古军司令部副官、陈国藩（蒙名超克巴达尔夫）任联盟

---

① 娜仁高娃：《留学日本的蒙古知识分子——关于在智恩院学习的喇嘛们》，乌云毕力格、娜仁高娃编《硕果——纪念扎奇斯钦教授 80 寿辰》，第 437 页。
② 齐红深主编《日本侵华教育史》，第 334 页。
③ 陶布新：《伪蒙疆教育的忆述》，中国人民政治协商会议内蒙古自治区委员会文史资料研究委员会编《内蒙古文史资料》第 7 辑，编者自印，1982，第 174 页。

政府秘书和主席府总务处长、乌鹏（蒙名超克图奔赖）任主席府秘书官等。① 而资质聪慧、日语很好的丁瑞兰、王淑贞等人返乡后则从事日语教学工作，麻觉慧于1944年8月作为留日学生代表被派回国，与40位教育界人士进行座谈，介绍了"决战"背景下日本教育的状况和学生的"斗志"。从日本各寺院毕业的伪蒙疆喇嘛留日生少数回到各自的寺庙当喇嘛，大多数被分配到当时急需日语人才的各机关、团体和学校，从事翻译、秘书或日语教学工作。② 也有一些喇嘛留学生被派到特务机关工作，③ 对外蒙古地区和苏联开展间谍活动等。但是，随着1945年8月日本战败投降，其对伪蒙疆政权留日学生的政策也归于失败。

---

① 〔日〕田中刚：《"蒙疆政权"的留学生事业与蒙古留学生》，《历史研究》第38号，2001年3月。
② 娜仁高娃：《留学日本的蒙古知识分子——关于在智恩院学习的喇嘛们》，乌云毕力格、娜仁高娃编《硕果——纪念扎奇斯钦教授80寿辰》，第449—451页。
③ 扎奇斯钦：《我所知道的德王和当时的内蒙古》（二），中国文史出版社，1993，第431、450页。

第七章
沦陷区民众的抗争与伪政权的崩溃

中国抗日战争期间，不甘做亡国奴的沦陷区各地、各界的民众，对于日伪的殖民统治，进行了力所能及的抗争。这些抗争，虽然不能与东北抗联的斗争以及正面和敌后战场的抗战相提并论，但也是中国人民抗日战争的内容，一定程度加速了日伪统治的灭亡。本章分别从关内外地区，对此进行了简述。

在中国人民抗日战争暨世界反法西斯战争胜利的打击之下，随着日本帝国主义的投降和法西斯势力的灭亡，中国各伪政权迅速土崩瓦解。战争期间卖国求荣、为虎作伥的汉奸与伪军，在战后也受到了应有的惩处。

第一节 东北社会各界的反日斗争

一 城乡社会各界民众的反抗斗争

太平洋战争爆发后，日伪当局出台了一系列残酷的法令，强化了对东北民众的血腥镇压，致使东北武装抗日斗争陷于低潮。在这样的情况下，城乡各界民众的反抗斗争也不得不改变斗争策略。表面上看，这些斗争多以"磨洋工"、消极怠工、破坏设备或不带有"政治意义"的罢工为掩护。实际上，在黎明前最黑暗的时刻，东北民众已经从种种迹象中预感到曙光即将来临，更充满了祖国光复为时不远的坚定信念。因此，各界爱国民众都在暗中努力，积极准备迎接胜利的日子。

轰动东北的"读书会事件"就是在这一时期涌现出来的。1941 年 9 月，"读书会"骨干成员马成龙、刘荣久等在组织爱国青年学习进步书刊的基础上，联络同学、知己、朋友秘密成立"东北铁血同盟"，宗旨是："打倒日本帝国主义，推翻满洲傀儡政府；解放东北大众，建设社会主义社会；积极与共产党取得联系，接受共产党的领导。"① 该同盟成立后，秘密筹集资金，准备支援抗日联军。遗憾的是，由于该组织混进日伪特务，同盟的骨干马成龙、刘荣久等人被捕，刘荣久被判死刑，马成龙瘐死，其他人被判有期徒刑不等。尽管这一组织被日伪当局残酷镇压而瓦解，但是，爱国知识分子的斗争精神是不朽的。

在文化知识界，许多知识分子以笔作刀枪，用合法的期刊揭露日伪统治的黑暗，呼吁民众觉醒，"王天穆事件"就是其中的一例。王天穆是伪满协和会中央本部创办的《青年文化》和《协和青年》的主编。本来，这两份杂志是伪满协和会愚弄、腐蚀和麻痹民众斗志的阵地，王天穆则率领一批充满爱国热情的年轻人，巧妙地利用这块阵地，不时刊登爱国文人的诗歌、小说等文学作品，利用隐晦的语言抨击日伪黑暗统治，激发民众的爱国热情。如在《青年文化》刊载爱国诗人山丁的长诗《拓荒者》，其中有诗句：

那野狐偷吃了我的葡萄；
那山鼠弄坏了我们的仓库；
我们的绵羊被豺狼偷去了；
牲口也全被牵到市场去了；
弟弟呀，你再不要到别处去了，
这份家业你也要同我一起承担起来的。②

诗中明显把日本侵略者比作野狐、山鼠和豺狼，号召民众（弟弟）奋起保卫自己的家园。除山丁的诗以外，《青年文化》还先后刊载过吴瑛的《鸣》，石军的《混血儿》，爵青的《每日评论》，但娣的《戒》等诗歌、散文，无异于将一把把利刃标枪直接投向罪恶的日伪统治政权，使东北青年觉醒，投身反伪满抗日行列。不仅如此，王天穆还亲自撰写文章，抨击日伪当局的文化专制方针和思想禁锢政策，为此遭到当局的嫉恨。1944 年

---

① 于堤：《伪满时期长春人民的抗日斗争》，孙邦等编《伪满史料丛书·抗日救亡》，第 491 页。
② 转引自于堤《伪满时期长春人民的抗日斗争》，孙邦等编《伪满史料丛书·抗日救亡》，第 500 页。

5月，日伪特务机关逮捕了王天穆等11名编辑，并将他们秘密杀害。

此外，在文化知识界，还发生长春大同剧团排演进步话剧、团长赵刚被捕折磨致死的"大同剧团事件"；初光剧团排演反伪满抗日剧、团长等演职人员遭到逮捕的"初光剧团事件"；长春哥伦比亚唱片公司男女歌手红郎和白波，因演唱进步歌曲，夫妻双双被捕，红郎死于狱中，白波出狱不久病故的"红郎白波事件"；"满映话剧团"导演张辛实编导含有反伪满抗日内容的话剧《沙沉》，张及其亲属被捕入狱的"张辛实事件"等。①此外，北满作家群发表了各类爱国文学作品，如山丁的《臭雾中》《北极圈》《银子的故事》，秋莹的《小工车》，萧红的《夜风》，罗烽的《胜利》，舒群的《没有祖国的孩子》等。这些事件和文学作品从另一个侧面说明，在日伪统治最残酷、最恐怖的后期，广大知识界爱国人士没有屈服于白色恐怖，他们甘冒生命危险，肩负起拯救民族危难的重任，其中有些人为此献出了宝贵的生命。

随着日本扩大侵略战争，日军人力、物力和财力都出现异乎寻常的紧张和危机。为了把危机转嫁到东北民众的身上，日伪统治集团竟然采取"全面配给"粮食及一切生活用品的手段，把人民生活必需品的供给压到最低程度，甚至不予"配给"，东北人民处于衣食无着、饥寒交迫的水深火热之中。因此，民众的抗暴斗争也屡屡发生。1942年5月13日，白城子居民1300余人以及附近村庄的2000余名农民，因为断粮涌到伪县公署抗议示威，要求开放粮仓，出售粮食。同年6月2日，郭尔罗斯后旗茂兴村400余名妇女，包围了当局运输"出荷粮"的8辆大车，阻止粮车通过。妇女们斗争了8小时之久，最后，当局只好把每人每天"配给"2两粮食增加到5两才算了事。② 1944年秋，永吉县金家村五里河子屯的地主和官吏勾结，将"出荷粮"负担转嫁到普通农民身上，农民群起抵制，拒不交粮。伪军警逮捕了带头人，但农民非但没有停止抵抗，而且附近的花家、岔路河、一拉溪等村屯农民也行动起来，抗粮斗争出现小高潮。

在日伪统治的矿山，"磨洋工"、破坏机械设备、人为制造事故等几乎是矿工对付当局的"通用"办法。工人们下矿井后躲开矿警、把头的监

---

① 于堤：《伪满时期长春人民的抗日斗争》，孙邦等编《伪满史料丛书·抗日救亡》，第501、502页。
② 《日本帝国主义侵华档案资料选编·东北经济掠夺》，第603—604页。

视，能闲则闲，不能闲则佯作"卖力"，出工不出力，致使日伪当局规定的"大出炭"、"大出铁"等计划落空。1944年冬，鹤岗南山五井矿出现断层，矿工们索性放炮，将断层"冒严"，用煤岩泥把一部分巷道堵得严严实实，致使巷道作废，"直到日本人投降，再也没有开掘"。① 该矿工人经常利用机会制造"事故"，"夜班时经常跑空车，虚报车数糊弄鬼子，有机会就把场子干冒……鬼子也不知道冒顶的真正原因"。② 1940年，在通化七道沟矿，工人胡宝昌等将一块大铁矿石搬到车上，推出坑口后故意将车弄翻，矿石掉进破碎机里，堵住机口，使铁矿被迫停产。同年12月，该矿的工人又故意将矿里最大的一台空气压缩机"烧坏"。③

除了"磨洋工"外，有些煤矿工人还采取巧妙的手段惩治罪大恶极的日本人和汉奸把头。1942年2月17日，一些日本人到西安（今辽阳）煤矿的大成矿"视察"，矿工耿发等人悄悄在排风道点燃一堆木头，并将排风口堵死，使30多名日本人和把头全部被熏死。该矿的一名"系主任"日本人野田，对工人又狠又凶，1942年的一天，矿工把他引诱进巷道，趁其不备将他推进"冒顶"的场子砸死。④

工人为了争取起码的生活权利，把罢工作为重要的斗争手段。1943年7月，营城煤矿工人不满日本矿主和把头的压榨举行了罢工，罢工坚持了半个月之久，日本当局为了减少损失，不得不同意工人的部分条件。1943年3月，日本包工头佐佐木从林区招来200余名工人到丰满水电工地做苦役，却久久不发放工资，工人宣布罢工，待在工棚、拒不出工，还痛打了来催工的日本人。1940年4月，吉林蛟河100多名林业工人为反对日本监工的虐待奋起罢工，工人打伤日本监工，焚毁了宿舍，一直坚持了三天，当局不得不答应工人提出的复工条件。1944年7月，桦甸县修筑辉发河堤的1000余名劳工愤恨日伪警察经常欺压劳工。最终，劳工们拿起棍棒、工具涌到县城，将伪警察痛打一顿。当局不敢把事情弄大，最后不了了之。

---

① 陈学增：《回忆伪满时期煤矿工人同日本鬼子的斗争》，孙邦等编《伪满史料丛书·抗日救亡》，第443页。
② 陈学增：《回忆伪满时期煤矿工人同日本鬼子的斗争》，孙邦等编《伪满史料丛书·抗日救亡》，第444页。
③ 中共吉林省委党史研究室编《中国共产党吉林历史》，吉林人民出版社，2005，第385—386页。
④ 《中国共产党吉林历史》，第385页。

日伪统治后期，还发生过多起莫名其妙的"纵火事件"，令统治当局防不胜防。1943年秋的一个夜晚，位于长春宽城子的日本军用仓库突然起火，大火燃烧了一天两夜，里面的军用物资大部分被烧毁。火灾过后，现场发现有化学制品的定时装置和助燃物，当局将之判定为有计划的"谋略放火事件"，日伪特务、宪兵纷纷出动，疯狂搜捕仓库附近的民居，许多百姓无辜被牵连其中。同年12月，长春的一名日本商人开办的一家百货店，也发生了一起纵火案，引燃物是报纸裹着的烟头。结果，一名青年店员被视为"嫌疑人"而被活活打死。1943年9月，丰满电站的修配厂起火，全部机器和厂房被付之一炬，损失达30余万元（伪币）。1945年5月1日，丰满电厂的二号变压器也在一场火灾中被烧毁。

二 "特殊工人"的反抗斗争

"特殊工人"是指日本侵略者在华北地区"讨伐作战"中抓捕的中国军人（包括国民政府军和八路军、新四军），其中还有抗日游击区的村乡干部、民兵、救国会成员及普通民众，以及日伪当局认为有通"匪"嫌疑的民众。由于侵略战争的扩大，日本国内外出现劳动力严重不足的紧张局面。而东北地区已经"全民皆劳"，仍然不能满足大型军事工程，铁矿石、煤炭的采掘，以及带军事性质的各项工程的需要。同时，七七事变后华北劳动力也供不应求，依靠以往诱骗华北劳工出关的手段难以募集到理想的劳工数量。因此，关东军与华北日本当局协议，决定将大批战俘押到东北做苦役，作为"特殊工人"（另有一部分人被押到日本做苦役）。

这批"特殊工人"先被集中到石门（石家庄）进行"教习"和"辅导"，然后编成大队押到东北各地煤铁矿、大型军事工程及道路现场做苦役。凡"特殊工人"居住的场所四周均圈有电网，终日有日伪军警看押，强迫其进行繁重的体力劳动，食宿条件极为恶劣，加之疫病流行，大批"特殊工人"死于非命。因此，"特殊工人"的反抗斗争更具有坚定性、组织性、策略性和不怕死的几个特点。

尤其是由八路军指战员组成的"特殊工人"队伍，进入东北后即成立了党小组、党支部等战斗组织，明确提出今后一个时期的斗争方针、策略，规定共产党员的责任和使命，鼓励全体战士看到光明，团结一致争取自我解放。如石门子集中营"特殊工人"组成的"五月特支"、"七月特支"；抚顺老虎台矿万达屋井"特殊工人"组成以邢延顺（熊言顺）、王敬堂（南品）、杨三春（马苏义）等共产党员为骨干的地下党支部；抚顺栗子沟"特殊工人"组成的"栗子沟党小组"；阜新五龙采矿所"特殊工人"组成了党小组；阜新高德矿"特殊工人"组成了"塞北支部"；马良（李振军）、李满贵（朱滔）、赵松涛（戴绪书）等组织领导的"新丘支部"和"十月特支"；阜新太平矿"特殊工人"组成由共产党员徐学俊、黎亚、李鸿年领导的太平矿党支部；本溪柳塘矿"特殊工人"组织的临时党支部（后改为共产主义小组），由张顺（刘亚龙）、田宝林（王长海）组织领导；本溪茨沟"特殊工人"组建的党小组等。

"特殊工人"在各党支部（党小组）的领导下，方向明、信心足、斗志勇，首先是秘密筹划暴动出逃，争取早日重返抗日战场。1942年8月4日，阜新五龙矿300余名"特殊工人"在党小组领导下成功地逃出樊笼，返回冀东抗日根据地。1941年12月，抚顺万达屋"特殊工人"在李新民、南品、高明义的领导下砸开电网逃出，越过带冰茬的浑河，进入一个小村庄，敌人闻讯来"围剿"，暴动失败。李新民、南品、高明义主动承担责任，分别被判处5—7年有期徒刑。最后，李新民瘐死，南品、高明义一直坚持到东北光复，出狱后立即加入东北人民自卫军的行列。万达屋"特殊工人"经此失败教训后，临时党支部决定变集体逃跑为小组分散出逃。他们先是通过关系与关内部队取得联系，又利用各种渠道积攒路费，然后瞅准时机，二三人、三五人一组分散悄悄出逃。两年时间里，有20多人先后脱离虎口，重返抗日第一线。1942年9月，阜新新丘下菜园子"特殊工人"在原八路军连长刘贵率领下发起暴动，"特殊工人"砸开仓库，取出铁锹、镐头作为武器，但在突围过程中遭遇电网阻拦，最后有10余人逃出樊笼，但牺牲了20余人，其余被抓回，大多押到海州辅导所，遭到更残酷的迫害。这次暴动失败后，新丘特支并没有暴露，他们继续组织"特殊工人"坚持斗争，也采取有计划、分组零散的方式组织出逃。几经周折，马良等人终于成功地返回抗日根据地。

1943年3月和6月，先后有两批、共1935名"特殊工人"被押到东宁军事要塞做苦役。这些人到达东宁后就不间断地进行暴动逃亡。据统计，从1943年4月7日到6月26日，先后发生8起逃跑事件，有9人逃脱，44人被抓回。1943年5月，43名在华北被俘的八路军官兵和一部分群众被押到东宁石门子沟碱厂从事军事工程的劳役,他们在作业中得知一条小河的对面就是苏境,遂秘密筹划逃跑事宜。1943年9月11日,在精心策划了逃跑路线、应对方策的基础上,"特殊工人"决定当天夜里暴动逃跑。入夜,暴动领导人、原八路军某部第十团三连连长陈恩（吕庆林）首先率领十几人摸黑进日军哨所,趁其不备抡起铁锹、尖镐,打死打晕在场的12名日本人,然后率领大部队从西门逃出,直奔国境线。日军立即调集守备队尾追不舍,途中有2人被子弹击中,10人被抓回（后全部被杀）,31人成功地逃入苏联境内。[①] 1999年,吉林省档案馆发现了关宪高第437号文件,题为《关东军司令官关于军用特殊工人结伙袭击日军逃走的报告》,内中详细记载了东宁"特殊工人"暴动逃跑的实况,[②] 由此证明了这一事件的真实性。

各地"特殊工人"在组织暴动、争取自由的同时,没有放弃对敌斗争。其斗争手段之一就是破坏设备,消极怠工,不让敌人顺利地攫取东北矿产资源。各党小组、支部提出的一个响亮口号是,"多给敌人挖一锹煤,多干一小时都是耻辱"。[③] 因此,下井后有专人负责监视把头监工,用暗号传达消息,把头监工到现场,就装模作样干几下,把头监工一离开就歇工。他们还总结了一整套"磨洋工"的经验,有效地对付了把头监工。同时还经常人为制造停产事故,如破坏井下轨道,造成矿车翻车,割断传送带,烧毁电机,破坏供电、排风设备等,使作业场所经常停产,煤炭产量一直徘徊在低水平线以下。1940年,阜新平安矿"特殊工人"砍断输电电缆,造成井下严重事故,结果该坑口三个月没出产一车煤。抚顺搭连矿的"特殊工人"在党支部领导下非常团结。一名"特殊工人"遭到日本兵的毒打,百余名"特殊工人"涌进日本监工房间,要求惩治凶手,向工人赔礼道歉。日本监工害怕事情弄大影响生产,只好向被打工人道歉。还有一次,"特殊工人"大队长宋庆昌率领1000余名工人罢工,迫使矿方改善工人的生活待遇。抚顺龙凤矿两名"特殊工人"遭到日本监工毒打,队长刘兴起率领工人砸了矿上的"劳务系",狠狠教训了日本监工,并把两名工

---

① 李茂杰、宋吉庆等:《东宁"特殊工人"暴动的经纬》,《东北沦陷史研究》2004年第1期。
② 《关东军司令官关于军用特殊工人结伙袭击日军逃走的报告》,《东北沦陷史研究》2004年第1期。
③ 中共辽宁省委党史研究室编《中国共产党辽宁史》,辽海出版社,2001,第381页。

人救了回来。① 日本矿务当局由于"特殊工人"的团结，不敢与之强行作对，最后不了了之。

东北"特殊工人"是日本侵略战争升级、人力资源困顿情况下出现的特殊现象。有资料记载，1942—1944年，关东军与日本华北方面军合作，以强掳、诱骗等各种手段将华北劳工押到东北做苦役的，年平均为71.3万人，其中战俘劳工（即"特殊工人"）的总数约为20万人。另有4万余名中国战俘在太平洋战争前后被押往日本充当苦役。② 20余万"特殊工人"进入东北后，经历了比普通劳工还要悲惨的遭遇，究竟有多少人因饥饿、疾病、重役和虐待而死亡，有多少人因反抗、逃亡而牺牲在敌人的电网、射杀、酷刑和监狱中，又有多少人成功地逃回抗日根据地，已经难以统计。但是有一点是可以肯定的，包括国民政府军的官兵在内，绝大多数的"特殊工人"依然保持着抗日战士的尊严，他们与敌人势不两立，在环境和条件十分艰难的情况下，团结一致，同心对敌。他们不屈不挠的行为也为东北劳工和普通民众树立了典范。更重要的是，苏联对日宣战后，他们中的幸存者绝大多数没有立即返回故乡，而是投身到东北的民族解放事业之中。尤其是原八路军、新四军的官兵通过各种渠道与党组织取得联系，主动联络民众，组建工农武装，维护地方治安，惩治不肯放下武器的日伪军和一小撮汉奸走狗，成为八路军主力挺进东北之前的一支重要的人民武装。如前述因暴动被判刑的王敬堂和高明义，出狱后立即建起"特殊工人"联络站，很快组织了一支武装，并与曾克林部队取得联系，被分别委任为保安第三旅副旅长和副政委，为解放东北，建立东北根据地做出新的贡献。后来这支部队又参加了抗美援朝战争。本溪"特殊工人"则组成工人纠察大队，领导工人护矿，后来，这支队伍编入八路军冀东第十二团。抚顺万达屋矿的2000多名"特殊工人"组建东北抗日联军第一团，与第十六军分区取得联系，后编成东北抗日联军炮兵混成旅第一团。③ 这些特殊工人为建立东北根据地、解放全中国立下了不可磨灭的功勋。

---

① 王希亮：《中国东北特殊工人抗暴记》，黑龙江人民出版社，2003，第187—188页。
② 参见苏崇民《满铁史》（中华书局，1990）；解学诗、松村高夫编《满铁与中国劳工》（社会科学文献出版社，2003）；《日本帝国主义侵华档案资料选编·东北经济掠夺》，居之芬、张利民主编《日本在华北经济统制掠夺史》；陈景彦《二战时期在日中国劳工问题研究》（吉林人民出版社，1999）等。
③ 王希亮：《中国东北特殊工人抗暴记》，第293—300页。

三 伪军警的爱国行动和反正义举

太平洋战争爆发前后，日本统治当局为了弥补兵源的不足，改变以往控制伪军数量、不准其组建空军和重武器兵种的方针，同时吸收一批青年进入各类军事学校，通过奴化教育的方式企图培养一批忠于日本、效忠天皇的少壮派军人。然而，这样一批有知识的青年进入部队，他们强烈的民族意识获得了施展的空间，各类反伪满抗日的秘密团体也应运而生。1940年5月，伪陆军军官学校学员吕殿元、崔立福、孙景寅等7人以"拜把子"的方式秘密组建了"恢复会"，由吕殿元任会长，崔立福、孙景寅为副会长，其宗旨是"恢复东北失地和主权，驱逐日寇，准备武装起义"。[①]"恢复会"成立后，会员秘密在同学中联络知己，发展同志，同时积极寻找中共党组织，试图与中共领导的抗日武装取得联系。到1941年11月，已发展会员36人，占军校第一期中国学生的20%左右。遗憾的是，由于"东北铁血同盟"读书会被敌人破坏，"恢复会"受到牵连，一些成员被捕，"恢复会"停止活动。

在伪陆军军官学校，还有教授部长王家善组织的"真勇社"等反日团体。王家善在日本留学期间参加了"东北抗日委员会"（一说"东京反帝大同盟"），[②]受国民政府的指派在留学生中宣传抗日复土思想，并在东京组建了"三民主义真勇社"，吸收一批爱国留日青年参加。1939年，王家善就任伪陆军军官学校教授部长，遂秘密在军校师生中发展"真勇社"成员，宗旨是"打倒日本帝国主义，谨慎反满抗日，收复东北失地，复兴中国"。1942年，"真勇社"改称"东北青年军人挺进团"，除在长春设有总社外，在吉林、沈阳、哈尔滨、齐齐哈尔、佳木斯、承德、锦州、大连等地都设有支社，社员总数达200余人。[③]另有资料表明，在"真勇社"中还有一部分共产党员，伺机影响和帮助王家善，这也是内战爆发后，王家善毅然追随中国共产党、率部起义的重要原因之一。苏联对日宣战后，各

[①] 于堤：《伪满时期长春人民的抗日斗争》，孙邦等编《伪满史料丛书·抗日救亡》，第494页。

[②] 侯洛：《伪满军队中地下组织"真勇社"组建经过以及活动情况》，孙邦等编《伪满史料丛书·伪满军事》，第752页。

[③] 于堤：《伪满时期长春人民的抗日斗争》，孙邦等编《伪满史料丛书·抗日救亡》，第494—495页。

地伪军中的"真勇社"社员纷纷哗变,击毙日本军官,发动反正起义,"受到前线苏军的热烈欢迎和高度赞扬"。长春"真勇社"社员还成功消灭了监狱日本军警,解救了70多名被押赴刑场的爱国志士。①

1943年5月,在富锦五顶山日军军事要塞,发生一起伪军士兵枪杀伪满军最高军事顾问、日本陆军中将楠木实隆的事件,一时震惊当局,轰动民间。刺杀楠木的义士为常隆基,辽宁西丰人,1941年被强征入伍,编入伪靖安军。在新兵训练过程中,常隆基因受不了日本教官法西斯的训练方式,想自杀。进入部队后,常隆基因"术科"不及格,又被罚去做豆腐,当勤务兵等,经常挨打受罚,使他十分厌倦伪军营的生活。1943年4月,团部传出消息,称"新京"将有高官前来视察,部队挑出十匹健壮的白马作为高官来视察的坐骑,另配有十名牵马兵,常隆基入选其中,并开始进行有关礼仪的训练。常隆基在训练中又多次遭到日本军官的毒打,就在事件发生的前两天,他的头部还被打,这使他"心怀忿忿",决计趁日本高官前来"干掉他几个大官"。②因部队规定军官只能佩刀,不得携带短枪,士兵即使携带长枪也一律不配发子弹。没有武器则不能实现复仇计划,常隆基则以连长勤务兵的身份,佯称为连长取勋章,从连长太太手中骗来短枪藏在身上。1943年5月1日清晨,伪满军政大臣邢士廉、最高顾问楠木、第七军管区司令赫慕侠等高官乘车到达团部,之后骑马上五顶山视察。常隆基的白马乘坐的正是楠木。当马队到达五顶山下,在楠木下马的一刹那间,常隆基掏出短枪对准楠木就开了两枪,楠木应声倒地。常隆基又连发数枪后上马向山下跑去。因部队规定不准配发子弹,常隆基一路无阻跑过几个村庄,但白马劳累过度死去。常隆基在几位老乡帮助下换上便衣准备从同江渡江进入苏境,但日伪军已经封锁了松花江,在围追堵截下,常隆基毅然投进松花江,留下了义士愤然刺杀日本最高军事顾问的英雄佳话。

1942年7月7日,伪靖安军步兵二团二营六连的70多名士兵,在饶河县东安镇毅然起义,击毙了日本电台台长和汉奸军官,然后乘坐小渔船

---

① 刘风卓:《对侯洛同志关于"真勇社"回忆文章的补充》,孙邦等编《伪满史料丛书·伪满军事》,第764页。

② 刘学让:《刺杀伪满军最高顾问楠木的常隆基》,孙邦等编《伪满史料丛书·伪满军事》,第742页。

渡江进入苏境,加入东北抗日联军教导旅。伪靖安军直属伪治安部统辖,连长以上军官一律是日本人,对士兵控制十分严厉。1942 年初,该连开赴饶河东安镇驻防,对岸就是苏联。该连班长国如阜,很久以前就想脱离伪军投身抗日队伍,十分推崇原伪森警大队长李景荫举义抗日的壮举,见时机已到,遂与好友祁连生、周岩峰、孙学义等人密议反正计划,决定在七七事变五周年的凌晨起事。他们事先准备好了渡船,串联了十几名骨干成员,掌握了弹药库的钥匙。7 月 7 日 2 时左右,按照预定计划,起义士兵突袭兵营,击毙了日本电台台长和几名走狗军官,其余未参与起义计划的士兵也一致响应,愿意跟随国如阜等人过江投身"抗联"。这样,70 多名士兵携带武器,分乘 20 余艘小船顺利渡江,几经周折后到达抗联教导旅北野营地,抗联领导人周保中、李兆麟热情欢迎他们,并为他们召开了欢迎会。①

日伪统治后期,还发生了一起震惊日伪统治当局的空军飞行队起义事件。1939 年,日本统治者允许伪满军成立航空部队,遂在沈阳、长春、哈尔滨分别组建了第一、二、三飞行队。其中哈尔滨飞行队设在王岗,由日本军官统辖,日本军官和飞行员 59 人,中国官兵 97 人。是时,抗联第十二支队正在三肇(肇东、肇州、肇源)地区开展游击斗争,获得了一系列战绩,而第三飞行队的中国士兵又多出生于三肇地区。其中班长苏贵祥民族意识强烈,又生性豪爽,爱憎分明,在士兵中颇有威望,他暗中串联十几名好友,通过各种关系联络抗联部队,准备投身抗日大业。第十二支队领导人徐泽民了解到这一情况,遂派联络员刘远泰潜入哈尔滨,寻机与苏贵祥联系。经过多次接触和磋商,苏贵祥决定在 1941 年 1 月 4 日晚起事。1 月 3 日,以新年聚会为名,苏贵祥召集骨干成员具体部署了起义计划。1 月 4 日晚,因为是周六,日本军官回市里休假,营房只有几名伪军官和两名单身日本军人未外出。苏贵祥命令各行动小组按计划行动。其中一个小组砸开库房,搬出机枪 2 挺、短枪 10 支、子弹 12 箱,然后分发给起义士兵。另两路分别冲进飞行队总部和连队室,击毙日伪军官 11 人。到晚上 10 时,85 名起义士兵乘坐卡车开赴江北。次日凌晨,队伍在大关家屯集

---

① 参见国如阜《我带领靖安军一个连起义》、祁连生《回忆东安镇起义》,孙邦等编《伪满史料丛书·伪满军事》,第 719—732 页。

结，苏贵祥召集会议，决定成立起义大队，由苏贵祥任大队长，下设2个中队、8个小队，分别由骨干起义士兵任中、小队长，并宣布纪律规定，然后向太平川挺进，准备寻找抗联第十二支队。1月5日，日伪当局发现第三飞行队起事，急忙出动飞机侦查，发现起义部队的踪迹后调集重兵乘坐卡车尾追而来。1月6日，起义部队在肇东县榆林与敌相遇，遂在一家地主大院设防，决心拼死抗敌。战斗打响后，起义士兵不怕牺牲，英勇作战，一直坚持了两个小时之久，终因敌众我寡，在突围中，苏贵祥、龙兴国等30名士兵牺牲，45人被捕。①

由于种种原因，1月5日，第十二支队才得知飞行队起义的消息，支队长徐泽民紧急率领主力前往接应，但在途中遭遇日伪军的阻截，接应不果。

伪王岗飞行队起义的消息不胫而走，统治当局尤为震惊，在事件的报告中指出"满军尚不足信任"、"实为一大不祥事件"。② 同时下令封锁消息，严禁伪军官兵议论，否则视为"叛国嫌疑者"投狱。从1941年1月11日到1月15日，在短短四天的时间里，日本宪兵队就在长春第一飞行队逮捕了41名私下议论王岗飞行队事件的伪军官兵，沈阳第二飞行队也有5人因此被捕入狱。

四 国民党爱国人士的地下斗争

七七事变爆发后，国民政府在组织正面战场抵抗的同时，还陆续派出了国民党员潜入东北，建立各级地下党部和外围组织，发展党员，开展反日活动。在东北地区，国民党的地下组织大体上分为两个系统，一是国民党东北党务办事处，领导人赵在田，在天津主持工作；另一是国民党党务专员办事处，领导人罗大愚，在沈阳主持工作。此外，国民党天津党部、国民党东北协会等部门也曾派员到东北活动。

1938年，国民党齐齐哈尔地下组织负责人于啸天在重庆衔命返回家乡，联络原国民党省党部人员及其同学、好友等建立起国民党地下反日组织，并任命原国民党省党部科长王鸿恩为国民党黑龙江省督导区负责人。1939年，于啸天遭叛徒出卖被捕，在狱中受尽酷刑，仍坚不吐实情，最后

---

① 参见《王岗第三飞行队哗变事件全貌》（日伪档案），吉林省档案馆藏，档案号：042。
② 龚惠：《伪满空军第三飞行队的起义》，中共黑龙江省委党史工作委员会编《黑龙江党史资料》第9辑，编者自印，1987，第165页。

惨死狱中。此后，王鸿恩继续领导地下组织活动，在教育界和伪满下级官吏中发展党员，并在呼兰、巴彦、绥化等地建立起国民党地下组织。1940年，国民党员伊作衡受国民党东北现地动员委员会的派遣潜回齐齐哈尔，利用其父经营的粮栈建立总联络站，奔走于呼兰、庆城、绥化、克山、讷河、嫩江、哈尔滨等地，发展党员、宣传抗日、搜集情报，并同中国共产党地下组织有过接触，表示希望诚心合作。但由于在发展组织过程中"大胆有余，谨慎不足"，① 被日伪特务混入，暴露了身份。1941年12月15日，伊作衡不幸被捕，同时被捕的还有国民党员和爱国人士150多人。伊作衡在狱中坚贞不屈，最后英勇就义。

由于国民党地下组织的名单落入敌人手中，日本宪兵队展开了以破获国民党地下组织为目标的"贞星工作"。以呼兰"协和会"副会长身份为掩护的王鸿恩被捕，同时被捕的还有国民党员及爱国人士200余人，王鸿恩在敌人的重刑下仍不屈服，最后被判绞刑。黑龙江省国民党地下组织遭破坏后，国民党中央又派富锦县人肖达三出任齐齐哈尔党部主任委员，委派李景华接任黑龙江省督导区负责人，继续开展地下反日活动。1944年，吉林省党部负责人张涛被捕，肖达三、李景华等人也落于敌手，肖达三被判死刑，幸而不久日本宣布投降，肖达三等人才幸免于难。

国民党东北党务办事处领导的地下反日活动主要以哈尔滨为中心，他们将东北划分为七个区，任命王育文为吉东区督导员，韦仲达为助理督导员，负责阿城、滨江、宾县、延寿、珠河、方正、永吉、长春等地的党务工作。1940年，设在天津的东北党务办事处遭到破坏，负责人赵在田被捕牺牲。于是，国民党中央改变了原来的组织体系，在东北分别建立三个省党部，委任石坚为吉林省党部主任委员，张涛为书记长。这些人士在哈尔滨、长春等地设立工作机构和各联络站点，同时深入各市县发展组织，搜集情报。还在锦州成立东北调查室，主要任务是搜集日伪当局的各类情报，并在东北各大中城市建立分室。在伪满建国大学也建立起读书会等外围组织，秘密从事反伪满抗日的宣传组织工作。吉林省国民党的地下工作一度成效显著，但也付出了沉重的代价。1940年天津总部遭到破坏后，国

---

① 李景华：《我所知道的国民党黑龙江省党部》，《黑龙江文史资料》第28辑，黑龙江人民出版社，1989，第175页。

民党哈尔滨市督导员程继尧、党务专员王乃正、干事鄂玉奇等10余人被捕。在"贞星事件"中又有哈尔滨市党务专员刘世恒、国民党东北铁路党部负责人王文宣以及国民党东北抗战机构、东北调查室的一些负责人、干部相继被捕，王文宣、刘世恒、阎幼文、周振寰等人被判死刑。1944年3月，国民党吉林省党部书记长张涛被捕，宪兵队在其家中搜出国民党地下组织名单，结果，国民党吉林党部主任委员石坚、助理督导员韦仲达等百余人被捕，哈尔滨及周围市县的国民党地下组织几乎全部遭到破坏，石坚、韦仲达等数十人被判死刑。

辽宁省党部专员由东北党务专员罗大愚兼任。罗曾留学日本，在东京期间组织一批东北留日爱国学生成立了东京读书会，作为国民党地下组织的外围组织，吸收了一批坚定抗日的青年加入国民党。1938年8月，罗大愚率领一部分留学生回国，被国民党中央组织部部长朱家骅任命为东北党务专员，随着在日中国留学生不断回国，罗大愚把他们组织起来，成立东北抗战机构，以沈阳盛京医科大学和南满医科大学为活动据点，在青年学生中宣传抗日，动员和酝酿抗日力量，秘密开展抗日活动，并在辽宁省各大中城市设立联络站。但由于国民党在东北的地下组织多头管理，各行其是，加之缺乏地下工作的经验，组织不断遭到破坏，尤其是日本宪兵队的"贞星行动"后，东北各国民党组织几乎被破坏殆尽，到东北光复前，只剩下少数组织和人员在坚持活动。

第二节　关内沦陷区民众的抗争

日本帝国主义发动全面侵华战争以后，在华北（含内蒙古地区）、华中、华南的关内广大占领区，推行"以华治华"的政策，任用汉奸、伪军，扶植傀儡政权，以实行其殖民统治。其间，在沦陷区，虽然有部分"大资产阶级官僚政客及上层的国民党员，投降日寇变为汉奸傀儡"，但是中国广大的劳动群众、知识分子、中间阶层，是痛恨日本侵略者、积极拥护抗战的。①面对日本侵略者的淫威和奸逆的丑行，"在沦陷区域之同胞，

---

① 中央档案馆编《中共中央文件选集》第12册，中共中央党校出版社，1989，第491页。

虽身陷水深火热之中,仍群起抗敌,奋斗不懈"。① 沦陷区广大民众对日伪统治的艰苦而持久的不屈抗争,成为中华民族抗日战争史上不可或缺的内容和组成部分。

一 中共对于沦陷区抗日斗争的领导及国民党的重视

全国抗战爆发后,直到1938年底,由于日军"速战速决"战略的推进及其加紧扶植傀儡政权,无论国民党还是共产党,对于沦陷区的抗日斗争都重视不够。中共自己也承认:由于"主观之忽视","沦陷前只作撤退之布置,而没有作沦陷后之秘密布置",结果致使当时沦陷区"绝大多数重要城市及许多交通工业与工业生产部门,完全没有组织","在敌厂的活动非常狭小";中共仅在上海、平津、太原及正太铁路等,"有一点零碎的微弱的基础"。② 而随着国民党军队丧师溃退,沦陷区更被一再扩大。

全国抗战进入战略相持阶段后,随着根据地、国统区与沦陷区犬牙交错的复杂局面的出现,沦陷区的抗战问题,才共同被国共两党倡导和重视。

1. 中共的领导

1938年11月5日,中共中央职工运动委员会副书记张浩在中共中央六届六中全会上所做的《关于抗战职工运动的任务》的报告中,对于中共在"敌人占领的点线中职运工作"的方针、任务、方式、方法等问题,首次进行了全面的论述,提出中共的基本方针是"保存力量,积蓄力量,待机而动"。③

1939年4月12日,中共中央做出了《关于开展职工运动与"五一"工作的决定》,指出:

(一)在敌人占领的大城市,党必须运用各种方法与方式加强在产业工人中的工作,组织工人阶级,教育他们,善于保持力量,蓄积力量,巩固和扩大已有阵地,准备最后驱逐日本帝国主义出中国。

---

① 《中共中央文件选集》第12册,第138页。
② 刘明逵、唐玉良编《中国近代工人阶级和工人运动》第12册,中共中央党校出版社,2002年,第377—378页。
③ 《中共中央文件选集》第11册,第728、731页。

（二）在某些将被敌人占领的城市产业中，党应该在短时期内准备动员最大部分的工人去参加乡村游击战争，留下的应该只是必要和可能存在继续工作的力量，以便继续的在群众中工作。①

中共在延安组织的"时事问题研究会"，专门编纂《日本帝国主义在中国沦陷区》的资料；10月1日，毛泽东特意为该书作序，向全党提出了"研究沦陷区"的重要议题。② 12月，毛泽东在《中国革命与中国共产党》一书中，提出了"在敌人长期占领的反动的黑暗的城市和反动的黑暗的农村中进行共产党的宣传工作和组织工作，不能采取急性病的冒险主义的方针，必须采取荫蔽精干、积蓄力量、以待时机的方针"。③ 这些表明，此时的中共中央已经认识到敌占区、沦陷区工作的重要性，并初步提出了自己的工作方针。

在上述基础上，到了1940年，毛泽东代表中共中央，正式确定了中共在敌占区及国统区工作的16字方针："荫蔽精干，长期埋伏，积蓄力量，以待时机。"④ 9月18日，中共中央书记处发出了《关于开展敌后大城市工作的通知》（第一号），要求全党认识到"伟大的抗日力量广泛的统一战线的基础，同样是潜伏在敌后各大城市之中"，"全党同志应把开展敌后大城市工作，视为党的最重要的任务，认识抗日战争没有长期艰苦的城市工作的配合，最后的胜利是不可能的"；为了加强对于沦陷区城市工作的领导，中共中央决定：在全国确定上海、香港、平津、平西、冀察晋、晋东南、晋西北大青山、胶东、鲁西、鲁南、皖东、鄂中、豫东等14处为据点，责成当地的党与军队分头进行，逐步开展这一工作；在中央成立"敌后工作委员会"，周恩来同志负总责，以重庆为推进南方敌后工作的中心，延安为推动整个北方工作的中心；各中央分局及邻近敌占区的党委，成立"城市工作委员会"。⑤

1944年，敌后根据地的抗战开始进入反攻阶段，而国民党军队则在豫

---

① 《中共中央文件选集》第12册，第48页。
② 参见《日本帝国主义在中国沦陷区》。
③ 《毛泽东选集》第2卷，人民出版社，1991，第636页。
④ 参见《毛泽东选集》第2卷，第756—757、763页。
⑤ 《中共中央文件选集》第12册，第490—492页。

湘桂战役开始后,丧师失地、一溃千里。6月5日,中共中央召开六届七中全会第二次会议,讨论通过了毛泽东起草的《中央关于城市工作的指示》,要求全党在思想上充分认识到"不占领大城市与交通要道,不能驱逐日寇出中国","各局各委必须把城市工作与根据地工作作为自己同等重要的两大任务","各局各委必须把争取敌占一切大、中、小城市与交通要道及准备群众武装起义这种工作,提到极重要地位";关于城市工作的内容与目标,"我们在城市与交通要道的一切群众中,各界人民中,都要进行广泛而妥善的工作。在伪军伪警中,在工人苦力中,在伪政界、伪经济界、伪文化界中,以及在青年学生、儿童、妇女中,甚至各种秘密结社与流氓组织中,都要去进行工作,但应将主要注意力放在争取数十万伪军伪警和争取数百万工人苦力的工作上,因为他们是武装起义的决定力量"。[①] 这次会议还提议由刘少奇等14人,组成中共中央"城市工作委员会",以彭真为主任,并建议即将召开的中共七大,增加"城市工作"一项议程;9月4日,中共中央又发出了《关于建立城市工作部门的指示》,10月下旬到11月上旬,中央专门召开了城市工作会议,彭真做了报告。[②]

1945年4月24日,毛泽东在中共七大做了《论联合政府》的报告,提出了"中国沦陷区的任务":"在沦陷区,共产党人应当号召一切抗日人民,学习法国和意大利的榜样,将自己组织于各种团体中,组织地下军,准备武装起义,一俟时机成熟,配合从外部进攻的军队,里应外合地消灭侵略者,"并再次要求全党:"我们必须将沦陷区的工作提到和解放区的工作同等重要的地位上。"[③] 根据毛泽东报告的上述精神,5月3日,彭真在七大上做《关于敌占区的城市工作》的报告,总结了抗战以来中共开展沦陷区工作的经验和教训,对于今后沦陷区工作进行了部署;他还特别指出了华北、华中沦陷区与东北沦陷区在城市工作上的不同特点和要求。[④]

直到抗战胜利前夕的1945年7月7日,在发布《中共中央纪念抗战八周年口号》时,仍然号召沦陷区的同胞们:"学习法国与意大利的榜样,

---

① 《中共中央文件选集》第14册,第243—244、247页。
② 叶成林编著《战斗在沦陷区——沦陷区人民的抗日斗争》,黑龙江教育出版社,2000,第130、133—134页。
③ 《毛泽东选集》第3卷,第1088—1089页。
④ 中共中央文献编辑委员会编《彭真文选(1941—1990年)》,人民出版社,1991,第76—99页。

组织各种抗日团体，组织地下军，准备武装起义，一俟时机成熟，便里应外合地消灭日本占领者。"①

2. 国民党的重视

1938年3月31日，在武汉召开的中国国民党临时全国代表大会，通过了一份《拟请在已沦陷区域树立新政治机构案》，并交国民政府行政院采择施行。该案针对抗战以来各沦陷区的政治乱象，提出"应即建树政、军、民一体之新的政治机构于一切沦陷地方，借以恢复政治重心，对抗伪政权，强化人民自卫抗战力量，统一人民抗战意志，以达全民守土抗战之目的"。其具体办法是在敌占区县份，其原县长逃窜或不能执行职务者，应即由省政府就各该县份人士中，将具有下列条件者任为县长：公正廉明，素孚众望；能领导武装民众，实行自卫抗战；有相当政治认识，富有爱国热情，并由新县长任命区、乡、镇、村保甲长，领导沦陷区内的一切军政事务。②

1939年1月27日，国民党五届五中全会通过了《切实推进沦陷区域宣传工作并确定其经费案》。③ 12月14日，国民党第五届中央常务委员会又通过了由中央社会部制定的《战地矿区工运指导办法》。该办法以沦陷区的淄博、枣庄、六河沟、开滦、焦作、大冶、龙烟、井陉、大同九处矿区为限，计划在每个矿区派遣指导员一人，指导工人组织工会、组织训练各种战时矿工工作队、指导工作队从事矿产之保护或破坏；该指导员应经常与所在地之省党部及通达该矿区之铁路特别党部以及正规军、游击队保持密切联络，并协同工作。

1940年5月，国民党中央社会部又制订了《战地重要都市工商运动指导办法》、《沦陷区域民众组训原则》等文件，但秘密实行之。这些文件对于国民党在沦陷区重要城市的工人运动、商民运动的指导办法以及沦陷区民众训练的原则，都做了具体的规定。但受到国民党五届五中全会以后反共政策方针的影响，该文件在打击日伪的同时，也对于中共在沦陷区的工

---

① 《中共中央纪念抗战八周年口号》（1945年7月7日），《中共中央文件选集》第15册，第176页。
② 荣孟源主编《中国国民党历次代表大会及中央全会资料》下册，光明日报出版社，1986，第489—492页。
③ 荣孟源主编《中国国民党历次代表大会及中央全会资料》下册，第570页。

作进行了防范和限制。①

1944年5月25日,国民党五届十二中全会通过了《收复沦陷地区政治设施之准备案》,提出了国民党关于收复沦陷区政治设施的方针、原则以及应注意的事项。② 这表明此时的国民党中央已经在谋划收复沦陷区的政策问题了。

1945年5月17日,国民党六大通过的《本党同志对中共问题之工作方针》是在歪曲和污蔑中共"破坏抗战"的基础上提出的方针,内有:"五、在沦陷区应确立并加强党的领导权,一切军政设施,均须适应党的工作方针,并由中央选派坚强干部,深入敌后工作。"③ 这是国民党即将在战后与中共争夺沦陷区领导权的先声。

二 城 市

在华北、华中沦陷区的大、中、小城市,中国工人阶级在中国共产党的领导下,开展了各种形式的抗日斗争。

七七事变之初,北平、天津的工人群众,为抗日军队运军火、救伤员、磨大刀,浴血奋战。华北的许多大城市沦陷之后,工人响应党组织的号召,拿起枪杆,拉起部队,走出城市,直接投身华北各地的抗日游击战中。

太原工人自卫队长期活动于山西,后改名为"山西工人武装自卫旅",成为晋绥抗日根据地的一支武装力量。河北开滦煤矿工人在1938年4月举行3万多人的经济大罢工;7月,3000多名罢工工人和冀东17个县的农民群众,举行了冀东反日大暴动,创建了冀热辽抗日根据地。这支抗日武装以领导这次罢工和起义的节振国来命名,"节振国游击队"长期活跃于天津、唐山地区,留下了许多抗日佳话。1940年8月1日,节振国率队夜袭赵各庄煤矿日伪军弹药库,在完成任务撤至尤各庄休整时,遭到日军围攻,节振国在战斗中英勇牺牲。山东地区除了有长期活跃于津浦线的鲁南铁道游击队之外,还有青岛工人抗日大队、胶东铁道破坏大队、淄博矿区工会特务队等。河南省还有活跃在道清铁路沿线的焦作铁道义勇队等。隶属于晋察冀抗日根据地的平西工人救国会和冀热辽挺进军,他们把活动的

---

① 以上叙述参见刘明逵、唐玉良编《中国近代工人阶级和工人运动》第12册,第412—413页。
② 荣孟源主编《中国国民党历次代表大会及中央全会资料》下册,第875—880页。
③ 荣孟源主编《中国国民党历次代表大会及中央全会资料》下册,第921—922页。

区域扩展到了北平近郊的石景山和清河一带，直接威胁到日伪在北平的统治。

沦陷区内的工人开展了各种形式的斗争。在天津、淄博、石家庄、井陉等地，工人们不断制造纵火爆炸事件，石家庄、井陉等地工人为抗日游击队搜集情报、带路和充当进攻目标的内应等。山西太原工人1943年因食粮问题举行大罢工，青岛烟草公司工人"偷盗"工厂的物资，张家口工人在生产中故意偷工减料，大量生产残次产品。此外，他们还大量采取了怠工，借机向汉奸、日本监工"寻衅闹事"，浪费工时、工料等形式做斗争。

上海作为中国最大的工商业城市和工人阶级最多最为集中的地区，沦陷以后在中共江苏省委的领导下，迅速建立起了工人阶级的统一战线，进行了卓有成效的反抗日伪统治的斗争。

1939年3月，上海三名出租汽车司机被虹口日伪特务杀害，中共组织1000多名司机驾驶100多辆出租汽车，为被害司机举行出殡游行示威，并以司机联谊会的名义发表宣言，拒绝出车到虹口地区。1940年10月，上海市40家丝光染厂工人为增加工资而举行罢工。11月，上海市129家电机针织厂工程技师怠工。1941年5月，日本接管的英商船厂工人怠工；8月，日本接管的法商水电公司工人1700多人举行罢工。这些罢工和怠工斗争，均在取得了胜利之后才复工。

1942年，上海电力公司的职工在中共党支部领导下，广泛地进行了"磨洋工"斗争。9月，日本接管的上海煤气公司工人开展了"中秋斗争"。12月，上海颐中三厂、大康纱厂的工人也开展了经常性的怠工斗争。1943—1944年，上海水电公司、电话公司、邮局公司的工人也开展了怠工斗争，并取得了一定的胜利。

中共领导下的上海职业界救亡协会，是当时上海人民抗日救亡的领导机构，其内部设有中共党团，直接接受中共江苏省委职工委员会的领导。其下设有中国职业妇女俱乐部、蚁社、复社等单位。中国职业妇女俱乐部发起、组织了多次妇女界的抗日爱国运动，在上海社会各界影响广泛。该俱乐部的主席茅丽瑛，因致力于抗日爱国活动，多次受到日伪当局及其特务的恐吓和威胁，1939年12月15日壮烈牺牲。上海职业界救亡协会动员了上海各界人民团体成立治丧委员会。16日，在万国殡仪馆为茅丽瑛举行了隆重的公祭仪式，参加者有数千人之多。上海职业界救亡协会还动员上海的技术人员参加新四军，为新四军募捐钱财与物资等。他们还组织了各种文艺活动，大量发行刊物，宣传抗日爱国思想，在沦陷时期的上海各界民众中产生了很大的社会影响。

1945年抗战接近胜利之时，中共上海地下党组织根据中央的指示，在工人群众中秘密组织了"地下军"，准备仿效欧洲各国的斗争经验，在最后阶段发动武装起义，收复上海。8月10日，中共华中局决定以粟裕率新四军一部向上海挺进，配合上海工人地下军，里应外合，解放上海，并成立新的中共上海市委。但由于国民党当局也在勾结日伪，加紧接收上海，8月21日，中共中央电令华中局和上海市委，停止发动武装起义，把工作重点放在组织工会和其他人民团体，准备开展民主运动。

除上海之外，在汪伪统治的华中大中城市，还发生过1941年3月9日苏州三义士（陈连根、陆建、孙家振）刺杀伪江苏省主席高冠吾；1942年8月19日浦口三井煤矿工人冒死发动武装起义；苏州、杭州、南京市小学教师发动罢教风潮；等等。

华中沦陷区的城市民众还利用各种机会，发动各种针对日伪反动统治的合法斗争。1943年12月，伪上海市市长陈公博为与日本方面争夺鸦片公卖权，指使青少年团开展禁烟、禁舞、禁赌的"三禁运动"，并发动学生组织大游行，到烟馆、舞厅、赌场去示威。上海大学的中共地下党员，利用日伪之间的矛盾，同义愤的市民群众一起，发动了"三禁"斗争。中共南京市工委则由青年救国社出面，组织发动伪中央大学的学生3000多人，开展了一场大规模的"清毒"运动。他们走上街头，打砸烟馆，唤醒了民众的觉悟，大涨了中国人民的志气。① 与此同时，无锡、苏州等地民众也开展了清毒斗争。他们的合法斗争，在全国造成了一定的声势，使得日伪当局更加声名狼藉。

在各沦陷区的大城市中，文化界的知识分子在反抗日伪统治的斗争中，也发挥了特殊的重要作用。

北平沦陷后，辅仁大学校长、著名史学家陈垣，多次严词拒绝日伪当局的高官厚禄，向学生宣传爱国思想。北平沦陷期间，在陈垣的坚持下，辅仁大学始终坚持三条：不挂日本旗，不用日伪编的教材，不把日语作为

---

① 江泽民：《忆厉恩虞同志》，《南京党史》1998年第5期。

必修课程。辅仁大学的部分教师还秘密组织了炎社,借研究明末大师顾炎武的名义,以"人心不死、国家不亡"为口号,鼓舞师生的斗志。1939年在炎社基础上,组织了地下抗日组织——华北文教协会。1942年该会在河北、山东、河南、山西等地均设有分会。1943年该会被日伪当局破获,40余人遭到了逮捕。燕京大学的师生也在共产党地下组织的领导下,秘密进行抗日联络和宣传活动,在燕园建立联络点,并向根据地输送进步学生力量。1940年5月1日,燕京大学、辅仁大学的学生在校园秘密集会,庆祝五一国际劳动节,开展抗日宣传活动。

上海沪江大学校长刘湛恩,在全国抗战爆发后,把学校迁入公共租界,继续坚持办学,并组织抗日救亡团体,进行宣传活动。他还担任上海各界救亡协会的理事,慰劳伤兵、救助难民;又去美国宣传中国抗战的情况。1938年初伪维新政府成立后,日伪曾游说他出任伪政府的教育部部长,遭到其严词拒绝。4月7日刘湛恩在上海被日伪特务暗杀。4月9日,沪江大学师生和上海各界各校代表3000多人,为他举行了隆重的葬礼,该校师生继续投入刘湛恩校长未竟的抗日救亡的伟大事业之中。曾在上海《新闻报》以主笔《快活林》文艺副刊而闻名的严独鹤,抗战时期,拒绝为日伪写文章,辞去《新闻报》的职务,创办大经中学,自任校长,直到抗战胜利之后才重返《新闻报》。

著名京剧名旦程砚秋,在北平沦陷后,避居农村,拒绝为日伪演唱。著名画家齐白石,则在自家大门上贴出"停止卖画"的告示。著名京剧表演家梅兰芳,坚决拒绝日伪的演出任务,并借口离开上海;在香港,又拒绝了日军司令官酒井隆逼迫性的演戏邀约,并蓄须离开舞台。周建人抗战期间留在上海,在贫病交加中坚持民族解放斗争。许广平在上海被日伪特务抓去后,拒绝透露信息。圆瑛法师在上海抗战爆发后,组织了僧侣救护队,救治伤兵和难民,还亲自赴南洋新加坡筹款救国;1939年回到上海后,坚决拒绝日军要其出任伪中日佛教会会长的职位,后被逮捕拷打,但仍未屈服。

上海新闻界利用租界的有利条件,以"洋旗"作为掩护,创办报刊,宣传抗日救国的思想。如中共方面办的《每日译报》、《导报》,国民党办的《中美日报》、《正言报》,著名报人徐铸成的《文汇报》,以及《申报》、《新闻报》和《大晚报》等,共计有17家这样的报纸。直到太平洋战争之后，才被日军查封。《大美晚报》副刊《夜光》的主笔朱惺公，不畏日伪恐吓，经常撰文抨击日军、揭露汉奸，其文章传遍上海，有力鼓舞了爱国报人的斗志。1939年7月22日，汪伪特务袭击了《大美晚报》及《大晚报》社，朱惺公被枪杀。但该报仍未屈服于淫威，继续进行着抗日的宣传。

三 乡村

华北沦陷之初，国民党原有的地方政权迅速崩溃，而日伪傀儡政权一时尚未建立。中共利用这一时机，及时提出了"拿起枪来，保卫家乡，保卫华北，坚持敌后抗战"的口号，带领广大民众，配合八路军的游击战，开辟敌后抗日根据地。① 到1937年底，中共领导的八路军游击队，在农民的配合下，在华北敌占区的广大农村，积极开展了各种形式的游击战，建立了多块抗日根据地，迫使日军不得不从徐州、汉口作战的前线，抽调部分兵力，进行在华北后方的"治安肃正作战"。

豫东地区刚刚沦陷之时，当地原有的自卫团、红枪会、联庄会等农民武装团体，举起抗日救国的大旗，纷纷起来保卫家园，扩充兵力，添购武器。河南省会开封1938年5月陷落之后，附近民众在辛庄大庙集会，决定以原有之联庄自卫团为基础，逐步扩编，以阻击日军侵略。②

日伪在华北反复多年推行的"治安肃正作战"，并未奏效。当时在察南地区进行"治安"作战的日军军官也承认："共军的政治工作方法比我方巧妙得多。他们以怀柔、威压相结合，牢固地掌握了农民阶层。处于彼此势力中间地区的居民，朝迎日军，晚通共军，向双方纳税等，这是必须予以重视的事实。我相信扩大治安圈的第一要事，就是掌握民心。"③

1941—1942年，日本纠合各地伪政权，在华北地区强制推行了五次"治安强化运动"。在日伪的残酷"剿杀"下，随着抗日根据地被压缩，敌人的所谓"治安区"（沦陷区）进一步得到扩大。但是与此同时，华北诸省沦陷区的农民在死亡威胁面前，增强了他们对日伪的仇恨，民族主义意识高涨，反抗日伪高压的斗争也在不断发生，这使得日军在与华北一亿民

---

① 中共中央文献编辑委员会编《刘少奇选集》（上），人民出版社，1981，第257页。
② 邢汉三：《日伪统治河南见闻录》，河南大学出版社，1986，第43页。
③ 《华北治安战》（上），第82页。

众的"治安"作战中吃尽了苦头。①

为了隔断共产党与沦陷区民众的联系,1943年秋,日伪当局又在华北占领区内推行所谓"新国民运动",并以河北的高阳县和任丘县作为推行该运动的"突击示范区"。8月下旬,在高阳县,他们的具体办法是先召开"反共誓约会",强制推行"反共誓约六条",要求每个村民背熟并执行之。但在遭到了民众的抵制后,10月15日,又强行把18—45岁的男子7400多人驱赶到县城,强力推行"反共誓约大会",要他们背诵"反共誓约"。村民以沉默表示反抗,结果100多人惨遭毒打。日伪军又将7000多人作为人质,派村民到各村去索要武器、文件、党员干部名单,仍未得逞。于是他们不让人质吃饭,村民一直饿了6天,导致35人死亡。为了让群众吃上饭,中共党组织让各村村民送去一些坏枪、旧书、废报纸来充数。在半个多月的时间里,被扣为人质的群众只报出了假冒的抗日干部,或承认自己是游击队员,真正的抗日干部一个也没有被供出来。日伪在高阳县的三片地区强行召开"反共誓约大会",对无辜的农民用了极其残忍的手段,试图逼供,但是没有一个村民向他们示弱求饶。②

新四军挺进华中以后,在江南的广大农村,发动群众,开展游击战,沉重打击了日伪势力及其统治的中心地区。故从1941年开始,日本与汪伪政府合作,在华中、华南沦陷区的广大农村,推出了比华北"治安强化运动"更为残酷、历时4年之久的"清乡"运动。这期间,中共领导下的新四军及华南游击队,与华中、华南的广大农民一起,共同开展了长期的反"清乡"斗争,使得日伪在各地的"清乡"连连破产,到了运动发动后的第四个年头1944年冬,随着苏北、苏南地区反"清乡"斗争的胜利和敌占区的光复,华中的"清乡"运动终于被抗日军民粉碎。③

华中沦陷区的农民还注意采取各种"合法"的方式,开展斗争。汪伪政府成立后,向沦陷区民众征收苛捐杂税。民众则冒着遭受迫害的危险,联名向汪伪中央政府上书,揭露地方当局的苛政,呼吁减轻负担。安徽滁县村民上书,控诉县政府假借民意,征收警团税;江苏盐城乡民呈报苏北

---

① 江沛:《日伪"治安强化运动"研究》,第290—294页。
② 章伯锋、庄建平编《中国近代史资料丛刊·抗日战争 第六卷 日伪政权与沦陷区》,第459—460页。
③ 余子道等编《汪精卫国民政府"清乡"运动》,第302—349页。

庶务黑暗，呼吁统一税务；江苏常熟乡民控诉当地乡长土豪苛捐杂税，敲诈勒索；浙江萧山民众上书，控诉县乡政府苛征田赋，欺压农民；上海沪北区大场镇商民联名呼吁，请求勒令区署停止设卡征税；上海市民控诉日本人率领华工铲除田里豆苗，并强迫交纳土地登记费；等等。这类上书活动，遍布汪伪统治的各地方，它们以摆事实、讲道理的方式，既揭露了日伪基层的反动统治，又使得汪伪当局难以抓到把柄，有力打击了其反动气焰。

四 地下战线

中共在沦陷区大力开展地下政治斗争，渗透到日伪组织内部，搜集情报并进行策反工作。这种情况得到在冀中、冀南作战的日军第一一〇师团的军官的佐证："共军的情报搜集、传递，非常巧妙而且迅速。日军的讨伐行动，往往在事前便被侦悉。到处有彼等安排的密探。就连日本方面的雇佣人员，对他们也必须提高警惕，以防他们通敌。"[1]

关于中共在沦陷区的地下工作状况，日本华北方面军的一份资料也提供了一个在山西省祁县的工作实例：到1938年底，中共在该县健全了党组织，并组建了青年、农民、工人、妇女、儿童等救国会及日军地下工作委员会。日军占领该县之后，第一任代县长王殿元即为中共党员，第二任县长史步鳌则为中共的支部书记。他们不但在县政府职员中发展力量，而且向八路军及抗日政权提供物资。1939年10月后，他们在县城内秘密成立"日本军地区工作委员会"，县长兼任主任，县政府秘书和各科长任委员，各科其他成员为工作人员。1940年4月以来，该组织每月对县政府职员进行一次军事训练，以为武装暴动做准备。他们还在县警备队、警察署、小学校、车站、棉布工厂中，大力发展其组织。在县公署以下6个支部中，分别设有秘密谍报网，收集和送出有关日军军情及伪政权下的财政、教育、交通等的情报。农救会、工救会、青救会、妇救会、儿童救国会等组织，则是其外围团体，它们分别负责筹办各类物资，策动拒绝为日军劳动，举行慰劳八路军等活动。[2]

---

[1] 《华北治安战》（上），第157页。
[2] 《华北治安战》（上），第291—292页。

在河南豫东地区，民权、兰考、商丘等县的中共党组织成立了"联合工作委员会"，他们通过各种关系打入伪军内部。当时总部设在商丘的张岚峰部伪军，号称"王牌"，经常"协助"日军与人民武装为敌。联合工作委员会即派遣一名与张为同乡的党员，打入该部教导团，先争取团长入党，以后又发展了多名党员，并成立了中共地下党支部。在他们的积极活动下，张部伪军迅速被瓦解。①

全国抗战期间，国民党的地下工作人员主要在沦陷区的大城市开展多种形式的抗日斗争。其中，他们针对日本高级军官和伪政权大汉奸展开的大量暗杀活动，在当时产生了很大的社会影响，不但鼓舞了沦陷区人民的反抗志气，并且对于日伪人员产生了巨大的威慑力。

北平沦陷后，国民党地下工作者组织了诸如"妇女舍身锄奸团"、"蓝衣社铁血锄奸团"、"北京暗杀团"等暗杀团体，在1938年3月28日，暗杀日本顾问山本荣治，轻伤王克敏；1940年11月29日，刺杀日本天皇特使。

在上海，国民党特工于1938年3月，击毙了准备出任伪维新政府绥靖部部长的周凤岐；9月，刺杀了与日军有联系而准备出山的唐绍仪。1939年2月，击毙伪维新政府外交部部长陈箓、李鸿章之孙李国杰。1940年1月击毙勾结日军的张啸林，10月砍死伪上海市市长傅筱庵。1941年3月，刺杀伪中央储备银行上海分行专员季翔卿。其间，军统还在上海组织过多次刺杀汪精卫的活动。据统计，1940—1941年，国民党特工人员在上海暗杀日本军官约40人，制裁汉奸100多人，破坏日军军事设施及焚烧军需物资50余次。②

国民党在内蒙古西部地区的地下活动，主要是通过"中统"和"军统"这两个组织进行的。"中统"在绥远的下属机构为"国民党绥远省执行委员会调查统计局"。1940年，国民党"绥远省战地工作委员会"成立，傅作义兼任主任，其主要任务是派人联系伪军，对其进行策反、分化、争取，以及搜集日军情报，在敌占区成立政权，派遣游击县长开展活动。1944年秋，"战地会"与中统的"特工处"合并。"军统"的组织由

---

① 转引自邢汉三《日伪统治河南见闻录》，第240页。
② 转引自王秀鑫、李荣《中国20世纪全史 第五卷 全民抗战1937—1945》，中国青年出版社，2001，第579页。

马汉三、高荣等人负责,他们以陕坝为据点,专门从事对"蒙疆地区"的情报搜集和策反工作。1939年夏天开始,"军统"特务通过伪厚和警察局局长刘建华,开始拉拢德王、李守信,致使日军在包头、五原之战中遭受重大损失。但后来为日军破获,"军统"在内蒙古的活动遭到了严重打击。①

第三节 伪满洲国的崩溃

一 苏联出兵东北,关东军崩溃

1945年7月下旬,按照《雅尔塔协议》精神,苏联红军在结束欧洲战场的战斗后,立即展开紧张秘密的万里大运兵,经过三个月的努力,完成了将百万官兵及重型武器、军用物资等运送到中苏边境的东、北、西三面的惊人壮举,箭在弦上,只待击发。1945年8月8日傍晚时分,苏联外长莫洛托夫召见日本驻苏大使佐藤,向其宣布:

> 美、英、中三大强国今年7月26日关于日本武装部队无条件投降的要求已被日本拒绝,因此,日本政府要求苏联调解远东战争的建议已失去了一切根据……苏联政府宣布:自明日,即8月9日,苏联将认为其本身已与日本进入战争状态。

8月9日凌晨,百万苏联红军兵分三路从西、北、东三个方向向驻扎在东北各地的日本关东军发起了猛烈攻势。

苏远东第一方面军以牡丹江为主攻目标,部署第一、第五集团军实施主攻,另以第三十五集团军向密山方向,以第二十五集团军向汪清、延吉方向实施辅攻。8月10日,苏军占领绥芬河。8月11日,苏军强渡穆棱河,然后迅速朝牡丹江方向挺进。8月16日22时左右攻占了牡丹江。与此同时,南北两侧翼部队也分别占领虎头、鸡西、汪清等地,主力部队直逼哈尔滨,并朝吉林、延吉方向推进。

西部贝加尔方面军以长春为主攻方向,该部以坦克集团军为先锋,迅

---

① 转引自金海《日本占领时期内蒙古历史研究》,第176、177页。

速突破关东军的大兴安岭防线，直扑伪满洲国的中心长春。其他南北两路合成集团军和机械化兵团也分别攻占了海拉尔和进抵赤峰一线，将关东军第三方面军分隔包围，使之完全丧失抵御能力。

苏远东第二方面军担负突破黑龙江和乌苏里江，向哈尔滨挺进的任务。战斗打响后，在苏阿穆尔舰队的配合下，各作战部队相继占领富锦、宝清、佳木斯等重镇，并解除了孙吴据点的日军第一二三师团的武装，然后继续向前挺进。

昔日不可一世的关东军在苏联红军的凌厉攻势下，几乎顷刻间就土崩瓦解。在大势所趋的情势下，关东军总司令部下达了转移随军军属、家属、满铁社员、日本特殊会社社员、大使馆及伪满政府的日籍人员的命令。尤其对731细菌部队及各支队、第一〇〇部队以及化学部队等，明确指示其必须毁灭包括建筑物在内的一切证据，然后将所有从事细菌实验的人员、士兵、家属等提前转移。从8月9日起，满铁准备20列"疏散列车"，首先是关东军的军人、军属及家属，然后是满铁、关东局、伪满政府、特殊会社及居住在长春的日籍人员等，分别疏散到通化或朝鲜。到日本宣布投降前，至少有58700余人提前被转移到朝鲜，其中军人关系者（包括军属、家属等）16000人，满铁关系16700人，伪政府、会社等关系26000人。① 而同是日本人的"开拓"民，事先却没有接到任何转移的命令，直到日本投降，他们才各自集队转移、长途跋涉，由于关东军的"弃民政策"，使数万"开拓"民的尸骨遗留在东北土地上，还有一批"残留孤儿"和"残留妇人"，在中国民众的庇护下在中国生存下来。

8月14日夜，关东军总司令部接到日本大本营发来的电报，内称"明天（15日）早上有重大广播，务要谨听"。8月15日夜，在得知天皇的"终战诏书"后，关东军司令部召开秘密会议，决定进退，当时提出三种意见：一是坚决抵抗；二是有条件的停战；三是立即停战，各种意见争论不休。最后，关东军总参谋长秦彦三郎表示："我军人除服从陛下命令别无其他忠节道路，如不从者即是永久的乱臣贼子。"关东军司令官山田乙三也表示："奉戴圣旨。"② 8月16日夜，关东军司令部向所属各部队下发

---

① 満蒙同胞援護会『満蒙終戦史』河出書房新社、1962、27頁。其中的军属系指随军后勤保障、军医、工程技术人员等，并非中文意义的军属。

② 島田俊彦『関東軍』中央公論新社、1978、190、191頁。

了停战的命令。① 8月17日，皇族竹田宫恒德亲王（曾任关东军参谋、中佐）飞到东北，传达天皇关于停战的谕旨。当天下午，关东军总参谋长秦彦三郎从长春飞到哈尔滨，通过日本驻哈总领事宫川佑夫设法与苏军取得联系。当日，秦彦三郎刚刚返回长春，接到苏联远东方面军总司令部电报，指责"关东军司令部对关东军投降事宜一言不发"，要求关东军必须在8月20日12时之前停止一切军事行为，放下武器投降。② 8月19日，秦彦三郎率有关参谋人员及宫川佑夫总领事乘苏联飞机到达位于兴凯湖西的加利克沃苏联远东军第一方面军司令部，与苏联远东军总司令华西列夫斯基会面，接洽有关解除武装时间、投降程序及其他事宜。8月20日，苏联红军进驻长春，翌日（21日），命令关东军司令部及在长春附近的所有部队在公主岭集结缴械。8月22日，设在长春的关东军司令部被苏军占据，日方军政人员移至海军武官府等处。随即，苏联红军迅速占据了东北全境和北部朝鲜，分别解除了各地的日军武装。9月3日，华西列夫斯基到达长春，入住前日本军人会馆。9月5日，关东军司令官山田乙三、总参谋长秦彦三郎等军官被移送苏联哈巴罗夫斯克战俘营。自此，关东军寿终正寝，东北宣告光复，长达14年之久沦为日本殖民地的东北重新回到祖国的怀抱。

二 毛泽东、朱德发布反攻命令，八路军、新四军挺进东北

1945年8月9日，毛泽东发表《对日寇的最后一战》，号召"八路军、新四军及其他人民军队，应在一切可能条件下，对于一切不愿投降的侵略者及其走狗实行广泛的进攻，歼灭这些敌人的力量……放手发动沦陷区的千百万群众，立即组织地下军，准备武装起义，配合从外部进攻的军队，消灭敌人"。③ 8月10日，朱德总司令发布第一号命令。翌日，又发布第二号命令，命令"现驻河北、热河、辽宁边境之李运昌部即日向辽宁、吉林进发"。④ 遵照党中央的命令，冀热辽军区研究决定，成立以司令员李运昌为首的"前方指挥所"和"中共东进委员会"，抽调8个团、1个营、2个

---

① 楳本舍三『関東軍終戦始末』新国民出版社、1974、321頁。
② 児島襄『満州帝国』第3卷、文春文庫、1983、275頁。
③ 《毛泽东选集》第3卷，第1119页。
④ 王季平：《八·一五这一天》，光明日报出版社，1985，第263页。

支队计 1.3 万余人，另有干部 2500 余人，组成两个梯队挺进东北。第一梯队兵分三路，西路军率 2000 人进入兴隆，然后开进承德，与苏联红军会师。中路军 2800 人越长城进入平泉，在此地与苏军会师。东路军由第十六军分区司令员曾克林率领 4000 余人，作为八路军先遣队向东北挺进。第二梯队由军区直属机关组成，总计 5000 余人，跟进第一梯队的东路军。

8 月中旬，第十六军分区各部队先后进入山海关外围，但沿途日伪军拒绝投降。8 月 20 日，第十六军分区攻克山海关外围重要据点海阳镇。8 月 28 日，攻下柳江和石门寨煤矿。8 月 30 日，又攻克山海关外的前所车站，大兵直逼山海关。当时苏联红军一部也接近山海关，双方共同向山海关日军发出投降敦促书，但守关日军将领声称奉上司命令，只能向蒋介石军队投降，不能向中共和苏军投降。8 月 30 日，在 50 余名苏联士兵及重火器的援助下，第十六军分区出动两个团向山海关发起了攻击。激战三个多小时后，攻城部队冲进城，是役击毙日军 200 余人，击毙伪军 50 余人，俘日伪军 1000 多人，胜利收复了山海关重镇。①

8 月 31 日，第一梯队东路军进入绥中、兴城和锦西，解除了一部分日伪军的武装。9 月 4 日，曾克林率一部分兵力进驻锦州，在苏军同意下成立锦州市警备司令部，收缴日伪军武器，组建市政府和中共锦州市委员会，维护社会秩序。9 月 5 日，曾克林又率领一部进入沈阳，苏方根据《中苏友好同盟条约》，拒绝八路军进入市区，经再三协商，苏方才同意曾部入驻沈阳郊外的千贝堡，后又移驻沈阳城东小河沿的同泽中学。9 月 6 日，苏联远东军第六集团军司令克拉夫琴科上将、军事委员图马尼扬中将接见了曾克林。经过进一步协商，苏方同意八路军以东北抗日联军的名义接管沈阳城。

9 月 9 日，东北抗日联军正式宣布接管沈阳，实行军事管制，要求各电水厂、市政、邮政、工厂、商店等迅速恢复正常生业，同时收缴伪军警各类武器，遣散伪奉天省、市军警人员，初步稳定了社会秩序。9 月 10 日，抗联教导旅冯仲云飞抵沈阳，受任沈阳市苏军卫戍司令部副司令，进一步融洽了东北抗日联军同苏军的关系。

---

① 李运昌：《挥师出关》，王季平：《八·一五这一天》，第 323—327 页；另见曾克林《回忆党中央对争取东北的战略决策》，政协沈阳市委员会文史资料研究委员会编《沈阳文史资料》第 3 辑，编者自印，1982，第 15 页。曾文称此役俘虏日军 250 多人，伪军 1500 余人。

接收沈阳后，"东北人民自治军"继续向沈阳外围扩展，歼灭一批不肯放下武器的日伪军残余。据统计，冀热辽军区八路军先遣队在进入东北境内的三个月时间里，共缴械日军6000余人，伪军警4万余人，政治土匪2万余人，接收市县46个，并利用缴获的武器装备了八路军后续部队2个师、3个旅外1个团。① 到1945年10月，冀热辽军区八路军先遣队从1.3万余人扩充到10万人，分别在沈阳、锦州、阜新、营口、辽阳、山海关等6个城市设立了卫戍司令部。

从1945年9月起，先后还有山东军区主力6万余人（罗荣桓率领）、新四军第三师（黄克诚率领），以及晋绥军区第三十二团、冀鲁豫军区第二十一团、冀中军区第三十一、六十二、七十一团、八路军游击第二、三支队、延安炮兵学校、抗日军政大学等部队、机关进入东北，总人数达11万人。各抗日根据地还派出2万余名干部，为彻底颠覆日伪政权、清除日伪残余、建立人民政权、巩固和发展东北根据地奠定了雄厚的基础。

三 东北抗日联军配合作战

1945年7月末，鉴于战争形势的需要，在苏联远东的东北抗联教导旅以中共东北党委员会的名义召开了会议，会议决定改组党委员会，组成新的中共党委员会（又称辽吉黑临时党委员会），以周保中、冯仲云、张寿笺、芦东生、姜信泰、金光侠、王效明等为委员，周保中为书记。党委员会下设12个地区委员会，分别是长春、哈尔滨、沈阳、嫩江、海伦、绥化、北安、佳木斯、牡丹江、吉林、延吉、大连，并具体指定了地区委员会的负责人。②

此外，在苏联对日宣战前，东北抗日联军教导旅还组成了数支先遣小分队，空降到苏军作战计划中的4个对日作战区，对日军的军事部署等进行侦察，然后把情报发给苏军指挥机关，为苏军的作战部署提供了可靠依据。其中，李明顺小分队空降在牡丹江附近，他们除了准确地向指挥部通报情报，引导苏军飞机成功炸毁日军重要军事设施、交通枢纽外，还就地发动群众，组建起一支100余人的武装，在配合苏军攻占牡丹江的战斗中，

---

① 田志和：《对日寇最后一战：歼灭日本关东军》，长春出版社，2005，第245页。
② 东北抗日联军斗争史编写组编纂《东北抗日联军斗争史》，人民出版社，1991，第479页。

发挥出色。傅玺忱、刘子臣小组空降在林口一带，他们落地后立即展开侦察，然后用电台向苏军报告日军溃散以及"开拓"民撤离的情况，任务完成后该小组到林口报到。徐雁辉、郭喜云小组与40名苏军同时空降在东宁大肚川，其中两名抗联战士在炮火中牺牲。

另外，还有9名抗联战士担任苏联第二方面军的向导，引导苏军向富锦、佳木斯、饶河、宝清、勃利等地挺进，直接参与了光复东北的战斗，有些人牺牲在收复东北的战场上。与此同时，一直潜伏在东北各地的抗联小分队纷纷行动起来。在穆棱，王亚忱小分队在当地民众的支持下，击溃一支700余人的日军守备队，缴获了全部武器，队伍也扩大至2000余人，后编成一个独立团。在北安，原抗联将领于天放联络旧部和当地民众，组建人民自卫军，有力地配合了苏军收复北满。1942年被派回东北潜伏的常维轩，以劳工身份联络一批工人，苏联对日宣战后，他立即拉起一支工农武装，对外称东北抗日联军第一路军第三方面军独立团，配合苏军在东宁金仓村一带歼灭日伪残余势力，后来这支独立团编入解放军行列。[①] 其他如东满的朴更芝小分队，三江平原小分队以及抗联师长李景荫率领的小分队等都在收复东北的过程中发挥了重要的作用。

1945年8月26日，苏军远东总司令部军事委员希金中将召见教导旅长周保中，传达了总司令华西列夫斯基的指示，要求中国抗联人员随同苏军进入东北，具体任务一是帮助苏军维持占领地秩序，肃清日伪残余，促进中苏人民友好；二是利用军事管制的合法身份建立中共党组织，开展群众运动，在苏军占领地以外建立人民武装和根据地。因此，教导旅的成员都具有苏联远东军和东北抗日联军的双重身份。这样，既不违反苏联与国民政府签订的《中苏友好同盟条约》的有关规定，又可以确保东北各地区能够回到祖国的怀抱。

8月27日，教导旅召开连以上军官会议，部署了具体的工作任务。从9月初开始，东北抗日联军教导旅的全体官兵分乘飞机或火车重返东北第一线，进驻57个战略点，并分别被委任为苏军驻各地警备区的副司令。在哈尔滨，抗联将领李兆麟以苏军警备区副司令的身份，组建起哈尔滨人民自卫军，兼任总指挥，同时指导齐齐哈尔、北安、海伦、绥化等战略点以

---

① 《东北抗日联军斗争史》，第483页。

及北满地区的接收工作。抗联将领周保中飞抵长春,任长春苏军警备区副司令,具体指导吉林省和内蒙古地区16个战略点的工作,同时积极同中共中央取得联系,积极为全面接收东北做准备。沈阳战略点由冯仲云任副司令,进驻后立即同来自关内的八路军建立联系,并兼沈阳市临时政府秘书长,开始进行具体的建党、建军、建政工作。其他大、中战略点如延吉、吉林、佳木斯、牡丹江、齐齐哈尔、北安、海伦、绥化、大连等57个县级以上城市都由抗联军官担任警备区副司令,从而有效地控制了东北局势,为中共后来创建东北革命根据地创造了必要条件。①

四 伪满政权崩溃,东北光复

8月9日,苏军轰炸机开始向伪都新京投弹,在日本帝国主义"卵翼下"维持14年之久的伪满政权即时处于风雨飘摇之中。8月9日上午,关东军司令官山田乙三与总参谋长秦彦三郎从大连赶到长春与溥仪会面,宣布关东军将退守南满,要求溥仪及伪满政府机关、头目立即撤往通化。于是,伪满大小官吏各揣心腹事,开始准备出逃。

为了彻底消灭日伪统治时期的罪证,总务厅长官武部六藏专门主持召开了各部日籍次长会议,决定将所有机密文件、档案等全部烧毁。随即,伪满各机关浓烟迭起、一片狼藉。其中重要和机密文件、档案则由武部六藏亲自"监烧",如关东军下发给总务厅长官的命令书、诺门坎战役及"关特演"档案、民族对策与非常时局对策档案、物资动员计划、劳务动员计划、资金计划、人事机密档案、机密费用支付账册等均被付之一炬。其他各首脑机关,以及各伪省市县的军警宪特机关的重要文件也几乎被焚烧一尽。8月11日夜,曾代表伪皇帝溥仪"对日亲善"和忠于日本天皇"孝心"的伪满建国神庙在烈火中化为灰烬,这也象征着伪满洲国的寿终正寝。

在日伪政府即将崩溃的关头,伪皇帝溥仪仍然没有忘记向"主子"表"忠心",马上召见伪国务大臣张景惠和总务厅长官武部六藏,嘱托他们"竭尽全力支援亲邦进行圣战,抵抗苏联到底",还给张景惠"手谕",内称,"令全满军民与日本皇军共同作战,击溃来侵的敌人"云

---

① 参见《东北抗日联军斗争史》;田志和:《对日寇最后一战:歼灭日本关东军》。

云。显然，此时的溥仪仍然寄希望于有一根救命稻草，来挽救马上降临的灭顶之灾。

8月10日，总务厅长官武部六藏继续行使伪国最高元首的职责，召集各部大臣、次长会议。会议决定启动伪国的《防卫法》，实行军民总动员，全力支持和协同关东军作战；还决定由国民勤劳部大臣于镜涛、厚生大臣金铭世、兴农部大臣黄富俊、交通部大臣谷次亨留守伪京，其余大臣、次长等随同伪皇帝撤往通化。

8月12日凌晨，伪皇帝溥仪冒着滂沱大雨，携后妃、亲眷及宫中珍宝在长春火车站登上了出逃列车，随行的伪满权贵有御用挂吉冈安直、伪祭祀府总裁桥本虎之助、伪总理大臣张景惠以及臧式毅、张焕相、卢元善、于静远等。出逃专列时走时停，直到8月13日清晨才抵达鸭绿江边的临江县大栗子沟，辟大栗子沟矿业所所长宿舍为溥仪的临时"行宫"，而其他权贵则只能宿营在列车上。8月14日，列车返回通化，并以通化为"临时政府"所在地。

8月15日，日本宣布无条件投降。正所谓皮之不存、毛将焉附，8月16日，由武部六藏主持，商议了伪满皇帝退位事宜。8月17日，武部六藏飞抵通化，会同张景惠等人前往大栗子沟面见溥仪。8月18日午夜时分，在大栗子沟矿业所的一间办公室里，由武部六藏代表关东军"导演"了伪皇帝的"退位仪式"。在两分钟的时间里，溥仪用机械的语调念完了由日本人草拟的"退位诏书"，一场长达14年之久的傀儡戏终于在兔死狐悲的气氛中落下了帷幕。

8月19日清晨，溥仪一行分乘三架小飞机从通化起飞，准备经沈阳换乘大飞机后逃往日本。待飞机在沈阳降落后，苏军的空降部队已经控制了机场，于是，溥仪一行成了苏军的俘虏。从这时开始，也掀开了他人生中从伪皇帝到公民转变的一页。

在伪皇帝宣布退位后，以张景惠为首的伪满大臣，连为溥仪送行也来不及，就匆匆钻进火车逃离大栗子沟，连夜赶回长春。随即，张景惠立即召集伪大臣成立"东北暂时治安维持会"，由张景惠任委员长，臧式毅、熙洽、吕荣寰、蔡运升为副委员长，原大臣、参议等均为委员。他们的意图很明显，就是想趁国民政府军未到显示一番，为后来分一杯羹捞取政治资本。各伪省、县级官僚也纷纷效仿，成立各种形式的"维持会"，扬言维持秩序，保护地方。此前，负责留守的于镜涛还通过关东军，谋得伪新京特别市长的职位，堂而皇之地发表广播讲话，要求市民"安分守己，等待中央接收"云云。

8月19日，苏联军使在先遣队护卫下空降长春，立即成立卫戍司令部，接洽关东军投降等事宜。8月21日，卫戍司令部召见张景惠和于镜涛，指令他们待在家里、没有命令不得出城。张景惠等还心怀侥幸，自以为计划得逞，甚至打电话通知各伪大臣"准备出山收拾残局"。8月24日，卫戍司令部宣布解散张景惠的"维持会"，撤销于镜涛的"特别市长"，改委他人接任。8月31日，卫戍司令部向各伪大臣发出到指定地点开会的"邀请"，张景惠一行人等兴致勃勃如期到会。苏方人员宣布："（溥仪）皇帝很想念你们……我们决定将各位大臣送到溥仪那里，现在你们可以去了！"这时，伪大臣面面相觑，才知美梦落空。9月3日，两架苏联运输机将以张景惠为首的伪大臣、参议、要员等数十名汉奸人物押往苏联，也宣告了民族危难关头出卖民族利益和灵魂的丑类的最终下场。

第四节　关内各伪政权的崩溃

一　华北伪政权

华北伪政权是日本投降前夕，在中国最早宣布崩溃的一个。

1945年8月15日，日本天皇正午12时广播投降诏书之前，在上午9时，伪华北政务委员会委员长王荫泰召集伪府要员，在大礼堂训话，日本顾问岩松也出席了会议。王荫泰说："昨天夜里管局长（情报局局长管翼贤——引者注）送来一份情报，说中日已实现和平，我当时还不信。今天早晨派岩松顾问到大使馆去探讯，大使馆表示对这情报不否认，消息是证实了。我希望同仁安守岗位，还有事情要做，一切责任由我个人来负。我预备把我母亲送往亲戚家住，等中央来人接收清楚后，即向中央请罪。"伪职员们听到这一段出乎意料的训话之后，都为之一惊，散会后即陷入混乱不安状态：有的通过关系寻觅新的靠山；有的利用当时青黄不接，披上一层"接收大员"的外衣，重新"上场"；也有的感到自己罪行严重，逃往外地。他们像一群没头的苍蝇，到处乱扑乱撞，形形色色，不一而足。①

此前，伪华北政务委员会曾在8月13日发表过一份布告，要求各机关"恪守本位，勿怠工作"。但是，随着伪国民政府8月16日在南京宣告取消，华北伪政权终于随之彻底解体。16日，王荫泰等人通过阎锡山致电蒋介石："荫泰等待罪余生，已得重瞻天日，俟交代竣事，静候中央处置。"②

随着华北伪政权的崩溃，长期以来与之"表里一体"的日伪组织新民会，早在这年的7月，日本职员已经全部退出。8月16日，日本人波多江种一等，与"新民会"的副会长喻熙杰及部长、局长等人座谈了半小时，便宣告了"新民会"事实上的解散。③ 8月25日，"新民会"在报纸上宣告："由即日起解消，所有中央总会事务由华北政委会接收，各市总会事务由各市政府接收，各区办事处由各警察分局接收，全体职员亦行解聘。"④

二 伪蒙疆政权

1945年8月8日，苏联对日宣战。8月9日，苏联红军从北、东、西三个方向进攻中国东北的日军。其中西路之苏蒙联军，越过内蒙古草原，直指张北地区。与此同时，中共晋察冀军区的八路军，也在张家口的东、南、西三面，向日伪军展开了攻势，并准备发动"张家口战役"；蒋介石亦急令傅作义部队，火速由绥远东进，企图夺取张家口。日军和伪蒙疆政权处于四面楚歌之势。

日本方面先是把苏联红军发动进攻和美国在广岛投掷原子弹的消息，对德王和李守信严密封锁，直到日本即将宣布投降的8月15日上午10时，才由驻蒙军司令官根本博，向德王和李守信告知了真相。根本问："你们怎么办？"李守信言："军队由你们顾问掌握，我又被你们弄到张家口，出了错我不负责任。"根本随即让大桥雄熊参谋打电话给归绥的小仓顾问，令他将军队的指挥权交给李守信的参谋宝贵廷，但此时小仓已不知去向。日本人这

---

① 张炳如：《华北日伪政权的建立和解体》，文斐编《我所知道的伪华北政权》，第26页。
② 《阎锡山转报日本投降后华北王荫泰等上电蒋委员长静候处置之皓电》（1945年8月19日），秦孝仪主编《中华民国重要史料初编——对日抗战时期 第六编 傀儡组织》（4），第1537页。
③ 王强：《汉奸组织新民会》，第109页。
④ 章伯锋、庄建平编《中国近代史资料丛刊·抗日战争 第六卷 日伪政权与沦陷区》，第465页。

时已慌作一团，根本博只好让崛顾问临时代理伪蒙古军的顾问。①

8月17日，锡盟、察盟的伪蒙古军队缴械，苏蒙联军占领张北县，向张家口发动进攻。日军纷纷从大同、厚和退向张家口。李守信向张家口的日军警备司令官渡边询问他和德王可否去日本？渡边说："不行，我们已是战败国，对战胜国得无条件服从。人家如果向我们要人，我们得交出来。"此时，伪蒙疆各机关的蒙族职员已经齐集德王府，他们有的主张南下投靠国民党，有的主张北上投靠蒙古人民共和国，有的主张就地等待八路军解放，莫衷一是。由于德王派去苏蒙的人员被逮捕，北上联络已不可能，但他又不愿意投降八路军，迎接他们解放张家口，于是决定南下投靠蒋介石。8月19日，德王、李守信带领一批伪政权的蒙族职员，连夜从张家口乘火车，先于日军逃往北平。②

8月20日，晋察冀军区的八路军第十二、十三分区的部队，奉命向张家口发动进攻。经过激烈的争夺战和街巷战，于23日攻占张家口，歼灭日军200余人、伪军2000余人，活捉了伪蒙疆政府的副主席于品卿和张家口市市长韩广森。29日，张家口市人民政府成立。9月14日，晋察冀边区政府迁入张家口市。昔日被日伪盘踞多年的张家口市，成为共产党军队在战后受降过程中解放的第一个和最大的城市。

三　汪伪政权

自从汪精卫1944年11月10日客死日本之后，南京伪国民政府的命运，伴随着日本"大东亚战争"临近崩溃，已到了分崩离析的境地，整个石头城"一片降幡"。11月13日汪精卫在南京入殓之时，周佛海即在其日记中写道："既伤逝者，复念存者，今后之困苦危难，觉天下之大，无容身之地也。"③

汪精卫在赴日治病之时，对于其后事安排已有交代。根据他的遗嘱，并经日军的同意，在他死后的11月12日，伪中央政治委员会召开紧急会

---

① 李守信：《我和德王由张家口溃逃的真相》，《文史资料存稿选编·日伪政权》，第780—781页。
② 德王：《伪蒙疆联合自治政府的成立和瓦解》，《文史资料存稿选编·日伪政权》，第765页；卢明辉：《蒙古"自治运动"始末》，第324—327页。
③ 蔡德金编注《周佛海日记全编》下编，第949页。

议，推选陈公博担任伪国民政府代主席、国民党中央执行委员会主席、中央政治委员会主席、最高国防会议主席、行政院院长、军事委员会委员长、新国民运动促进委员会委员长、全国经济委员会委员长等职。陈公博实际上担任了汪精卫生前几乎所有的职务，而且坚持只是出任国民政府的"代主席"。对此，他自己后来辩护道：南京政府不是我一个人主张就可以解散的，即刻解散一定会受到日本的胁害，同时也没有别的机关可以维持治安。如果东南一乱，我仍旧对不起国家，仍旧不能达到中国顺利统一的理想，因此我不肯就主席职务，只以代理名义维持，等待国家的统一。后来他在12月10日发表声明，提出了"党不可分，国必统一"的政纲方针。①

尽管如此，陈公博-周佛海领导下的南京伪政权，也难以收拾日薄西山、病入膏肓的残局。周佛海在12月22日的日记中写道："顾念大局，危险万状，掀天撼地之大风浪即将来临，吾辈断无法渡此惊涛骇浪，必为大浪沉于海底。"② 这时，在伪政府内部，大小汉奸有各种表现：他们有的急于寻找新的靠山，有的囤积居奇，有的醉生梦死、及时行乐；更多的人则是唯恐战后受惩，惶惶不可终日。

在日本投降大计未定的1945年8月10—13日，是南京最危险的时期。14日，日本"大使"谷正之奉命会见陈公博，正式向他通报了日本政府已经接受《波茨坦公告》、向盟国投降的消息。同时，中国派遣军副总参谋长今井武夫、上海日本海军小川少将，也奉令向伪南京政府通告。③ 陈公博乃催促在上海的周佛海，赶紧回南京商量解散大计。

8月16日，周佛海回到南京，在和陈公博商量之后，同日下午3时，最后一次的"中央政治委员会临时会议"在陈氏的"新主席公馆"举行。参加这次会议的人员，除了陈公博、周佛海之外，还有梁鸿志、温宗尧、梅思平、李圣五、何炳贤、陈君慧、岑德广、陈群、傅式说、任援道、鲍文樾、赵叔雍、胡毓坤、夏其峰、凌霄、周隆庠、王家骏等人。会议的决议主要有《国民政府解散案》和《南京临时政务委员会组织条例案》。会议决定解散"国民政府"，将"中央政治委员会"改为"临时政务委员

---

① 《审讯汪伪汉奸笔录》（上），第20页。
② 蔡德金编注《周佛海日记全编》下编，第949页。
③ 《审讯汪伪汉奸笔录》（上），第24页。

会"，"军事委员会"改为"临时治安委员会"，陈公博任"临时政务委员会"委员长兼"临时治安委员会"委员长，周佛海、王荫泰担任"临时政务委员会"的副委员长，负责各部门处理善后事宜。① 会议最后通过了陈公博拟就的《国民政府解散宣言》。至此，历时五年多的汪伪国民政府，终于在一夜之间，轰然消解。

第五节 战后对于汉奸、伪军的处理②

一 日本投降后国民党对汉奸和伪军的利用

1945年8月15日，日本宣布无条件投降。中华民族付出巨大代价而坚持不懈的抗日战争，至此赢得了最后的彻底的胜利。

日本投降的消息传出后，全中国人民都沉浸在胜利的狂欢中。唯有在日本卵翼下的沦陷区各伪政权，惊慌失措，惶惶不可终日。失去了日本这个靠山，他们再也无法继续，纷纷作鸟兽散。至此，曾在中国大地上因日军扶持而存在少则几年、多则十余年的傀儡政权之怪胎，迅速全部覆灭。

在傀儡政权散伙之际，汉奸都在为自己寻找后路。1945年8月18日，陈公博再次亲自致电蒋介石，向其献策称，南京政权所属部队"若有自危之心，无路可投，必走奸匪自固。公博之意似宜均应予以番号，一俟大局初定，再行分别改编复员"。③ 然而，此时的国民党，早已和周佛海建立了联系，陈公博的上述献策，并没有得到蒋介石的青睐。他在南京惶恐不安，终于在8月25日放弃了自己以前不去日本避难的承诺，向日本中国派遣军副总参谋长今井武夫提出了赴日的请求。在日方的安排下，陈公博一行匆匆逃往日本。出逃前，陈留了一封给蒋介石的"自首函"，请冈本、浅海两名日本顾问交何应钦或王东原转呈。他在信中首先表示："此次日

---

① 《情报单位截译南北伪组织善后措置情形》（1945年8月20日），秦孝仪主编《中华民国重要史料初编——对日抗战时期　第六编　傀儡组织》（4），第1537—1538页。
② 本节内容，感谢汪朝光教授提供并俯允使用其初稿《汉奸的末路　缺憾的正义——抗战时期汉奸集团的兴衰结局》，本书略有修订。
③ 《陈公博报告伪组织解散并请予伪军番号免其走匪自固一俟大局初定再分别改编复员呈蒋主席之巧电》（1945年8月18日），秦孝仪主编《中华民国重要史料初编——对日抗战时期　第六编　傀儡组织》（4），第1551—1552页。

本接受和平，殊使数年来之希望，一旦得偿，至为大幸"；继称其投敌实为"深虑汪先生惑于浅解之士，有所错误，完全为汪先生着想，更为国家着想，为汪先生而可以牺牲，则为国家统一之将来，亦何独不可以牺牲"；再次表白自己"对于国必统一、党不可分，至今犹是如是，在沪在宁六年，无日不以此自期，亦无日不于此努力。对于被俘之将领，则设法位置之，对于来此工作之同志，则尽量掩护之，对于远至内地同志之家属，则量其力所能以接济之"；对于其逃亡日本，则解释为"有人谓博仍静居南京，必使先生难于处置，故此次只有避地，以待后命"，因此"先生何时命令，即何时自首，博不愿透过于人，亦不愿巧辩以饰"。① 陈氏之信，仍在为自己的行径"巧辩"，以希冀得到蒋介石之谅解。

抗日战争的胜利，使得中国政府战后对日伪的处理问题，迅速到来。但对于国民党及其领袖蒋介石而言，由于其处于执政地位，并有同盟国统帅部之认可，接收之利似乎水到渠成，他们更关心的是，如何在国共对立相争的情况下，不使抗战胜利果实被中共获得，并在战后继续占有与保持对共之优势地位。8月10日晚，当蒋介石得知日本已通过瑞士政府向同盟国请求投降的消息后，立即召集部下会商，并做出了一系列指示；其中要求对伪军"应策动反正，并迅即确保联络掌握，令其先期包围集中之敌，先期控制敌军撤离后之要点要线，以待国军到达"。② 此项指示清楚地说明了国民党当时对伪军处理的态度，即利用为先，再论其他。实际上，这也是战争刚刚胜利之时，国民党对于汉奸伪政权组织的基本态度。

对于国民党而言，因其主力部队主要部署在大后方，远离战区，故十分担心在接收中不能占得先机，而为深处敌后之中共所乘。国民党尤为关注华北地区，因为国民党认为华北的中共部队"深入陷区，易制先机，控制交通，接近敌区，便于受降收械"。为此，国民党军副参谋总长白崇禧提出，应在华北争取伪军的归顺，令其协助巩固要点，保持交通联络，并

---

① 《陈公博呈蒋主席待命自首函》（1945年8月25日），《中华民国重要史料初编——对日抗战时期 第六编 傀儡组织》（4），第1555—1556页。
② 秦孝仪主编《总统蒋公大事长编初稿》卷5（下），台北，中国国民党党史会，1978，第785页。

沿长城一线布防，以防共产党军队占据华北并渗入东北。① 白崇禧的意见，实际上代表了当时国民党内多数人的看法。所以，蒋介石在部署受降时，首先命令各地伪军，"应就现驻地点负责维持地方治安，保护人民。各伪军尤应乘机赎罪，努力自新，非本委员长命令，不得擅自移动驻地，并不得受未经本委员长许可之收编"。②

根据蒋介石的命令，军统局局长戴笠下令：迅即就已策动之伪军74万人，呈奉军委会核准，给予先遣军或先遣支队名义，但须维持当地地方秩序与阻止共产党军队滋扰任务。③ 8月14日，戴笠还致电汪伪税警团团长熊剑东称："现局势急转直下，事机已至，望兄切实掌握所部，遵照委座本月十一日广播去进行。目前以确保上海治安，严防奸匪捣乱，并整饬部队纪律，与民众团结一致，在佛海先生主持之下，鼎力支撑，以待中央之命令。至中央方面当由弟为兄负责也。"④ 据此，南京伪政权任援道的第一方面军，成为南京先遣军、苏浙先遣军，周佛海的税警团成为军委会上海行动总队，华北伪军则给予新编第一至十路的名义，其他地区的伪军也多给予先遣军、挺进军的名义。这些伪军摇身一变，堂而皇之成了"国军"。

对于伪政权的各级行政官员，国民党在接收之初，也多未予逮捕或处置。相反，国民党还利用他们为其接收工作服务。伪政权的中下级官员姑且不论，即使对一些人皆侧目的汉奸高官，也不过是暂予监视其行动而已。主持接收工作的陆军总部到南京后，只是电令对于南京伪政权简任以上之官吏，"应查明其行踪"，"饬觅具妥保，随传随到，听候依法处理"；对于各地之汉奸，"应先行调查，予以监视，听候中央命令处理"。⑤ 结果造成了大汉奸逍遥法外，⑥ 中小汉奸摇身一变而成为"地下工作者"，一些

---

① 《白崇禧副参谋总长上蒋委员长告共军侵夺华北各地并陈述处置事项函》（1945年8月24日），《中华民国重要史料初编——对日抗战时期 第七编 战后中国》（2），第318—319页。
② 《蒋中正令》（1945年8月11日），中国第二历史档案馆编《第二次世界大战中国战区受降纪实》，春秋出版社，1989，第62页。
③ 朱汇森主编《中华民国史事纪要》（1945年8月11日），台北，"国史馆"，1988。
④ 陈恭澍：《抗战后期反间活动》，台北，传记文学出版社，1986，第542页。
⑤ 《电令南京市政府首都警察厅监视伪方简任以上官吏》、《电令各受降主官各战区各省市监视重要汉奸》，中国陆军总司令部编《中国战区中国陆军总司令部处理日本投降文件汇编》下卷，编者自印，1946，第213页。
⑥ 如汪伪政权宣传部副部长胡兰成即利用此机会潜逃外地，最终逃脱了审判。

无辜者反而成了敲诈勒索的对象。

据最早进入南京的陆军总部前进指挥所主任冷欣的回忆：

> 这些不断来见的伪官群丑，均口口声声说是奉有陈立夫或戴雨农（戴笠——引者注）两人的使命，负有中统、军统的特别任务为开场白，自命地下英雄，功在国家，口讲指画，神气活现，我因当时的兵力单薄，环境特殊，对治安尤多顾虑，也只好虚与委蛇，并嘱不要离散，等待政府派员接收。①

此等作为，令政府当局最后亦感太不像话。9月18日，国民政府军事委员会专门下令，凡"本会派出策反工作人员，属于长江以南地区者（上海、南京、武汉均在内）须于奉到命令后，立即停止活动，并于9月底撤销，长江以北地区，俟中央大军到达后撤销"。② 此后，汉奸以"地下工作者"之名招摇过市的现象有所收敛，但国民党在处理汉奸方面的动作过于迟缓，大大不利于其政治形象的树立。

二 对于汉奸的处理

1. 汉奸的逮捕

抗战期间，在各伪政权和沦陷区内，汉奸罪大恶极，伪军为虎作伥。战后，中国民众强烈要求国民党政府迅速严惩汉奸和伪军等民族败类。

自1945年8月15日日本投降之日起，重庆的《新华日报》即开辟专栏，陆续公布了《南京伪组织汉奸名录》《上海文化汉奸名录》《北京文化汉奸》《新闻界汉奸名录》《电影戏剧界汉奸名录》《金融实业界汉奸名录》《伪军头目名录》《汉奸群丑脸谱》等资料，列举各地各类汉奸姓名及其罪状，并号召检举揭发之。8月25日，中共中央发表对于时局的宣言，主张"严惩汉奸，解散伪军"。9月10日的延安《解放日报》发表社

---

① 冷欣：《从参加抗战到目睹日军投降》，台北，传记文学出版社，1967，第128—129、153—154页。
② 《军事委员会为限期撤销策反工作人员事致行政院快邮代电》（1945年9月18日），中国第二历史档案馆编《国民党政府政治制度档案史料选编》下册，安徽教育出版社，1994，第541—542页。

论，重申必须严惩汉奸。9月26日，国民参政会常委会举行会议，通过了《请政府严惩汉奸，本忠奸两不立之训，贯彻到底，以伸正义，以维民族气节案》及《请政府迅速将严惩汉奸法规切实执行案》，并送交国民政府。

关于战后对汉奸的处理，蒋介石侍从室最初拟订的意见为：（1）凡附逆之汉奸均应受特别审判，褫夺公权，其受有任务参加秘密工作者经审查确实准予另案办理；（2）敌产逆产由政府组织特种委员会调查处理；（3）伪军之处理方针当视其对中国军队协助与贡献之成绩，本宽大之旨，分别处理之。对此，蒋介石批示："如拟，但不可发表。"原因是"为受降便利起见，未予发表"。"政府处理伪军之方针动摇，所有伪军均予收编，利用暂时维持地方秩序。伪军察知政府之处境，恬不知耻，向政府要挟需索"，使"中央将蒙莫大之羞"。①

对于处理汉奸的问题，蒋介石自有他的考虑。他在给负责接收的陆军总司令何应钦的指示中，要求"逮捕汉奸消息及逮捕条例，概勿发表，必须由本委员长批准后，方得正式公布"。同时他又命令："以后关于逮捕汉奸之案件，准令戴副局长（军统局副局长戴笠——引者注）负责主持，另派有关人员会同检查办理，以归统一，而免纷歧。"②

军统局奉令后，成立了"肃奸委员会"，并在全国设立了25处肃奸分会，负责处理对汉奸的检举、逮捕等事宜。9月25日开始，军统局开始了在全国的大逮捕行动。不过，军统局在逮捕汉奸方面迟迟不能行事，使蒋介石也不满意，他曾告知戴笠："宁沪汉奸处置办法甚不妥也，乃致函敬之更正之。"③ 直到国民党在各地基本进入接收状态，并且各方舆论对汉奸问题有了强烈反应之后，国民党政府才开始了逮捕和审判汉奸的法律程序。

最早被收捕的汪伪巨奸是伪广东省省长褚民谊和汪精卫的妻子陈璧君。9月12日，他们二人在广州被军统局副局长郑介民设计诱捕。

9月26日，军统局在南京逮捕了汪伪政府内政部部长梅思平等一批汉

---

① 《在蒋介石身边八年——侍从室高级幕僚唐纵日记》，群众出版社，1991，第540、579页。
② 《电令各省市军政长官拘捕汉奸》、《电示各战区司令长官各方面军司令官逮捕汉奸权限》，《中国战区中国陆军总司令部处理日本投降文件汇编》下卷，第196~198、214页。
③ 《蒋介石日记》，1945年10月1日，美国斯坦福大学胡佛研究所档案馆藏。

奸；27日，又在上海逮捕了伪考试院副院长缪斌等一批汉奸。后来在苏州逮捕了伪立法院院长梁鸿志。至此，南京伪政权的部长级以上的汉奸官员，已悉数落网。

10月3日，潜逃日本的汪伪政权的头号汉奸、伪国民政府代主席兼行政院院长陈公博，被押解回国。

12月5日，军统局在北平设计缉捕了王克敏、王荫泰、殷汝耕、齐燮元等8名华北大汉奸。12月8日，军统局在天津医院逮捕了王揖唐。华北伪政权巨奸13人，除王克敏12月25日病死狱中之外，于1946年5月26日被押往南京审理。

与此同时，在山东、山西、河南、湖北等地也进行了缉捕当地汉奸的工作。

从1945年9月至12月，军统局在南北各地逮捕的汉奸总数为4692人，其中移送各地高等法院者4291人，移送军法机关审判者334人，移送航空委员会讯办者24人，在押病死者43人。[1]但出于国民党收编伪军准备内战的需要，这些被捕的汉奸，以政界人物居多，军界较少，以至于舆论发出呼吁："伪军手上有枪炮，过去为虎作伥，欺压百姓，比政治、文化、经济各种奸人更厉害，决不容幸免。……伪军头目概应拘讯，按情节轻重治罪，不如此不算公道。"[2]

以溥仪为首的伪满洲国的汉奸和战犯，多数被苏联红军逮捕，后被押往苏联关押。这些人在1949年后被苏联政府移交给中华人民共和国政府进行处理。

2. 汉奸的审判

在主要由军统局逮捕汉奸的同时，国民政府也在修订抗战期间处理汉奸的有关法规，并重新进行公布。

9月27日，《文汇报》公布了国民政府行政院拟具、国民参政会修改通过的《处理汉奸案件条例草案》。在此基础上，11月23日，国民政府公布了《处理汉奸案件条例》，共11条，其中规定属于下列10种为汉奸者，应厉行检举：

---

[1] 良雄：《戴笠传》下册，台北，传记文学出版社，1982，第491页。
[2] 《捕奸与惩奸》，天津《大公报》1945年12月27日。

1. 曾任伪组织简任职以上公务员或荐任职机关首长者；2. 曾任伪组织特任工作者；3. 曾任前两款以外之伪组织文武职公务员，凭借敌伪势力侵害他人、经告诉或告发者；4. 曾在敌人之军事、政治、特务或其他机关工作者；5. 曾任伪组织所属专科以上学校之校长或重要职务者；6. 曾任伪组织所属金融或实行机关首长或主要职务者；7. 曾在伪组织管辖范围内，任报馆、通讯社、杂志社、书局、出版社社长、编辑、主笔或经理，为敌伪宣传者；8. 曾在伪组织管辖范围内，主持电影、制片厂、广播台、文化团体，为敌伪宣传者；9. 曾在伪党部、新民会、协和会、伪参议会及类似机关，参与重要工作者；10. 敌伪管辖范围内之文化、金融、实业、自由职业、自治或社会团体人员，凭借敌伪势力、侵害他人，经告诉或告发者。

但上列汉奸曾为协助抗战工作，或有利于人民之行为者，证据确凿者得减轻其刑。还规定：汉奸财产应予以没收或发还被害人；汉奸案除被告任伪军职应受军事审判者外，均依特种刑事案件诉讼条例之规定，由高等法院或其分院审理之；汉奸于8月10日以后自首者，不适用减刑规定。①

12月6日，国民政府又公布了重新制定的《惩治汉奸条例》，共16条，其中规定通谋敌国而有下列14种行为之一者为汉奸，处死刑或无期徒刑。

1. 图谋反抗本国者；2. 图谋扰乱治安者；3. 招募军队或其他军用人工役夫者；4. 供给、贩卖或购办、运输军用品或制造军械、弹药之原料者；5. 供给、贩卖或购办、运输谷米麦面、杂粮或其他可充食粮之物品者；6. 供给金钱、资产者；7. 泄露、传递、侦查或盗窃有关军事、政治、经济之信息、文书、图画或物品者；8. 充任向导或其他有关军事之职役者；9. 阻碍公务员执行职务者；10. 扰乱金融者；11. 破坏交通、通讯或军事上之工事或封锁者；12. 于饮水、食品中投放毒物者；13. 煽惑军人、公务员或人民逃叛通敌者；14. 为前款之人所犯煽惑或从其煽惑者；

---

① 《审讯汪伪汉奸笔录》（下），第1441—1442页。

犯前款各项之罪、情节轻微者，处五年以上有期徒刑；预备或阴谋犯此等罪者，处一年以上七年以下徒刑；对汉奸藏匿不报包庇纵容者，处一年以上七年以下徒刑；曾在伪组织担任职务未依上述条例判罪者，仍应在一定年限内不得为公职候选人或任用为公务员。①

尽管如此，对于重要汉奸的审判，仍迟迟未进入法定程序，以至于1946年3月，国民党中央监察委员会六届二次会议通过了《请政府从速惩办汉奸首领以收揽民心建立威信案》等三项决议，要求对已捕汉奸从速审判，从重治罪；对未捕之汉奸，迅予检举及逮捕。国民参政会亦向行政院院长宋子文质问："汉奸卖国害民，全国共愤，胜利以后何以不能将此辈丑类迅速逮捕，明正典刑，甚至今日尚有未就逮者，其故何在？"②

其实当时在处理汉奸的问题上，一方面是"汉奸之漏网者为大多数，而汉奸投身一变而为公务员者亦为不少"；另一方面是接收人员"为便于敲榨人民，故意制造恐怖气氛，随意加人以汉奸罪名而加以逮捕。一时汉奸帽子乱飞，自小商人以至大学教授随时有被戴上汉奸帽子坐牢的可能。因而凡是抗战期间没有退入后方的人，都人人自危"。③ 这种情况，尤以上海、北平等有油水可捞的大城市为烈，以致被舆论称为"收复的涵义是灾祸，胜利的底子是悲惨"。民社党的蒋匀田，以其亲身经历提到："国民党的地方党部到处科人民以经济汉奸、文化汉奸的罪名，以满其榨取之欲，引起民间广传收复失土，丧尽人心的民谣，到处可以听到，此乃国民党在大陆所以失败如彼之速的主因。"④

对此，蒋介石也认为必须加以整治，以缓和民心。1946年9月19日，他致电北平行营主任李宗仁和上海市市长吴国桢，下令："今后逮捕汉奸，必须由法院依法办理，其他党政军团各部门不得擅行逮捕，否则即以违法越

---

① 《审讯汪伪汉奸笔录》（下），第1442—1444页。
② 《中国国民党第六届二中全会决议案行政院办理情形报告表》（1947年），第22页；重庆《中央日报》1946年3月14、23日。
③ 《叶楚伧等宣慰上海工作报告》，中国第二历史档案馆藏档案，档案号：一－1996；《李宗仁回忆录》下册，中国人民政治协商会议广西壮族自治区委员会文史资料研究委员会，1980，第857页。
④ 蒋匀田：《中国近代史转折点》，香港，友联出版社，1976，第16页。

权论罪";"严禁党政军团各部门擅自逮捕汉奸,以杜不肖之徒乘机勒索"。①

在经过了一定的准备之后,1946年3月,中国政府对汉奸高官的审判,开始进入了法律程序。

3月18日,陈公博被以"叛国罪"起诉。在江苏省高等法院检察官的起诉书中,列举其十大罪状为:缔结密约,辱国丧权;搜索物资,供给敌人;发行伪币,扰乱金融;认贼作父,宣言参战;抽集壮丁,为敌服役;公卖鸦片,毒化人民;改编教材,实施奴化教育;托词"清乡",残害志士;官场贪污,政以贿成;收编伪军,祸国殃民。陈公博在答辩书中,对这些罪状一一进行了辩驳,强调他是为了"保存国家、人民元气和日本苦斗","铺好一条统一之路,等蒋先生容易统一",坚持"在蒋先生领导下,党不可分,国必统一",并表白自己"防共"之功,企图将当年在日本卵翼下的"风光"洗刷一清。与其说这是汉奸的无耻,不如说是求生的本能。然而,在战后惩办汉奸的舆论大环境下,加上汉奸声名已臭,在接收后对于当政者也失去了利用价值,他们的诡辩自然不为法庭所理睬。4月12日,江苏高等法院在判决书中直指陈公博:"一再破坏抗战国策,助长日寇侵略,将使国家、民族陷于万劫不复之境地,实属昧于大义,甘作罪魁,于法无可钤全,自应处以极刑,以昭炯戒";判处陈公博"通谋敌国,图谋反抗本国,处死刑,褫夺公权终身。全部财产除酌留家属必需生活费外没收"。② 对于陈公博的死刑判决,足以为那些背叛民族利益、通敌叛国的汉奸警戒。

在陈公博之后,重要的汉奸陆续被审判。他们如陈公博一样,无不在法庭上腆颜为自己辩护,理由亦大同小异,所谓"蒋先生是主张抗战救国,汪先生是主张和平救国,彼此主张不同,而救国则一";褚民谊甚至以"恭移总理灵脏由北京协和医院南来奉安"作为自己的"微功",以求苟全性命。③ 法庭根据他们所处地位及所犯罪行的大小,予以了不同的判决。

---

① 《蒋中正总统档案·特交文卷·交拟稿件》第23册,台北,"国史馆"藏,第2024、2025号。
② 《江苏高等法院检察官起诉书》(1946年3月18日);《陈公博之答辩书》、《江苏高等法院刑事判决》(1946年4月12日),《审讯汪伪汉奸笔录》(上),第38—43、43—58、62—67页。
③ 《褚民谊之答辩书》,《审判汪伪汉奸笔录》(上),第307、318页。

江苏高等法院判处陈公博、褚民谊、缪斌等 13 人死刑，判处陈璧君等 47 人无期徒刑。上海高等法院判处梁鸿志、傅式说等人死刑，判处钱大櫆等人无期徒刑，判处吴颂皋等人有期徒刑。南京首都高等法院判处梅思平、丁默邨、林柏生等人死刑，判处温宗尧、罗君强等人无期徒刑。首都高等法院还判处王荫泰、齐燮元等人死刑，汪时璟等人无期徒刑，江亢虎、周作人等人有期徒刑。王荫泰后被最高法院改判为无期徒刑，其理由是按照他曾协助抗战、有利于人民的行为而减刑。①

总体而言，在被判刑的汉奸中，政务官员多于军事将领，政务官员中又以北洋余孽和汪派余党较多，而手握军权的伪军汉奸头目，则因被国民党"委任使用"而大多逃脱了审判。

在国民政府司法机关审判汉奸的同时，国防部军事法庭也对那些未被委任使用的军事汉奸头目进行了审讯和判决。1948 年 6 月以后，陆续被判处死刑的有杨揆一、叶蓬、胡毓坤、凌霄、鲍文樾、李讴一、项致庄、荣臻、邵文凯等人。

据 1948 年度《中华年鉴》的资料显示，自 1945 年 11 月至 1947 年 10 月底，全国各省市法院处理汉奸的情况是：检察方面结案 45679 件，其中被起诉者 30185 人，不起诉者 20055 人，其他 13323 人；审判方面结案 25155 件，其中判处死刑者 369 人，被判处无期徒刑者 979 人，被判处有期徒刑者 13570 人，罚款 14 人。但上述数据不包含被军事法庭审判的汉奸案件。②

3. 汉奸伏法

1946 年 5 月 21 日，伪立法院副院长缪斌被枪决，为汉奸高官伏法的首例。6 月 3 日，陈公博在苏州被执行死刑。

在此前后被判处死刑并被行刑的汉奸高官还有：伪江苏省省长项致庄（1946 年 4 月 26 日，执行时间，下同）、伪参谋总长胡毓坤（6 月 24 日）、伪海军部部长凌霄（6 月 24 日）、伪湖北省省长杨揆一（6 月 24 日）、伪外交部部长褚民谊（8 月 23 日）、伪内政部部长梅思平（9 月 14 日）、伪宣传部部长林柏生（10 月 8 日）、伪立法院院长梁鸿志（11 月 9 日）、伪

---

① 《王荫泰补陈复判理由书》（1946 年 11 月 18 日），《审讯汪伪汉奸笔录》（下）第 944—961 页。
② 余子道等：《汪伪政权全史》下卷，第 1423 页。

华北治安督办齐燮元（12月18日），伪浙江省省长傅式说（1947年6月19日）、伪陆军部部长叶蓬（9月18日），伪华北政务委员会委员长王揖唐（1948年9月10日）。

但还有一些被判死刑的汉奸，并未见执行的报道。如伪社会福利部部长彭年，伪粮食部部长顾大椿，伪中央储备银行总裁钱大櫆，伪参军长卢英，伪驻日大使徐良，伪河南省省长邵文凯，伪河北省省长荣臻，伪天津市市长温世珍等。① 伪陆军部部长鲍文樾虽已被判死刑，但后因国民党企图"借其与张学诗之关系，令其策反东北奸军，则对剿匪不无裨益"，被蒋介石批以"暂缓核定，并饬将鲍逆解京羁押，由保密局妥密运用，以观后效，再行核办"。②

更大的例外，则是对于周佛海、丁默邨两人的处理。

1945年9月30日，伪行政院副院长兼上海市市长周佛海、伪社会部部长丁默邨等汉奸高官，由戴笠陪同飞赴重庆，此后便闲居重庆，未予审判。与陈公博不同的是，周佛海与蒋介石关系较深，他到重庆后曾致函蒋称："此次回渝一似堕落子弟回家，实无颜以见家长，辱承钧座宽大为怀，特予爱护，虽粉身碎骨，亦无以报宏恩于万一。"③ 他投敌后较早与军统拉上关系，在抗战胜利初期为国民党顺利接收京沪立下了汗马功劳，故国民党对周等均有放其过关之意。戴笠告知周佛海，"谓蒋先生对余事至相当时期必有办法"。1946年3月戴笠飞机失事身亡后，周"为之忧虑不止。盖余之身家性命，渠曾立誓保护，今如此，则前途殊可隐忧也"。④ 舆论对此极为不满，认为周佛海"和日本勾结最深，卖国是最彻底的。在汪记傀儡班中，周逆罪戾在陈逆公博之上"；"不知多少在地下工作的忠贞爱国份子死在此人（丁默邨——引者注）的手里"；"不管他们怎样投机取巧，实在罪无可赦"；"若巨奸不早伏法，多年锻炼培植起来的民族气

---

① 洪桂己编《近代中国外谍与内奸史料汇编》，台北，"国史馆"，1986，第766—804页。
② 《俞济时对陈诚所报汉奸鲍文樾原判死刑可否酌情减刑一案之签办》（1947年4月2日），秦孝仪主编《中华民国重要史料初编——对日抗战时期 第六编 傀儡组织》（4），第1543—1544页。
③ 《周佛海借丁默邨罗君强等至渝投案静候处分呈蒋委员长函》（1945年10月1日），秦孝仪主编《中华民国重要史料初编——对日抗战时期 第六编 傀儡组织》（4），第1556页。
④ 公安部档案馆编注《周佛海狱中日记》，中国文史出版社，1991，第6页。

节，将不免有所耗伤"。① 直到9月25日，周、丁等才在舆论的压力下被解送南京。

1946年10月7日，周佛海在南京被起诉。还在审判期内，即不断有各方面党政要员为其说项，甚至陆军总司令部和国民党中央组织部亦专函说明周之"功绩"。11月7日，首都高等法院判周佛海："纵树微功，难掩巨过；偶施小惠，莫蔽大辜。权衡轻重，量刑未便从宽，自应处以极刑，并褫夺公权终身，以伸国法尊严而正人民视听。"此案宣判后，各方说项者接踵而至，然法院方面不改初衷。1947年1月20日，最高法院复判周佛海："实属法无可恕。虽事后稍树微功，仍不足以蔽其过，乃处以极刑，于法并无不合。"② 此时，陈果夫和陈立夫兄弟亲笔致函蒋介石称，周佛海"在京沪杭一带暗中布置军事颇为周密，胜利后使江浙两省不致尽陷于共党之手，国府得以顺利还都，运兵至华北各地，不无微功"。蒋介石遂批示："该犯似可免于一死。"③ 2月26日，国民政府发文，以周佛海"在敌寇投降前后能确保沪杭一带秩序，使人民不致遭受涂炭，对社会之安全，究属不无贡献"，下令将周佛海减为无期徒刑。④ 在国民党高官的庇护下，周佛海总算逃脱了死刑的判决，1948年2月28日病死在南京狱中。

但是，丁默邨则没有周佛海这么"幸运"。1947年2月8日，丁氏被判处死刑。虽然各方为其说项者亦颇具地位与声势，但丁的影响毕竟没有周佛海之大，而且当局担心对丁减刑势必引来舆论更大的压力和反弹，故5月1日最高法院复判，认为丁之自首在被通缉之后，协助受降则在胜利之后，"虽不无微功，究不能掩其罪恶之万一，因此不予轻减"。⑤ 7月5日，丁默邨被执行死刑。

据国民政府司法行政部的档案统计，截至1947年8月的惩治汉奸案中，

---

① 《陈逆公博判死刑》、《周佛海丁默邨怎样呢?》，上海《大公报》1946年4月13日、8月24日。
② 《首都高等法院特种刑事判决》（1946年11月7日）、《最高法院特种刑事判决》（1947年1月20日），《审判汪伪汉奸笔录》（上），第238、272页。
③ 《陈果夫、陈立夫为请对周佛海减等处罪致蒋介石函》（1947年1月25日），《审判汪伪汉奸笔录》（上），第273页。
④ 秦孝仪主编《中华民国重要史料初编——对日抗战时期 第六编 傀儡组织》（4），第1625页。
⑤ 《最高法院特种刑事判决》（1947年5月1日），《审判汪伪汉奸笔录》（下），第862页。

判处死刑共342人，其中南京14人、上海10人、江苏13人、浙江48人、湖北32人、广东50人、广西41人、山西23人、绥远19人、陕西17人、河南12人；判处无期徒刑847人，其中浙江118人、广东188人、广西124人、江苏47人、上海24人、南京24人、湖北64人、安徽37人、江西46人；判处有期徒刑10066人，罚款14人。但上述数据尚未包括1947年8月以后的统计，亦未见北平、天津、河北、山东等省市的审判统计。①

三 对于伪军的处理

关于战后对于伪军的处理问题，何应钦在接收之初即有指示：

> 如各地投诚伪军已由军委会委派新职者，暂由各战区指挥；各地伪军曾由我策反人员接洽投诚，或现在尚未经军委会委派者，由各战区先准其投诚，以待日后处理编造；凡各地伪军抗不投诚者，由各战区分别切实剿办。②

当时，何应钦与白崇禧都主张收编伪军，但陈诚反对。主张收编伪军最坚决者则为军统局局长戴笠。他曾在军统的一次会议上声称：

> 经我们策反的伪军将近百万，他们对国家、对抗战，有罪无功。现在要他们对付共产党，保卫国家，用来洗刷伪军耻辱，必然全力以赴。所以，这百万伪军，我们必须善为运用。试想，如果不是靠这些伪军负责保守各个城市，我们接收能这样顺利吗？能不为共产党抢占吗？伪军是对付共产党的一股强大武力，我们不能疏忽。③

对此问题，蒋介石的态度亦有矛盾之处。一方面他深知利用伪军在政治上对国民党不利，而且伪军的军事素质亦有限，故曾表示"严禁争取伪军"；另一方面，他又颇为担忧国民党不能迅速控制华北等前日占区，在

---

① 转引自余子道等《汪伪政权全史》下卷，第1423页。
② 《何应钦电》（1945年8月28日），《第二次世界大战中国战区受降纪实》，第69页。
③ 刘措宜：《抗战胜利后蒋介石收编伪军经过》，《文史资料选辑》第36辑，中国文史出版社，1980，第163页。

华北军事接收受挫的情况下，又不能不利用伪军，故下令"伪军应勿急遽遣散"。①

实际上，在当时接收困难的情况下，国民党需要利用伪军控制各地的局势，而伪军为了自身的出路，也愿意投靠国民党。因此，伪军在战后多为国民党政府收编、利用。而对于伪军中的汉奸军事将领，国民政府按照其"甘心附逆"、"投机两可"、"被迫胁从"、"奉派策反"四种情节，分别进行了处理。但对掌握实权、可资利用的伪军将领们，大都被以种种理由，划归后两类情节，加以收编和任用。②

国民党政府利用伪军的政策，遭到了社会舆论的强烈反对。而当国民党军队陆续到达收复区接收后，战斗力不强、政治态度善变的伪军的利用价值也在急剧下降。此后，国民党对伪军的政策，开始转向以编遣为主。

各地对伪军的处理，因情况不同而未尽一致。北方的伪军，因其对国民党稳定统治及参加内战还有一定作用，多以原编制保留，如伪第二方面军孙良诚部、第三方面军吴化文部、第四方面军张岚峰部、第六方面军孙殿英部、徐州绥署郝鹏举部等；第五方面军庞炳勋部则被拨给其他部队。南方的伪军，因对国民党维持统治的作用较小，故多被遣散，另将士兵拨补各部队，如伪第一方面军任援道部、蚌埠绥署林柏生部、杭州绥署项致庄部、武汉绥署叶蓬部、九江绥署黄自强部、广州绥署陈春圃部等。③

到1945年底，全国伪军（除东北外）共计51个单位60万人，其中长江以南的20万人已经被编遣完毕，长江以北尚有20万人未被编遣。④ 到1946年4月，以"自新军"名义保留下来的伪军还有1路、6个纵队、27个总队、73个团，共计238996人，其中以郑州绥署、徐州绥署、北平行营所管辖者为最多。这些伪军大部分参加了国民党政府此后发动的内战。

---

① 《蒋介石日记》，1945年11月10、15日。
② 转引自余子道等《汪伪政权全史》下卷，第1424页。
③ 第一战区参谋处编印《第一战区受降纪实》，1946，附件39；军事委员会委员长广州行营参谋处编印《广东受降纪述》，1946，第121—124页。
④ 林蔚：《关于整军的报告》，重庆《中央日报》1946年1月17日。

主要参考文献

一 档案

吉林省档案馆藏日伪档案

美国国会图书馆复制《日本外务省档案》（缩微胶卷）(Archives in the Japanese Ministry of Foreign Affairs, Tokyo, Japan, 1868–1945)，中国国家图书馆藏

汪伪驻日大使馆档案

中国第二历史档案馆藏国民政府教育部档案、伪华北临时政府教育部档案等

二 报刊

《大公报》、《解放日报》、《文汇报》、《新闻报》、《中央日报》

《大民会报》、《杭州新报》、《华北新报》、"满洲国国务院"《政府公报》（1938—1940）、《南京新报》、《日华学报》、《盛京时报》、汪伪国民政府《立法院公报》、伪华北临时政府教育部《教育公报》、《新民报》、《新民会报》、《新民周刊》、《新浙江日报》、《新中国》、《中华新报》、《中华日报》、《中央导报》

三 资料汇编、日记、年谱、回忆录等

爱新觉罗·溥仪：《我的前半生》，群众出版社，2007。

北京市档案馆编《日伪北京新民会》，光明日报出版社，1989。

北京市档案馆编《日伪在北京地区的五次强化治安运动》（上、下），北京燕山出版社，1987。

蔡德金编注《周佛海日记全编》（上、下编），中国文联出版社，2003。

蔡鸿源主编《民国法规集成》（全100册），黄山书社，1997。

陈鹏仁译著《汪精卫降日秘档》，台北，联经出版事业公司，1999。

复旦大学历史系日本史组编译《日本帝国主义对外侵略史料选编（1931—1945）》，上海人民出版社，1975。

"国务院法制处"编集《满洲国法令辑览》，"满洲行政学会"，1943。

《高宗武回忆录》，陶恒生译，中国大百科全书出版社，2009。

黄美真、张云编《汪伪政权资料选编》，上海人民出版社，1984。

黄美真编《伪廷幽影录——对汪伪政权的回忆纪实》，中国文史出版社，1991。

《今井武夫回忆录》，天津市政协编译委员会译，中国文史出版社，1987。

李茂杰主编《伪满洲国政府公报全编》，线装书局，2009。

"满洲国国务院总务厅情报处"编辑《满洲建国五年小史》，编者印行，1937。

"满洲国治安部"：《满洲国警察史》，吉林省公安厅公安史研究室、东北沦陷十四年史吉林编写组译印，1990。

"民生部教育司"编《满洲国学事要览》，编者印行，1940。

南京大学马列主义教研室汪精卫问题研究组编《汪精卫集团卖国投敌资料选编》，编者印行，1981。

南京市档案馆编《审讯汪伪汉奸笔录》（上、下），凤凰出版社，2004。

南开大学历史系、唐山市档案馆合编《冀东日伪政权》，档案出版社，1992。

南开大学马列主义教研室中共党史组编《华北事变资料选编》，河南人民出版社，1983。

《普及建国精神之教育资料》，"满洲国文教部"刊印，1933。

秦孝仪主编《中华民国重要史料初编——对日抗战时期》，台北，中国国民党党史会，1981。

〔日〕日本防卫厅防卫研究所战史室：《中国事变陆军作战史》第3卷第1册，田琪之译，宋绍伯校，中华书局，1979。

上海市档案馆编《日本帝国主义侵略上海罪行史料汇编》（上、下），上海人民出版社，1997。

上海市档案馆编《日本在华中经济掠夺史料（1937—1945）》，上海书店出版社，2005。

上海市档案馆编《日伪上海市政府》，档案出版社，1986。

孙邦等编《伪满史料丛书》，吉林人民出版社，1993。

涂文学主编、武汉市档案馆编《武汉沦陷时期档案史料丛编》，武汉出版社，2005。

延安时事问题研究会编《日本帝国主义在中国沦陷区》，上海人民出版社，1958。

余子道、刘其奎、曹振威编《汪精卫国民政府"清乡"运动》（《汪伪政权资料选编》），上海人民出版社，1985。

章伯锋、庄建平主编《抗日战争》（《中国近代史资料丛刊》），四川大学出版社，1997。

中国第二历史档案馆编《汪伪国民政府公报》（全14册），江苏古籍出版社，1991。

中国第二历史档案馆编《汪伪中央政治会议暨国防最高会议会议录》（全25册），广西师范大学出版社，2002。

中国第二历史档案馆编《中华民国史档案资料汇编》第5辑第2编，江苏古籍出版社，1997。

"中华民国外交问题研究会"编印《中日外交史料丛编》，台北，1965。

中国抗日战争史学会、中国人民抗日战争纪念馆编《日本对华北经济的掠夺和统制——华北沦陷区资料选编》，北京出版社，1995。

中央档案馆、中国第二历史档案馆、吉林省社会科学院合编《日本帝国主义侵华档案资料选编》，中华书局，1988—2004。

中央档案馆编《伪满洲国的统治与内幕——伪满官员供述》，中华书局，2000。

中央档案馆编《中共中央文件选集》，中共中央党校出版社，1989。

《周佛海日记》，上海人民出版社，1984。

全国及各省市文史资料。

アジア歴史資料センター（アジ歴）：http://www.jacar.go.jp/

粟屋憲太郎編『ドキュメント昭和史』平凡社、1975。

石射猪太郎『外交官の一生』読売新聞社、1950。

板垣征四郎刊行会編『秘録　板垣征四郎』芙蓉書房、1981。

伊藤隆編『続　現代史資料（4）陸軍畑俊六日記』みすず書房、1983。

伊藤隆ほか編『東条内閣総理大臣機密記録』東京大学出版会、1990。

稲葉正夫ほか編『太平洋戦争への道 別巻・資料編』朝日新聞社、1963。

稲葉正夫編『岡村寧次大将資料』原書房、1970。

植田捷雄『大東亜共栄圏と支那』有斐閣、1945。

内田康哉伝記編纂委員会『内田康哉』鹿島研究所出版会、1969。

宇垣一成『宇垣一成日記』みすず書房、1970—1988。

小尾俊人ほか編『現代史資料』みすず書房、1963—1972。

角田順編『石原莞爾資料——国防論策』原書房、1978。

風見章『近衛内閣』日本出版協同株式会社、1951。

外務省編纂『日本外交文書』外務省、1976—2011。

外務省編纂『日本外交年表並主要文書』上・下巻、原書房、1978。

貴志俊彦等編『中国占領地の社会調査』近現代資料刊行会、2013。

北河賢三ほか編『風見章日記・関係資料』みすず書房、2008。

小磯国昭『葛山鴻爪』丸の内出版、1968。

国際善隣協会編『旧満蒙関係史料目録』国際善隣協会、1977。

佐藤尚武『回顧八十年』時事通信社、1970。

参謀本部編『杉山メモ―大本営・政府連絡会議等筆記―』上・下、原書房、1978。

参謀本部所蔵『敗戦の記録』原書房、1989。

参謀本部編『満洲事変作戦経過ノ概要——満洲事変史』巌南堂書店、1972。

重光葵『外交回想録』毎日新聞社、1978。

重光葵『昭和の動乱』上・下巻、中央公論新社、1978。

田尻愛義『大東亜新秩序建設の原理』日本青年外交協会、1942。

高崎隆治ほか編『十五年戦争極秘資料集』第1—30集、不二出版、1987—1992。

東亜研究所編『中国占領地経済資料』原書房、1984。

東亜研究所編『明治百年史叢書・中国占領地経済資料』原書房、1984。

糖業協会編『植民地期台湾産業・経済関係史料マイクロ版集成』丸善出版、1999。

土肥原賢二刊行会編『秘録　土肥原賢二』芙蓉書房、1972。

内閣制度百年史編纂委員会編集『歴代内閣総理大臣演説集』大蔵省印刷局、1986。

内藤裕史ほか編『十五年戦争極秘資料集』補巻 1—31 集、不二出版、1996—2008。

永岡正己、沈潔編『中国占領地の社会調査』近現代資料刊行会、2011。

馬場鍬太郎『支那の資源と日本：大東亞共榮圏建設途上に於ける支那資源の開拓』講談社、1943。

平沼騏一郎回顧録編纂委員会『平沼騏一郎回顧録』平沼騏一郎回顧録編纂委員会、1955。

広田弘毅伝記刊行会編集『広田弘毅』広田弘毅伝記刊行会、1966。

本荘繁『本荘日記』原書房、1967。

防衛庁防衛研究所図書館所蔵、軍事史学会編『大本営陸軍部戦争指導班　機密戦争日誌』錦正社、1998。

松本重治『上海時代』中央公論新社、1977。

満洲回顧集刊行会編『あゝ満洲：国つくり産業開発者の手記』満洲回顧集刊行会、1965。

山田朗編『外交資料　近代日本の膨張と侵略』新日本出版社、1997。

芳井研一『満州事変日誌記録』不二出版、2009。

吉野直也編『天津軍司令部』国書刊行会、1989。

歴史研究会編『日本史史料（4）近代・（5）現代』岩波書店、1997。

四　著作

蔡德金、王升编著《汪精卫生平纪事》，中国文史出版社，1993。

蔡德金：《历史的怪胎——汪精卫国民政府》，广西师范大学出版社，1995。

陈木杉：《从函电史料观抗战时期的蒋、汪关系》，台北，台湾学生书局，1995。

陈木杉：《从函电史料观抗战时期汪精卫集团治粤梗概》，台北，台湾学生书局，1996。

陈木杉：《从函电史料观汪精卫档案中的史事与人物新探（一）》，台北，台湾学生书局，1997。

东北沦陷十四年史总编室、日本殖民地文化研究会编《伪满洲国的真相——中日学者共同研究》，社会科学文献出版社，2010。

《东北抗日联军斗争史》编写组：《东北抗日联军斗争史》，人民出版社，1991。

费正等：《抗战时期的伪政权》，河南人民出版社，1993。

符静：《上海沦陷时期的史学研究》，社会科学文献出版社，2010。

复旦大学历史系中国现代史教研室编《汪精卫汉奸政权的兴亡——汪伪政权史研究论集》，复旦大学出版社，1987。

高晓燕主编《东北沦陷时期殖民地形态研究》，社会科学文献出版社，2013。

耿成宽、韦显文编《抗日战争时期的侵华日军》，春秋出版社，1987。

关捷主编《近代中日关系丛书·日本对华侵略与殖民统治》（上、下），社会科学文献出版社，2006。

郭贵儒、张同乐、封汉章：《华北伪政权史稿——从"临时政府"到"华北政务委员会"》，社会科学文献出版社，2007。

郭贵儒：《河北沦陷区伪政权研究》，人民出版社，2013。

黄美真主编《日伪对华中沦陷区经济的掠夺与统制》，社会科学文献出版社，2005。

江沛：《日伪"治安强化运动"研究》，南开大学出版社，2006。

姜念东、伊文成、解学诗、吕元明、张辅麟：《伪满洲国史》，吉林人民出版社，1980。

解学诗：《历史的毒瘤——伪满政权兴亡》，广西师范大学出版社，1993。

解学诗：《伪满洲国史新编》，人民出版社，2008。

金海：《日本在内蒙古殖民统治政策研究》，社会科学文献出版社，2009。

金海：《日本占领时期内蒙古历史研究》，内蒙古人民出版社，2005。

经盛鸿：《南京沦陷八年史（一九三七年十二月十三日至一九四五年

九月九日）》（修订本，上、下），社会科学文献出版社，2013。

居之芬、张利民主编《日本在华北经济统制掠夺史》，天津古籍出版社，1997。

李凡：《日苏关系史》，人民出版社，2005。

李志毓：《惊弦：汪精卫的政治生涯》，香港，牛津大学出版社，2014。

刘敬忠：《华北日伪政权研究》，人民出版社，2007。

刘明逵、唐玉良主编《中国近代工人阶级和工人运动》第12册，中共中央党校出版社，2002。

刘熙明：《伪军：强权竞逐下的卒子（1937—1949）》，台北，稻乡出版社，2002。

卢明辉：《蒙古"自治运动"始末》，中华书局，1980。

吕芳上主编《中国抗日战争史新编》（4）《战时社会》，台北，"国史馆"，2015。

孟端星：《日、汪"和平运动"透视点滴》，华龄出版社，2006。

潘健：《汪伪财政研究》，中国社会科学出版社，2009。

潘敏：《江苏日伪基层政权研究》，上海人民出版社，2006。

祈建民：《二十世纪三四十年代的晋察绥地区》，天津人民出版社，2002。

《"七·七"事变前后北京地区抗日活动》，北京燕山出版社，1987。

钱理群主编《中国沦陷区文学大系》，广西教育出版社，1998—2000。

〔日〕浅田乔二、小林英夫：《日本帝国主义对中国东北的统治》，东北沦陷十四年史吉林编写组译印，1993。

任常毅、蔡德金编译《战前华北风云录》，中国文史出版社，1991。

任其怿：《日本帝国主义对内蒙古的文化侵略活动》，内蒙古大学出版社，2006。

邵云瑞、李文荣编著《华北事变》，南开大学出版社，1989。

宋恩荣、余子侠主编《日本侵华教育全史》（全4卷），人民教育出版社，2005。

陶恒生：《"高陶事件"始末》，湖北人民出版社，2004。

王承礼、步平等主编《苦难与斗争十四年》（上、中、下），中国大百科全书出版社，1995。

王季平：《八·一五这一天》，光明日报出版社，1985。

王克文：《汪精卫·国民党·南京政权》，台北，"国史馆"，2001。

王奇生：《留学与救国——抗战时期海外学人群像》，广西师范大学出版社，1995。

王强：《汉奸组织新民会》，天津社会科学院出版社，2006。

王士花：《"开发"与掠夺：抗日战争时期日本在华北华中沦陷区的经济统制》，中国社会科学出版社，1998。

王士花：《日伪统治时期的华北农村》，社会科学文献出版社，2008。

文斐编《日伪政权大揭秘丛书》，中国文史出版社，2005。

谢晓鹏：《理论、权力与政策——汪精卫的政治思想研究1925—1938》，中央编译出版社，2004。

邢汉三：《日伪统治河南见闻录》，河南大学出版社，1986。

徐旭阳：《湖北国统区和沦陷区社会研究》，社会科学文献出版社，2007。

叶成林编著《战斗在沦陷区——沦陷区人民的抗日斗争》，黑龙江教育出版社，2000。

余子道等：《汪伪政权全史》（上、下卷），上海人民出版社，2006。

〔美〕约翰·亨特·博伊尔：《中日战争时期的通敌内幕1937—1945》（上、下），陈体芳、乐刻等译，商务印书馆，1978。

臧运祜：《七七事变前的日本对华政策》，社会科学文献出版社，2000。

张殿兴：《汪精卫附逆研究》，人民出版社，2008。

张福全：《辽宁近代经济史（1840—1949）》，中国财政经济出版社，1989。

张洪祥：《近代日本在中国的殖民统治》，天津人民出版社，1996。

张泉主编《抗日战争时期沦陷区史料与研究》第1辑，江西出版集团，2007。

张生等：《日伪关系研究——以华东地区为中心》，南京出版社，2003。

张同乐：《华北沦陷区日伪政权研究》，三联书店，2012。

张同乐等：《抗战时期的沦陷区与伪政权》（张宪文、张玉法主编《中华民国专题史》第12卷），南京大学出版社，2015。

张玉成：《汪伪时期日伪奴化教育研究》，山东人民出版社，2007。

赵东辉等编《九一八事变全史》，辽海出版社，2001。

朱子家：《汪政权的开场与收场》第1—5册，香港，春秋杂志社，1960—1964。

主要参考文献 | 457

秋永芳郎『満州国：虚構の国の彷徨』光人社、1997。

浅田喬二等『近代日本と植民地』岩波書店、1993。

浅田喬二『日本帝国主義下の民族革命运动』未来社、1978。

家永三郎『太平洋戦争』（第 2 版）、岩波書店、1986。

井出孫六『満蒙の権益と開拓団の悲劇』岩波書店、1993。

井上清『日本帝国主義の形成』岩波書店、1968。

井上清『天皇の戦争責任』現代評論社、1978。

井上清・衞藤瀋吉編『日中戦争と国際関係——盧溝橋事件五十周年日中学術討論会記録』原書房、1988。

井上哲次郎『日本の皇道と満州の王道』東亜文化協会、1934。

植野弘子・三尾裕子『台湾における「植民地」経験：日本認識の生成・変容・断絶』風響社、2011。

臼井勝美『中国をめぐる近代日本の外交』筑摩書房、1983。

臼井勝美『日中外交史研究—昭和戦前期—』吉川弘文館、1998。

臼井勝美『満州事変：戦争と外交と』中央公論新社、1974。

内海忠司著・近藤正己、北村嘉恵、駒込武編『帝国日本の官僚と植民地台湾』京都大学学術出版会、2012。

楳本捨三『関東軍終戦始末』新国民出版社、1974。

江口圭一『十五年戦争小史』青木書店、1987。

江口圭一『十五年戦争の開幕』小学館、1989。

老川慶喜等『植民地台湾の経済と社会』日本経済評論社、2011。

大江志乃夫ほか編『岩波講座　近代日本と植民地』全 8 巻、岩波書店、1992—1993。

緒方貞子『満州事変の政策の形成過程』原書房、1966。

岡部牧夫『満州国』三省堂、1978。

小野稔『汪兆銘名古屋に死す』東京ジャーナルセンター、1998。

鹿島守之助ほか編『日本外交史（1896—1975）』鹿島研究所出版会、1970。

片倉衷『片倉衷回想の満州国』経済往来社、1978。

加藤陽子『満州事変から日中戦争へ』岩波新書、2007。

加藤豊隆『満州国警察小史』満蒙同胞援護会、1970。

上笙一郎『満蒙開拓青少年義勇軍』中央公論新社、1973。

外務省百年史編纂委員会編『外務省の百年』上・下、原書房、1969。

北岡伸一『日本陸軍と大陸政策』東京大学出版会、1978。

近代日本研究会編『近代日本と東アジア』山川出版社、1980。

近代日本研究会編『昭和期の軍部』山川出版社、1979。

倉本和子『満州の遺産』文芸社、2003。

桑野仁『戦時通貨工作概論—日中通貨戦の分析』法政大学出版局、1965。

軍事史学会編『日中戦争の諸相』『第二次世界大戦』（1）—（3）、錦正社、1995—1997。

軍事史学会編『再考・満州事変』錦正社、2001。

国際関係研究会編『変動期の日本外交と軍事』原書房、1987。

小林英夫『「大東亜共栄圏」の形成と崩壊』御茶の水書房、1980。

小林英夫『日中戦争史論：汪精衛政権と中国占領地』御茶の水書房、2005。

小林英夫『日本軍政下のアジア——「大東亜共栄圏」と軍票』岩波書店、1993。

駒込武『植民地帝国日本の文化統合』岩波書店、1996。

近藤正己『総力戦と台湾：日本植民地崩壊の研究』刀水書房、1996。

五味川純平『ノモンハン』文藝春秋、1979。

酒井哲哉ほか編『岩波講座　「帝国」日本の学知』全8巻、岩波書店、2006。

坂野潤治『近代日本政治史』岩波書店、2006。

坂本勉等『日中戦争とイスラーム：満蒙・アジア地域における統治・懐柔政策』慶應義塾大学出版会、2008。

佐藤元英『昭和初期対中国政策の研究：田中内閣の対満蒙政策』原書房、2009。

柴田善雅『占領地通貨金融政策の展開』日本経済評論社、1999。

柴田善雅『中国占領地日系企業の活動』日本経済評論社、2008。

島田俊彦『関東軍』中央公論新社、1978。

嶋田道弥『満州教育史』文教社、1935。

信夫清三郎『「太平洋戦争」と「もう一つの太平洋戦争」』勁草書房、1988。

沈仁安ほか『東アジアのなかの日本歴史』全13巻、六興出版、1989—1990。

鈴木邦夫『満州企業史研究』日本経済評論社、2007。

鈴木仁麗『満洲国と内モンゴル：満蒙政策から興安省統治へ』明石書店、2012。

曽山毅『植民地台湾と近代ツーリズム』青弓社、2003。

太平洋戦争研究会編著『満州帝国』河出書房新社、2005。

中央大学人文科学研究所編『日中戦争』中央大学出版部、1993。

塚瀬進『満州国「民族協和」の実像』吉川弘文館、1998。

鶴見祐輔『正伝—后藤新平』藤原書店、2005。

東亜研究所編『支那占領地経済の発展』竜渓書舎、1978。

東京大学社会科学研究所編『ファシズムの国家と社会』東京大学出版会、1979。

東京の満蒙開拓団を知る会編『東京満蒙開拓団』ゆまに書房、2012。

遠山茂樹『近代天皇制の成立』『近代天皇制の展開』岩波書店、1987。

内閣制度百年史編纂委員会編『内閣制度百年史』上・下、大蔵省印刷局、1985。

中村隆英『戦時日本の華北経済支配』山川出版社、1983。

中村政則『戦時華中の物資動員と軍票』多賀出版、1994。

永井和『近代日本の軍部と政治』思文閣出版、1993。

永井和『日中戦争から世界戦争へ』思文閣出版、2007。

日本国際政治学会太平洋戦争原因研究部編『太平洋戦争への道』第1—7巻、朝日新聞社、1963。

日本産業調査会満州総局編『満州産業経済大観』1942。

秦郁彦『日中戦争史』河出書房新社、1961。

波多野澄雄『太平洋戦争とアジア外交』東京大学出版会、1996。

波多野澄雄『大東亜戦争の時代』朝日出版社、1988。

服部卓四郎『大東亜戦争史』鱒書房、1953。

原朗『満州経済統制研究』東京大学出版会、2013。

馬場明『日中戦争と外政機構の研究』原書房、1983。

東アジア近代史学会編『日清戦争と東アジア世界の変容』ゆまに書房、1997。

藤田繁『草の碑・満蒙開拓団・棄てられた民の記録』能登印刷出版部、1989。

藤田佳久『満州を駆ける——東亜同文書院・中国調査旅行記録』2011。

藤原彰・今井清一編『十五年戦争史』青木書店、1988。

古厩忠夫『日中戦争と上海、そして私』研文出版、2004。

古屋哲夫編『日中戦争史』吉川弘文館、1984。

堀内干城『中国の嵐の中で　日華外交三十年夜話』乾元社、1950。

堀場一雄『支那事変戦争指導史』時事通信社、1962。

本間昇『満州事変：破滅への道』太平出版社、1985。

防衛庁防衛研修所戦史室『戦史叢書』、朝雲新聞社、1967—1979。

毎日新聞社編『日本植民地史：満州・朝鮮・台湾』毎日新聞社、1985。

前田保仁『中国残留者の悲劇：満蒙開拓移民事業と棄民政策の陰で』新風舎、2007。

松浦正孝編著『昭和・アジア主義の実像——帝国日本と台湾「南洋」「南支那」』ミネルヴァ書房、2007。

松田利彦『日本の朝鮮・台湾支配と植民地官僚』思文閣出版、2009。

松田利彦・陳姃湲『地域社会から見る帝国日本と植民地：朝鮮・台湾・満洲』思文閣出版、2013。

松本俊郎『侵略と開発』御茶水書房、1992。

松本俊郎『「満州国」から新中国へ』名古屋大学出版会、2000。

松岡洋右伝記刊行会『松岡洋右』講談社、1974。

『満洲国史』編纂刊行会『満洲国史』第一法規出版株式会社、1971—1973。

満蒙同胞援護会『満蒙終戦史』河出書房新社、1962。

三宅正樹編集代表『昭和史の軍部と政治』第一法規出版株式会社、1983。

宮脇淳子・岡田英弘『真実の満洲史：1894—1956』ビジネス社、2013。

武藤富男『私と満州国』文藝春秋、1988。

矢内原忠雄『満州・朝鮮・沖縄』岩波書店、1965。

矢部貞治『近衛文麿』読売新聞社、1976。

安富歩・深尾葉子『満州の成立』名古屋大学出版会、2009。

山田昭次『満州移民』新人物往来社、1978。

山室信一『キメラ――満州国の肖像』中央公論新社、1993。

山本有造『大東亜共栄圏経済史研究』名古屋大学出版会、2011。

横山臣平『秘録　石原莞爾』芙蓉書房、1982。

吉田裕『アジア・太平洋戦争』岩波書店、2007。

依田憙家『日本帝国主義と中国』龍渓書舎、1988。

読売新聞社大阪本社社会部編『新聞記者が語りつぐ戦争：満蒙開拓団』読売新聞社、1984。

歴史学研究会編『太平洋戦争史』東洋経済新報社、1953—1954。

歴史・検討委員会編『大東亜戦争の総括』展転社、1996。

人名索引

A

阿部信行 74，79，133—135，387
安藤纪三郎 295

B

白崇禧 436，437，447
板垣征四郎 11，33，44，45，47，66，71，72，78，89，143，171，224，269，270，318，356
鲍文樾 126，176，177，434，444，445
本多熊太郎 136
毕树棠 335，336

C

柴山兼四郎 139
陈璧君 126，439，444
陈诚 447
陈公博 76，80，126，150，176—178，185，197，314，329，417，434—436，440，443—445
陈果夫 446
陈立夫 438，446
陈篆 131，422
陈群 60，61，126，176，434

陈耀祖 126，177，179
陈垣 417
陈则民 367
程砚秋 418
重光葵 138，140
褚民谊 73，126，136，141，302，329，380，439，443，444
川喜多长政 329

D

大西初雄 305—307
大迫通贞 38，190
戴笠 437—439，445，447
德王（德穆楚克栋鲁普） 2，7，42—47，55，57，58，89，147—149，390，395，423，432，433
丁景唐 339
丁默邨 126，176，183，184，444—446
东条英机 9，26，55，137—139，160，164，206，348，356，391
董道宁 66，75
董洗凡 364
多田骏 38，39，153，154，164，169

F

樊仲云 367，380

范泉 337

傅作义 44，47，149，422，432

G

冈村宁次 9，33，35，164，172

冈田启介 20，38

高凌霨 49，52

高朔 306，310

高宗武 64，66—68，70，76，77，81

根本博 431，432

谷正之 138，140，434

顾澄 367

关企予 326

广田弘毅 35，39，163，227，391，394

郭秀峰 326

H

韩复榘 39

郝鹏举 178，179，448

何应钦 37，435，439，447

河边正三 163，171

后宫淳 172

胡兰成 323，437

胡毓坤 176，177，179，434，444

黄自强 176，185，448

J

矶谷廉介 9

江朝宗 48，52

江亢虎 126，379，443

蒋介石 39，43，64—70，74，76，79，137，149，288，426，432，433，435—437，439，442，445—447

节振国 415

今井武夫 48，67，68，76，77，434，435

金井章二 26，54—57，267

津田静枝 61

近卫文麿 65，67—69，71，72，75，77，78，134，137

酒井隆 37，418

K

柯灵 336，338

孔宪铿 314，315，323，328

孔祥熙 67

堀场一雄 35

堀内干城 387

L

乐文照 380

冷欣 438

黎世蘅 363

李长江 178，179

李霁野 334

李健吾 339

李圣五 126，367，380，434

李士群 126，177，182—185，197，200

李守信 43—45，55，57，82，147，167，423，432，433

李维宁 380

李宗仁 442

莲沼蕃 56，165

廉隅 131，136

梁鸿志 2，8，60，61，72，74，82，126，306，314，337，434，440，444

林柏生 126，137，148，323，326，327，329，444，448

林森 128

刘家墡　363

刘少奇　413

刘郁芬　126，176，177

刘湛恩　418

罗君强　177，181，444

M

麻觉慧　391，396

毛泽东　3，412，413，425

茅丽瑛　416

梅津美治郎　37，354

梅兰芳　418

梅思平　66—68，126，434，439，444

米内光政　72，75，78，82，133

缪斌　126，287—289，295，296，440，444

N

南次郎　9，14，37—39，45，85，226

楠木实隆　59，60，406

P

庞炳勋　178，179，448

裴复恒　378

彭真　413

平生釟三郎　232

平田幸弘　385

平沼骐一郎　69，71，72，75—78

溥仪　1，7，11—15，20，21，24，28，29，31，92，94，98，102—104，122，123，136，269，270，276，280，283，320，343，345，348，351，353，355，381，429—431，440

Q

齐白石　418

齐燮元　52，126，165，166，176，179，440，444，445

钱稻荪　363

钱慰宗　380

秦德纯　37，45

青木一男　138

晴气庆胤　184，198

犬养健　71，76

犬养毅　15，16

R

任援道　60，126，173，176—179，433，436，447

S

三村哲雄　391，394

山俊平　359

杉山元　164

沈嗣良　380

师陀　338，339

矢野征记　71

寺内寿一　50，53，163

松冈洋右　8，9，66，133，137，224

松井石根　59，60，171

松井太久郎　48，55

松室孝良　42，43，307

宋介　287

宋哲元　37，39，40，46，48

苏体仁　358

苏锡文　58

粟裕　416

孙殿英　178，448

孙良诚　177—179，448

T

汤尔和　52，358，359，363

汤玉麟 10, 33

唐绍仪 59, 422

堂胁 306, 307, 310

陶德曼（Oskar P. Trautmann） 65

陶希圣 81

陶锡三 59, 306, 310

藤本万治 358

田代皖一郎 163

田中隆吉 37, 44, 47

畑俊六 138, 150, 171

土肥原贤二 11, 37—40, 43—45, 183, 184

W

汪精卫 2, 4, 5, 8, 38, 53, 61—82, 123—128, 134—143, 145—150, 172, 173, 175—179, 183, 185, 197, 203, 257, 302, 313, 314, 326, 369, 372, 422, 433, 434, 439

王鸿恩 306, 408, 409

王克敏 2, 7, 51—53, 60, 72, 74, 82, 126, 145, 146, 232, 286, 295, 296, 302, 358, 363, 422, 440

王石之 363

王统照 337

王揖唐 52, 126, 145, 146, 194, 295, 296, 302, 363, 440, 445

王荫泰 52, 146, 363, 431, 432, 435, 440, 444

文元模 358

吴国桢 442

吴鹤龄 55, 392, 393

吴化文 178, 179, 447

吴佩孚 51, 72, 73, 75, 78, 79, 286

吴兴华 334, 335, 337

武卿仙 326

武田南阳 321

X

西村展藏 58

西尾寿造 45, 163, 171

熙洽 10, 11, 153, 154, 385, 430

喜多诚一 50, 51, 231

细井次郎 364

夏恭 55, 57

夏其峰 131, 434

夏奇峰 314

香月清司 163

萧叔萱 126, 176, 177

小林浅三郎 172

小泽开策 269, 270, 273, 286, 287

熊斌 33

须贺彦次郎 71, 76, 80

徐建廷 180

徐良 137, 445

徐荫东 384

许广平 418

许逊公 380

Y

严独鹤 418

杨丙辰 334

杨揆一 126, 176, 177, 179, 444

杨立中 149

叶鼎新 305, 306

叶蓬 126, 174, 176, 177, 179, 444, 445, 448

殷汝耕 1, 7, 40, 41, 440

英千里 364

影佐祯昭 63，66—68，71，75—77，79，81，82
有田八郎 63，72，75，76，78，82，387
于品卿 55，57，433
宇垣一成 66，67
喻熙杰 302，432
原田熊吉 59—61，370
圆瑛 418
云王 55

Z

载仁 165
臧式毅 21，109，135，430
曾仲鸣 70，71
斋藤实 16，20，36，271
张爱玲 334，338，339
张发奎 74
张浩 411
张怀 364
张岚峰 178，179，421，448
张深切 335
张廷金 380
张桐 306
张我军 335
张心沛 358
张燕卿 113，270，286，287，295，305
赵荫棠 334，337
赵正平 126，367，379
周恩来 412
周佛海 64，66，70，74—77，79，80，82，124，126，128，137，146，147，150，175，176，177，178，181—184，197，203，257，258，264，326，329，338，433—435，437，445，446
周建人 418
周雨人 326
周作人 335，338，340，358，359，363，444
朱大璋 307
朱深 52，126，146，302，363
卓特巴扎普 57，148